Colloquia Raurica

Herausgegeben vom Collegium Rauricum
Jürgen von Ungern-Sternberg · Peter Blome · Lucas Burkart
Stefan Rebenich · Hansjörg Reinau

Band 18

Die Colloquia Raurica werden alle zwei Jahre vom Collegium Rauricum veranstaltet. Sie finden auf Castelen, dem Landgut der Römer-Stiftung Dr. René Clavel in Augst (Augusta Raurica) bei Basel, statt. Jedes Colloquium behandelt eine aktuelle geisteswissenschaftliche Frage von allgemeinem Interesse aus der Perspektive verschiedener Disziplinen. Einen Schwerpunkt bilden dabei Beiträge aus dem Bereich der Altertumswissenschaft. Um möglichst vielseitig abgestützte Erkenntnisse zu gewinnen, erörtern die eingeladenen Fachvertreter das Tagungsthema im gemeinsamen Gespräch. Die Ergebnisse werden in der Schriftenreihe Colloquia Raurica publiziert.

Publiziert mit Unterstützung von der
Römer-Stiftung Dr. René Clavel

Bibliografische Information der Deutschen Nationalbibliothek
Die Deutsche Nationalbibliothek verzeichnet diese Publikation in der
Deutschen Nationalbibliografie; detaillierte bibliografische Daten sind im
Internet über http://dnb.dnb.de abrufbar.

Lektorat: Ricarda Berthold, Freiburg i. B.
Umschlaggestaltung: icona basel gmbh, Basel
Satz: Textformart, Daniela Weiland, Göttingen
Druck: Hubert & Co., Göttingen
Printed in Germany
Herstellerinformation: Schwabe Verlag, Schwabe Verlagsgruppe AG,
Grellingerstrasse 21, CH-4052 Basel, info@schwabeverlag.ch
Verantwortliche Person gem. Art. 16 GPSR: Schwabe Verlag GmbH,
Marienstraße 28, D-10117 Berlin, info@schwabeverlag.de
ISBN Print: 978-3-7965-5171-0
ISBN eBook: 978-3-7965-5172-7
DOI: 10.24894/978-3-7965-5172-7
Das eBook ist seitenidentisch mit der gedruckten Ausgabe und erlaubt Volltextsuche.
Zudem sind Inhaltsverzeichnis und Überschriften verlinkt.

rights@schwabe.ch
www.schwabe.ch

Robert Kirstein,
Sebastian Schmidt-Hofner (Hg.)

Recht als Erzählung

Narratologie und Recht von der Antike bis in die Gegenwart

Schwabe Verlag

Inhalt

III. Narrativität im Juristenrecht

IV. Rechtserzählung als kulturelle Praxis

Vorwort

Der vorliegende Band versammelt die überarbeiteten Vorträge, die beim 18. *Colloquium Rauricum* zum Thema «Recht als Erzählung. Narratologie und Recht von der Antike bis in die Gegenwart» gehalten wurden. Die Tagung fand vom 26. bis 29. August 2023 auf dem Landgut Castelen bei Basel statt.

Die Idee, Recht und Narratologie miteinander zu verbinden und dabei sowohl theoretische als auch praktische Perspektiven mit einzubeziehen, entstand in Gesprächen über die Erzähldimension spätantiker Rechtstexte im kulturellen Kontext ihrer Zeit. Die *Colloquia Raurica* boten mit ihrer besonderen Atmosphäre einen idealen Rahmen, um diesem Thema in einem breiteren interdisziplinären Bogen nachzugehen.

Unser Dank gilt allen Referentinnen und Referenten sowie den Mitgliedern des Collegium Rauricum, der Familienstiftung Frey-Clavel und der Römerstiftung Dr. René Clavel, die das Projekt von Beginn an mit grossem Wohlwollen und Engagement gefördert haben. Es ist uns schliesslich eine Freude, Dr. Arlette Neumann und Ruth Vachek vom Verlag Schwabe (Basel) sowie Nora Steigerwald und Ulrike Falkenstein (Tübingen) zu danken; ihre Unterstützung, Geduld und professionelle Begleitung haben den Publikationsprozess entscheidend befördert.

Tübingen, im Dezember 2024 *Robert Kirstein und Sebastian Schmidt-Hofner*

Einleitung
Recht und Erzählung aus altertumswissenschaftlicher und diachroner Perspektive

Robert Kirstein und Sebastian Schmidt-Hofner

Der vorliegende Band geht auf eine Tagung zurück, die sich unter dem Titel «Recht als Erzählung» zum Ziel gesetzt hatte, zwei aktuelle Forschungsfelder interdisziplinär und epochenübergreifend miteinander ins Gespräch zu bringen. Ein zentraler Ausgangspunkt war dabei die Beobachtung, dass Rechtsthemen in literarischen Texten der Antike nicht nur eine bedeutende Rolle spielten, sondern auch gezielt mit narrativen Mitteln gestaltet und kommuniziert wurden. Vor allem aber zeichnen sich zahlreiche antike Textgattungen aus dem Bereich des Rechts selbst – wie beispielsweise gesetzgeberische Massnahmen, Petitionen oder Gerichtsreden – durch eine bemerkenswert elaborierte Narrativität aus. Die sich daraus ergebenden Fragestellungen sollten durch den fächerübergreifenden Austausch zwischen Altertums- und Rechtswissenschaften sowie den angrenzenden Disziplinen Rhetorik und Judaistik in diachroner Perspektive, wie sie die Tagungsreihe der ‹Colloquia Raurica› kennzeichnet, präzisiert und weitergedacht werden. Die impulsgebenden Altertumswissenschaften sind bewusst breit konzipiert und integrieren, um der kulturellen, religiösen und sprachlichen Vielfalt der Antike gerecht zu werden, auch die jüdische Rechtstradition aus der Zeit des 1. bis 5. Jahrhunderts n. Chr. Dasselbe gilt für die nachantike Perspektivierung, die hier mit einem theoretischen Beitrag zur Narratologie an einem frühneuzeitlichen Beispiel, zwei juristischen Beiträgen aus unterschiedlichen Rechtskreisen sowie einer Untersuchung zu den jüdischen Responsa des 20. und 21. Jahrhunderts vertreten ist.

Das erste der beiden genannten Forschungsfelder widmet sich einem neu erwachten Interesse am antiken Recht, das nicht nur als Quelle, sondern zunehmend auch als eigenständiges Thema historischer, insbesondere sozial- und kulturgeschichtlicher Analysen betrachtet wird. Recht wird hierbei nicht mehr allein als Instrument zur Konfliktlösung oder als Ordnungselement von Institutionen und Verfahren in Staat, Gesellschaft, religiösen Gemeinschaften oder anderen Organisationen verstanden, sondern darüber hinaus als Gegenstand und Medium kulturellen Wissens und sozialer Praxis analysiert. Wie – so lässt sich fragen – sind politische, religiöse und kulturelle Ordnungsvorstellungen,

Überzeugungen und Lebensentwürfe einer Gesellschaft im Recht eingeschrieben, und wie trägt das Recht dazu bei, diese zu reproduzieren, zu modifizieren oder zu transformieren? Welche Funktion erfüllt das Recht als Medium, das kulturelle Wissensbestände und soziale Praktiken in Schrift und Sprache vermittelt, erklärt und legitimiert? In welcher Weise reflektiert und beeinflusst es politische Machtverhältnisse, soziale Strukturen und die Handlungsmöglichkeiten des Einzelnen? Welche Akteure können sich das Recht auf welche Weise nutzbar machen? Und mit welchen narrativen Mitteln geschieht dies im Einzelnen in den unterschiedlichen Texten, die mit Recht zu tun haben?

Damit ist das zweite Feld benannt, das dieser Band aufgreift: der für die Beantwortung dieser Fragen relevante Begriff der Erzählung. Ursprünglich im Strukturalismus des 20. Jahrhunderts entstanden, hat die inzwischen zum ‹Megatrend› avancierte Narratologie durch die Begriffsprägung Todorovs und die nachfolgenden Grundlagenarbeiten von Gérard Genette, Mieke Bal und anderen eine Fülle neuer Analysemodelle und Interpretationshorizonte hinzugewonnen.[1] Ihre aktuelle Relevanz verdankt die Narratologie vor allem zwei Entwicklungen: zum einen der Erweiterung des Untersuchungsgegenstandes über die ursprünglich im Zentrum stehenden ‹klassischen› Erzählwerke der europäischen Literatur hinaus auf andere Textsorten und Medien, auf Drama und Film, Historiographie und Lyrik, aber auch auf Werke der bildenden Kunst mit ihren intermedialen Bild-Text-Relationen – diesen letztgenannten Aspekt illustriert in diesem Band der Beitrag von Joachim Knape;[2] und zum anderen einem wachsenden Interesse auch in solchen Disziplinen, die sich vormodernen Epochen widmen, wie der Klassischen Philologie, der Alten Geschichte, der Judaistik oder der Mediävistik.[3] Mit dieser gattungs-, medien- und epochenübergreifenden Erweiterung der Narratologie zu einem umfassenden Analyseinstrument rücken zunehmend auch

1 Einen Überblick über die Geschichte der Narratologie von ihren Anfängen bis zu jüngeren poststrukturalistischen Ansätzen bietet Meister (2014) im *Living Handbook of Narratology*; s. weiter Prince (1995), Nünning/Nünning (2002a), Fludernik (2005), Herman (2005), McHale (2005), Phelan/Rabinowitz (2005), Nünning (2013a). – Zur Antike s. Anm. 3 und 28.

2 Zu dieser Ausweitung der Narratologie vgl. Nünning/Nünning (2002b), Meister (2014) [3.5] und Ryan (2014), sowie die Beiträge zur Medialität des Erzählens bei Martínez (2011); s. ferner Wolf (2004) und (2005), Ryan (2005), Nünning/Sommer (2008). Zum Menschen als *homo narrans* und zur Universalität des Erzählens s. Barthes (1988), 102 und Koschorke (2018), 1–9.

3 Zum Projekt einer diachronen bzw. historischen Narratologie s. die Handbücher von Contzen/Tilg (2019) und Hühn/Pier/Schmid (2023), sowie Nünning (2000), Fludernik (2003). – Mit Blick auf Antike und Vormoderne s. de Jong (2014b), Grethlein (2023), 7–9, Sternberg (^{4}1992) zur Narrativität biblischer Texte, Liss/Oeming (2010) zu jüdischen und anderen Texten der Antike, Cordoni/Langer (2014) zu jüdischen und patristischen Texten, von Contzen (2018) aus mediävistischer Perspektive sowie die einschlägigen Beiträge in von Contzen/Tilg (2019). Zur Unterscheidung zwischen ‹diachroner› und ‹historischer› Narratologie s. von Contzen/Tilg (2023), 5: «Diachronic narratologists would typically examine the development of narratological categories such as ‹narrator› or ‹focalization› through time, from antiquity to postmodernism, for example. [...] Historical narratologists, by contrast, would typically be interested in how the historical and cultural setting of a given narrative relates to its principles of construction». Für eine «diachrone Narratologie des Strafprozesses» s. Schäfer (2020).

‹faktuale› Texte und mit ihm das Recht in den Fokus.[4] Damit ist ein aktuell sich dynamisch entwickelndes Feld benannt, das gerade für die Antike noch weitgehend unerschlossen ist. Anstelle einer synthetisierenden Modellbildung steht im vorliegenden Band daher die Präsentation von Fallbeispielen im Vordergrund, die zur weiteren Beschäftigung mit dem Thema einladen und zur Weiterentwicklung der im Folgenden näher zu beschreibenden Fragestellungen anregen mögen. Der diachrone Bogen dieses Bandes von Platons *Apologie* bis zu Gerichtsurteilen des 19. bis 21. Jahrhunderts reflektiert jenen explorativen Charakter.

Aktuelle Forschungskontexte einer Narratologie des Rechts

In narratologischen Forschungszusammenhängen haben Rechtstexte (und Texte über das Recht) lange Zeit eine untergeordnete Rolle gespielt. Unser Unternehmen kann jedoch an neuere Forschungsansätze anknüpfen, die narratologische Fragestellungen und Methoden auf faktuale Texte ausdehnen und sich dabei auch vermehrt Rechtstexten zuwenden. Exemplarisch für diese Entwicklung steht der von Christian Klein und Matías Martínez herausgegebene Tagungsband *Wirklichkeitserzählungen. Felder, Formen und Funktionen nicht-literarischen Erzählens* (2009).[5] In einem breiten interdisziplinären Rahmen kommen hier so unterschiedliche Fächer wie Medizin und Psychologie, Politik und Ökonomie, Historiographie und Journalistik und nicht zuletzt das Recht zur Sprache. Letzteres wird darin in einem Beitrag von Andreas von Arnauld mit Fokus auf Rechtstexten der Moderne ausführlich und mit einem ergänzenden Überblick über die Forschungsgeschichte behandelt.[6] Weitere wichtige Impulse verdankt das Feld des faktualen Erzählens dem Freiburger Graduiertenkolleg *Factual and Fictional Narration* (2012–2022), das zahlreiche bisher nicht oder kaum narratologisch behandelte Texte und Textsorten in den Blick genommen hat, auch im Bereich des Rechts. Ganz dem Thema Recht gewidmet ist der in diesem Kontext von Monika Fludernik und Frank Schäfer initiierte Tagungsband *Erzählen und*

4 S. dazu den nachfolgenden Teil dieser Einleitung.

5 Diese Modellierung und weitere Literatur zum Thema faktualer Texte wird in Robert Kirsteins Beitrag zu diesem Band aufgegriffen und in Bezug auf antike Texte diskutiert. Ein gesondertes Forschungsfeld stellen ‹Fiktionen› in der Rechtswissenschaft dar; zu diesen *legal fictions* s. Del Mar/Twining (2015), Ando (2015), sowie den Beitrag von Ando in diesem Band.

6 Insbesondere die Geschichtsschreibung hat spätestens mit Hayden Whites Arbeiten wichtige narratologische Impulse erhalten, s. White (1973) und (1981); dazu Roberts (2001), Jäger (2009), Haas (2014), 520–522. Rechtstexte als *Wirklichkeitserzählungen*: von Arnauld (2009), vgl. ders. (2017). Zum Thema Recht im interdisziplinären Kontext s. Meuter (2014), hier bes. 459. Eine wichtige Rolle im Spannungsfeld von Recht, Literatur und Narrativik spielt zudem die Rhetorik, vgl. Brooks/Gewirtz (1996), Reichmann (2010), Schneck (2011), Wagner-Egelhaaf et al. (2023). Bis heute einflussreich für Literatur und Rhetorik ist Booths Klassiker *The Rhetoric of Fiction* von 1961. Vgl. dazu auch Phelan (2007), 207–209, Zymner (2015), hier bes. 12–13. Vgl. hier insbesondere die Beiträge von Grethlein und Knape.

Recht = Narrative and Law (2022).[7] Die Einleitung zeichnet eingehend nach, wie sich das Forschungsfeld *law and narrative* aus und parallel zu dem schon länger etablierten Feld von *law and literature* herausgebildet hat, eine Genese, die im vorliegenden Band Jeanne Gaakeer in ihrem Beitrag weiter bespricht.[8]

Law and literature hat sich schon früh als ein vielgestaltiges Feld erwiesen, das sich in zwei zentrale Teilbereiche gliedert: *law in literature* und *law as literature*.[9] Ersterer analysiert primär Rechtsthemen als Gegenstand literarischer Darstellung in Romanen, Dramen und anderen literarischen Textsorten – klassische Beispiele sind Kleists *Der zerbrochene Krug*, Kafkas *Das Schloß*, Musils *Der Mann ohne Eigenschaften* oder Dürrenmatts *Der Richter und sein Henker*; für die Antike ist etwa an Aischylos' *Orestie*, Apuleius' *Metamorphosen* oder an Ammianus Marcellinus' literarisiertes Geschichtswerk zu denken. Der zweite Bereich – *law as literature* – rückt dagegen die literarischen Qualitäten von Rechtstexten wie Gerichtsurteilen, Fallgeschichten in Zeugenaussagen und Plädoyers – den *courtroom narratives* – oder Präambeln zu Gesetzes- oder Verfassungstexten in den Mittelpunkt des Interesses. James Whites grundlegende Monographie *The Legal Imagination* (1973/1985), Robert Covers Essay *Nomos and Narrative* (1983) sowie Brooks' und Gerwitz' *Law's Stories* (1996) gehören hier zu den häufig zitierten Referenzwerken.[10]

Zugleich erfasst das Begriffspaar *law and literature* mitsamt seinen Binnendifferenzierungen (*in*/*as*) wiederum nur einen Teilbereich eines übergreifenden Interesses an Erzählung und Recht. Zum übergeordneten Bereich von *law and*

7 Vgl. bes. Fludernik/Falkenhayner/Steiner (2015) und weitere Bände der Freiburger Reihe *Faktuales und fiktionales Erzählen*, sowie, speziell zu Recht und Erzählen, Fludernik (2014) und Fludernik/Schäfer (2022a).

8 Fludernik/Schäfer (2022b). Zu *law and literature* vgl. weiter Weisberg (1984), (1989) und (1993), Binder/Weisberg (2000), Dolin (2007) und (2018), Olsen/Kayman (2007), Müller-Dietz (2007) und (2016), Sarat et al. (2010a), sowie Greiner/Thums/Vitzthum (2010), mit umfangreicher Bibliografie v. a. deutschsprachiger Beiträge zu *law in literature* in der Einleitung; Weitin (2010); Anker/Meyler (2017), Christ/Mueller (2017), Höcker (2020), Gaakeer (2022); Fludernik/Schäfer (2022b), 16–17, mit zahlreichen Beiträgen in demselben Band; Zander/Kramp-Seidel (2023); zur Antike s. unten Anm. 28. Dem Thema *Recht und Literatur* ist der SFB/CRC 1385 gewidmet, vgl. die Reihen *Law & Literature* (hg. v. K. Stierstorfer u. D. Carpi), *Literatur und Recht* (hg. v. K. Stierstorfer) und *Recht in der Kunst – Kunst im Recht* (hg. v. A. Schiemann u. G. Reiß).

9 Für diese Differenzierung vgl. zum Beispiel Sarat et al. (2010), 2 Anm. 5; Fludernik/Schäfer (2022b), 16; Gaakeer (2022) und Gaakeer in diesem Band (S. 37–38), die darauf hinweist, dass die Dichotomie inzwischen bereits wieder überholt erscheint. Eine dritte Kategorie ‹law *of* literature› behandeln Anker/Meyler (2017), 8: «‹Law of› scholarship typically investigates the dynamics of laws that regulate the production and circulation of literature, whether obscenity laws or copyright restrictions». Zeidler/Plata (2024) benennen nicht weniger als sechs Spielarten des Spannungsfeldes *law and literature*.

10 Überblicke über Genese und aktuelle Forschungsperspektiven bei Lachenmaier (2008) und Blufarb (2017); knapp, aber anregend Joachimsthaler (2008). Zu Whites *Legal Imagination* s. Sarat et al (2010a), 2–8. Zu Cover und White s. Gaakeer (2019), 29: «In *Law and Literature*, the ineradicable topic in legal theory of the interconnection of language and violence is highlighted in the opposing views of the late Robert Cover and James Boyd White on the violence of the judicial word versus the view on law as a culture of argument»; vgl. auch in diesem Band Gaakeer, S. 39; Grethlein, S. 101; Gray, S. 108; Grundmann, S. 232, 242 und 247.

literature gehört auch die These, dass Literatur und die in ihr praktizierte literarische Imagination einen wesentlichen Einfluss auf moralische Überzeugungen und damit auf gesellschaftliche Verhältnisse ausüben. Literatur, so Martha Nussbaum, kann durch die Verbindung von ästhetischer Erfahrung und lebensweltlicher Praxis vorgefasste Meinungen infrage stellen, Empathie kultivieren und so insgesamt eine gerechtere Gesellschaft ermöglichen, indem sie alternative Perspektiven und Einblicke in menschliche Erfahrungen vermittelt:[11]

> [W]e are invited to concern ourselves with the fates of others like ourselves [...] to do unto ordinary men and women as to ourselves, viewing the poorest as one who we might be, and seeing in the most ordinary and even squalid circumstances a place where we have made in fancy our dwelling.

Hinzu kommen noch, mit Adam Geary, die generellen Einflüsse philosophisch geprägter (literarischer und nicht-literarischer) Narrative auf rechtswissenschaftliche Texte, sowie die vielfältigen narrativen Konstruktionen zentraler gesellschaftlicher Begriffe und Konzepte wie «identity» oder «critical race theory».[12] Auch die Multiperspektivität, wie sie etwa in Bezug auf die *courtroom narratives* herausgestellt wird, und damit verbunden die Frage nach der Verlässlichkeit oder Unzuverlässigkeit von Erzählungen und Erzählinstanzen bieten für die übergreifende narratologische Theoriebildung ein spannendes Untersuchungsgebiet.[13]

In dieser dynamischen Forschungslandschaft ist eine Vielzahl von Studien entstanden, die sich mit der Narrativität von Rechtstexten unterschiedlicher Art befassen und dabei zunehmend auch die sie umgebenden kulturellen und historischen Manifestationen mit in den Blick nehmen.[14] In der angelsächsischen Rechtskultur liegt ein solches Interesse wegen der zentralen Bedeutung, die dem Fallrecht (*case law*) und der Methode der Kasuistik für die Rechtsfindung zu-

11 Nussbaum (1995), 35. Nussbaum spitzt das Argument mit der These zu, dass Literatur (und andere künstlerische Ausdrucksformen) eine notwendige Ergänzung zu abstrakten Texten darstellen: «It is for this reason that *Proust's* narrator comes to believe that certain truths about the human being can be told only in literary form.» (2001, 3). Zu Nussbaum und dem Verhältnis von Fiktion und Erkenntnis s. Müller-Dietz (2007), 205–223, hier bes. 207; Kaul (2011), 99–100, Gaakeer (2019), 207 und 100; Kirstein in diesem Band (S. 329). Zum Satisfaktionsschema in Narrationen («Die Guten werden belohnt, die Schlechten bestraft») s. Breithaupt (2022), 154–159

12 Gearey (2005), 271. Von Arnauld (2009, vgl. 2017) differenziert vier relevante Textsorten: «Rechtstexte im weiteren Sinne», «Äußerungen vor Gericht», «Rechtswissenschaftliche Texte», «Fallgeschichten in der Juristenausbildung».

13 Zu unzuverlässigem Erzählen als Thema und Forschungsfrage im vorliegenden Kontext s. Olson (2014), 380; von Arnauld/Martini (2015); Margolin (2015), 38; zu unzuverlässigem Erzählen und Multiperspektivität in der Antike s. Kirstein (2023) mit weiterer Lit.

14 Vgl. z. B. Jackson (1988), Brooks/Gewirtz (1996), Brooks (2005), Schönert (2015a), sowie die Überblicke bei von Arnauld (2009), bes. 43–50, Olson (2014), Fludernik/Schäfer (2022b), hier bes. 16–17. Zu Gesetzes- und Verfassungstexten s. Sternberg (2008), Sarti (2013); Blufarb (2017), 259–265 und 439–451; von Arnauld (2017). Forschungsdesiderate und -perspektiven besprechen Olson (2014), 380, Brooks (2017), 93, Fludernik/Schäfer (2022b). Zur Metapher s. Hanne/Weisberg (2018), Gaakeer (2019), 117–136.

kommt, besonders nahe, es beschränkt sich jedoch nicht auf diese.[15] Die Analyse der unterschiedlichen Versionen, mit denen die an einem Gerichtsverfahren beteiligten Parteien Ereignisse aus ihrer Sicht schildern, bietet nur ein beispielhaftes Szenario, in dem eine rechtspraktische ‹narrative› Kompetenz, etwa von Richtern, Geschworenen und anderen Entscheidungsträgern zum Tragen kommt und das man sich – bei allen Unterschieden – in Antike und Moderne gleichermassen vorstellen kann.[16] Erzählung spielt, so Greta Olson,[17]

> a central role in legal discourse and permits law to be communicated, adjudicative acts to be justified, and their principles to be explained [...] [...] Since the advent of ‹legal studies after the cultural turn› (Moran 2012), law has been regarded as narratively based and culturally embedded, suggesting the benefits of a narratologically literate approach to legal discourse.

Mit diesem Ansatz, Rechtserzählungen als kulturelle Narrative aufzufassen, folgt Olson im Kern der einflussreichen These Covers, der Recht gleichermassen narrativ kommuniziert und ausgehandelt wie in die jeweils herrschenden Kulturnarrative eingebettet sieht.[18] Damit rücken Fragestellungen ins Zentrum, die über die rein strukturalistisch analysierbaren Texteigenschaften hinausgehen und nach der gesellschaftlichen und historischen Rolle dieser Texte und der mit ihnen verbundenen funktionalen Gruppen (Rechtsexperten, Amtsträgern, Politikern, etc.) fragen. Diese kulturwissenschaftliche und interdisziplinäre Öffnung spiegelt sich prominent im Konzept von *Law and Humanities* wider, in dem Recht, Erzählung und andere kulturelle Ausdrucksformen zusammen gedacht und untersucht werden.[19]

Die Literaturwissenschaften und die in ihnen verankerte Narratologie sind von einem solchen übergreifenden *cultural turn* tiefgreifend geprägt. In einer oft als poststrukturalistisch oder postklassisch charakterisierten Strömung hat sich eine Reihe von Ansätzen herausgebildet, die gerade auch die soziale, politische und historische Kontextualisierung von Erzähltexten in den Mittelpunkt ihres

15 Meuter (2014), 459: «All laws can be understood as abstractions of individual cases. Individual cases, in turn, enter the legal system by way of narrations». Vgl. Gaakeer (2019), 3, sowie in diesem Band Ando (S. 178) und Gaakeer (S. 44 u. 50) zu *common-law* und *civil law*.

16 Zur Rolle des Richters unter dem Aspekt von *law and literature/narrative* s. insbesondere Gaakeer (2019). Sie spricht (ebd., 25–27 und öfter) von «narrative intelligence» und betont mit Bezug auf Ricœur (1987) den praxisbezogenen Charakter dieser Fähigkeit im Sinne aristotelischer φρόνησις/*phrónesis* (Gaakeer [2019], 104–116). Vgl. dazu auch ihren Beitrag in diesem Band. Grenzen des narratologischen Ansatzes für die juristische Praxis betont dagegen Posner (^{3}2009).

17 Olson (2014), 371; vgl. Fludernik/Schäfer (2022b), 20.

18 S. oben Anm. 10, und Olson (2014), 378–379.

19 So die Titel der beiden Handbücher von Sarat et al. (2010a) und Stern et al. (2020); s. auch Fludernik/Schäfer (2022b), 19; Gaakeer (2022). Stierstorfer (2018) verweist auf die antiken Ursprünge einer konzeptionellen Verknüpfung von *law* und *humanities* in der griechisch-römischen und in der hebräischen Tradition, woran Ziogas/Bexley (2022a), 17 programmatisch anknüpfen. Vgl. auch den im Erscheinen begriffenen Sammelband von Köhler/Gaderer/Schmidt (2024).

Interesses rücken.[20] Auch die ihrem Wesen nach transmediale und die soziale Wirklichkeiten mit berücksichtigende kognitive Narratologie gehört zu diesen jüngeren Ansätzen.[21] Sie ist für das Thema ‹Erzählen und Recht› etwa dann bedeutsam, wenn es um die narrative Darstellung von Emotionen in Rechtskontexten und die Rezeption dieser Repräsentationen geht. Gaakeer zählt Empathie zu den zentralen Elementen dessen, was sie aus rechtspraktischer Perspektive als «narrative intelligence» charakterisiert.[22] Mit Empathie verbindet sich in aktuellen (und primär rechtspraktischen) Diskussionen auch die Frage nach der sozialen Dimension von Erzählung. Narrative, so Olson, vermögen gerade auch denjenigen eine Stimme zu verleihen, die im jeweiligen Herrschaftsdiskurs Benachteiligungen erfahren.[23] Freilich kann Erzählung auch das Gegenteil bewirken und – beispielsweise in (Auto-)Biographie und Geschichtsschreibung – Eliten, die den jeweiligen Herrschaftsdiskurs bestimmen, zu narrativer Aufwertung und Stabilisierung verhelfen.[24]

Entstanden ist so eine Narratologie, die als *cultural* oder *contextual narratology* nicht zuletzt an dem eingangs skizzierten Trend zur Wahrnehmung und Analyse gerade auch faktualer Texte im Sinne dessen teilhat, was Klein und Martínez mit dem Begriff der *Wirklichkeitserzählungen* charakterisiert haben.[25] Auf die

20 Vgl. Bal (^{4}2017), xx: «[…] narrative is a cultural attitude; hence, narratology is a perspective on culture»; Koschorke (2018), 6 mit Bezug auf Huizinga (1971), 10: «There is as much ‹play› in politics and courtroom as on the stock exchange […]»; Prince (1995); Nünning (2009); Meister (2014).

21 Vgl. Herman (2013): «[…] a focus on the way the mind works with and through stories need not entail a cognitivist separation between mental representations and the social and material environments that help shape – indeed, partly constitute – the mind itself. Instead, research on storytelling and the mind can investigate how a culture's narrative practices are geared on to humans' always-situated mental states, capacities, and proclivities». Vgl. in diesem Band insbesondere den Beitrag von Knape.

22 S. oben Anm. 16. Zur Relevanz des *cognitive turn* für Recht und Erzählung vgl. Gaakeer (2019), 221–223, und 7: «Because narratives can trigger empathic and emotional responses in various ways, it asks what the cognitive turn in narratology means for the judge who deals with the emotions and narratives of others». Gaakeer (2019), 216 schliesst dabei u. a. an Martha Nussbaums Konzept einer «narrative imagination» (Nussbaum [2016], 95; vgl. dies. [1996]) an. – Zur «narrativen Empathie» s. Breithaupt 2009, 170–175, hier bes. 172: «Die am besten legitimierbare Entscheidung zur Parteinahme setzt sich tendenziell durch (sofern man annimmt, dass äußere Faktoren eliminiert sind) und bleibt über den Augenblick hinaus bestehen. Dies kann die Parteinahme für denjenigen sein, dessen Geschichte man erzählen kann. Dieses Verstehen/Erzählen impliziert eine temporale Konstruktion. Es geht in derartigen Legitimationen etwa um die narrative Zuordnung von ursächlicher Verschuldung des Konflikts (*judikative Parteinahme*) oder um narratives Erraten der Konsequenzen des Konflikts und der Parteinahme (*strategische Parteinahme*) beziehungsweise der Darstellung der einen Seite als Opfer der anderen, […]». Zum Thema der Emotionen vgl. in diesem Band insbesondere die Beiträge von Gaakeer, Gray und Grundmann.

23 Olson (2014), 376; vgl. Delgado (1989), Gaakeer (2019), 137–158 und 207–228, sowie hier Gaakeer (S. 30) und Grethlein (S. 101–102).

24 Vgl. für die antike Biografie das Beispiel von Suetons *Kaiserviten*, in denen eingebettete «Mikronarrative» die (positive wie negative) *tellability* mitformen. Kirstein (2020).

25 Klein/Martínez (2009a); vgl. Nünning (2013c), 90, Nünning (2013a). Zu den wichtigen Ideengebern dieser Richtung der Narratologie gehört der Kulturpsychologe Jerome Bruner (1991), (2002) und (2005);

Interdependenz zwischen der Erforschung des Rechts und der Erforschung der das Recht umgebenden soziokulturellen Umwelt mitsamt ihren kulturstiftenden Narrativen weisen Sarat et al. mit Bezug auf das Gründungsheft des *Yale Journal of Law and the Humanities* (1988) hin:[26]

> As they put it: ‹The study of law must be informed by an examination of the socio-cultural narratives that shape legal meaning and empower legal norms; conversely, the study of culture requires an understanding of the law as a normative edifice and coercive system.› In other words, the layperson's conception of law and, more importantly, the average person's affective attachment to and support of the idea of law is generated through culturally specific narratives that can become more apparent and be better understood when approached from the perspective of the humanities.

Die hier versammelten Beiträge schliessen sich unter dem Titel *Recht als Erzählung* an diese narratologische Forschungsrichtung an und rücken sowohl die Frage, wie Recht erzählt wird, als auch in welchen Kontexten solche Erzählungen stehen, ins Zentrum ihres Erkenntnisinteresses. In Ergänzung zu bisherigen Forschungen legen sie jedoch den Schwerpunkt nicht auf die Moderne, sondern auf die antiken Kulturen des Mittelmeerraumes, die griechische, römische und jüdische Rechtstraditionen in ihrer ganzen Breite umfassen, eine Antike, die insgesamt ein signifikantes und die spätere europäische Tradition prägendes Interesse am Recht aufweist. Damit zielt der Band darauf ab, den interdisziplinären Spannungsbogen zwischen Recht und Erzählung durch eine historische und transepochale Perspektivierung weiter auszudehnen und dem bislang vor allem gegenwartsorientierten Forschungsfeld zusätzliche historische Tiefenschärfe zu verleihen.[27]

zu Bruner vgl. den Beitrag von Kirstein in diesem Band, S. 325–326. Hierauf aufbauend Nünning/Nünning/Neumann (2010): *Cultural Ways of Worldmaking. Media and Narratives.* Herman (2009), 1 bezieht sich auf Nelson Goodmans konstruktivistischen *Worldmaking*-Ansatz (1978): «This essay begins from the assumption that mapping words onto worlds is a fundamental – perhaps the fundamental – requirement for narrative sense making. To explore how people use storytelling practices to build, update, and modify narrative worlds, the essay extends Goodman's (1978) account of ‹ways of worldmaking.› Narrative worldmaking, I argue, involves specific, identifiable procedures set off against a larger set of background conditions for world-creation – irrespective of the medium in which the narrative practices are being conducted». Für die Verbindung von Kulturtheorie und Erzähltheorie vgl. auch die grundlegende Arbeit von Koschorke (2018), dort 50 u. 151 zu *courtroom narratives*.

26 Sarat et al. (2010b), 9; note from the editors, *Yale Journal of Law and the Humanities* 1 (1988), vi.

27 Die hier vorgenommene Engführung ergibt sich aus dem Kompetenzspektrum der in diesem Band vertretenen Disziplinen. Zu Chancen und Grenzen der Interdisziplinarität in *law and literature* s. z. B. Künzel (2007), 129–132, Schönert (2015b), Gaakeer (2019), 54–62, und ihren Beitrag in diesem Band (*passim*), vgl. auch die kritische Bestandsaufnahme bei Anker/Meyler (2017), 12–14. Für die interdisziplinäre Vernetzung von Philologie und Rechtswissenschaft im 19. Jahrhundert vgl. Künzel (2007), bes. 116–117, sowie Lieb/Strosetzki (2013) und Lieb (2022). Lieb verweist auf den Wandel der Geschichtsschreibung im 19. Jahrhundert und ihren Einfluss auf Philologie und Jurisprudenz, ebd., 193–194 mit Bezug auf Koselleck (1985). Vgl. auch Barsch (2013), 642 zur Methodennähe von Philologie und Rechtswissenschaft.

Antike Perspektiven auf *Recht als Erzählung* im Kontext

Während insbesondere die strukturalistisch ausgerichtete Narratologie als Methode in der Klassischen Philologie mittlerweile etabliert und auch in anderen altertumswissenschaftlichen Disziplinen wie der Alten Geschichte oder der Judaistik präsent ist,[28] sind Anwendungen auf Rechts- oder rechtsnahe Texte der Antike – etwa Gesetze, Gerichtsreden oder Petitionen – bisher begrenzt und vereinzelt geblieben; dabei können sie gleich an mehrere Forschungsrichtungen und aktuelle altertumswissenschaftliche Fragestellungen anknüpfen.

Bereits auf längere Tradition können altertumswissenschaftliche Studien zurückblicken, die sich unter dem Schlagwort *law in literature* zusammenfassen lassen. Sie untersuchen, wie sich literarische Texte der Antike mit dem Recht, mit Rechtsverfahren und Rechtsnormen (auch ungeschriebenen) sowie dem juristischen Denken auseinandersetzen. Besonders das griechische Drama sowie die griechische und römische Historiographie, aber auch andere zentrale Gattungen wie das Epos oder die spätantike Hagiographie (inklusive der viel diskutierten Märtyrerakten) stehen dort im Mittelpunkt. Nur beispielhaft für diese Richtung seien hier aus der Reihe *Law and Literature* eine rezente Monographie zu Erzählungen vom Recht bei Homer und der jüngst erschienene Sammelband *Roman Law and Latin Literature* genannt, der mit programmatischem Anspruch zahlreiche einschlägige Studien versammelt und nicht nur *law in literature*, sondern auch Aspekte von *literature in law* mitberücksichtigt.[29] Die antike Überlieferung erweist sich dabei zugleich als materialreiche und differenzierte Fundgrube für Fragestellungen der *cultural* oder *contextual narratology*, die, wie oben skizziert, den Blick auf jene Erzählungen richtet, in denen sich soziale und politische Semantiken (oder ‹Narrative›) von Rechtsnormierung und Rechtspraxis manifestieren. Hier kann an eine wachsende Zahl einschlägiger Studien angeknüpft werden.[30]

28 Exemplarisch genannt seien hier Schmitz (2007), 43–62; Grethlein/Rengakos (2009); de Jong (2014a), hier bes. 3–6; Abele/Kirstein/Nill (2019); Liveley (2019), hier bes. 1–9; Grethlein (2017) und (2023), hier bes. 1–19; Feddern (2021). Für (alt)historische Perspektiven s. zum Beispiel Hornblower (1996), Rood (1998), Gagarin (2003).

29 Almog (2022); Ziogas/Bexley (2022a), mit der Einleitung (2022b) zu *literature in law*. Ein breites Tableau der Beziehungen zwischen *law and literature* präsentieren Lowrie (2016) und Diliberto (2022) für das republikanische und (so Letzterer) das frühkaiserzeitliche Rom, Laclau (2024) für das antike Griechenland von Hesiod bis Aristoteles; bei Diliberto auch umfangreiche weitere Literaturangaben für Studien zu *law in literature* in Rom. Für den griechischen Bereich wären hier insbesondere Studien zum Recht im Drama zu nennen, s. überblicksweise Allen (2005) und Harris/Leão/Rhodes (2010). Nur hingewiesen sei hier auf die kurz vor Druck des vorliegenden Bandes in einer neuen Reihe *International Studies in Law and Literature* erschienene Monographie von Laclau (2024).

30 Diese Forschungslandschaft ist zu breit, um hier auch nur annähernd angemessen dokumentiert zu werden; Abhandlungen finden sich aber z. B. in den neueren Sammelwerken von Cohen/Gagarin (2005) und du Plessis/Ando/Tuori (2016). In jüngster Zeit verfolgen den Ansatz der *cultural narratology* explizit Liveley/Shaw (2020); darauf aufbauend Shaw (2023) und (2024), v. a. zur augusteischen Ehegesetzgebung. Ein ähnliches Verständnis von Narratologie bei Walter (2022), die spätrömische jüdische Gemeinschaften betreffende Gesetze in ‹Narrative› über gute

In diesem Band sind solche kulturwissenschaftlich orientierten Studien in der letzten Sektion IV *Rechtserzählung als kulturelle Praxis* versammelt. Lisa Pilar Eberle vergleicht in ihrem Beitrag Empfehlungsschreiben an römische Magistrate aus der späten Republik und der Hohen Kaiserzeit unter der Frage, wie darin strittige Besitzansprüche erzählt werden; sie vertritt die These, dass die dabei zutage tretenden Unterschiede in einem Wandel der *moral economy* in dieser Zeit zu suchen sind, die sich auch in den Erzählungen niederschlugen, mit denen man vor dem Richter Besitz rechtfertigen konnte. Im selben historischen Kontext liest der Beitrag von Robert Kirstein die Briefsammlung des jüngeren Plinius als eine Erzählung über Recht und Rechtspraxis seiner Zeit, die sich ihrerseits in eine Renarrativierung des Verhältnisses von Kaiser und Reichselite nach der Überwindung der Rupturen unter Kaiser Domitian einordnen lässt. Ergänzt werden die beiden altertumswissenschaftlichen Fallbeispiele durch einen Beitrag von Joachim Knape, der mit einem informations- und medientheoretischen Ansatz eine «Minimaltheorie» des Erzählens unter dem Begriff des «Nuklearnarrativs» entwickelt. Unter anderem am Beispiel der *Freiheitstafel* Sebastian Brants (1517) wird gezeigt, wie sich politische Normen und Werte des republikanischen Strassburger Stadtregiments in textlich-bildlichen Mikronarrativen widerspiegeln.

Die Beschäftigung mit den literarischen Qualitäten und der Gestaltung von Rechtstexten – also *law as literature*, um diesen zweiten klassischen Zugang zum Thema mit dem geläufigen Schlagwort zu kennzeichnen – kann in den Altertumswissenschaften insofern auf eine lange Vorgeschichte zurückblicken, als die forensische Rhetorik in der jahrhundertelangen Auseinandersetzung mit der antiken Rhetoriktheorie und -praxis stets bedeutenden Raum eingenommen hat. Gerichtsreden, deren Analyse als *courtroom narratives* der Entwicklung des Feldes ausserhalb der Altertumswissenschaft wie erwähnt einen wesentlichen Anstoss gaben, waren dort seit jeher Gegenstand der Forschung.[31] Die Anwendung narratologischer Fragestellungen und Methoden auf diese Gattung steht jedoch auch hier noch am Anfang.[32] Ihr Potenzial zeigt Jonas Grethlein in diesem Band am Beispiel von Platons *Apologie des Sokrates* auf, indem er darlegt, wie dieser viel zitierte Text mit den narrativen Konventionen der Gattung bricht und damit auch eine kritische Metareflexion über das Verfahren des Sokrates im Besonderen und das Gerichtswesen im Athen des beginnenden 4. Jahrhunderts v. Chr. im Allgemeinen anregt. Die Bedeutung von Gerichtserzählungen wird durch zwei weitere Studien zu gegenwartsbezogenen Beispielen unterstrichen. Stephan Dusil lotet am Beispiel eines aufsehenerregenden Prozesses vor dem deutschen Reichsgericht im Jahr 1922 Erkenntnisgewinn und -grenzen narratologischer Analysen

Herrschaft einordnet. Vgl. auch Almog (2022), 15–16. Auch der rezente Sammelband *The Past through Narratology* (Fafinski/Riemenschneider [2022]) verwenden ‹narratology›, nicht im Sinne von ‹Erzähltechnik›, sondern von ‹Narrativen› im genannten Sinne.

31 Vgl. z. B. Cooper (2007), Gunderson (2009), Kennedy (^{2}2010), Wohl (2010) (mit weiterer Lit. zum klassischen Athen: 5), Hohmann (2013).

32 Einschlägige Studien etwa bei Gagarin (2003) und Edwards/Spatharas (2019).

von Erzählungen vor einem und um ein Gerichtsverfahren aus. Und zwei familienrechtliche Verfahren der jüngsten Vergangenheit sind die Fallbeispiele, an denen Jeanne Gaakeer in ihrem Beitrag exemplifiziert, warum die Narratologie für das Recht insgesamt und besonders für Gerichtsprozesse praktische Relevanz besitzt und welche Elemente «narrativer Intelligenz» die richterliche Entscheidungsfindung und Urteilsbegründung beachten sollte.

Das Zusammenspiel von Recht und Literatur im Sinne von *law as literature* hat in jüngerer Zeit aber auch in anderen Bereichen der antiken Rechtsgeschichte Impulse erfahren. Besonders dynamisch entwickeln sich dabei Forschungen zum Einfluss rhetorischer und literarischer Techniken auf das juristische Denken und die Sprache des Rechts bei den römischen Juristen.[33] Ausgehend von ihren Untersuchungen zur rhetorischen Gestaltung römischer Juristenschriften hat Ulrike Babusiaux jüngst auch die Frage nach ihren narrativen Strukturen in den Blick genommen,[34] eine Perspektive, der ihr Beitrag zu diesem Band detailliert nachgeht. Die Rhetorik des Rechts ist auch im Hinblick auf Sprache und Stil des Gesetzesrechts vor allem für die römische Zeit in verschiedenen Einzelstudien untersucht worden. Neben der Analyse rhetorischer Techniken (Sprachebenen, Stilmittel, Tropen) geht es dabei immer auch um deren Einbettung in die jeweiligen kulturellen, sozialen und politischen Kontexte.[35] Narratologische Fragestellungen und Analysen dieser Gattung von Rechtstexten sind jedoch, soweit wir sehen, bisher kaum entwickelt worden.[36] Die in der Sektion II dieses Bandes, «Narrativität in Rechtstexten», versammelten Fallstudien illustrieren, dass gerade die antiken Rechtstexte hierfür reiches Material bieten – mehr als die überwiegend unpersönliche, wenig erzählerische Sprache moderner Gesetze dies üblicherweise zulässt. Benjamin Gray demonstriert dies an hellenistischen Polisdekreten, Sebastian Schmidt-Hofner an spätrömischen Kaisergesetzen; beide Textsorten zeigen, wie eng ihre Erzählstile mit der politischen Kultur ihrer jeweiligen Epoche verbunden sind. Clifford Andos Aufsatz wendet sich einer besonderen Figur des Rechtsdiskurses mit inhärent narrativem Charakter zu, den sogenannten ‹Rechtsfiktionen›; am Beispiel republikanischer und prinzipatszeitlicher Rechtsetzungen geht er den Funktionen dieses rechtlichen Instruments nach und zeigt, dass sein besonderer Vorzug in der hohen Flexibilität lag, die es der Rechtsentwicklung verlieh.

33 Humfress (2007), 62–132; Leesen (2010); Babusiaux (2011) und öfter; Tellegen-Couperus/Tellegen (2013); Kacprzak (2016); Mantovani (2018); Lendon (2022). Vgl. epochen- und kulturübergreifend Wagner-Egelhaaf et al. (2023).

34 Babusiaux (2016).

35 Zum römischen Gesetzesrecht ist einschlägige Literatur im Aufsatz von Sebastian Schmidt-Hofner in diesem Band, Anm. 3, zusammengestellt. Grundlegende Beiträge zu diesem Feld sind Voß (1982) und Eich/Eich (2004).

36 Zum «narratological approach to the Augustan marriage laws» bei Liveley/Shaw (2020), Shaw (2023) u. (2024), sowie Walter (2022) s. oben Anm. 30.

Das Verhältnis von Recht und Erzählung ist schliesslich auch jenseits des griechischen und römischen Kulturraums zum Gegenstand neuerer Forschungen zur europäischen Antike und ihrem Umfeld geworden. Methodisch stehen dabei bislang der *law in literature*-Ansatz sowie das Interesse an rechtsrahmenden Erzählungen im Vordergrund; exemplarisch sei hier ein jüngerer Band zu *Law and Narrative in the Bible and in Neighbouring Ancient Cultures* genannt, der Studien zum Alten und Neuen Testament sowie zum rabbinischen Judentum mit solchen zum griechischen Drama und zu Cicero zusammenführt.[37] Als eine neuere Studie, die *law as literature*, Recht als Literatur, in den Blick nimmt und unter Einbeziehung im engeren Sinne narratologischer Ansätze sowohl *stories about the law* als auch *stories in the law* behandelt, sei aber auf Moshe Simon-Shoshans Untersuchung *Stories of the Law. Narrative Discourse and the Construction of Authority in the Mishnah* von 2012 verwiesen, die ebenfalls mit einem vergleichenden Blick auf narrative Elemente (spät)römischer Gesetzgebung arbeitet.[38] Diese über Hellas und Rom hinausgehende, integrierende Perspektive auf die Rechtskulturen der Antike wird im vorliegenden Band durch den Beitrag von Maren Niehoff vertreten. Sie argumentiert, dass die Ursprünge des rabbinischen Rechtsgelehrtentums weit früher als üblicherweise in der Forschung angenommen in der Begegnung jüdischer Intellektueller (wie Philon von Alexandrien oder Flavius Josephus) mit der römischen Jurisprudenz zu suchen sind, was sich etwa in Erzählungen zeigt, die die jüdische Synagoge als Ort der Rechtsprechung und als Rechtsschule umdeuten. Regina Grundmann führt diese Analyse gewissermassen in die longue durée, indem sie in ihrem Beitrag die narrative Gestaltung und Rahmung in den Responsa jüdischer Rechtsgelehrter der Moderne untersucht. Zusammen mit dem Aufsatz von Ulrike Babusiaux finden sich diese Beiträge in der Sektion III, «Narrativität im Juristenrecht».

Narratologische Untersuchungen antiker Texte, die der Sphäre des Rechts im engeren Sinne zuzurechnen sind oder sich mit ihr auseinandersetzen, können – so lässt sich resümieren – an eine Vielzahl sowohl etablierter als auch neuerer Forschungsfelder der Altertumswissenschaften anknüpfen und diese um neue Methoden und Fragestellungen ergänzen. Besonders gewinnbringend erscheint hierfür der diachrone und interdisziplinäre Dialog mit Studien zu modernen Rechtsthematiken. Aus Sicht der Herausgeber sind in diesem Kontext vier Bereiche besonders vielversprechend, die hier in vier Sektionen vorgestellt werden: Die narratologische Analyse von *courtroom narratives* (Sektion I), zu denen in der Antike neben dem reichen Material der Gerichtsreden auch verwandte Texte wie zum Beispiel Petitionen – Zeugen einer in vielen antiken Gesellschaften eminent wichtigen sozialen Praxis – zählen; die narrative Gestaltung von gesetzesförmigen Rechtstexten (Sektion II); die juristische Textproduktion, von Traktaten bis zu

37 Adam et al. (2012). An der Universität Tübingen ist im Jahr 2023 ein Projekt zur «Ästhetik narrativer Rechtskommunikation im Koran und im vormodernen Islam» angelaufen: SFB 1391 *Andere Ästhetik*, Projekt B8.

38 Simon-Shoshan (2012).

Responsen (Sektion III); und schliesslich die Erforschung von Erzählungen über das Recht als einem Kulturelement, dem in vielen antiken Gesellschaften eine hohe gesellschaftliche Bedeutung zukam, wie dies in Sektion IV, aber auch in anderen Beiträgen dieses Bandes illustriert wird. Damit hofft der Band zugleich zu zeigen, dass die Betrachtung antiker Rechtstexte (im weiteren Sinne) unter narratologischen Gesichtspunkten epochenübergreifend für das Feld von Recht und Erzählung neue Perspektiven eröffnen kann.

Literaturverzeichnis

Abele/Kirstein/Nill (2019): Andreas Abele, Robert Kirstein u. Hans-Peter Nill, «Narratology and Classical Epic», in: Christiane Reitz u. Simone Finkmann (Hgg.), *Structures of Epic Poetry, Vol. I: Foundations*, Berlin, 99–113.

Adam et al. (2012): Klaus-Peter Adam, Friedrich Avemarie, Dorit Felsch u. Nili Wazana (Hgg.), *Law and Narrative in the Bible and in Neighbouring Ancient Cultures*, Tübingen.

Allen (2005): Danielle Allen, «Law and Greek Tragedy», in: David Cohen u. Michael Gagarin (Hgg.), *The Cambridge Companion to Ancient Greek Law*, Cambridge, 374–393.

Almog (2022): Shulamit Almog, *The Origins of the Law in Homer*, Berlin u. Boston.

Ando (2015): Clifford Ando, «Fact, Fiction and Social Reality in Roman Law», in: Maksymilian Del Mar u. William Twining (Hgg.), *Legal Fictions in Theory and Practice*, Boston, 295–323.

Anker/Meyler (2017): Elisabeth S. Anker u. Bernadette Meyler, «Introduction to New Directions in Law and Literature», in: Elisabeth S. Anker u. Bernadette Meyler (Hgg.), *New Directions in Law and Literature*, Oxford, 1–30.

von Arnauld (2009): Andreas von Arnauld, «Was war, was ist – und was sein soll. Erzählen im juristischen Diskurs», in: Christian Klein u. Matías Martínez (Hgg.), *Wirklichkeitserzählungen. Felder, Formen und Funktionen nicht-literarischen Erzählens*, Stuttgart, 14–50.

von Arnauld (2017): Andreas von Arnauld, «Soziale Felder des Erzählens: Recht», in: Matías Martínez (Hg.), *Erzählen. Ein interdisziplinäres Handbuch*, Stuttgart, 173–187.

von Arnauld/Martini (2015): Andreas von Arnauld u. Stefan Martini, «Unreliable Narration in Law Courts», in: Vera Nünning (Hg.), *Unreliable Narration and Trustworthiness. Intermedial and Interdisciplinary Perspectives*, Berlin, 347–370.

Babusiaux (2011): Ulrike Babusiaux, *Papinians Quaestiones. Zur rhetorischen Methode eines spätklassischen Juristen*, München.

Babusiaux (2016): Ulrike Babusiaux, «Legal Writing and Legal Reasoning», in: Paul J. du Plessis, Clifford Ando u. Kaius Tuori (Hgg.), *The Oxford Handbook of Roman Law and Society*, Oxford, 176–187.

Bal (⁴2017): Mieke Bal, *Narratology. Introduction to the Theory of Narrative*, 4. Aufl. Toronto.

Barsch (2013): Achim Barsch, «Recht/Rechtssystem und Literatur», in: Ansgar Nünning (Hg.), *Metzler Lexikon Literatur- und Kulturtheorie. Ansätze, Personen, Grundbegriffe*, Stuttgart, 641–642.

Barthes (1988): Roland Barthes, «Einführung in die strukturale Analyse von Erzählungen», in: Roland Barthes (Hg.), *Das semiologische Abenteuer. Übersetzt von Dieter Hornig*, Frankfurt am Main, 102–143.

Blufarb (2017): Ruth Blufarb, *Geschichten im Recht. Übertragbarkeit von ‹Law as Narrative› auf die deutsche Rechtsordnung*, Baden-Baden.

Binder/Weisberg (2000): Guyora Binder u. Robert Weisberg, *Literary Criticisms of Law*, Princeton (NJ).

Booth (1961): Wayne C. Booth, *The Rhetoric of Fiction*, Chicago.

Breithaupt (2009): Fritz Breithaupt, *Kulturen der Empathie*, Frankfurt am Main.
Breithaupt (2022): Fritz Breithaupt, *Das narrative Gehirn. Was unsere Neuronen erzählen*, Frankfurt am Main.
Brooks (2005): Peter Brooks, «Narrative in and of the Law», in: James Phelan u. Peter J. Rabinowitz (Hgg.), *A Companion to Narrative Theory*, Malden (MA), 415–426.
Brooks (2006): Peter Brooks, «Narrative Transactions – Does the Law Need a Narratology?», *Yale Journal of Law & the Humanities* 18, 1–28.
Brooks (2017): Peter Brooks, «Retrospective Prophecies. Legal Narrative Constructions», in: Elizabeth S. Anker, Bernadette Meyler (Hgg.), *New Directions in Law and Literature*, 92–108.
Brooks/Gewirtz (1996): Peter Brooks u. Paul Gewirtz (Hgg.), *Law's Stories. Narrative and Rhetoric in the Law*, New Haven (CT).
Bruner (1991): Jerome Bruner, «The Narrative Construction of Reality», *Critical Inquiry* 18/1, 1–21.
Bruner (2002): Jerome Bruner, *Making Stories. Law, Literature, Life*, Cambridge (MA).
Bruner (2005): Jerome Bruner, «Past and Present as Narrative Constructions», in: Jürgen Straub (Hg.), *Narration, Identity, and Historical Consciousness*, New York, 23–43.
Christ/Mueller (2017): Birte Christ u. Stefanie Müller (Hgg.), *Poetry and Law* (Amerika Studien/America Studies, 62/2), Heidelberg.
Cohen/Gagarin (2005): David Cohen u. Michael Gagarin (Hgg.), *The Cambridge Companion to Ancient Greek Law*, Cambridge.
von Contzen (2018): Eva von Contzen, «Diachrone Narratologie und historische Erzählforschung. Eine Bestandsaufnahme und ein Plädoyer», *Beiträge zur mediävistischen Erzählforschung* 1, 16–37.
von Contzen/Tilg (2019): Eva von Contzen u. Stefan Tilg (Hgg.), *Handbuch Historische Narratologie*, Stuttgart.
von Contzen/Tilg (2023): Eva von Contzen u. Stefan Tilg, «Two Handbooks – Two Concepts? On ‹Diachronic› and ‹Historical› Narratology›», in: Peter Hühn, John Pier u. Wolf Schmid (Hgg.), *Handbook of Diachronic Narratology*, Berlin, 5–15.
Cooper (2007): Craig Cooper, «Forensic Oratory», in: Ian Worthington (Hg.), *A Companion to Greek Rhetoric*, Malden (MA).
Cordoni/Langer (2014): Constanza Cordoni de Gmeinbauer u. Gerhard Langer (Hgg.), *Narratology, Hermeneutics, and Midrash. Jewish, Christian, and Muslim Narratives from the Late Antiquity through to Modern Times*, Göttingen.
Cover (1983): Robert M. Cover, «The Supreme Court, 1982 Term – Foreword: Nomos and Narrative», *Harvard Law Review* 97, 4–68.
Delgado (1989): Richard Delgado, «Storytelling for Oppositionists and Others. A Plea for Narrative», *Michigan Law Review* 87/8, 2411–2441.
Diliberto (2022): Oliviero Diliberto, «Law and Literature. The Case of Roman Jurisprudence in Latin Literary Works, in: Fara Nasti u. Aldo Schiavone (Hgg.), *Jurists and Legal Science in the History of Roman Law*, London u. New York, 115–135.
Dolin (2007): Kieran Dolin, *A Critical Introduction to Law and Literature*, Cambridge.
Dolin (2018): Kieran Dolin (Hg.), *Law and Literature*, Cambridge.
Edwards/Spatharas (2019): Michael Edwards u. Demos G. Spatharas (Hgg.), *Forensic Narratives in Athenian Courts*, London u. New York.
Eich/Eich (2004): Armin Eich and Peter Eich, «Thesen zur Genese des Verlautbarungsstils der spätantiken kaiserlichen Zentrale», *Tyche* 19, 75–104.
Fafinski/Riemenschneider (2022): Mateusz Fafinski u. Jakob Riemenschneider, *The Past through Narratology. New Approaches to Late Antiquity and the Early Middle Ages*, Heidelberg.

Feddern (2021): Stefan Feddern, *Elemente der antiken Erzähltheorie*, Berlin.
Fludernik (2003): Monika Fludernik, «The Diachronization of Narratology», *Narrative* 11/3, 331–348.
Fludernik (2005): Monika Fludernik, «Histories of Narrative Theory (II): From Structuralism to the Present», in: James Phelan u. Peter J. Rabinowitz (Hgg.), *A Companion to Narrative Theory*, Malden (MA), 36–59.
Fludernik (2014): Monika Fludernik, «A Narratology of the Law? Narratives in Legal Discourse», *Critical Analysis of Law. An International & Interdisciplinary Law Review* 1/1, 87–109.
Fludernik (2019): Monika Fludernik, *Metaphors of Confinement. The Prison in Fact, Fiction, and Fantasy*, Oxford.
Fludernik/Falkenhayner/Steiner (2015): Monika Fludernik, Nicole Falkenhayner u. Julia Steiner (Hgg.), *Faktuales und fiktionales Erzählen. Interdisziplinäre Perspektiven*, Würzburg.
Fludernik/Schäfer (2022a): Monika Fludernik u. Frank L. Schäfer (Hgg.), *Erzählen und Recht = Narrative and Law*, Baden-Baden.
Fludernik/Schäfer (2022b): Monika Fludernik u. Frank L. Schäfer, «Introduction», in: Monika Fludernik u. Frank L. Schäfer (Hgg.), *Erzählen und Recht = Narrative and Law*, Baden-Baden, 15–27.
Fortier (2019): Mark Fortier, *Literature and Law*, London.
Gaakeer (2019): Jeanne Gaakeer, *Judging from Experience. Law, Praxis, Humanities*, Edinburgh.
Gaakeer (2022): Jeanne Gaakeer, «Law and Literature», in: Mortimer Sellers u. Stephan Kirste (Hgg.), *Encyclopedia of the Philosophy of Law and Social Philosophy*, Dordrecht.
Gagarin (2003): Michael Gagarin, «Telling Stories in Athenian Law», *Transactions of the American Philological Association* 133, 197–207.
Gearey (2005): Adam Gearey, «Law and Narrative», in: David Herman, Manfred Jahn u. Marie-Laure Ryan (Hgg.), *The Routledge Encyclopedia of Narrative Theory*, Abingdon, 271–275.
Genette ([1972] 1980): Gérard Genette, *Narrative Discourse. An Essay in Method*, Ithaca.
Genette ([1983] 1988): Gérard Genette, *Narrative Discourse Revisited*, Ithaca.
Goodman (1978): Nelson Goodman, *Ways of Worldmaking*, Indianapolis.
Greiner/Thums/Vitzthum (2010): Bernhard Greiner, Barbara Thums u. Wolfgang Graf Vitzthum (Hgg.), *Recht und Literatur. Interdisziplinäre Bezüge*, Heidelberg.
Grethlein (2017): Jonas Grethlein, *Die Odyssee. Homer und die Kunst des Erzählens*, München.
Grethlein (2023): Jonas Grethlein, *Ancient Greek Texts and Modern Narrative Theory. Towards a Critical Dialogue*, Cambridge.
Grethlein/Rengakos (2009): Jonas Grethlein u. Antonios Rengakos (Hgg.), *Narratology and Interpretation. The Content of Narrative Form in Ancient Literature*, Berlin.
Gunderson (2009): Erik Gunderson (Hg.), *The Cambridge Companion to Ancient Rhetoric*, Cambridge.
Haas (2014): Stefan Haas, «Fiktionalität in den Geschichtswissenschaften», in: Tobias Klauk u. Tilmann Köppe (Hgg.), *Fiktionalität. Ein interdisziplinäres Handbuch*, Berlin, 516–532.
Hanne/Weisberg (2018): Michael Hanne u. Robert Weisberg (Hgg.), *Narrative and Metaphor in the Law*, Cambridge.
Harris/Leão/Rhodes (2010): Edward Harris, Delfim F. Leão u. Peter J. Rhodes (Hgg.), *Law and Drama in Ancient Greece*, London.
Herman (2005): David Herman, «Histories of Narrative Theory (I). A Genealogy of Early Developments», in: James Phelan u. Peter J. Rabinowitz (Hgg.), *A Companion to Narrative Theory*, Malden (MA), 19–35.

Herman (2009): David Herman, «Narrative Ways of Worldmaking», in: Sandra Heinen u. Roy Sommer (Hgg.), *Narratology in the Age of Cross-Disciplinary Narrative Research*, Berlin, 71–87.
Herman (2013): David Herman, «Cognitive Narratology (revised version; uploaded 22 September 2013», in: Peter Hühn et al. (Hgg.), *The Living Handbook of Narratology*. Hamburg: Hamburg University. URL: http://www.lhn.uni-hamburg.de/article/cognitive-narratology-revised-version-uploaded-22-september-2013 [Zugriff: 12.02.2019].
Höcker (2020): Arne Höcker, *The Case of Literature. Forensic Narratives from Goethe to Kafka*, Ithaca.
Hohmann (2013): Hanns Hohmann, «Gerichtsrede», in: Gert Ueding (Hg.), *Historisches Wörterbuch der Rhetorik Online*, Berlin. URL: https://doi.org/10.1515/hwro.3.gerichtsrede. [Zugriff: 20.12.2024].
Hornblower (1996): Simon Hornblower, «Narratology and Narrative Techniques in Thucydides», in: Simon Hornblower (Hg.), *Greek Historiography*, Oxford 1996, 131–166.
Hühn et al. (2014), Peter Hühn, Jan Christoph Meister, John Pier u. Wolf Schmid (Hgg.), *Handbook of Narratology*, 2. Aufl. Berlin.
Hühn/Pier/Schmid (2023): Peter Hühn, John Pier u. Wolf Schmid (Hgg.), *Handbook of Diachronic Narratology*, Berlin.
Huizinga (1971): Johan Huizinga, *Homo ludens. A Study of the Play-Element in Culture* (1938), Boston.
Humfress (2007): Caroline Humfress, *Orthodoxy and the Courts in Late Antiquity*, Oxford 2007.
Jackson (1988): Bernard S. Jackson, *Law, Fact, and Narrative Coherence*, Liverpool.
Jaeger (200): Stephan Jaeger, «Erzählen im historiographischen Diskurs», in: Christian Klein u. Matías Martínez (Hgg.), *Wirklichkeitserzählungen. Felder, Formen und Funktionen nicht-literarischen Erzählens*, Stuttgart, 110–135.
Joachimsthaler (2008): Jürgen Joachimsthaler, «Rechtsfiktionen, Gerichtsaufführungen und das ‹als ob› der Gesetze. Die juristische Textur als literarische Kunstform», in: Stephan Porombka, David Oels u. Erhard Schütz (Hgg.), *Recht sachlich* (Non Fiktion. Arsenal der anderen Gattungen, 3. Jahrgang, 1/2), 31–49.
de Jong (2014a): Irene J. F. de Jong, *Narratology and Classics. A Practical Guide*, Oxford.
de Jong (2014b): Irene J. F. de Jong, «Diachronic Narratology (The Example of Ancient Greek Narrative)», in: Peter Hühn, Jan Christoph Meister, John Pier u. Wolf Schmid (Hgg.), *Handbook of Narratology*, 2. Aufl. Berlin, 115–122.
Kacprzak (2016): Agnieszka Kacprzak, «Rhetoric and Roman Law», in: Paul J. du Plessis, Clifford Ando u. Kaius Tuori (Hgg.), *The Oxford Handbook of Roman Law and Society*, 200–213.
Kaul (2011): Susanne Kaul, «Erzählen als Erkenntnisform», in: Matías Martínez (Hg.), *Handbuch Erzählliteratur. Theorie, Analyse, Geschichte*, Stuttgart, 97–102.
Kennedy ([2]2010): George A. Kennedy, *Classical Rhetoric and its Christian and Secular Tradition. From Ancient to Modern Times*, 2. Aufl. Chapel Hill.
Kirstein (2020): Robert Kirstein, «Narratologie und Biographie in Suetons *Vita Augusti*», *Scienze dell'Antichità* 26/2, 115–127.
Kirstein (2023): Robert Kirstein, «Unreliable Narration in Antiquity», in: Peter Hühn, John Pier u. Wolf Schmid (Hgg.), *Handbook of Diachronic Narratology*, Berlin, 84–104.
Klein/Martínez (2009a): Christian Klein u. Matías Martínez (Hgg.), *Wirklichkeitserzählungen. Felder, Formen und Funktionen nicht-literarischen Erzählens*, Stuttgart.
Klein/Martínez (2009b): Christian Klein u. Matías Martínez, «Wirklichkeitserzählungen. Felder, Formen und Funktionen nicht-literarischen Erzählens», in: Christian Klein u. Matías Martínez (Hgg.), *Wirklichkeitserzählungen. Felder, Formen und Funktionen nicht-literarischen Erzählens*, Stuttgart, 1–13.

Köhler/Gaderer/Schmidt (2024): Sigrid G. Köhler, Rupert Gaderer u. Florian Schmidt (Hgg.), *Recht als Kulturtechnik – Kulturtechniken des Rechts*, Paderborn.

Koschorke (2018): Albrecht Koschorke, *Fact and Fiction. Elements of a General Theory of Narrative. Translated by Joel Golb*, Berlin u. Boston.

Koselleck (1985): Reinhart Koselleck, *Vergangene Zukunft. Zur Semantik geschichtlicher Zeiten*, Frankfurt am Main (12. Aufl. 2022).

Künzel (2007): Christine Künzel, «‹Aus einem Bette aufgestanden›. Anmerkungen zum ‹Verhältnis› zwischen Recht und Literatur», in: G. Hofmann (Hg.), *Figures of Law. Studies in the Interference of Law and Literature*, Tübingen, 115–132.

Lachenmaier (2008): Maria Lachenmaier, *Die Law as Literature-Bewegung – Entstehung, Entwicklung und Nutzen*, Berlin.

Laclau (2024): Martín Laclau, *Law and Literature in Ancient Greece*, Boston.

Leesen (2010): Tessa G. Leesen, *Gaius Meets Cicero. Law and Rhetoric in the School Controversies*, Leiden.

Lendon (2022): Jon E. Lendon, *That Tyrant, Persuasion. How Rhetoric Shaped the Roman World*, Princeton.

Lieb (2022): Claudia Lieb, «Literatur- und Rechtsgeschichte, geschult am Roman», in: Monika Fludernik u. Frank L. Schäfer (Hgg.), *Erzählen und Recht = Narrative and Law*, Baden-Baden, 193–211.

Lieb/Strosetzki (2013): Claudia Lieb u. Christoph Strosetzki (Hgg.), *Philologie als Literatur- und Rechtswissenschaft. Germanistik und Romanistik 1730–1870*, Heidelberg.

Liss/Oeming (2010): Hanna Liss u. Manfred Oeming (Hgg.), *Literary Construction of Identity in the Ancient World. Proceedings of the Conference Literary Fiction and the Construction of Identity in Ancient Literatures. Options and Limits of Modern Literary Approach*, Winona Lake (IN).

Liveley (2019): Genevieve Liveley, *Narratology* (Classics in Theory), Oxford.

Liveley/Shaw (2020): Genevieve Liveley u. Rebecca Shaw, «Marriage Plots. A New Narratological Approach to the Augustan Marriage Laws», *Law and Humanities* 14/2, 244–266.

Lowrie (2016): Michèle Lowrie, «Roman Law and Latin Literature», in: Paul J. du Plessis, Clifford Ando u. Kaius Tuori (Hgg.), *The Oxford Handbook of Roman Law and Society*, Oxford, 70–81.

Mantovani (2018): Dario Mantovani, *Les juristes écrivains de la Rome antique. Les œuvres des juristes comme literature*, Paris.

Del Mar/Twining (2015): Maksymilian Del Mar u. William Twining (Hgg.), *Legal Fictions in Theory and Practice*, Boston.

Margolin (2015): Uri Margolin, «Theorising Narrative (Un)reliability. A Tentative Roadmap», in: Vera Nünning (Hg.), *Unreliable Narration and Trustworthiness. Intermedial and Interdisciplinary Perspectives*, Berlin, 31–58.

Martínez (2017): Matías Martínez (Hg.), *Erzählen. Ein interdisziplinäres Handbuch*, Stuttgart.

McHale (2005): Brian McHale, «Ghosts and Monsters. On the (Im)Possibility of Narrating the History of Narrative Theory», in: James Phelan u. Peter J. Rabinowitz (Hgg.), *A Companion to Narrative Theory*, Malden (MA), 60–71.

Meister (2014): Jan Christoph Meister, «Narratology», in: Peter Hühn et al. (Hgg.), *The Living Handbook of Narratology*. Hamburg: Hamburg University, 2014. URL: http://www.lhn.uni-hamburg.de/article/narratology [Zugriff: 12.02.2019].

Meuter (2014): Norbert Meuter, «Narration in Various Disciplines», in: Peter Hühn, Jan Christoph Meister, John Pier u. Wolf Schmid (Hgg.), *Handbook of Narratology*, 2. Aufl. Berlin, 447–467.

Moran (2012): Leslie J. Moran, «Legal Studies after the Cultural Turn. A Case Study of Judicial Research», in: Sasha Roseneil u. Stephen Frosh (Hgg.), *Social Research after the Cultural Turn*, Basingstoke, 124–143.
Müller-Dietz (2007): Heinz Müller-Dietz, *Recht und Kriminalität in literarischen Spiegelungen*, Stuttgart.
Müller-Dietz (2016): Heinz Müller-Dietz, «Literatur, Recht und Staat – Zur neueren Entwicklung einer kritischen Beziehung», in: Heinz Müller-Dietz, *Recht und Kriminalität in literarischen Brechungen*, Berlin, 1–32.
Nünning (2000): Ansgar Nünning, «Towards a Cultural and Historical Narratology. A Survey of Diachronic. Approaches, Concepts, and Research Projects», in: Bernhard Reitz u. Sigrid Rieuwerts (Hgg.), *Anglistentag 1999 Mainz: Proceedings*, Trier, 345–373.
Nünning (2009): Ansgar Nünning, «Surveying Contextualist and Cultural Narratologies. Towards an Outline of Approaches, Concepts and Potentials», in: Sandra Heinen u. Roy Sommer (Hgg.), *Narratology in the Age of Cross-Disciplinary Narrative Research*, Berlin, 48–70.
Nünning (2013a): Ansgar Nünning, «Wie Erzählungen Kulturen erzeugen. Prämissen, Konzepte und Perspektiven für eine kulturwissenschaftliche Narratologie», in: Alexandra Strohmaier (Hg.), *Kultur – Wissen – Narration. Perspektiven transdisziplinärer Erzählforschung für die Kulturwissenschaften*, Bielefeld, 15–54.
Nünning (2013b): Vera Nünning (Hg.), *New Approaches to Narrative. Cognition – Culture – History*, Trier.
Nünning (2013c): Vera Nünning, «Premises and Promises of Cultural Narratology», in: Vera Nünning (Hg.), *New Approaches to Narrative. Cognition – Culture – History*, Trier, 89–94.
Nünning/Nünning (2002a): Ansgar Nünning u. Vera Nünning, «Von der strukturalistischen Narratologie zur ‹postklassischen› Erzähltheorie. Ein Überblick über neue Ansätze und Entwicklungstendenzen», in: Ansgar Nünning u. Vera Nünning (Hgg.), *Neue Ansätze in der Erzähltheorie*, Trier, 1–33.
Nünning/Nünning (2002b): Ansgar Nünning u. Vera Nünning (Hgg.), *Erzähltheorie, transgenerisch, intermedial, interdisziplinär*, Trier.
Nünning/Nünning/Neumann (2010): Vera Nünning, Ansgar Nünning u. Birgit Neumann (Hgg.), *Cultural Ways of Worldmaking. Media and Narratives*, Berlin.
Nünning/Sommer (2008): Ansgar Nünning u. Roy Sommer, «Diegetic and Mimetic Narrativity. Some further Steps towards a Transgeneric Narratology of Narrative», in: John Pier u. José Angel García Landa (Hgg.), *Theorizing Narrativity*, Berlin, 331–354.
Nussbaum (1995): Martha C. Nussbaum, *Poetic Justice. The Literary Imagination and Public Life*, Boston.
Nussbaum (1996): Martha C. Nussbaum, «Emotion in the Language of Judging», *St. John's Law Review* 70/1, 23–30.
Nussbaum (2001): Martha C. Nussbaum, *Upheavels of Thought. The Intelligence of Emotions*, Cambridge.
Nussbaum (2016): Martha C. Nussbaum, *Not for Profit. Why Democracy Needs the Humanities*, Princeton (zuerst 2010).
Olson (2014): Greta Olson, «Narration and Narrative in Legal Discourse», in: Peter Hühn, Jan Christoph Meister, John Pier u. Wolf Schmid (Hgg.), *Handbook of Narratology*, 2. Aufl. Berlin, 371–383.
Olson/Kayman (2007): Greta Olson u. Martin A. Kayman, «Introduction: From ‹Law-and-Literature› to ‹Law, Literature, and Language›. A Comparative Approach», *European Journal of English Studies* 11/1, 1–15.
Phelan (2007): James Phelan, «Rhetoric/ethics», in: David Herman (Hg.), *The Cambridge Companion to Narrative*, Cambridge, 203–216.

Phelan/Rabinowitz (2005): James Phelan u. Peter J. Rabinowitz, «Tradition and Innovation in Contemporary Narrative Theory», in: James Phelan u. Peter J. Rabinowitz (Hgg.), *A Companion to Narrative Theory*, Malden (MA), 1–16.

du Plessis/Ando/Tuori (2016): Paul J. du Plessis, Clifford Ando u. Kaius Tuori (Hgg.), *The Oxford Handbook of Roman Law and Society*, Oxford.

Posner (^{3}2009): Richard Posner, *Law and Literature. A Misunderstood Relation*, 3. Aufl. Cambridge (MA) (zuerst 1988).

Prince (1995): Gerald Prince, «Narratology», in: Raman Selden (Hg.), *The Cambridge History of Literary Criticism. VIII: From Formalism to Poststructuralism*, Cambridge, 110–130.

Reichmann (2010): Ravit Reichman, «Narrative and Rhetoric», in: Austin Sarat, Matthew Anderson u. Catherine O. Frank (Hgg.), *Law and the Humanities. An Introduction*, Cambridge, 377–397.

Ricœur (1987): Paul Ricœur, «Life. A Story in Search of a Narrator», in: Marinus C. Doeser u. John N. Kraay (Hgg.), *Facts and Values*, Dordrecht, 121–132.

Roberts (2001): Geoffrey Roberts (Hg.), *The History and Narrative Reader*, London.

Rood (1998), Tim Rood, *Thucydides. Narrative and Explanation*, Oxford.

Ryan (2005): Marie-Laure Ryan, «On the Theoretical Foundations of Transmedial Narratology», in: Jan Christoph Meister (Hg.), *Narratology beyond Criticism. Mediality, Disciplinarity*, Berlin, 1–23.

Ryan (2014): Marie-Laure Ryan, «Narration in Various Media», in: Peter Hühn et al. (Hgg.), *The Living Handbook of Narratology*, Hamburg: Hamburg University. URL: http://www.lhn.uni-hamburg.de/article/narration-various-media [Zugriff: 12.02.2019].

Sarat et al. (2010a): Austin Sarat, Matthew Anderson u. Catherine O. Frank (Hgg.), *Law and the Humanities. An Introduction*, Cambridge.

Sarat et al. (2010b): Austin Sarat, Matthew Anderson u. Catherine O. Frank, «Introduction. On the Origins and Prospects of the Humanistic Study of Law», in: Austin Sarat, Matthew Anderson u. Catherine O. Frank (Hgg.), *Law and the Humanities. An Introduction*, Cambridge, 1–46.

Sarti (2013): Cathleen Sarti, «A New Approach to an Old Document. The Narrative Elements in the Bill of Rights», in: Vera Nünning (Hg.), *New Approaches to Narrative. Cognition – Culture – History*, Trier, 213–222.

Schäfer (2020): Frank L. Schäfer, «Theater des Schreckens. Eine diachrone Narratologie des Strafprozesses», in: Dustin Breitenwischer, Hanna-Myriam Häger u. Julian Menninger (Hgg.), *Faktuales und fiktionales Erzählen II. Geschichte – Medien – Praktiken*, Baden-Baden, 193–223.

Schmitz (2007): Thomas A. Schmitz, *Modern Literary Theory and Ancient Texts. An Introduction*, Malden (MA).

Schneck (2011): Peter Schneck, *Rhetoric and Evidence. Legal Conflict and Literary Representation in U. S. American Culture*, Berlin.

Schönert (2015a): Jörg Schönert, *Kriminalität erzählen. Studien zu Kriminalität in der deutschsprachigen Literatur (1570–1920)*, Berlin.

Schönert (2015b): Jörg Schönert, «Erzählte Kriminalität. Zur Konstitution des Gegenstandsbereichs und zu interdisziplinären Perspektiven», in: Jörg Schönert, *Kriminalität erzählen. Studien zu Kriminalität in der deutschsprachigen Literatur (1570–1920)*, Berlin, 1–48.

Shaw (2023): Rebecca Shaw, «Characters, Criminalisation and the Augustan Marriage Legislation», *Law, Crime and History* 11/1, 30–51.

Shaw (2024): Rebecca Shaw, «The Emperor Augustus and Narratives of Legal Origin», *Law & Literature* 36/1, 31–47.

Simon-Shoshan (2012): Moshe Simon-Shoshan, *Stories of the Law Narrative Discourse and the Construction of Authority in the Mishnah*, Oxford 2012.
Stern et al. (2020): Simon Stern, Maksymilian Del Mar u. Bernadette Meyler (Hgg.), *The Oxford Handbook of Law and Humanities*, Oxford.
Sternberg ([4]1992): Meir Sternberg, *The Poetics of Biblical Narrative. Ideological Literature and the Drama of Reading*, 4. Aufl. Bloomington (IN).
Sternberg (2008): Meir Sternberg, «If-Plots. Narrativity and the Law-Code», in: John Pier u. José Ángel García Landa (Hgg.), *Theorizing Narrativity*, Berlin, 29–108.
Stierstorfer (2018): Klaus Stierstorfer, «The Revival of Legal Humanism», in: Kieran Dolin (Hg.), *Law and Literature*, Cambridge, 9–17.
Tellegen-Couperus/Tellegen (2013): Olga Tellegen-Couperus u. Jan Willem Tellegen, «Artes Urbanae. Roman Law and Rhetoric», in: Paul J. du Plessis (Hg.): *New Frontiers. Law and Society in the Roman World*, Edinburgh, 31–50.
Todorov (1969): Tzvetan Todorov, *Grammaire du ‹Décaméron›*, Frankfurt am Main.
Voß (1982): Wulf E. Voß, *Recht und Rhetorik in den Kaisergesetzen der Spätantike. Eine Untersuchung zum nachklassischen Kauf- und Übereignungsrecht*, Frankfurt am Main.
Wagner-Egelhaaf et al. (2023): Martina Wagner-Egelhaaf, Stefan Arnold, Marcus Schnetter u. Gesine Heger (Hgg.), *Rhetoriken zwischen Recht und Literatur. Interdisziplinäre und interkulturelle Zugänge*, Berlin.
Walter (2022): Sabina Walter, «Conflicting Narratives in Late Antique Law Concerning Jews», in: Mateusz Fafinski u. Jakob Riemenschneider (Hgg.), *The Past through Narratology. New Approaches to Late Antiquity and the Early Middle Ages*, Heidelberg, 93–106.
Weisberg (1984): Richard H. Weisberg, *The Failure of the Word. The Protagonist as Lawyer in Modern Fiction*, New Haven u. London.
Weisberg (1993): Richard H. Weisberg, «Three Lessons from Law and Literature», *Loyola of Los Angeles Law Review* 27, 285–303.
Weisberg (1989): Robert Weisberg, «The Law-Literature Enterprise», *Yale Journal of Law & the Humanities* 1/1, 1–67.
Weitin (2010): Thomas Weitin, *Recht und Literatur*, Münster.
White (1973): Hayden V. White, *Metahistory. The Historical Imagination in Nineteenth-Century Europe*, Baltimore.
White (1981): Hayden V. White, «The Value of Narrativity in the Representation of Reality», in: William Mitchell (Hg.), *On Narrative*, Chicago, 1–23.
White (1973/1985): James B. White, *The Legal Imagination*, Chicago.
Wohl (2010): Victoria Wohl, *Law's Cosmos. Juridical Discourse in Athenian Forensic Oratory*, Cambridge.
Wolf (2004): Werner Wolf, «‹Cross the Border – Close that Gap›. Towards an Intermedial Narratology», *European Journal of English Studies* 8/1, 81–103.
Wolf (2005): Werner Wolf, «Metalepsis as a Transgeneric and Transmedial Phenomenon. A Case Study of the Possibilities of ‹Exporting› Narratological Concepts», in: Jan Christoph Meister (Hg.), *Narratology beyond Literary Criticism. Mediality, Disciplinarity*, Berlin, 83–107.
Zander/Kramp-Seidel (2023): Laura A. Zander u. Nicola Kramp-Seidel (Hgg.), *Europe in Law and Literature. Transdisciplinary Voices in Conversation*, Berlin.
Zeidler/Plata (2024): «Law and Literature. A New View from Six Perspectives», in: Kamil Zeidler u. Joanna Kamień (Hgg.), *Aesthetics of Law. From Methodology to Manifestations*, Cham, 77–83.
Ziogas/Bexley (2022a): Joannis Ziogas u. Erica Bexley (Hgg.), *Roman Law and Latin Literature*, London.

Ziogas/Bexley (2022b): Joannis Ziogas u. Erica Bexley, «Introduction. Roman Law and Latin Literature», in: Joannis Ziogas u. Erica Bexley (Hgg.), *Roman Law and Latin Literature*, London, 1–22.
Zymner (2015): Rüdiger Zymner (Hg.), *Handbuch Literarische Rhetorik*, Berlin.

I. Erzähldimensionen in Courtroom Narratives

Particularising the Particular in Law: Telling Stories, Making Facts

Jeanne Gaakeer

Narratology draws attention to
the significance of the way in
which we describe or characterize
particular particulars.
*William Twining**

1 Preamble

In May 1611, the seventeen-year-old Artemisia Gentileschi was raped by the painter Agostino Tassi, aged thirty-three, who worked together with her father Orazio in his studio. In the hope of marriage, the legal consequence in cases in which a woman had been deflowered,[1] she continued a relationship with Tassi for months after the event. It turned out, however, that Tassi was already married to Maria Connòdoli, a woman living in Livorno.[2] In March 1612, Orazio Gentileschi brought suit against Tassi for injury and damage. He addressed a petition to Pope Paul V, thus bringing his case in the realm of canon law rather than civil law.[3] The charge against Tassi was both the rape of Artemisia and fraudulently procuring some of Orazio's paintings, «in particular a *Judith* large in size».[4] Artemisia testified under oath on March 18, 1612, narrating in detail the rape and Tassi's promise of

* Twining (1990), 238.

1 E. g. de Groot (1965), 308–309, on forcefully and illegitimately taking something that belongs to another, the worst form of it being rape, because as a result of it a woman could no longer hope to marry a man of equal station in life, «de allerzwaarste hoon ‹vrouwe-kracht› [...] doordien een vrouw-mensch verkracht zijnde, te minder geschapen is tot haers gelijcks huwelijk te komen, zoo is de vrouwe-verkrachter ook zulcks gehouden te vergoeden», and if the victim was still a virgin, the rapist had to marry her.

2 See Cavazzini (2020), 37; Solinas (2020), 16.

3 In Roman law, on which most continental European legal systems are based, *rapina* originally did not belong to the *delicta publica* so that a civil suit (*actio vi bonorum raptorum*) was the appropriate action to take, cf. Gaius/Oltmans (1967), 209.

4 Garrard (1989), 410.

marriage.[5] While her father demanded that Tassi and other false witnesses be punished for their perjury, Artemisia herself was believed to be unreliable and tortured by thumbscrew, but she did not give in to the pressure, even though as a painter she obviously took a huge risk with her fingers.[6] Eventually, in October 1612, the court found Tassi guilty. Nevertheless, he never served his eight-month prison term. Artemisia married Pierantonio Stiatessi and became a successful painter.

Fast forward, then, firstly, to 1995, when the European Court of Human Rights considered that a conviction by an English court of a man for the attempted rape of his wife did not violate the principle of legality as laid down in article 7 of the European Convention on Human Rights, on the view that while at that time rape within marriage was not punishable under common law or statutory law, new legislation was being prepared.[7] Secondly, to contemporary research that shows that the prototypical story of women who file a false complaint of rape leaves out elements such as kissing. Yet it is often the case that in true stories of rape victims the rape is preceded by kissing. Precisely because kissing is an act connected to consensual sex, juries in common law jurisdictions tend to believe that an allegation of rape is false when the alleged rape was narratively preceded by kissing and true when kissing is left out.[8] In short, crimes may come with narratives that differ from what we expect, and this difference may colour our view of the facts. Our «cognitive baggage» and the coded cultural meanings it contains may deceive us, as may our disciplinary conceptual frameworks that burden us when we do interdisciplinary research.[9] Cognitive dissonances may then be the consequence.

Artemisia's narration in court was, not surprisingly, factual only and she could not give voice to the trauma the crime had caused. But paint it she could, and she did. She told the story of the rape in her paintings on the *topos* of Judith and Holofernes, of which the 1612/1613 painting *Judith slaying Holofernes* is the most gruesome act of revenge. In her last dated painting, on the biblical theme of *Susannah and the Elders*, she returned to the topic of her own work on that very same scene painted around the date of her rape.[10] This brings me to narration,

5 Garrard (1989), 415–416. The written transcript contains an unsigned summary of the case entitled «Proceedings of the Case of Agostino Tassi», starting with «Narrative of the event which took place between Agostino Tassi, Artemisia Gentileschi, and the orderly Cosimo Quorli, with the aid of Tuzia, wife of Stefano Medaglia».

6 Solinas (2020), 46; Garrard (1989), 204.

7 ECHR 22 November 1995, Application no. 19178/91 *Bryan v. United Kingdom*. Cf. the House of Lords, *R v. R.* [1991] UKHL 12, that the marital rape exemption had become a legal fiction.

8 De Zutter/Horselenberg/van Koppen (2017), 3–4.

9 Berns (2018), 201, referring to Sheila Neallani, «Women of Colour in the Legal Profession: Facing the Familiar Barriers of Race and Sex», *Canadian Journal of Women & the Law*, 5, 1992, at 148.

10 There is no *communis opinio* between art historians on whether the painting *Susannah and the Elders* dates from 1610 or 1611. See Cropper (2020), 13, that it is the 1612–1613 *Judith beheading Holofernes* rather than *Susannah and the Elders* that «capitalises on her desire for revenge and

narratology and to metaphor as a device to import another narrative «to say the unsayable»,[11] in a text or any other cultural artefact such as a painting: who tells the story, from which perspective, with what aim, whose voice is it that we hear, that of the narrator or the narratee, what are the events or the facts described, who decides about the veracity of the story?[12] And, finally, what does the story mean? Furthermore, Mieke Bal has pointed out that «the inconspicuous metaphorical character of ordinary terms which carry a subjectivized narrative remain unnoticed», and rape is one of such terms: «The word ‹rape› then. The word is more often used as a noun than as a verb – which is my first worry. It is one of those nouns which imply a story»; thus, when we use the noun we lose sight of the important question after «the responsibility of the action».[13] Used as a verb, we are forced to name a narrator, a subject of the action and ask who the focalizer is, i. e. the rapist, the victim, or the judge-narrator in the court's decision. In short, if we use the noun, we should be aware of the «narrative duplicity» involved.[14] As Bal also claims, (the concept of) narrative is a mode rather than a genre and is therefore not confined to any one academic discipline.

> From early on, I considered the theory of narrative a relevant area of study precisely because it is not confined to any one discipline. For narrative is a mode, not a genre. It is alive and active as a cultural force, not just as a kind of literature. It constitutes a major reservoir of the cultural baggage that enables us to make meaning out of a chaotic world and the incomprehensible events taking place in it. And, not to be forgotten, narrative can be used to manipulate. In short, it is a cultural force to be reckoned with.[15]

Bal calls narrative a transdisciplinary concept, whereas narratology as the systematic study of the phenomenon narrative has been developed within literary studies. Thus, «[a]s a result of the move towards greater interdisciplinarity, others have alleged narrative as important».[16] Law is one of these others, so can narratology become theory in and for law? I would answer that question affirmatively by reiterating Jonathan Culler's interdisciplinary claim that theory is the name for

her own experience of physical attack»; Garrard (1989), 204, opts for it being painted close to the date of the rape: «Not only does the Susanna theme correspond to the real-life incident in its components of sexual assault, public trial, conflicting testimony, and punishment, but this particular picture corresponds as well with its emphasis upon the girl's personal anguish and other telling details», but she too interprets *Judith slaying Holofernes* «as an expression of imagined revenge against her rapist Agostino Tassi».

11 Bal (1994), 32.

12 The word fact is an elusive word. Are facts mere guesses as the legal philosopher Jerome Frank provocatively propounded? Or do we accept Henry James' view that a fact is what we cannot not know? Or do objective facts not exist as Friedrich Nietzsche propounded because everything is interpretation? For an elaboration of judicial narration, see Gaakeer (2021), 29–61.

13 Bal (1994), 38.

14 Bal (1994), 38.

15 Bal (2002), 10.

16 Bal (1994), 11.

> the unbounded corpus of works that succeed in challenging and reorienting thinking in domains other than those to which they ostensibly belong because their analyses of language, mind, history, or culture offer novel and persuasive accounts of signification, make strange the familiar and perhaps persuade readers to conceive of their own thinking and the institutions to which it relates in new ways.[17]

For this to happen two things are needed. First, that narratology is «taken up by readers from other fields», and this has already been the case in the field of historiography with the narrativist turn and in law, and, secondly, that «theory is, to some extent at least, to be defined in terms of practical effects: as what changes people's views, makes them conceive of their objects of study and their activity of studying differently».[18] With the above observations in mind as a background for what follows, I will sketch the development of interdisciplinary thought on narrative in legal surroundings, more specifically narrative jurisprudence in relation to literary jurisprudence, and then deal with the topics of (judicial) narrative intelligence and narrative empathy in relation to the facts of a case, fiction, and legal argument, to connect theory to legal practice. By way of illustration of their importance for judicial story sensibility in relation to other current topics in *Law and Humanities* research, viz. emotion and affect, I discuss two family law cases to show the possible effects of the judge's narration, both as story and discourse, on her audience, i. e. the narratee(s) whose lives are affected by the judicial decision. Throughout, I will also pay attention to the very idea of legal interdisciplinarity in relation to narratology.

2 Narrators all along

2.1 Paradise lost, paradise regained?

Uncontested is the fact that jurists and more specifically trial lawyers have been narrators since time immemorial.[19] With the differentiation,[20] however, of academic disciplines in the nineteenth century and the subsequent dominance of the epistemological *Wissenschaft* model developed in Germany for the classification of knowledge, followed by the rise of legal positivism in the twentieth century, the old theoretical bond of law and letters that goes back to the rediscovery of the *Corpus Iuris Civilis* and its philological opening-up by jurists-*clerici* was gone. The

17 Culler (1994), 13.

18 Culler (1994), 13.

19 See Pound (1953) for the etymology of the Middle-English terms for an advocate: narrator or *counter* from the French verb *(ra)conter* and the noun *countour*, i. e., one who pleads in a court of law.

20 See Luhman (1981). See also Luhmann (1988), 344 for the idea that differentiation cannot be undone so that the paradise of the old unity of knowledge up to and until the seventeenth century is lost.

same happened with the original symbiosis of law and literature in legal practice itself. Grimm still emphasized the medieval tradition of poet-lawyers, claiming that «Richter sind Dichter»,[21] i. e., judges in their decisions are finders of the best words in the best order in the same way that poets are; both are *poetai* in the ancient Greek meaning of the term: makers.[22] And, as Howard Bloch noted, the medieval jurist in dealing with a point of law often did so by «telling a story».[23] In short, the legal *trobador* or *trouveur* found refuge in the story in order to give the legal concept more body.

That law and literature are and remain cognate human, cultural practices, was rediscovered in the American context of a renaissance of the humanist tradition in the 1970s, starting with James Boyd White's seminal book *The Legal Imagination*. It is a revival that can be explained against the U. S. American legal and political consciousness of the 1950s and 1960s, a period in which the legal process school that aimed at preserving the autonomy of law in ways comparable to the rule-bound concept of codified law of the continental tradition in legal theory with legal positivism and analytical jurisprudence as its mainstreams was dominant. Hence, as an antidote, the study of the moral sense of the «Is» and the «Ought» of law was promoted and jurists turned to the humanities for guidance for their use of language in legal surroundings and for nourishment as far as values were concerned. The aim was for rhetoric and ethics to return to the workfloor and to legal education.[24] *Law and Literature* became the name of the new interdisciplinary movement that was soon described along the lines of the tripartite heuristic of «law in literature», «law as literature» and «law's regulation of literature».[25] As Costas Douzinas has argued, the jurisprudential use of literature can be based on two premises; the first is that law is predominantly linguistic in nature, and the second is that in legal theory attention to ethics and values led to a hermeneutical jurisprudence and «literary jurisprudence is its main constituent». To Douzinas, «legal scholars turn to fiction about the law in order to examine the wider cultural understanding and evaluation of legal operations, the world's attitudes to law but also law's internal world».[26] By now, *Law and Literature*'s traditional division has already been consistently challenged as have its interdisciplinary form and status, or rather the boundaries of the

21 Grimm (1965), 152–191. «Dass Recht und Poesie miteinander aus einem Bett aufgestanden waren, hält nicht schwer zu glauben», are the now famous opening words of par. 2. See also Olson (2010), my response can be found in Gaakeer (2012), 44–72.

22 Coleridge is supposed to have given his definitions, «Prose is words in their best order; – poetry is the best words in the best order», on the night of July 12, 1827 during a conversation with Sir Walter Scott, John Dryden, Algernon Sydney and Edmund Burke, according to his son-in-law Henry Nelson Coleridge who published them in his *Specimens of the Table Talk of the Late Samuel Taylor Coleridge*, Coleridge (1835).

23 Bloch (1977), 5.

24 See Weisberg/Barricelli (1982), 150–175; Weisberg (1984); Weisberg (1992).

25 See Gaakeer (1998); Gaakeer (2011), 215–235; Gaakeer (2022).

26 Douzinas (2003), 22–23.

disciplines brought together by the conjunction «and».[27] Or, as Gary Minda wrote, the dichotomy of law in and law as literature is passé, and

> so too is the law and literature dichotomy. Law and literature is another field in which postmodern strategies of interpretation have destabilized the autonomy of yet another foreign discipline pressed into the service of multicultural analysis. The method and medium of law and literature has become one of many different modes of expressing our understanding of law and jurisprudence.[28]

Or rather, *Law and Literature* has gained full acceptance as an interdisciplinary field in legal theory that has more recently morphed into the even wider field of *Law and Humanities*.

Re-enter narrative and a new division of work:

> [L]iterary jurisprudence [...] uses the Great Books of literature as a medium for discovering insight about meaning, use of rhetoric, and the values of law [...]. Narrative jurisprudence, on the other hand, relies on the analyst to develop the text of a story for appraising the narrative content of the official stories told in the law.[29]

To me, the term *narrative jurisprudence* focusing on narrative as story or *logos* in law, in contradistinction to *literary jurisprudence* focusing on what literature may teach us, may be useful for heuristic or methodological purposes in legal theory, but these two strands are not distinct when it comes to their application in legal practice. What is more, introducing new dichotomies is counterproductive to both academic theory and legal practice. After all, what matters in and for practice is that in each casuistic account of the facts the theoretical knowledge of legal doctrine is necessarily confronted with the narrative, situational knowledge that, amongst others, literary works and narratives, generally, can help provide.

27 E. g., Baron (1999), 1084: «What is ‹inside› law and what is ‹outside›? This is an essential question for all ‹law and› endeavors, for it is only what law does not already include that needs to be added. [...] It is only if there is a divide between law and other disciplines that law can be connected to those disciplines through some sort of ‹and› relationship. Thus, the independence of law from other disciplines is what creates the possibility of interdisciplinarity»; Stone Peters (2005), 448: «all interdisciplinarity [...] is disciplinary symptom [...]: literature's wounded sense of its insignificance, its inability to achieve some praxis; law's wounded sense of estrangement from a kind of critical humanism that might stand up to the bureaucratic state apparatus, its fear that to do law is always already to be complicit, its alienation from alienation itself».

28 Minda (1995), 155. See also Hanafin (2004), 1–2, for the view that a space should be created «where these two disciplines (i. e. law and literature) can interfere with one another, and form the occasion for new thought, within or beyond the laws of academic discipline».

29 Minda (1995), 166.

2.2 The re-«turn to narrative»

The first re-«turn to narrative» in legal studies was intimately connected to the «turn to interpretation» or the «hermeneutic turn» made in the social sciences in the 1970s on the basis of Clifford Geertz' claim that facts are not born but made.[30] James Elkins outlined a connection between the rise of narrative jurisprudence and the turn to interpretation:

> The ‹turn to interpretation› and to narrative indicates a loss of faith in science. Narrative makes mystery possible, mystery which scientism would have us forget or ignore. Narrative helps us see the mystery in ordinary, everyday life. It is the purpose of narrative, of stories, to express ‹the excess of meaning› we experience in our lives, a development that springs from ‹the never ending human need for story›.[31]

Elkins saw the main function of narrative as offering alternative ways of seeing and learning, and that connects narrative to legal practice. Ideally, this leads us into the direction of narrative knowledge, the complex whole of insight in, and knowledge of, our essential humanity that is expressed in the stories we tell, without the pretence of one-sided certainties.[32] The revaluation of narrative in jurisprudence opens new possibilities by reintroducing the idea that learning and doing law is a literary and cultural activity.[33] As noted in section 1, in historiography a comparable «turn to narrative» was made by Hayden White and others.[34] This too was influential on legal studies. Yet another turn to narrative as the organising principle of how texts, facts, and human acts obtain meaning initially took place in the field of the semiotics of law, but it went long unnoticed, grouped as often it was under the heading *Law as Literature*, together with rhetoric.[35]

2.3 The paradox of reading

It was not until the theoretical and practical potential of Robert Cover's now seminal article *Nomos and Narrative* (1983), Cover began to be valued, that narrativity as a general ordering principle for the understanding of any meaningful action in law became the topic of academic research. As *locus classicus* for the connection of law and narrativity, Cover's central theme – the conflict between law and other normative worlds and the position of the judge in that conflict – has

30 Geertz (1973); Geertz (1983).

31 Elkins (1985), 134–135.

32 Cf. Ashe (1992), 1017–1037; Rose (1990), 37–57.

33 See Elkins (1990a), 1–2, «It is the story of law (as it is set alongside other stories) that locates us in relation to others: to family, community, work. We use legal narratives, as we use other stories, to give meaning to social existence, to ourselves as women and men, as people of color, as persons the culture welcomes or fears. [...] So it is fitting that legal academics should rediscover the narrative perspective and recommence the telling of stories.» Cf. Elkins (1990b).

34 See Carr (1986); Coles (1989); Mitchell (1981).

35 E. g., Jackson (1988); Papke (1991); Landowski (1991); Paychère (1991).

direct consequences for the concept of meaning in law, both theoretically and practically.[36] When we view the normative world of law as not only consisting of rules and institutions but also of narratives as the backdrop of the rule, legal interpretation cannot forgo the constitutive narratives of the *nomos* that law is, either at the macro level of, for example, constitutions and international or supra-national treaties, or at the micro level of doing law in a specific case. The theoretical idea of narrative should therefore be broadened so that it can be understood as the way in which all human experience finds its expression. What is more, as Anthony Amsterdam and Jerome Bruner suggest, one form of theorising narrative is by arguing «that narratives and genres of narratives serve to model characteristic plights of culture-sharing human groups».[37] This is the form to which legal narrative tends to conform, in that both substantive and procedural law always already guide the formation of any legal narrative from the start. Another theoretical concept is that of the narrative paradigm, the idea that we are all born into a world of stories that constitute to a large part our own lives. It implies an image of the human as the author who interprets and subsequently helps form the stories (texts but also emplotted social institutions) that he or she encounters.[38] Walter Fisher leans on the Belgian philosopher Samuel IJsseling who poses the question after what happens at the very moment that something is said or written, i. e., when a text distances itself from its locus of production.[39] Fisher's thesis is that all forms of human communication are most usefully interpreted from a narrational perspective. Stories, then, are symbolic interpretations of aspects of the world, shaped by history, culture, and character.[40] As a methodology for jurisprudence, the narrative paradigm is eminently suited for socio-political and ethical-philosophical debates on law.[41] What is more, etymology has already taught us this: telling stories is a way of knowing.[42] Thus, the epistemological dualism and subsequent uncertainty which is the result of postmodern contesting of old truths finds its antidote in narrative knowledge. But as with texts, legal or other, there is a paradox of reading with respect to narratives: understanding

36 Cover (1983), 4–5: «We inhabit a *nomos* – a normative universe. We constantly create and maintain a world of right and wrong, of lawful and unlawful, of valid and void. The student of law may come to identify the normative world with the professional paraphernalia of social control. The rules and principles of justice, the formal institutions of the law, and the conventions of the social order are, indeed, important to that world; they are, however, but a small part of the normative universe that ought to claim our attention. No set of legal institutions or prescriptions exists apart from the narratives that locate it and give it meaning. For every constitution there is an epic, for every decalogue a scripture. Once understood in the context of the narratives that give it meaning, law becomes not merely a system of rules to be observed, but a world in which we live».

37 Amsterdam/Bruner (2000), 117.

38 Fisher (1976).

39 IJsseling (1976).

40 Fisher (1976), xi.

41 E. g., Godwin Phelps (1990), 133–143, on the question of abortion.

42 See Bruner (2002), 27 for the connection of *narrare*, telling stories, and *gnarus*, knowing.

and attributing meaning are reciprocally connected, which is also why we should always probe our own biases and proclivities, and read with a «hermeneutics of suspicion».[43] So if law's *nomos* is also the realm of narratives, the question for both legal theory and practice becomes: what is the role of stories in law in a double sense? What is the bond between law and narrative fiction, and what does this mean for the stories that jurists, more specifically practicing lawyers, judges and prosecutors tell? Originally, these questions were posed in the legal surroundings of the Anglo-American adversarial trial, focusing on the persuasive stories told in the criminal court.[44] Today, the study of law and narrative has gained independence within *Law and the Humanities* and that poses new challenges. Enter the narratologists!

2.4 Competing stories

While it is therefore no longer so that «narrative is in large measure the *impensé* of the law»,[45] narrative and narratology are not, however, uncontested concepts in legal surroundings. Fortunately, when the narratologists entered the fray, a sophistication, for jurists at least, took place on the terminological level. For long, jurists had used the terms story and narrative indiscriminately, happily disregarding Benjamin Cardozo's emphasis on the need to differentiate between the «what», the content (story or *logos* in narratological terms, i. e. the facts or what happened), and the «how», the form (discourse or *lexis*) of a judicial decision.[46] While this has changed, it is still often the case that jurists use «[T]he term ‹narrative› [...] in an undifferentiated fashion in work on the narrative properties of law»,[47] or, put more emphatically, «[o]ne of the most common themes in law and literature is the *putative* ‹narrative construction› of legal meaning. But theorists who put forth this claim rarely define the term ‹narrative› in such a way as to prevent the claim from being vacuous».[48] This lack of conceptual clarity may well be the result of the fact that definitions abound in the field of narratology. Are story and storytelling limited to events and people, while narrative is the broader term also in legal reasoning?[49] Can we use the terms narrative and story

43 For the paradox of reading, see Cavell (1982), 200: «you cannot understand a text before you know what the text says about itself; but obviously you cannot understand what the text says about itself before you understand the text», and Ricœur (1970), 26–27, for a «hermeneutics of suspicion», which, to Ricœur, has a «double motivation: willingness to suspect, willingness to listen» and hence is important in legal surroundings. It should be noted that Ricœur's use of the term suspicion differs from its use in literary theory and in literary and legal deconstruction.

44 E. g., Brooks/Gewirtz (1996).

45 Brooks (2005), 415.

46 Cardozo (1925).

47 Olson (2015), 43.

48 Colm Hogan (1999), 277–278 (italics mine).

49 E. g., Kiernan-Johnson (2012), 81–82. For story as the organising principle of any discourse, see Greimas/Courtès (1979).

interchangeably?[50] Is narratology only a theory of narrative?[51] Or is it more?[52] Does law really need a narratology?[53]

Elsewhere I have started a preliminary investigation of narrative from a legal practitioner's perspective for the purpose of beginning to answer this question affirmatively.[54] Here I want to point out that the problem of interdisciplinarity returns with a vengeance. If Wilhelm Schernus is right that «the disciplinary status of narratology appears unclear or at least somewhat uncertain»,[55] and if it is so that literary narratology may function as «the mother country of many colonies, domains outside literature where narrativity also plays a role»,[56] as Werner Wolf puts it, we should be cautious. Disciplinary colonisation comes with risks, such as miscommunication when narratologists who are not experts in the colonized field, e. g. law, must deal with experts, e. g. jurists who are not narratologists (and the other way around).[57] Furthermore, more generally, there is the risk that the discipline connected to law by the ampersand might be an invader, or a colonizer, as happened in the case of *Law and Economics*, may cause interdisciplinary scholarship to end up as the incomplete or failed take-over of the one discipline by the other.[58] This also pertains to the question of autonomous versus auxiliary disciplines in disciplinary collaborations.

It is on this plane that more work is to be done, not least because when the word law is mentioned in narratological studies, it is usually oriented to common-law settings. Obviously, narratological findings applicable there cannot immediately be translated to civil-law surroundings. That can be seen in the field of *Applied Legal Storytelling*. The risk of misunderstanding looms large, given conceptual (substantive and procedural) differences between legal systems. In American courts at the appellate level, the facts are often under consideration only as far as they are mentioned in the facts section of the appellate brief, whereas in most civil-law systems and UK courts of appeal there is a second level for both questions of law and of fact. From the perspective of legal theory, I would therefore emphasize the need for conceptual clarity when it comes to developing narratological insights that are geared to application in legal research and legal practice.

This is also to say that a *praxis*-oriented perspective may help to inspire narratologists. We should not continue the dichotomy between theory and practice,

50 Cf. DeSanctis (2012), 149–171.

51 Schernus (2011), 281.

52 E. g., Meister (2009), 329: «narratology is the humanistic discipline dedicated to the study of the logic, principles, and practices of narrative representation».

53 Brooks (2006), 1–38.

54 Cf. Gaakeer (2015), 71–103; Gaakeer (2018), 332–362; Gaakeer (2019).

55 Schernus (2011), 290.

56 Wolf (2011), 156–159.

57 Cf. Bal (2001), 13, that importing aspects of other disciplines into law may be seen as a sign that law is a follower rather than a producer of culture.

58 Cf. Balkin (1996), for the same question in the context of early *Law and Literature*.

but neither should we launch a new *Law and Practice* movement.[59] This is, of course, not to diminish the fine research done on legal clinics. My point is that the study of the facts, events, and circumstances[60] shared by all jurists and narratologists alike has much to win by turning to the interconnections of narrative theory and legal-philosophical hermeneutics. Because hermeneutics is a philosophical view for a broad mode of inquiry into both text and human action, the art of doing law in concrete cases always requires attention to the reciprocal relation between fact and (theoretical) norm. In the sense of the perception of the case at hand, this leads to a methodology that is characterized by a constant dialectic movement from the facts to the legal norms and back, i. e., the finding or constructing of the facts matters as much as the search for the relevant legal norm, principle or written rule.[61] Hence the importance of what the humanities can contribute; they can «perhaps teach people to read with a fine and necessary suspicion»,[62] a claim voiced by Peter Brooks, akin to Paul Ricœur.[63]

At the same time I suggest that we approach narratology as a cultural attitude[64] that addresses the pitfalls and peculiarities of the culture that any academic discipline is on its own, and that broadens narratological research in law to include a wide range of «images, spectacles, events, cultural artifacts that ‹tell a story›».[65] What is more, for the benefit of interdisciplinary collaborations, while honouring the *homo narrans*,[66] we should also study how disciplinary narratives help discipline its professionals. In short, the «how» and the «what» of disciplinary (re)presentation and narrative organisation matter deeply. Because

59 Cf. Rhee (2012), 308, who ironically suggests the new field of *Law and Practice* but offers a list of its potential research objects that includes narrative jurisprudence.

60 Cf. Amsterdam/Bruner (2000), 110–111, «that […] the administration of the law and even much of its conceptualization rest upon ‹getting the facts›».

61 This going hither and thither was coined by Engisch (1963), 15, as the «*Hin- und Herwandern des Blickes*», the notion was taken up by Larenz (1991). Cf. van Dunné (1996), 471, that «the role of *narratio* in legal decision making is that of the go-between in the relation of norms and facts»; Schünemann (1993), 299, citing Arthur Kaufmann (1982) [1965], *Analogie und Natur der Sache: Zugleich ein Beitrag zur Lehre vom Typus*, Heidelberg: «dass darum Rechtsfindung nie einfach nur ein logischer Syllogismus ist, sondern ein Hand in Hand gehendes Hinübertasten vom Bereich des Seins in den Bereich des Sollens und vom Bereich des Sollens in den Bereich des Seins, eine Wiedererkennung der Norm im Sachverhalt und des Sachverhalts in der Norm».

62 Brooks (2010), 350.

63 See above in par. 2.3, n. 42 and n. 43.

64 Bal (2009), 227.

65 Bal (2009), 3.

66 Cf. MacIntyre (1981), 201, that «man is in his actions and practice, as well as in his fictions, essentially a story-telling animal»; Amsterdam/Bruner (2000), 110 and 115, for «endogenous theories of narrative», the central claim of which «is that narrative is inherent either in the nature of the human mind, in the nature of language, or in those supposed programs alleged to run our nervous systems»; Brooks (1998), 14, for the epistemological view on narrative, claiming that «narrative appears to be one of our large, all-pervasive ways of organizing and speaking the world – the way we make sense of meanings that unfold in and through time».

the *praxis* of doing law is about deciding competing stories, jurists should, on the one hand, be trained to become aware of how human actions and events that were, initially at least, viewed separately are woven together in a story with a claim for specific legal meaning, and, on the other, to become aware of the influence of their own views on what a specific example of human behaviour is and how it «fits» a legal norm, on their arguments and decisions with respect to the veracity of a story in court. For such training and awareness, insights from narratology and philosophical hermeneutics are indispensable.

3 Why narratology matters for law

3.1 Narrative intelligence

Narratology matters to law for various reasons. One is that «[t]he endless possibilities for narrative, the retellings of the story in ever more various terms, come to an end at last with a characterization of experience in terms of the law, a claim of meaning for which the judge must take responsibility».[67] Another is that, as in narrative fiction, a story is also presented *in* a judicial decision: someone, the judge-narrator, tells us as readers, the narratees, that something happened, and what it means for the parties involved and for society at large. And because – other than the jury – the judge must offer a legitimation and justification for the decision taken, it is important to be knowledgeable about how narratives work in the world, in common law and civil law jurisdictions alike. This is also because in law «narrative understanding is retrospective».[68] The judge was not present when the brute facts that are the subject of the lawsuit took place. Yet the judge has to decide which actions and events can eventually be called facts in the legal sense. That is also why the facts brought to attention by the parties involved are and can only be re-enacted before the judge by means of a variety of narratives. Hence also, as noted above, the need for the judge to read with a certain suspicion the stories told in court.

What is more, judges are like authors in that they select the facts offered in the materials of the case before them with a view to structuring the world in the decisions they take. Thus, it is precisely because the judge «functions both as a determiner of narrative and a narrative determinee, both the wielder and the subject of narrative necessity»,[69] that the central questions of hermeneutics should be posed: what do I actually *do* when I attribute meaning to any given text (or other object for that matter)? What are the determining factors and what

67 White (1973), 859. In this section I draw on materials used in Gaakeer (2019).

68 Brooks (2005), 425.

69 Black (2005), 678: «Narrative determination can be understood, first, as an active principle, the determining of narrative by an agent of determination. [...] The second, opposite connotation of the phrase ‹narrative determination› is a passive one: the state of being determined by the (or a, or some) narrative».

is the importance not only of the context of interpretation but also of my own (institutional) role and background as a professional, legal interpreter first, and narrator second? What applies to text also applies to photographs, images, and diagrams used in evidentiary settings. These, too, tell stories that we need to learn how to read because the familiar stories about them we carry with us in our heads are dominant guides of our expectancies. With Hans-Georg Gadamer and Paul Ricœur, Frances Mootz emphasizes that «understanding is not the elimination of prejudice and the perception of what truly is; rather, understanding is the product of the cultivation of productive prejudices».[70] In this sense, and also because narratives structure human experience and action, knowledge about how narratives work in judicial surroundings can be seen as a form of knowledge of the activities of which the judge as the knowing subject is the author. This, in turn, is an ethical task that transcends the general demands of transparency and textual coherence that a judicial decision should possess. It is another good reason why narratology matters, not least because «[w]hat the interpreter says is a re-saying which reactivates what is said by the text».[71]

A disclaimer is in order here. In talking about narrative intelligence and knowledge, I do not suggest that in law we have to choose between either traditional legal reasoning (focusing on logic and rationality) or narrative reasoning. Narratives are not in and of themselves a superior form of knowledge. My point is that we need an equilibrium containing both, to *do* law as best as possible and to preclude one-sided approaches, such as a positivist legal hermeneutics that claims that semantic meaning is obvious: i. e., the view that language is the supposedly neutral vehicle for the communication of information in which facts are entities in the world easily transmissible by words because they are the encoded perceptions of these same facts. Such unmediated representation of reality is connected to the Cartesian idea(l) that scientific knowledge is theoretical knowledge only, easily conveyed by means of a neutral instrument called language, and to the Leibnizian claim that uniform language, the *characteristica universalis*, is a neutral medium to convey the results of sensory perceptions and rational thought,[72] a claim which culminated in the young Ludwig Wittgenstein's picture theory of meaning in the *Tractatus Logico-Philosophicus*.

In short, I claim that what matters is that in each casuistic account of the facts the theoretical knowledge of legal doctrine is necessarily confronted with the narrative, situational knowledge that narratology and literary accounts can help provide. To Ricœur, then, narrative intelligence is «much closer to practical wisdom and to moral judgment than it is to science and, more generally, to the theoretical use of reason».[73] In short, the focus of narrative intelligence and

70 Mootz (2012), 73.

71 Ricœur (1981), 126.

72 Leibniz (1976), 9. Cf. Weisberg (1996), 62 on «Cartesianism which treats law as a universal set of policy algorithms for addressing apparently different but essentially generic and recurring patterns of social need».

73 Ricœur (1987), 123.

narrative knowledge in law is on *phronèsis* rather than *épistèmè*.[74] Knowledge of story and narrative belongs to phronetic intelligence.[75] Not only is the picture of reality offered by law always in narrative form (although in different genres, e. g. an appellate brief, a verdict, a sentencing order, depending on one's institutional role), the bond of law and literature in particular lies in the confrontation of theoretical knowledge, or *épistèmè* as expressed in legal doctrine, with narrative knowledge as expressed in the narratives of the legal facts. And because these narratives are always evaluated against the background of one's local knowledge of a specific legal system and a specific set of legal practices, to obtain narrative intelligence is a prerequisite for jurists, especially judges.

3.2 Elements of narrative intelligence: knowledge of plot, narrative glue, narrative probability and narrative empathy

3.2.1 Plot

Jurists will therefore do well to learn how specific forms of narrative transfer their stories: namely, how they address their readers and are formative in constituting their readers' responses to the events that they relate. Thus, human agency and human responsibility, both with respect to the production and to the reception of narratives, are topics shared by law and literature. In order to gain narrative intelligence, then, jurists should be knowledgeable about what a plot of a narrative is, precisely because what they do in legal surroundings is read for the plot of what is told to them by others. As with narrative, plot is defined in numerous ways. Aristotle pays attention to plot in the *Poetics* with the view of tragic (and, comparably, narrative) plot as mimesis of an action, and in the *Art of Rhetoric* with a focus on the persuasive aspect of a narrative. Both are important in a legal context. What Cover did at the macro level of constitutive and/or constitutional narratives,[76] Aristotle already did at the micro level of the particular.

On the concept of plot, Aristotle confers the simple but essential elements of a beginning, a middle, and an end.[77] To him, «the plot is the mimesis of the action».[78] It denotes «the construction of events», so that an author «must produce (at any one time) a mimesis of one of three things: reality past or present; things as they are said or seem to be; or things as they ought to be».[79] Plot, therefore, is a way of

74 Aristotle (2003), 351, «Prudence [i. e. *phronèsis*, my remark] deals with the ultimate particular thing, which cannot be apprehended by Scientific Knowledge, but only by perception».

75 Ricœur (1987), 124.

76 Cover (1983).

77 Aristotle (1999), 7, 1450b (p. 55).

78 Aristotle (1999), 6, 1449b 35–36; 1450a 23 (p. 49).

79 Aristotle (1999), 25, 1460b 8–11 (p. 125).

organising the events together with the plot of a story itself (plot as the story told).[80] Here we see the productive aspect of plot. Aristotle warns us, however, when we deliberately confer unity not to mistake the fact that an individual may perform many acts that may or may not be relevant for the plot we construct. This is a lesson not to be taken lightly by jurists. What is more, separate acts are never easily made into a unified whole with a claim for meaning. What Aristotle points out, and Ricœur has elaborated upon, is the importance of our being sensitive to the question of who it is that brings unity in the form of a plot to what have previously been loose elements representing single events. Thus, Ricœur's hermeneutics «is led by the question, who: who speaks? Who acts? Who tells a story? And who is the subject of moral imputation?»; Ricœur's concept of narrative identity is therefore closely connected to the philosophy of action, «since narrative is ‹imitation of action› (*mimesis*)».[81] In *Time and Narrative* Ricœur unfolds a threefold model of mimesis consisting of *mimēsis*$_1$ or prefiguration, denoting the temporality of the world of action, or what jurists call the brute facts, *mimēsis*$_2$ or configuration, denoting the world of the narrative emplotment of events, and finally, *mimēsis*$_3$ or refiguration, which refers to the moment the reader appropriates the text. Translated to judicial practice, the aim of emplotting is to arrive at a decision.[82]

3.2.2 Narrative glue

In the sense that a plot depends on its author's design, and because «Narrative plots appear to be a certain formal organization of temporality, and need to be seen in their structuring cognitive role»,[83] the way in which we actually combine the events, actions, and (brute and legal) facts in our new narrative becomes important. As Brooks suggests, this depends on our specific uses of «narrative glue» as «the way incidents and events are made to combine in a meaningful story», and this in turn depends on our views «of standard human behavior, on what words and gestures are to provoke fear, for instance».[84] This is why we should note that our knowledge of prior narratives matters in the mediation of any new human experience. Thus, «that set of unexamined cultural beliefs that structure our understanding of everyday happenings»[85] is included in narrative glue. How do we behave at a conference? What is essential in the act of committing a crime (a question that often pops up in court when it comes to the difference between attempt, mere preparation, and the overt act of, for example, theft)? Ricœur is therefore right when he writes that

80 See Halliwell (1986), 141, «*muthos* is defined (as is tragedy itself) as the mimesis or enactment of the (or a) *praxis*».

81 Reagan (1996), 75–76.

82 Ricœur (1984), xi. For an extended treatment of Ricœur's mimesis, see Gaakeer (2019), ch. 8.

83 Brooks (2006), 24.

84 Brooks (2005), 417.

85 Brooks (2005), 418.

> [e]very narrative presupposes a familiarity with terms such as agent, goal, means, circumstance, help, hostility, cooperation, conflict, success, failure etc., on the part of its narrator and any listener, [...]. To understand a story is to understand both the language of ‹doing something› and the cultural tradition from which proceeds the typology of plots.[86]

What is more, in our private and professional heads we all have «schemas», the «familiar story that we carry in our head asking for completion», and «scripts» representing «knowledge about events that are widely known and shared», and consisting of «an ordered sequence of action».[87] And as human beings, we cannot *not* evaluate and subsequently value what we hear and see.[88] The wording of the criminal charge, for example, is also part of narrative glue in that it structures the narratives of the prosecutor, the defendant, and ultimately the judge. Stock stories of how divorce cases come to court are another example, as is the influence of the story that any legal concept is of itself, e. g. tort or self-defence, including the history of its genesis in a specific legal system and its codified form and jurisprudential development. In short, by means of narrative we impose organisation on the materials, e. g. evidence, before us in order to arrive at a decision.[89]

3.2.3 Narrative probability

This also suggests that insight into narrative probability is required when we read and construct the plot on the view that the plot yields coherence to a narrative (or not).[90] In legal surroundings the probability of, say, a defendant's or witness's statement obviously needs to be probed.

What weight should be attached to specific facts? What pieces of evidence should be valued as sufficient proof beyond reasonable doubt in a criminal case? Is, as the premise of the theory of anchored narratives claims, a «good story» in criminal law not only compatible with the available evidence but also anchored in our general knowledge of the world? And is not a good story more likely to be believed to be true than a weak story?[91]

To Fisher, «[n]arrative probability refers to formal features of a story conceived as a discrete sequence of thought and/or action in life or literature (any recorded form of discourse); i. e. it concerns the question of whether or not a story coheres or ‹hangs together›», and «[n]arrative fidelity concerns the ‹truth qualities› of a story, [...] the soundness of its reasoning and the value of its values».[92] As a result,

86 Ricœur (1984), 55 and 57.

87 Sherwin (1994), 50. For the «narrative dimension of law», cf. Suntrup (2018), 145–212.

88 Reagan (1996), 83: «Narrative already contains, even in its most descriptive mode, evaluations, estimations, and value judgments.»

89 Cf. Conley/Conley (2009), 26, referencing Pennington and Hastie.

90 For this view on plot, see Kukkonen (2014).

91 Wagenaar (1993), 40.

92 Fisher (1985), 349.

rationality depends on our «awareness of narrative probability», and our «constant habit of testing narrative fidelity, whether the stories they experience ring true with the stories they know to be true in their live».[93] To reiterate, stories are always undoubtedly influenced by scripts, stock stories, and so on and so forth. Therefore, we need to be able to combine our knowledge of agents, objects, and narratives in law to do justice in any specific case. According to Anton Chekhov, if as an author you hang a gun on the wall in the first act of a play, you had better use it in the third act. Yet, at the same time «let fact finders, especially jurors, be warned that life is not a Chekhovian narrative», and that «Humans are wired to digest information in narrative form, but narration can also feign coherence and inevitability where there is none. [...] Sometimes Chekhov's gun is just a gun».[94]

This should also bring home to us that narratives are always perspectival.[95] Thus, if a fact is always to some extent the product of our intellectual effort, not only does the hermeneutic question of what it is that we do when we attribute meaning to texts, facts and narratives inescapably hover in the background and, time and again, deserves to be brought to the forefront in our deliberations; what is crucial is also the deliberate act of changing the perspective before deciding, either on a rhetorical strategy, on a choice for a charge of manslaughter rather than murder, or taking a specific judicial decision. Can I understand what it is like to be in the other person's shoes? How could or should this affect me? Can I see similarities in what I first perceived to be dissimilarities?

To start with the latter, when judges select what they consider the relevant facts of the case, and grasp them together with the relevant circumstances, they are authors trying to figure out what happened, and then performing the act of configuring a new narrative. As Ricœur wrote, «to figure is always to see as».[96] Metaphor can have a heuristic function for law: our «seeing as» – both a *what* to see and a *how* to see – enables us to see before our eyes potentialities as actualities.[97] Here the *Hin- und Herwandern des Blickes* (see section 2.4) returns with a vengeance. Or, as Hans Lipps pointed out, «[u]nter der Bedeutung eines ‹Falles› tritt dem Fachmann das entgegen, was er dann erkennt als» and «[a]ls einen Fall behandeln meint: den entscheidenden Aspekt von etwas gewinnen».[98] Yet, sometimes a similarity or a dissimilarity is nothing more than just that, i. e. irrelevant to the narrative, and that is precisely why we should be knowledgeable

93 Fisher (1984), 8. Cf. Spence (1982), 21, for the view already duly noted in the Freudian tradition of psycho-analysis that «a well-constructed story possesses a kind of narrative truth that is real and immediate».

94 Dershowitz (1996), 105; Jensen Kerr (2015), 69.

95 Brooks (2006), 10.

96 Ricœur (1986), 61 (italics in the original).

97 For an extended discussion, see Gaakeer (2019), ch. 7, and Olson (2018), 25–26 for narrative and German criminal law. Cf. Hassemer (1967), 75–78, «dass Sprache die Wirklichkeit im Begriff konstituiert», and «[d]ie Metapher [...] ein Spross der Differenz von Sprache und vorbegriffener Wirklichkeit [ist]. Die Grenzen der Wörter werden ausgeweitet, um Neues, bisher nicht Greifbares, ungenauer, ‹unexakter›, aber immerhin sprachlich in den Griff zu bekommen».

98 Lipps (1958), 18.

about how metaphor works. In the sense that metaphor has a discomfiting effect, it may encourage jurists even more to cultivate their story sensibility or, more broadly, their narrative intelligence to prevent them from the psychological errors to which all humans are prone. Cognitive psychology convincingly shows that professionals rely on a variety of (combined) skills rather than simply apply the relevant rule. So, the risk is that we misread because of our natural tendency to cling to our initial beliefs when combined with professional overconfidence about how things are habitually done. Belief perseverance and confirmation bias may lead to unjust decisions at the decisive moment on the judicial plane when the judgment interrupts the back-and-forth play of the parties' arguments, i. e. a feature discerned in common law and civil law alike. After the phase of reflective judgment to seek the applicable rule for precisely the case at hand follows the phase of determinative judgment that ends the procedure. But reflective judgment as such is not limited to the ending of a trial in the sense that a decision may become an authoritative precedent; the ending in an act of judging in a specific case does not exhaust the meaning of the act itself.[99] That is another reason why it is good to learn what metaphor may do in any narrative.

3.2.4 Narrative empathy

To return to the topic of being able to imagine what it is like to be in another person's shoes: When judges bring new order by means of their narratives, ideally, they do so also with an expression of what the language of law leaves out, so that the parties involved may accept the decision because they feel that they have been given an opportunity to tell their story and be heard. So, on this plane too continued attention to the other person and the other's perspective is required to do justice in any individual case. What James Boyd White wrote obviously is still valid for our legal culture of argument: «Law and literature are alike in that they both give voice to the voiceless and thus aim at ‹the extension of our sympathies›».[100] When Suzanne Keen says that it is precisely because «the narratological categories of imaginative literature share with legal narration actants, narrative situations, pace, duration, and settings» that legal practitioners should become knowledgeable about narratology, she connects this to the topic of narrative empathy, or «the sharing of feeling and perspective-taking induced by reading, viewing, hearing, or imagining narratives of another's situation and condition».[101] It has been my experience as a judge that many offenders find it hard to narrate the story of what happened and what they did or did not do. In this sense they are deprived of

99 Cf. Ricœur (2000), 129–130.
100 White (1985), 104.
101 Keen (2020), 194–195.

a voice.[102] In administrative law, for example, in immigrant and/or asylum cases, finding one's voice is of great importance too. In cases dealing with children's rights, too, voice and the ability of self-narration are crucial. Generally, in cases in which any trauma is involved, not only is specific knowledge of story and plot construction required of the judge, but also attention to who that someone is that has to give meaning to what happened before a judge.[103] Failure to do so may result in unjust decisions because of the «testimonial injustice» which occurs when, for example, lack of knowledge of a person's circumstances leads to a certain prejudice that in turn causes the judge to consider the speaker's story less credible, less convincing, less true. It may also be the case that «hermeneutical injustice» is at work. This occurs when someone is simply unable to make sense of what has happened when it comes to making sense of their own social experiences, for example, because of a deprived background or any other form of marginalization, e. g. by overt or covert racism at play.[104] Thus, being able «to narrate oneself» is highly relevant to the topic of legal narratology.[105]

To bring empathy in connection with literary jurisprudence, we can think of the essential quality of Greek tragedy, the site of difficult decisions *par excellence*. It is that tragedy arouses *philantropia*, a fellow feeling that is both an empathic stance with respect to the fate of the protagonist and a form of justice, based on our recognition of likeness. This suggests that empathy and emotion have a rich history in law, with Sophocles' *Antigone* as a fine example.[106] By way of brief aside on literary jurisprudence, literary narratives can contribute to the development of our *phronèsis*, our practical wisdom to do what the circumstances require. In doing so, they teach us how to increase our ability to judge wisely and to decide justly. They do so by exploring alternative views on the human condition, by showing us options that we had thus far not even considered. In short, they open up new sources of knowledge and perspectives beyond traditional disciplinary borders that all too often confine rather than facilitate.

In legal theory, the topic of empathy has a history, too, since Richard Delgado and Jean Stefancic undertook the study of a number of judicial opinions that were generally regarded as morally flawed. For each opinion, usually the result of the judge's inability to empathize with the parties in the case, they gave a «corresponding counter-narrative that might have saved its author from serious moral error».[107] In *Law and Literature*, the topic of empathy gained momentum

102 And often they are also unable to empathize with those who suffered through their hands. For an example of trying to regain a voice, see the method currently used in the US penitentiary program, «Changing Lives Through Literature», that tries to combat recidivism by means of reading programs so that offenders can develop empathy. See Trounstine/Wachsler (2005).

103 See Gaakeer (2010), 3–23.

104 Fricker (2007), 17 and 7.

105 Ricœur (2005), 101.

106 Adaptations of *Antigone* are J. Anouilh, *Antigone* (1944); B. Brecht, *Antigone* (1977); F. Ost, *Antigone Voilée* (2004), and K. Shamsie, *Home Fire* (2017).

107 Delgado/Stefancic (1991), 1934.

with Martha Nussbaum's *Poetic Justice*. In it, Nussbaum claims that the heart of the literary-narrative approach to law is the ability «to imagine the concrete ways in which people different from oneself grapple with disadvantage».[108] In that literary works appeal to the emotion as well as to the intellect, they can give insight into the struggles and tensions created by law as the regulation by society of the lives of individuals. To Nussbaum, then, the experience of viewing the world of the text and its inhabitants empathetically can be transformed into a norm for judging human relations in general.[109] The capacity of imagining other people's struggles is at the heart of the literary approach that emphasizes the particularity of human experience.[110] Nussbaum's term to denote this capacity is fancy, i. e., «the ability to see one thing as another, to see one thing in another or ‹metaphorical imagination›».[111] It is that reading literature helps us understand aspects of our own character and that our social lives demand that we recognize the needs of others that empathy matters. Thus, empathy implies affective understanding as well as the capacity to act accordingly.[112] Legal theory conceived along the lines drawn above is therefore always part of *phronèsis*, the prudence in the term jurisprudence,[113] in the sense that it is the activity of studying discourses and their interrelations in order to learn a new way of looking. With this interdisciplinary point in mind, I turn to legal practice to illuminate why legal narratology matters.

4 Particularising the particular: telling stories, making facts?

4.1 Child-Friendly Justice and narratorial character

That the distinction between story and discourse matters in legal storytelling is eminently clear in cases involving children. The «what» and the «how» in oral proceedings as much as in written decisions, however, pose linguistic and narratological challenges for judges as the ones who have to select and evaluate the legally relevant facts and find the appropriate tone of voice to do hermeneutic justice to all persons involved in a case. Article 12 of the United Nations Convention on the Rights of the Child (1989) guarantees the right of the child to express his or her own views freely in matters that affect it, and for which goal «the child shall in particular be provided the opportunity to be heard in any judicial and administrative proceedings».[114] Thus, judges have to ascertain, firstly, whether

108 Nussbaum (1995), xvi.

109 For the origin of that line of thought in her works, see Nussbaum (1986), in which human ethical philosophy along Aristotelian lines is combined with the suggestion to study the narrative and emotional structures of novels.

110 Nussbaum (1995), xvi.

111 Nussbaum (1995), 36.

112 West (1989), 867.

113 Cf. Pavlakos/Coyle (2005), 1–13.

114 Available at Convention on the Rights of the Child: unhcr.org, last accessed 9 March 2022.

the child is capable of forming his or her own views and narrate itself, and, secondly, to ensure that the child is not being manipulated or put under undue pressure either by them or by others, for example parents in divorce proceedings. The child's participation means «being listened to and having one's views taken seriously and treated with respect», and research has shown that while children do not expect «to get their own way» they want to be seen, heard, consulted and feel that they are important.[115] In 2010, the Council of Europe initiated the Child-Friendly Justice Project to emphasize that the rule of law principle applies as fully to children as it does to adults.[116] The Guidelines of the Committee of Ministers of the Council of Europe in Child-Friendly Justice highlight the need to use language that children can understand in judgments and court rulings, particularly when the child's view is not followed. The judge will therefore have to use language appropriate to the child's age and level of comprehension and understanding.[117] A simple example is using the active rather than the passive voice so cherished in legal writing to pretend objectivity. Too child-friendly language in written decisions, however, may reduce or simplify the legal content to such an extent it is vulnerable in terms of appeal or cassation. Balance is all.

To tie my narratological analysis to the field of *Law and Literature* I want to point to James Boyd White's view on language performance, precisely because the way the facts are narrated determine the case so that the ordering of the narrative and the facts that are omitted are of equal importance.[118] According to White, in reading any text we should think in terms of «the community of two», of reader and writer, and probe the writer's *ethos* in relation to both text and reader or narratee:

> A writer always gives himself a character in what he writes; it shows in the tone of voice he adopts, in the signals he gives the reader as to how to take that tone of voice, in the attitude he invites his reader to have toward the world or toward people or ideas within it, in the straightforwardness or trickiness with which he addresses his reader – his honesty or falseness – and in the way he treats the materials of his language and culture.[119]

Four questions are important to ask. Firstly, «How is the world of nature defined and presented?»; secondly, «What social universe is constituted in this discourse, and how can it be understood?»; thirdly, «What are the central terms of meaning and value in this discourse, and how do they function with one another to create patterns of motive and significance?»; lastly, «What forms and methods of reasoning

115 Cashmore (2002), 838–840.

116 All documents referenced to here are available at: www.coe.int/childjustice, last accessed 9 March 2022.

117 Guidelines of the Committee of Ministers of the Council of Europe in Child-Friendly Justice, IV, sub D, 3, 49 and 56.

118 Callinan (2005), 323.

119 White (1984), 15.

are held out there as valid?».[120] Answering these questions requires attention to the way in which individual persons are described and named. Do they have their first names and surnames in the narrative or is there merely a reference to their legal status, or their individual, private «particulars» or their gender? These questions also draw the attention to the actual practices in a specific institution, and to the evaluative terms in the text.

4.2 *Patrick v. Patrick* and *Re A: Letter to a Young Person*

How, then, to do and narrate child-friendly justice, i. e., produce a narrative in and as the actual practice of legal storytelling? I discuss two cases from common law jurisdictions involving children in the aftermath of their parents' divorces. Both are cases in which the judge decides against the views expressed by the children. My aim is to show that the theoretical considerations on legal narratology that this article offers matter in daily judicial practice.[121] Common law with its case-based reasoning generally offers more linguistic and narratological freedom than civil law jurisdictions where codified law is predominant. In the Netherlands, for example, decisions written from the child-friendly justice perspective tend to be in conformity with the traditional textual template, albeit with an eye to language suitable to the child's age and often addressing the child directly. At the end of the decision a passage is added, sometimes in the form of a letter, to explain the gist of the decision to the child.[122]

The latter template is also the one used in a judicial Note in the Scottish case *Patrick v. Patrick*, a case about whether the father should be entitled to see the three children, Julie, Brian and Angela, aged between 12 and 6 years, with Julie and Brian explicitly refusing to see their father.[123] In it, Sheriff Aisha Anwar is the homodiegetic narrator, the «I» who is present as a character in the story, i. e., without her, this decisions as a story would not exist, yet, as an institutional actor, she is extradiegetic in that her narrating occurs outside the world of the story of the people about which she decides.[124] This is also to distinguish the narratives of the parties to a case from the meta-narrative that any judicial decision is. The names of the parents, Patrick, are pseudonyms, i. e. fictional, and throughout the

120 White (1984), 10–12.

121 By way of disclaimer, it should be noted that my academic self realizes that she is evaluating the texts produced by her fellow judges, albeit in other countries, so cognitively speaking, I do the splits.

122 E. g. in the Dutch cases ECLI:NL:RBOVE:2021:2755; ECLI:NL:RBOVE:2021:2557; ECLI:NL:RBNNE: 2018:3537; ECLI:NL:GHARL:2017:7429. European decisions that have a European Case Law Identifier (ECLI) can be accessed via the European e-justice portal, available at: e-justice.europa.eu.

123 *Patrick v. Patrick*, 20 March 2017.

124 Cf. Porter Abbott (2014), 81: «When the narrator is a character in the story she tells, she is homodiegetic»; and Kearns (1999), 101: «Extradiegetic [Act is outside of the world of the story or the narrated time frame]».

decision they are denoted in legal terms, «pursuer» (the father) and «defender» (the mother), or «parties» which put the parents at a distance. The names of the children are real. The text is not the decision in the legal sense but a Note, i. e. an abbreviated form of the decision.

In the Summary, the social universe portrayed is relatively small; it is that of a judicial selection of events and happenings in the nuclear family Patrick and that of their legal surrounding, their case in court. The dispute between the parents is narrated as «this particularly bitter and acrimonious dispute», terms of valuation, with «proof [that] lasted 11 days», a period important enough to be mentioned, presumably because it deviates from the usual length of such proceedings, yet mentioning it already colours the judicial narrative. The children have not been heard in open court but by the clinical psychologist Dr Khan who then produced two reports on the children's views. Sheriff Anwar first deals with some legal issues, stating «I provided a lengthy ex tempore decision, I regret that I found chapters of the evidence of both the defender and the pursuer to be largely self-serving, because [t]heir account of events was filtered through a prism of animosity and hostility», with «bitter reprisals and allegations and counter allegations», again a consideration full of terms of value in which the characters of the parents are shown in a bad light, as people unwilling to reach a decision about parental visits to the detriment of their children. What is more, Sheriff Anwar does not «consider it to be in the best interests of the children in the short, medium or long term, for there to exist a detailed record or summary of the evidence led in this case» because of «the risk that exposing the children to details of the evidence led would have the effect of undermining their sense of identity and self-worth», hence also the need for the Note to accompany the written decision. The judge's reasoning behind it is that on the basis of the parents' past conduct, «regrettably the court can have no confidence that the parties would not provide the children with selective quotes [...] in order to vindicate themselves or apportion blame». On the one hand, this consideration fits in well with the demand that the judge take into account the children's best interest, the legal norm, and protect them from hearing nasty details. On the other hand, however, this decision deprives the children from the chance of obtaining relevant information that they may require in (young) adulthood should they suffer ongoing trauma. It should also be noted that here Sheriff Anwar departs from the first-person usage to the «court», a subtle shift from the actively engaged «I» to the more neutral institution and a deliberate distancing. The part of the Note dealing with the legal decision then proceeds by listing what the parties have agreed on to do, in terms of the father undertaking a parenting course, and the parents working with therapists, before instructing a mediator. In line with article 12 of the Convention on the Rights of the Child Sheriff Anwar concludes with a remark on how to communicate the decision that the father will seek help in order to reestablish contact with the children, i. e. by means of a letter written by her to the children that Dr Khan will then communicate.

This Letter to the Children starts with Sheriff Anwar, again as the homodiegetic, extradiegetic narrator, introducing herself to the children Julie and Brian. I assume this choice has been made because Angela is still too young to understand but I wonder whether she will not feel left out later on when she can understand the contents of the letter. After all, there are three, not two children involved. Sheriff Anwar does not mention her first name to the children, although it is given at the top of the Note. Her tone of voice departs from that of the Note, as does the length of the sentences that become much shorter. She uses child-friendly terms such as «your mum and dad». What is more, she both explains and tries to elicit the children's understanding for the situation and provoke their empathy for their parents' plight where she says, «sometimes when parents split up it is very hard for them to stay friends [...] sometimes [...] they can say some nasty things about each other». No legal terms are being used, nor does she refer to the steps that the parents have agreed to take. Instead, she solely focuses on the father whom the children refuse to see. She first mentions examples of the father's conduct that the children disliked, then says that she doesn't believe «your dad meant to hurt you or be mean to you in doing the things he has done. I believe that he did not really think about how you would feel. That does not make him a bad dad». The father's actions and the events or happenings that took place in the family that have led to the legal, judicial decision are downplayed in favour of a narrative of healing, «[T]here is a good side to your dad. He really wants to make things better with you», which, factually, is not yet established because the parenting course and counselling still have to start and their outcomes as much as the father's future conduct are uncertain. In explaining the decision, Sheriff Anwar's sentences all start with «I», e. g. «I think that your dad needs some help», «I have especially thought about how you feel», an empathetic move that lets the children know that the judge tries to understand what it is like to be in their shoes. Her letter ends with the moral of her story: «[W]e all make mistakes. The important thing is that we learn from them. I think your dad has learned from his mistakes.» Implicitly, that is why the children should give their father a chance to mend his ways. Only once in the Note, however, does Sheriff Anwar mention that the children do not want to see their father, and, as a reader outside the family one wonders whether the examples she gives of why this is so, e. g. «He has locked you up in your rooms» and «He has sworn at you sometimes», do justice to the underlying narrative of the children's reasons for not wanting to see their father. This is also to ask whether justice has been done to Dr Khan's reports. While Sheriff Anwar grants that it is unfair that their father took his new partner on a (supposedly) family holiday without discussing this first with the children, as professional readers we can only guess at the impact on the children. Thus, in terms of narrative empathy shown in the judicial text and its success of sufficiently re-presenting the underlying narratives of those involved, whether the meta-narratives of this Note and Letter are successful forms of narrative empathy as «the sharing of feeling and perspective-taking induced by reading, viewing, hearing, or imagining narratives of another's situation and condition» that «enables a living reader to catch the emotions and sensations of a representation»,[125] is open to debate. In the sense that it is the judge who in her narrative selects what she deems relevant, the general audience as a narratee cannot check whether justice is done to the children.

Another case in which a bad-father plot is narrated is *Re A: Letter to a Young Person*,[126] a High Court case in which Justice Peter Jackson wrote the decision itself in the form of a meta-narrative, a letter to a 14-year-old boy Sam, a pseudonym, whose father wanted to take him to a Scandinavian country against his mother's wish. I say bad-father plot because in this case, too, the father is portrayed as unimaginative, self-serving and egoistical, i. e. the problem rather than the solution. While that may be the case, we should be alert in any legal narrative whether stereotyping, conscious or not, is at work. As in *Patrick v. Patrick* the master narrative is that of the nuclear family.[127] The template is interesting in that applicant and respondents are described as «A Father», «A Mother and Step-father» and «A Young Person» as if they were on the list of *dramatis personae* in a play and their actions to be understood in terms of Kenneth Burke's model of dramatism, Act-Scene-Agent-Agency-Purpose, which not incidentally works well in that legally the rights discourse of the parents in family law is to be combined with the best interest of the child according to the Children Act 1989 applicable in England and Wales.[128] In a kind of preamble to the *Dear Sam letter*, Justice Jackson explains the reasons for his use of an unconventional template and its publication on Bailii, indicating that all involved agreed on publishing the letter except the father who «offered no reasons for his opposition», which is why legally there is no impediment to publish. Narratologically, it foreshadows how the father is going to be narrated. Justice Jackson opens his letter in an empathetic vein, telling Sam that «[i]t was a pleasure to meet you on Monday and I hope your camp went well this week», Monday being the day of the hearing at which Sam had given his view on the matter, after which he went on school camp.

Like Sheriff Anwar, Justice Jackson is the homodiegetic, extradiegetic «I» narrator. Firstly, Justice Jackson highlights the applicability of the Children Act 1989 that makes «your welfare my paramount consideration». Jurists already know which decision will follow, because as readers we learn that the father has not provided the court with concrete information on «where you would be living and going to school, where the money would be coming from, and what arrangements would be made for you to keep in touch with family and friends in England», whereas we have by then learned that Sam – who does not speak the language of the Scandinavian country his father wants to take him to – has lived in England all his life, has friends and family and is thriving at school.

125 Keen (2022), last accessed 15 February 2022.
126 *Re A: Letter to a Young Person*, 26 July 2017.
127 Cf. Goldberg (2007), 905, on «master story» as the «template for understanding the world and as the tutor for acting in it».
128 Burke (1969), xv.

Justice Jackson continues, secondly, with what, to jurists at least, seems a rather superfluous point in terms of the decision-making process.

> When I was appointed judge, I took the oath that every judge takes to apply the law in a way that is fair to everybody. Some people will say that this or that decision isn't fair, but that's usually their way of saying that they don't like the decision. People who like decisions don't usually say they are unfair.

Obviously, Sam's father thinks the decision that Justice Jackson takes, i. e., to have Sam stay in the UK, unfair, and this kind of *obiter dictum* at the start of the narrative rather than the end already foreshadows the view that the father is a bad sport. Furthermore, in the letter Justice Jackson describes the father as both a man with «charm and intelligence» though «underneath [...] troubled, not happy», and a «self-centred» man who «makes sure everybody knows how little respect he has for anybody who disagrees with him» and who «whether he knows it or not, [...] has a manipulative side». Surely the social universe that this family once formed was not to be envied and the reader can understand why the mother wanted a divorce. To Sam Justice Jackson says, «what I saw [i. e. at the hearing] was you doing your duty to your dad while trying not to be too unfair to your mum [...]. That's how subtle and not-too-subtle pressure works». The point about Sam being manipulated by his father is also captured narratively in the rhetorical flourish of «It won't surprise you to hear that your dad told me that any outcome like this would be totally unacceptable to him and to you: can I suggest that you do your own thinking and don't let his views drown out yours?». What we expected by way of decision materializes: the father's application to take Sam to Scandinavia is dismissed. What is more, Justice Jackson adds «I also don't think it is good for you to be with your father 24/7. In some ways, he would expand your vision of the world, but in many more ways he would narrow it, [...] because I believe that (maybe sincerely and without realizing it) he needs you to fall in with his way of thinking». Comparable to Sheriff Anwar's narrative, how are we to understand the normative and situational empathy shown by Justice Jackson towards Sam as a child under the Children Act in his specific context?[129] What is troubling to me is the true *obiter dictum* with which Justice Jackson has the last word: «Lastly, I wanted to tell you that your dad and I enjoyed finding out that we both love the film My Cousin Vinnie, even if it might be for different reasons. He mentioned it as an example of a miscarriage of justice, while I remember it for the best courtroom scenes in any film, and the fact that justice was done in the end.» Is it yet another way in which Justice Jackson tries to create human intimacy with Sam, and if so, is it misplaced or successful? To me, *Re A: Letter to a Young Person* offers a cautious example to judges when they try to respond empathetically by means of a second-order emotive response to another person's first-order emotion, such as Sam's anxiety over having to leave the UK to live

129 Hogan (2011), 284: «Empathy may involve imagining some other person's experience as such (allocentric empathy), imagining oneself in his or her situation (projective empathy), or imagining some relevantly standard person in that situation (normative empathy).»

elsewhere or his distress at having to choose between his mother and his father.[130] As (professional) readers and narratees, which response does the letter elicit? To whom will our response be empathetic and whom will we dislike?[131] And how will that affect our decision? As Lesley-Anne Barnes Macfarlane notes, «[L]etters of the kind exemplified in the above cases are a refreshing departure from normal judicial practice».[132] But as Jane Robey urges us to consider, the family law judge is «the one person on the scene who knows least about the family», and «it's going to be very hard for Sam to digest the way the court saw his father».[133] In other words, when it comes to judicial narrative re-representation of both people and events, all elements of judicial narrative intelligence should be probed carefully. One thing is certain, any attempt at judicial empathetic narration that tries to bring across the legal message in a narrative that encompasses attention to the levels of understanding of each narratee, emotionally and cognitively, while not bypassing issues of impartiality and equality of arms is hard work. And it is work that most judges have not been trained to do, focused as legal education is on methodology and legal practice is on finding the right answer, or any answer for that matter in a specific case. That is another reason why developing narrative intelligence matters to be able to particularise the particular justly.

Bibliography

Abbott (2014): H. Porter Abbott, *The Cambridge Introduction to Narrative*, Cambridge.

Amsterdam/Bruner (2000): Anthony G. Amsterdam and Jerome Bruner, *Minding the Law*, Cambridge (MA).

Aristotle (1999): Aristotle, *Poetics*, trans. S. Halliwell, Cambridge (MA) and London.

Aristotle (2003) [1926]: Aristotle, *Nicomachean Ethics*, trans. H. Rackham and ed. J. Henderson, Cambridge (MA) and London.

Ashe (1992): Marie Ashe, «The ‹bad mother› in law and literature. A problem of representation», *Hastings Law Review* 43, 1017–1037.

Bal (1994): Mieke Bal, «Scared to death», in: Mieke Bal and Inge E. Boer (eds.), *The Point of Theory. Practices of Cultural Analysis*, Amsterdam, 32–47.

Bal (2001): Mieke Bal, «Legal Lust. Literary Litigations», *Australian Feminist Law Journal* 15, 1–22.

Bal (2002): Mieke Bal, *Travelling Concepts in the Humanities. A Rough Guide*, Toronto.

Bal (2009): Mieke Bal, *Narratology. Introduction to the Theory of Narrative*, 3rd ed., Toronto, Buffalo and London.

130 Cf. van Domselaar (2014), 1, for an example of a court scene taken from the film *Lady Bird Lady Bird* by Ken Loach in which the judge gives leave to the authorities to place Maggie's four children with foster parents, and Maggie responds «You bastard!» because her situation has not been viewed empathetically.

131 Cf. Hogan (2011), 276: «Our emotional response to stories is inseparable from our empathic response to the characters, their situations, actions, capacities, and so forth.»

132 Barnes Macfarlane (2018), 104–106.

133 Robey (2017).

Balkin (1996): Jack M. Balkin, «Interdisciplinarity as Colonization», *Washington and Lee Law Review* 53, 949–970.

Barnes Macfarlane (2018): Lesley-Anne Barnes Macfarlane, «Patrick v Patrick and Re A Letter to a Young Person. Judicial Letters to Children – an Unannounced, but not an Unwelcome, Development», *The Edinburgh Law Review* 22, 101–107.

Baron (1999): Jane B. Baron, «Law, Literature, and the Problems of Interdisciplinarity», *Yale Law Journal* 108, 1059–1085.

Berns (2018): Sandra Berns, *To Speak as a Judge. Difference, Voice and Power*, Milton Park.

Black (2005): David A. Black, «Narrative Determination and the Figure of the Judge», in: Michael Freeman (ed.), *Law and Popular Culture*, Oxford, 677–685.

Bloch (1977): R. Howard Bloch, *Medieval French Literature and Law*, Berkeley (CA).

Brooks (1998): Peter Brooks, «The Law as Narrative and Rhetoric», in: Peter Brooks and Paul Gewirtz (eds.), *Law's Stories, Narrative and Rhetoric in the Law*, New Haven and London, 14–22.

Brooks (2005): Peter Brooks, «Narrative in and of the Law», in: James Phelan and Peter J. Rabinowitz (eds.), *A Companion to Narrative Theory*, Oxford, 415–426.

Brooks (2006): Peter Brooks, «Narrative Transactions. Does the Law Need a Narratology?», *Yale Journal of Law & the Humanities* 18.1, 1–28.

Brooks (2010): Peter Brooks, «Literature as Law's Other», *Yale Journal of Law & the Humanities* 22.2, 349–367.

Brooks/Gewirtz (1996): Peter Brooks and Paul Gewirtz (eds.), *Law's Stories, Narrative and Rhetoric in Law*, New Haven and London.

Bruner (2002): Jerome Bruner, *Making Stories. Law, Literature, Life*, Cambridge (MA).

Burke (1969) [1945]: Kenneth Burke, *A Grammar of Motives*, Berkeley (CA).

Callinan (2005): Ian D. F. Callinan, «Stories in Advocacy and in Decisions, the Narrative Compels the Result», *Texas Weslyan Law Review* 12, 319–330.

Cardozo (1925): Benjamin N. Cardozo, «Law and Literature», *Yale Review*, 699–718.

Carr (1986): David Carr, *Time, Narrative, and History*, Bloomington.

Cashmore (2002): Judy Cashmore, «Promoting the Participation of Children and Young People in Care», *Child Abuse & Neglect* 26, 837–847.

Cavazzini (2020): Patrizia Cavazzini, «Orazio and Artemisia. From ‹such an ugly deed› to ‹honours and favours› at the English Court», in: Letizia Treves et al. (eds.), *Artemisia*, London, 32–63.

Cavell (1982): Stanley Cavell, «Politics as Opposed to what?», in: William J. T. Mitchell (ed.), *The Politics of Interpretation*, Chicago and London, 181–202.

Coleridge (1835): Samuel Taylor Coleridge, *Specimens of the Table Talk of the Late Samuel Taylor Coleridge*, available at https://www.gutenberg.org/ebooks/8489.

Coles (1989): Robert Coles, *The Call of Stories. Teaching and the Moral Imagination*, Boston.

Conley/Conley (2009): Robin H. Conley and John M. Conley, «Stories from the Jury Room. How Jurors Use Narrative to Process Evidence», *Studies in Law, Politics, and Society* 49, 25–56.

Cover (1983): Robert Cover, «The Supreme Court, 1982 Term – Foreword: Nomos and Narrative», *Harvard Law Review* 97, 4–68.

Cropper (2020): Elizabeth Cropper, «Artemisia Gentileschi. La Pittora», in: Letizia Treves et al. (eds.), *Artemisia*, London, 10–31.

Culler (1994): Jonathan Culler, «Introduction. What's the point?», in: Mieke Bal and Inge E. Boer (eds.), *The Point of Theory. Practices of Cultural Analysis*, Amsterdam, 13–17.

Delgado/Stefancic (1991): Richard Delgado and Jean Stefancic, «Norms and Narratives. Can Judges Avoid Serious Moral Error?», *Texas Law Review* 69, 1929–1983.

Dershowitz (1996): Alan M. Dershowitz, «Life is not a Dramatic Narrative», in: Peter Brooks and Paul Gewirtz (eds.), *Law's Stories. Narrative and Rhetoric in the Law*, New Haven, 99–105.
DeSanctis (2012): Christy H. DeSanctis, «Narrative Reasoning and Analogy. The Untold Story», *Legal Communication and Rhetoric: JALWD* 9, 149–171.
van Domselaar (2014): Iris van Domselaar, *The Fragility of Rightness, Adjudication and the Primacy of Practice* (diss.), Amsterdam.
Douzinas (2003): Costas Douzinas, «The Literature of Law», in: Daniela Carpi (ed.), *Shakespeare and the Law*, Ravenna, 17–46.
van Dunné (1996): Jan M. van Dunné, «Narrative Coherence and its Function in Judicial Decision Making and Legislation», *The American Journal of Comparative Law* 44, 463–486.
Elkins (1985): James Elkins, «On the Emergence of Narrative Jurisprudence. The humanistic perspective finds a new path», *Legal Studies Forum* 9, 123–156.
Elkins (1990a): James Elkins, «Introduction to ‹Pedagogy of Narrative›», *Journal of Legal Education* 40, 1–2.
Elkins (1990b): James Elkins, «Bibliography of Narrative», *Journal of Legal Education* 40, 203–250.
Engisch (1963) [1943]: Karl Engisch, *Logische Studien zur Gesetzanwendung*, Heidelberg.
Fisher (1976): Walter R. Fisher, *Human Communication as Narration. Toward a Philosophy of Reason, Value, and Action*, Columbia (SC).
Fisher (1984): Walter R. Fisher, «Narration as a Human Communication Paradigm. The Case of the Public Moral Argument», *Communications Monographs* 51, 1–22.
Fisher (1985): Walter R. Fisher, «The Narrative Paradigm. An Elaboration», *Communications Monographs* 52, 347–367.
Fricker (2007): Miranda Fricker, *Epistemic Injustice, Power and the Ethics of Knowing*, Oxford.
Gaakeer (1998): Jeanne Gaakeer, *Hope Springs Eternal. An Introduction to the Work of James Boyd White*, Amsterdam.
Gaakeer (2010): Jeanne Gaakeer, «Crises of Evidence, Crises of Truth», *Pòlemos* 2, 3–23.
Gaakeer (2011): Jeanne Gaakeer, «Law, Language and Literature. Their Interrelations in Law and Literature», in: Bart van Klink and Sanne Taekema (eds.), *Law and Method*, Tübingen, 215–235.
Gaakeer (2012): Jeanne Gaakeer, «European Law and Literature. Forever Young. The Nomad Concurs», in: Helle Porsdam and Thomas Elholm (eds.), *Dialogues on Justice. European Perspectives on Law and Humanities*, Berlin and New York, 44–72.
Gaakeer (2015): Jeanne Gaakeer, «Futures of Law and Literature. A Jurist's Perspective», in: Christian Hiebaum, Susanne Knaller and Doris Pichler (eds.), *Recht und Literatur im Zwischenraum. Aktuelle inter- und transdisziplinäre Zugänge / Law and Literature In-Between. Contemporary Inter- and Transdisciplinary Approaches*, Bielefeld, 71–103.
Gaakeer (2018): Jeanne Gaakeer, «The Judge's Perplexity is the Scholar's Opportunity», *German Law Journal* 18.2, 332–362.
Gaakeer (2019): Jeanne Gaakeer, *Judging from Experience. Law, Praxis, Humanities*, Edinburgh.
Gaakeer (2021): Jeanne Gaakeer, «Judicial Narration as Explanation of Facts and Circumstances», in: Frode Helmich Pedersen, Espen Ingebrigtsen and Werner Gephart (eds.), *Narratives in the Criminal Process*, Frankfurt am Main, 29–61.
Gaakeer (2022): Jeanne Gaakeer, «Law and Literature», in: Mortimer Sellers and Stephan Kirste (eds.), *Encyclopedia of the Philosophy of Law and Social Philosophy*, Living Edition, Meteor.Springer.com, available at: https://doi.org/10.1007/978-94-007-6730-0_989-1.
Gaius/Oltmans (1967): Gaius, *De Instituten*, ed. and trans. A. C. Oltmans, Groningen.

Garrard (1989): Mary D. Garrard, *Artemisia Gentileschi. The Image of the Female Hero in Italian Baroque Art*, Princeton.
Geertz (1973): Clifford Geertz, *The Interpretation of Cultures*, New York.
Geertz (1983): Clifford Geertz, *Local Knowledge*, New York.
Godwin Phelps (1990): Theresa Godwin Phelps, «Narratives of Disobedience», *Journal of Legal Education* 40, 133–143.
Goldberg (2007): Michael Goldberg, «Against Acting ‹Humanely›», *Mercer Law Review* 58, 899–918.
Greimas/Courtès (1979): Algirdas-Julien Greimas and Joseph Courtès, *Sémiotique, Dictionnaire raisonné de la théorie du langage*, Paris.
Grimm (1965) [1861]: Jacob Grimm, «Von der Poesie im Recht», *Zeitschrift für geschichtliche Rechtswissenschaft*, repr. in *Kleinere Schriften 6*, Hildesheim, 152–191.
de Groot ([2]1965) [1631]: Hugo de Groot, *Inleidinge tot de Hollandsche Rechtsgeleerdheid*, ed. by F. Dovring, H. F. W. D. Fischer, and E. M. Meijers, 2nd ed., Leyden.
Halliwell (1986): Stephen Halliwell, *Aristotle's Poetics*, London.
Hanafin (2004): Patrick Hanafin et al. (eds.), *Law and Literature*, Oxford.
Hassemer (1967): Winfried Hassemer, *Tatbestand und Typus. Untersuchungen zur strafrechtlichen Hermeneutik*, Köln.
Hogan (1999): Patrick Colm Hogan, «Fictive Tales, Real Lives. Problems with Reading Law as Literature» in: Kostas Myrsiades and Linda Myrsiades (eds.), *Un-Disciplining Literature. Literature, Law & Culture*, New York, 271–288.
Hogan (2011): Patrick Colm Hogan, *What Literature Teaches Us About Emotion*, Cambridge.
IJsseling (1976): Samuel IJsseling, *Rhetoric and Philosophy in Conflict*, The Hague.
Jackson (1988): Bernard Jackson, *Law, Fact, and Narrative Coherence*, Liverpool.
Jensen Kerr (2015): Andrew Jensen Kerr, «Meta-Stories and Missing Facts», *California Law Review* 6, 69–75.
Kearns (1999): Michael Kearns, *Rhetorical Narratology*, Lincoln (NE).
Keen (2020): Suzanne Keen, «Affect and Empathy Studies», in: Simon Stern, Maksymilian Del Mar and Bernadette Meyler (eds.), *The Oxford Handbook of Law and Humanities*, Oxford, 181–197.
Keen (2022): Suzanne Keen, «Narrative Empathy», in: Peter Hühn et al. (eds.), *The Living Handbook of Narratology*, Hamburg, available at: https://www-archiv.fdm.uni-hamburg.de/lhn/node/42.html.
Kiernan-Johnson (2012): Derek H. Kiernan-Johnson, «A Shift to Narrativity», *Legal Communication and Rhetoric: JALWD* 9, 81–98.
Kukkonen (2014): Karin Kukkonen, «Plot», in: Peter Hühn et al. (eds.), *The Living Handbook of Narratology*, Hamburg, available at: https://www-archiv.fdm.uni-hamburg.de/lhn/node/115.html.
Landowski (1991): Eric Landowski, «A Note on Meaning, Interaction and Narrativity», *International Journal for the Semiotics of Law* 4, 151–161.
Larenz (1991) [1943]: Karl F. Larenz, *Methodenlehre der Rechtswissenschaft*, Berlin.
Leibniz (1976): G. W. Leibniz, *Philosophical Papers and Letters*, ed. by Leroy E. Loemker, Dordrecht and Boston.
Lipps (1958) [1926]: Hans Lipps, *Die Verbindlichkeit der Sprache. Arbeiten zur Sprachphilosophie und Logik*, Frankfurt am Main.
Luhman (1981): Niklas Luhmann, *Ausdifferenzierung des Rechts. Beiträge zur Rechtssoziologie und Rechtstheorie*, Frankfurt am Main.
Luhmann (1988): Niklas Luhmann, *Die Wirtschaft der Gesellschaft*, Frankfurt am Main.
MacIntyre (1981): Alisdair MacIntyre, *After Virtue. A Study in Moral Theory*, Notre Dame (IN).

Meister (2009): Jan Christoph Meister, «Narratology», in: Peter Hühn et al. (eds.), *Handbook of Narratology*, Berlin, 329–350.
Minda (1995): Gary Minda, *Postmodern Legal Movements. Law and Jurisprudence at Century's End*, New York and London.
Mitchell (1981): William J. T. Mitchell (ed.), *On Narrative*, Chicago.
Mootz (2012): Frances J. Mootz, «Law among the Sight Lovers», *New York Law School Law Review* 75, 61–74.
Nussbaum (1986): Martha C. Nussbaum, *The Fragility of Goodness*, Cambridge.
Nussbaum (1995): Martha C. Nussbaum, *Poetic Justice. The Literary Imagination in Public Life*, Boston.
Olson (2010): Greta Olson, «De-Americanizing Law-and-Literature Narratives, Opening Up the Story», *Law and Literature* 22, 338–364.
Olson (2015): Greta Olson, «Futures of Law and Literature. A Preliminary Overview from a Culturalist Perspective» in: Christian Hiebaum, Susanne Knaller and Doris Pichler (eds.), *Recht und Literatur im Zwischenraum. Aktuelle inter- und transdisziplinäre Zugänge / Law and Literature In-Between. Contemporary Inter- and Transdisciplinary Approaches*, Bielefeld, 37–69.
Olson (2018): Greta Olson, «On Narrating and Troping in the Law. The Conjoined Use of Narrative and Metaphor in Legal Discourse», in: Michael Hanne and Robert Weisberg (eds.), *Narrative and Metaphor in the Law*, Cambridge, 19–36.
Papke (1991): David Ray Papke (ed.), *Narrative and Legal Discourse*, Liverpool.
Pavlakos/Coyle (2005): George Pavlakos and Sean Coyle, «Introduction», in: Sean Coyle and George Pavlakos (eds.), *Jurisprudence or Legal Science?*, Oxford, 1–13.
Paychère (1991): François Paychère, «Contribution à une analyse narrative de la théorie institutionelle», *International Journal for the Semiotics of Law* 4, 267–278.
Pound (1953): Roscoe Pound, *The Lawyer from Antiquity to Modern Times*, St. Paul (MN).
Reagan (1996): Charles E. Reagan, «Interview with Paul Ricœur», in: Charles E. Reagan, *Paul Ricœur. His Life and His Work*, Chicago, 75–76.
Rhee (2012): Will Rhee, «Law and Practice», *Legal Communication & Rhetoric: JALWD* 9, 273–313.
Ricœur (1970): Paul Ricœur, *Freud and Philosophy. An Essay on Interpretation*, trans. Denis Savage, New Haven.
Ricœur (1981): Paul Ricœur, «What is a text? Explanation and Understanding», in: Paul Ricœur, *Hermeneutics and the Human Sciences*, Cambridge, 121–144.
Ricœur (1984): Paul Ricœur, *Time and Narrative 1*, trans. Kathleen McLaughlin and David Pellauer, Chicago.
Ricœur (1986): Paul Ricœur, *The Rule of Metaphor. Multidisciplinary Studies in the Creation of Meaning*, London.
Ricœur (1987): Paul Ricœur, «Life. A Story in Search of a Narrator» in: Marinus C. Doeser and John N. Kraay (eds.), *Facts and Values*, Dordrecht, 121–132.
Ricœur (2000): Paul Ricœur, *The Just*, trans. David Pellauer, Chicago.
Ricœur (2005): Paul Ricœur, *The Course of Recognition*, trans. David Pellauer, Cambridge (MA).
Rose (1990): Carol M. Rose, «Property as Storytelling. Perspectives from Game Theory, Narrative Theory, Feminist Theory», *Yale Journal of Law and the Humanities* 2, 37–57.
Schernus (2011): Wilhelm Schernus, «Narratology in the Mirror of Codifying Texts», in: Greta Olson (ed.), *Current Trends in Narratology*, Berlin, 277–296.
Schünemann (1993): Bernd Schünemann, «Zum Verhältnis von Norm und Sachverhalt bei der Rechtsanwendung, von Ober- und Untersatz im Justizsyllogismus und von Rechts- und Tatfrage im Prozessrecht», in: Fritjof Haft et al. (eds.), *Strafgerechtigkeit*, Heidelberg, 299–320.

Sherwin (1994): Richard K. Sherwin, «Law Frames. Historical Truth and Narrative Necessity in a Criminal Case», *Stanford Law Review* 47, 39–83.

Solinas (2020): Francesco Solinas, «‹Bella, pulita, e senza macchia›. Artemisia and her Letter», in: Letizia Treves et al. (eds.), *Artemisia*, London, 46–63.

Spence (1982): Donald P. Spence, *Narrative Truth and Historical Truth. Meaning and Interpretation in Psychoanalysis*, New York and London.

Stone Peters (2005): Julie Stone Peters, «Law, Literature, and the Vanishing Real. On the Future of an Interdisciplinary Illusion», *PMLA* 120.2, 442–453.

Suntrup (2018): Jan Christoph Suntrup, *Umkämpftes Recht. Zur mehrdimensionalen Analyse rechtskultureller Konflikte durch die politische Kulturforschung*, Frankfurt am Main.

Trounstine/Waxler (2005): Jean Trounstine and Robert P. Waxler, *Finding a Voice. The Practice of Changing Lives Through Literature*, Ann Arbor.

Twining (1990): William Twining, *Rethinking Evidence*, Oxford.

Wagenaar (1993): Willem A. Wagenaar et al., *Anchored Narratives. The Psychology of Criminal Evidence*, New York and London.

Weisberg (1984): Richard Weisberg, *The Failure of the Word*, New Haven and London.

Weisberg (1992): Richard Weisberg, *Poethics*, New York.

Weisberg (1996): Robert Weisberg, «Proclaiming Trials as Narratives. Premises and Pretenses», in: Peter Brooks and Paul Gewirtz (eds.), *Law's Stories. Narrative and Rhetoric in the Law*, New Haven, 61–83.

Weisberg/Barricelli (1982): Richard Weisberg and Jean-Pierre Barricelli, «Literature and Law», in: Jean-Pierre Barricelli and Joseph Gibaldi (eds.), *Interrelations of Literature*, New York, 150–175.

West (1989): Robin West, «Economic Man and Literary Woman. One Contrast», *Mercer Law Review* 39, 867–878.

White (1973): James Boyd White, *The Legal Imagination*, Chicago.

White (1984): James Boyd White, *When Words Lose their Meaning. Constitutions and Reconstitutions of Language, Character, and Community*, Chicago.

White (1985): James Boyd White, *Heracles' Bow*, Madison (WI).

Wolf (2011): Werner Wolf, «Narratology and Media(lity). The Transmedial Expansion of a Literary Discipline and Possible Consequences», in: Greta Olson (ed.), *Current Trends in Narratology*, Berlin, 145–180.

de Zutter/Horselenberg/van Koppen (2017): André W. E. A. de Zutter, Rob Horselenberg and Peter J. van Koppen, «Filing False Vice Reports. Distinguishing True from False Allegations», *The European Journal of Psychology Applied to a Legal Context* 9, 1–14.

Case law:

ECHR 22 November 1995, Application no. 19178/91 *Bryan v. United Kingdom*, available at https://hudoc.echr.coe.int/eng.

The House of Lords, *R v. R.* [1991] UKHL 12.

Rb. Overijssel 30 juni 2021, ECLI:NL:RBOVE:2021:2755.

Rb. Overijssel 17 juni 2021, ECLI:NL:RBOVE:2021:2557.

Rb. Overijssel 31 augustus 2018, ECLI:NL:RBNNE:2018:3537.

Hof Arnhem-Leeuwarden 22 augustus 2017, ECLI:NL:GHARL:2017:7429.

Sheriffdom of Glasgow and Strathkelvin at Glasgow, [2017] SC GLA 46, Sheriff Aisha Y. Anwar, available at 2017scgla46.pdf (scotcourts.gov.uk), last accessed 13 March 2022.

A (Letter to a Young Person), Re (Rev 1) [2017] EWFC 48 (26 July 2017), available at bailii.org, last accessed 14 March 2022.

Conventions:
Convention on the Rights of the Child, available at unhcr.org.
Council of Europe Child-Friendly Justice Project, available at www.coe.int/childjustice.

Digitally available articles:
Robey (2017): «Divorce. Judges Must Embrace a Different Approach», *HuffPost UK News*, available at huffingtonpost.co.uk.

Das hohe Lied der Richter? Verschiedene Erzählungen von der Stellung der Richter im «Pachtinventar-Fall» des Reichsgerichts aus dem Jahr 1922

Stephan Dusil

1 Narratologie und Rechtsprechung: Hinführung

Im Zentrum der folgenden Überlegungen stehen 25 Schweine, 50 Pferde mit 10 Fohlen, 173 Rinder, 277 Geflügelvieh und 1216 Schafe sowie ein Rittergut in Brandenburg – und natürlich die Richter am Reichsgericht in Leipzig, die sich mit dem Rittergut und dem Wert des dazugehörigen Viehbestands im Frühjahr 1922 juristisch auseinandersetzen mussten. Sie waren gefragt, den Wert des Viehs zu ermitteln und so die Inflation der beginnenden 1920er-Jahre in das starre System des vertraglichen und gesetzlichen Pachtrechts zu integrieren. Anhand dieses bekannten und viel diskutierten Falls versucht dieser Beitrag, literaturwissenschaftliche Fragestellungen auf Urteile des höchsten deutschen Zivilgerichts Anfang des 20. Jahrhunderts anzuwenden; er will so die Chancen einer solchen Analyse, aber auch damit verbundene Schwierigkeiten ausloten.

Die Verbindung von Recht und Literatur ist lange als Reflexion von Recht und Rechtspraxis in literarischen Werken verstanden worden (*Law in Literature*);[1] erst in jüngerer Zeit sind juristische Texte als literarisches Genre begriffen worden, das mit literaturwissenschaftlichen Fragestellungen, Ansätzen und Methoden untersucht werden kann (*Law as Literature*). Als methodischer Gegenentwurf zu *Law and Economics* in den USA konzipiert, hat die *Law as Literature*-Bewegung die deutsche Rechtswissenschaft nur zögerlich und vereinzelt erreicht.[2] Dabei sind

* Mein Dank geht an Maren Wolff, Dedelow, für die Gespräche über die Ortsgeschichte und die freundliche Zurverfügungstellung von Abbildung 2.

1 Siehe zu diesem Ansatz zum Beispiel die Beiträge von Joachim Harst, Tim Mehigan und Barbara Thums, alle in Greiner/Thums/Vitzthum (2010), sowie Lüderssen (^{2}2002) und Müller-Dietz (2007).

2 Einführend: Schramm (2007); Lachenmaier (2008); von Arnauld (2009); Olson (2014); Niehaus (2018) jeweils mit weiteren Literaturhinweisen. Zum Erzählen von Zeugen und Angeklagten im Strafprozess Hoffmann (1980); zur Entstehungsgeschichte von *Law as Literature* auch Lüderssen (1996), 328–348.

Erzählungen gerade im Rechtsalltag allgegenwärtig, sei es der von der Polizei ausermittelte und verschriftlichte Sachverhalt, der der Staatsanwaltschaft zur Anklage vorgelegt wird, sei es der Übungsfall, den Studierende lösen müssen, sei es die Präambel einer Verfassung oder der Parteivortrag vor Gericht.[3] Gerade Gerichtsverhandlungen und die in ihnen präsentierten Erzählungen laden zur narratologischen Annäherung ein. In ihnen lassen sich verschiedene Erzählungen desselben Sachverhalts unterscheiden, nämlich die Parteivorträge, die meist eine ganz eigene Geschichte präsentieren, sodann das Urteil als «Masternarrativ», das auktorial die aus Sicht des Gerichts überzeugendste Geschichte erzählt. Mit Berufungs- und Revisionsbegründungen wie -urteilen reichert sich die Anzahl der «Erzählungen» eines Sachverhalts im Laufe des Prozesses noch an.[4]

Narratologische Ansätze, mit denen Urteile und andere Rechtstexte erforscht werden könnten, fragen zum Beispiel nach der «histoire» (was wird erzählt?) und dem «discours» (wie wird erzählt?). Letzterer interessiert sich für die Reihenfolge der präsentierten Ereignisse und ihrer Dauer («Zeit»), die Distanz zum Erzählten und die Sicht des Erzählers (Fokalisierung) («Modus») sowie die Involviertheit des Erzählers in das Geschehen, d. h. Zeitpunkt und Ort des Erzählens sowie Stellung des Erzählers («Stimme»).[5] Zudem wäre zu fragen, welche Überzeugungskraft die verschiedenen Erzählungen der Parteien auf den Richter haben und mit welcher Argumentation und Erzählstrategie der Richter sein «Masternarrativ» zusammenfügt.

Gegenüber dem in der Literatur theoretisch breit ausgerollten Programm narratologischer Forschungsansätze ist die Anzahl der Anwendungen auf aktuelle Rechtstexte, anhand derer das mögliche Potenzial ausgelotet wird, eher gering. Ein überzeugendes Beispiel der Applikation narratologischer Fragestellungen auf ein Urteil liegt in der Untersuchung des sogenannten «Kopftuchbeschlusses» des Bundesverfassungsgerichts.[6] Die Analyse zeigt deutlich, dass Mehrheits- wie Minderheitsvotum die Geschichte des Falls ganz unterschiedlich erzählen.[7] Das Mehrheitsvotum stellt die Beschwerdeführerin als junge, selbstbewusste Frau dar, die sich in Deutschland mithilfe der Grundrechte das Recht erstreitet, sowohl Lehrerin zu sein als auch Kopftuch tragen zu dürfen; sie ist Opfer, das für Gerechtigkeit kämpft. Demgegenüber rückt das Minderheitsvotum den Beamten als Diener und damit Verpflichteten des Staates in den Vordergrund; die Beschwerdeführerin wird zur «unsympathischen Nebenfigur»,[8] die ihre Grundrechte auf

3 Instruktive Beispiele bei von Arnauld (2009), 23–42, von Arnauld (2017a) und (2017b) sowie Blufarb (2017), 380–477.

4 Zum «Fall» vor Gericht beispielsweise Schapp (2013), 438–446.

5 Als Einführung in das «Wie» der Darstellung: Martínez/Scheffel ([11]2019), insbes. 29–94 sowie zu den Begriffen wie «histoire» und «discours» und ihrer unterschiedlichen Verwendung ebd., 22–28.

6 BVerfGE 108, 282.

7 Blufarb (2017), 388–425; Blufarb (2022), 42–43.

8 Blufarb (2017), 414.

Kosten der schwächeren Kinder und Eltern auslebt.[9] «Während die abweichende Meinung die Fronten und die Distanz zwischen Bürgern und Staat betont und die Grundrechte als Abstandswahrer einsetzt, versteht das Urteil den Staat als vereinende Heimstatt aller Staatsbürger, die eine Grundrechtsausübung erst ermöglicht.»[10] Der Fall des «Kopftuchbeschlusses» zeigt deutlich, dass Urteile mit analytischen Kriterien wie «histoire» und «discours» durchaus fruchtbringend untersucht werden können.

Wendet man sich von solchen juristisch komplexen und politisch kontroversen Urteilen des Verfassungsgerichts ab, die sich unter erzählerischen Aspekten gut analysieren lassen, so scheinen zivilgerichtliche Urteile bislang weniger im Fokus der Forschung gestanden zu haben. Dies könnte seinen Grund darin finden, dass zivilgerichtliche Urteile in der Regel weniger «spektakulär» und umstritten als Entscheidungen des Verfassungsgerichts sind und vielleicht auch weniger «erzählen». Dennoch soll an einem Fall, den das Reichsgericht 1922 behandeln musste, der literaturwissenschaftliche Ansatz versucht werden, nämlich an der «Pachtinventar-Entscheidung». Die Entscheidung zum «Pachtinventar» reiht sich in eine Vielzahl von reichsgerichtlichen Entscheidungen zur «Aufwertungsrechtsprechung» ein.

Unter «Aufwertungsrechtsprechung» versteht die rechtshistorische Forschung die Rechtsprechung des Reichsgerichts in der ersten Hälfte der 1920er-Jahre, mit der diese die Inflationsfolgen in juristischer Hinsicht in den Griff zu kriegen versuchte. Diese Inflation war Folge der Wirtschaftspolitik im Ersten Weltkrieg: Mithilfe von Kriegsanleihen und vermehrter Ausgabe von Geldzeichen hatte das Kaiserreich den Ersten Weltkrieg finanziert, zugleich aber mit Höchstpreisverordnungen eine gewisse Geldwertstabilität gesichert. Trotz der Rücknahme der Höchstpreisfestsetzungen nach Ende des Ersten Weltkriegs schöpfte die junge Weimarer Republik weiterhin Geld, was konsequenterweise zu einer hohen Inflation führte, die sich zur «Hyperinflation» im Jahr 1923 auswuchs. Zwar kam die Inflation dem u. a. durch den Weltkrieg hochverschuldeten Staat zugute, doch sie vernichtete zugleich privates Geldvermögen.[11]

Die Inflation der beginnenden 1920er-Jahre zeitigte nicht nur wirtschaftliche, soziale und politische Folgen, sondern auch juristische. Die Geldentwertung traf nämlich die Parität von Leistung und Gegenleistung im Kern und begünstigte den Schuldner, der Geld zu zahlen verpflichtet war. Dieses Ungleichgewicht zwischen Vertragspartnern traf vor allem diejenigen hart, die langfristige Vertragsbeziehungen eingegangen waren. So hatte zum Beispiel das Reichsgericht mehrfach über sogenannte Dampflieferverträge zu entscheiden. In einem Fall, dem «Dampflieferfall II», hatte die klagende Vermieterin 1912 Geschäftsräume

9 Blufarb (2022), 43.

10 Blufarb (2022), 43.

11 Zur Inflation: Huck (1993), 106–120; Scholz (2001); zum Privatrecht im Ersten Weltkrieg Dörner (1986) und Eiffler (1998).

vermietet und zugleich die Lieferung von Wasserdampf für gewerbliche Zwecke zugesagt. Nun war aufgrund des Krieges sowie der anschliessenden wirtschaftlichen Krise der Preis für Kohle – und damit auch für Wasserdampf – exorbitant gestiegen, weswegen die Klägerin eine Anpassung des Vertrags in Form erhöhter Zahlungen des Mieters und Dampfbeziehers verlangte. Die Einhaltung des ursprünglichen Vertrags bedeutete für sie nämlich ein Verlustgeschäft. Dem Ansinnen der Klägerin auf Vertragsanpassung stellte sich der Mieter entgegen und argumentierte, dass Verträge einzuhalten seien und in Ermangelung einer Preisanpassungsklausel eine Aufwertung eben nicht erfolgen könne. Während die Untergerichte dem Mieter recht gaben, der sich auf den Standpunkt stellte, dass Vertrag eben Vertrag sei, sah sich das Reichsgericht als höchste Instanz 1920 gerufen, Abhilfe zu schaffen und eine Korrektur des als unbillig erscheinenden Vertragsverhältnisses zu ermöglichen.[12] Ein gleichgelagertes Problem stellte sich bei längerfristigen Pachtverträgen, deren Pachtzins durch die Inflation entwertet wurde, wie auch bei Pachtverträgen, die eine Klausel zum Ausgleich des Werts des Pachtinventars vorsahen, wobei der Wert bei Ausgabe mit dem bei Rückgabe des Pachtinventars verglichen und die Differenz ausgeglichen werden sollte.

Nach und nach korrigierte die Rechtsprechung zunächst, nämlich ab September 1920, vertragliche Ungleichgewichte; dann, im November 1923, beschloss sie auch die Aufwertung von Hypotheken, die ebenfalls von der Inflation betroffen waren. Mark war eben nicht mehr gleich Mark, sondern musste dem Währungsverfall angepasst werden. Das Reichsgericht tarierte damit das Gleichgewicht zwischen inhaltlicher Gerechtigkeit und Billigkeit einerseits und dem formalen Festhalten an dem Grundsatz «*pacta sunt servanda*» neu aus.[13]

In dieser Aufwertungsrechtsprechung ist der 3. Zivilsenat des Reichsgerichts unter dem Senatspräsidenten Eugen Meyn zentral, denn dieser Senat hat mehrere wegweisende Urteile gefällt.[14] Von den Verfahren vor dem 3. Senat soll eines unter narratologischen Gesichtspunkten näher untersucht werden, nämlich der Fall zum «Pachtinventar» aus dem Frühjahr 1922. Eine solche literaturwissenschaftliche Annäherung an das Verfahren zeigt in verschiedenen Verfahrensdokumenten sowie Berichten über das Verfahren unterschiedliche Erzählweisen zur Frage, welche Aufgaben und welche Funktion Richtern zukommen. Die deutlichen Unterschiede weisen auf verschiedene Erzählsituationen hin, in denen sich der 3. Senat befand; diesen will der Beitrag näher nachgehen. Zudem kann er mit seinem narratologischen Ansatz vielleicht auch einen neuen Aspekt zu den

12 RGZ 100, 129–134 (Entscheidung vom 21.9.1920; III 143/20).

13 Zur Aufwertungsrechtsprechung: Laudenklos (^{2}2008), 324–346; Thiessen (2016) sowie detailliert Klemmer (1996), insbes. 51–83 zu Miet- und Pachtentscheidungen des 3. Senats und – allgemeiner – Rückert (1994), 281–294; zum konkreten Fall Nörr (1988), 64 und Thiessen (2016), 750–753. Siehe auch die weitere Literatur in Anmerkung 43.

14 Siehe Klemmer (1996), 51–83 und die weiteren von ihm ausgewerteten Entscheidungen des 3. Senats.

bekannten «Erzählungen» vom Richter und seiner Rolle zu Beginn der Weimarer Republik beitragen.

2 Der «Pachtinventar-Fall»: Ein Fall – mehrere Erzählungen

2.1 Der Rechtsfall: Welchen Wert hat das Pachtinventar?

Im Nordosten der damaligen preussischen Provinz und des heutigen Landes Brandenburg liegt ganz in der Nähe der Stadt Prenzlau der kleine Ort Dedelow. In dieser agrarisch geprägten Gegend besass die Familie von Klützow ein Rittergut, das knapp 1000 Hektar umfasste.

Abb. 1: Schloss des Gutes Dedelow.

Nachdem der Gutsbesitzer Hermann von Klützow 1902 verstorben war, übernahm dessen Neffe, Hans von Klützow, das Gut. Da dieser jedoch nicht Landwirt war, sondern Rechtswissenschaften studiert hatte, bewirtschaftete er es nicht selbst, sondern verpachtete es im Jahre 1904 an Wilhelm Wölle. Laut Pachtvertrag vom 17. August 1904 sollte der Vertrag 18 Jahre laufen und zum 1. Juli 1922 enden. Zum Gut gehörte Inventar, und zwar lebendes wie totes. Zum toten Inventar zählten ein Dampfdreschsatz sowie ein Mühlenwerk, zum lebenden ein genau spezifizierter Viehbestand, nämlich die eingangs bezifferten Schweine, Pferde, Rinder und Schafe. Der Wert des Inventars wurde 1904 mit 113.802 Mark taxiert. Laut Vertrag sollte am Ende der Laufzeit der Pächter das Inventar zurückgeben und es sollte

Abb. 2: Gutsalltag in Dedelow: Gutsknechte in den 1930er Jahren.

erneut taxiert werden: Hatte es einen höheren Wert als 113.802 Mark, sollte der Verpächter das Mehr ausgleichen, hatte es einen geringeren Wert, musste der Pächter dem Verpächter das Minus erstatten.[15]

Als sich die Rückgabe am Ende der Laufzeit anbahnte, stellte sich heraus, dass das Inventar einen deutlich höheren Nominalwert als 1904 hatte, allerdings nicht, weil der Pächter hervorragend gewirtschaftet hatte oder die Ernte aufgrund guter Jahre besonders üppig ausgefallen war, sondern weil die Inflation der frühen 1920er das Geld entwertet hatte. Der Wert des Inventars lag jetzt nicht mehr bei gut 113.000 Mark, sondern beim vierzigfachen.[16] Dementsprechend stellte sich der Pächter, der die erstinstanzliche Klage beim Landgericht Prenzlau angestrengt hatte, auf den Standpunkt, dass der Verpächter ausgleichspflichtig sei, und zwar mit mehreren Millionen Mark. Das Landgericht Prenzlau erkannte ebenso

15 Die vertraglichen Regelungen entsprachen den gesetzlichen Bestimmungen der §§ 587–589 BGB, denen zufolge der Pächter bei einer Übernahme des Inventars zum «Schätzungswerthe» der «Pächter [...] das bei der Beendigung der Pacht vorhandene Inventar dem Verpächter zurückzugewähren [hat]» (§ 589 Abs. 1). § 589 Abs. 2: «Der Verpächter kann die Uebernahme derjenigen von dem Pächter angeschafften Inventarstücke ablehnen, welche nach den Regeln einer ordnungsmäßigen Wirthschaft für das Grundstück überflüssig oder zu werthvoll sind; mit der Ablehnung geht das Eigenthum an den abgelehnten Stücken auf den Pächter über». Und Abs. 3 konstituierte die Ausgleichspflicht, die hier im Streit war: «Ist der Gesammtschätzungswerth der übernommenen Stücke höher oder niedriger als der Gesammtschätzungswerth der zurückzugewährenden Stücke, so hat im ersteren Falle der Pächter dem Verpächter, im letzteren Falle der Verpächter dem Pächter den Mehrbetrag zu ersetzen».

16 Laut *Juristischer Wochenschrift* 1922, 910, soll der Kläger 4.000.000 Mark gefordert haben.

wie das Kammergericht in Berlin als Berufungsinstanz im Sinne des Klägers. Anschliessend landete der Rechtsfall auf den Schreibtischen des 3. Senats des Reichsgerichts in Leipzig.[17]

Der Fall erregte in den betroffenen Verpächter- wie Pächterkreisen grosses Aufsehen, denn er wurde zu einer Art Musterprozess; so stand der Reichsschutzbund deutscher Verpächter und Grundeigentümer hinter dem Beklagten, von Klützow.[18] Anlässlich des Prozesses wurden viele Gutachten erstellt und akademische Zwischenrufe publiziert; «[s]elten ist wohl», so Hans Carl Nippperdey 1922, «eine Entscheidung von den Parteien wissenschaftlich besser vorbereitet worden als diese».[19]

17 Das Urteil vom 27. Juni 1922 ist abgedruckt als RGZ 104, 394–402 (III 558/1921); der «Beschluss» vom 26. Mai 1922 ist in der *Juristischen Wochenschrift* 1922, 910–911 sowie in der *Hanseatischen Rechtszeitschrift* 5, 1922, 741–744 veröffentlicht. Die Originalakte ist im Bundesarchiv Berlin [BArch], R 3002/108177 überliefert. Akten zum erstinstanzlichen Prozess vor dem Landgericht Prenzlau (3. Zivilkammer, Urteil vom 3. Dezember 1920) oder zum zweitinstanzlichen Urteil des Kammergerichts Berlin (17. Zivilsenat, Urteil vom 24. Juni 1921) oder weiteres Material liessen sich weder im Landesarchiv Mecklenburg-Vorpommern, im Landesarchiv Berlin, im Geheimen Staatsarchiv Preussischer Kulturbesitz noch im Brandenburgischen Landeshauptarchiv finden. (Gerichts)Akten scheinen – falls überhaupt aufbewahrt – im Zweiten Weltkrieg vernichtet worden zu sein. Ein Adelsarchiv der Familie von Klützow scheint ebenfalls nicht überliefert zu sein.

Die überlieferte Akte im Bundesarchiv enthält zunächst die vorbereitende Relation des Berichterstatters, Reichsgerichtsrat Henry Cornelius (1855–1941) (Blatt 47r–54v), sowie ein Nachtragsgutachten aus seiner Feder (Blatt 55r–56v). Sodann folgt das Protokoll zur mündlichen Verhandlung vom 26. Mai 1922 zum gütlichen Einigungsversuch (Blatt 57r–57v) und ein Beschluss vom 24. Juni 1922 (Blatt 67r), der die Verkündung des Urteils am «27. Juni 1922 mittags 12 Uhr» festsetzt. Das Sitzungsprotokoll (Blatt 68r–68v) wird ergänzt durch den Urteilsentwurf (Blatt 69r–78v) aus der Feder des Berichterstatters Cornelius sowie Anwaltskorrespondenz (Blatt 79r) und einer zweifachen maschinenschriftlichen Abschrift des Urteils (Blatt 83r–Ende der Akte [Rest nicht foliiert]). Die überlieferte Akte ist in mehrfacher Hinsicht unvollständig. Zum einen beginnt die Foliierung mit Blatt 47; vermutlich enthielt sie zuvor die untergerichtlichen Urteile sowie Anwaltsschriftsätze mit Anträgen (auf – nicht überlieferte – Anträge vom 18. November 1921 sowie 31. März 1922 wird auf Blatt 57v verwiesen), zum anderen weist die Foliierung auch danach Lücken auf, die aus der oben vorgestellten Übersicht ersichtlich sind. Die Akte ist – nach Anmeldung – online zugänglich: https://invenio.bundesarchiv.de/invenio/direktlink/84cc954b-028c-4470-ac78-b5e673945653/.

18 Siehe Klemmer (1996), 73. Historische Dokumente dieses Reichsschutzbundes liessen sich heute nicht mehr finden. Überliefert ist jedoch ein Bericht des Verpächters, in dem er dem Reichsschutzbund seine (Not)Lage schildert: Bericht von Klützow-Dedelow (1921). Den Charakter eines «Musterprozesses» deutet auch das Urteil selbst an. RGZ 104, 394, 402: «Dem aus Interessentenkreise geäußerten Wunsche, auch für solche Fälle [in denen der Pächter bei Pachtbeginn das Inventar gekauft hat und sich zum Rückverkauf bei Pachtende verpflichtet hat] eine Entscheidung zu treffen, vermag der Senat nicht zu entsprechen, da die Beurteilung solcher Fälle nicht ohne Prüfung der im Einzelfall getroffenen Vereinbarung erfolgen kann.»

19 Nipperdey (1922), 660. Die Literatur zur «Inventarfrage» ist kaum zu überschauen; um nur einige Beiträge zu nennen: Oertmann (1921) mit ausführlichem Literaturverzeichnis zur Inventarfrage; Richter (1921); Leonhard (1921); Breme (1921a); Consbruch (1921); Breme (1921b); Heinsheimer (1921); Nipperdey (1922). Insbesondere trat der «Reichsschutzbund landwirtschaftlicher Grundeigentümer und Verpächter» hervor, siehe zum Beispiel Unbilligkeit (1922) und Neuere Rechtsprechung (1922). Der Berichterstatter Cornelius erstattete sogar ein «Nachtragsgutachten», in dem er sich mit den eingereichten Gutachten auseinandersetzte (BArch, R 3002/108177, Blatt 55r–56v).

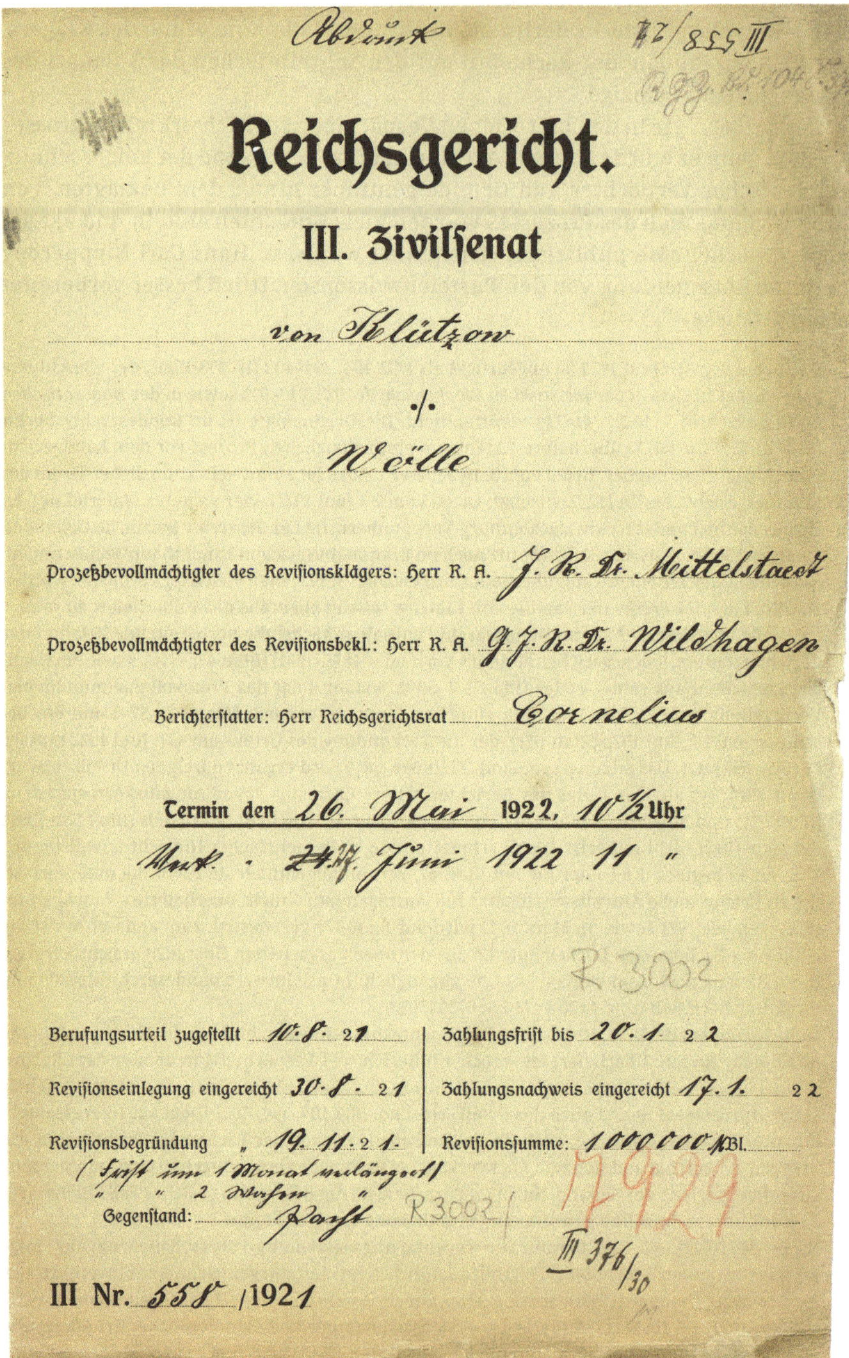

Abdruck 72/855 III

Rgg. Bd. 104 S. 394

Reichsgericht.

III. Zivilsenat

von Klützow

./.

Wölle

Prozeßbevollmächtigter des Revisionsklägers: Herr R. A. J. R. Dr. Mittelstaedt

Prozeßbevollmächtigter des Revisionsbekl.: Herr R. A. G. J. R. Dr. Wildhagen

Berichterstatter: Herr Reichsgerichtsrat Cornelius

Termin den 26. Mai 1922, 10½ Uhr

Urt. 24. Juni 1922 11 "

R 3002

Berufungsurteil zugestellt 10. 8. 21	Zahlungsfrist bis 20. 1. 22
Revisionseinlegung eingereicht 30. 8. 21	Zahlungsnachweis eingereicht 17. 1. 22
Revisionsbegründung " 19. 11. 21.	Revisionssumme: 1000000 Mk.

(Frist um 1 Monat verlängert)
" " 2 Wochen "

Gegenstand: Pacht R 3002

7929

III 376/30

III Nr. 558/1921

Abb. 3 Aktendeckel des Falls zum «Pachtinventar».

Das Reichsgericht verhandelte am 26. Mai 1922 mündlich und drängte die Parteien zu einem Vergleich, der aber nicht sogleich im Gerichtssaal, sondern anderswo geschlossen werden sollte, nämlich unter Beteiligung von Sachverständigen, die beide Parteien wählen konnten, und unter Beteiligung des erkennenden Senats. Dieser runde Tisch fand statt, doch kam man zu keinem Ergebnis. Daraufhin verkündete der Senat am 27. Juni 1922 das Urteil, in dem er das Urteil des Kammergerichts aufhob und die Sache zurückverwies; das Kammergericht als zweite Instanz sollte nun aufgrund von wirtschaftlichen Leitlinien, die das Reichsgericht explizit aufstellte, entscheiden.[20] So sollte der Verpächter zunächst entscheiden, ob er Inventarstücke als überflüssig oder zu wertvoll ablehnen wollte (so eben § 589 Abs. 2 BGB), sodann war der «innere Wert» des übrigen Inventars auf Basis der Kaufkraft zu schätzen und der Mehr- oder Minderwert auszugleichen. Jedenfalls konnte der Pächter Wölle nun nicht mehr den rein inflationsbedingten Mehrwert fordern; vielmehr kam das Reichsgericht dem Verpächter von Klützow entgegen. Wie das Kammergericht, an das das Reichsgericht den Fall zurückverwiesen hat, den Streit letztendlich entschied, ist unbekannt: Die untergerichtlichen Akten sind verloren.

Das Verfahren um das Rittergut Dedelow ist nicht nur für die Analyse der Aufwertungsrechtsprechung von Interesse, sondern kann auch unter narratologischen Gesichtspunkten fruchtbar gemacht werden. Verschiedene Dokumente des Falls erzählen auf unterschiedliche Art und Weise von der Rolle und Funktion des Richters, nämlich die vorbereitende Relation des Berichterstatters, sodann das Protokoll zur Sitzung vom 26. Mai 1922 in der Akte wie auch die Berichte über den Inhalt der mündlichen Verhandlung, die in der *Juristischen Wochenschrift* sowie in der *Hanseatischen Rechtszeitschrift* publiziert und in der *Deutschen Juristen-Zeitung* paraphrasiert sind; schliesslich der handschriftliche Entwurf des Urteils und die maschinenschriftliche bzw. die im 104. Band der Entscheidungen des Reichsgerichts gedruckte Fassung. Wie unterscheiden sich die Erzählungen von der Stellung des Richters im Urteilsentwurf, im Bericht und im Urteil? Bestehen Unterschiede in der Art und Weise der Erzählung? Und wer ist Autor, wer Rezipient?

2.2 «Schöpferisch» oder «Machtvollkommenheit des Richters»?

Wenden wir uns zunächst dem Inhalt der verschiedenen Dokumente des Pachtinventar-Falls zu: Welche Themen sprechen Entwurf, Beschluss und Urteil an? Welche nicht? Und welche Rolle wird den Richtern zugeschrieben? Der Beschluss des Reichsgerichts, der in der mündlichen Verhandlung am «26. Mai 1922, 10½ Uhr» ergangen ist, wurde in der *Juristischen Wochenschrift* 1922 wie in der *Hansea-*

20 Diese «wirtschaftlich-rechtlichen Grundsätze» seien, so das Reichsgericht, «bindender Natur und vom Berufungsrichter zu beachten», so RGZ 104, 394, 402; zu den Leitlinien RGZ 104, 394, 399–402.

tischen Rechtszeitschrift 1922 veröffentlicht. Das Reichsgericht führte erstens aus, dass das Recht nicht Selbstzweck sei, sondern die Interessen der Bürger schützen und sichern solle, vor allem die wirtschaftlichen Interessen der Parteien. Diese wirtschaftlichen Interessen stünden hinter vielen Bestimmungen des BGB, so beispielsweise bei der Mängelgewährleistung, die primär auf Mängeln wirtschaftlicher Natur beruhe. Aus diesem Grunde handele es sich bei dem Streit zwischen den Parteien «weniger um einen Rechtsstreit, als vielmehr um einen Interessenstreit.»[21]

Sodann, zweitens, widmete sich das Reichsgericht der Frage der Rechtsquellen und legte dar, dass es drei Quellen für subjektive Rechte gebe, nämlich das Parteienrecht, die Gesetzgebung und das «richterliche Recht», das den beiden «anderen Rechtsquellen vollkommen ebenbürtig zur Seite» stehe. Wenn die Parteien keinen Willen gebildet hätten, dann «tritt der Richter ein, die Machtvollkommenheit des Richters». Kurzum: «Wenn das Gesetz versagt, tritt der Richter an die Stelle des Gesetzgebers für den einzelnen Fall.» Der Richter ist also berufen, anstelle des Gesetzgebers oder der Parteien aufgrund seiner Macht als Richter eine Entscheidung zu treffen.

Die Richter des dritten Senats wendeten sich dann – drittens – dem BGB als Kodifikation zu. Zwar sei häufig von einer «Lücke der Gesetzgebung» die Rede (die man, so mag man ergänzen, auch hier annehmen könne), doch sei dies falsch, denn «die ganze Fülle und der ganze Reichtum des Lebens» sei nicht und könne auch nicht in einer Kodifikation eingeschlossen sein. «[D]ie schöpferische Kraft des Lebens ist unendlich», so das Reichsgericht, und damit «alle Gesetzgebung [...] in Wirklichkeit Stückwerk». Im Falle des Pachtinventars versagen «das Vertragsrecht und in gewissem Grade auch das gesetzliche Recht», denn der Vertrag beruhe «auf den damaligen Verhältnissen und Anschauungen». Die Parteien hätten weder den Verlauf eines solchen Weltkriegs bei Vertragsschluss 1904 noch die Inflation voraussehen können. Und zugleich hätten die «gesetzgebenden Faktoren des Bürgerlichen Gesetzbuchs [...] keine Ahnung von der Entwicklung der jetzigen Verhältnisse gehabt. Die Rechtsgrundlagen, die sie geschaffen haben, ruhen auf den damaligen Anschauungen». Das Reichsgericht konkludierte: «Deshalb muß dem Parteienrecht gegenüber das Richterrecht in Wirksamkeit treten. Dasselbe gilt vom Gesetzesrecht».

Die Richter des Reichsgerichts wandten sich abschliessend ihrer Rolle als Revisionsgericht zu und legten dar, dass sie die Einheit der Rechtsprechung im Reich zu wahren versuchten. Sie strebten deswegen eine – auch von den Parteien gewollte – «allgemeine Entscheidung» an, die die Rechtsunsicherheit beseitige und zugleich divergierende untergerichtliche Entscheidungen verhindere. Diese sollte im Wege eines Vergleichs gefunden werden, und zwar mithilfe eines Sachverständigengremiums unter Beisitz von Mitgliedern des 3. Senats. Die Richter

21 Alle Zitate in diesem Abschnitt aus *Juristische Wochenschrift* 1922, 910 bzw. aus *Hanseatischer Rechtszeitschrift* 5, 1922, 741–744.

intendierten so – wie sie im letzten Satz formulierten – «auch für gleichliegende Fälle dieser Art eine für sie maßgebende Grundlage» zu schaffen.

Es sind also vier Themen, die in dem publizierten Beschluss von Bedeutung sind, nämlich die Funktion des Rechts als Ausgleich wirtschaftlicher Interessen, die Rolle der Richter als Entscheidungsorgan im Falle des Versagens von Vertrag und Gesetz, die Einschätzung des Bürgerlichen Gesetzbuchs als Stückwerk sowie die Wahrung der einheitlichen Rechtsprechung.

Jedenfalls die ersten drei Punkte nimmt auch die kürzere Notiz in der *Deutschen Juristen-Zeitung* auf.[22] In ihr heisst es, dass das Recht nicht Selbstzweck sei; dass es keine Gesetzgebung gebe, «die das ganze Leben förmlich einspannt», und dass der Richter bei Versagen des Gesetzes «als Rechtsschöpfer eingreifen» müsse. Der Autor der Notiz, Dr. Max Hachenburg, resümierte die Ausführungen des 3. Senats in einem Satz: «Der Richter wird wirklich Rechtsschöpfer». Insofern sind die Themen der Sitzung zwar kurz, aber im Wesentlichen doch angesprochen.

Eine zweite «Erzählung» vom Richter bietet das Urteil des Reichsgerichts, das am 27. Juni 1922 ergangen ist und in die offizielle Publikationsreihe des Reichsgerichts aufgenommen wurde.[23] In Übereinstimmung mit dem Beschluss sprach das Reichsgericht die Funktion des Richters an. Das Reichsgericht konstatierte zunächst: «Weder die vertraglichen noch die gesetzlichen Bestimmungen reichen gegenüber dieser Entwicklung der Verhältnisse aus, um die zur Entscheidung stehenden Fragen zur Lösung zu bringen.» Und es fuhr fort: «Der Richter muss deshalb im Rahmen jener Bestimmungen selbst schöpferisch die Entscheidung treffen. Massgebend ist hierfür der Grundsatz, dass eine von den Forderungen der Gerechtigkeit und Billigkeit geleitete Ausgleichung der wirtschaftlichen Interessen der beiden Parteien stattzufinden hat.» Zentral steht hier das Wort «schöpferisch» – der Richter darf und muss eigenständig eine Lösung finden, wenn weder Vertrag noch Gesetz eine Lösung bieten. Jedoch ist die Formulierung deutlich milder und abgeschwächter als im Bericht, der in den juristischen Zeitschriften gedruckt ist: Von der Machtvollkommenheit des Richters, von Richterrecht als dritter Rechtsquelle und vom Versagen des Parteien- wie Gesetzesrechts liest man nicht. Erzählt wird also eine inhaltlich in dieselbe Richtung weisende, aber doch deutlich abgeschwächte Geschichte von Richtern und ihrer Aufgabe in Krisenzeiten, im «Ausnahmezustand».[24]

Und nochmals abgeschwächt, ohne «Machtvollkommenheit des Richters» und selbst ohne «schöpferische» Entscheidung des Richters verbleibt die den Pro-

22 *Deutsche Juristen-Zeitung* 1922, 496–497.

23 RGZ 104, 394. Das dort veröffentlichte Urteil entspricht – bis auf die üblichen Kürzungen bei Tatbestand und Ausführungen zu den Vorinstanzen – der maschinenschriftlichen Fassung, die im BArch, R 3002/100177, Blatt 03r–Ende überliefert ist. Paraphrase des Urteils in der *Deutschen Juristen-Zeitung* 1922, 628–630.

24 «Ausnahmezustand» und «Ausnahmezustände»: Henry Cornelius in der Relation (BArch, R 3002/108177, Blatt 48r); zur Bedeutung von «Krise» für das «Richterrecht» und «Richterbild» siehe Rückert (1997), 432–435.

zess vorbereitende Relation des Berichterstatters, Henry Cornelius.[25] Er schrieb: «Die Lücke, welche das Gesetz für die Beurtheilung der gegenwärtigen außerordentlichen Verhältnisse läßt, ist so zu ergänzen, wie es dem Gesamtinhalt der gesetzlichen Bestimmungen und dem berechtigten Interesse beider Parteien entspricht».[26] Der in den juristischen Zeitschriften veröffentliche Beschluss des 3. Senats sticht also hervor.

Die Unterschiede zwischen den drei Erzählungen in der Relation, im Beschluss über die Sitzung vom 26. Mai und im Urteil könnte man entweder übergehen oder darauf hinweisen, dass der Bericht «wegen seiner Gesprächigkeit» einfach mehr Aufmerksamkeit verdiene.[27] Allerdings würde man es sich damit zu leicht machen. Eine nähere Untersuchung des gedruckten Beschlusses unter narratologischer Perspektive des Adressatenkreises wie des Erzählstils gibt Aufschluss.

2.3 Von zarten Andeutungen und markigen Worten

Das Reichsgericht befand sich 1922, als es über den Pachtinventar-Fall, aber auch über andere Rechtsstreitigkeiten entscheiden musste, in einer bis dato unbekannten Lage: Der Krieg vom August 1914, der sich schnell zu einem Weltkrieg entwickelt hatte, war in seiner Totalität genauso unvorhersehbar wie die Inflation nach Kriegsende, die sich zu unerwarteten Höhen aufschwang. In dieser Ausnahmesituation sahen sich die Richter berufen, einzugreifen und eine materiell gerechte Lösung zwischen den Vertragsparteien zu finden. Auch wenn in diesem perspektivischen Fluchtpunkt Beschluss und Urteil übereinstimmen, so unterscheiden sie sich im sprachlichen Duktus doch deutlich. Diese verschiedenen Formulierungen zeigen sich in drei Punkten, nämlich bei der Beurteilung der Ausgangssituation, der Anwendbarkeit der gesetzlichen bzw. vertraglichen Regelungen sowie der Lösung durch den Richter.

Während das Urteil mit der Wendung vom «katastrophalen Umschwung der Geldverhältnisse, der jeder Voraussicht des Gesetzgebers und der Parteien sich entzog» die Ausgangssituation umschrieb, formulierte der Berichterstatter Cornelius in seiner Relation breiter, aber in ähnlicher Tonlage: «Dieser Währungssturz und sein Gegenbild, die Preissteigerung sind Ereignisse, die in der Geschichte noch nicht dagewesen, oder wenn sie je gewesen sein sollten, längst vergessen waren. Sie sind Ausnahmezustände, mit denen der Gesetzgeber des BGB nicht rechnen konnte, denen er seine Vorschriften nicht anpassen konnte.»[28] Im Gegensatz zu diesen gemässigten Tönen klang der Bericht deutlich markiger:

> Kein Mensch, wenn er nicht ein Hellseher war, hätte die Ereignisse voraussehen können, die später eingetreten sind. Es mag damit gerechnet worden sein, dass vielleicht

25 Zu Cornelius: Lakenberg (2014), 385–386.
26 BArch, R 3002/108177, Blatt 53v.
27 So Rückert (1994), 284.
28 BArch, R 3002/108177, Blatt 48r.

> einmal zu einer bestimmten Zeit ein Krieg mit Deutschland ausbrechen werde, aber von einem Weltkrieg [im Original gesperrt], wie er sich entwickelt hat, und von seinen Folgen konnte niemand eine Ahnung haben. Deshalb können auch die Parteien über die jetzt eingetretenen Verhältnisse und darüber, wie der Konjunkturgewinn zu behandeln sein würde, nichts geahnt haben.[29]

Ein ähnliches sprachliches Bild vermitteln auch Relation, Urteil und Beschluss zur Lückenhaftigkeit des Vertrags bzw. Gesetzes. Cornelius stellte in der Relation fest: «Man kann nur eine Lücke des Gesetzes anerkennen, gegeben durch die Nichtberücksichtigung unserer jetzigen Währungsverhältnisse, und diese Lücke aus dem Gesamtinhalt der für die Grundstücksverpachtung mit der Verpflichtung zur Rückgewähr des Inventars zum Schätzungswerte gegebenen Vorschriften ergänzen.»[30] Und das Urteil formulierte ähnlich, wenn auch knapper: «Weder die vertraglichen noch die gesetzlichen Bestimmungen reichen gegenüber dieser Entwicklung aus, um die zur Entscheidung stehenden Fragen zur Lösung zu bringen.» Demgegenüber schmückte der Beschluss wieder aus:

> Wenn das Gesetz versagt, tritt der Richter an die Stelle des Gesetzgebers für den einzelnen Fall. Hier ist häufig von einer Lücke der Gesetzgebung die Rede, aber das ist nicht zutreffend. Dem liegt die Anschauung zugrunde, als ob die ganze Fülle und der Reichtum des Lebens in eine kodifizierte Gesetzgebung eingeschlossen wäre. Das ist unmöglich. Jeder Tag zeigt neue Gestaltungen des Rechts, die schöpferische Kraft des Lebens ist unendlich, und in allen solchen Fällen hat der Richter das Recht zu finden. Alle Gesetzgebung, auch das Bürgerliche Gesetzbuch, ist in Wirklichkeit Stückwerk. Betrachtet man von diesem Gesichtspunkte aus den vorliegenden Fall, so ist der Senat der Überzeugung, daß das Vertragsrecht und in gewissem Grade auch gesetzliche Recht hier versagen.

Und schliesslich unterscheidet sich auch die Darstellung des Richters und seiner Funktion. Der Relation folgend muss der Richter die Lücke so füllen, «wie es dem Gesamtinhalt der gesetzlichen Bestimmungen und dem berechtigten Interesse beider Parteien entspricht».[31] Weitere Ausführungen zur Rolle des Richters fehlen. Dahingegen dürfe der Richter, so das Urteil, «im Rahmen jener Bestimmungen selbst schöpferisch die Entscheidung treffen». Und der Bericht war noch mal deutlicher: «Wenn überhaupt kein Wille der Parteien vorhanden war, tritt der Richter ein, die Machtvollkommenheit des Richters. Wenn das Gesetz versagt, tritt der Richter an die Stelle des Gesetzgebers für den einzelnen Fall».

Also: ein Umschwung der Verhältnisse, der sich der Voraussicht des Gesetzgebers entzog vs. der Hellseher, der alleine die Ereignisse hätte voraussehen können; das Nichtausreichen der Bestimmungen vs. das Versagen des Gesetzes; schöpferische Rechtsfindung vs. Machtvollkommenheit des Richters. Gegenüber Relation und Urteil formuliert der Beschluss deutlich markiger, er verlässt die juristischen, zurückhaltenden Wendungen und zeichnet kräftiger, manches Mal

29 *Juristische Wochenschrift* 1922, 910 bzw. *Hanseatische Rechtszeitschrift* 5, 1922, 742.
30 BArch, R 3002/108177, Blatt 48r.
31 BArch, R 3002/108177, Blatt 53v.

umgangssprachlich, manches Mal fast schrill. Das Wie der Darstellung, der Erzählstil, weist somit grosse Differenzen auf.

2.4 «Récit»: Beschluss des 3. Senats oder Bericht eines «law reporter»?

Die Unterschiede in Inhalt und Erzählweise zwischen den Dokumenten, insbesondere zwischen Relation und Urteil einerseits und Beschluss andererseits, sind so frappant, dass sich die Frage nach Autor, Erzählkontext und Rezipient stellt. Hier soll folgende These zu begründen versucht werden: Die gedruckten Ausführungen in *Juristischer Wochenschrift* und *Hanseatischer Rechtszeitschrift* geben die mündliche Begründung des Senatspräsidenten Eugen Meyn am 26. Mai wieder; es handelt sich dabei nicht um einen vom Gericht formulierten und zur Publikation freigegebenen Text. Insofern ist die Bezeichnung als «Beschluss» undeutlich, auch wenn dem Text in der *Juristischen Wochenschrift* mit Sachverhaltsschilderung, Begründung und Vergleichsanregung etwas Offizielles anhaftet.[32] Diese These wird durch mehrere Gründe plausibilisiert.

Die Reichsgerichtsakte – in der Fassung, wie sie heute im Bundesarchiv überliefert ist – enthält die Ausführungen vom 26. Mai 1922 mit ihren stark gezeichneten Linien nicht, jedoch ein Protokoll der Sitzung am 26. Mai mit der Aufforderung an die Parteien, sich gütlich zu vergleichen (Abb. 4).[33] Von der Machtvollkommenheit der Richter, dem Versagen des Gesetzes und dem Richterrecht als dritter Quelle des Rechts liest man in der Akte gerade nicht. Der Text, der in der *Juristischen Wochenschrift* sowie in der *Hanseatischen Rechtszeitschrift* abgedruckt ist, und die originale Akte differieren deutlich.

Aber auch die beiden gedruckten Fassungen in *Juristischer Wochenschrift* und *Hanseatischer Rechtszeitschrift* differieren. Zwar stimmen die Passagen von «Besondere und eigenartige Verhältnisse bedingen eigenartige und neue Schritte und Maßnahmen […]» bis «[…] eine für sie maßgebende Grundlage geschaffen würde» überein, aber sowohl Einleitung wie Schluss weichen ab: Während die Fassung in der *Juristischen Wochenschrift* den Fall und das Begehren der Parteien kurz skizziert, um dann zur reichsgerichtlichen Entscheidung überzuleiten («Reichsgericht kam zu folgender Entscheidung»), führt die *Hanseatische Rechtszeitschrift*

32 Als «Beschluss» bezeichnet zum Beispiel Rückert (1994), 284 den Text.

33 Mündliche Verhandlung vom 26. Mai 1922 (BArch, R 3002/108177, Blatt 57v): «Nach stattgehabter nicht öffentlicher Beratung des Gerichtshofs wurde in öffentlicher Sitzung von dem Vorsitzenden folgendes verkündet: Der Senat ist der Ansicht, daß weder der extreme Standpunkt der Pächter, noch derjenige der Verpächter rechtlich begründet ist. Es muß vielmehr nach der Ansicht des Senats ein billiger Ausgleich der beiderseitigen Interessen gesucht werden. Zu diesem Zweck wird den Parteien der Vorschlag unterbreitet, zusammenzutreten u. gemeinsam ein Kollegium von sachverständigen Herren zu wählen, [dub., wohl: das] den Versuch unternehmen soll, einen praktisch brauchbaren, den beiderseitigen Interessen der Parteien u. den heutigen Verhältnissen Rechnung tragenden Grundsatz für die Bewertung des zurückzugewährenden Inventars zu finden. Der Vorsitzende erklärte sich bereit, den Verhandlungen dieses Kollegiums beizuwohnen».

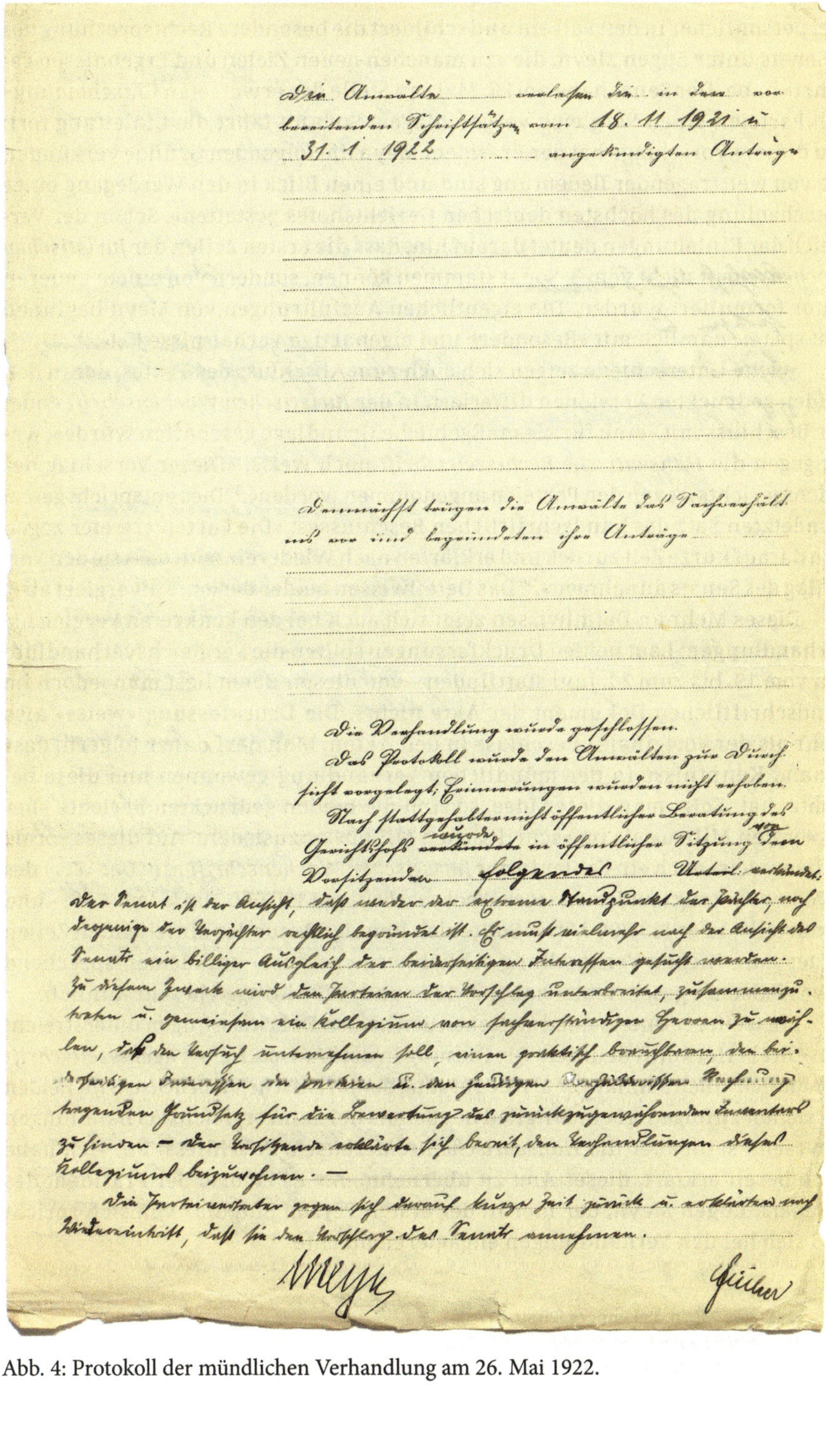
Die Anwälte verlesen die in den vorbereitenden Schriftsätzen vom 18. 11. 1921 u. 31. 1. 1922 angekündigten Anträge.

Darauf tragen die Anwälte den Sachverhalt vor und begründeten ihre Anträge.

Die Verhandlung wurde geschlossen. Das Protokoll wurde den Anwälten zur Durchsicht vorgelegt; Erinnerungen wurden nicht erhoben. Nach stattgehabter nichtöffentlicher Beratung des Schiedsgerichts wurde in öffentlicher Sitzung von dem Vorsitzenden folgendes Urteil verkündet:

Der Senat ist der Ansicht, daß weder der extreme Standpunkt der Kläger, noch derjenige der Beklagten rechtlich begründet ist. Es muß vielmehr nach der Ansicht des Senats ein billiger Ausgleich der beiderseitigen Interessen gesucht werden. Zu diesem Zweck wird den Parteien der Vorschlag unterbreitet, zusammenzutreten u. gemeinsam ein Kollegium von sachverständigen Herren zu wählen, das den Versuch unternehmen soll, einen praktisch brauchbaren, den beiderseitigen Interessen der Parteien u. den heutigen wirtschaftlichen Verhältnissen Rechnung tragenden Grundsatz für die Bewertung des zurückzugewährenden Inventars zu finden. – Der Vorsitzende erklärte sich bereit, den Verhandlungen dieses Kollegiums beizuwohnen. –

Die Parteivertreter zogen sich darauf kurze Zeit zurück u. erklärten nach Wiedereintritt, daß sie den Vorschlag des Senats annehmen.

Abb. 4: Protokoll der mündlichen Verhandlung am 26. Mai 1922.

viel persönlicher in den Fall ein und schildert die besondere Rechtsprechung des 3. Senats unter Eugen Meyn, die «zu manchen neuen Zielen und Ergebnissen geführt» habe. Der Senat habe am 26. Mai «an Stelle der erwarteten Entscheidung» den Parteien einen Vergleich vorgeschlagen. Sodann fährt die Einleitung fort: «Zu diesem Vorschlage hat der Präsident Meyn die folgenden Gründe verkündet, die von weittragender Bedeutung sind und einen Blick in den Werdegang einer Entscheidung des höchsten deutschen Gerichtshofes gestatten». Schon der Vergleich der Einleitungen deutet darauf hin, dass die ersten Zeilen der *Juristischen Wochenschrift* nicht vom 3. Senat stammen können, sondern von einem anderen Autor formuliert wurden. Die eigentlichen Ausführungen von Meyn beginnen erst später, nämlich mit «Besondere und eigenartige Verhältnisse [...]».[34]

Solche Unterschiede zeigen sich auch zum Abschluss des Textes, der in den beiden gedruckten Versionen differiert. In der *Juristischen Wochenschrift* endet der Beschluss mit «eine für sie maßgebliche Grundlage geschaffen würde», wohingegen die *Hanseatische Rechtszeitschrift* noch weiss: «Dieser Vorschlag des Reichsgerichts ist von den Parteien angenommen worden».[35] Dies entspricht genau dem letzten Satz des handschriftlichen Beschlusses: «Die Parteivertreter zogen sich darauf kurze Zeit zurück und erklärten nach Wiedereintritt, dass sie den Vorschlag des Senats annehmen».[36] Das Detailwissen beider Berichte divergiert also.

Dieses Mehr an Detailwissen zeigt sich auch bei den konkreten Vergleichsverhandlungen: Laut beiden Druckfassungen sollten die Vergleichsverhandlungen vom 19. bis zum 24. Juni stattfinden – von diesen Daten liest man jedoch im handschriftlichen Dokument der Akte nichts. Die Druckfassung «weiss» also mehr als der «originale» Beschluss in den Akten. Man darf daher folgern, dass jemand Kenntnisse in der mündlichen Verhandlung gewonnen und diese berichtet hat. Folgt man dieser Idee, so sind die beiden gedruckten Berichte eher im «oralen Milieu» als im «schriftlichen Milieu» anzusiedeln. Auf dieses «orale Milieu» weist auch ein Fehler in der *Juristischen Wochenschrift* hin: Der Wert des Inventars betrug laut *Juristischer Wochenschrift* gut 130.000 Mark, laut Akte – und Endurteil – aber 113.000 Mark. Sollte sich hier der Autor der einleitenden Zeilen in der mündlichen Verhandlung schlichtweg «verhört» und dementsprechend etwas Falsches geschrieben haben? «130» und «113» klingen ja sehr ähnlich.

Ein weiterer Unterschied zwischen den beiden Druckfassungen unterstreicht diese orale Herkunft deutlich: Die Fassung in der *Hanseatischen Rechtszeitschrift* ist nämlich einen Satz länger als die Fassung der *Juristischen Wochenschrift*. Beiden Versionen zufolge soll ein Mitglied des Senats bei den Vergleichsverhandlungen anwesend sein, aber die *Hanseatische Rechtszeitschrift* schliesst an: «Ich habe mich bereit erklärt, dieses Amt zu übernehmen.» Es ist also der Präsident des 3. Senats, Eugen Meyn, der hier in der ersten Person Singular von sich spricht und sich bei den Verhandlungen engagieren möchte.

34 Zu Eugen Meyn: Lakenberg (2014), 377–382.
35 *Hanseatische Rechtszeitschrift* 5, 1922, 744.
36 BArch, R 3002/108177, Blatt 57v.

Bündeln wir die Überlegungen zum Verhältnis der einzelnen Texte zueinander kurz: Vier «Erzählungen» der Sitzung am 26. Mai 1922 sind überliefert, nämlich der Beschluss in der Akte, der kurz und sachlich und ohne Begründung verbleibt; in der *Juristischen Wochenschrift* und der *Hanseatischen Rechtszeitschrift* finden sich nähere Begründungen, wobei sich der Duktus der Einleitungen und die Tiefe der redaktionellen Überarbeitung unterscheiden; eine kurze Paraphrase druckt die *Deutsche Juristen-Zeitung*. Es handelt sich in der *Juristischen Wochenschrift* und der *Hanseatischen Rechtszeitung* also um kompilierte Texte, wobei sich der Text in der *Juristischen Wochenschrift* aber nicht als solche Kompilation zu erkennen gibt. Bei den gedruckten Dokumenten handelt es sich um die mündliche Begründung, die Senatspräsident Meyn am 26. Mai gegeben hat; zu den Akten wurde nur die Anregung von Vergleichsverhandlungen genommen.

Wer sind die Autoren der Texte? Autor ist zunächst Eugen Meyn, der Senatspräsident, sodann aber auch für den redigierten Teil die Mitarbeiter der Redaktionen. Für die *Juristische Wochenschrift* haben die beiden Rechtsanwälte beim Reichsgericht, Justizrat Dr. Franz Bitter und Justizrat Dr. Heinrich Schrömbgens, die Rechtsprechung des Reichsgerichts gesammelt und wohl aus dem Gerichtssaal berichtet.[37] Der Beitrag in der *Hanseatischen Rechtszeitschrift* ist mit «M. M.» unterschrieben; es handelt sich vermutlich um Max Mittelstein, den Präsidenten des Hanseatischen Oberlandesgerichts (1921–1927) und Redaktor der *Hanseatischen Rechtszeitschrift*, der den einleitenden Abschnitt formuliert hat.[38] Und der dritte Bericht in der *Deutschen Juristen-Zeitung* stammt aus der Feder von Rechtsanwalt Dr. Max Hachenburg, Mannheim.[39]

Worauf beruhen die wörtlichen Übereinstimmungen? Haben die Berichterstatter für die jeweilige Zeitschrift die Begründung mitgeschrieben (stenografiert?) oder haben sie von Meyn ein Redemanuskript erhalten? Hat also der Senatspräsident, die Wichtigkeit der Entscheidung bedenkend, seine Begründung an zwei Zeitschriften «durchgestochen»? Erstaunlicherweise zitiert Max Hachenburg aber anders als die beiden anderen. Die Sätze «Es gibt keine Gesetzgebung, die das ganze Leben förmlich einspannt» und «Immer dort, wo das Gesetz versagt, muß der Richter ergänzend als Rechtsschöpfer eingreifen» stehen zwar inhaltlich, nicht aber wörtlich in den anderen Begründungen. Besassen Bitter/Schrömbgens sowie Mittelstein das Manuskript und hat Hachenburg aus seinen Notizen zitiert? Dies muss ungeklärt bleiben.

In jedem Fall erinnern die Juristen, die aus dem Gerichtssaal berichten, an die «*law reporters*» des angelsächsischen Rechtskreises, die vor dem Entstehen von offiziellen Publikationsorganen für Urteile durch Berichte aus Gerichtssälen für

37 Siehe den Beginn in der *Juristischen Wochenschrift* 1922, 901: «Berichtet von den Rechtsanwälten beim Reichsgericht Justizrat Dr. Bitter und Justizrat Dr. Schrömbgens». Der Autor des kurzen Kommentars unter dem Text in der Juristischen Wochenschrift («Der neue Weg, den das RG zur Rechtsfindung gewählt hat, ist zu begrüßen.»), der mit «D. S.» unterschrieben hat, liess sich nicht mehr ausfindig machen.

38 Zu Max Mittelstein: Kurland (1994), 333–337.

39 Zu Max Hachenburg: Scherner (1993).

Publizität gesorgt haben.[40] Der bislang als juristischer «Beschluss» bezeichnete Text wird so zum rechtlichen Paratext, der über eine Entscheidungsbegründung berichtet. Dass die andere Fassung in der *Hanseatischen Rechtszeitschrift* nicht als «Beschluss» des Reichsgerichts bekannt geworden ist, liegt auch an ihrer erzählerischen Überschrift: «Präsident Dr. Meyn über die Fortbildung des Rechts durch die Rechtsprechung».

Wer sind die Rezipienten der verschiedenen Texte? Die ausführlichen, gedruckten Fassungen des Beschlusses sind, dies zeigt die sprachliche Analyse, eher für den Hörer als den Leser konzipiert. Darauf weisen nicht nur die umgangssprachlichen Formulierungen, wie sie in salopperen Ausdrücken wie «Hellseher» zutage treten, hin, sondern auch die markigen Worte und starken Wendungen. Diese richteten sich an die Parteien, die sich auf eine gegenüber den Untergerichten andersgelagerte Beurteilung durch den Senat einstellen sollten. Vermutlich sollte der deutliche Hinweis, dass sowohl der Standpunkt des Pächters wie der des Verpächters unbegründet waren, den Boden bereiten, um die Parteien zu einem Vergleich zu bewegen. Und vielleicht sollte auch die «Machtvollkommenheit des Richters» Eindruck auf die Parteien machen und ihre Vergleichsbereitschaft heben. Insofern differierte der Rezipientenkreis, nämlich die Parteien und Zuhörer im Gerichtssaal auf der einen Seite, die akademischen Leser des Reichsgerichtsurteils auf der anderen. So kann der unterschiedliche Erzählkontext – hier die schriftliche Vorbereitung bzw. das schriftliche Urteil, dort der Bericht aus der mündlichen Verhandlung – den unterschiedlichen sprachlichen Duktus und die verschiedenen Erzählungen vom Richter erklären. Was die Senatsmitglieder mündlich äussern, schreiben sie im Urteil nicht. Insofern, so liesse sich zuspitzen, beeinflusst der Kontext der Erzählung auch die Erzählweise.

Wie vorsichtig und abgewogen der Senat den Prozess und dessen Urteil vorbereitet hat, zeigt auch der handschriftliche Entwurf des Urteils. Die für die Frage nach der Rolle des Richters stärkste Formulierung ist im Urteil das Wort «schöpferisch».[41] Dies findet sich allerdings noch nicht im ersten Entwurf des Urteils, sondern ist erst später vom Berichterstatter, Reichsgerichtsrat Cornelius, nachgetragen worden (Abb. 5).[42] Die Formulierungen in der Schriftfassung waren also zunächst viel schwächer als in der endgültigen Fassung; anders formuliert: Die Erzählweise änderte sich im Laufe der Abfassung des Urteils und gewann langsam an Schärfe – und erreichte doch nie diejenige des mündlich begründeten Beschlusses.

40 Zu «*law reporters*» in der amerikanischen Geschichte: Friedman ([4]2019), 308–310.

41 Übrigens heisst es im Urteilsentwurf wohl «selbst schöpferisch» und nicht «selbstschöpferisch», mit Trennung ebenfalls in der maschinenschriftlichen Fassung (BArch, R 3002/108177, Blatt 86v). Erst die Druckfassung in den RGZ 104, 394, 397 schreibt «selbstschöpferisch». Mit Trennung auch in der vom «Reichsschutzbund» verbreiteten Fassung: Entscheidung des Reichsgerichts (1922), 10.

42 RGZ 104, 394, 397; BArch, R 3002/108177, Blatt 73r.

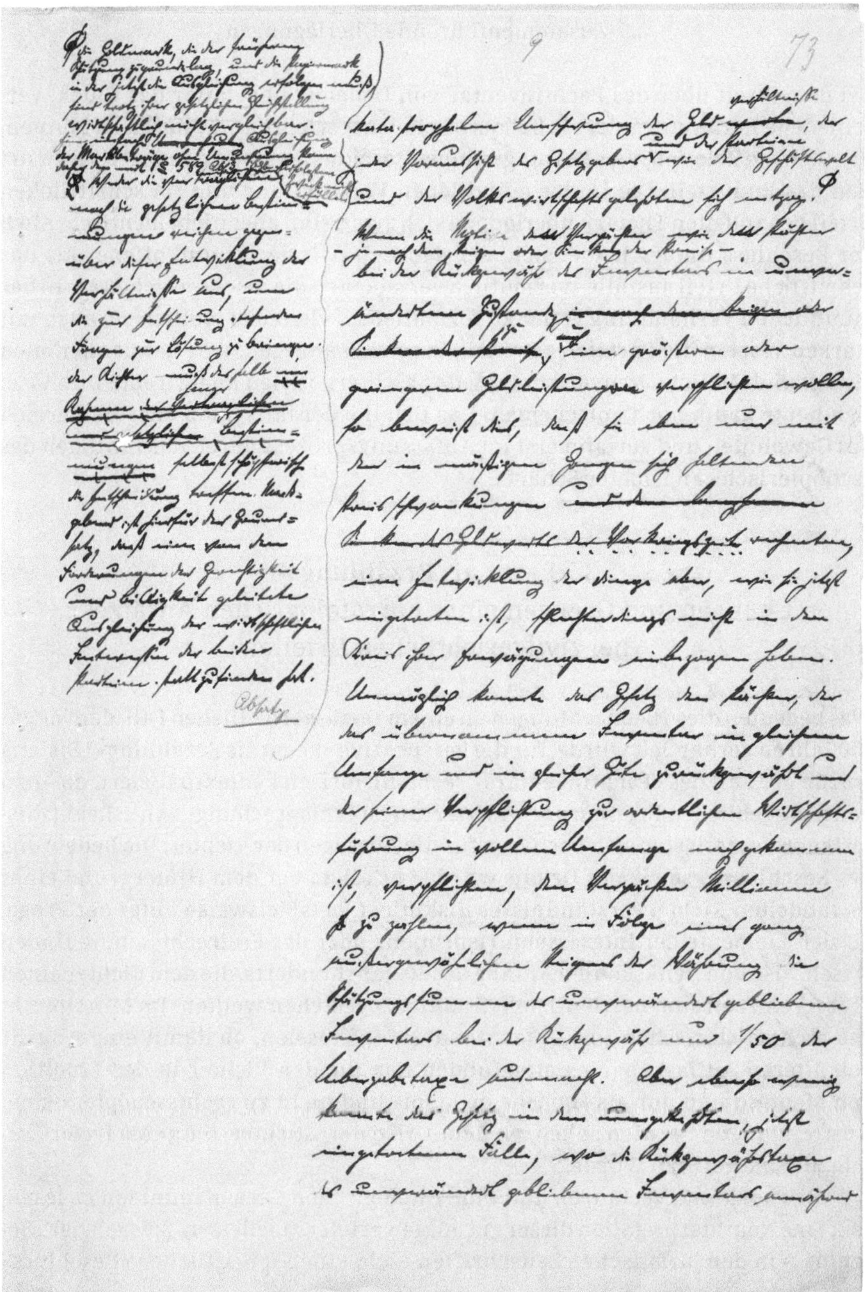

Abb. 5: Entwurf des Urteils; das Wort «schöpferisch» findet sich im Nachtrag, 9. Zeile von unten.

2.5 Zusammenführende Überlegungen

Bei dem Streit über das Pachtinventar von Dedelow haben wir das Glück, verschiedene Erzählungen des 3. Senats des Reichsgerichts analysieren zu können, nämlich die Relation, vier Fassungen eines Beschlusses sowie den Urteilsentwurf und das Endurteil. Die in der mündlichen Verhandlung und im schriftlichen Urteil behandelten Themen überlappen sich zwar, sind aber nicht identisch. Auch der Beschluss unterscheidet sich, der deutlich pointierter und offener als das schriftliche Urteil ausfällt – vermutlich vermochten die Reichsgerichtsräte in der mündlichen Verhandlung freier zu formulieren, vielleicht wollten sie auch mit starken Worten die Parteien zu einem Vergleich anregen. War damit aber auch eine grundsätzliche Neuvermessung der Richterposition angestrebt? Dies lässt sich heute kaum noch entscheiden. Das Urteil jedenfalls blieb eher im Bereich des Gewohnten und gewann erst im Abfassungsprozess durch das Einfügen des «schöpferisch» an leichter Schärfe.

3 «Recht als Erzählung»? Chancen und Grenzen eines narratologischen Ansatzes bei zivilgerichtlichen Urteilen

Was bedeuten diese Beobachtungen an einem reichsgerichtlichen Fall, der vor gut 100 Jahren verhandelt wurde, für die Perspektive «Recht als Erzählung»? Bislang wurde der Fall des «Pachtinventars» rechtshistorisch kontextualisiert, da er zu den massgeblichen Urteilen der «Aufwertungsrechtsprechung» zählt. Rechtshistoriker interessierten sich vor allem für die Aussagen der Richter: Die Bedeutung des Beschlusses sowie des Urteils wurde vor allem vor dem Hintergrund eines gewandelten Richterverständnisses diskutiert, beispielsweise unter der Frage, ob sich Elemente der Interessenjurisprudenz oder der Freirechtsschule finden lassen, also von Denkschulen Anfang des 20. Jahrhunderts, die dem Richter einen grösseren Freiraum bei der Urteilsfindung zugestehen wollten. Im Mittelpunkt des rechtshistorischen Diskurses stand die Diskussion, ob damit eine Abkehr von älteren Auffassungen stattgefunden hat, die den Richter in der Tradition von Montesquieu nur als «bouche de la loi» und nicht zu rechtsschöpferischen Anstrengungen berufen sahen, ob damit also der «Richterkönig» als freier Entscheider ausgerufen wurde.[43]

Das bekannte Verfahren unter narratologischen Gesichtspunkten zu lesen, regt eine Neuinterpretation dieser gut ausgewerteten Quellen an. Spiegelt der «Beschluss» in den juristischen Zeitschriften nicht einen schriftlichen «Beschluss»

43 Zu diesen Fragen Hempel (1978); Klemmer (1996), insbes. 74–83; Rückert (1997); Emmert (2001), 385–416; Chlosta (2005), insbes. 45–77; zum Nachwirken dieser Entscheidung auch Rückert (1995), insbes. 234.

wider, sondern stellt einen Paratext in Form eines Berichts über die mündliche Verhandlung dar, so erlaubt er eine seltene Annäherung an eine Sitzung des 3. Senats des Reichsgerichts, hier an diejenige vom «26. Mai 1922, 10½ Uhr». Die Analyse der Texte hat ebenfalls ergeben, dass mit narratologischen Grundbegriffen wie Erzählgegenstand und Erzählstil («histoire» und «discours») eine fruchtbringende Quelleninterpretation möglich ist (selbst wenn das differenzierte narratologische Instrumentarium, nämlich die Aufteilung des «discours» in die Frage nach der «Zeit», also der Reihenfolge der präsentierten Ereignisse, der Distanz des Erzählers zum Erzählgegenstand und dessen Fokalisierung, kaum weiterführen). Dies ist eine Chance des narratologischen Ansatzes. Doch zugleich geben die Zivilprozessordnung, die einstudierte Form eines Urteils und die durch den juristischen Diskurs geformte Sprache einen festen Rahmen vor, der ein freies Erzählen wie in fiktionalen Texten verhindert. Insofern sind Richter sowohl an das für sie Sagbare wie die Form, in der sie es sagen dürfen, gebunden – und damit stossen narratologische Ansätze bei zivilgerichtlichen Urteilen der Moderne auch an ihre Grenzen.[44]

Obwohl ein «freies Erzählen» in Urteilen nur in geringerem Umfang möglich ist, erlaubten sich die Richter des Reichsgerichts in der mündlichen Verhandlung, aus ihrer Zurückhaltung herauszutreten und über ihre Funktion im Rechtssystem wie über die Defizite des kodifizierten Zivilrechts nachzudenken. Hier besassen die Richter die Freiheit zu erzählen und ihre Position und Meinung zu äussern. Und nur hier sangen sie deutlich vernehmlich das «hohe Lied» vom Richter, der bei Versagen von Vertrag und Gesetz berufen ist, einzuspringen und die gestörte Leistungsparität wieder herzustellen.[45]

Abbildungsverzeichnis

Abb. 1 Nach: Duncker (1873).
Abb. 2 Sammlung Maren Wolff, Dedelow.
Abb. 3 BArch, R 3002/108177, Image R_3002_108177_0002.
Abb. 4 BArch, R 3002/108177, Blatt 57v (R_3002_108177_0025).
Abb. 5 BArch, R 3002/108177, Blatt 73r (R_3002_108177_0038).

44 Und noch in weiterer Hinsicht stossen narratologische Ansätze an Grenzen: Die reichsgerichtliche Akte ist nur unvollständig überliefert (zur Überlieferung siehe Anmerkung 17), so dass wir zwar einen Blick auf das Masternarrativ des Reichsgerichts werfen können, die Kläger- wie Beklagtennarrative aber verborgen bleiben. Andere normative Texte öffnen sich literaturwissenschaftlichen Fragestellungen leichter, siehe beispielsweise die Beiträge in Scheel (2020).

45 Die Formulierung des «hohen Liedes» ist gewählt in Anlehnung an Meyn (1922).

Literaturverzeichnis

von Arnauld (2009): Andreas von Arnauld, «Was war, was ist – und was sein soll. Erzählen im juristischen Diskurs», in: Christian Klein u. Matías Martínez (Hgg.), *Wirklichkeitserzählungen. Felder, Formen und Funktionen nicht-literarischen Erzählens*, Stuttgart, 14–50.

von Arnauld (2017a): Andreas von Arnauld, «Norms and Narratives», *German Law Journal* 18, 309–329.

von Arnauld (2017b): Andreas von Arnauld, «Recht», in: Matías Martínez (Hg.), *Erzählen. Ein interdisziplinäres Handbuch*, Stuttgart, 173–187.

Bericht von Klützow-Dedelow (1921): *Bericht [des Rittergutsbesitzers] von Klützow-Dedelow vom 1. Dezember 1921* (Drucksache der Inventarabteilung des Reichsschutzbundes landwirtschaftlicher Verpächter und Grundeigentümer).

Blufarb (2017): Ruth Blufarb, *Geschichten im Recht. Übertragbarkeit von «Law as Narrative» auf die deutsche Rechtsordnung* (Recht und Literatur 3), Baden-Baden.

Blufarb (2022): Ruth Blufarb, «Law as Narrative und das deutsche Recht. Chancen und Grenzen», in: Monika Fludernik u. Frank L. Schäfer (Hgg.), *Erzählen und Recht. Narrative and Law* (Faktuales und fiktionales Erzählen 12), Baden-Baden, 29–53.

Breme (1921a): Breme, «Einfluss der Geldentwertung auf den sogenannten Eisernviehvertrag bei der Pacht», *Das Recht. Rundschau für den deutschen Juristenstand* 25, 41–45.

Breme (1921b): Breme, «Inventarrückgabe beim Eisernviehvertrag», *Das Recht. Rundschau für den deutschen Juristenstand* 25, 129–134.

Chlosta (2005): Christiane Chlosta, *Nur dem Gesetz unterworfen? Eine rechtsgeschichtliche Untersuchung zu Idee und Wirklichkeit richterlicher Gesetzestreue unter besonderer Berücksichtigung der Aufwertungsrechtsprechung und des richterlichen Prüfungsrechts* (Rechtshistorische Reihe 312), Frankfurt am Main.

Consbruch (1921): Consbruch, «Inventarrückgabe bei dem Eisernviehvertrag», *Das Recht. Rundschau für den deutschen Juristenstand* 25, 97–100.

Dörner (1986): Heinrich Dörner, «Erster Weltkrieg und Privatrecht», *Rechtstheorie* 17, 385–401.

Duncker (1873): Alexander Duncker (Hg.), *Die ländlichen Wohnsitze, Schlösser und Residenzen der ritterschaftlichen Grundbesitzer in der preussischen Monarchie*, 12. Band, Berlin (digitalisiert durch die Zentral- und Landesbibliothek Berlin, 2006, URL: https://nbn-resolving.org/urn:nbn:de:kobv:109-1-7689260/fragment/page=59).

Eiffler (1998): Sven-R. Eiffler, «Die ‹Feuertaufe› des BGB. Das Vertragsrecht des Bürgerlichen Gesetzbuchs und das Kriegswirtschaftsrecht des 1. Weltkriegs», *Zeitschrift für Neuere Rechtsgeschichte* 20, 238–255.

Emmert (2001): Jochen Emmert, *Auf der Suche nach den Grenzen vertraglicher Leistungspflichten* (Beiträge zur Rechtsgeschichte des 20. Jahrhunderts 32), Tübingen.

Entscheidung des Reichsgerichts (1922): Die Entscheidung des Reichsgerichts III.558.1921 vom 27. Juni 1922 in Sachen von Klützow wider Wölle (Druckschrift Nr. 51 der Inventarabteilung des Reichsschutzbundes landwirtschaftlicher Verpächter und Grundeigentümer), 1922.

Friedman ([4]2019): Lawrence M. Friedman, *A History of American Law*, 4. Aufl., Oxford.

Greiner/Thums/Vitzthum (2010): Bernhard Greiner, Barbara Thums u. Wolfgang Graf Vitzthum (Hgg.), *Recht und Literatur. Interdisziplinäre Bezüge*, Heidelberg.

Heinsheimer (1921): Heinsheimer, «Das Pachtgutsinventar unter der Einwirkung der Wertumwälzung», *Deutsche Juristen-Zeitung* 1921, 670–673.

Hempel (1978): Norbert Hempel, *Richterleitbilder in der Weimarer Republik* (Rechtshistorische Reihe 4), Frankfurt am Main u. a.

Hoffmann (1980): Ludger Hoffmann, «Zur Pragmatik von Erzählformen vor Gericht», in: Konrad Ehlich (Hg.), *Erzählen im Alltag*, Frankfurt am Main, 28–63.

Huck (1993): Norbert Huck, «Wirtschaftspolitik zwischen Weltkrieg und Weltwirtschaftskrise», in: Richard Tilly u. a. (Hgg.), *Geschichte der Wirtschaftspolitik. Vom Merkantilismus zur Sozialen Marktwirtschaft*, München u. Wien, 104–147.

Klemmer (1996): Markus Klemmer, *Gesetzesbindung und Richterfreiheit. Die Entscheidungen des Reichsgerichts in Zivilsachen während der Weimarer Republik und im späten Kaiserreich* (Fundamenta Juridica 30), Baden-Baden.

Kurland (1994): Hans-Joachim Kurland, «Richter: Ernst Friedrich Sieveking – Max Mittelstein – Herbert Ruscheweyh», in: Jan Albers u. a. (Hgg.), *Recht und Juristen in Hamburg*, Köln u. a., 325–342.

Lachenmaier (2008): Birgit Maria Lachenmaier, *Die Law as Literature-Bewegung – Entstehung, Entwicklung und Nutzen*, Berlin.

Lakenberg (2014): Thomas Lakenberg, *Kinder, Kranke, Küchenhilfen. Wie das Reichsgericht nach 1900 die Schutzwirkung von Verträgen zugunsten Dritter erweiterte* (Forschungen zur Neueren Privatrechtsgeschichte 34), Köln, Weimar u. Wien.

Laudenklos ([2]2008): Frank Laudenklos, «Aufwertungsrechtsprechung», in: Albrecht Cordes u. a. (Hgg.), *Handwörterbuch zur deutschen Rechtsgeschichte*, Bd. 1, 2. Aufl., Berlin, 345–347.

Leonhard (1921): Franz Leonhard, *Die Bewertung des landwirtschaftlichen Inventars bei der Rückgabe* (Reichsschutzbund landwirtschaftlicher Grundeigentümer und Verpächter, Drucksache 8), Berlin.

Lüderssen (1996): Klaus Lüderssen, «‹Law and Literature› als Herausforderung von ‹Law and Economics›», in: Klaus Lüderssen (Hg.), *Genesis und Geltung in der Jurisprudenz*, Frankfurt am Main, 328–348 (zuerst in: Manfred Seebode (Hg.), *Festschrift für Günter Spendel zum 70. Geburtstag*, Berlin u. New York 1992, 99–114).

Lüderssen ([2]2002): Klaus Lüderssen, *Produktive Spiegelungen. Recht in Literatur, Theater und Film* (Juristische Zeitgeschichte, Abteilung 6, Band 12), 2. Aufl., Baden-Baden.

Martínez/Scheffel ([11]2019): Matías Martínez u. Michael Scheffel, *Einführung in die Erzähltheorie*, 11. Aufl., München.

Meyn (1922): Eugen Meyn, «Das hohe Lied vom deutschen Richter», *Hanseatische Rechtszeitschrift* 1922, 907–910.

Müller-Dietz (2007): Heinz Müller-Dietz, *Recht und Kriminalität in literarischen Spiegelungen* (Juristische Zeitgeschichte, Abteilung 6, Band 28), Berlin.

Neuere Rechtsprechung (1922): *Neuere Rechtsprechung über Inventarfrage* (Reichsschutzbund landwirtschaftlicher Grundeigentümer und Verpächter, Inventarabteilung, Drucksache 52), Berlin.

Niehaus (2018): Michael Niehaus, «Narration im Recht und vor Gericht», in: Martin Huber u. Wolf Schmid (Hgg.), *Grundthemen der Literaturwissenschaft. Erzählen*, Berlin u. Boston, 514–527.

Nippperdey (1922): Hans Carl Nipperdey, «Vertragstreue und Geldentwertung», *Deutsche Juristen-Zeitung* 1922, 659–663.

Nörr (1988): Knut Wolfgang Nörr, *Zwischen den Mühlsteinen. Eine Privatrechtsgeschichte der Weimarer Republik* (Beiträge zur Rechtsgeschichte des 20. Jahrhunderts 1), Tübingen.

Oertmann (1921): Paul Oertmann, *Rechtsgutachten über die landwirtschaftliche Inventarfrage* (Reichsschutzbund landwirtschaftlicher Grundeigentümer und Verpächter, Drucksache 8), Berlin.

Olson (2014): Greta Olson, «Narration and Narrative in Legal Discourse», in: Peter Hühn u. a. (Hgg.), *The Living Handbook of Narratology*, online: http://www.lhn.uni-hamburg.de/article/narration-and-narrative-legal-discourse.

Richter (1921): Hermann Richter, «Die Inventarfrage», *Juristische Wochenschrift* 1921, 1195–1198.

Rückert (1994): Joachim Rückert, «Richtertum als Organ des Rechtsgeistes. Die Weimarer Erfüllung einer alten Versuchung», in: Knut Wolfgang Nörr, Bertram Schefold u. Friedrich Tenbruck (Hgg.), *Geisteswissenschaften zwischen Kaiserreich und Republik. Zur Entwicklung von Nationalökonomie, Rechtswissenschaft und Sozialwissenschaft im 20. Jahrhundert*, Stuttgart, 267–313.

Rückert (1995): Joachim Rückert, «Der Rechtsbegriff der Deutschen Rechtsgeschichte in der NS-Zeit. Der Sieg des ‹Lebens› und des konkreten Ordnungsdenkens, seine Vorgeschichte und seine Nachwirkungen», in: Joachim Rückert u. Dietmar Willoweit (Hgg.), *Die Deutsche Rechtsgeschichte in der NS-Zeit. Ihre Vorgeschichte und ihre Nachwirkungen* (Beiträge zur Rechtsgeschichte des 20. Jahrhunderts 12), Tübingen, 177–240.

Rückert (1997): Joachim Rückert, «Der neue Richter. Weimar und die Folgen», *Kritische Justiz* 30, 429–441.

Schapp (2013): Jan Schapp, «Der Fall. Geschichte und Erzählung», in: Aulis Aarnio u. a. (Hgg.), *Positivität, Normativität und Institutionalität des Rechts. Festschrift für Werner Krawietz zum 80. Geburtstag*, Berlin, 433–446.

Scheel (2020): Roland Scheel (Hg.), *Narrating Law and Laws of Narration in Medieval Scandinavia* (Ergänzungsbände RGA 117), Berlin u. Boston.

Scherner (1993): Karl Otto Scherner, «Max Hachenburg (1860–1951). Recht des Handelns als geordnetes Leben der Wirtschaft,» in: Helmut Heinrichs u. a. (Hgg.), *Deutsche Juristen jüdischer Herkunft*, München, 415–428.

Scholz (2001): Richard Scholz, *Analyse der Entstehungsbedingungen der reichsgerichtlichen Aufwertungsrechtsprechung. Untersuchung unter besonderer Berücksichtigung der konservativen Geldpolitik der Reichsbank und der Inflationspolitik der Reichsregierung* (Rechtshistorische Reihe 246), Frankfurt am Main u. a.

Schramm (2007): Edward Schramm, «Law and Literature», *Juristische Arbeitsblätter* 2007, 581–585.

Thiessen (2016): Jan Thiessen, «The German Hyperinflation of the 1920s», in: David Fox u. Wolfgang Ernst (Hgg.), *Money in the Western Legal Tradition. Middle Ages to Bretton Woods*, Oxford, 735–769.

Unbilligkeit (1922): *Die Unbilligkeit der hohen Inventargelder und die Steuergesetzgebung* (Reichsschutzbund landwirtschaftlicher Grundeigentümer und Verpächter, Inventarabteilung, Drucksache 21), Berlin.

The Reconfiguration of Law and Narrative in Plato's *Apology*

Jonas Grethlein

Narration plays an important role in legal discourse, both in common and in civil law. Judgments as well as court-room speeches contain narratives;[1] even law codes have been argued to have narrativity.[2] The salience of narrative in law is based not least on the fact that legal discourse is concerned with action – narrative is a central mode of representing action. While, however, narratologists have been happy to extend their reach and to make law yet another domain of their studies, many legal scholars are hesitant to assign too much importance to narrative in their field. Peter Brooks, one of the pioneers of the study of law in narratology, notes

> that narrative is in large measure the *impensé* of the law: its untheorized or even its repressed content. Or perhaps more accurately: one can detect that the law does in fact recognize its entanglements with narrative – but reacts to them with unease and suspicion, so that the neglect of narrative as a legal category is possibly an act of repression, an effort to keep the narrativity of the law out of sight.[3]

Ancient rhetoric, on the other hand, fully acknowledged the importance of narration as an integral part of forensic oratory. Aristotle, Anaximenes, and later theoreticians of rhetoric all elaborate on the *diēgēsis*/*narratio* as the part of the speech that recounts and interprets the disputed facts. Isocrates, while not the author of a rhetorical handbook, instructed his students «to narrate the event, what preceded it and what followed it, and make clear the intention with which each of the parties acted in their own way» (διηγητέον δὲ τό τε πρᾶγμα καὶ τὰ πρὸ τοῦ πράγματος καὶ τὰ μετὰ τὸ πρᾶγμα καὶ τὰς διανοίας, αἷς ἑκάτερος τῶν ἀγωνιζομένων ⟨χρώμενος⟩ ἔπραξε τόδε τι).[4] This instruction singles out elements that are considered key in various definitions of narrative: the temporal sequence, which, manifesting itself in the relation between narrative time and narrated time, is crucial to Meir Sternberg's approach for example, and the representation of experience, which Monika Fludernik considers the quintessence of narrative.[5]

1 E. g. Jackson (1988); Brooks/Gewirtz (1996).
2 Sternberg (2008); for qualifications, see Fludernik (2014).
3 Brooks (2005), 415.
4 Hermog. *De Ideis* i p. 25, 1–6 Rabe (=*Art. Scr.* B XXIV 31).
5 Sternberg (1992); Fludernik (1996).

Ancient rhetoric also highlights that forensic speeches are not themselves narrative but contain narrative passages. *Diēgēsis* is only one part besides – in Anaximenes' taxonomy – *prooimion*, *bebaiōsis*, *prokatalēpsis* and *epilogos*. Taking up Seymour Chatman's model of text types, one could describe the speeches delivered in court as arguments that encapsulate narrative and, often, also descriptive parts.[6]

In this paper, I will discuss an ancient text that not only illustrates the importance of narration in forensic oratory but, I propose, also intimates why legal scholars have reservations about narrative: Plato's *Apology*, his record of the speeches given by Socrates in court when he was sentenced to death in 399 BCE. For philosophers, the *Apology* is one of the most important sources for the historical Socrates; for historians, it is a precious document of one of the *asebeia* trials in the aftermath of the rule of the Thirty in 404/403 BCE.[7] The wave of trials after the oligarchic rule broke down reflects the fact that in the democracy of classical Athens litigation was an essential means of politics – the courts were just as important an arena as the assembly. It is not unlikely that the trial against Socrates belongs to this political context.[8] Socrates seems to have been among the 3000 Athenians, to whom the Thirty granted full citizen rights, and had personal ties to the tyrants – Critias, for example, the leading figure of the *coup d'état*, was his student.[9] Socrates was accused of impiety and of corrupting the youth, but this does not rule out political motives of the indictment, as the amnesty officially precluded the persecution of supporters of the Thirty with a few exceptions. The jurors seem to have voted him guilty only by a narrow margin, but when it came to fixing the sentence, Socrates antagonized the court by first claiming honours and then asking for a minor pecuniary fine. The majority of the jurors voted for the death sentence, and Socrates had to drink poison hemlock.

It remains controversial when Plato composed the *Apology* and to what extent he renders faithfully what Socrates said in his trial. These questions can be neglected for the purposes of my argument; I will focus on how and to what end the conventions of the court speech, particularly its narrative part, are transformed in the *Apology*, no matter if this is Socrates' or Plato's work. In a first step, I will use the *prooimion* to illustrate this transformation and then analyse the *diēgēsis* (1). Second, I will show how the *Apology*'s frame is further extended, particularly in Socrates' final speech (2). Finally, a comparison with Xenophon's *Apology* will help me throw into relief my findings and tease out a systematic ramification of Plato's reconfiguration of law and narrative (3).

6 Chatman (1990). For another taxonomy of text types that distinguishes three levels, see Fludernik (2000).

7 On the *asebeia* trials, see Dover (1988), 135–158; Wallace (1994); Scholz (1998), 62–71. For historical accounts of Socrates' trial, see Scholz (2000) and Brickhouse/Smith (2002).

8 E. g., Scholz (2000), 161–164.

9 On Socrates' relation to Athenian oligarchs, see Rankin (1987).

1 The quest narrative

Scholarship has duly noticed the *Apology*'s close relation to Athenian court speeches: the *Apology* follows the structure of Athenian court speeches and abounds in topoi that we know from the Attic orators. At the same time, Plato has Socrates reject some topoi. In the *epilogos*, for example, Socrates refuses to appeal to the jury's pity and does not have his sons join him in court to reinforce his appeal (34b6–35d8).[10] Even more interestingly, he adopts and recasts conventional elements of court speeches.[11] The *prooimion* is a case in point: Plato has Socrates introduce his response to the accusants in a traditional form: «The one I found most astonishing among their many falsehoods was this, when they were saying that you ought to be careful I don't deceive you, because I'm a clever speaker» (μάλιστα δὲ αὐτῶν ἓν ἐθαύμασα τῶν πολλῶν ὧν ἐψεύσαντο, τοῦτο ἐν ᾧ ἔλεγον ὡς χρῆν ὑμᾶς εὐλαβεῖσθαι μὴ ὑπ' ἐμοῦ ἐξαπατηθῆτε ὡς δεινοῦ ὄντος λέγειν, 17a3–b1). A similar phrase can be found for example in Demosthenes: «Although, men of Athens, he has made many other false accusations, the most astonishing of them all was when...» (Πολλὰ τοίνυν, ὦ ἄνδρες Ἀθηναῖοι, καὶ ἄλλα κατηγορηκότος αὐτοῦ καὶ κατεψευσμένου, μάλιστ' ἐθαύμασα πάντων ὅτε ..., 18.291).[12] Socrates promises that, contrary to his opponents, he will deliver the truth. The Attic orators frequently claim to be speaking in accordance with the truth. Thomas Meyer, however, in his important study of the *Apology*'s relation to forensic oratory and Platonic philosophy notes that these claims are directed towards concrete facts, whereas Socrates solemnly refers to the truth in general.[13] Even if it is possible to find non-specific references to the truth among the orators, Socrates' further argument reveals that his commitment to the truth distinguishes his defence considerably from common forensic speeches. Socrates consciously foregoes points that would persuade the jury to acquit him and even discusses facts that would be unlikely to endear him to the jury.

In the *prooimion*, Socrates conjures up another traditional juxtaposition when he remarks that he will dispense with rhetorical flourishes and speak «as it comes and with ordinary words» (εἰκῇ λεγόμενα τοῖς ἐπιτυχοῦσιν ὀνόμασιν, 17c2). Like the Attic orators, Socrates reinforces δέομαι through a second verb when he «begs and beseeches» (τοῦτο ὑμῶν δέομαι καὶ παρίεμαι, 17c6–7) the jury to accept his form of presentation.[14] There are speakers in Attic oratory who also ask for permission to speak in an ordinary way (e. g. Demosth. 25,14), but whereas asking this question forms part of the strategy to cast themselves as «normal», down-to-earth citizens, Socrates' announcement paves the way for a speech that,

10 When I speak of Socrates in the following, I mean the Socrates of Plato's *Apology* unless noted otherwise.

11 Cf. Riddell (1867), xii–xiv; Burnet (1924), 71–72; Meyer (1962), 9–70; Strycker/Slings (1994), 32–36, Rutherford (1995), 31–33.

12 Cf. Meyer (1962), 45 with further parallels in n. 90.

13 Meyer (1962), 25.

14 E. g., Hyp. 2,19; Isae. 2,2; Demosth. 18,6; 23,19.

while formally a defence speech, is shaped by Socratic philosophy (as presented by Plato). The *erōtēsis* (24b3–28a1), for instance, is unusually long and resembles the elenchtic dialogue of which Socrates was fond: Socrates quizzes Meletus about who makes one better and about the possibility of wilful corruptions – both the form and the content are reminiscent of Socrates' conversations in Platonic dialogue.

In *Genres in Dialogue*, Andrea Nightingale examines how Plato incorporates into his dialogues specific genres of oratory and poetry.[15] Such embedded genres, she argues, are a means by which Plato defines and legitimizes his philosophy – the implicit juxtaposition with traditional and authoritative discourses sharpens the contours of his new approach. Nightingale does not discuss the *Apology* – perhaps because it is generally not considered a dialogue – but it is possible and fruitful to analyse the *Apology* according to her interpretative framework. Here, Plato does not integrate another genre into a dialogue; instead, he has Socrates adopt a genre and transform it. The Platonic Socrates delivers a defence speech, which has many conventional features, but is simultaneously twisted in a way that highlights where his ethics deviates from the popular morality that is discernible in forensic oratory. Right at the beginning, the explicit justification of Socrates' own way of speaking invites the reader to read the *Apology* as a critical engagement with forensic oratory.[16]

In the remainder of this section, I will concentrate on how Plato has Socrates transform the *diēgēsis*. The *Apology* contains a lengthy narrative account, which, however, does not address directly the points advanced by the accusants.[17] In order to defend himself against the charges, Socrates interrogates Meletus. Before this, however, he recounts the process by which he began to arouse suspicion among many Athenians. This account is a carefully crafted narrative despite Socrates' initial assertion that he will use neither «language fine-tuned with words and expressions, as theirs is, nor which is ornate» (κεκαλλιεπημένους γε λόγους, ὥσπερ οἱ τούτων, ῥήμασί τε καὶ ὀνόμασιν οὐδὲ κεκοσμημένους, 17b9–10) and that it would be unseemly were he to «polish arguments» (πλάττοντι λόγους, 17c5). Socrates aptly casts his account as a response to a hypothetical interrogator, a rhetorical device commonplace in Attic oratory (20c4–d1):[18]

> Ὑπολάβοι ἂν οὖν τις ὑμῶν ἴσως· 'Ἀλλ', ὦ Σώκρατες, τὸ σὸν τί ἐστι πρᾶγμα; πόθεν αἱ διαβολαί σοι αὗται γεγόνασιν; οὐ γὰρ δήπου σοῦ γε οὐδὲν τῶν ἄλλων περιττότερον πραγματευομένου ἔπειτα τοσαύτη φήμη τε καὶ λόγος γέγονεν, εἰ μή τι ἔπραττες ἀλλοῖον ἢ οἱ πολλοί. λέγε οὖν ἡμῖν τί ἐστιν, ἵνα μὴ ἡμεῖς περὶ σοῦ αὐτοσχεδιάζωμεν.'

> At this point one of you might perhaps answer: ‹But, Socrates, what is your activity? Where have these slanderous reports about you come from? It's not the case, surely, that, without your pursuing any activity more unusual than other men, such rumour

15 Nightingale (1995).

16 Meyer (1962), 70 puts it clearly: «Platon unternimmt in der ‹Apologie› eine philosophische Auseinandersetzung mit dem Geist der Gerichtsrede.»

17 There are also smaller narrative snippets such as Socrates' conversation with Callias about the education of his sons (20a2–c3) and about Socrates' engagement as a citizen (32b1–e1).

18 See, e. g., Aeschin. 3,21; Demosth. 24,154.

> and talk have nevertheless started, unless you were active in a different way than most men. So tell us what it is, so that we don't improvise stories about you.›

Socrates' response to this hypothetical interrogator is puzzling: he has incurred his bad reputation on account of his wisdom (20d6–7). The paradoxical, even provocative character of this assertion is tangible in Socrates' appeal to the jurors to remain silent (20e4). It is even exacerbated when Socrates then proceeds to call on no less than Apollo as his witness – and has to ask for silence again (21a5). When, Socrates claims, Chaerephon consulted the oracle at Delphi, Apollo declared that Socrates was the wisest man. Apollo's oracle has given scholars many a headache.[19] It is a variation on a type of question posed to an oracle, in which men asked about who was supreme in a specific domain, hoping that they themselves would be named.[20] Here, however, Chaerephon, not Socrates, is the one who inquires, and instead of submitting the question «Who is wisest?», he asks if there is someone wiser than Socrates.

Apollo's response elegantly disarms the charge of *asebeia* – it provides divine support for the man accused of not honouring the gods. But is the oracle historical or fictive? If it was historical, does the *Apology* provide us with the exact wording? This is not the place to enter into this debate; it is the narrative significance of the oracle that is of concern to my argument: the Pythia's response to Chaerephon's inquiry starts a quest narrative. Socrates is bewildered and considers the oracle a riddle (21b4: αἰνίττεται), thereby also triggering the curiosity of the audience, both internal and external. In a serial narrative, Socrates recounts how he looked for people wiser than him who would allow him to prove Apollo wrong: he first tried politicians, then poets and finally craftsmen. The series is paradoxically climactic: Socrates goes from the men with the highest esteem to those least likely to be wise according to general opinion, and yet, the final group, the craftsmen, actually know something that Socrates does not know. This said, they also lay claim to insights beyond their expertise. Socrates therefore finds a solution to the god's riddle in that, unlike the others, he knows that he does not know anything substantial.

Socrates pulls out all the stops to render his account captivating. He complains repeatedly about the shortness of the time granted to him in the trial (19a2; 24a3–4; 37a5–b2), and yet he plays magisterially with narrative time.[21] His account combines singulative with iterative narration: after narrating separately his conversation with the first politician and then with a second one, Socrates uses the imperfect to render his quizzing of the poets in a single sentence (22b4). The speed of the narration is also carefully calibrated: the narration of the encounters with the

19 See, for example, Brickhouse/Smith (1989), 87–100; Stokes (1992); de Strycker/Slings (1994), 74–82, Heitsch (2002), 197–202.

20 Cf. Denyer (2019), *ad* 21a4.

21 This complaint is also a topos of oratory, cf. Meyer (1962), 68, n. 179. For an analysis of the orator's orchestration of narrative time, see Edwards (2007).

poets and the craftsmen is preceded by a summary in which the failure of the quest to come is enunciated (21e3–22a6).

Particularly important for the enticement of the report is the representation of Socrates' thoughts, motives, and feelings. Socrates first deploys direct speech to express his consternation at the oracle: «What on earth is the god saying, and what on earth lies behind this riddle? In nothing, great or small, do I know that I am wise. What on earth, then, is he saying when he claims that I am the wisest? He can't be speaking falsely; that's not permissible for him» (Τί ποτε λέγει ὁ θεός, καὶ τί ποτε αἰνίττεται; ἐγὼ γὰρ δὴ οὔτε μέγα οὔτε σμικρὸν σύνοιδα ἐμαυτῷ σοφὸς ὤν· τί οὖν ποτε λέγει φάσκων ἐμὲ σοφώτατον εἶναι; οὐ γὰρ δήπου ψεύδεταί γε· οὐ γὰρ θέμις αὐτῷ, 21b3–7). Socrates also covers his consciousness processes in the following narration: he starts his inquiry «in order to ... refute the prophecy and to show the Oracle, ‹This man here is wiser than me, but you said I was›» (ἐνταῦθα εἴπερ που ἐλέγξων τὸ μαντεῖον καὶ ἀποφανῶν τῷ χρησμῷ ὅτι 'Οὑτοσὶ ἐμοῦ σοφώτερός ἐστι, σὺ δ' ἐμὲ ἔφησθα', 21c1–2). When he discovers that the men he first interviews are everything but wise, he «is grieved and fears that people disliked me» (λυπούμενος καὶ δεδιὼς ὅτι ἀπηχθανόμην, 21e4), but feels compelled to continue his inquiry and turns to the poets, «in order to catch myself in the act of being more ignorant than them» (ὡς ἐνταῦθα ἐπ' αὐτοφώρῳ καταληψόμενος ἐμαυτὸν ἀμαθέστερον ἐκείνων ὄντα, 22b1–2). Socrates deftly deploys focalization together with voice and narrative time to launch an alluring narration that accounts for his bad reputation.

There are even mythical paradigms in Socrates' report: «I ought to explain to you these wanderings of mine, like those of a man undertaking something like labours, to find the oracle unrefuted» (δεῖ δὴ ὑμῖν τὴν ἐμὴν πλάνην ἐπιδεῖξαι ὥσπερ πόνους τινὰς πονοῦντος ἵνα μοι καὶ ἀνέλεγκτος ἡ μαντεία γένοιτο, 22a6–8). While the «wanderings» evoke Odysseus, the «labours» bring Heracles to mind. It is hard not to read these implicit references as ironical, but they may receive some weight from mythical paradigms that surface later in the *Apology*. In 28b9–d5, Socrates conjures up Achilles' readiness to die in his answer to the question of why he is «not ashamed of having practiced the kind of activity that puts your life now in danger» (εἶτ' οὐκ αἰσχύνη ... τοιοῦτον ἐπιτήδευμα ἐπιτηδεύσας ἐξ οὗ κινδυνεύεις νυνὶ ἀποθανεῖν, 28b3–5). At the end, after his condemnation to death, Socrates adduces Palamedes and Ajax as mythical victims of erroneous verdicts (41b2–6). The comparison with mythical heroes is made to look less outlandish than it appears at first sight, not least on account of the detachment with which Socrates willingly accepts death as the price for adherence to his principles.

The very fact that Socrates recounts the story of the oracle and the quest it triggered is worth noting. Socrates adopts a topos of forensic oratory when he announces that he wishes to start from the beginning, but he uses it in an idiosyncratic way, namely to enlarge the target which forensic orators commonly try to minimize:[22] besides responding to the charges brought against him by

22 18a8–9, 18e2–4, 19a8.

the accusants, he mentions further accusations that have been levelled against him.[23] As carefully crafted as his report is, the claim that the reason for his bad reputation resides ultimately in his special wisdom is ill-suited to win over the audience.[24] At the same time, the narration of Socrates' quest extends the scope of the *Apology*. Instead of simply providing Socrates' response to the charges of impiety and corrupting the youth, the *Apology* opens up a broader view on the trial. Plato has Socrates explain how he aroused suspicion among his fellow citizens, which ultimately led to the charges filed by Anytus, Meletus and Lycon. The *diēgēsis* contributes to an extension of the *Apology*'s frame, which, as I wish to show, is key to Plato's reconfiguration of the relation between law and narrative.[25] Before contemplating this reconfiguration, however, I need to discuss two further pertinent features, the major structure of the *Apology* and the striking foreshadowing at its end.

2 Extending the frame

The title *Apology* suggests that the text is a single speech, but the *Apology* consists of three speeches: Socrates' defence, his speech on the penalty and his final reflections. The addition of the *antitimēsis* speech and Socrates' reaction to the death penalty render the *Apology* unique. No *antitimēsis* speech has been delivered in the extant corpus of Attic oratory; neither Aristotle nor Anaximenes comment on this form of speech, in which the defendant, whom the jury has just found guilty, has a chance to propose a penalty less severe than the one advanced by the accusant. While, however, we do have evidence of the practice of *antitimēsis* speeches,[26] the *Apology* is our only text that mentions yet another speech of the defendant after the penalty has been fixed. With the resoluteness of the Prussian aristocrat, Wilamowitz declared: «Niemand kann im Ernst glauben, dass die Leute dageblieben und Ruhe gehalten hätten, zumal die verurteilenden, denen arg ins Gewissen geredet wird. Niemand wird auch glauben, dass die Beamten, die den Verurteilten abzuführen hatten, ihm erst noch das Wort gegeben hätten.»[27]

While many scholars share Wilamowitz's view, a few are willing to consider the possibility that Socrates spoke for a third time, if only to those who had remained in the room after the case had been closed.[28] Even so, it remains striking that Plato grants Socrates yet another speech, which is even longer than

23 Cf. Meyer (1962), 27.

24 De Strycker/Slings (1994), 12 emphasize that the jury's verdict is fully understandable. See also Rutherford (1995), 35.

25 Cf. Meyer (1962), 27: «Offenkundig besteht die Absicht, das einzelne Faktum der Anklage in seiner Lagerung innerhalb eines größeren Zusammenhangs zu zeigen, den Blick von den einzelnen Geschehen auf den Geschehenskomplex zu lenken.»

26 Cf. Harrison (1971), 81–82; Todd (1993), 133–135.

27 Wilamowitz-Moellendorff (1919), 163.

28 Burnet (1924), 161; de Strycker/Slings (1994), 201–204; Denyer (2019), 14.

the *antitimēsis* speech. Through the third speech, Plato manages to cover also the outcome of the trial. The three speeches of the *Apology* are three spotlights that let us see the trial unfold from the accusation, which is quoted in the first speech, to the death penalty, to which Socrates reacts in his final speech.

The dynamic quality of the *Apology* is tangible in the second speech. Socrates first points out that he is a unique benefactor of the city – albeit a poor one – and therefore deserves to be granted the right to dine in the *prytaneion*. He then continues to contemplate realist options, first a fine and imprisonment, then exile. His discussion of exile offers what scholars of narrative call «side-shadowing», a hint at or even narration of an alternative course of events (37c4–e2):[29] Socrates imagines how he at his age leaves Athens and settles down in another *polis*, where he will attract the youth. If he refuses to converse with them, they will make sure that he is expelled; if, however, he does engage with them, their parents and relatives will not rest before he is driven out. As elsewhere, this case of side-shadowing alerts the reader to the fact that the actual course of events was by no means inevitable. Finally, Socrates proposes one *mna* and then, after Plato and others step in, thirty *mnas*. The speech lets us witness Socrates in the process of reflection and also indicates his interaction with the men present in court.

That the *Apology* is not only Socrates' defence, but a rendering of the entire trial is highlighted by Socrates' comments in his final speech on his failure to convince the jury. The reason for his conviction is not «the shortage of arguments but of brazenness and shamelessness and the willingness to tell you the sort of things you would most like to hear» (ἀπορίᾳ [...], οὐ μέντοι λόγων, ἀλλὰ τόλμης καὶ ἀναισχυντίας καὶ τοῦ μὴ ἐθέλειν λέγειν πρὸς ὑμᾶς τοιαῦτα οἷ' ἂν ὑμῖν μὲν ἥδιστα ἦν ἀκούειν, 38d6–8). The echo of Socrates' earlier refusal to flatter and beseech the jury ensures that Socrates does not sound like a bad loser, who can't let go even after the outcome of the procedure has been already determined. Through the evaluation of his own performance, Socrates distances himself from his role as the defendant and strengthens the tendency of the *Apology* to narrate the entire course of the court proceedings.

The comprehensiveness of the *Apology* is reinforced by references to the future. We have seen that Socrates in the narration of his quest goes far back in time. Simultaneously, he also looks ahead. In his first speech, he claims that if the jurors will condemn him to death, they «will do greater injuries» (μείζω βλάψετε, 30c7) to themselves than to him because they «will not easily find another one like him» (οὐ ῥᾳδίως ἄλλον τοιοῦτον εὑρήσετε, 30e2), who constantly exhorts them to reflect upon their behaviour. The future becomes particularly prevalent in the third speech. Socrates commences this speech with the remark that «you will have the reputation and the blame, from those wishing to abuse the city, for having killed Socrates, a wise man» (ὄνομα ἕξετε καὶ αἰτίαν ὑπὸ τῶν βουλομένων

29 On side-shadowing, see Morson (1994), for an application to ancient historiography, see Grethlein (2013), 14–16.

τὴν πόλιν λοιδορεῖν ὡς Σωκράτη ἀπεκτόνατε, ἄνδρα σοφόν, 38c1–2). Further on, he expounds on a prophecy (χρησμῳδῆσαι) (39c2–d9):

> καὶ γάρ εἰμι ἤδη ἐνταῦθα ἐν ᾧ μάλιστα ἄνθρωποι χρησμῳδοῦσιν, ὅταν μέλλωσιν ἀποθανεῖσθαι. φημὶ γάρ, ὦ ἄνδρες οἳ ἐμὲ ἀπεκτόνατε, τιμωρίαν ὑμῖν ἥξειν εὐθὺς μετὰ τὸν ἐμὸν θάνατον πολὺ χαλεπωτέραν νὴ Δία ἢ οἵαν ἐμὲ ἀπεκτόνατε· νῦν γὰρ τοῦτο εἴργασθε οἰόμενοι μὲν ἀπαλλάξεσθαι τοῦ διδόναι ἔλεγχον τοῦ βίου, τὸ δὲ ὑμῖν πολὺ ἐναντίον ἀποβήσεται, ὡς ἐγώ φημι. πλείους ἔσονται ὑμᾶς οἱ ἐλέγχοντες, οὓς νῦν ἐγὼ κατεῖχον, ὑμεῖς δὲ οὐκ ᾐσθάνεσθε· καὶ χαλεπώτεροι ἔσονται ὅσῳ νεώτεροί εἰσιν, καὶ ὑμεῖς μᾶλλον ἀγανακτήσετε. [...] ταῦτα μὲν οὖν ὑμῖν τοῖς καταψηφισαμένοις μαντευσάμενος ἀπαλλάττομαι.
>
> For I am now at the time when men prophesy most, when they are about to die. For I say, you gentlemen who have killed me, that directly after my death a punishment will come upon you far harsher – by Zeus! – than yours in killing me. For you now have done this in the thought that you will be free from rendering an account of your lives, but the very opposite will happen to you, as I say. There will be more people to test you, those whom I tried to restrain in my lifetime, and whom you used not to notice; and they will be harsher insofar as they will be younger, and you will be all the more vexed. [...] This, then, is the prophecy I offer you who have condemned me, before I depart.

If the claim that the moribund are endowed with mantic ability evokes in particular Patroclus and Hector, who prophesy their own death to their murderers, then this prediction adds yet another layer to the mythical paradigms in connection with Socrates.[30] The prediction also raises further questions: can it refer to the activity of Socrates' disciples, who, however, if we believe Diogenes Laertius, left Athens after the death of Socrates?[31] Or does it gesture to the *Apology*, which mercilessly records the Athenians' failure to do justice to Socrates, and, more generally, to Plato's dialogues, which aspire to continue Socrates' elenchtic tradition?[32] In this case, Plato grants his Socrates a metaleptic nod beyond the narrative universe to the work in which he figures.

Most important to my argument is that Socrates' references to the future have as similar an effect as the lengthy narrative of his quest for the oracle's meaning: they look beyond the trial and embed Socrates' defence in a broader panorama. Just as the narration of Socrates' quizzing of his fellow citizens lets us see the background to the charges brought against him, the anticipation of the future, together with Socrates' comments on his defence, put the jury's verdict into a broader perspective. The temporal extension into both past and future renders Socrates' speeches at the trial an account of the trial that crystallizes Socrates' fraught relationship with Athenian democracy.

30 On the allusion to the *Iliad*, see Burnet (1924), *ad* 39c2; Stokes (1997), *ad* 39c1–4. If Xenophon's *Apology* draws on Plato's *Apology*, the explicit mention of Homer in 30 could be based on such an interpretation of Plato's reference to the moribund and their mantic capacity.

31 Diog. Laert. 2,106; 3,6.

32 See the discussion in de Strycker/Slings (1994), 206–210.

3 The dialectics of law and narrative in and beyond the *Apology*

A brief look at Xenophon's *Apology* will help me advance the point that I wish to make about Plato's *Apology*. This comparison is neither exhaustive nor evaluative – it is not helpful, I think, to judge Xenophon, who wrote in so many genres, by measuring his Socratic texts with the yardstick of Platonic dialogue –, it is designed to let us grasp fully Plato's reconfiguration of law and narrative. There are also three speeches in Xenophon's *Apology*, but Xenophon acknowledges that he does not completely reproduce the first speech (22), which is significantly shorter than in Plato, and he summarizes the *antitimēsis* in indirect speech (23) before he returns to direct speech for Socrates' final words (24–30). Two elements that are vital to my reading of Plato's *Apology* can also be found in Xenophon's, albeit in a considerably different form: Xenophon also mentions Chaerephon's visit to Delphi (14) – the oracle, however, deviates from that in Plato and is not the beginning of a quest narrative. Moreover, Socrates' prophecy in his last speech is briefer and more specific as it predicts that Anytus' son will turn out badly (30).

While not extending the temporal scope as in Plato, Socrates' speeches are framed by comments by Xenophon. At the beginning, Xenophon justifies writing yet another *Apology*: earlier writers, he contends, failed to grasp an essential point, namely that Socrates intentionally spoke haughtily in order to be sentenced to death. He then recounts a conversation in which Socrates explained to Hermogenes his decision to die (1–9). After rendering Socrates' speeches, Xenophon stresses again his deliberate haughtiness and praises him for the wisdom of his decision to die (31–34).

Xenophon chooses a different form than Plato: the speeches, as he renders them, are chiefly argumentative and framed by authorial comments that cement what is crucial in his eyes. Plato, on the other hand, offers no authorial frame and confines himself to Socrates' speeches. Nonetheless, as we have seen, he manages to narrate the entire trial and to portray in general Socrates' engagement with the Athenians: the lengthy *diēgēsis* fills us in on the behaviour that led to Socrates' indictment. Socrates' comments on his defence speech and his foreshadowing of the development after his death further stretch the *Apology*'s framework. It is, in my eyes, a key aspect of Plato's *Apology* that it uses an element of the trial to recount the trial itself and to expose the dynamics at work in it. Socrates' speeches belong to the trial and form only a part of it, and yet, as presented by Plato, they encapsulate an assessment of the trial, Athens' legal system and its public culture. The open criticism and the subtle transformation of the court speech unveil the mechanisms that were previously the target of Socrates' criticism and have now led to his death sentence, notably the Athenians' preference for appearance over truth and for self-interest over justice.

Plato's *Apology* is thus dialectic: it forms part of a trial and simultaneously establishes a trial on the legal system and its cultural foundation. The sequence of three speeches and the extension of the narrative part through both retrospect and foreshadowing make the *Apology* a devastating portrayal of democratic Athens. Plato slyly reconfigures the relation between law and narrative: narrative is not only part of legal procedure as an element in court speeches, but the law also becomes its object. By abstaining from the authorial comments that frame Xenophon's *Apology*, Plato makes the two relations coincide: his *Apology* couches a narrative of the law in a narrative in the law.

Plato's dialectic is systematically thought-provoking. In a famous article, Robert Cover highlighted the constitutive role of violence for law and its practice:

> Legal interpretation takes place in a field of pain and death. This is true in several senses. Legal interpretive acts signal and occasion the imposition of violence upon others: A judge articulates her understanding of a text, and as a result, somebody loses his freedom, his property, his children, even his life. Interpretations in law also constitute justifications for violence which has already occurred or which is about to occur. When interpreters have finished their work, they frequently leave behind victims whose lives have been torn apart by these organized, social practices of violence. Neither legal interpretation nor the violence it occasions may be properly understood apart from one another.[33]

Socrates is a case in point: the verdict of the court effected his death. And yet, Plato has him get the better off the law. In *Crito*, the Platonic Socrates refuses the opportunity to escape. He argues that it is not right to respond with harm to harm, emphasizes his obligation to Athens' *nomoi* and meditates on death – since we do not know what death brings, we need not fear it. In the *Apology*, Plato has Socrates turn the tables: his defence speeches ultimately put the accusants, the jurors and Athenian society on trial. Socrates lost his life as a result of the violence on which the law is predicated; simultaneously, however, in the medium of Plato's writing, he absconds from the power of law, which he artfully deconstructs. If, as Cover points out, the verdict of a jury is the end of interpretation, it becomes the object of interpretation again in the speeches of Plato's Socrates.

Plato's *Apology* also brings together different strands of the modern debate on law and narrative and thereby elucidates their ambiguous relation. In the introduction to this article, I referred to scholarship that explores the significance of narrative in the process of adjudication and in law codes. But narrative has also been marshalled as a mode of expressing the experiences of individuals and groups that tend to be excluded in legal reasoning. Judicial discourse, the proponents of this view contend, is based on the assumption that the legal subject is a white man. They advocate story-telling as a means for minority groups and individuals to articulate their views which are otherwise ignored in court.[34] Seen from this perspective, narrative is a means of empowerment for marginal groups in court proceedings.

33 Cover (1986): 1601. I thank Clifford Ando for drawing my attention to this article.
34 E. g. Delgado (1989); Schaffer/Smith (2004).

Now the case of Socrates is obviously different from those of individuals who belong to marginalized groups and gain visibility through their narrations. As a hoplite, Socrates had a firm social standing and cannot have been as poor as he liked to present himself. Socrates' line of reasoning, not least the claim that he be granted the right to dine in the *prytaneion*, illustrate that he became marginal through his own doing, which was intended to provoke the Athenian society. Moreover, while Plato has Socrates advance a narrative that challenges the cultural premises on which his trial is based, «oppositional story-telling» is the attempt to make individual fates heard that are silenced not only in court, but also more broadly in society. Despite these differences, the reconfiguration of law and narrative in the *Apology* demonstrates the subversive capacity of narrative; the challenge which Plato's reconfiguration of law and narrative poses to the former reflects the capacity for empowerment that has been assigned to the latter in recent legal theory.

The idea of «oppositional storytelling» is closely entangled with postcolonialism and identity politics. If we leave aside the dimension of power, however, and concentrate on narrative instead, we can notice that this approach capitalizes on a basic tension between law and narrative, which is particularly visible in civil law. Most law codes avoid specific circumstances and try to advance abstract rules capable of capturing all sorts of cases. In court, lawyers, judges, and juries wrangle about how to apply these rules to the specific case under discussion. The applications have repercussions on how the rules are viewed and interpreted, but the primary process is the subsumption of specific cases under general rules. Common law gives more weight to specific circumstances, as the parties argue chiefly with precedence cases; but even here the analogies between present and previous cases are predicated on acts of abstraction that highlight similarities and differences.

While law thus leans towards abstraction, one of the features of narrative is specificity. Marie-Laure Ryan, for example, notes: «Narrative must be about a world populated by individual existents». There must be specific events featuring «purposeful actions by these agents, motivated by identifiable goals and plans».[35] Narrative is characterised by the specificity of agents, events, and circumstances from which legal discourse prescinds when identifying the rules that apply to individual cases or elaborating on analogies between past and present cases. Its focus on the individual, its presentation of the specific endows narrative with subversive potential in the context of law. There is always the question of whether a specific experience as rendered in narrative can be subsumed under this or that rule. This question may be exacerbated and morph into fundamental scepticism about the capacity of abstract rules to do justice to individual circumstances.

Plato's *Apology* reveals both the relevance of narrative in legal discourse and the power of narrative to challenge the law. In his discussion of modern law, Brooks observes that narratives, while fragmented and hidden by the rules of

35 Ryan (2006), 8.

evidence and procedure, are a crucial element of legal discourse. Socrates' first speech in particular contains a linear narrative. Together with the argumentative refutation, the narration of Socrates' quest counters the charges brought against him. Narrative's capacity to fundamentally question the law manifests itself in the *Apology*'s negative portrayal of the trial and Athenian legal culture. The *Apology* is special in that it showcases simultaneously the constitutive and the subversive role of narrative for law: the narrative that is an essential part of forensic oratory helps transform Socrates' speeches into a critical narrative of law.

Bibliography

Brickhouse/Smith (1989): Thomas Brickhouse and Nicholas Smith, *Socrates on Trial*, Princeton.

Brickhouse/Smith (2002): Thomas Brickhouse and Nicholas Smith, *The Trial and Execution of Socrates. Sources and Controversies*, New York.

Brooks (2005): Peter Brooks, «Narrative in and of the law», in: James Phelan and Peter J. Rabinowitz (eds.), *A Companion to Narrative Theory*, Malden, 415–426.

Brooks/Gewirtz (1996): Peter Brooks and Paul Gewirtz (eds.), *Law's Stories. Narrative and Rhetoric in the Law*, New Haven and London.

Burnet (1924): John Burnet (ed.), *Plato's Euthyphro, Apology of Socrates and Crito*, Oxford.

Chatman (1990): Seymour B. Chatman, *Coming to Terms. The Rhetoric of Narrative in Fiction and Film*, Ithaca.

Cover (1986): Robert Cover, «Violence and the Word», *The Yale Law Journal* 95/8, 1601–1629.

Delgado (1989): Richard Delgado, «Storytelling for Oppositionists and Others: A Plea for Narrative», *Michigan Law Review* 87/8, 2411–2441.

Denyer (2019): Nicholas Denyer, *Plato and Xenophon. Apologies of Socrates*, Cambridge.

Dover (1988): Kenneth J. Dover, *The Greeks and Their Legacy. Prose Literature, History, Society, Transmission, Influence*, Oxford.

Edwards (2007): Michael J. Edwards, «Oratory», in: Irene J. F. de Jong (ed.), *Time in Ancient Greek Literature*, Leiden, 319–342.

Fludernik (1996): Monika Fludernik, *Towards a «Natural» Narratology*, London.

Fludernik (2000): Monika Fludernik, «Genres, Text Types, or Discourse Modes? Narrative Modalities and Generic Categorization», *Style* 34/2, 274–292.

Fludernik (2014): Monika Fludernik, «A Narratology of the Law? Narratives in Legal Discourse», *Critical Analysis of Law. An International & Interdisciplinary Law Review* 1/1, 87–109.

Grethlein (2013): Jonas Grethlein, *Experience and Teleology in Ancient Historiography*, Cambridge.

Harrison (1971): Alick Robin Walsham Harrison, *The Law of Athens, Vol. 2: Procedure*, Oxford.

Heitsch (2002): Ernst Heitsch, *Platon. Apologie des Sokrates*, Göttingen.

Jackson (1988): Bernard S. Jackson, *Law, Fact and Narrative Coherence*, Liverpool.

Meyer (1962): Thomas Meyer, *Platons Apologie*, Stuttgart.

Morson (1994): Gary Saul Morson, *Narrative and Freedom. The Shadows of Time*, New Haven.

Nightingale (1995): Andrea Wilson Nightingale, *Genres in Dialogue. Plato and the Construct of Philosophy*, Cambridge.

Rankin (1987): David I. Rankin, «Socrates, an Oligarch?», *L'antiquité classique* 56, 68–87.

Riddell (1867): James Riddell (ed.), *The Apology of Plato with a Revised Text and English Notes, and a Digest of Platonic Idioms*, Oxford.
Rutherford (1995): Richard B. Rutherford, *The Art of Plato. Ten Essays in Platonic Interpretation*, London.
Ryan (2006): Marie-Laure Ryan, *Avatars of Story*, Minneapolis.
Schaffer/Smith (2004): Kay Schaffer and Sidonie Smith, *Human Rights and Narrated Lives. The Ethics of Recognition*, New York.
Scholz (1998): Peter Scholz, *Der Philosoph und die Politik. Die Ausbildung der philosophischen Lebensform und die Entwicklung des Verhältnisses von Philosophie und Politik im 4. und 3. Jh. v. Chr.*, Stuttgart.
Scholz (2000): Peter Scholz, «Der Prozess gegen Sokrates. Ein Sündenfall der athenischen Demokratie?», in: Leonhard Burckhardt and Jürgen von Ungern-Sternberg (eds.), *Große Prozesse im antiken Athen*, München, 157–173.
Sternberg (1992): Meir Sternberg, «Telling in Time (II). Chronology, Teleology, Narrativity», *Poetics Today* 13/2, 463–541.
Sternberg (2008): Meir Sternberg, «If-plots. Narrativity and the Law-code», in: John Pier (ed.), *Theorizing Narrativity*, Berlin, 29–107.
Stokes (1992): Michael Stokes, «Socrates' Mission», *Socratic Questions* 5, 26–81.
Stokes (1997): Michael Stokes (ed.), *Apology of Socrates*, Warminster.
de Strycker/Slings (1994): Émile de Strycker and Simon Roelof Slings (eds.), *Plato's Apology of Socrates. A Literary and Philosophical Study with a Running Commentary*, Leiden.
Todd (1993): Stephen C. Todd, *The Shape of Athenian Law*, Oxford.
Wallace (1994): Robert Wallace, «Private Lives and Public Enemies. Freedom of Thought in Classical Athens», in: Alan L. Boegehold and Adele C. Scafuro (eds.), *Athenian Identity and Civic Ideology*, Baltimore, 205–238.
Wilamowitz-Moellendorff (1919): Ulrich von Wilamowitz-Moellendorff, *Platon, Vol. 1: Leben und Werke*, Berlin.

II. Narrativität in gesetzesförmigen Rechtstexten

Narrative in Hellenistic Civic Decisions. Persuasion, Legitimacy and «Cultural Democracy»

Benjamin Gray

1 Introduction

1.1 Law and narrative in ancient history and contemporary theory

This contribution explores the narrative dimensions of the public decisions («decrees») and laws of ancient Greek city-states. Its focus is on the Hellenistic period (c. 323–31 BC), after the death of Alexander the Great, when Greek-speaking city-states across the eastern Mediterranean had to manoeuvre to preserve autonomy within, and in the gaps between, the large empires governed by Alexander's successors and, eventually, the Romans. Greek city-states had evolved complex, institutionalised procedures for making public decisions. By the Hellenistic period, the most common issuing body was a democratic assembly open to all male citizens, which debated proposals (often originating from a smaller and sometimes more selective council) and then made a formal decision.[1] The resulting decision was often inscribed on stone, to publicise and reinforce it.

These civic decisions have traditionally been studied as legal and political documents: a source for studying institutions and procedures and reconstructing a political and diplomatic narrative. In recent years, however, scholars have been paying increasing attention to these documents' ideological and rhetorical qualities: reading them as complex texts, products of public oratory and negotiation, addressed to a wide contemporary and later audience. As I explore in this chapter, the civic decisions of the Hellenistic period are particularly fruitful for this approach, with their often complex, sometimes flamboyant style in language and argument. These decrees included careful reflections about the ethics and

* I am most grateful to Prof. S. Schmidt-Hofner, Prof. R. Kirstein and Prof. J. von Ungern-Sternberg for organising the stimulating colloquium, and to Prof. Schmidt-Hofner for help with the published version of my chapter.

1 For the new consensus that democracy was vibrant, and dominant, in the Hellenistic civic world, see, in particular, Grieb (2008), Hamon (2009), Mann/Scholz (2012).

politics of individual and collective life in a *polis* in constant negotiation with larger powers, especially monarchies.[2]

This scholarly turn in the study of ancient Greek civic decisions, especially Hellenistic ones, has developed simultaneously with the growing contemporary theoretical interest in studying legal documents as literary texts, though without extensive explicit exchange between the two groups of scholars involved. The ancient historical scholarship, like the theoretical work on law and text,[3] has devoted attention to law's narrative as well as its normative dimensions, and the interconnections between the two: storytelling creates norms and a social world, and allows exploration of their complexities. My impression, from the Basel colloquium and further reading, is that the contemporary theoretical work has focussed on how formal legal texts derive much of their meaning and persuasive force from separate, widely known narratives of personal, local, national and world history: as Robert Cover's influential article puts it, «no set of legal institutions or prescriptions exists apart from the narratives that locate it and give it meaning».[4] It is widely acknowledged that the two can sometimes come together in a single text: for example, Cover sees the Bible as «a conventionally circumscribed corpus of integrated prescriptive and narrative material».[5] Yet the Bible is clearly not a standard law or prescription. Nor are the paralegal texts which have also been intensively studied for their rich narrative content: written and oral contributions to legal proceedings, including court speeches and submissions and judicial narratives.[6]

Ancient Greek historians, by contrast with most modern theorists, have laid more stress on the narrative character of formal «prescriptive» legal texts themselves, perhaps partly because of distinctive features of the ancient Greek material. This is not unparalleled in the modern theoretical scholarship – note, for example, work on the narratives of national constitutions and their preambles[7] – but ancient historians can offer different material and approaches which might enrich the modern debate. Angelos Chaniotis and Nino Luraghi have published expansive, foundational work on the role of narrative, especially historical narrative, in Hellenistic civic decisions preserved on stone, in which they have collected and discussed many of the most interesting examples.[8] Both scholars have analysed the complex character of narrative expressed in the voice of the people (the *dēmos*) in these official documents: the «*dēmos* as narrator» harnessed

2 See, for example, Ma (2002) and (2013); Chaniotis (2013a–c); Gray (2018); Forster (2018); Adak/Thonemann (2022).

3 See Cover (1983); Douzinas/Warrington/McVeigh (1991), e. g. chapter 5; Brooks/Gewirtz (1996); Brooks (2002).

4 Cover (1983), 4; compare Brooks (2002), 1.

5 Cover (1983), 10.

6 E. g. Brooks (2002), 3–8; also Gaakeer (2021) and Jeanne Gaakeer's contribution to this volume.

7 E. g. Addis (2018).

8 See, for example, Chaniotis (2013a–c), (2016) – articles which expand Chaniotis' earlier work on history and historians in inscriptions, Chaniotis (1988) – and Luraghi (2010), (2019).

and synthesised different perspectives and memories within the citizen-body to forge a shared, mobilising official version of civic history, which served to justify current measures, even if tensions and competing stories remained alive not far beneath the surface.[9]

1.2 The inherent narrative potential of the ancient Greek decree as form

The most fruitful type of civic decision for this type of analysis is the decree (*psēphisma*): a civic decision taken to address a specific situation or problem, as opposed to a law (*nomos*) with more general application. The civic decree had evolved for centuries, together with the phenomenon of the polis itself and its institutions. Its form had been honed through the Archaic and Classical periods, such that, by the fourth century BC, when the Athenians introduced a clear distinction between the laws and decrees, the same basic structure was shared across the Greek democratic world.[10]

A fairly typical example of this shared decree structure (picked at random) is the Athenian democratic decree of 363/362 BC regulating Athenian relations with the small city of Ioulis on the island of Keos. Ioulis had apparently revolted from Athens' semi-imperial alliance (the Second Athenian Confederacy), perhaps in concert with one or more other cities on the island, and defaulted on financial obligation to Athens. The decree opens as follows:

> θεοί. ἐπὶ Χαρικλείδο ἄρχοντος· Αἰαντὶς ἐπρυτάνευεν· Νικόστρατος Παλληνεὺς ἐγραμμάτευε· Φιλίττιος Βοτάδης ἐπεστάτει. ἔδοξεν τῆι βολῆι καὶ τῶι δήμωι. Ἀριστοφῶν (l. 5) εἶπεν· ἐπειδὴ Ἰουλιῆται οὓς κατήγαγον Ἀθηναῖοι ἀποφαίνοσιν ὀφείλοσαν τὴν π[ό]λιν τὴν Ἰουλιητῶν τῆι πόλετῆι Ἀθηναίων τρία τάλαντα τὰ ἐκ τõ λογισθέντος ἀργυ[ρί]ου κατὰ τὸ ψήφισμα τοῦ δήμο τõ Ἀθηναίων ὃ Μενέξενος ε[ἶ]πεν, δεδόχθαι τῶι δήμωι· ἀποδõναι Ἰολιήτας Ἀθηναίοις (l. 10) ταῦτα τὰ χρ[ή]ματα ἐν τῶι Σκιροφοριῶνι μηνὶ τῶι ἐπὶ Χαρικλείδο ἄρχοντος. ἐὰν δὲ μὴ ἀποδιδῶσιν ἐν τῶι χρόνωι τῶι εἰρημένωι, ε[ἰ]σπραξάντων αὐτὸς οἱ ἡιρημένοι ὑπὸ τõ δήμο εἰσπράτ[τ]εν τὰ ὀφειλόμενα χρήματα παρὰ τῶν νησιωτῶν τρόπ[ωι] ὅτωι ἂν ἐπίστωνται, συνεισπραττόντων (l. 15) δὲ αὐτοῖς κ[αὶ] οἱ στρατηγοὶ οἱ Ἰουλιητῶν Ἐχέτιμος καὶ Νικόλεω[ς κ]αὶ Σ[ά]τυρος καὶ Γλαύκων καὶ Ἡρακλείδης.
>
> Gods. In the archonship of Charikleides. Aiantis was in prytany. Nikostratos of Pallene was secretary. Philittios of Boutadai was presiding. It was resolved by the Council and the People. Aristophon (l. 5) proposed: since the Ioulietai whom the Athenians brought back from exile report that the polis of the Ioulietai owes three talents of the money calculated according to the decree of the Athenian *dēmos* which Menexenos proposed, let it be resolved by the *dēmos*: the Ioulietai should give this money back to the Athenians (l. 10) in the month of Skirophoriōn in the archonship of Charikleides. If they do not give it back in the time stated, let those appointed by the *dēmos* to exact money owed from the islanders, in any way they know, exact it; and let the generals

9 Luraghi (2010), e. g. 253, and (2019); compare Chaniotis (2016), 166–167.

10 Rhodes/Lewis (1997) give a good sense of the evolution of the decree, and of the evolved form well attested for the fourth century BC.

(l. 15) of the Ioulietai, Echetimos, Nikoleos, Satyros, Glaukon and Herakleides, join them in exacting it.[11]

This opening to the decree has a simple, business-like and not particularly rhetorical form, but narrative elements can still be discerned. Indeed, it can be used to illustrate the intrinsic narrative potential of the civic decree as a form, even before the Hellenistic developments which are this chapter's focus. The shared basic structure, evident here, typically started with formulae dating the decree (by the most senior magistrate in office) and reporting which magistrates were presiding, in what capacity, at the relevant assembly meeting. The measure was then formally enacted with an «enactment formula» – «it was resolved by the People» or by «Council and People», as here (ἔδοξε τῆι βουλῆι καὶ τῶι δήμωι) – which introduced an account of what the proposer said («Aristophon proposed»), containing the substance of the decree. These opening formulae themselves constituted a compressed procedural narrative of the decision-making process, which served to give weight and legitimacy to the decision taken. Indeed, the sense of narrative progression within these few lines, from proposal to scrutiny to voting to enactment, was crucial to demonstrating that the measure had been properly considered and ratified; it also enlivened the contents of the decree by making them a story of human speech and action, mediated through institutions.

The following parts, containing the substance of the decree, were usually introduced with a «motivation clause» providing an account of the reasons for the decision, which normally began, as in this case, with *epeidē* («since»). This was an open opportunity – often taken up at length – to develop a narrative of how the *polis* had come to its current situation, and why the current measures were necessary or desirable. In this particular case, the motivation clause contains only hints of this narrative potential, though a narrative can be reconstructed from it. It consists of a spare account, skating over conflict and tensions, of how returned exiles, restored to Ioulis by the Athenians, were reporting to the Athenians the failure of their fellow citizens to pay part of a substantial sum previously decreed by the Athenians; the refusal was presumably part of their revolt. There is only one sentence here, with a main verb in the present tense, «they report», but the relative clauses and participles help to convey implicitly a multi-stage narrative stretching from revolt, through the exiles' restoration, to the present. Many other decrees' motivation clauses did give an account with successive verbs in the past tense (compare ll. 27–41 of this document itself, discussed below).

In standard decrees, there then followed the decisions taken themselves (the «decision clause»), often introduced, as here, with a «motion formula» (δεδόχθαι τῶι δήμωι), to some extent a continuation of the earlier compressed procedural narrative. The decisions were usually expressed as a series of instructions to individual office-holders, private individuals or a whole city, often in the form

11 *IG* II^2 111; Rhodes/Osborne (2003), no. 39; compare the translation of P. J. Rhodes and S. Lambert, *Attic Inscriptions Online*.

of infinitives (dependent on ἔδοξε τῆι βουλῆι καὶ τῶι δήμωι and δεδόχθαι τῶι δήμωι) to express orders: in this case, the Ioulietans had to pay the outstanding money – or have it exacted from them by formal representatives of the Athenians and by their own magistrates («generals»).

Regarding this part too, it is worthwhile comparing with narrative texts. The decision clause was no longer a straightforward narrative of past and present, of the kind found in most motivation clauses: the focus was now on the future. Investigation of the idea that there can be true narratives in something other than the past and present indicative, including the future tense, is a relatively new field of research.[12] The instructions given in this latter part of a typical decree were clearly not a narrative in a conventional sense, but they in some ways continued the more conventional narrative in the motivation clause: they expressed the *dēmos'* preferred continuation, or even outcome, of the narrative already set out there. In this case, the Ioulietans would pay the outstanding money, one way or another.

Moreover, even within this part, the instructions could sometimes be presented in a sequence. This sequence could sometimes be expressed in the form «if [...] then [...]», as in this decree. This formulation gave an impression of progression through a tree of alternative possible trajectories: if the Ioulietans did not pay voluntarily, the payment would be exacted from them. In a conventional, past narrative, these alternative possibilities would already be closed down, even if they had once been open to the protagonists; the turn to the future enables open «nodes», with a bifurcation between different live options, which Christoph Bode and Rainer Dietrich see as characteristic of «future narratives».[13] In some ways, the decision clauses of a decree, expressed as instructions, had more in common with a «script», giving the characters in the civic (and interstate) drama defined roles to play. If they were also in some sense narratives, they were quite basic ones: there was no longer, as quite often in the «motivation clause», a clear sense of unfolding developments linked by causes and motivated decisions, as in a full-blown «plot» or «story».

Nonetheless, taken together, the backward-looking «motivation clause» and forward-looking «decision clause» of a decree can often be read as one continuous story of the city's trajectory, including (as in this case) in relations with other cities and other outsiders: a past history, often of challenge or even crisis (such as Ioulis' revolt), which the *dēmos* tried to make segue into an aspirational future of greater stability and prosperity. This future story would guarantee the common good (including, in this case, the common good of the Athenians and Ioulietans as an interlinked pair). Once the *dēmos'* will was fulfilled (including through the process of inscription itself), someone looking back would be able to trace the whole story from crisis to resolution. How exactly to characterise in literary and linguistic terms the type of legal language found in a decision clause, expressing

12 For the idea of «future narratives», see Bode/Dietrich (2013).
13 Bode/Dietrich (2013), e. g. 4–9.

instructions for the future, shared by many of the other documents studied in this volume, is an open question to which I will return later in this chapter.

This particular decree about Ioulis does, in fact, continue by recounting some more motivated measures, with narrative elements more complex than the norm. There are first clauses (ll. 17–27) stipulating that, in order to ensure that the oaths and agreements to which the Athenian general Chabrias swore before the Keians remained sovereign, they were to be inscribed by relevant magistrates in both Ioulis, in Apollo's temple, and in Athens, on the acropolis. There then follows a new *epeidē* («since ...») clause laying out the anti-Athenian activities of the rebels, including political condemnations and murder, used to justify a decision to exile them from Keos, against which individuals could appeal (ll. 27–49). After protections and honours for individual loyal Ioulietans (ll. 50–56), the inscribed decree also includes the oaths of loyalty to be sworn by the Athenians and Keians respectively.

These later parts of the decree, especially the descriptions of the rebels' machinations in the courts and political violence, align its concerns and language quite closely with those of narratives of political revolution and change in much Classical historiography, including Thucydides and (contemporary with this decree) Xenophon.[14] Nonetheless, even here, the Classical Athenians did not develop to the full the decree form's intrinsic potential to be filled with complex narrative, overlapping closely with narrative literary genres. It was the cities of the Hellenistic period (after Alexander's death in 323 BC) which truly seized the opportunity to develop this narrative potential, as I will explore in the rest of this chapter.

1.3 Opportunities and problems posed by narrative in Hellenistic civic decisions

There is, in fact, an abundance of evidence for complex narrative in Hellenistic decrees, as evident from Chaniotis' pioneering articles (compare above, with n. 8). Indeed, as I will explore in section 2 below, many (though certainly not all) Hellenistic decree-drafters filled the *epeidē*/motivation clause with an expansive *narratio* of the background to the decision, often interweaving the recent past with more distant or even mythical history. Similarly, many Hellenistic decrees offered a very detailed account of the decisions themselves and how they should play out over time, especially in securing the city's common good.

Relevant Hellenistic decrees contrasted in this respect not only with those of Classical Athens, but also with later decrees: inscribed Greek civic decrees of the Roman Imperial period also tended to be briefer and more functional. Moreover, to take the most obvious non-Greek comparison, public decisions of the Roman

14 Consider, for example, Xenophon's narrative of ongoing political unrest in Sikyon in the Peloponnese, analysed in Lewis (2004); I will return to this example in section 3.3.

Republic tended to be much less expansive and rhetorical (compare Lisa Eberle's chapter here). It is important to be clear about precisely what was distinctive about Hellenistic practice. It seems likely, as Chaniotis argues, that much of the language which ended up in the inscribed version of Hellenistic decisions originated in the speeches given in the assembly to support the measure.[15] Similar speeches were given in earlier and later periods too, as well as at Rome. This means that the really distinctive choice in the Hellenistic period was to include some of this more complex language and narrative in the official voice of the *dēmos*, recorded on stone (that is to say, in the formal legal text).

Through close analysis of some examples, this chapter will try to explain this distinctiveness: to analyse why the Hellenistic cities, in comparison with other Greco-Roman city-state regimes, had a particular predilection for extended, ornate narrative and rhetoric in the official voice of their formal decisions. Does this predilection reflect the replacement of true politics in the Hellenistic cities with a more purely performative, or aesthetic, form of civic life, or were these complex official narratives part of genuinely political life, now in a new guise?

In order to address this problem, I will analyse in this chapter the character and purposes of complex narrative, and associated rhetoric, in different types of Hellenistic civic decision, and variation across the different types of document. To bring some order to the abundance of material, I divide the chapter by different types of decision – different types of decrees, and also laws – and will pick out some of them for close reading. The most fruitful place to find complex narratives is in Hellenistic cities' honorific decrees, in which they praised the virtues of an individual or city and granted the honorand honour and more tangible privileges (section 2). These have been the focus of most work so far, including that of Chaniotis and Luraghi. Yet I would like to investigate here too what narrative strategies are discernible in other civic decisions, with other, more utilitarian purposes then honouring benefactors, both decrees and (more general) laws. Adding these other documents helps to complicate the picture of the connection between official narrative, politics, and persuasion (sections 3 and 4).

2 Narrative in Hellenistic honorific decrees: between biography, rhetoric, and historiography

2.1. Introduction to Hellenistic honorific decrees

In their honorific decrees, praising either individuals or whole cities for their benefactions, Hellenistic cities seized the opportunity (only moderately exploited at earlier dates) to tell the story of the benefactor's contributions, but also to locate them in a much broader personal and political narrative. This all helped

15 See especially Chaniotis (2013c).

to justify the decision to honour, but also to articulate civic ideals of virtue and to encourage imitators.

It is important to emphasise that expansive narrative was not the only, or the dominant, pattern, even in the Hellenistic period. Throughout the Hellenistic period, even honorific decrees were usually relatively sparse and to the point. A relatively typical example is found in these lines of a decree from the island city-state of Cos, praising a local citizen, Theugenes, for his role in recruiting «foreign judges» from another city-state, Smyrna in Asia Minor, to resolve internal disputes in Cos:

> παραλαβών τε τὸς ἄνδρας καὶ παραγενόμενος ἐς τὰν πόλιν πᾶσαν κακοπα̣θίαν καὶ ἐπιμέλειαν πεποίηται ποτικαρτερήσας (l. 20) καὶ τᾶι δικαστοφυλακίαι ἐκτενῶς καὶ δικαίως ἀκολούθως τῶι ὅρκωι, ἕως οὗ διεξάχθη τά τε δαμόσια καὶ ἰδιωτικὰ συμβόλαια, διαφυλάξας ἴσως καὶ δικαίως καὶ μισοπονήρως πᾶσι τὰν ἐνχειρισθεῖσαν (l. 25) αὐτῶι πίστιν ὑπὸ τοῦ σύμπαντος δάμου, δαπάνας τε ποταναδέδεκται ἐκ τῶν ἰδίων ἔς τε τὰν παρουσίαν αὐτῶν καὶ ἐν ταῖς δαμοτελέσι ἑορταῖς ἀποστολὰς ποιούμενος κατὰ τοὺς ἁρμόζοντας καιροὺς ἕνεκεν (l. 30) τοῦ κοινᾶι συμφέροντος· ὅπως οὖν καὶ ὁ δᾶμος εὐχαρίστως ἀπαντῶν φαίνηται τοῖς ἀγαθοῖς τῶν ἀνδρῶν τοί τε ἄλλοι θεωρεῦντες τὰν εὐχαρι<σ>τίαν τοῦ πλήθευς πολὺ προθυμότερον ἐπιδιδῶντι ἑαυτοὺς εἰς πάντα τὰ συνφέροντα (l. 35) τᾶι πόλει, ἀγαθᾶι τύχαι, δεδόχθαι τᾶι ἐκκλησίαι· ἐπαινῆσθαι Θευγένην Ἑρμογένου κα[ὶ] στεφανῶσαι αὐτὸν χρυσέωι στεφάνωι κτλ.
>
> [...] after collecting the men [i. e. the judges] and arriving in the city, he has shown great perseverance and concern (l. 20). He also stuck to his task in the protection of the judges strenuously and justly, in accordance with his oath, until all the public and private legal disputes were brought to a conclusion. He safeguarded equally and justly and in a way showing hatred of vice, in his relations with all, the trust placed in him (l. 25) by the whole *dēmos*. He has also undertaken expenditure from his own resources both to fund the judges' visit and also in making gifts to them during the publicly-funded festivals, at the appropriate moments, for the sake (l. 30) of the common good. Therefore, so that the *dēmos* may show itself to be disposed gratefully towards good men, and the others, noting the gratitude of the mass of the people, may dedicate themselves much more enthusiastically towards everything that is beneficial (l. 35) for the *polis*, with good fortune, let it be resolved by the assembly: let Theugenes, son of Hermogenes, be praised and crown him with a gold crown....[16]

Even here, there is a clear, if compressed, narrative of this Coan benefactor's role in recruiting the Smyrnaian judges and supervising their successful mission to his home island, as well as the formal granting of honours to him. As in most Hellenistic honorific decrees, the *dēmos*' narrative intertwines the benefactor's personal motivations, decisions and use of resources with the needs and values of the *polis* community: as we will see, Hellenistic civic communities used such narratives to reflect upon, and smooth over, the relationship between powerful, wealthy individuals and community interests, with one eye on encouraging future contributions to the city.

16 *IG* XII 4 1 59; *SEG* 48.1112, ll. 17–37, c. 150 BC.

2.2 «Biographical» honorific decrees from the early Hellenistic world

A relatively small number of honorific decrees for individuals capitalised fully on this potential for narrative, by including a more extensive biography of the benefactor, in dialogue with the literary genre of biography, also flourishing in the Hellenistic world; this overlap with a major Hellenistic narrative literary genre has been explored by Klaus Rosen, R. Malcolm Errington and Florian Forster.[17] There are some quite biographical decrees from the earlier Hellenistic period, including a cluster from early Hellenistic Athens during its democratic phases.[18] These include a decree restating honours of the Athenian democracy for the Peloponnesian benefactor Euphron of Sikyon (the younger), dating to 318/317 BC. As clear from recent analyses,[19] this text already shows highly developed narrative features which bear comparison with literary texts, biography but perhaps more historiography, because Euphron's contributions are narrated as part of a wider struggle for civic democracy and freedom in the age of Alexander the Great and his successors: as the decree states, in language which would not be out of place in an encomium in an ancient historiographical work or political speech, «he chose to die at the hands of his enemies, struggling for democracy, so that he would not see either his own fatherland or the rest of Greece enslaved» ([πρ]οείλετο τελευτῆσαι ὑπὸ τῶν ἐναντίων ἀγ[ωνιζόμεν]ος ὑπὲρ τῆς δημοκρατίας ὥστε μήτε τὴν ἑαυ[τοῦ πατρ]ίδα μήτε τὴν ἄλλην Ἑλλαδα ἰδεῖν δουλεύουσαν).[20]

These particular honours then display the notable, unusual feature of extending the narrative of their own history far beyond the standard narrative of proper procedure common to Greek civic decrees (compare my introduction):

> [καὶ τι]μήσαντος αὐτὸν τοῦ δήμου τοῦ Ἀθηναίων πολι[τείαι] καὶ ταῖς ἄλλαις τιμαῖς αἷς προσήκει τοὺς εὐε[ργέτα]ς καὶ αὐτὸν καὶ ἐγγόνους διά τε τὴν αὐτοῦ ἀρε[τὴν καὶ] (l. 60) διὰ τὰς τῶν προγόνων εὐεργεσίας, ἀφείλοντο [αὐτὸν] τὰς δωρεὰς οἱ ἐν τεῖ ὀλιαρχίαι πολιτευόμεν[οι καὶ] τὰς στήλας καθεῖλον· νῦν δὲ ἐπειδὴ ὅ τε δῆμος [κατελ]ήλυθε καὶ τοὺς νόμους καὶ τὴν δημοκρατίαν ἀ[πείλη]φε, ἀγαθεῖ τύχει δεδόχθαι τῶι δήμωι, εἶναι τὰ[ς δωρε]ὰς (l. 65) κυρίας Εὔφρονι πάσας, αἷς ἐτίμησεν αὐτὸν ὁ [δῆμο]ς ὁ Ἀθηναίων, καὶ αὐτῶι καὶ ἐγγόνοις, καὶ τὰς σ[τήλας] τὰς καθαιρεθείσας, ἐν αἷς αἱ δωρεαὶ ἦσαν γεγ[ραμμέν]αι καὶ τὸ ψήφισμα, ἀναγράψαι καὶ ἀναθεῖναι τ[ὸν γρα]μματέ⟨α⟩ τῆς βουλῆς.
>
> [...] and, after the *dēmos* of Athens had honoured him with citizenship and the other honours which are appropriate for benefactors, himself and his descendants, on account of his own virtue (l. 60) and the benefactions of his ancestors, those engaging in politics in the oligarchy took away these grants from him and overturned the inscriptions bearing them. But now, since the *dēmos* has returned and taken back its laws and democracy, with good fortune, let it be resolved by the People: let all the grants (l. 65) with which the Athenian *dēmos* honoured Euphron be valid for him,

17 Rosen (1987); Errington (2002); Forster (2018), esp. 441–457.

18 Analysed in Luraghi (2010), 252–260; (2019), 108–110.

19 Compare Wallace (2014); Luraghi (2010), 256–257; (2019), 111–113.

20 *IG* II^3 1 378, ll. 53–56.

> for himself and his descendants, and let the Secretary of the Council write up and set up the inscriptions which were destroyed, on which were written the grants and the decree.[21]

The first decision to honour Euphron, now inscribed again on this new stone (ll. 1–34), had been physically overturned by the oligarchic regime at Athens which was imposed after the Lamian War in 322 BC. The restored democracy of 318/317 BC now triumphantly reinstated the honours for this democratic hero, reasserting (and entrenching for the future) the authority of its own narrative of recent history over the oligarchic alternative, the product of a regime thus belittled as merely a temporary aberration.[22] This narrative inserts the passing and inscription of decrees as integral parts of the narrative of democratic triumph itself.

Though this type of extended self-referential narrative is unusual, this part of this decree is an early example of a trend evident in many of the Hellenistic inscriptions with rich narrative: many temporal markers used to structure the narrative were, like this one, references to crises successfully overcome by the *dēmos* and its supporters (compare my other examples in this section). A narratological focus on the structures of these civic narratives can thus help to deepen our understanding of how *poleis* invented and sustained their own temporal regimes, useful for their own social and political projects.[23]

2.3 «Biographical» honorific decrees from the later Hellenistic world, especially the Prienian decrees for Zosimos

Tendencies towards complex narrative, with biographical and historiographical shades, were, therefore, already well established in Athens in the later fourth century BC. Yet it was in the second and first centuries BC, as Roman power expanded, that «biographical» honorific decrees really flourished,[24] even though simpler models remained more common. From that period, numerous long decrees are preserved from cities of Asia Minor which give quite a full, ethically inflected biography of the individual honoured, often starting from childhood and education, perhaps most famously in the two «Claros decrees» edited by Jeanne and Louis Robert.[25]

Particularly striking examples from the first century BC come in the three long decrees, with two different proposers,[26] honouring the civic benefactor of Priene, Aulus Aemilius Zosimos, for his contributions at different stages, first as

21 *IG* II³ 1 378, ll. 56–69; compare the translation of Austin (2006), no. 32.

22 Compare Luraghi (2010), 256–257.

23 Compare Clarke (2008) for this aspect of *polis* workings.

24 Compare Forster (2018), esp. 441–457. On the later Hellenistic flourishing of abstract ethical rhetoric in inscribed decrees: Robert (1960), 213; (1967) 12, n. 1.

25 Robert/Robert (1989); *SEG* 39.1243–1244.

26 *I.Priene*² 68–70. The third decree has the same proposer as the second.

gymnasiarch (in charge of the gymnasium, the educational and cultural heart of the city) and later as the principal civic magistrate, the *stephanēphoros*. These are not fully biographical decrees, like some others: childhood and education are omitted, perhaps because Zosimos was only a naturalised citizen, whose contributions to Priene started later in life. His earlier life is left vague, though he was clearly both a Roman citizen and a citizen of Priene; Kah analyses different possibilities, including that Zosimos was an Italian with Roman citizenship, perhaps even a manumitted slave, or descendant of one, who had built a new life in Asia Minor.[27]

Even though they omit Zosimos' early life, these decrees (especially the first and second) are good (if particularly intricate) examples of the complex narrative style of later Hellenistic biographical decrees. The first decree opens with a general, synoptic narrative of Zosimos' civic devotion, followed by a more specific, detailed narrative (continued in the subsequent two decrees) of Zosimos' beneficial activities (*erga*), for the gymnasium and wider city, but also the motivations and psychology which underlay them. From a narratological perspective, it is noteworthy how skilfully the narrative interweaves Zosimos' individual perspective and priorities with those of the community as a whole. This partly resembles the style of a literary biography, placing its subject's inner life in its social context, though the role of the *dēmos* as the narrator creates a different dynamic, with communal interests paramount: the *dēmos* fashions its own narrative of Zosimos' personal judgements and preferences, to suit and promote its wider ideals of the good citizen and benefactor.

The interlocking of individual virtue and collective good is foregrounded partly through the use, by the *dēmos* as narrator, of Zosimos as «focaliser» at key moments in the narrative:[28] there are several verbs of perceiving, thinking and feeling, which introduce Zosimos' own perspective and emotions, partly personal but potentially universalizable among citizens.

These parts sometimes help to foreground the ways in which Zosimos' understanding of his own honour, virtue and interests coalesced with, and supported, the common good and harmony (*homonoia*) of the city. For example, in the opening to the first decree, Zosimos is presented as himself recognising that virtue alone brings the greatest rewards from foreigners and citizens who hold «the fine» in honour (συνιδὼν δ' ὅτι μόνη μεγίστους ἀποδίδωσιν ἡ ἀρετὴ καρποὺς καὶ χάριτας π[αρὰ ξένοις κ]ạὶ ἀστοῖς τὸ καλὸν ἐν τιμῇ θεμένοις).[29]

However, what is more interesting and unusual about these decrees' narrative is that they are sufficiently capacious to accommodate different, even contrasting perspectives. Slightly later in the first decree's general introductory

27 Kah (2012), 62–63, also canvassing other interpretations. Forster (2018), 302–312, analyses these decrees in depth. Compare too Kah (2014), (2015) on the broader Prienian context.

28 For the introduction of the concepts of «narrator» and «focaliser» to Classical texts, see de Jong (1987).

29 *I.Priene*^{2} 68, ll. 13–14. This type of use of a participle of thinking or wishing is especially prominent in the first decree: compare ll. 58–60, 75–77 (discussed below), 85–87, 96–98, 113–114.

narrative, Zosimos is praised for showing the concern for the city of a «genuine» citizen, loving it as his country (στέρξας μὲν τὴν πόλιν ὡ[ς πατρί]δα, γνησίου δὲ παρεχόμενος πολίτου κηδεμονίαν).[30] Though this part claims to portray Zosimos' perspective and emotions, the dominant perspective at this juncture is that of the *dēmos* of longstanding citizens as narrator, issuing a subtle reminder that Zosimos was not quite a full Prienian.

There is a strikingly different approach to belonging and membership at one point in the narrative of the second decree: on his first day of office as *stephanēphoros*, Zosimos invited all to a banquet at his house, making this day common to all on equal terms, by temporarily cancelling the «chance fate» of the slave and the «bureaucratic status» of the foreigner (τὴ[ν π]ρώτην τ[ῆς ἀρχῆς ἡμέρ]αν κοινοποησάμενος πᾶσιν ἐπ' ἴσον, ἐν ῇ καὶ δούλου τύχη[ν] καὶ ξένου χρ[ηματισμὸ]ν ἦν ἐν ἐλαχίστῳ τίθεσθαι).[31] Interestingly, it is left open from which precise perspective this striking rejection of arbitrary status distinctions emanated: although it recounts similar benefactions to the first decree, this second decree, with its new drafter, has its own narrative style, tending to stress Zosimos' actions and their consequences, rather than his underlying thinking and desires.[32] Nonetheless, although this is formally part of the *dēmos*' official narration of Zosimos' actions, in context these lines imply that this was at least partly Zosimos' personal preference, perhaps even reflecting his own or his family's history of slavery and/or exclusion from citizenship: it was Zosimos who had reason, and the required authority, to insist on a special kind of equality, more universalistic than normal. The more civic and more universalist perspectives are not reconciled in these decrees, though the *dēmos* as narrator perhaps saved appearances through the implication that, on all other days but this single one, conventional status distinctions were still very much to be respected.

As well as developing their own complex narrative of benefactions and attitudes, the Zosimos decrees also reveal that Zosimos, the orators praising him, and the Prienian *dēmos* as a whole were intensely aware of other influential narrative genres of Hellenistic literature. In the first decree, Zosimos is praised for providing training equipment in the gymnasium, wishing to improve the ephebes' bodies, but also employing a philological tutor for them (τὸν ἐπιστά[τησοντ]α τῶν ἐφήβων τοῖς ἐκ φιλολογίας γραμματικόν), wishing (βουλόμενος) to lead their souls forward towards virtue and humane emotion (τ[ὰς ψυχ]ὰς πρὸς ἀρετὴν καὶ πάθος ἀνθρώπινον προάγεσθαι);[33] presumably Homeric and other mythical narratives were central to this teaching in Greek literature. It is noteworthy that, again here in the first decree, a participle is used to capture Zosimos' mental state (βουλόμενος): this widespread Greek attitude to education is focalised through

30 *I.Priene*² 68, l. 17.
31 *I.Priene*² 69, ll. 55–56.
32 Compare the similar participles of effective action at ll. 17–18, 26–28 (contrast the examples from the first decree in n. 29 above).
33 *I.Priene*² 68, ll. 74–77.

the particular perspective of Zosimos, in the *dēmos*' approving narrative of his leadership of the gymnasium.

In the second decree, on the other hand, Zosimos receives praise for his role in revivifying civic life through communal dining and entertainment, as the first to hold a banquet for the whole *dēmos* «after the war»:[34] again, the temporal marker used is a crisis, which the civic community succeeded in overcoming. This narrative reversal would be especially poignant if, as quite possible, «the war» was the First Mithridatic War, with the slaughter of Italians in Asia Minor;[35] the probable Italian-Prienian Zosimos would have been orchestrating a ritual of reconciliation (with an imperial dimension). As part of the celebrations, Zosimos employed a pantomimist, an artist skilled in communicating gripping narratives, this time principally through alternative means than words.[36]

Here too the decree reflects on the psychological effects of the art and narrative. It claims that the pantomimist could appeal to desire (ἐπιθυμία) and provide pleasure (ἡδονή). If the restoration is correct, the drafter of this second decree also chose the verb ψυχαγωγεῖν («to beguile the soul») to describe this pantomimist's skill.[37] This verb is perhaps even an allusion – a further sign of literary complexity – to another form of «leading the soul», the phrase τ[ὰς ψυχ]ὰς προάγεσθαι, used in the first decree in connection with the philological tutor (quoted above): the philologist led souls through the power of words; the pantomimist beguiled them through that of gesture and dance.

The decree-drafters' complex blending of references to recognised narrative genres with their own narrative of Zosimos' patronage of purveyors of those genres, and its impact on the citizens, confirms that they were well aware of the psychological power of narrative, both verbal and non-verbal. This adds depth to their broader harnessing of narrative strategies in these decrees to stimulate Prienian citizens, and persuade them of a particular interpretation of Prienian history, values and interests.

34 *I.Priene*² 69, ll. 60–67.

35 The war in ll. 60–61 was either the First Mithridatic War or a later first-century BC war involving Priene: see Kah (2012), 63 for different arguments.

36 On the evolution of ancient pantomime, compare Hall/Wyles (2008).

37 *I.Priene*² 69, ll. 63–67: «Because he wanted to provide not only the things conducive to [bodily] pleasure, but also those conducive to entertainment, he hired performers (?) (l. 65) from abroad, including the pantomime artist Ploutogenes, who is able to beguile men's souls through his art; by arranging for him to perform for four (?) days, he ensured that the moment did not go by without being blessed (?) with this kind of desire also» ([βουληθ]εὶς? δὲ μὴ μόνον τὰ πρὸς ἡδον[ὴν καὶ ..., ἀλλὰ καὶ τὰ πρ]ὸς ἀπάτην χορηγῆσαι, [ἀκροάματα (?)] μὲν ἀπὸ τῆς [ξένης μι]σ̣θωσάμενος καὶ τὸν δυνάμενον τῇ τ̣[έχνῃ ψυχα]γωγῆσαι παντόμιμ[ο]ν̣ [Πλ]ουτογένην, ἐπιδιξάμενος δ' αὐτὸν ἐπὶ τ[έσσερας?] ἡμέρας ἀβέβηλον καὶ τῆς τοιαύτης ἐπιθυμίας τὸν {τε} καιρὸν [ἐποίησε]).

2.4 Narrative in Hellenistic honorific decrees for whole cities, especially recently published honours for the Teians passed by the Abderites

In addition to passing honorific decrees for individuals, Hellenistic cities also often passed decrees for whole cities which had benefited them. Such decrees' narratives of past relations between the two cities, benefactor and beneficiary, usually involving deeds of interstate solidarity in adversity, often display interesting similarities with ancient historiography, though there are also significant differences. Chaniotis has discussed in depth the emotionally charged use of historical narrative in such texts, perhaps above all the decree of Lycian Xanthos honouring the small Central Greek city of Kytenion and resolving on a modest financial contribution to its fortifications, on the basis of mythical kinship between the cities.[38]

This decree is quite typical in that it reports the historical claims made by the envoys from Kytenion, who argued that past solidarity demanded further action from the Xanthians in the current crisis. It is also quite typical in that the historical narrative expressed through the envoys' perspective focusses mainly on the mythical past, when the Lycian cities were first founded, and then the very recent past, with only quite indistinct coverage of the intervening period.[39] This aligns the style of narrative about the past in this and similar decrees more with traditional epideictic oratory, as opposed to often more continuous and analytical historiographical narratives.[40] This is understandable, given the origin of these decrees in speeches of praise. For more continuous, dispassionate narratives, it would be necessary to look to the preserved judgements of Hellenistic interstate arbitrators, who could include a detailed, documented account of the history of the dispute they were resolving (compare modern judicial narratives, of interest to modern theorists of «law as narrative»).[41]

Nonetheless, there are also significant similarities between honorific decrees for whole cities and Hellenistic historiography, especially in the techniques of emotional heightening, suspense and surprise analysed by Chaniotis. Even if the idea of a unified school of «tragic history», opposed by the supposedly more sober Polybius, has been overturned, scholars still identify in much Hellenistic history-writing a marked emotional investment in the fluctuating fortunes of individuals and states – often marked by dramatic reversals – something now increasingly attributed even to Polybius himself.[42]

38 *SEG* 48.1476, with Chaniotis (2013b), 343–344; (2016), 131–132, 155–157. On the importance of narratives of kinship in Hellenistic diplomacy, compare Curty (1995); Jones (1999). On oratorical performance as a key part of Hellenistic diplomacy: Rubinstein (2013).

39 Note the generic reference to past benefactions in ll. 30–32.

40 Compare Grethlein (2010) for the early development of this contrast.

41 See, for example, some Rhodian arbitrators' decision concerning a territorial dispute between Priene and Samos: Magnetto (2008); compare the collection of similar documents in Ager (1996).

42 Compare Marincola (2013), Hau (2018) and (2021).

A major recent discovery adds to our understanding of these trends and expands Chaniotis' picture. This is an honorific decree of the 160s BC of the city of Abdera in Thrace for the city of Teos in Ionia, praising the Teians for their help after the Abderites were driven out of their city *en masse* after a Roman sack in 170 BC, in the Third Macedonian War. This newly published decree[43] follows the familiar pattern of leaping from the legendary past to very recent history, in the manner of epideictic oratory. Indeed, the Abderites' detailed narrative begins with an allusion to the very long-range history of the two cities: the Teians were the «fathers», or founders, of Abdera (fragment A, ll. 4–5). This kinship bond serves as the foundation for, and *leitmotiv* throughout, the subsequent laudatory narrative of unbroken solidarity and benefactions uniting the two cities, which is expected to be continued into the future.

The unusually detailed narration of recent relations between the two cities has strong links with historiography too, in both themes and style. The story told is composed of different episodes very familiar from Greek historiographical narratives, including Hellenistic ones: the uprooting of the Abderites in war, followed by a period of vulnerable exile and then the collective refounding of the city, which was beset by crises (economic, demographic, diplomatic) but ultimately successful. The Teians are reported to have given generous assistance of different kinds to the Abderites throughout this crisis (fragment A, ll. 14–27; fragment B, ll. 1–52).

The opening of the main narrative is very familiar to readers of second-century literary historiography: «and fortune (*tychē*) was harshly disposed to the affairs of the People and the *polis* was left a mere circuit of walls» (κ̣αὶ ἡ τύχη τοῖς τοῦ δήμου πράγμασιν ἀγνωμόνῳς [?διέ]κ̣ε̣ι̣τ̣ο̣ κ̣α̣ὶ̣ περίβολος μ̣όνον τειχῶν ἡ̣ πόλ̣ις ἀπ[- – c.7 – -]).[44] This language, unfamiliar in epigraphy,[45] and the use of *tychē* («fortune») to structure the narrative partly recall Polybius' use of the concept to structure and express his narrative, as well as evoke a complex understanding of causation, combining human agency with other forces.[46] In the context of a decree, this appeal to *tychē* as a driver of the narrative has additional force: the decision-clause of this decree, like that of many others, itself begins with an invocation of «good fortune»,[47] using collective human agency to push the partly fortune-driven narrative arc of the city in a more propitious direction.

The decree's focus on past reversals of fortune – and how individuals and communities responded to the challenge posed by them – itself almost anticipates further changes. This focus also resonates with a historiographical tendency

43 Adak/Thonemann (2022), document 1.

44 Fragment A, ll. 16–17 (compare, here and elsewhere, the translation of Adak/Thonemann).

45 See Adak and Thonemann's commentary on fragment A, l. 16, noting parallels with oratory and Hellenistic historiography.

46 Compare Hau (2011), Brouwer (2011). For this new decree's multiple similarities with Polybius in language, see Adak and Thonemann's commentary on fragment A, ll. 7–10; B, ll. 11–15, 19–22, 22–26, 48–52, 61–64.

47 Fragment B, l. 54.

noted above, shared by Polybius with his rival, supposedly more sensationalist Hellenistic historians. Polybius criticised his predecessor Phylarchus for excessive focus on the pathos of history, especially in the case of the fall of the Peloponnesian city of Mantineia in 222 BC, to the Macedonians and Achaians, and the suffering of its population.[48] Polybius thought Phylarchus would have contributed more by offering a more analytical treatment, with more moral discrimination and attention to historical context. Yet Polybius himself also concentrated attention on reversals of fortune. For Polybius, Phylarchus had been wrong to omit from his account the fall of another Peloponnesian city, Megalopolis, around the same time, in this case to the Spartans. This episode was, in Polybius' view, distinguished by the morally and politically commendable response of the Megalopolitans (his own countrymen) displaced as a result, who had preserved unity, dignity and loyalty to allies while in exile.[49]

The Abderites in their decree were, to some extent, following the same template as Polybius, by offering a detailed narrative of recovery from city destruction which foregrounded the affected citizens' resilience and enduring loyal links with allies.[50] This led to a positive reversal of fortune, expressed with a forceful rhetorical antithesis: the Teians helped to gather the scattered Abderites «from every place» (ἐκ παντὸς τόπου) and restore them to the one particular physical and legal position which was appropriate for them, «to their ancestral hearths and their original citizenship» (ἐπὶ τὰς πατρώιους ἑ⟨σ⟩τίας [καὶ τὴν ἐξ ἀρχῆς] πολιτείαν).[51]

The unfolding structure of the decree's narrative after this initial restoration of the population also repays further literary and narratological analysis. The decree uses the walls of the city as a symbolic and structuring device: initially the walls were all that were left of the city (see above); but then, since even they had begun to crumble («since time had brought down some of the walls, and others the circumstances of war had destroyed», ἐπειδή τινα μὲν ὁ χρόνος v. κ̣αθείρηκει τῶν τειχῶν, ἃ δ' ἡ τοῦ πολέμου περίστασις διέφθαρκ[ε]), the Teians gave a generous gift to ensure that they and other civic structures could be rebuilt.[52] This is a further instance, familiar from my other examples, of the use of a particular civic crisis to structure time in the narrative: a perilous moment is conjured up, to which the benefactors (and the city itself) responded excellently.[53]

48 Pol. 2,56–2,58, part of the attack on Phylarchus in Pol. 2,56–2,61. For Polybius and Phylarchus, see Marincola (2013).

49 Pol. 2,61.

50 For the close link between representations of exiles and refugees, before and after return home, in historiography and inscribed decrees respectively across a much broader chronological range: Gray (2015), 294–308.

51 Fragment B, ll. 6–8.

52 Fragment B, ll. 11–22, quotation from ll. 11–12.

53 On the determinative role of war in shaping Hellenistic societies, compare Chaniotis (2005).

The next temporal marker is more mixed, though still evoking crisis. Its opening suggests moderate improvement: «when time had progressed and our *polis* was already moving towards a better condition» (τοῦ χρόνου δὲ προκόψαντος καὶ τῆ[ς] πόλεως ἡμῶν ἤδη πρὸς βελτίονα κατάστασιν ἐρχομένης), as a result of the reassembly of a critical mass of citizens on the old city-site. However, continuing threats are then foregrounded: at this point it was difficult to recultivate the territory, and «the people were being hard pressed for their livelihoods and were lacking in revenues» (θλιβομένων τοῖς βίοις τῶν ἀνθρώπων καὶ ἀπροσόδων γινομένων). To this new challenge the Teians again responded generously, with an interest-free loan.[54] The final episode related in the motivation clause follows a similar pattern: the introductory temporal marker is a crisis («And when the Maroneitai encroached on our ancestral territory», ἐπιβάντων δὲ καὶ Μαρωνιτῶν ἐπὶ τὴν πάτριον ἡμῶν χώραν), which the Teians generously helped the Abderites to overcome.[55]

Like the Zosimos decrees, the Abderite decree skilfully interweaves different perspectives. The perspective of the narrator, the *dēmos* of Abdera, is enmeshed with that of the honorand, the *dēmos* of Teos, through which much of the action is focalised. Verbs of thinking and feeling are used to portray the *dēmos* of Teos as a collective, quasi-human subject (e. g. fragment A, l. 5; fragment B, ll. 15, 34, 35). This fits the decision taken later in this decree to erect a colossal statue of the personified Teian *dēmos*, with one arm leaning on the stele bearing this inscription (fragment B, ll. 56–59). The gratitude of the *dēmos* of Abdera, expressed through decree, statue, and other honours, is thus merely one half of the mutual appreciation of two collective subjects, with complex quasi-human psychology.

I have focussed in this whole section (section 2) on the motivation clauses of these long decrees, which contain the richest and most complex narratives. The subsequent decision clauses, stipulating the measures to be taken to honour these honorands, do not have the same literary complexity, and are not expressed in straightforward narrative form. Nonetheless, as in any decree (see my introduction), these clauses do, to some extent, continue the narrative of the motivation clauses: they insert the honours and the decree themselves into the narrative of the city's response to the problems and crises which have been set out (so often used as temporal markers). Indeed, in these cases, these clauses stipulating the granting of honours complete the arc of the narrative of the mutually supportive relationship between benefactors and beneficiaries. In the Teos-Abdera case, for example, there are very detailed clauses (fragment B, ll. 54–93) setting out how the honours will be communicated and preserved into the future, including through the statue and through sacrifices and contests, at Abdera and Teos, which might have offered a context for performing (or, at least, drawing attention to) the narrative recorded in the earlier part of the decree. In each case, the honouring *dēmos* is

54 Fragment B, ll. 22–31, quotations from ll. 22–23 and 25–26.

55 Fragment B, ll. 31–52, quotation from ll. 31–32.

not a passive narrator, but an active participant both in the past narrative – of benefactions sustained through trials – and in its desired perpetuation into the future: it makes use of its own standing and money to guarantee the longevity of the honours and the continuation of the story of mutual solidarity.

3 To what extent did more functional, non-honorific civic decrees (and laws) of the Hellenistic period also develop complex narratives?

3.1 The practical force of Hellenistic honorific decrees themselves

The examples in my previous section have revealed how Hellenistic cities' honorific decrees could be vehicles for very complex storytelling, synthesising elements of biography, historiography, rhetoric and myth into a persuasive and motivational official narrative from the «*dēmos* as narrator». A sceptic might say that this is unsurprising, and that it is precisely because honorific decrees were politically vacuous that they allowed space for this kind of creativity, to make up for their lack of political weight. There must be some truth in this analysis of the Hellenistic cities' tendency towards expansive narrative on stone, but this theory underplays the important role of honorific decrees in moderating power between mass and elite, and between separate cities. Honorific decrees did not simply confirm existing power relations, but also provided a forum to work through tensions and crises (such as those at Priene and Abdera) and persuade the wavering of the continued value of civic commitment and interstate solidarity.[56]

It is also worth emphasising that Hellenistic cities consciously chose the form of the honorific decree to record legal procedures which other societies might choose to document in more dry and bureaucratic ways. For example, the main way in which we hear about the common role of foreign judges in resolving disputes in Hellenistic cities is through honorific decrees such as my example from Cos, which foreground narratives of aid between cities, as well as serving the more pragmatic role of recording and legitimising the legal procedures involved.[57] Similarly, the most memorable inscriptions concerning interstate relations in the Hellenistic world are colourful honorific decrees such as the new discovery from Teos, which served some of the same functions as treaties or interstate agreements, but were much more compelling and motivational to read.

56 Compare Ma (2013) on the complex political negotiations involved in Hellenistic grants of honour.
57 Compare Magnetto (2016) on this phenomenon.

3.2 Narrative in non-honorific Hellenistic decrees

Nonetheless, the case for a distinctively strong Hellenistic tendency to legal narrative would be much stronger if a similar case can be made for more purely pragmatic, non-honorific decrees and other civic decisions. Here the evidence is not as abundant and compelling, which will make this section shorter than the previous one, but there are still many interesting and revealing examples. Even non-honorific decrees had to develop a justifying narrative in their *epeidē*/ motivation clause. Some such decrees made particularly striking use of this opportunity. As in my previous section, the relevant decrees were often ones relating to a city's overcoming of a great crisis. This is true, for example, of the famous, highly charged decree, discussed from this angle by Chaniotis,[58] which launched Athens' participation in the Chremonidean War against the Antigonid monarchy of Macedon in the 260s BC. In its narrative, which borrows from rhetoric and historiography, that decree tried to locate the current confrontation in a much longer story of Greek struggle for freedom against barbarian kings, originating in the Persian Wars, in which Athens and Sparta had also made common cause.[59]

The crisis might also be an internal one, such as unrest or severe economic pressures. This can be illustrated with examples from two smaller cities, Ionian Erythrai and Thessalian Crannon, which present an interesting blend of the rhetorical and the routine. The decree from Erythrai, dating to the early Hellenistic period, orders the restoration of a statue of an earlier tyrannicide. In a striking piece of narrative, this decree relates how a recent anti-democratic regime had removed the sword from the statue, «thinking that in general its stance (*stasis*) was directed against themselves» (νομίζοντες καθόλου τὴν στάσιν καθ' αὐτῶν εἶναι). As in my example of the Athenian honorific decree for Euphron (section 2.2), the story of oligarchic outrage followed by democratic restoration creates an arresting and legitimising narrative of democratic triumph, in which the decree itself plays a significant role. The account of the suspicion of the statue and decisive action of «those in the oligarchy» would not be out of place in a historical work. As Chaniotis shows, near contemporary documents from Eresos on Lesbos, recording the punishment of tyrants and reconstruction of the city, include more detailed accounts of tyrants' supposed actions – plundering the city, sanctuaries and citizens – which are even more reminiscent of historiography.[60]

Interestingly, the Erythrai decree subsequently takes an administrative turn into the details of the mundane cleaning and upkeep of the statue, which shows how narrative could enliven even texts with a strong pragmatic function.[61] The decree on finances, from Crannon, dating to the second century BC, is more

58 Chaniotis (2016), 138–141.

59 *IG* II^3 1 912 (269/8 BC), ll. 7–16. For narrative in a non-honorific decree adopting a new foreign policy, compare Chaniotis (2016), 149–150, on *I.Milet* I 3, 139C (c. 262–260 BC).

60 Chaniotis (2013b), 346–347, discussing Rhodes/Osborne, *GHI*, no. 83 (later fourth century BC).

61 *I.Erythrai* 503; compare Ober (2003).

self-evidently a pragmatic, utilitarian decree. Yet it also relies on a narrative pattern of crisis and hoped-for revival to add persuasive force. Here much of the decree concerns the future rather than the past. There is only a brief reference to the past background of the decree: «since the city finds itself in numerous debts as a result of the wars which have beset it and the debts have now dragged on for a long time [...]» (ἐπειδεὶ ἁ πόλι[ς] (l. 10) ἐν δανείοις πλειόνεσσι ὑπάρχει διὲ τὸς πεστάντας αὐτᾶ πολέμος κα[ὶ] χρόνος εἶδε πλείονας ἕλκονθαι τὰ δάνεια). However, the decision-clause of the decree then imagines (and orders) the ideal resolution of the crisis: citizens will come forward, at a specific assembly meeting, to offer money from their private wealth to help pay off the debts; and the city will praise them.[62]

In fact, in non-honorific decrees such as this one, it is often precisely in the decision clauses, which outline the desired future course of events, that the richest comparisons with narrative can be made. This is partly explained by the fact that these decrees had to stipulate more complex future actions than simply the honouring of a benefactor. Their often quite full imagining of the unfolding of events is a sign of good deliberation in council and assembly: it indicates the capacity to imagine in detail future scenarios with multiple stages, and the ideal response to them, in steps. As noted in my introduction (1.2), it is a live question in narratological research to what extent there can be a true narrative of the future. Perhaps some prophecies can be read, relatively uncontroversially, as narratives, foretelling the future step by step. In decrees such as these, however, there is not an explicit prediction of unfolding events in the indicative, but rather a sequence of instructions or imperatives (usually expressed with infinitives dependent on the formula «let it be resolved that [...]»), sometimes with bifurcations («if [...], then [...]»; compare my introduction, 1.2). Even if it is open to contestation to interpret such sequences of instructions strictly as narratives, they could certainly often rely on the audience's familiarity with, and cognitive receptivity to, narrative structures and templates.[63] This is especially true in cases where the instructions are presented in a clear, interlinked temporal sequence.

Some of the most interesting examples come from decrees about relations with the gods, through rituals, associations, and festivals. Such decrees could include a backward-looking motivation clause setting out quite a detailed, conventional narrative of the events leading up to the decision.[64] This could then be followed by decision clauses in which the *dēmos* spelled out the desired continuation of the city's relations with its gods, often through a festival or ritual, whose structure and timetable was laid out in detail. Both features are evident in a mid-second-cen-

62 Migeotte (1992), no. 34 (c. 168–142 BC); compare the translation of Austin (2006), no. 121.

63 Compare Bode/Dietrich (2013), 5, on this natural human propensity (which, they argue, applies also to descriptions of the future).

64 Chaniotis (2013b), 348–349, on *I.Mylasa* 861, ll. 10–13 (Olymos, second century BC); Chaniotis (2016), 150–151 on an Athenian decree reorganising the Thargelia festival (*SEG* 21.469C).

tury decree from Magnesia-on-the-Maeander in western Asia Minor, designed to increase the prestige of the local, well-known cult of Artemis Leukophryene.[65]

This decree includes a brief but rhetorical account of the build-up to the decision, including the completion of a new Parthenon for Artemis: «since, as a result of the divine inspiration and excitement which possessed the whole body of the citizens for the restoration of the temple, the Parthenon has reached completion, distinguished from the old version left to us by our ancestors in the enlargement of individual parts of the works and in its general splendour» (ἐπειδὴ θείας ἐπιπνοίας καὶ παραστάσεως γενομένης τῶι σύνπαντι πλήθει τοῦ πολιτεύματος εἰς τὴν ἀποκατάστασιν τοῦ ναοῦ συντέλειαν εἴληφεν ὁ [Π]αρθενὼν τῆι [κ]ατὰ μέρος ἐπαυξήσει τῶν ἔργων καὶ μεγαλοπρεπείαι πλεῖστον διαφέρων τοῦ ἀπολειφθέντος ἡμῖν τὸ παλαιὸν ὑπὸ τῶν προγόνων).[66] This is supplemented with the further motivating factor that it has always been the Magnesians' custom to be pious towards the gods, and give them appropriate honours (ll. 16–19).

There then follows the main substance of the decree: the decision to establish a new festival of the Isiteria, to mark Artemis' annual entry into the temple, and the regulations for it (ll. 21–49). The presentation of these regulations has close connections with narrative. It conveys a desired story of the course of each individual iteration of the festival, item by item: there will be a special sacrifice; a truce; a procession of women; a performance by girls' choruses; freedom from lessons for boys and from work for slaves, and a sale of (public?) goods (ll. 21–36). It is true that these elements of the festival are not explicitly put in temporal sequence. Yet the next provision, about the sacred herald, relies on (and itself evinces) a clear forward drive. The sacred herald, in an agora full of citizens and magistrates in special robes, «having called for silence» (εὐφημίαν κατανγείλαντα, l. 41), should call on all households to make an appropriate sacrifice and make a prayer for the Magnesians' safety (ll. 36–49). This is in some ways the culmination of the festival: the previous decisions, including the procession and others' release from work, have led to this spectacle of a prayer in an overflowing agora. As well as setting out the desired unfolding of each festival, these clauses also evoke a wider aspirational story: a cycle in which the festival will repeat into the indefinite future («for all time», ll. 24–25), helping to sustain the *polis* and its relations with its gods. This aspiration to uninterrupted future continuity is in some ways the forward-looking counterpart to the tendency in Hellenistic local historiography to portray the unity of an unchanging civic community over generations, unbroken by crises from outside.[67]

65 *I.Magnesia* 100a, *Collection of Greek Ritual Norms* 200. This cult was a central focus of Magnesian identity and diplomacy; it was the subject of many rhetorical decrees documenting relations between Magnesia and other communities (compare Thonemann 2007; Sosin 2009).

66 *Collection of Greek Ritual Norms* 200, ll. 11–16.

67 Compare Thomas (2019).

3.3 Narrative patterns in Hellenistic civic laws?

Religious regulations such as those from Magnesia stand somewhere between a decree and a law, because they take the same form as a decree but are designed to create general rules in perpetuity, rather than just address a specific situation, which is why scholars used to call such texts «sacred laws». This shows that Hellenistic civic decisions aiming to create long-term general rules could have strong narrative elements. My final question for this section is whether this extended to laws themselves (one of the main themes of this volume). Relatively few Hellenistic city laws are preserved. This was perhaps because cities tended to pretend that they relied on an unchanging ancient law code from their original lawgiver. It was probably also due to the influence of Hellenistic kings, who constrained cities' scope to create their own new laws. Indeed, several preserved laws inscribed by Hellenistic cities were clearly inspired by royal regulations, sometimes for a whole kingdom and the multiple cities within it.[68]

One might expect to find in Hellenistic laws a detailed preamble setting out the background and arguments for the law, on the model of the motivation clause of decrees: after all, Plato in his *Laws* had made his Athenian stranger argue that good laws should have a preface using rational persuasion to convince citizens of their validity.[69] In fact, however, preserved examples seem to continue the Classical Athenian practice of including no, or only a very brief, justificatory preamble,[70] and launching straight into the detailed substance of the law. Caution is necessary, because the opening parts of several inscribed Hellenistic laws are lost, but this does seem to be a pattern. It may have been the case that it was harder than for a decree to sketch a convincing narrative which would justify general measures in perpetuity. Where kings were involved, they might consciously have chosen to mandate rather than persuade, choosing Plato's route of «despotic prescription» (τυραννικὸν ἐπίταγμα) and «pure law» (νόμος ἄκρατος) over a persuasive preface,[71] though it is interesting that even Classical Athenian democratic laws tend to lack detailed opening arguments and narratives.

Even the substantial terms of surviving Hellenistic laws are often expressed in fairly pedestrian, pragmatic terms, more a guide to action than a polished vision of good order.[72] Nonetheless, it is still possible to find a richer articulation of the

68 See, for example, *SEG* 65.420 (the ephebarchic law from Amphipolis, discussed further below). Perhaps compare the law on *astynomoi* from Pergamon: *OGIS* 483, translated in Austin (2006), 253, with Saba (2012).

69 Plato *Laws* 722b–723c, with Bertrand (1999).

70 Consider Rhodes/Osborne, *GHI* 26 (law on silver coinage), 27 (grain tax law), 79 (anti-tyranny law).

71 See Plato *Laws* 722e–723a.

72 See, for example, Migeotte (1992), no. 62 (Samian grain law), with translation in Austin (2006), no. 135; *I.Délos* 509 (Delian law on sale of charcoal and wood), with translation in Austin (2006), 127; *I.Priene*^{2} 144 (Prienian law on sale of priesthood of Dionysos), with translation in Austin (2006), no. 149; *I.Kyme* 11 (fragmentary financial law).

substantial prescriptions in some Hellenistic laws, going beyond Classical Athenian precedents; such cases were perhaps partly inspired by the new Hellenistic style of rhetoric and narrative in decrees. The problem of whether even a complex, interlinked set of instructions can be treated as a narrative is even more acute in cases such as these, where there was not even a preceding conventional narrative (in a preamble) to be continued into the future. Nonetheless, it is worthwhile to compare certain preserved Hellenistic laws with narrative genres and structures.

It has been clear throughout this chapter that narratives of crisis and resilience were fundamental to civic self-expression. Among those, narratives of tyranny, and resistance to tyranny, often played a structuring role in Greek politics.[73] Pervasive in oratory and historiography, narratives of tyrannies and their overthrow were also published, as we have seen, in highly charged decrees, such as those from Erythrai and Eresos (compare above). Such narratives also underlay a particular type of law: anti-tyranny law. Anti-tyranny laws did not report a past episode but transposed this crucial style of civic narrative to the future. This is clearest in the anti-tyranny law from third-century BC Ilion, which imagines in detail the whole course of a potential anti-democratic coup and its overthrow.[74] There is a clear sense of narrative progression, both in the breakdown of democratic order and then its reconstitution: indeed, part of the rhetorical force of the law is to offer a prediction, intended to be self-fulfilling, of the decay and supersession of any anti-democratic regime. This is clear, for example, from one section of the first preserved part of the law:

> [ὃς δ'] ἂν ἀπ[οκτ]είνηι τ[ὸν τ]ύραννο[ν ἢ τὸν ἡ]γεμόνα (l. 20) τῆ[ς] ὀλιγαρ[χ]ίας ἢ τὸν τὴν δ[ημοκρα]τίαγ καταλύον[τ]α, ἐὰμ μὲν ἔναρχο[ς, τά]λαντον ἀργυρ[ί]ου λ[αμβάνειν παρὰ τῆς πό]λεως αὐθημερọ̀ṿ ἢ τῆι δευτέραι, [κ]αὶ εἰκό[να] χαλκῆν αὐτο[ῦ στ]ῆ[σ]α[ι τ]ὸ[ν δῆ]μον· εἶναι δὲ (l. 25) αὐτῶι καὶ σίτη[σ]ιν [ἐ]μ πρυ[τα]νείωι, [ἕ]ως [ἂν] ζῆ[ι], καὶ ἐν τοῖς ἀγῶ[σι] εἰς π[ρο]εδρίαν [κηρύ]σσεσθαι ὀνομαστεὶ καὶ δύο δ[ρ]αχμὰς δίδοσθαι αὐτῶι ἑκάστης ἡμέρας μέχρι ἂν ζῆι·
>
> Whoever kills a tyrant, or the leader (l. 20) of an oligarchy, or someone who dissolves the democracy, if he is a citizen (?), he should receive a talent of silver from the *polis* on the same day or the next, and the *dēmos* should put up a bronze statue of him. Let him (l. 25) have dining rights for life in the prytaneion, and let him be called by name to the most prominent seat at the contests, and let him be given two drachmas per day for as long as he lives.[75]

In this section, which imagines the privileges for a future citizen tyrannicide, the process of honouring is broken down in temporal terms, to include both immediate financial compensation and civic privileges extending throughout the tyrannicide's life.[76]

73 Compare Lewis (2004), Azoulay (2014), Teegarden (2014).

74 See Teegarden (2014), ch. 6.

75 *I.Ilion* 25, ll. 19–28; compare the translation of Teegarden (2014).

76 Compare and contrast the following, briefer description of rewards for a tyrannicide who is a metic or slave: *I.Ilion* 25, ll. 28–39.

A richer, though more dystopian, narrative underlies those parts of the law which give more detail about the unfolding of an imagined tyrannical regime itself. One later section sets out in detail the penalties for those taking an active role in a non-democratic regime:

> ὃς ἂν ἐπὶ τυράννο⟨υ⟩ ἢ ὀλιγαρχία⟨ς⟩ στρατηγήσηι (l. 55) ἢ ἄλλην τινὰ ἀρχὴν ἄρξηι [ἡν]τιναοῦν, δι' ἧς ἀργυ[ρί][ου λ]όγον ἔρχεται, ἢ ἐπιγρ[α][φὴν ἐ]πιγράψηι Ἰλιέων [τ]ινὶ ἢ [τῶν με]τοίκων, π[αρ]ὰ μηδε[νὸς (l. 60) τούτων ὠν]εῖσθαι μηδὲ [παρατίθεσθαι μ]ήτε γῆν μή[τε οἰκί]α[μ μήτ]ε κτήνη μήτε [ἀνδ]ράποδα [μή]τε ἄλλο μη[δ]ὲν μηδὲ φ[ερν]ὴν δέχεσθαι· (l. 65) ὃς δ' ἂν παρὰ [τού]των τινὸς πρίηταί τι ἢ παρ[αθ]ῆται ἢ φερ[ν]ὴν λάβηι ἢ ἄλλ[ως] πως κτήσηται, ἄκυρον ε[ἶνα]ι τὴγ κτῆσιν καὶ τὸν ἀδικ[ηθέ]ντα ἰέναι εἰς (l. 70) τὰ τοῦ ἀδικήσ[αν]τος ἀτιμητεί, ὁπόταν θ[έλ]ηι· ὁ δεύτερον [σ]τρατηγήσηι ἢ ἄλλην ἀρ[χὴν] ἄρξηι, ὅσ' ἂν διαχειρίσηι χ[ρή]ματα, πάντα (l. 75) ὀφείλειν ὡς δ[η]μόσια ὄντα· [ἐξ]εῖναι δὲ δι[κάσ]ασθαι τῶι [βουλο]μένωι ὡ[ς] περὶ δημοσί[ων ἐν τ]ῶι δικα[σ]τηρίωι, ὅταν [βούλητ]αι, μέχ[ρι] τέλος δι[κης (l. 80) γέν]ηται [δη]μοκρατου[μένων Ἰλ]ιέων·

> Whoever holds the office of general (*stratēgos*) under a tyranny or an oligarchy (l. 55), or holds any other office whatsoever, which involves financial accounting, or makes an entry in the register for any citizen of Ilion or metic, let no one buy or take as a deposit anything from any such person (l. 60), neither land, not a house, nor flocks, nor slaves, or receive a dowry from them. (l. 65) Whoever does buy or take anything as deposit from such a person, or accepts a dowry or obtains anything in some other way, let the acquisition be invalid and let the wronged person move with impunity against (l. 70) the possessions of the person committing wrong, whenever he wishes. If anyone holds the office of general or any other office for a second time, let him owe as [embezzled] public money all money which he handles. Let it be permitted for anyone who wishes to bring legal proceedings as if concerning [embezzlement of] public money in the court, whenever he wishes, until a trial concludes (l. 80) while the Ilians are governed democratically [or «until the end of litigation is achieved, with the Ilians governed democratically»?].[77]

This is to some extent a tableau, rather than a narrative, of life under an anti-democratic regime, but there is also a clear temporal progression from actions to consequences: anyone who takes on a civic magistracy under this anti-democratic regime will find his decisions and financial dealings to be unrecognised, and face legal proceedings for compensation once democracy is restored, which is presumed to be the inevitable final outcome. There are also «nodes» and bifurcations – «whoever buys [...] or accepts [...]», «if someone holds the office a second time [...]» – of the kind associated with «narratives of the future» (compare above). These reinforce the imaginary, hypothetical character of the scenarios sketched in the law, but also their forward drive.

To an ancient audience, the whole law would evoke familiar narratives of the overthrow of tyrannies: the *dēmos* was expressing the desire that a recognised civic narrative should be enacted in the future, whenever necessary. That well-known narrative template would have helped to add vividness to the law's picture of the perversion of all civilised *polis* life under an anti-democratic

77 *I.Ilion* 25, ll. 53–81; compare the translation of Teegarden (2014).

regime, a hypothetical time of confiscations when, for example, corrupt financial dealings pervert even dowries into mechanisms of power. Nonetheless, even the dystopian sections also convey by implication an opposing narrative of more favourable, stable civic life, the antithesis of life under tyranny, when financial dealings, accounting, buying and selling and dowries all run smoothly, in support of democratic order and harmony.

This style of more positive narrative of the unfolding of ordered, desirable civic life also underlies, not only religious regulations of the kind discussed above, but also some other civic laws, such as the recently published ephebarchic law from Amphipolis, which regulates the public education of youths in the city. This was inscribed in the early Augustan period (24/23 BC), though it relies at least partly on much earlier royal regulations from the Antigonid kingdom of Macedon, perhaps worked up into a new form in this law.[78] This law details the duties of the ephebarch, breaking them down by topic (attendance rules, clothing, contests, and others).

Though the overall structure is thematic, some individual sections imply a narrative of good (and sometimes bad) conduct by the young citizens and their teachers. For example, the section on *eukosmia* («good order») begins with an account of the ephebes' disciplined daily routine, from dawn until dusk. As at Ilion, there is an implied antithetical narrative, this time of disorder: for example, the threat of unruliness is implicit in the line «let them process in the streets in an orderly fashion, in silence, always taking the same, shortest route to their studies, with no other companion» (βαδιζέτωσαν δὲ ἐν τ⟨α⟩ῖς ὁδοῖς εὐτάκτως καὶ σιωπῆι τὴν συντομωτάτην καὶ τὴν αὐτὴν ὁδὸν ἀεὶ ἐπὶ τὰ μαθήματα μεθ' ἑτέρου δὲ μηθενός).[79]

The law also envisages that this daily routine will stretch out into the indefinite future, carried out by successive generations of disciplined ephebes. This cyclical pattern is even clearer in a section on monthly athletic games for the ephebes, apparently to be repeated in perpetuity. Each iteration of those games will also have a clear temporal progression: the ephebarch and colleagues will judge and then award crowns, in a specified order by contest.[80] This is, therefore, a good example of how a law can imagine a self-perpetuating cycle of citizen good conduct, in which carefully described ideal days and months extend off into the future. Even though the law takes the form of a list of interlinked instructions, their combined effect is to evoke a keenly desired «narrative of the future». This future narrative in some ways diverged from many other civic narratives, because it was not punctuated by crises overcome; but the desire for the unfolding of unbroken stability was clearly also a response to the unspoken, ever-present threat of disruption.

78 See the debate between Hatzopoulos (2016) and Rousset (2017).

79 *SEG* 65.420, ll. 38–40.

80 *SEG* 65.420, ll. 73–82.

4 Conclusion

To sum up my argument, Hellenistic honorific decrees stand out for their narrative content, but their narrative drive and rhetorical flair spills over too into some non-honorific decrees, especially those concerning the gods and moments of crisis, and even some laws. I will conclude by addressing the question of the reasons for this distinctive Hellenistic tendency. There must be some truth to the traditional view that the Hellenistic cities were filling a political vacuum with verbiage: verbose instructions and law-making can be a reflection of weakness, failure and uncertainty, as is perhaps also evident in some of the Late Antique imperial edicts which Sebastian Schmidt-Hofner discusses in this volume. However, in both cases, the explanation also needs to be more complex. In the Hellenistic case, we have seen from my examples that Hellenistic cities were still grappling with taxing political challenges, from war to revolution and corruption, which might not have been expected to leave time for the careful epigraphic recording of expansive rhetoric and narrative.

I included the phrase «cultural democracy» in my title, as well as references to «persuasion» and «legitimacy», to suggest other dimensions of the answer to this question. In his recent book on ancient literary culture, Reviel Netz argues that the Hellenistic and Roman periods were marked by a thriving cultural scene, with wide participation: in his view, «democracy failed, politically; but it succeeded culturally», so that «a monarchic Mediterranean [gave] rise to a culture marked by debate and pluralism».[81] Few Hellenistic historians would now be so quick to dismiss the endurance of democratic political features in a very complex political landscape. Nonetheless, this stress on vibrant cultural debate and exchange across society can help to explain the character of the documents I have discussed.

Decree-drafters and assembly-goers in Hellenistic cities were increasingly part of a broad reading, writing and speaking public, who would respond to competing complex speeches and legal narratives and appreciate allusions to different literary genres.[82] Political debates and texts had to contend with literary texts and theatrical displays for attention in this thriving public and cultural sphere, which made it necessary for their authors to use arresting literary and rhetorical techniques. This theory faces the difficulty that it is hard to explain why the flamboyant narratives I have discussed do not thrive in city documents of the Roman Imperial period, when similar cultural trends continued, though perhaps that was a reflection of what was inscribed, or allowed to be inscribed, on stone in that later period.

For the Hellenistic period, at least, it is clear that citizens accustomed to reading biography, historiography, mythography, epic and drama were keen to produce, and respond to, legal texts with rich and persuasive narrative content.

81 Netz (2020), 801, 804.

82 Compare Chaniotis (2016), 166–167, on the multifarious interests and educational backgrounds of members of any Hellenistic assembly.

This was itself a way of ensuring that flourishing «cultural democracy» had its own political force, through cities' institutions and decision-making. It also helped to anchor current democratic practices in a long past tradition,[83] with long-term future prospects. Indeed, as we have seen, Hellenistic decrees and laws inscribed themselves, through their own narratives, into broader civic narratives of the resilience of local freedom, democracy, and culture, despite acute crises – narratives which could be sustained into the future, whatever challenges it threw up. They thus helped to reinforce local rivals (e. g. local historiography) to monarchically-centred narratives found in other Hellenistic texts.

For these reasons, decrees and laws should be considered alongside oratory and historiography as integral components of the rich narrative worlds of Hellenistic cities. Hellenistic civic decisions' narrative character, and their intersections with other narratives, resemble many phenomena studied in this volume and in other research on law as narrative. In addition, their special intensity demands distinctive methods and explanations, including of the similarities and contrasts with other historical and contemporary examples. This involves contemplating the significant and complex dynamics which link narrative with democratic persuasion, legitimacy, accountability, and solidarity. These dynamics have to be sustained partly through constant interaction between the cultural, educational and political spheres of public life.

Bibliography

Adak/Thonemann (2022): Mustafa Adak and Peter Thonemann, *Teos and Abdera. Two Cities in Peace and War*, Oxford.

Addis (2018): Adeno Addis, «Constitutional Preambles as Narratives of Peoplehood», *Vienna Journal on International Constitutional Law* 12, 125–181.

Ager (1996): Sheila L. Ager, *Interstate Arbitrations in the Greek World, 337–90 B. C.*, Berkeley.

Austin (2006): Michel M. Austin, *The Hellenistic World from Alexander to the Roman Conquest*, 2nd ed., Cambridge.

Azoulay (2014): Vincent Azoulay, *Les Tyrannicides d'Athènes. Vie et mort de deux statues*, Paris.

Bertrand (1999): Jean-Marie Bertrand, *De l'écriture à l'oralité. Lectures des Lois de Platon*, Paris.

Bode/Dietrich (2013): Christoph Bode and Rainer Dietrich, *Future Narratives. Theory, Poetics, and Media-Historical Moment*, Berlin.

Brooks (2002): Peter Brooks, «Narrativity of the Law», *Law and Literature* 14, 1–10.

Brooks/Gewirtz (1996): Peter Brooks and Paul Gewirtz (eds.), *Law's Stories. Narrative and Rhetoric in the Law*, New Haven.

Brouwer (2011): René Brouwer, «Polybius on Stoic *Tychē*», *Greek, Roman and Byzantine Studies* 51, 111–132.

Chaniotis (1988): Angelos Chaniotis, *Historie und Historiker in den griechischen Inschriften. Epigraphische Beiträge zur griechischen Historiographie*, Stuttgart.

83 Compare Chaniotis (2016), 167–170.

Chaniotis (2005): Angelos Chaniotis, *War in the Hellenistic World. A Social and Cultural History*, Malden and Oxford.
Chaniotis (2013a): Angelos Chaniotis, «Affective Epigraphy. Emotions in Public Inscriptions of the Hellenistic Age», *MedAnt* 16/2, 745–760.
Chaniotis (2013b): Angelos Chaniotis, «Emotional Language in Hellenistic Decrees and Hellenistic Histories», in: Manuela Mari and John Thornton (eds.), *Parole in movimento. Linguaggio politico e lessico storiografico in età ellenistica* (*Studi ellenistici* XXVII), Pisa and Rome, 339–352.
Chaniotis (2013c): Angelos Chaniotis, «*Paradoxon, Enargeia, Empathy*. Hellenistic Decrees and Hellenistic Oratory», in: Christos Kremmydas and Kathryn Tempest (eds.), *Hellenistic Oratory. Continuity and Change*, Oxford, 201–216.
Chaniotis (2016): Angelos Chaniotis, «History as an Argument in Hellenistic Oratory. The Evidence of Hellenistic Decrees», in: Michael Edwards (ed.), *La rhétorique du pouvoir. Une exploration de l'art oratoire déliberatif grec* (Entretiens Hardt 62), Geneva, 129–174.
Clarke (2008): Katherine Clarke, *Making Time for the Past. Local History and the Polis*, Oxford.
Cover (1983): Robert M. Cover, «The Supreme Court. 1982 Term. Foreword: *Nomos* and Narrative», *Harvard Law Review* 97, 4–68.
Curty (1995): Olivier Curty, *Les parentés légendaires entre cités grecques. Catalogue raisonné des inscriptions contenant le terme Συγγένεια et analyse critique*, Geneva.
Douzinas/Warrington/McVeigh (1991): Costas Douzinas, Ronnie Warrington and Shaun McVeigh, *Postmodern Jurisprudence. The Law of Text in the Texts of Law*, London and New York.
Errington (2002): R. Malcolm Errington, «Biographie in hellenistischen Inschriften», in: Konrad Vössing (ed.), *Biographie und Prosopographie. Internationales Kolloquium zum 65. Geburtstag von A. R. Birley*, Düsseldorf, 14–28.
Erskine (2007): Andrew Erskine, «Rhetoric and Persuasion in the Hellenistic World. Speaking up for the Polis», in: Ian Worthington (ed.), *A Companion to Greek Rhetoric*, Oxford, 272–285.
Forster (2018): Florian R. Forster, *Die Polis im Wandel. Ehrendekrete für eigene Bürger im Kontext der hellenistischen Polisgesellschaft*, Göttingen.
Gaakeer (2021): Jeanne Gaakeer, «Judicial Narration as Explanation of Facts and Circumstances», in: Frode Helmich Pedersen, Espen Ingebrigtsen and Werner Gephart (eds.), *Narratives in the Criminal Process*, Frankfurt am Main, 29–61.
Gray (2015): Benjamin Gray, *Stasis and Stability. Exile, the Polis, and Political Thought, c. 404–146 BC*, Oxford.
Gray (2018): Benjamin Gray, «A Civic Alternative to Stoicism. The Ethics of Hellenistic Honorary Decrees», *Classical Antiquity* 37/2, 187–235.
Grethlein (2010): Jonas Grethlein, *The Greeks and Their Past. Poetry, Oratory and History in the Fifth Century BCE*, Cambridge and New York.
Grieb (2008): Volker Grieb, *Hellenistische Demokratie. Politische Organisation und Struktur in freien griechischen Poleis nach Alexander dem Großen*, Stuttgart.
Günther (2012): Linda-Marie Günther (ed.), *Migration und Bürgerrecht in der hellenistischen Welt*, Wiesbaden.
Hall/Wyles (2008): Edith Hall and Rosie Wyles (eds.), *New Directions in Ancient Pantomime*, Oxford.
Hamon (2009): Patrice Hamon, «Démocraties grecques après Alexandre. À propos de trois ouvrages récents», *Topoi* 16/2, 347–382.
Hatzopoulos (2016): Miltiades B. Hatzopoulos, *Νεότης γεγυμνασμένη. Macedonian Lawgiver Kings and the Young* (David Lewis Lecture in Ancient History, Oxford, 2016), Athens.

Hau (2011): Lisa I. Hau, «*Tychē* in Polybius. Narrative Answers to a Philosophical Question», *Histos* 5, 183–207.

Hau (2018): Lisa I. Hau, «Tragic History», in: Tim Whitmarsh et al. (eds.), *Oxford Classical Dictionary (online).*

Hau (2021): Lisa I. Hau, «The Fragments of Polybius Compared with Those of the ‹Tragic› Historians Duris and Phylarchus», *Histos* 15, 238–282.

Heisserer (1979): Andrew J. Heisserer, «The Philites Stele», *Hesperia* 48, 281–293.

Jones (1999): Christopher P. Jones, *Kinship Diplomacy in the Ancient World*, Cambridge (MA).

de Jong (1987): Irene J. F. de Jong, *Narrators and Focalizers. The Presentation of the Story in the Iliad*, Amsterdam.

Kah (2012): Daniel Kah, «*Paroikoi* und Neubürger in Priene», in: Linda-Marie Günther (ed.), *Migration und Bürgerrecht in der hellenistischen Welt*, Wiesbaden, 51–71.

Kah (2014): Daniel Kah, «Demokratie in der Kleinstadt. Überlegungen zu Demographie und Partizipation am Beispiel des hellenistischen Priene», in: Albrecht Matthaei and Martin Zimmermann (eds.), *Stadtkultur im Hellenismus*, Heidelberg, 148–172.

Kah (2015): Daniel Kah, «Soziokultureller Wandel im hellenistischen Priene. Das Zeugnis der Ehrendekrete», in: Albrecht Matthaei and Martin Zimmermann (eds.), *Urbane Strukturen und bürgerliche Identität im Hellenismus*, Heidelberg, 386–399.

Lewis (2004): Sian Lewis, «*kai saphos turannos en*. Xenophon's account of Euphron of Sicyon», *JHS* 124, 65–74.

Luraghi (2010): Nino Luraghi, «The *Dēmos* as Narrator. Public Honours and the Construction of Future and Past», in: Lin Foxhall, Hans-Joachim Gehrke and Nino Luraghi (eds.), *Intentional History. Spinning Time in Ancient Greece*, Stuttgart, 247–263.

Luraghi (2019): Nino Luraghi, «Memory and Community in Early Hellenistic Athens», in: Walter Pohl and Veronika Wieser (eds.), *Historiography and Identity I. Ancient and Early Christian Narratives of Community*, Turnhout, 107–131.

Ma (2002): John Ma, *Antiochos III and the Cities of Western Asia Minor*, revised paperback edition, Oxford.

Ma (2013): John Ma, *Statues and Cities. Honorific Portraits and Civic Identity in the Hellenistic World*, Oxford.

Magnetto (2008): Anna Magnetto, *L'arbitrato di Rodi fra Samo e Priene. Edizione critica, commento e indici*, Pisa.

Magnetto (2016): Anna Magnetto, «Interstate Arbitration and Foreign Judges», in: Mirko Canevaro and Edward Harris (eds.), *The Oxford Handbook of Ancient Greek Law*, Oxford (online).

Mann/Scholz (2012): Christian Mann and Peter Scholz (eds.), *«Demokratie» im Hellenismus. Von der Herrschaft des Volkes zur Herrschaft der Honoratioren?* (Die hellenistische Polis als Lebensform 2), Mainz.

Marincola (2013): John Marincola, «Polybius, Phylarchus, and ‹Tragic History›. A Reconsideration», in: Bruce Gibson and Thomas Harrison (eds.), *Polybius and his World. Essays in Memory of F. W. Walbank*, 73–90.

Migeotte (1992): Léopold Migeotte, *Les souscriptions publiques dans les cités grecques*, Geneva and Québec.

Morgan (2003): Kathryn A. Morgan (ed.), *Popular Tyranny. Sovereignty and its Discontents in Ancient Greece*, Austin.

Netz (2020): Reviel Netz, *Scale, Space and Canon in Ancient Literary Culture*, Cambridge and New York.

Ober (2003): Josiah Ober, «Tyrant Killing as Therapeutic *Stasis*. A Political Debate in Images and Texts», in: Kathryn A. Morgan (ed.), *Popular Tyranny. Sovereignty and its Discontents in Ancient Greece*, Austin, 215–250.

Papanikolaou (2009): Dimitrios Papanikolaou, «The Aretalogy of Isis from Maroneia and the Question of Hellenistic ‹Asianism›», *Zeitschrift für Papyrologie und Epigraphik* 168, 59–70.
Papanikolaou (2012): Dimitrios Papanikolaou, «*IG* V.2, 268 (= *SIG*³ 783) as a Monument of Hellenistic Prose», *Zeitschrift für Papyrologie und Epigraphik* 182, 137–156.
Pohl/Wieser (2019): Walter Pohl and Veronika Wieser (eds.), *Historiography and Identity I. Ancient and Early Christian Narratives of Community*, Turnhout.
Rhodes/Lewis (1997): Peter J. Rhodes with David M. Lewis, *The Decrees of the Greek States*, Oxford.
Rhodes/Osborne (2003): Peter J. Rhodes and Robin Osborne (eds.), *Greek Historical Inscriptions 404–323 BC*, Oxford 2003.
Rigbsy (1996): Kent J. Rigbsy, *Asylia. Territorial Inviolability in the Hellenistic World*, Berkeley.
Robert (1940): Louis Robert, *Hellenica I*, Paris.
Robert (1960): Louis Robert, *Hellenica 11/12*, Paris.
Robert (1967): Louis Robert, «Sur les inscriptions d'Ephèse», *Revue de Philologique, de littérature et d'histoire anciennes* 3/4, 7–84.
Robert/Robert (1989): Louis Robert and Jeanne Robert, *Claros I. Décrets Hellénistiques*, Paris.
Rosen (1987): Klaus Rosen, «Ehrendekrete, Biographie und Geschichtsschreibung. Zum Wandel der Polis im frühen Hellenismus», *Chiron* 17, 277–292.
Rousset (2017): Denis Rousset, «Considérations sur la loi éphébarchique d'Amphipolis», *Revue des études anciennes* 119/1, 49–84.
Rubinstein (2013): Lene Rubinstein, «Spoken Words, Written Submissions, and Diplomatic Conventions. The Importance and Impact of Oral Performance in Hellenistic Inter-Polis Relations», in: Christos Kremmydas and Kathryn Tempest (eds.), *Hellenistic Oratory. Continuity and Change*, Oxford, 165–199.
Saba (2012): Sara Saba, *The* Astynomoi *Law of Pergamon. A New Commentary*, Mainz.
Sosin (2009): Joshua D. Sosin, «Magnesian Inviolability», *Transactions of the American Philological Association* 139, 369–410.
Teegarden (2014): David A. Teegarden, *Death to Tyrants! Ancient Greek Democracy and the Struggle against Tyranny*, Princeton.
Thomas (2019): Rosalind Thomas, *Polis Histories, Collective Memories and the Greek World*, Cambridge.
Thonemann (2007): Peter Thonemann, «Magnesia and the Greeks of Asia (*I.Magnesia* 16.16)», *Greek, Roman and Byzantine Studies* 47, 151–160.
Vössing (2002): Konrad Vössing (ed.), *Biographie und Prosopographie. Internationales Kolloquium zum 65. Geburtstag von A. R. Birley*, Düsseldorf.
Wallace (2014): Shane Wallace, «History and Hindsight. The Importance of Euphron of Sikyon for the Athenian Democracy in 318/7», in: Hans Hauben and Alexander Meeus (eds.), *The Age of the Successors (323–276 BC)*, Leuven, 599–629.
Wiemer (2016): Hans-Ulrich Wiemer, «Römische Aristokraten oder griechische Honoratioren? Kontext und Adressaten der Verhaltenslehre des Stoikers Panaitios», *Chiron* 46, 1–45.
Worthington (2007): Ian Worthington (ed.), *A Companion to Greek Rhetoric*, Oxford.

Narrative and the Drama of Government in Late Roman Legislation: A Narratological Approach to the Post-Theodosian Novels

Sebastian Schmidt-Hofner

This paper is an advance into a largely unexplored territory: the narratology of late Roman imperial legislation. Three developments in recent scholarship suggest such an approach to these texts. First, as outlined in the introduction to this volume, narratology, originally a methodology for the study of literary texts, has in recent years begun to be applied to the analysis of nonfiction or ‹factual› texts – of *Wirklichkeitserzählungen*, as they have been called, that is, functional texts that are not produced with the primary purpose of creating literature, including those produced in the sciences, medicine, business – and law.[1] Here this trend in literary studies converges with a second, older, though always more marginal, interest among legal scholars and, increasingly, philologists in the narrative qualities of legal texts. The most influential strand in this field has been the analysis of courtroom narratives, i. e. how the narrative presentation of facts in court by parties and witnesses, in the testimony of defendants or accusers, by prosecutors, and even by judges themselves influences and creates legal decisions. Cautiously, such an analysis of the narrative quality of law has also begun to be applied to legislation, although contemporary legal language, with its striving for impersonality and rhetorical sobriety, limits the number of relevant phenomena and leaves this a rather marginal field.[2] The third development that stimulates interest in the narrative analysis of late Roman legislative texts comes from the field of Classics. The language and rhetoric of imperial legislation have long been

Abbreviations of ancient sources and reference works correspond to those used in Brill's Der Neue Pauly (cf. the list in vol. 1). Other than that, I use CTh for Codex Theodosianus, CJ for Codex Iustinianus, ACO for Acta conciliorum oecumenicorum, and I cite novels as N plus abbreviated name of the issuing emperor: e. g., NTh means Novel of Theodosius II.

1 For a survey of the field of narratological studies on factual texts see the introduction to this volume and Kirstein in this volume. The term *Wirklichkeitserzählungen* was coined by Klein/Martinez (2009).

2 Seminal for courtroom narratives are Brooks/Gewirtz (1996) and Brooks (2005); on statutory law see, e. g., Blufarb 2017, 259–65 and 439–51; Arnauld (2017). On law and narratology in general see Fludernik (2014) and Fludernik/Schäfer (2022) and the introduction to this volume.

studied,[3] and recent scholarship has begun to read the jurisprudential treatises of the High Empire as literary and rhetorical works.[4] Increasing attention has also been paid to how late Roman imperial legal enactments functioned as a medium of communication and propaganda, as emperors used these texts to advertise governmental decisions and princely virtues.[5] However, the narrative character and the narrative techniques of late Roman legislation, especially of imperial constitutions, have received little attention.[6] A systematic study of their narrative structures and techniques, as well as the functions and significance of narrative in these texts, has not yet been attempted. The present paper is a first foray into this field.

Although a systematic, in-depth narratological analysis of late Roman imperial constitutions is beyond the scope of this paper, it will offer a number of observations on the narrative structure and techniques of these texts. It will also offer some more general reflections on the narrativity of imperial constitutions, i. e., why these texts sometimes (not always) take on a particularly elaborate narrative character. Overall, I hope to show that the narrative analysis of imperial constitutions is an area worthy of further research for at least two reasons. First, analysing the narrative structures and techniques of these texts deepens our understanding of how late Roman imperial constitutions functioned as texts, and thus helps to elucidate the communicative strategies of emperors and their advisers as they turned to a textual genre that was arguably their most important medium for imperial propaganda and communication with the governing elites of the later Roman empire.[7] Second, the narrativity of these texts – their narrative character, that is – was not merely a communicative device. This narrative character, I contend, was embedded in a fundamental and much larger feature of the political culture of the later Roman empire: the importance of ritual and performance, including what I call ‹the drama of government›.

To substantiate these claims, the paper will first outline basic aspects of the narrativity of imperial constitutions and identify some of the narrative devices employed in these texts. In a second part I will ask why and to what ends late Roman constitutions developed elaborate narrative qualities. This inquiry will

3 E. g. Vernay (1913); Fridh (1956); Honig (1960); MacMullen (1962); Benner (1975); Voß (1982); Vidén (1984); Hall/Oberhelman (1985); Honoré (1986) and (1998); Pastor de Arozena (1992); Eich/Eich (2004); Kakridi (2005), 22–89; Cohen/Lendon (2011); Dillon (2012) and (2018); Aull (2018). For rhetoric in Greek legal texts s. Gray in this volume, with further references in note 8.

4 E. g. Babusiaux (2011) and (2023); Mantovani (2018).

5 Readings of imperial legislation as propaganda is commonplace; for systematic treatments see Dillon (2012), Schmidt-Hofner (2015), (2020) and (2021).

6 The «narratological approach» offered by Liveley/Shaw (2020) and other recent contributions of Rebecca Shaw to Augustan marriage legislation or by Walter (2022) to late Roman laws on Jews is not concerned with techniques of narrative but with the social narratives framing these legal measures.

7 On the importance of these texts as opposed to, e. g., panegyrics (which reached only a much smaller audience) or coin legends or artefacts (which reduced the complexity of the message massively) see Schmidt-Hofner (2015).

be continued in part 3, where I explore the broader context of political culture that might help explain these specific narrative qualities. Such an investigation is only possible by studying constitutions preserved in their entirety, which excludes most of the thousands of late Roman imperial constitutions transmitted in the legal codes of the time, since they were reduced to their dispositive core and usually freed from all appurtenances, including the narrative parts. Still, a few hundred unabridged late Roman imperial constitutions have survived elsewhere, and from these I select a sample by drawing on the collection of some 80 unabridged *constitutiones* of Theodosius II, Valentinian III, and Majorian that was compiled in Italy in the 460s.[8]

Most of the *constitutiones* in this collection had the form of an *epistula*, an imperial letter to a high official carrying general force. A focus on this type of legal enactment recommends itself for two reasons. First, letters were the most common form of general legislation at the time, and they are the type of imperial constitutions for which we have by far the most extant examples.[9] Second, the internal structure of post-Theodosian constitutions adheres to a relatively standardised design widely used for late Roman general laws (as distinguished from, for example, the novels of Justinian, which often exhibit a more idiosyncratic form); it may be attributed to the systematisation of legal production that occurred in the wake of the Theodosian Code.[10] For both reasons, the findings from the case studies discussed in the following concerning the narrative structure and techniques of late Roman general laws and the purposes and contexts of their narrativity can be assumed to apply for this type of late Roman legislation in general.

The post-Theodosian novels encompass a multitude of legal domains. This study, however, is deliberately focused on the quotidian aspects of legislation such as taxes and public finance, property and procedure, status and rank. This selection of topics is intended to demonstrate that narrativity was not confined to exceptional instances or special areas of law. It will also be demonstrated that, while a certain degree of narrativity is inherent in the majority of imperial constitutions, there are notable differences in the extent to which narrative devices were employed. Evidently, elaborate and sometimes intense narrativity was not employed indiscriminately. Rather, it appears that the techniques used to achieve these effects were selected for clearly defined purposes.

8 Liebs (1987), 188–190.

9 For a recent succinct overview of the types of imperial legal enactments that were in use in the later Roman empire see Corcoran (2014). See also Riedlberger (2020), 26–112, esp. 26–64, for constitutions carrying general force.

10 As argued by Voß (1980), hitherto the only systematic study of Theodosius II's novels from the perspective of legislative technique. Comprehensive historical studies of Theodosius II's legislation do not exist; for surveys of his reigns touching on his legal output see A. Lippold, *RE* Suppl. XIII (1973), 961–1044 s. v. Theodosius II; Millar (2006), and Kelly (2013). Bianchi Fossati Vanzetti (1988) provides a survey of Valentinian III's novels from a legal perspective; historical accounts of the reigns and legislation of Valentinian III and Majorian can be found in Elia (2000) and Oppedisano (2013).

1. The narrativity of late Roman constitutions

To begin, we consider an unspectacular routine enactment of Theodosius II, which has survived as novel (NTh) 5,3: a letter to the praetorian prefect of *Oriens* Cyrus, bearing the date (*dat.*) of 26th June 441. In this instance, Theodosius II ordered the prefect to ensure that tenants of imperial land situated at the Persian border in Armenia fulfilled the obligations set forth in their tenancy contract. This contract appears to have required the provision of various supplies for the border troops in lieu of a traditional rent payment.

Idem AA. Cyro PPO

The same Augustuses (= Theodosius II and Valentinian III) to Cyrus, Praetorian Prefect.

Praefatio

In omnibus quidem rebus publicam convenit utilitatem privatis commodis anteponi, sed tum praecipue, cum saluti pariter provincialium ac imperii nostri felicitati consulitur, unde singulorum quoque fortunis ac securitatibus prospici debere non habetur incertum.

In all matters, indeed, the public welfare must be placed before private advantages, but especially at a time when wise provision is being made for the safety of the provincials and the felicity of Our Empire alike, whence it is not regarded as uncertain that We must provide for the fortunes and security of every person also.

Occasio legis / narratio

Quoniam igitur per consultissimam tuae sublimitatis suggestionem conperimus Armeniae tractum in ipso paene limitis aditu Persarum constitutum, pridem regalium fundorum copiis ac praesidiis munitum, in praesenti Persicis eruptionibus expositum fuisse eo, quod eosdem fundos et maxime Theodosiopolitanae et Satalenae civitati contiguos vel propinquantes quorundam petitio diversis retro temporibus in propria iura mutato pristino canone transtulerit,

I. Therefore, since we learn through the well considered report of Your Sublimity that the district of Armenia, which is situated almost upon the very threshold of the border of the Persians and which was formerly protected by the troops and garrisons of the royal farms has been exposed at the present time to the invasions of the Persians, because the aforesaid farms, and especially those that are bordering on or near the municipalities of Theodosiopolis and of Satala, have been transferred by the petitions of certain persons to their ownership at various times in the past, and the original regular payment scheme has been changed.

Dispositive part

hac in perpetuum victura lege censuimus statuendum, ut universi, qui nostram in his munificentiam meruerunt, sub ea condicione possessiones habere donatas concedantur, si contatos et bastagas et paraveredos et species nec non coemptiones secundum pristinam consuetudinem

We decree by this law which shall live forever that it must be established that all persons who obtained Our munificence in the matter of these farms shall be allowed to hold these landholdings as granted, under the condition that they shall duly furnish without delay to the account of the fisc the spearmen (or recruits?),[11]

11 For the debate on the meaning of *contati* see Zuckerman (1998), 110–112, and Janniard (2005), 530–539.

dispositione tuae magnificae sedis iniungendas et alia universa fisci calculo sollemniter sine mora dependant et agnoscant aut resistentes pro utilitate communi publicae possessioni continuo praedia refundant; sub ea scilicet observatione, ut nulli deinceps eosdem fundos liceat insidiosis et derogantibus rei publicae precibus emereri aut ad sua conpendia despectis publicis utilitatibus transferre,

the baggage wagons, the supplementary post horses, the supplies, and also the obligatory acquisitions by the state enjoined upon them according to the former custom by the regulation of your magnificent office, and all the other things, and they shall assume such payment as their responsibility; or if they should resist payment, they shall refund these landed estates immediately to the public ownership, for the sake of the common welfare. These regulations shall be observed, of course, under the condition that hereafter no person shall be permitted to obtain the aforesaid farms by supplications that are insidious and that derogate from the state, or to transfer such farms to their own profit, in contempt of the public welfare.

centum pondo auri poenae nomine tam his, qui preces offerre temptaverint, quam scriniariis vel aliis quorum interest, si supplicationes oblatas ausi fuerint instruere, feriendis, Cyre parens karissime atque amantissime.

Penalties

A penalty of a hundred pounds of gold as a fine shall be inflicted upon those persons who attempt to offer such supplications, as well as upon the bureau clerks or others to whose duty such supplications belong, if they should dare to draw up such supplications that are offered, o Cyrus, dearest and most beloved father.

2. Sublimis igitur et magnifica auctoritas tua hanc saluberrimam legem edictis ex more propositis ad omnium notitiam faciat pervenire.
Dat. VI. kal. iul. Constantinopoli, Cyro vc. cons.

Publication order

Therefore Your Sublime and Magnificent Authority, by posting edicts according to custom, shall cause this most salutary law to come to the knowledge of all.

The constitution begins with a preamble, mostly termed ‹praefatio› by scholars, in which the emperor outlines the principles and values that guide him as a lawgiver and as a ruler – here that «public welfare must be placed before private advantages», especially in times of external threat, and that it is the emperor's duty «to provide for the fortunes and security of every person».[12] Subsequently, § 1 presents the so-called ‹occasio legis›, the situation, event, or administrative act that prompted the issuance of the law. Drawing on terminology from oratory or medieval diplomatics, this passage could be described as the ‹narratio› proper. The occasion for this legislation was a *suggestio*, a proposal, from the prefect in response to a Persian invasion in 440/1 that highlighted the need for stronger defences in Roman Armenia. The constitution identified shortcomings in the

12 Translations of the post-Theodosian novels cited in this chapter are those of Pharr 1952 with alterations.

system to be the result of unscrupulous tenants on certain «regal» estates in the Armenian border region, particularly those adjacent to or in close proximity to the municipalities of Theodosiopolis and Satala. These remarks likely allude to the specific circumstances that prompted the prefect's proposal.[13] The tenants in question, we hear, had ceased to fulfil their obligation to provide supplies for the border troops from their estates by claiming full ownership of the estates, which they had based on successful petitions to former emperors.[14] The following dispositive section, commencing with *hac in perpetuum victura lege censuimus*, establishes the general rule that tenants may retain their land if they accept the obligations owed in return for it. Otherwise, they must refund them. The letter concludes with a definition of penalties for tenants who file future petitions for exemption from their land obligations. It also orders the usual publication of the law so that it «may come to the knowledge of all».

The structure of our law follows a standard protocol for imperial constitutions, particularly but not exclusively those in the form of letters to magistrates carrying general force: they typically include a preamble, an account of the occasio legis, the dispositive part, penalties, and a publication order. Already this structure is inherently narrative in nature. The fact alone that these enactments base their legal measure on a statement of the principles guiding the lawgiver and a rehearsal of the concrete circumstances motivating the law before they pronounce the actual ruling furnishes them with two fundamental elements of narration: causality and temporal sequence. A closer look at their internal structure confirms this inherent narrativity of our texts. It reveals a complex plot that unfolds in a sequence of distinct events, each of which is linked to the next through a series of causal relationships. Their story begins in the past as the occasio legis describes the legal or administrative problem that needed to be solved and – often at least – narrates the concrete circumstances that triggered it, in our case the malfunctioning of the border supply system in Armenia revealed by a Persian attack. Next in the story comes, still in the past but closer to the present, the *suggestio* or another administrative or judicial procedure (such as an official report, *relatio*, appeal, or petition) that brought the matter to the attention of the emperor. References to the values and beliefs that informed the imperial decision, set forth in the praefatio, but often also appearing in interspersed remarks in the occasio legis

13 On the historical background of the Romano-Persian hostilities of 441 see Blockley (1992), 61–62; Greatrex (2008), 91; for the defence system and political organisation of Roman Armenia after the division of the kingdom between Rome and Persia in the 380s see Zuckerman (1998), Janniard (2005), and Crow (2017). The designation of the land in question as *fundi regales* is either a literal translation from the Greek (*basilikai ousiai* or similar), or a special category of land accrued to the *res privata* from the former kings of Armenia, as argued by Zuckerman (1998), 110–111 and Janniard (2005), 525–527.

14 Janniard (2005) outlines the background to the law in the politics and legal instruments of the allocation of imperial land in the later Roman empire in general and under Theodosius II in particular. He assumes that the tenants of the land in question had negotiated the *adaeratio* of their prestations, i. e. commutation into a payment in cash; but the only hint of the law at this is the fact that it mentions *coemptiones*, obligations to sell products to the state.

and the dispositive part, lead the reader to the immediate presence, the actual imperial decision or decree, in the dispositive part. This finally brings the reader into the here and now. Lastly, the punishments and the final publication order that the law «come to the knowledge of all» by being posted in all the cities of the empire point to the future, to the afterlife of the text in the «eternal» life of the *in perpetuum victura lex*, as the dispositive part in our case had put it.

Constitutions such as Theodosius' letter thus tell a story already in their basic structure, as they causally link a sequence of events in the past with the present and even the future. They are also a story in that they create their own narrative world populated by their own characters: in our example, the deceitful tenants, the suffering soldiers, the magistrate who negotiates a solution by making a proposal. But these texts were also narrative in another respect: because they were styled as a speech act of the legislating emperor telling the addressee of the law the story of how the decision he made came about, they also appeared as an actual act of narration (*narration* as opposed to *histoire*, the content of a story, in the language of structuralist narratology).[15] This effect was achieved by the fact that the emperors speak in the first person in these enactments, and because these texts take the form of a personal communication to a named recipient, usually a magistrate. The latter was in many cases emphasised by a direct address not only at the beginning of the letter,[16] but also later in the text, in our example right before the publication order: *Cyre parens karissime atque amantissime*. As we shall see, this emphasis on the personal address to the recipient was deliberate. The fact that these constitutions were sometimes read in public ceremonies – a fact to which we will return – most likely contributed to their perception as narrative acts.

But narrativity characterises late Roman constitutions not only in their overall structure. It also occurs in the individual parts that make up that structure. The account of the occasio legis, for example, is a narrative in itself, evoking its own temporality (the Persian invasion, the abuses that had begun long before), its own spatiality (here the Armenian borderlands), and its own characters, here the Persians and the negligent tenants. All of this is kept rather short in our case, but we will encounter more such ‹stories within a story› later in this paper, and much more elaborate ones using additional narrative techniques. Even the praefationes explaining imperial motivations can be small narratives in themselves. In our example, it is only hinted at by briefly evoking the threat to the provinces: «especially at a time when wise provision is being made for the safety of the provincials». But again, we will find much more elaborate examples later. Even the dispositive parts sometimes manifest elements of narrative. This is the case, as in our example, when the legal provision is phrased as a conditional if clause: the tenants may retain their possessions «on condition that» (*sub ea condicione si*) they duly pay; «or if they should refuse to pay, they shall immediately

15 Genette (2007), 15.
16 See below n. 57 on the forms these addresses could take.

refund these estates»; and finally «on condition» (*sub ea scilicet observatione*) that they refrain from protesting by supplication. Each of these conditional if/then clauses is a small, nuclear narrative in that it satisfies a minimal requirement for narratives: causality.[17] The same is true of the punishment section.

Narrativity is thus a fundamental, innate element of late Roman imperial constitutions. There are, however, varying degrees of intensity and elaboration. Whereas our first example *NTh* 5,3 is a rather inconspicuous, standard text (although there are constitutions with even less narrative qualities), other laws employ narrativity much more extensively. For example, consider the following novel from Majorian's early reign, *NMaj* 2 to Basilius, prefect of Italy, from March 458. It granted a tax indulgence and made several adjustments to the tax collection procedure, one of them being to transfer the responsibility for it from prefectorial and palatine officials to the provincial authorities.[18] This is how the first of these measures, the tax remission, is introduced (*NMaj* 2, pr.):

Imp. Maiorianus A Basilio ppo.

Ut primum mundo sacri principatus nostri rudimenta fulserunt, has potissimum salubres rei publicae cogitationes, quibus universitati remedia inpendenda conplectimur, sibi regni nostri novitas vindicavit fessas provincialium varia atque multiplici tributorum exactione fortunas et extraordinariis fiscalium solutionum oneribus adtritas solitae inlationis amisisse substantiam et defectum sui etiam in his, quae merito fuerant solvenda, sensisse: superindicticiis si quidem titulis in praeteritum possessor exhaustus, dum aegre solutionis trahit sub inpossibili devotione reliquias et pro temporis cursu novis subinde perurguetur venientium indictionum tributis et in redimendis adtenuatur indutiis, coacervatae in unum sarcina obnoxietatis obruitur et praecedentibus debitis neutiquam sufficiens ad futuram quoque inlationem minus idoneus invenitur. Quapropter [...].

Emperor Majorian Augustus to Basilius, Praetorian Prefect.

As soon as the first beginnings of Our sacred imperial power had shone forth upon the world, Our new reign vindicated to itself most especially these salutary plans for the State, in which We embrace the remedies that must be granted to the whole world. The afflicted fortunes of the provincials have been exhausted by a varied and multiple exaction of tribute and by extraordinary burdens of fiscal payments, and thus they have lost the substance for the payment of the customary tax; they have experienced a collapse also in the case of those taxes which should justly have been paid. Indeed, the landholder in the past has been exhausted by the tax accounts of superindictions, while he painfully carries the deficits of a full settlement under the burden of an impossible tax payment, and in proportion to the passage of time, he is oppressed repeatedly by new tributes of the future indictions and is impoverished by the necessity of purchasing delays, he is overwhelmed by the burden of an obligation that has been heaped into one mass, and since he is by no means adequate to the preceding debts, he is found unable to make future payments also. Wherefore [... then follows § 1, ordering a tax remission].

17 On narrativity and if clauses in law cf. Sternberg (2008).
18 For a detailed analysis of the law see Oppedisano (2013), 133–144.

Majorian's constitution offers a narrative twice as long as the one we saw in *NTh* 5,3, telling a story of the sufferings of the provincials under the previous tax regime replete with compassionate rhetoric and moving details: «afflicted» and «exhausted» are the fortunes of the provincials; «they have lost the substance» for the payment of their taxes, even the regular ones; while still «painfully carrying» old tax debts they are «oppressed» by new ones, «impoverished by the necessity of purchasing delays» and finally «overwhelmed» by the «mass» of obligations. Vague as all this remains, the passage's empathic rhetoric and sheer length make for a rich, arresting narrative. And there was more to come: An even longer narrative precedes the second ruling on the responsibilities of tax collection (*NMaj* 2, § 2). Abounding in grief and pity, it recounts how «contrary to the custom of the ancients» the palatine and prefectorial tax collectors «by enormous exactions ruined the landholder and the decurions», «extorting» all sorts of things «in accordance with their desire for looting». A series of micro-narratives amplifies this story, drawing an evocative picture of hopelessness and despair among the suffering provincial landholders. One such micro-narrative looks back to a more secure past: «Formerly, if a tax collector, being of low status (*humilis*, because they were provincial clerks) and personally known (to the taxpaying provincials), should have treated this collection too harshly [...], the trial judge of the province, who was easy to approach and ready to grant a hearing, would relieve the harassed persons of such depredations.» But the prefectorial and palatine tax collectors, being «terrifying» because of their high rank, could not be sued as they «rage(d) against the vitals and to the ruin of the provincials». In another micro-narrative we learn how the landholders give up: «In his lamentation for his hard suffering, the depredation of the savage tax collector seems more tolerable than the result of obtaining revenge», and while they are forced to give up their land they «no longer fear the loss of their fortunes, but savage imprisonment».[19]

19 *Praefectiani si quidem atque palatini vel aliarum potestatum adparitores conpetentium titulorum exactione suscepta contra veterum morem per provincias discurrentes enormibus exactionibus possessorem curialemque concutiunt et ita omnia pro arbitrio suae depraedationis extorquent, ut, cum aliqua pars certa vel minima publicis conpendiis inferatur, duplum aut amplius in sportulis avidus et praepotens executor accipiat. Hinc est, quod vetus providentia dispositioque maiorum, quam in omnibus sequimur atque reparamus, provincialibus iudiciis exequenda commisit, quibus adnitentibus per singularum municipes civitatum moderatione tractabili fiscalium tributorum celebraretur inlatio. quam si acerbius humilis notusque conpulsor pro sui conpendii utilitate tractasset, confestim depraedationibus vexatorum aditu audituque facilis provinciae cognitor subveniret. Nunc vero canonicarios superioris militiae auctoritate terribiles et in provincialium viscera et damna desaevientes nec arguere quisquam apud provincialium iudicem potest, cum resupinae adparituræ et totum sibi de superioris cinguli fastidio blandienti potestas provincialis examinis subiecta famuletur nec de longinquis provinciae regionibus cum magno sumptuum expensarumque detrimento ad comitatum nostrum venire audeat ille qui queritur, cui sub duro patientiae gemitu tolerabilior videtur depraedatio saevientis quam sub magno observationis incommodo sustinendus inpetrandae ultionis eventus. Hinc est, quod per iniuriam conpulsorum destitutae ordinibus civitates idoneum nequeunt habere curialem, quod exigentium atrocitate perterriti possessores propria rura destituunt, cum non iam amissio fortunarum, sed saeva custodia et suspendiorum crudelitas formidatur, quae inmitis adparitor et executio militaris pro commodo suae cupiditatis exercet.*

Majorian's novel not only demonstrates how extensive and rhetorically elaborate the narrative sections in constitutions could be. It is also noteworthy for its lack of any indication that the law was prompted by a specific incident or complaint from a magistrate or provincial delegation. It is unlikely that the law would have omitted such a trigger if it had existed. Rather, it seems that the complex narrative presented in this law was wholly fictitious, a story entirely made up by the *quaestor sacri palatii* who drafted the law. Apparently, at least in some cases elaborate narratives were regarded as an indispensable component of this type of text even if there was no concrete occasio legis to be told.

But the intensity of the narratives deployed in these laws were not solely determined by their length and rhetorical flourishes. It also proceeded from narrative techniques employed in these stories. An example for the use of such devices is novel 15,2 of Theodosius II, a letter from 444 to the praetorian prefect of *Oriens* Zoilus denying municipal decurions access to illustrious rank. After an introductory section decrying the «audacity» of «impertinent» and «lawless» people that made the enactment of the law necessary, § 1 provides a detailed account of the circumstances surrounding the law's inception. At the centre of the story is a prominent figure in the city of Emesa (present-day Homs) in Syria named Valerianus.

1. Quantum igitur magnitudinis tuae suggestio patefecit, Valerianus Emisenae civitatis curialis, iuris publici legumque grassator, ob hoc sibi inlustris cingulum honoris inmerito per subreptionem adsumpsit, ut illius subnixus infulis dignitatis contumeliosum sui posset amplificare propositum. Magna enim stipatus barbarorum caterva secretarium provinciae moderatoris inrupit, priorem sibi locum ausus est vindicare, dexter adsedit ei, cui iura commisimus, cui fata provincialium duximus esse credenda, ita ut omne eius fugaret officium, vasta omnia ac sola relinqueret. Qui non magis opibus dives quam sceleribus plenus, aliis quoque curialibus domi suae susceptis, ut publica ratio fraudaretur, servile praesidium exactoribus contra publicam obposuit disciplinam, quo magnum dispendium nostrae serenitatis aerarium per eius pateretur vesaniam. In quem oportuerat acerbioribus legum aculeis vindicari, nisi nos mansuetudo, quae adsolet, temperaret et ad suam consuetudinem lenitatemque redigeret.

1. Therefore, as the report of Your Magnitude has revealed, Valerianus, a decurion of the municipality of Emesa, a transgressor of the public law and the statutes, assumed for himself unjustly and surreptitiously the cincture of office of an Illustrious honour, in order that he might rely on the insignia of such high rank and might be able to fulfil his insolent design. For accompanied by a great horde of barbarians, he rushed into the private council chamber of the governor of the province, he dared to vindicate a prior place for himself, he seated himself on the right of the man to whom We have committed the laws, to whom We considered that the fate of the provincials should be entrusted, and thus when he had put to flight all the office staff of the governor, he left everything devastated and deserted. He was not richer in resources than he was full of crimes, and he also received other decurions at his home, in order that the public accounts might be defrauded. He placed a garrison of slaves in opposition to the tax collectors, contrary to the public discipline, and thereby the treasury of Our Serenity suffered a great loss through his madness. Vengeance should have been taken on him by the more severe stings of the laws, if Our customary clemency had not restrained

Quapropter eum et cingulo et dignitate simul inlustri privari hac generali sanctione decernimus et curiae redditum per se aut substitutam personam, si ita viro clarissimo moderatori et curialibus visum fuerit, suarum periculo facultatum omnibus curiae fungi muneribus, iudiciariis ad similitudinem ceterorum sententiis paritur.	Us and restored Our customary mildness. Wherefore, We decree by this general sanction that he shall be deprived both of his cincture of office and at the same time of his Illustrious rank, that he shall be restored to the municipal council and at the risk of his own resources he shall perform all the compulsory public services of the municipal council himself, or through a substituted person, if it should thus seem best to the Most Noble governor and to the decurions. He shall obey judicial sentences in the same manner as all others.
2. Verum quia principale remedium generale esse oportet, ceteros quoque civitatum omnium curiales ab inlustri dignitate cum cingulo seu citra cingulum volumus in posterum prohiberi [...] *etc.*	2. But because an imperial remedy must be a general one, it is Our will that all other decurions also of all municipalities shall be debarred in the future from the rank of Illustrious, with or without the belt of office [...] etc.

The narratio presents a lengthy, detailed, and somewhat confused account of an insubordination in Emesa led by the insolent honorary *vir illustris* Valerianus. The unrest in Emesa appears to have been sparked by objections to tax demands as the text references allegations of fraud involving the *publicae rationes* and a «garrison of slaves in opposition to the tax collectors». As a result, the law revokes Valerianus' status as *vir illustris*, reinstates him to the decurionate, and requires him to complete all associated duties. Secondly, the affair is used as a precedent for a general ruling denying *curiales* the access to the rank of a (honorary) *vir illustris* as this rank afforded them a position in the hierarchy of state that allowed them to exert undue influence over imperial officials who mostly had inferior rank. The measure was consistent with numerous previous ones that restricted access to the senatorial order for *curiales*.[20]

The drafters of the constitution evidently took great care to create a compelling and evocative narrative to justify the need for the law. Again, one means they employed to achieve this was the inclusion of graphic details. Valerianus, we hear, was accompanied by a «throng» of «barbarian» bodyguards (*barbarorum caterva*) when he rushed into the *praetorium* of the governor; he usurped a seat to the right of the governor in the audience hall; and he «put to flight all the office staff of the governor and left everything devastated and deserted». The narrative continues in similarly rich detail as it relates that Valerianus allegedly defrauded the public tax records, for which purpose he «received other decurions at his home», and that he organised violent resistance against tax collectors, confronting them with a «garrison of slaves». Frequent references to specific locations, including Emesa, the *praetorium*, and the governor's *secretarium*, sparked the audience's

20 A survey in Jones (1964), 741–742.

imagination of the events. While these details provide context and depth to the narrative, most of them are ornamental; strictly speaking, only the information that Valerianus allegedly attempted to intimidate the governor and offered armed resistance against tax officials was relevant for the legal issue at hand as it provided justification to deprive local magnates of a rank that facilitated such insubordination. The vividness of the narrative even obscures the fact – perhaps on purpose – that Valerianus, given his rank as *illustris*, very likely was perfectly entitled to demand an audience with the governor and take a seat next to him.[21] But the richness of detail was highly evocative, and it created a vivid and engaging narrative for readers and listeners that explained the need for a strong reaction on the part of the emperor. The emphasis on the meeting in a private residence underlined this by adding a sense of secrecy and conspiracy to the story.

But the narrative also employed another device that increased its intensity and vigour. The story about Valerianus is imbued with personal remarks from the narrator that reflect his personal involvement in the events he describes. For example, Valerianus took the audacious step of «seating himself on the right of the man to whom *We* have committed the laws, to whom *We* considered that the fate of the provincials should be entrusted», the emperor thunders. Not just the treasury in general, but «the treasury of *Our* Serenity» suffered as a result of the insolence of Valerianus and his fellow decurions. The penalties would have been significantly more severe «if Our customary clemency had not restrained *Us* and restored Our customary mildness». The effect of this rhetoric is that the narrating emperor is personally present in his own story, which makes Valerianus' insubordination appear even more egregious. He not only revolted against the provincial governor and tax authorities, but also committed a personal offense against the imperial narrator of the story. The effect is reinforced by the general tone and vocabulary that highlight the personal indignation of the narrating emperor (*contumeliosum propositum, ausus est*) as well as rhetorical techniques such as the anaphora *cui* – *cui* and the disjointed character of the narration, which convey a sense of agitation. The emperor, in his role as the narrator, became deeply invested in the narrative, to the extent that he became a character in the story itself.

This technique is – in varying intensity – employed more than once in late Roman legislation. Another example is novel 8,1 of Valentinian III, addressed to a prefect of the City of Rome in 440, which concerns the illegal occupation of property (*invasio*). After a standard preface highlighting the emperor's role as a protector of property rights, a detailed account in § 1 outlines the occasio legis:

Movet siquidem serenitatem nostram viri inlustris Auxiliaris tam iusta quam vindicanda conquestio, cuius querellis et subiectorum series fidem tribuit et magna adsertio virtutum multis perennitati nostrae administrationibus conprobata: qui

The just as well as vindicable complaint of the Illustrious Auxiliaris moves Our Serenity, since on his complaints trustworthiness is conferred both by a series subjoined statements and by his great claim to virtues which has been proved to Our Eternity by his many administrative

21 On the privilege and order of seating with regard to *illustres* see *CTh* 6,8,1 and 6,35,3.

se domus suae possessione intra urbem venerabilem positae nullius litis actione pulsatum per inlustrem virum Apollodorum patefecit esse depulsum, absentiae videlicet suae occasione captata, dum, si qua precatio fuisset in causa, non parvis temporibus Romae in eadem domo consistens a memorato inl(ustr)i viro actione proposita potuerit conveniri. Quando, hoc quod in praedicto viro inlustri non perspicimus observatum, possessorum praetermissa conventio est? quando dominis non sunt denuntiata litigia et de cognito potius negotio expectata sententia? aut quae patrimoniorum potest esse securitas, si toties insidietur invasor, quoties possessores esse contingit absentes? [...]

offices. He has revealed that he was driven by the Illustrious Apollodorus from possession of his home which is situated within the venerable City, although he had not been sued by any action of litigation. Of course, the occasion of his absence was seized upon, while, if there had been any petition for the suit in the case, since he remained for no small periods of time at Rome in the aforesaid house, he could have been sued by the aforesaid Illustrious man in an action which had been brought. When has the legal summons of possessors been disregarded, a procedure which We perceive has not been observed in the case of the aforesaid Illustrious man? When have litigations not been announced to owners, and the sentence been awaited from a suit that has been tried? What security can there be for patrimonies if each time that possessors happen to be absent a person lies in wait and commit forcible entry and seizure? [...]

A certain Auxiliaris, of illustrious rank, had initiated legal proceedings against his peer Apollodorus for the illegal seizure of Auxiliaris' property in Rome while the latter was absent. It appears that they had a dispute over the ownership of the property, and Apollodorus took possession of it by force without awaiting a judicial decision. In § 3 (not cited above), the house and its furnishings were returned to Auxiliaris, and a general ruling prohibiting the seizure of contested property prior to a definitive sentence was renewed (§ 2).[22] Once more, the audience is offered a vivid story in which the narrator – the emperor – demonstrates personal involvement in the narrative. This is evident in the emperor's explicit expression of sympathy for Auxiliaris, his mention of the latter's «just complaint», and his reference to Auxiliaris' long-standing service in the *militia* that created a personal bond between them. Ultimately, the emperor shows himself «moved» by Auxiliaris' complaint: *Movet siquidem serenitatem nostram viri inlustris Auxiliaris tam iusta quam vindicanda conquestio*. Moreover, at the end of the narratio, a tricolon of rhetorical questions expresses outrage about Apollodorus' contempt of the courts, once again demonstrating the imperial narrator's strong personal involvement in the case: «When has the legal summons of possessors been ever disregarded [...]? When have litigations not been announced to owners, and the sentence been awaited from a suit that has been tried? What security can there be for patrimonies

22 Additional rulings deny an unspecified group of women somehow involved in the dispute any claims to the property (§ 4) and make Apollodoros liable for restoration of all further property of Auxiliaris – movables, maybe? – that were alienated during the forcible seizure (§ 5). For a brief survey of the legal issues touched in the law see Elia (2000), 281–284, with further references.

if [...] a person lies in wait and commit forcible entry and seizure?» The effect of this presentation is clear: the emperor is seen to take action – the prohibition on the forced seizure of disputed property – not because of a desire to uphold an abstract legal principle, but because he was personally affected, involved, and indeed offended. This message is conveyed not only through rhetorical means, but also through narrative technique: the history of how the legal measure was taken is not presented from a detached, authorial perspective, but from the perspective of someone involved in the events being narrated. Narratologists call this technique a «homodiegetic» or «personal narrator», who is an active participant in the events and offers a first-person perspective on the story.[23] This can be more complex in literary texts, but the underlying technique is essentially the same. The result is a more intense and engaging narrative than in cases where the narrator is an auctorial voice with minimal personal involvement, as seen in our first text, *NTh* 5,3.

Novel 23 by Theodosius II, a letter to the praetorian prefect of the East from 443, sees the narrating emperor take an even more active role in his own narrative. The law orders a general reconfiscation of municipal property that had been usurped (*detentae*) by private persons in the past thirty years, with the exception of alienations made with the consent of the imperial and municipal authorities (§ 1). Apparently many tenants had treated these assets as if they were private property and ceased to pay rent. Again, the measure is preceded by an elaborate narrative. After the usual programmatic introductory statement in the *praefatio* – «with the highest zeal and with Our whole strength, We strive that the municipalities which are subject to Our sway shall live in perpetual felicity» – Theodosius provides a detailed account of how he arrived at his decision:

Cum voti causa per Heracleotanam civitatem transitum faceremus, petitionibus civium eiusdem maxima sumus conmiseratione conmoti, qui tam murorum suorum quam aquaeductus nec non etiam aliorum operum publicorum, utpote longo tempore neglectorum, curam fieri oportere nostris provisionibus flagitarunt. Et quoniam saepe ab una civitate vel homine postulatum remedium generalem solet formam correctionis adferre, horum desideriis adnuentes liberalitatem nostram ad omnes provincias ducimus propagandam. Tunc enim maxime vota proficiunt, cum statui rei publicae, quae causa votorum est, consulatur.

When for the sake of a vow, We were making a passage through the municipality of Heraclea, We were moved to great compassion by the petitions of the citizens of the aforesaid municipality, who requested that care should be given by Our provisions to their walls as well as their aqueduct, and also their other public works, on the ground that they had been neglected for a long time. Since often a remedy requested by one municipality or one man customarily occasions a general rule for correction of wrong, We agree to their requests, and We determine that Our generosity must be extended to all provinces. For vows are especially effective when wise provision is thereby made for the condition of the state which is the cause of Our vows.

23 Genette (2007), 254–264.

1. Omnibus itaque consiliis diu nostro animo volutatis nullam salubriorem causam revocandae pristinae beatitudinis invenimus [...] etc.	1. Therefore, for a long time now We have revolved in Our mind all Our plans, and We find no more salutary way for recalling the former felicity than [...] etc.

Theodosius begins his story by telling the audience that he was on a journey which he had undertaken because of certain *vota* – perhaps the *vota publica* on the occasion of his 35th throne anniversary in 443[24] – and passed by a city called Heraclea.[25] The first of these details – the journey because of vows – was, for

24 The journey is otherwise securely attested only in *Chr. pasch.* p. 584 Dindorf, recording Theodosius' entry in Constantinople from an *expeditio Asiana* on the 27th August 443, and Marcellinus Comes chr. 11.2 (*MGH AA* XI, p. 81), giving the same information without the day. Both mention no reason for the trip. A. Lippold, *RE* Suppl. XIII (1973), 993 s. v. Theodosius II. links it with the outing to Heraclea Pontica mentioned (without a date) in Soz. *h. e.* praef. 13. According to this source, Theodosius wanted to visit and reinvigorate (or rebuild?) the city as it had become «weary because of its age». It is, however, unlikely that this was the same journey as the one attested in *NTh* 23 in the year 443: cf. next footnote and Roueché (1986), 130–132. To her arguments one might add that Soz. *h. e.* praef. 13 speaks of a journey from the capital to Heraclea Pontica in hot summer, while *NTh* 23 was given on the 22nd May 443 far from Heraclea Pontica, in Aphrodisias (in Caria or Thrace, see next footnote). These dates cannot be reconciled. As Theodosius is last attested in the capital on 9th March 443 (*NTh* 22,2) he must have passed by Heraclea (whichever city of that name it was, see next footnote) in April or May, not in summer. Finally, Soz. *h. e.* praef. 13 does not mention imperial *vota* as the reason for the journey. Perhaps a special gold coinage issue (*CIL* X, Nr. 285–329) can be linked to the 443 trip – Kent (1956), 202–203 –, but even if so, this does not elucidate the nature of the *vota*.

25 Until recently, Heraclea has mostly been identified with Heraclea Salbaces, assuming that the law was given in Carian Aphrodisias, a few miles further along the road to the Maeander valley: Robert/Robert (1954), 153–154, collecting archaeological and literary evidence showing that the city still flourished in the fifth century; cf. ibid. 158 on the remnants of the walls of Heraclea and 199 on a milestone from the vicinities with a dedication to Theodosius II. Robert/Robert (1954) was followed by Roueché (1986) and many others. The consensus has recently been challenged by Destephen (2018), 296–298, and Feissel (2020), proposing Heraclea Perinthus. Aphrodisias would then be the town of that name at the entrance to the Thracian Chersonese which Theodosius might have visited to inspect the defence wall across the Chersonesean Isthmus in the face of looming Hunnic threat. The stop in Heraclea may have been related to local saint cults that he visited in accordance with his vows. Feissel presents two arguments against Heraclea Salbaces. First, no traces of the aqueduct mentioned in the law have been found there. Second, the city did not have a sanctuary important enough to warrant an imperial visit due to a vow. The latter argument is invalid. The law states that Heraclea was not the destination of Theodosius' trip; he merely passed through the city (*cum transitum faceremus*). Furthermore, if the aforementioned vows were indeed Christian, he may have come from a pilgrimage centre such as Hierapolis in Phrygia, which boasted the burial place of the Apostle Philip, and/or was en route to Ephesus, renowned for its cults of Mary, the Apostle John, and the Seven Sleepers. Indeed, there is evidence that Theodosius II visited these cults (at an unknown date, however): Destephen (2018), 300–301. Moreover, Feissel (2020), 541 draws attention to a rescript of Theodosius II concerning Ephesos which opens with words that sound familiar to the themes of *NTh* 23: *Omnes quidem] civitates no[stro piissimo imperio subiectas] [perpetuo in] omni felicita[te versari cupimus, sed specialem] curam splen]didissimae civitatis Efesiorum habemus*. The rescript is not dated but could have been issued before Theodosius sailed back to Constantinople where he arrived on the 27th August (see previous note). Of other places called Heraclea, Heraclea Pontica can be

legal purposes, an entirely superfluous information. But it had narrative effects. Firstly, defining a narrative time and referencing the city of Heraclea as a concrete narrative space helped the audience to visualise the setting for the story, including images such as the sight of the travelling imperial *comitatus* and the prospect of a city. The fact that Theodosius' journey, one of his rare outings from Constantinople, was widely publicised[26] and that the audience was likely already aware of the event, may have facilitated their picturing of the scene. Secondly, framing the trip as the fulfilment of a personal vow – a theme that recurs at the end of the narration – lends the ensuing first-person account a personal touch; it immediately engaged the audience with the narrating emperor's personal involvement in the story and how the law came about. So did personal remarks: when Theodosius tells how the citizens of Heraclea petitioned him for help with the repair of their public buildings, their supplication, we are told, «moved Us to the greatest compassion» (*maxima sumus conmiseratione conmoti*).

This show of personal involvement continues as the imperial narrator reveals his thoughts when pondering the request of the Heracleotae. The audience is informed that he saw the request as an opportunity to ameliorate a pitiful state of affairs in the area of municipal finance in general, and that he came to realise «that Our generosity must be extended to all provinces». Moreover, he felt a personal obligation to find a remedy for the problem because of his vows: «for vows are especially effective when wise provision is thereby made for the condition of the state which is the cause of Our vows». But finding an appropriate remedy, the imperial narrator lets the audience know, proved to be difficult: only after «having, for a long time, revolved in Our mind all Our plans» he found a «salutary way for recalling the former felicity». The audience thus witnesses the emperor considering the request of the Heracleotae from a very personal perspective, a form of presentation that highlights the imperial narrator's personal involvement in the events. Once more, we encounter a narrative featuring a personal, ‹homodiegetic› first-person narrator who presents the events leading to the emergence of the legal measure through the eyes of a character in the story, the emperor. This personal perspective is once again evoked at the conclusion of the text. In the publication order, Theodosius, in a somewhat unconventional move, adds a personal remark: «These regulations are of the utmost importance to Us, and we prioritise them above almost all other considerations.» The result of all this is a compelling narrative that stands out due to its intensity and vividness.

excluded, see previous footnote; probably also Heraclea ad Latmum, suggested e. g. by Millar (2006), 9: it boasted impressive Hellenistic city walls (Krischer [1922]) and also still functioned in the fifth century (Bürchner, *RE* 8.1 [1912], 432–433 s. v. Herakleia 15), but it is difficult to see the destination en route to which Theodosius would have passed through the place.

26 As is evident from the entries in Marcellinus Comes and the *Chronicon paschale* cited in note 24 and the potential reflection in the coinage mentioned in the same note.

2. Narrativity, its contexts and purposes

Further examples could be provided, but the cases presented should suffice to draw initial conclusions about the narrative character of late Roman constitutions, the purposes of their narrativity, and the narrative techniques they employed. As previously noted, a narrative structure is a defining feature of the late Roman constitutions under discussion, laws in the form of letters to magistrates with general force (and similar patterns could be shown in other types of general laws such as imperial edicts *ad populum* or *orationes ad senatum*). The textual structure of these documents, which progresses from the narration of the occasio legis to the dispositive part and from there to the sanctions and publication order, is itself a narrative. Furthermore, many constitutions employ elaborate narratives and a variety of narrative techniques in the sections that describe the decision-making process. What was the rationale behind this story-telling? Why was narrativity such a prominent characteristic of late Roman constitutions?[27]

One factor that may have played a role is the use of rhetorical models. It has been postulated that the structure of late Roman constitutions reflected the standard sequence of components of a forensic speech as taught in rhetorical schools.[28] According to ancient rhetorical theory, a courtroom speech typically comprised four or five fundamental components, in addition to which rhetoricians have proposed a variable number of supplementary subdivisions and refinements: a *prooemium* (or *exordium*, or otherwise); the *narratio* explaining the facts of the case; the *argumentatio* or *probatio*, offering proof for the claims of the speaker including, where relevant, refutation of the opposing party's allegations (which was often regarded as a separate, fifth component); and the concluding resumé and appeal to the judges (*peroratio*).[29]

27 To avoid misunderstandings: narrativity by no means was an exclusive feature of late Roman legal enactments. Imperial decrees and rescripts from the early and high principate also feature elements of narrativity, for the simple reason that they normally reacted to concrete cases the circumstances of which they recounted, however short this account often was: cf., e. g., Augustus' Cyrene edicts (Oliver [1989], nr. 8), or his letter to the city of Cnidus (*IK* 41, no. 34). The same is true for *senatusconsulta* or edicts of magistrates. Additionally, within the framework of the late Roman legal system, not only general constitutions but also a range of case-specific rulings could feature narrative elements, see, for instance, the examples provided n. 35–37. Still, it remains a defining feature of late Roman general laws – even of rather sober examples such as our first text, *NTh* 5,3 – that they are distinguished by a relatively elaborate, in some cases extremely elaborate use of narrative techniques. This propensity to narrate demands explanation.

28 Voß (1980), 252. On the importance of training for forensic oratory in late Roman rhetorical education Heath (2004), 277–331; Humfress (2007), 106–115, esp. at 109–111. On the role of rhetoric in legal education in late antiquity see Voß (1982), 43–57, making a plausible argument that the rhetorical elaboration of legal texts was a subject of legal training in the law schools of the late antique West and conversely that legislative technique was also taught in rhetorical schools.

29 For a classic survey of ancient theorising on the components of a forensic speech see Martin (1974), 52–60. See also 60–75 on the proem and 75–89 on the *narratio*. Pferschy (1986), 93–102, and Kakridi (2005), 3–51, both analysing Cassiodorus' official letters in the *Variae*, underline the importance

Of these components, the preamble, the purpose of which was to make the judge(s) attentive and benevolent towards the speaker and his case, had an equivalent in the praefationes of imperial constitutions expounding the motivations and principles guiding the emperor – they also were designed to convince the audience of the emperor's best intentions and draw it into the ensuing narrative. While parallels between the dispositive part of constitutions and the *argumentatio* of a forensic speech are restricted to their position after the narrative part, elements of *peroratio* can be found in the section on penalties and the publication order of constitutions which sometimes refer back to the reasons for a ruling and often, like their counterpart in speeches, have a strongly emotional quality.[30] But the most evident link between the two genres are the narratives. In rhetorical treatises and handbooks, including those of the late Roman age, their composition loomed large, which reflects the central role the training in composing narratives – forensic and other – had in rhetorical education.[31] Beyond the *genus iudiciale*, narrative played an important role also in epideictic oratory including panegyrics on magistrates and emperors, welcome speeches and addresses on other political occasions, all of which had an important place both in late Roman public life and in schoolrooms.[32] It is a plausible assumption that training in these genres manifested itself also in the narratives that *quaestores sacri palatii* – all of them highly skilled rhetors[33] – composed for the laws. Indeed, some of the narrative strategies we encountered in the previous section were discussed in ancient rhetorical handbooks and trained in schools; these include, for example, the requirements of vividness (*evidentia/enargeia*), the use of emotions, or *ethopoeia*,

of epistolary traditions for the protocol of late Roman official letters (including constitutions of the letter-type). But as they themselves show, also late Roman letters were typically comprised of four sections, and it is possible that letter-writing in this respect was influenced by the rules of (forensic) oratory: Kakridi (2005), 47. Moreover, in comparison to theory on oratory there is little trace of ancient theorising on, and teaching of, (official) epistolography: ibid. 41–42. In the following, therefore, I concentrate on the link to rhetorical traditions, without denying the influence of epistolographic traditions.

30 As in *NTh* 23, see above.

31 Knape (2013), with reference to Martianus Capella, Aphthonius and Priscianus at 104–5. For the importance of forensic *narrationes* in rhetorical education see further the long treatments in Quint. *inst.* 4,2 and elsewhere (see O'Banion 1987), and in late Roman rhetorical handbooks such as Fortunatianus, *Ars rhetorica* II.16–20 (ed. Halm [1863], 110–113, and Calboli Montefusco [1979], 122–127; cf. the latter's introduction on the author, the work, and its date); C. Marius Victorinus, *Commenta in Ciceronis rhetoricam* I.27–29 (ed. Riesenweber [2013], 67–76; cf. Riesenweber [2015], I, 1–54 on author, work and date) and C. Iulius Victor, *Ars rhetorica* 16 (ed. Halm [1863], 423–427, and Giomini/Celentano [1980], 71–76; on author, work and date cf. U. Schindel, *HLL* 6 [2020], § 617.3).

32 Cf. only the chapters on *basilikoi logoi* (imperial panegyrics) and *epibaterioi logoi* (welcome speeches for governors) in the late third-century handbook attributed to Menander Rhetor, book II, 1 and 2, with advice to include narratives on the biography and exploits of those praised. A survey of the use of exempla, myths and history in late antique panegyric in Portmann 1988.

33 On the *quaestores* see Honoré (1986) and (1998) as well as Harries (1988).

the art of impersonating a character (like the personally involved emperor in the laws discussed) and taking his perspective.[34]

Another factor contributing to the narrativity of imperial constitutions was administrative procedure. The majority of our general laws were prompted by *suggestiones* from magistrates, official reports, or referrals from the court of a magistrate. Sometimes, these laws were initiated by petitions from individuals or public bodies, such as city councils, provincial assemblies, or religious institutions. Others were the result of trials held in the imperial court. It is reasonable to assume that the narrative of the occasion that gave rise to the resulting constitutions sometimes reflected the narratives of the underlying *suggestio*, reports, petitions, or judicial documents. There is evidence that this was standard administrative procedure for case-specific imperial rescripts. Their narration of the circumstances that led to the measure often paraphrased and sometimes even echoed the wording of the underlying petition. Perhaps the best example of this procedure can be found in the well-documented case file concerning the appeal of the city of Orcistus in Phrygia to the emperor Constantine to regain its status as an independent *civitas*: Constantine's letter to the prefect Ablabius in response to the plea clearly echoes the arguments and structure of the Orcistans' petition, which is partially preserved in the *exemplum precum* displayed on the inscription.[35] Another example is a rescript of Theodosius I responding in 383/4 to a petition from two Luciferan priests who alleged that they were wrongfully accused of heresy by Nicenes. The rescript to the prefect of *Oriens* ordering him to protect the applicants and their partisans from further harassment explicitly refers to the underlying *petitio* of the priests and echoes some of their motives.[36]

Dossiers like these, preserving both an imperial enactment and the text motivating it, are rarely extant. However, we have numerous cases where an underlying petition is explicitly referenced or where details are provided that strongly suggest the text is a paraphrase of the petition. A well-known example is Constantine's rescript to the city of Hispellum on its imperial cult. After a brief

34 On *evidentia* in ancient rhetorical theory see Kemmann (2013), 39–45, on emotions Krämer (2013), on *ethopoeia* Tilg (2019).

35 *MAMA* VII, 305; most recent edition in Feissel (1999). The letter to Ablabius (document 2 in the dossier) refers explicitly to the petition (*adseruerunt enim*..., l. 16), mentioning that the Orcistans claimed to have been an *oppidum* for long and that they enjoyed a favourable location at the crossroads of four important roads. This takes up the arguments and the sequence in which they were made in the petition given in the *exemplum precum* (document 3) on the stone. The document is incomplete and truncated after this, but it is highly plausible that also further statements in the letter to Ablabius on the splendid urban amenities of the place, its abundant water supply and its Christian faith were taken from the petition – the imperial chancellery could hardly have known such details. See also Corcoran (2014), 191–192.

36 *Avell.* 2 (the petition of the priests Marcellinus and Faustinus, in fact more of an apologetic treatise, given its extraordinary length) and 2a (the rescript), with the references to the petition at § 3–5. A recent edition and detailed commentary of the dossier is provided by Canellis (2006).

praefatio, it begins the narration of the issues at stake with the words *cum igitur ita vos Tusciae adsereretis esse coniunctos*, which, like other details provided in the text, very likely refers to the city's petition or the pleading of a delegation at court.[37] As has been demonstrated, also a number of Justinianic rescripts in the collection of his novels almost certainly reflect the structure or even the exact wording of the petition to which they respond. Furthermore, the Justinianic novels include general laws that appear to be based on a petition and seem to paraphrase the original text. For instance, the narration of novel 2 on the law of inheritance frequently refers to the facts presented in the *hikesia* of a certain Gregoria in an inheritance case. Similarly, another law, *NJust* 39, mentions petitions from multiple individuals regarding inheritance in the *narratio* and provides detailed coverage of two of them before making amendments to the existing law.[38] In light of these parallels, it is reasonable to conclude that the narrative presentation of the occasion of the law in at least some of the fifth-century constitutions presented in section I reflects the content of the documents submitted to the court that prompted the enactment of the law. For example, the story about Valerianus of Emesa in *NTh* 15,2, with all its graphic details, is likely based on a report from the governor submitted directly to the court or via the praetorian prefect.

Not least important were legal considerations that motivated the inclusion of detailed narratives of the circumstances behind a law. It was not uncommon for the imperial consistory to have only a petition or official report as the source of information regarding the matter at hand. For this reason, rescripts – especially so-called indirect rescripts that did not respond directly to a petitioner but ordered an official to take action on behalf of a petitioner – were regularly accompanied by a copy of the petition to demonstrate the basis for the emperor's decision. In some cases, the recipient was explicitly ordered to verify the accuracy of the claims made in the petition. This administrative practice was still observed in late antiquity.[39] It is reasonable to conclude that the same logic could inform narrative

37 *CIL* XI, 5265; note the parallel between *adsereretis* here and *adseruerunt enim* in the imperial letter to the prefect in the Orcistus dossier that initiates the paraphrase of the petition of the Orcistans.

38 The argument is Feissel's (2004, at 40–44). Examples for rescripts include *NJust* 155 (533), a pragmatic sanction that begins, in lieu of a *narratio*, with a lengthy paraphrase of the underlying petition that evidently mirrors its wording. Similar in *NJust* 121 (535) and 158 (544) and *SEG* 54, 1178 = Feissel (2004a), a dossier with a petition from Didyma-Iustinianopolis on tax issues. General laws: *NJust* 2 pr.; *NJust* 39 pr.

39 Classic examples are the dossier around the petition of Scaptopara from 238 (ed. Hallof [1994] and Hauken [1998], nr. 5), including the long petition of the Scatoparenses, an additional excerpt of proceedings before the governor, and finally the brief imperial subscription; similarly, the Saltus Burunitanus dossier of 181 (Hauken [1998], nr. 1) or the petition from Aragua in Phrygia (244–246), where the imperial *rescriptum* explicitly orders the proconsul to check the veracity of the allegations made in the subjoined petition (Hauken [1998], nr. 6). late Roman examples apart from the Orcistus dossier (see above) include *P. Leid. Z* (ed. Feissel/Worp [1988]), a petition of Appion, bishop of Syene, with Latin imperial *adnotatio* of Theodosius II to a magistrate; *ACO*

presentations of the occasio legis in general laws. This is particularly likely when a law combines a general ruling with a decision on a specific case. Valentinian III's novel 8,1 serves as an illustrative example. It is a plausible assumption that the narration of Auxiliaris' and Apollodorus' dispute in the law is based on the presentation of the dispute in the petition of Auxiliaris that prompted the law. This is supported by the text's references to his *conquestio* and *querellae*, which expounded – *patefacere* – the case. In this way the narration documented the basis on which the emperor had decided in Auxiliaris' favour. Valentinian's jurists had good reason to be cautious. For the dispute was not concluded with the issuance of novel 8,1. A subsequent enactment, transmitted as novel 8,2, revoked the decision concerning the disputed property on the basis of a supplication from Apollodorus that had apparently demonstrated the inaccuracy of Auxiliaris' claims.

However, neither rhetorical models nor administrative procedure and legal necessities can alone explain the elaborate narrativity of some constitutions. In one way or another, narrative elements in all late Roman constitutions serve an additional purpose. Together with the statements in the praefationes and the rhetorical elaboration that characterises imperial constitutions, their narrative elements were instrumental in achieving the communicative and propagandistic aims these legal enactments always had.[40] For instance, consider Majorian's aforementioned constitution on tax matters (*NMaj* 2), with its highly elaborate narrative components. The law made practical concessions to the interests of the landholding elites by offering a tax exemption and adjusting tax collection to their advantage as the provincial officials who were to oversee it were easier to keep in check than the palatine or prefectorial bigwigs who had done this before. At the same time, it served as a communiqué: a few weeks after his accession[41] Majorian, who faced significant challenges upon assuming power, leveraged the

II,3,1 § 572–575 p. 152–153 (Greek) = II,2,1 p. 136–137 (Latin version): petition of the archimandrite Eutyches, followed by a rescript of Theodosius II to the council of Ephesos in 449 ordering examination of the veracity of Eutyches' claims; *ACO* II,1,1 § 833–836 p. 177–178 (Greek) = II,3,1 p. 167 (Latin): another petition of Eutyches followed by an *adnotatio* to the *magister officiorum*; *ACO* II,1,3 § 4–7 p. 403–404 (Greek) = II,3,3, p. 492–493 (Latin): order of Theodosius II to the council of Chalcedon in 451 with the attached petition that motivated his order. *Cons.* 9,2 (365), a private rescript, concedes that the judge will act in the petitioner's interest, provided his allegations are confirmed (*approbatis allegationibus*). Interesting indirect proof for the practice comes from a passage in the acts of the Donatist-Catholic contention in Carthage 411, where a bishop asks the presiding magistrate after the imperial rescript authorising him to hold the convention had been read out to present also the petition that motivated it, «so that it can be heard why the meeting was held»: *Lectum est rescriptum. Legantur et preces, ut causa possit audiri.* Interestingly, the magistrate claims that – «as your holiness surely knows» – that petitions are normally not included in *pragmatica rescripta (peritiam sanctitatis vestrae arbitror non latere pragmaticis rescriptis preces inseri non solere)*, which seems to contradict the evidence cited – but also the bishop's own expectation; for discussion of this text see Feissel (2004), 39–40.

40 For recent systematic studies on the propagandistic use of these texts s. above n. 5.

41 Probably on 28th December 457: for debate see Siebigs (2010), 790–801; Oppedisano (2013), 105–112.

legal enactment announcing these concessions to enhance his image as a capable and responsive ruler. The elaborate narrative about the hardship faced by the provincials due to excessive taxation and oppressive collectors was a crucial element in this communication strategy. It offered a vivid and compelling portrayal of Majorian's reign as a solution to the challenges faced by the provincial elite. While Majorian's novel may be an extreme case, similar observations can be made elsewhere. In *NVal* 8,1, the story of Apollodorus' premature seizure of disputed property in Rome provided Valentinian III with an opportunity to present himself as a guardian of elite property and lawful procedure. And in *NTh* 23, the tale of his encounter with the Heracleotae allowed Theodosius II to demonstrate imperial munificence towards the cities.

But the communicative functions of these narratives were not limited to showcasing imperial virtues and principles of government. These narratives could also be used to discredit insurgents and their supporters by portraying the more intimidating aspects of imperial authority. This was likely an objective of the irate account of Valerianus of Emesa's defiance against tax demands in *NTh* 15,2, featuring a personally offended imperial narrator. Furthermore, narratives in imperial constitutions sometimes served to explain politically sensitive decisions. In *NVal* 8,1, for instance, the circumstances of the underlying property suit indicate that the narrative presentation of the facts that led to the initial decision did not simply adhere to a legal rationale. The dispute concerned a residence in the city of Rome and originated between two *viri illustres*, men adorned with the highest rank available in the late empire. As recounted in the law, one of the individuals in question was a former imperial official who had served in numerous magistracies. He may have been the Auxiliaris who is known to have held the position of praetorian prefect of Gaul in the later 430s and could potentially be identical with another Auxiliaris attested in 445 as prefect, possibly of the city of Rome. In these aristocratic circles, lavishly decorated urban houses were prized assets in the quest for social distinction and pre-eminence.[42] Any attack on such a house would have significant political implications. Consequently, for the emperor, a decision in either party's favour would result in the making of enemies. He therefore had to present a convincing rationale; hence the detailed account of Auxiliaris' afflictions at the hands of Apollodorus. The sensitivity of the matter is evident from the manner in which the decision was revoked in *NVal* 8,2. The emperor manifestly felt obliged to provide an extensive explanation for his actions in a lengthy narrative for why he had «pondered and investigated all these matters» anew: «if hasty deliberation has committed any fault in issuing laws, after the first impetuous haste, it shall be revoked by a more carefully weighed

42 On Auxiliaris, see *PLRE* II s. v. Auxiliaris 1 and 2. All we know about Apollodorus comes from this law. On the importance of housing for the aristocracy of the city of Rome in late antiquity cf. Machado (2019), 201–262. See Humphries (2012) on Valentinian III's courting of the senatorial aristocracy in Rome, contextualising *NVal* 8.1–2 at p. 174–175.

plan»; «innumerable examples show» that «laws can be emended by their issuers»; the mistake happened only because «We were aroused by Our hatred of forcible seizure that had been alleged to Us».[43]

It is not unexpected that such narratives are frequently particularly detailed when a law took unpopular measures. In response to the Emesa incident, *NTh* 15,2 prohibited *curiales* from obtaining the honorary rank of *illustris*, evidently because this brought them in a position to put undue pressure on imperial officials. This ban effectively removed an opportunity for social advancement and distinction for the provincial aristocracy. It was inevitable that such a measure would provoke resentment. It was therefore necessary to provide a compelling justification, which the story about the insolent *decurio* Valerianus was designed to do. The rationale behind Theodosius' story about his journey and stop at Heraclea in *NTh* 23 was similar. As a solution to the financial problems of the cities the law ordered a general reconfiscation of the municipal land and urban real estate that was in the hands of private persons. Once more, this was a decision that was likely to be highly unpopular with the ruling class. This social group had privileged access to renting municipal land, and many of its members probably had a hand in bringing about the situation that prompted the law, for example, by not paying rent, an endemic problem in the later Roman empire.[44] The vivid and moving personal narrative provided by *NTh* 23 served to explain and justify the rationale behind a contentious government policy.[45]

43 *Idem aa. Auxentio praefecto urbi. Habet hoc insitum sollicita aequitatis examinatio, habet secundarum cogitationum subtilior et exactior cura, ut, si quid in legibus ferendis post impetum primum deliberatio properata deliquerit, hoc consilio perpensiore revocetur. Permittit enim consuetudo ipsa rerum, adstipulantur innumera vetustatis exempla multas leges a suis latoribus dempta aut addita parte posse corrigi, multas tractatu maturiore penitus abrogari. Quod nunc de abolenda constitutione decernimus, quam non ante multos menses ad preces inlustris viri Auxiliaris promulgaveramus moti ingesta nobis pervasionis invidia ...*

44 For this problem see, e. g., *NMarc* 3 (451) = *CJ* 11,70,5; *CJ* 11,70,6 (ca. 480); *CJ* 11,62,14 (491). On the system of leasing out real estate in the ownership of cities and temples cf. Jones (1964), 733–734, with Bransbourg (2008) for the relationship between imperial administration and municipal autonomy in the managing of these assets.

45 Elaborate narrations to explain controversial decisions also occur, e. g., in *NTh* 15,1 (decurions aspiring to senatorial rank), *NTh* 16 (rules for making wills); *NTh* 20 (taxation); *NTh* 22,1 (possessions of decurions); *NVal* 1,3 (on tax collection); *NVal* 10 (abolishing exemptions on *munera*); *NVal* 12 (deferral for debts of Africans); *NVal* 15 (see below); *NVal* 23 (against clerics, on violating tombs); *NVal* 27 (lapse of time concerning *coloni*); *NMaj* 6 (when and when not consecrating virgins and widows is allowed).

3. Narrativity and the drama of government

The narrative elements in late Roman constitutions thus served a number of practical purposes, both legal and communicative, and they were rooted in administrative practice and in the rhetorical culture of the age. There is, however, an additional, more fundamental context for their narrativity. In an important paper published in 2004, Armin and Peter Eich presented a hypothesis regarding the origin of what they refer to as the *spätrömischer Verlautbarungsstil*, the rhetorically elaborate, communiqué-like style characteristic of late Roman general constitutions. Their starting point is the persuasive air pervading legal enactments of this type. These texts aim to gain the audience's support for their cause and to persuade the subjects that the measure is the right one. Consequently, they often have a justifying, sometimes almost apologetic character. This is in stark contrast to imperial enactments from the early and high empire, which are typically – but not exclusively – more succinct and characterised by a commanding, imperative language, a *Befehlston* rather than an explanatory tone.[46] Furthermore, late Roman constitutions not only show a tendency to explain and justify a given measure but in this context also present the emperor in a distinctive manner compared to previous legal language: as a monarch contemplating at length the best possible solutions for his subjects; they draw the picture of what the Eichs call a ‹deliberating›, ‹thoughtful› monarch – a *nachdenkender Monarch*.

The Eichs also present an argument when and why this explanatory style, along with the image of the ‹deliberating monarch›, began to shape the rhetoric of imperial legislation. The new style and rhetoric of late Roman imperial pronouncement has traditionally been explained with changing imperial ideologies and representational practices in the transition from the principate to the late empire.[47] For the Eichs, however, the roots of the explanatory style must be sought in the third century, when mounting military expenditures compelled emperors – and often multiple contenders for the throne – to extract resources from their subjects

46 Eich/Eich (2004). Benner (1975), Cohen/Lendon (2011), 88–93, and Dillon (2018), while sharing the overall assessment that the imperative tone is typical of the early empire and the persuasive, explanatory one of the later, point out that in certain contexts early imperial legal enactments also cultivate a more accommodating style, and sometimes explain the reasons for an enactment or what the measure means as well. But, as Cohen/Lendon (2011) remark, they never *justify* why it was taken. Dillon (2018) highlights the difference between the rescripts of Diocletian, on the one hand, which resemble those of the early imperial in style, and his letters to magistrates and edicts exhibiting the new explanatory attitude, on the other.

47 Cf., e. g., Vernay (1913); Honig (1960). Most recently, Dillon (2018), in a critical response to Eich/Eich (2004), identifies the perception of the emperor as a patronal mediator between men and gods that was emphasised so strongly during the tetrarchy (and had antecedents earlier) as the major factor behind the emergence of the new rhetorical style; this role demanded a grand and sublime style for imperial pronouncements. This explanation, however, does not account for the apologetic tone and portrayal of the emperor as a ‹deliberating monarch› in the legislation of our period.

on a scale previously unseen. Consequently, they became increasingly reliant on the cooperation and support of the ruling class to implement this novel fiscal regime. Under these circumstances, it was necessary to promote and explain the relevant legal measures, which then led to the emergence of the new, persuasive style that was subsequently applied to other areas of legislation. The example adduced by the Eichs to showcase the new late Roman style and the contexts of its emergence is the extensive and elaborate introduction to Diocletian's Edict on Maximum Prices of 301, one of earliest fully preserved constitutions of the new type. In order to justify the unprecedented measure announced therein, this text not only provides lengthy explanations (and indeed a comprehensive narrative). It explicitly states that «We (i. e. the emperors) must explain – *explicare debemus* – the reasons why necessity has finally forced our long-tried patience to take action».[48] This explicit acknowledgment that the rationale for the measure must be explained is not a rhetorical extravagance specific to the Edict on Maximum Prices. Later constitutions, including those from the fifth century, likewise explicitly note the necessity to explain their measures.[49]

These perceptive observations regarding the rhetoric of late Roman legislation also help to answer our question of why imperial constitutions of the time acquired such a distinctively narrative character (an issue which is not addressed by the Eichs). As previously discussed, the explanation and justification of potentially controversial decisions was a significant function of narration in imperial constitutions and appeared to be aimed at convincing the empire's ruling class of the merits of the governmental measure being enacted, especially when it concerned contentious issues such as the reconfiscation of municipal land or the denial of high rank to *curiales* in reaction to a conflict over taxation. The figure of the ‹deliberating monarch› was also a narrative device often employed in legal enactments of this kind, as will be demonstrated below. The background proposed by the Eichs for the emergence of the new explanatory style of late Roman laws can thus also be assumed for their narrative character. Nevertheless, it will be argued in what follows that the prominence of narrative in late Roman legislation must be seen in yet another context. The proposition of this paper is that the elaborate narrativity of late Roman constitutions, apart from serving legal and propagandistic functions, should be viewed as reflecting a significant trait of the political culture of the age: the immense importance of performance and ritual in government and politics for which the late Roman state is notorious.

48 The standard edition is Giacchero (1974), but new fragments continue to be found. The quote at ll. 04–05: *ipsas causas, quarum necessitas tandem providere diu prolatam patientiam conpulit, explicare debemus.*

49 E. g. *NVal.* 1,3 pr. (450): *evidenter exponimus, cur designatae necessitati placeat subveniri;* or *NVal* 12 § 4: this measure (*rem*) *et his ipsis rationabilem videri posse credimus qui aequitatis tramitem … vel nolunt tenere vel nesciunt.*

The staged character of late Roman state events can famously be observed in ceremonial contexts such as the rituals of the imperial court, *adventus* celebrations for emperors and magistrates and other occasions where those in power made an official public appearance. These events were highly choreographed spectacles that served to display, enact, and reproduce the authority and hierarchies of the state and its representatives. The more quotidian theatres of government – the audiences of emperors and magistrates, court hearings, or assemblies of the two senates, provincial aristocracies, bishops and local notables – had similar qualities: they, too, were in many ways ritualised, and those participating in these events also ‹performed› (in both meanings of the word), enacted and staged government.[50]

This pervasive theatrical element in the government of the later Roman empire was not merely a matter of tradition or unconscious reenactment of the procedures and hierarchies of the state. It was a deliberate decision. Explicit evidence for this is provided, for example, by the historian Agathias, in a passage describing a trial held in 556 over two Roman commanders who had murdered King Gubazes of the Lazi to conceal their own failure in the Lazic War (541–562). The trial took place in Lazica, situated on the western slope of the Caucasus Mountains, with a distinguished judge from Constantinople overseeing proceedings. It was conducted with the full pomp and circumstance associated with the late Roman high court judiciary. The judge

> took his seat on a raised tribunal amid great pomp and splendour. Trained shorthand writers were in attendance upon him and there was the full complement of all the other grander and more impressive officials who are especially well-versed in the niceties of legal procedure. Also present were heralds and ushers armed with whips.

In the following, Agathias draws a rich picture of how the ceremony unfolded. Significant for our purposes are his authorial remarks on the scene he described so graphically:

> In my opinion it was [...] a judicious assessment of the situation that had led the emperor Justinian to order that the trial be conducted with such thoroughness and meticulous observance of legal form. His object was to impress the natives by a somewhat ostentatious display of the majesty of Roman justice in order to accustom them better to Roman rule. [...] He realized equally that the setting up of a tribunal, in which either side stated its case while the court officials kept bustling about to ensure that each man took his stand and answered questions in the proper fashion, accompanied as it would be by the full majesty of the law and the lofty tones of forensic eloquence – all this could not fail to give the proceedings a different and more exalted

50 The literature on these phenomena is vast and scattered; some representative contributions include MacCormack (1981), McCormick (2000), Becker (2022) and Rollinger (2024) on imperial ceremony; MacCormack (1981), Lehnen (1997), and Slootjes (2006) 105–128 on *adventus* celebrations; Färber (2014) and Ando (2021) on court hearings; Schmidt-Hofner (forthcoming) on assemblies; Kelly (2004) on staged performances in the administration.

quality [...] Such proceedings in fact strike awe and wonder even into the hearts of the inhabitants of Constantinople.[51]

For Agathias, the trial in Lazica was deliberately staged to impress people by means of a show of government in action. This deliberate mise-en-scène of government, for which many parallels could be adduced, points to another explanation for the narrative character of late Roman constitutions, which is perhaps the most fundamental one: just as ritual and ceremonial served to put state action on stage, constitutions, by way of the narratives they unfolded, displayed a drama of government. The remainder of this paper will demonstrate how and to what extent these constitutions, through their narrative structure, unfolded this drama of government.

A good example to start with is the evocative first-person account of Theodosius II's journey and visit to the city of Heraclea in *NTh* 23 which led to a revision of municipal land tenancies. The narrative commences with a detailed account of the encounter between the emperor and the Heracleotae. This already constituted a miniature drama, as it depicted an interaction between characters, conveyed the emperor's feelings in the encounter (*maxima sumus conmiseratione conmoti*), and thus evoked in the imagination of readers or listeners a scene of theatrical quality. But there was more. Following the scene at Heraclea, the imperial narrator proceeded to outline how he conceived of the measure taken by the law. As he tells the audience, he recognised that «a remedy requested by one municipality or one man customarily occasions a general rule». Moreover, the audience learns that the emperor felt a personal obligation to settle the problem as «vows are especially effective at a time when wise provision is thereby made for the condition of the state which is the cause of Our vows»; and that he gave long thought to find the best solution: «having, for a long time, revolved in Our mind all Our plans (*omnibus itaque consiliis diu nostro animo volutatis*), We find no more salutary way (*nullam salubriorem causam ... invenimus*) for recalling the former felicity» than what is then decreed: the reconfiscation of all municipal land.

51 *Hist.* 4,1,2–8, with quotations from 2, 4, and 7–8: καὶ τοίνυν ὁ Ἀθανάσιος (i. e. the judge) ἐπὶ θάκου τινὸς ὑψηλοῦ καθῆστο εὐπρεπῶς.... παρῆσαν δὲ αὐτῷ ἄνδρες γράφειν τε ἐς τάχος πεπαιδευμένοι καὶ ἐπιτροχάδην ἀναλέγεσθαι τὰ γεγραμμένα, ἄλλοι τε ὑπηρέται σοβαρώτεροι καὶ ἐμβριθεῖς καὶ δαημονέστατοι τῆς τῶν δικαστηρίων κομψείας κήρυκές τε μεγαλοβόαι καὶ οἱ τῶν μαστίγων ἐπιστάται. [...] καί μοι δοκεῖ βασιλεὺς Ἰουστινιανὸς ... ἐμφρονέστατα τοῦ δέοντος ἐστοχασμένος ξὺν τοιᾷδέ τινι τάξει καὶ εὐκοσμίᾳ τὴν κρίσιν προελθεῖν παρακελεύσασθαι, οὐ μόνον ὅπως οἱ ἐκείνῃ βάρβαροι, τῶν Ῥωμαϊκῶν σφίσι νομίμων κομπωδέστερον ἀναδεικνυμένων, θαυμάζοιέν τε αὐτὰ καὶ ἐπὶ πλέον ἄρχεσθαι ὑπὸ τούτων ξυνεθισθεῖεν. [...] δικαστηρίου δὲ καταστάντος καὶ ἀντιλογίας ἑκατέρωθεν προελθούσης καὶ τῶν ὑπηρετῶν ἄνω τε καὶ κάτω διᾳττόντων καὶ ὅπως τῶν κρινομένων ἕκαστος ἐν κόσμῳ ἑστήξει καὶ ἀποκρινεῖται διαταττομένων ὄγκου τε δικαστικοῦ φαινομένου καὶ μεγαληγορίας ἀκουομένης καὶ ἐπὶ τούτοις τοῦ ὀλέθρου φρικωδέστερον ἐπιγιγνομένου, τούτων δὴ οὖν οὕτω πραττομένων ἕτερόν τι αὐτοῖς μεῖζον καὶ μάλα εἰκότως φανεῖσθαι τὸ χρῆμα ἐγίγνωσκε. [...] ταῦτα γὰρ καὶ τοὺς ἐν Βυζαντίῳ ἀστούς ... καταπλήττει. Transl. Frendo (1975), with changes. Ando (2021) contextualises the passage with other performances of Roman justice.

The passage is distinguished by its elaborate narrative technique. In addition to observing the events through the emperor's perspective, as previously discussed, the audience is given insight into the emperor's personal thoughts and feelings: the imperial narrator allows the public to witness him pondering a decision and presents his coming to a conclusion as a long, arduous process. This is a vivid example of what Armin and Peter Eich termed the figure of ‹deliberating monarch› in late Roman legislative texts.[52] The narrative of *NTh* 23 thus does not merely report the outcome of decision-making at court; together with the story about the encounter with the Heracleotae it depicts the actual process of interactions and deliberations leading to the decision. In doing so, the authors of the law transformed abstract governmental action into a performance of theatrical quality and, in this sense, ‹dramatised› it. To be sure, the immediate purpose of this way of presentation was mundane: the narrative technique served to promote a potentially unpopular decision. But the method used to achieve this effect is significant: it displayed, in the narrative, the emperor as he was ‹doing government› by staging a drama of his interactions with subjects and his deliberations regarding the solution that would benefit them most.

Theodosius II's *NTh* 23 is not an isolated example of such explicit staging of imperial deliberating and decision-making. Another example is the reversal of the initial decision in the Auxiliaris vs. Apollodorus case in Valentinian III's *NVal* 8,2. Once more, the imperial first-person narrator allows the audience to observe him as he considers his verdict in the case. Initially, he explains how he made an incorrect decision because «We were aroused by Our hatred of forcible entry and seizure» (*moti ingesta nobis pervasionis invidia*). Secondly, he explains how he came to revoke the initial verdict: a request from Apollodoros prompted him to «pay closer attention to the evaluation of justice»; «for this reason We have pondered and investigated all these matters anew with full evaluation

52 This is not a modernist interpretation. A remarkable parallel for the use of the imagery of the ‹deliberating monarch› in official imperial letters of the time can be found in Ausonius' *gratiarum actio* for his consulship. In § 10 Ausonius, by citing from the appointment letter, demonstrates how carefully Gratian pondered the decision to award him the consulship. To each of the quotations from the letter he adds comments expressing his admiration for the emperor's wording. They are rare testimony that the imagery of the ‹deliberating monarch› as outlined above was understood as such by contemporary audiences. Gratian wrote: *cum de consulibus in annum creandis mecum volutarem, ut me nosti ut facere debui ut velle te scivi consilium meum ad deum retuli. Eius auctoritati obsecutus te consulem designavi* etc. In a phrasing and imagery familiar from *NTh* 23 and other laws cited in the following, he shows himself pondering the decision (*mecum volutarem*), even referring it to god (*consilium meum ad deum retuli*). Moreover, he explicitly wants Ausonius to know how seriously he gave thought to the matter by giving him insight into his decision-making: *ut velle te scivi*. And Ausonius understood this full well, as his comments marvel at his access to the emperor's innermost thoughts: «What depths to the secrets of your heart!» (*o profundi altitudo secreti*); «What could be more intimate!» *(quid familiarius*); «Could you have weighed the matter more thoroughly if the Senate, the Equestrian Order, and the People together with your army and all the provinces had been aiding you?» (*an plenius cum senatu, cum equestri ordine, cum plebe Romana cum exercitu tuo et provinciis omnibus deliberasses*) (all transl. by White, Loeb edition).

(sc. of the circumstances)» (*tractatis omnibus et plena aestimatione discussis*). As previously mentioned, there were valid reasons for Valentinian III to provide explanations. Remarkably, the law did not simply state that the case was retried and yielded a different decision based on new evidence, as this was a common occurrence. Instead, it put the process of decision-making on stage by presenting the emperor's interaction with Apollodorus and sharing his thoughts and feelings with the audience as he considered and reconsidered the case. This included admitting that he had been mistaken and acted contrary to justice in his previous judgment. The narrative thus presented a dramatised account of governmental proceedings, a drama of government.

A particularly impressive example of portraying imperial governance as a drama can be found in Valentinians III's novel 15, published in late 444 or early 445.[53] Once more, the text features an intense first-person narrative enabling the audience to view the ensuing drama from the perspective of a participant. And again, it vividly depicts the inner thoughts and challenges faced by the ‹deliberating monarch›. The theme is introduced at the very outset of the constitution, in a somewhat unconventional combination of praefatio and narratio:

Cum pietatis nostrae animo ad quaerenda remedii publici adiumenta perpetuae cogitationes se ingerant, nihil tam necessarium cura serenitatis nostrae perspicit – sicut omnium sensibus non dubitamus occurrere – quam ut defessis rebus adflictoque publico statu robur numerosi exercitus praeparetur.

As unending deliberations crowd upon the mind of Our Piety that We seek help to improve the public affairs, the solicitude of Our Serenity perceives – just as We do not doubt that it occurs to the thoughts of all men – that nothing is so necessary as that the strength of a numerous army should be prepared for the exhausted circumstances and the afflicted condition of the State.

The concerns of the imperial narrator are detailed in the following section of the narration: despite efforts to improve the situation through increased expenditure, a solution to adequately procure food and clothing for the army has yet to be identified.[54] As with the constitutions discussed previously, the text does not simply state the problem (i. e. «nothing is so necessary as the strength of a numerous army»). Instead, it evokes the emperor's «unending deliberations» (*perpetuae cogitationes*), presents him as he engages with the challenges he is confronted with (e. g. «Our Serenity perceives», using the vivid *perspicit* in the present tense, not *perspexi*), and shows his deliberations («We do not doubt that it occurs to the thoughts of all men»). From the outset, the narrative stages a drama

53 Since both the *subscriptio* of the law with the dating formula and the addressee in the inscription have been lost, the date can only be inferred from the chronological order of the laws in the collection.

54 *Sed nec tam salubris, in qua omnium plenae securitatis fundamenta ponenda sunt, per varia erogationum clementiae nostrae conatu modo raturus.* The text is garbled but the overall sense clear enough. For discussion see the commentary in Mommsen's edition.

of imperial decision-making. This drama continues and culminates in the final part of the narrative:

Quae ergo his angustiis remedia providenda sint, mens nostrae serenitatis exaestuat. Nam si a possessore super alia, quae praestat, has expensas requirat, ultimas tenuesque eius vires conpulsio talis extinguet; si a mercatoribus rursus hoc efflagitet, necesse est eos depressos tanti oneris mole succumbere.	Wherefore, the mind of Our Serenity seethes as to the remedies that must be provided for these difficult times. For if We require these expenses from the landholder, in addition to the other things which he furnishes, such an exaction of taxes would extinguish his last tenuous resources. On the other hand, if We should demand this from the merchants, they would be oppressed by the huge mass of so great a burden and would necessarily be overwhelmed.
Inter haec animo fluctuante hanc viam reperimus, primum cuius levissima functio publici quaestus habeat magna, conpendia, deinde quae ad universos pertinens a paucis intolerabilia damna submoveat atque ita sine sensu dispendiorum sit, ut, cum plus hinc publicae utilitati conquiri valeat, nullus se speciatim queratur adfligi et neque a tenuissimis possessorum reliquiis vel defectu miserabili negotiatorum quicquam inpossibile postuletur.	While Our mind was fluctuating between these alternatives, We found this way, which in the first place, by its very easy fulfilment, will produce great gains for the public revenues, and in the second place, it would apply to all persons and thus would remove intolerable expenses from the few. Thus it would be without a sense of loss, so that no person will complain that he is especially afflicted, since more can be acquired hence for the public welfare, and nothing impossible can be demanded from the scanty remnants of the landholders and the miserable insufficiency of the tradesmen.

The passage is notable for its extraordinarily comprehensive and detailed account of the deliberations that led the emperor to conceive the measure announced in the subsequent paragraph, the introduction of a new tax, the co-called *siliquaticum*.[55] In terms of content, these considerations are not particularly surprising. They reiterate a standard justification for introducing a new tax: that it will benefit the public welfare while not placing an undue burden on any particular group of taxpayers. Remarkable, however, is how these deliberations are presented. Rather than simply stating that a new tax is necessary for the benefit of the army, the imperial first-person narrator presents a detailed account of his internal conflict regarding the potential solutions and shows himself scrupulously pondering the iniquities either of them would produce – until suddenly a way out of the aporia occurs to him: *inter haec animo fluctuante hanc viam reperimus*. The narrator thus depicts himself in the midst of the arduous process of decision-making, going so far as to create a sense of anticipation and resolution when the remedy for the problem is finally identified. In more than one sense, then, emergence of the law

55 The exact nature of the *siliquaticum* tax is disputed; see the debate Delmaire (1989), 299–301, with further references at 299 n. 67. A new commentary of *NVal* 15 by F. Carlà-Uhink is in preparation.

is presented in the manner of a drama. The dramatic effect is reinforced by a vivid evocation of the painfulness of these deliberations. In contemplating the optimal solution, his mind «seethes» (*exaestuat*), the imperial narrator reveals, using a highly unconventional and illustrative metaphor. Moreover, the use of the present tense immediately engages the audience in the drama. It adds to the dramatic effect of the scene that the text is forthright in its portrayal of the real-life context of the law: the initial reference to «the exhausted circumstances and the afflicted condition of the State» is hardly an exaggeration when considering the situation of the crisis-stricken Western empire in the mid-440s. In sum, the audience observes an emperor grappling with the challenge of identifying a fair and accountable solution to the difficulties he is facing. They experience the emperor's serious concerns first-hand and share his inner strife at having to balance the interests of landowners and merchants. Once more, government is depicted as a drama, employing the narrative technique of a deliberating, homodiegetic narrator ‹performing›, in the narrative imagination, imperial decision-making in front of an audience who witnesses the ruler's actions, thoughts, and sentiments. The incorporation of these dramatic elements served to heighten the overall intensity of the narrative presentation. But these dramatic elements went beyond that. They provided the public with an evocative opportunity to witness and experience the inner workings of government, akin to a stage production where the audience could observe the emperor and his people in action. Government was brought to life, as it were, in narratives that, through the devices analysed in this section, evoked real-life consultations between the emperor and his magistrates, discussions in the consistory, or indeed the emperor's opinion-forming process.

In the narratives of late Roman constitutions, the drama of government only occasionally reaches the pitch of intensity observed in the examples discussed in this section. And yet, even in constitutions with little narrative elaboration glimpses of such drama can be observed. A dramatic element is already inherent in the overall narrative structure of constitutions as outlined at the outset of this paper. The sequence of events evoked in a law begins with the occasio legis; it is followed by a *suggestio, relatio*, or similar that leads to an imperial decision on the issue at hand. All steps are linked by causality and a temporal structure extending from the past to the future, with a climax in the immediate presence when the law is enacted. This structure alone evoked a sense of drama – a drama of government – in the audience's imagination. The effect is reinforced by the fact that this structure indeed contains the key elements of a drama. Like a dramatic play, the plot of a constitution normally starts from a source of tension, in our texts a problem that had to be solved by the government. The plot then unfolds in the interactions between the characters of the drama – the emperor, his magistrates, and other people involved. The drama culminates in a resolution of the initial tension as the dispositive part of the law settles the problem by its ruling and gives the order for the implementation of the measure. With the publication order and sometimes a personal address from the emperor the curtain falls, and the drama of government comes to its conclusion.

There is a further aspect of drama present in the narratives of constitutions that is often overlooked but occurs in almost all constitutions, even the most inconspicuous on a literary level: their dialogic form and character. As previously stated, the majority of imperial constitutions took the form of an imperial letter from the emperor to a magistrate. Many of these letters were published by their addressee or their subordinates – provincial governors, for example – «by posting edicts» (*edictis propositis*). This is described in constitutions as a standard formula, meaning that both the law itself and an accompanying publication edict summarising or otherwise referring to its content were posted together for public view in busy spots of the cities in the addressee's jurisdiction. The procedure is indirectly attested in dozens of constitutions and is confirmed by a number of fully preserved dossiers of this kind.[56] In these dossiers, the public was shown a letter of the emperor to a magistrate, sometimes headed by a personal salutation in the beginning like *Have, NN. carissime nobis* or *NN suo salutem (dicit)*.[57] The text of the letter continued with an additional direct addresses to the magistrate (see below) and a narrative of the *suggestio* or *relatio* that the magistrate had sent to the emperor. In response, the law issued a directive. The letter concluded

56 Surviving examples of such dossiers include the publication of Diocletian's Edict on Prizes (301) by the governor of *Phrygia* und *Caria*: *SEG* 26, 1353 (Aezani); *AE* 2000, 1370 (publication of *CTh* 1,16,8, 362, from Amorgus; *PL* 48, 392–394 = *PL* 56, 492–493 (418, West); *PL* 56, 896–898 (473 CE, West); *ACO* I,1,3 p. 69–70 = *ACO* I,3,1 p. 182–183 (435, East); *NJust* 159, epilogus (555), all publications of imperial constitutions by prefectorial edicts. Cf. *SEG* 66, 1716, an imperial rescript plus *prostagma* of a *magister militum* and the edict of the governor, from Kasai in Pamphylia, 478, with Feissel (2009), 112–114 on the procedure of promulgation. In these cases as elsewhere the imperial letter always preceded the publication edict. Cf. Corcoran (2000), 245–246, for further indirect references to imperial constitutions preceding the gubernatorial publication edict, e. g. *IG* XII.4,1,273 = *SEG* 59,912, the publication of *CTh* 13,10,7 and a prefectorial *prostagma* given below, both not extant on the stone but referred to in ll. 14–15, from Cos, 371 (but see Riedlberger [2020], 52 n. 72). In general on the publication of constitutions by way of an accompanying edict of a magistrate see Bianchi Fossati Vanzetti (1988), 47–67, and Riedlberger (2020), 52–64.

57 The vast majority of laws extant in collections and elsewhere simply record the addressee in the inscription, either in the dative (e. g. *Impp. Theodosius et Valentinianus AA Cyro praefecto praetorio* in *NTh* 5,3) or in the accusative (*Imp. NN A. ad NN.*). There are, however, exceptions: e. g. *MAMA* VII, 305 / Feissel (1999) (the Orcistus dossier, see above n. 35), in the letter to Ablabius (document 2 in the dossier), which opens with *Have Ablabi carissime nobis*; *FIRA*^{2} I, no. 93 / *AE* 1937, no. 6 (the Brigetio tablet of 311): *Have Dalmati carissime nobis*; and ca. 20 further similar opening salutations in constitutions of the fourth and fifth century, cf. Seeck (1919), 3–4 for references. Seeck tentatively suggests that constitutions with this exceptional salutation might be cases where the emperor had added a handwritten personal note in the beginning, in analogy to personal greetings positively attested in the end of some letters (e. g. *NVal* 1,3, or *P. Leid. Z*, see above n. 39). But while this might explain the *Have carissime nobis* phrase, it is less convincing for the *N. N. suo salutem (dicit)* cases attested in *CTh* 16,2,12 (355), *CTh* 14,4,3 (362), 2,1,8 (395) and further instances on which Seeck does not comment. The issue would merit further investigation, which is not possible here. But I would not exclude that these traditional letter openings were standard, while the rendering of the addressee in the dative or accusative was the way in which constitutions appeared in official registers from which most of the texts in our collections are likely to come from. If this was so, the traditional letter openings would have underlined the dialogue evoked by these dossiers even further.

with a publication order to the magistrate, who in turn posted his edict, and this edict was later displayed at the end of the dossier and referred back to the content of the law. The audience reading such a dossier including both imperial constitution and accompanying publication edict thus witnessed a continuous dialogue between the emperor and the magistrate, with both parties addressing and responding to each other in more than one way. Consequently, by displaying a dialogue between the emperor and the magistrate even relatively inconspicuous everyday enactments – such as our first text, Theodosius' novel 5,3 on land leases for the supply of the border to Persia – or laws that feature no explicit narrative at all staged a drama of government.

The staging of dialogue between emperor and subjects was, of course, not new. The dialogic character of Roman government had its roots in the ‹petition and response› system guiding imperial government since the principate, and dossiers of documents displaying petition and response had existed ever since.[58] Nevertheless, the intensity of the staging of dialogue in late Roman legislation is significant. Indeed, the drafters of the constitutions made an effort to highlight it within the text itself, in addition to the initial salutation and the concluding publication order. One method of achieving this evocation of a dialogue was to allow for the paraphrasing or at least mentioning of the *suggestio* or *relatio* to which a law was reacting. The dialogic character was frequently reinforced by a more or less embellished direct address or reference to the magistrate before his report was presented. *NTh* 5,3, for example, begins the narration of the problems with the border supply in Armenia by stating «Therefore, since we learn through the well-considered report of Your Sublimity» (*quoniam igitur per consultissimam tuae sublimitatis suggestionem conperimus*). Elsewhere such references could be much more elaborate, as in this example: «We fully approve the recommendation of Marcellinus, the Illustrious Count of the Sacred Imperial Largesses, [...] since this recommendation is in harmony with Our divine imperial purpose and makes wise provision for the welfare of all Our subjects in common». There are numerous other examples that could be provided.[59] Such addresses' varying degrees of elaboration indicate that they were utilised with a specific purpose, rather than merely because the epistolary form or chancery tradition demanded it.

The dialogic character of the constitutions of the letter-type was further underlined by a means to which scholars have rarely attached much importance: In addition to addressing the magistrate receiving the law in the beginning of the letter, when referring to his report, and in the publication order, many constitutions featured a further direct address to the magistrate somewhere in the text. In *NTh* 5,3 on the Armenian border defence, for instance, this second address (*Cyre parens karissime atque amantissime*) is inserted at the end of the section on penalties,

58 Examples are collected in Hauken (1998).

59 *NTh* 17,1 pr. (439): *Suggestionem viri inlustris comitis sacrarum largitionum Marcellini* [...] *admodum conprobamus, quae et pio nostro proposito convenit et in commune omnium subiectorum commoditatibus consulit.* Cf. similarly *NTh* 19 pr. (440) or 20 pr. (440).

as is often the case. In other constitutions, it is found in the dispositive section.[60] A particularly comprehensive elaboration of this second address features in *NTh* 23 on municipal land (§ 2–3). When giving the implementation of the law into the hand of the addressee of the law and of the *magister officiorum*, the imperial narrator asserts that

totius rei perfectionem amplitudini tuae, cuius provisionem amoremque circa rei publicae commoditates ipsis rerum documentis saepe sumus experti, una cum viro inlustri magistro officiorum, cuius administratio probatissima nobis est, delegamus, Apolloni parens karissime atque amantissime. Inlustris itaque auctoritas tua certo scitura, quod tam nobis haec causa huiusque rei efficacitas cordi est, ut omnibus eam paene aliis praeponamus.	We have often learned your foresight and your love for the welfare of the State by the very proofs of events, and his (i. e. the *magister officiorum*'s) administration has been well approved by Us, O Apollonius *parens karissime atque amantissime*. Therefore Your Illustrious Authority shall certainly know that this issue (i. e. the welfare of the cities) and the effectuation of this regulation are so dear to Our heart that We place them before almost all other things.

These second direct addresses to the magistrate receiving the law served no practical purpose; they were solely intended to reinforce the epistolary dialogical form. Even the formal aspects of the constitutions and their publication were thus designed to evoke dialogue and interaction between the emperor and the magistrate. Together with the narrative representations of the emperor and his magistrates ‹at work›, they contributed to making every constitution an enactment of a drama, a drama of government.

The effect of this staging of a dialogue between magistrate and emperor would have been amplified if the constitution was proclaimed in a public ceremony. In some cases, this proclamation was accompanied by additional rituals, such as a speech by the governor, who would explain the law or provide his own reasoning on the matter at hand.[61] However, already the mere act of reading the text in such a setting was sufficient to intensify the experience of the drama evoked in it. A passage from John Chrysostom, in which he expresses his frustration with the lack of discipline among churchgoers, provides insight into how such an event might have unfolded:

> We do not offer to the laws of God calm attention similar to the silence that audiences in the theatre show to imperial letters. When these letters are read out there, the consuls, prefects, the city council and the people stand upright and listen in silence to their words. And if someone in that profound silence jumped and shouted, he would suffer capital punishment as if he had shown insolence towards the emperor himself.[62]

60 Cf. *NVal* 8,1 (§ 5) and 2 as well as *NMaj* 2 (§ 6) and *NTh* 7,1 § 2. The practice also occurs in case-specific rescripts to magistrates, see e. g. *Cons.* 9,1; 9,3.

61 One such explanatory speech is extant as an inscription in Sardis: Buckler/Robinson (1932), Nr. 20.

62 *Homilia in Matthaeum* 19, 9 (*PG* 57, 285): οὐδὲ τοσαύτην ἀπονέμομεν τοῖς τοῦ Θεοῦ νόμοις τὴν ἡσυχίαν, ὅσην τοῖς τοῦ βασιλέως γράμμασιν ἐν τοῖς θεάτροις οἱ θεαταὶ παρέχουσι τὴν σιγήν. Ἐκεῖ μὲν γὰρ τῶν γραμμάτων τούτων ἀναγινωσκομένων, καὶ ὕπατοι καὶ ὕπαρχοι καὶ βουλὴ καὶ

The reading Chrysostom evokes took place in the theatre. The authorities of state were in attendance, presumably with all their insignia and grouped according to their rank. The ceremony was conducted in solemn silence, befitting the presence of the emperor and the significance of the occasion. This was a highly orchestrated event, characteristic of the late Roman state. It was performed by the same authorities whose actions were also on display in the unfolding narrative of the constitution. In such instances, the presentation of governmental activity within the narrative framework of the law, as well as within its dialogic formal structure, became inextricably linked with the actual display of the offices and hierarchies of the state, creating a unified theatrical representation of the Roman state and its government.[63]

δῆμος ὀρθοὶ πάντες ἑστήκασι, μεθ' ἡσυχίας ἀκούοντες τῶν λεγομένων· κἂν μεταξὺ τῆς ἡσυχίας τῆς βαθυτάτης ἐκείνης ἀθρόον ἄν τις πηδήσας καταβοήσῃ, ἅτε εἰς τὸν βασιλέα ὑβρικώς, τὴν ἐσχάτην δίδωσι δίκην. Transl. adapted from Ando (2000), 181. Cf. similarly *Homilia in cap. II Geneseos* 14,2 (*PG* 53, 114) and Lib. *or.* 1,157, telling how Antiochene *curiales* and other upper-class men hurried up when an order from the governor came to appear at a recital of an imperial letter. The public reading of an imperial law in what appears to have been a provincial assembly is mentioned in Sidon. *epist.* 8,6,7; for ecclesiastical councils as well as the senates of Rome and Constantinople it is attested too often to justify a listing of the evidence, cf. e. g. Seeck (1919), 8. See also Ando (2000), 101–108.

63 Evidence showing how this synthesis of narrative and real-life drama of government in ceremonial events practically looked like is scarce. Perhaps the best is the *conventus* mentioned in Sidon. *epist.* 8,6,7, presumably a meeting of the *concilium septem provinciarum* at Arles in Southern Gaul, where an imperial constitution was read out that from Sidonius' remarks on his content can be identified as either *NVal* 27 (449) or perhaps 31 (451). Particularly *NVal* 27 is in many respects typical for the phenomena discussed in this paper: it features a long narrative recording «just complaints» by many, insults committed against high palatine officials, and earlier laws dealing with the issue at stake (lapse of time for suits concerning *coloni*). It also engages in a dialogue of the kind mentioned above with the praetorian prefect to which the law was addressed (cf. § 7–8). Provincial assemblies where ceremonial events in which the local aristocracies and imperial magistrates participated (here probably including the prefect of Gaul); as we know from Sidon. *epist.* 1,6,4 participants were grouped and spoke according to their rank, which implies they appeared there with all their insignia. At the meeting of 449 Sidon. *epist.* 8,6,7 also hints at *laudes*, acclamations referring to the law presented. Another example for such a conjuncture of ritual and the drama unfolded in the law is at least hinted at in *NVal* 1,3 (450): according to its *subscriptio* it was *recitata in senatu per virum inlustrem proconsulem Postumianum*; it contains a long narrative and dialogic aspects, recording an *insinuatio* of the *comes rerum privatarum* in § 7 (although it was addressed to the senate of Rome and the urban magistrates). Senate meetings could also be highly staged events, as is most famously shown by the so-called *Gesta senatus de Theodosiano publicando*, the protocol of the session of the Roman senate on Christmas day 438 that welcomed the publication of the *Theodosian Code*. The session evolved around the reading of the imperial constitution that initiated the codification project in 429 and was framed by the report of the presiding prefect about another state ceremony in Constantinople during which the Code was presented to the public by the emperor himself, and by staged acclamations of the assembled senate. Unfortunately, the imperial constitution read out there (identical to *CTh* 1,1,5) at least in the extant form is not narrative and dialogic but purely prescriptive.

With this, we can come to a very brief conclusion. The initial proposition of this paper was that an analysis of late Roman imperial constitutions as narratives offers a rich field for narratological study as these texts are characterised by narrativity on many levels, as discussed in the first section. However, for historians studying their narrativity is not an end in itself. As section 2 has demonstrated, narrativity served a number of practical purposes, including legal and propagandistic ones. Moreover, as we have seen in this third section, it must be set in the context of the wider political culture of the later Roman empire, in which the performative staging of state action played a pivotal role. The analysis of late Roman imperial constitutions as narratives thus represents an attractive new field for narratologists. And it offers valuable insights for historians studying political communication in the late Roman empire and its political culture.

Bibliography

Ando (2000): Clifford Ando, *Imperial Ideology and Provincial Loyalty in the Roman Empire*, Berkeley.

Ando (2021): Clifford Ando, «Performing Justice in Republican Empire, 1–565 CE», in: Katell Berthelot et al. (eds.), *Legal Engagement: The Reception of Roman Law and Tribunals by Jews and other Inhabitants of the Empire*, Rome, 69–86, https://doi.org/10.4000/books.efr.9443.

Arnauld (2017): Andreas von Arnauld, «Norms and Narrative», *German Law Journal* 18, 309–330.

Aull (2018): Charles N. Aull, «Legal Texts», in: Scott McGill and Edward J. Watts (eds.), *A Companion to Late Antique Literature*, New York, 417–430.

Babusiaux (2011): Ulrike Babusiaux, *Papinians Quaestiones. Zur rhetorischen Methode eines spätklassischen Juristen*, Munich.

Babusiaux (2023): Ulrike Babusiaux, «Rhetorik als Argumentationstheorie der römischen Juristen. Die antike Rhetorik im Spiegel der juristischen Romanistik», in: Martina Wagner-Egelhaaf et al. (eds.), *Rhetoriken zwischen Recht und Literatur: Interdisziplinäre und interkulturelle Zugänge*, Berlin, 49–70.

Becker (2022): Audrey Becker, *Dieu, le souverain et la cour: stratégies et rituels de légitimation du pouvoir impérial et royal dans l'Antiquité tardive et au haut Moyen Âge*, Bordeaux.

Benner (1975): Margareta Benner, *The Emperor Says: Studies in the Rhetorical Style in Edicts of the Early Empire*, Göteborg.

Bianchi Fossati Vanzetti (1988): Maria Bianchi Fossati Vanzetti, *Le novelle di Valentiniano III: I Fonti*, Padova.

Blockley (1992): Roger C. Blockley, *East Roman Foreign Policy. Formation and Conduct from Diocletian to Anastasius*, Leeds.

Blufarb (2017): Ruth Blufarb, *Geschichten im Recht: Übertragbarkeit von «Law as Narrative» auf die deutsche Rechtsordnung*, Baden-Baden.

Bransbourg (2008): Gilles Bransbourg: «Fiscalité impériale et finances municipales au IVe siècle», *Antiquité Tardive* 16, 255–296.

Brooks (2005): Peter Brooks, «Narrative in and of the Law», in: James Phelan and Peter J. Rabinowitz (eds.), *A Companion to Narrative Theory*, Malden, 415–426.

Brooks/Gewirtz (1996): Peter Brooks and Paul Gewirtz (eds.), *Law's Stories. Narrative and Rhetoric in the Law*, New Haven 1998.

Buckler/Robinson (1932): William H. Buckler and David M. Robinson (eds.), *Sardis 7,1. Greek and Latin inscriptions*, Leyden 1932.

Calboli Montefusco (1979): Lucia Calboli Montefusco (ed.), *Consultus Fortunatianus. Ars rhetorica*, Bologna.

Canellis (2006): Aline Canellis (ed.), *Faustin et Marcellin, Supplique aux empereurs* (Sources chrétiennes 504), Paris.

Cohen/Lendon (2011): David A. Cohen and Jon E. Lendon, «Strong and Weak Regimes. Comparing the Roman Principate and the Medieval Crown of Aragon», in: Johann P. Arnason and Kurt A. Raaflaub (eds.), *The Roman Empire in Context. Historical and Comparative Perspectives*, Chichester and Malden, 85–109.

Corcoran (2000): Simon Corcoran, *The Empire of the Tetrarchs. Imperial Pronouncements and Government, AD 284–324*, 2nd ed., Oxford.

Corcoran (2014): Simon Corcoran, «State Correspondence in the Roman Empire. Imperial Communication from Augustus to Justinian», in: Karen Radner (ed.), *State Correspondence in the Ancient World from New Kingdom Egypt to the Roman Empire*, Oxford, 172–209.

Crow (2017): James G. Crow, «New Cities of Late Antiquity. Theodosiopolis in Armenia», in: Efthymios Rhizos (ed.), *New Cities in Late Antiquity. Documents and Archaeology*, Turnhout, 101–116.

Delmaire (1989): Roland Delmaire, *Largesses sacrées et «res privata». L'aerarium impérial et son administration du IVe au VIe siècle*, Rome.

Destephen (2018): Sylvain Destephen, «Le prince chrétien en pèlerinage», in: Sylvain Destephen, Bruno Dumézil and Hervé Inglebert (eds.), *Le prince Chrétien de Constantin aux royautés barbares (IVe–VIIIe siècle)*, Paris, 269–313.

Dillon (2012): John N. Dillon, *The Justice of Constantine. Law, Communication, and Control*, Ann Arbor.

Dillon (2018): John N. Dillon, «The Emperor's New Prose. The Style of Diocletian's Legislation», in: Werner Eck and Salvatore Puliatti (eds.), *Diocleziano. La frontiera giuridica dell'imperio*, Pavia, 285–343.

Eich/Eich (2004): Armin Eich and Peter Eich, «Thesen zur Genese des Verlautbarungsstils der spätantiken kaiserlichen Zentrale», *Tyche* 19, 75–104.

Elia (2000): Febronia Elia, *Valentiniano III*, Catania.

Färber (2014): Roland Färber, *Römische Gerichtsorte: räumliche Dynamiken von Jurisdiktion im Imperium Romanum*, Munich.

Feissel/Worp (1988): Denis Feissel and Klaas A. Worp, «La requête d'Appion, évêque de Syène, à Théodose II. P. Leid. Z révisé», *Oudheidkundige Mededelingen uit het Rijksmuseum van Oudheden te Leiden* 68, 97–111 (= Feissel 2010, 339–362).

Feissel (1999): Denis Feissel, «L'Adnotatio de Constantin sur le droit de cité d'Orcistus en Phrygie», *Antiquité Tardive* 7, 255–267 (= Feissel 2010, 185–204).

Feissel (2004): Denis Feissel, «Pétitions aux empereurs et formes du rescrit dans les sources documentaires du IVe au VIe siècle», in: Denis Feissel and Jean Gascou (eds.), *La pétition à Byzance*, Paris, 33–52 (= Feissel 2010, 363–384).

Feissel (2004a): Denis Feissel, «Un rescrit de Justinien découvert à Didymes [1er avril 533]», *Chiron* 34, 286–365 (= Feissel 2010, 251–324).

Feissel (2009): Denis Feissel, «Les actes de l'État impérial dans l'épigraphie tardive (324–610). Prolégomènes à un inventaire», in: Rudolf Haensch (ed.), *Selbstdarstellung und Kommunikation. Die Veröffentlichung staatlicher Urkunden*, Munich, 97–130 (= Feissel 2010, 43–64).

Feissel (2010): Denis Feissel, *Documents, droit, diplomatique de l'empire romain tardif*, Paris.
Feissel (2016): Denis Feissel, «Les breviatica de Kasai en Pamphylie. Un jugement du maître des offices sous le règne de Zénon», in: Rudolf Haensch (ed.), *Recht haben und Recht bekommen im Imperium Romanum*, Warsaw, 659–737.
Feissel (2020): Denis Feissel, «De la Thrace à l'Asie. Deux voyages de Théodose II en 443», *Travaux et Mémoires* 24/2, 539–546.
Fludernik (2014): Monika Fludernik, «A narratology of the Law? Narratives in Legal Discourse», *Critical Analysis of Law. An International & Interdisciplinary Law Review* 1/1, 87–109.
Fludernik/Schäfer (2022): Monika Fludernik and Frank L. Schäfer (eds.), *Erzählen und Recht = Narrative and Law*, Baden-Baden.
Frendo (1975): Joseph D. Frendo, *Agathias, The Histories, Translated with an Introduction and Short Explanatory Notes*, Berlin/New York
Fridh (1956): Åke J. Fridh, *Terminologie et formules dans les Variae de Cassiodore. Études sur le développement du style administratif aux derniers siècles de l'antiquité*, Stockholm.
Genette (2007): Gérard Genette, *Discours du récit*, Paris.
Giacchero (1974): Marta Giacchero, *Edictum Diocletiani et Collegarum de pretiis rerum venalium*, Genoa.
Giomini/Celentano (1980): Remo Giomini and Maria Silvana Celentano (eds.): *C. Iulii Victoris Ars rhetorica*, Leipzig.
Greatrex (2008): Geoffrey Greatrex, «Deux notes sur Théodose II et les Perses», *Antiquité Tardive* 16, 85–91.
Hall/Oberhelman (1985): Ralph Hall and Steven M. Oberhelman, «Rhythmical clausulae in the CTh and the leges Novellae Ad Theodosianum Pertinentes», *Classical Quarterly* 35, 201–214.
Hallof (1994): Klaus Hallof, «Die Inschrift von Skaptopara. Neue Dokumente und neue Lesungen», *Chiron* 24, 405–429.
Halm (1863): Karl Halm, *Rhetores Latini minores*, Leipzig.
Harries (1988): Jill Harries, «The Roman Imperial Quaestor from Constantine to Theodosius II», *The Journal of Roman Studies* 78, 148–172.
Hauken (1998): Tor Hauken, *Petition and Response. An Epigraphic Study of Petitions to Roman Emperors 181–249*, Bergen.
Heath (2004): Malcolm Heath, *Menander. A Rhetor in Context*, Oxford.
Honig (1960): Richard M. Honig, *Humanitas und Rhetorik in spaetroemischen Kaisergesetzen. Studien zur Gesinnungsgrundlage des Dominats*, Göttingen.
Honoré (1986): Tony Honoré, «The Making of the Theodosian Code», *Zeitschrift der Savigny-Stiftung für Rechtsgeschichte* 103, 133–222.
Honoré (1998): Tony Honoré, *Law in the Crisis of Empire, 379–455 AD: the Theodosian Dynasty and its Quaestors*, Oxford.
Humfress (2007): Caroline Humfress, *Orthodoxy and the Courts in Late Antiquity*, Oxford.
Humphries (2012): Mark Humphries, «Valentinian III and the City of Rome (425–455). Patronage, Politics, Power», in: Lucy Grig and Gavin Kelly (eds.), *Two Romes. Rome and Constantinople in Late Antiquity*, Oxford, 161–182.
Janniard (2005): Sylvain Janniard, «La Novelle V 3 de Théodose II. L'armée romaine et la défense du tractus Armeniae au Ve s. apr. J.-C.», *Mediterraneo Antico* 8, 523–546.
Jones (1964): Arnold H. M. Jones, *The Later Roman Empire 284–602. A Social Economic and Administrative Survey*, Oxford.
Kakridi (2005): Christina Kakridi, *Cassiodors ‹Variae›. Literatur und Politik im ostgotischen Italien*, Munich.
Kelly (2004): Christopher Kelly, *Ruling the Later Roman Empire*, Cambridge MA.

Kelly (2013): Christopher Kelly (ed.), *Theodosius II. Rethinking the Roman Empire in Late Antiquity*, Cambridge.
Kemmann (2013): Ansgar Kemmann, «Evidentia, Evidenz», in: Gert Ueding (ed.), *Historisches Wörterbuch der Rhetorik Online*, Berlin and Boston, https://doi.org/10.1515/hwro.3.evidentia_evidenz.
Kent (1956): John P. C. Kent, «Gold Coinage in the Later Roman Empire», in: Robert A. G. Carson and Carol H. V. Sutherland (eds.), *Essays in Roman Coinage Presented to Harold Mattingly*, Oxford, 190–204.
Klein/Martínez (2009): Christian Klein and Matías Martínez (eds.), *Wirklichkeitserzählungen. Felder, Formen und Funktionen nicht-literarischen Erzählens*, Stuttgart.
Knape (2013): Joachim Knape, «Narratio», in: Gert Ueding (ed.), *Historisches Wörterbuch der Rhetorik Online*, Berlin and Boston, https://doi.org/10.1515/hwro.6.narratio.
Krämer et al. (2013): Jörg Krämer et al., «Affektenlehre», in: Gert Ueding (ed.), *Historisches Wörterbuch der Rhetorik Online*, Berlin and Boston, https://doi.org/10.1515/hwro.1.affektenlehre.
Krischer (1922): Fritz Krischer, *Die Befestigungen von Herakleia am Latmos*, Berlin.
Lehnen (1997): Joachim Lehnen, *Adventus principis: Untersuchungen zu Sinngehalt und Zeremoniell der Kaiserankunft in den Städten des Imperium Romanum*, Frankfurt et al.
Liebs (1987): Detlef Liebs, *Die Jurisprudenz im spätantiken Italien (260–640 n. Chr.)*, Berlin.
Liveley/Shaw (2020): Genevieve Liveley & Rebecca Shaw, «Marriage plots: a new narratological approach to the Augustan marriage laws», *Law and Humanities* 14:2, 244–266.
MacCormack (1981): Sabine MacCormack, *Art and Ceremony in Late Antiquity*, Berkeley.
Machado (2019): Carlos Machado, *Urban Space and Aristocratic Power in Late Antique Rome. AD 270–535*, Oxford.
MacMullen (1962): Ramsay MacMullen, «Roman Bureaucratese», *Traditio* 18, 364–378.
Mantovani (2018): Dario Mantovani, *Les juristes écrivains de la Rome antique. Les œuvres des juristes comme literature*, Paris.
Martin (1974): Josef Martin, *Antike Rhetorik. Technik und Methode* (Handbuch der Altertumswissenschaft II.3), Munich.
McCormick (2000): Michael McCormick, «Emperor and Court», in: Averil Cameron, Bryan Ward-Perkins and Michael Whitby (eds.), *The Cambridge Ancient History, Volume XIV: Late Antiquity. Empire and Successors, A. D. 425–600*, Cambridge, 135–163.
Millar (2006): Fergus Millar, *A Greek Roman Empire. Power and Belief under Theodosius II, 408–450*, Berkeley.
O'Banion (1987): John O'Banion, «Narration and Argumentation: Quintilian on *Narratio* as the Heart of Rhetorical Thinking», *Rhetorica* 5, 325–351.
Oliver (1989): James H. Oliver, *Greek Constitutions of Early Roman Emperors from Inscriptions and Papyri*, Philadelphia.
Oppedisano (2013): Fabrizio Oppedisano, *L'impero d'occidente negli anni di Maioriano*, Rome.
Pastor de Arozena (1992): Bárbara Pastor de Arozena, «Hapax legomena en el Codex Theodosianus», *Emerita* 60, 143–150.
Pferschy (1986): Bettina Pferschy, «Cassiodors Variae: Individuelle Ausgestaltung eines spätrömischen Urkundenformulars», *Archiv für Diplomatik* 32, 1–127.
Pharr (1952): Clyde Pharr, *The Theodosian code and novels, and the Sirmondian constitutions: a translation with commentary, glossary, and bibliography*, Princeton.
Portmann (1988): Werner Portmann, *Geschichte in der spätantiken Panegyrik*, Frankfurt.
Riedlberger (2020): Peter Riedlberger, *Prolegomena zu den spätantiken Konstitutionen. Nebst einer Analyse der erbrechtlichen und verwandten Sanktionen gegen Heterodoxe*, Stuttgart.

Riesenweber, Thomas (2013): Thomas Riesenweber (ed.), *Commenta in Ciceronis Rhetorica*, Berlin.
Riesenweber, Thomas (2015): Thomas Riesenweber, *C. Marius Victorinus, Commenta in Ciceronis Rhetorica*, Berlin (2 vols.).
Robert/Robert (1954): Louis and Jeanne Robert, *La Carie, tome II. Le plateau de Tabai et ses environs*, Paris.
Rollinger (2024): Christian Rollinger, *Zeremoniell und Herrschaft in der Spätantike. Die Rituale des Kaiserhofs in Konstantinopel*, Stuttgart.
Roueché (1986): Charlotte Roueché, «Theodosius II, the Cities, and the Date of the ‹Church History› of Sozomen», *The Journal of Theological Studies* 37/1, 130–132.
Schmidt-Hofner (2015): Sebastian Schmidt-Hofner, «Ostentatious Legislation. Law and Dynastic Change, AD 364–365», in: Johannes Wienand (ed.), *Contested Monarchy. Integrating the Roman Empire in the 4th Century AD*, Oxford and New York, 67–99.
Schmidt-Hofner (2020): Sebastian Schmidt-Hofner, «Reform, Routine, and Propaganda. Julian the Lawgiver», in: Stefan Rebenich and Hans-Ulrich Wiemer (eds.), *Brill's Companion to Julian*, Leiden, 124–174.
Schmidt-Hofner (2021): Sebastian Schmidt-Hofner, «Alltag als Argument. Gesetzgebung und Propaganda im Codex Theodosianus», in: Rudolf Haensch and Philipp von Rummel (eds.), *Himmelwärts und erdverbunden? Religiöse und wirtschaftliche Aspekte spätantiker Lebensrealität*, Rahden, 9–29.
Schmidt-Hofner (forthcoming): Sebastian Schmidt-Hofner, «Politics and Procedure in the Late Roman Senate(s) (Rome and Constantinople, 4th to mid 6th century)», in: Pierangelo Buongiorno, Noel Lenski and Umberto Roberto (eds.), *Spätantike Quellen für das Studium der senatus consulta*, probably Stuttgart.
Seeck (1919): Otto Seeck, *Regesten der Kaiser und Päpste für die Jahre 311 bis 476 n. Chr.*, Stuttgart.
Siebigs (2010): Gereon Siebigs, *Kaiser Leo I.: das oströmische Reich in den ersten drei Jahren seiner Regierung (457–460 n. Chr.)*, Berlin.
Slootjes (2006): Daniëlle Slootjes, *The Governor and his Subjects in the Later Roman Empire*, Leiden and Boston.
Sternberg (2008): Meir Sternberg, «If-Plots: Narrativity and the Law-Code», in: John Pier, José Ángel García Landa (eds.), *Theorizing Narrativity*, 29–108.
Tilg (2019): Stefan Tilg, «Autor und Erzähler – Antike», in: Eva von Contzen and Stefan Tilg (eds.), *Handbuch Historische Narratologie*, Berlin, 69–81.
Vernay (1913): Eugène Vernay: «Note sur le changement de style dans les constitutions impériales de Dioclétien à Constantin», in: *Études d'histoire juridique offertes à Paul Frédéric Girard (tome 2)*, Paris, 263–274.
Vidén (1984): Gunhild Vidén, *The Roman Chancery Tradition. Studies in the Language of Codex Theodosianus and Cassiodorus' Variae*, Göteborg.
Voß (1980): Wulf E. Voß, «Juristen und Rhetoren als Schöpfer der Novellen Theodosius' II», in: Klaus Luig and Detlef Liebs (eds.), *Das Profil des Juristen in der europäischen Tradition. Symposion aus Anlaß des 70. Geburtstages von Franz Wieacker*, Ebelsbach, 189–256.
Voß (1982): Wulf E. Voß, *Recht und Rhetorik in den Kaisergesetzen der Spätantike. Eine Untersuchung zum nachklassischen Kauf- und Übereignungsrecht*, Frankfurt am Main.
Walter (2022): Conflicting Narratives in Late Antique Law Concerning Jews, in: Mateusz Fafinski and Jakob Riemenschneider (eds.), *The Past through Narratology. New Approaches to Late Antiquity and the Early Middle Ages*, Heidelberg, 93–106.
Zuckerman (1998): Constantin Zuckerman, «Sur le dispositif frontalier en Arménie, le ‹limes› et son évolution, sous le Bas-Empire», *Historia* 47/1, 108–128.

Deeds Undone – The Real, the Imaginary and the Equitable in Roman Law

Clifford Ando

1 Introduction

This paper has two motivations. I commence from the view that narrative is essential to both lay understandings of the law and its professional operations.[1] In proceedings where lay actors represent themselves, for example, the principle discursive tool by which they lay out facts, discuss causation, and assign blame, is via narrative.[2] But narrative is also essential to how official actions are represented and made legitimate. In a classic essay of enduring importance, Peter Brooks directed attention to the «retrospectivity» with which search-and-seizure narratives are crafted so as to bring past actions into compliance – or, rather, describe past actions as compliant – with the Fourth Amendment and especially with the doctrinal standard of «inevitable discovery».[3] Simon Stern performs a similar act of analysis on trial decisions and appellate judgments, showing how narrative detail is «leached» from the record according to the argumentative and legitimacy needs of a given legal actor.[4]

In similar fashion in civil trials at Rome, tried under the so-called formulary procedure, litigants might well present their view of the dispute to the magistrate in terms of a story. The subsequent crafting of the so-called formula by the magistrate represented an effort by the system to transform those narratives into a decision tree that broke the case down into questions about disarticulated facts – broadly speaking, in terms of rights, rules, and their violation.[5]

In all these contexts, the power of narrative as a means not simply to argue cases and justify outcomes, but also to justify and contest norms, was widely understood. For these reasons among others, the law has always made profound efforts to control the use of narrative in its fora.

1 For a broad overview of scholarship see Olson ([3]2014).
2 Conley/O'Barr (1990); Bryen (2013).
3 Brooks (2003).
4 Stern (2017) is an exceptionally helpful guide to both issues and the literature.
5 Ando (2020).

One might characterize the use of fictions in Roman law in very similar terms. Some are used as a kind of shorthand, to effect certain manoeuvres while merely gesturing at the reasoning behind them – as we shall see, these are often taxonomic, effecting a transposition of an object or action from outside to inside a normative category, in order to render a situation justiciable. In some instances, the underlying fiction is narrative in structure: a normatively correct outcome is justified by describing it as the outcome of a normatively correct past. I will argue in what follows that Romans employed fictions in some of these instances – rather than, for example, writing a new statute with expanded parameters – in order to reserve discretion to the system.

Beyond scholarship on narrative, a further context for this essay is provided by an interest of my own in the contribution of Roman law to the work of American legal theorists, in particular to the work of Roscoe Pound (1870–1964), Max Radin (1880–1950), Karl Llewellyn (1893–1962), and Lon Fuller (1902–1978), as well as Jerome Frank (1889–1957). Fictions figured in a famous series of papers by Fuller and are a flashpoint in comparisons between the common law and civil law.[6] There is of course also a separate and distinguished body of scholarship on legal fictions within each tradition. In the common law in particular, the use of fictions – or, more properly, the ubiquity of fictions – has been and remains a point of very considerable ideological contention.

Fuller's articles on legal fictions covered much ground. Among other things, Fuller offers an idiosyncratic taxonomy of fictions, under categories he names «historical», «non-historical», «fanciful», and so forth. I set aside that aspect of his work. Instead, let me cite three claims on his part that will be helpful in assessing the Roman material. According to Fuller:

- Fictions are used to effect legal change.
- Fictions are conservative at the level of ideology, because they notionally leave statute unaffected.
- Legal fictions are explicit about their own falsity.

As readers will appreciate, it is the tension between the first and the second claims that generates much of the criticism of legal fictions on the part of theorists of the common law. In particular, many theorists of the common law argue that fictions are employed by judges to effect legal change where statutory change would be the proper recourse.

For my own part, I would offer two broad characterizations of what fictions do, which is not the same thing as offering a philological or rhetorical characterization of how fictions work.

One could say that many fictions are instances of analogical reasoning. Fictions allow one to construct a parallelism of circumstance, in order to produce a parallelism of consequence. A wordier version of the same claim would assert

6 Most notably Fuller (1930–1931), 363–399, 513–546, 877–910. A capacious recent survey with a particular focus on philosophy and theory is provided by del Mar/Twining (2015).

that fictions are employed to enable a parallelism of consequence between two fact patterns that are – absent the fiction – too discrepant to enable or require the same outcome. Or one could say that fictions are tools by which situations that are in one respect or another normatively deficient, are interpreted or construed in such a way as to render them normatively correct.

In what follows, I discuss first several regular types of fiction in Roman law before I turn to the specific ones on which I focus in this paper, and the questions of discretion and the equitable function in Roman law.

2 Taxonomic fictions

Perhaps the simplest and most readily intelligible legal fictions are those concerned with taxonomic manoeuvres. By this I mean that the law works by denominating classes of things that are the object of its operations, or by specifying classes of persons who may perform legal actions. Fictions that treated an object from outside a normative taxonomy as if it were properly the subject of regulation should perhaps be regarded as substantive; fictions that granted access to a particular legal action to persons whose legal status did not entitle them to use that action by treating as if they were of a different status should probably be understood as procedural. But in both cases, fictions were employed to render matters justiciable, or subject to regulation, that would otherwise have fallen through the cracks and presented risks to social and governmental orders.

For example, the so-called *lex agraria* of 111 BCE constructs a taxonomy of political communities of only two types, colonies and municipalities, but it also allows that there are further communities that are neither colonies nor municipalities but which it proposes to treat as if they were:[7]

> […] *quibus colonieis seive moinicipieis, seive quae pro moinicipieis colonieisve* […].
>
> […] to whichever colonies or municipalities, or any equivalents of municipalities or colonies there may be […].

One could also translate periphrastically, so as to capture one interpretation of what is happening in the language, as follows: «[…] to whichever colonies or municipalities, or communities that are neither colonies nor municipalities but which we will treat as if they were […]». This expansion of the language suggests, à la Fuller, that the Romans wrote fictions that were explicit about their own falsity. But we should be careful. As I have shown elsewhere, linguistic operations that Fuller and others have understood as declarative contrafactuals are often not of such type in Latin.[8] The use of *pro* contingently to transpose something across a taxonomic divide – to substitute a legally constructed reality

7 *Roman Statutes* no. 2, l. 31.
8 Ando (2015a), 300.

for a socially-ordered one – might be construed as a fiction (as Gaius did), but it might also be understood as nothing more than the imposition of legal language on a socially-ordered world.[9]

Roman law possessed several linguistic means to construct taxonomies of this kind. The most prominent is the list. Laws about Italy, for example, assert that jurisdiction was exercised in spaces of only three types:[10]

> *quoius rei in quoque municipio colonia praefectura* [...].
>
> For whatever matter, in any municipality, colony or prefecture [...].

By contrast, the Romans perceived the world outside Italy as more complex – or, to use the language of James C. Scott, as less simplified. In the case of Cisalpine Gaul, this reality summoned forth a longer list, in order to ensure that no community escaped regulation:[11]

> *a quoquomq(ue) pecunia certa credita, signata forma p(ublica) p(opulei) R(omanei), in eorum quo o(ppido) m(unicipio) c(olonia) p(raefectura) f(oro) v(eico) c(onciliabulo) c(astello) t(erritorio)ue, quae sunt eruntue in Gallia Cisalpina, petetur* [...].
>
> From whomever a definite amount of money shall be sued for, marked with the public stamp of the Roman people, in any town, municipality, colony, prefecture, *forum*, village, *conciliabulum*, fortified hilltop or territory, which is or shall be in Cisalpine Gaul [...].

This is a very different solution than the one adopted in the *lex agraria*. It presumably has similar aspirations to capture all communities, but it does so by expanding the units of the taxonomy – which rendered the use of fiction within the statute unnecessary.

A further possibility was the construction of an *omnibus* category, often via the assertion of an essential similarity among underlying realities in spite of a difference of names, a sort of radical denial of nominalism. One such example occurs in the so-called tablet of Heraclea, in a specification of the parties that might be holders of jurisdiction:[12]

> *queiquomque in municipieis coloneis praefectureis foreis conciliabuleis c(iuium) R(omanorum) IIui(ei) IIIIuir(ei) erunt alioue quo nomine mag(istratum) potestatemue* [...].
>
> Whoever in *municipia* or colonies or prefectures or *fora* or *conciliabula* of Roman citizens shall be IIvir or IIIIviri or shall hold a magistracy or power under any other name [...].

Each of these linguistic operations is intended to capture all potential objects of regulation. The tablet of Heraclea insists on an essential sameness of all communities, such that they can be regulated by a single law without regard to (the language of) their public law arrangements. The particularities of magistracy – or,

9 Ando (2015b), 66–69, building on the work of Yan Thomas, esp. Thomas (1991) and Thomas (1997).

10 *Roman Statutes* no. 16, the fragmentum Atestinum, l. 10, trans. Crawford.

11 *Roman Statutes* no. 28, the lex de Gallia Cisalpina, chapter 21, ll. 2–3, trans. Crawford.

12 *Roman Statutes* no. 24, the Tabula Heracleensis, ll. 83–84, trans. Crawford.

perhaps, of the title of the relevant magistrate – are simply set aside in a gesture of sovereign power.

The fiction, by contrast, respects the normative distinction between communities of Roman citizens and all others, but grants interpretive power to Roman agents on the ground to construe alien communities *as Roman* in order to bring them into the fold.

The famed *fictio civitatis*, by which citizenship was attributed to an alien, similarly both respects and subverts a normative taxonomy. It does so at the level of procedure:[13]

> *Item ciuitas Romana peregrino fingitur, si eo nomine agat aut cum eo agatur, quo nomine nostris legibus actio constituta est, si modo iustum sit eam actionem etiam ad peregrinum extendi. uelut si furti agat peregrinus aut cum eo agatur, formula ita concipitur: «Iudex esto. Si paret Lucio Titio a Dione Hermaei filio opeve consilio Dionis Hermaei filii furtum factum esse paterae aureae, quam ob rem eum, si civis Romanus esset, pro fure damnum decidere oporteret» et reliqua.*

> Again, if a peregrine sues or is sued on a cause for which an action has been established by Roman statutes, there is a fiction that he is a Roman citizen, provided that it is equitable that an action should be extended to a peregrine, for example, if a peregrine sues or is sued by the *actio furti*. Thus, if he is being sued by that action, the formula is framed as follows: «Be X iudex. If it appears that a golden cup has been stolen from Lucius Titius by Dio the son of Hermaeus or by his aid and counsel, on which account if he were a Roman citizen, he would be bound to compound for the wrong as a thief,» etc.

The use of the subjunctive situates the conditional as what one would call in English an «open» or «imaginary» condition; the consequential clause names the result that would follow if that condition were true. This is very precisely the use of a fiction to construct a parallelism of circumstance in order to bring about a parallelism of consequence. It merits observation as well that the affording of the action to the alien is discretionary; it must be deemed just, or equitable, to do so («*si modo iustum sit*»).

What I term taxonomic fictions generally fall in the category that Fuller calls «assumptive fictions».[14] Fuller studied the *fictio civitatis* via the translation of Gaius and remarks on that translation by John Chipman Gray.[15] Fuller dissented from Gray in arguing that it makes no difference that the legal language insists only that one treat the non-citizen as one would have treated him had he been a citizen, rather than asserting that the non-citizen is a citizen. In this case, as in the use of «*pro*» in the *lex agraria*, it seems to me essential that Roman fictions be seen not to arrogate to the law the power to effect such a transformation, and so they were in fact theorized by Gaius.[16]

13 Gaius, *Institutiones*, 4.37, trans. Zulueta.

14 Fuller (1930–1931), 389–391.

15 Chipman Gray (^{2}1921), 31–32.

16 Ando (2011), 18.

This point needs emphasis because some amount of the criticism of legal fictions has focused on the issue of their falsity or, more narrowly, on whether they are intended to deceive.[17] To such critics, the «problem» of the legal fiction can often be «solved» by demanding that one employ language that speaks of «real entities». A more serious criticism is that insofar as fictions are employed to extend the law to things and situations not captured by the language of statute, their employment amounts to a usurpation by judges of a function properly held by legislatures. For my own part and with regard to classical Roman law, I have stressed the basic conservatism of Roman procedural fictions, insofar as they leave the taxonomies of statute undisturbed and only contingently move persons or things across some boundary, and in doing so respect the ongoing validity of separate sources of law.[18]

3 Jurisdictional fictions

By the time the operations of Roman courts are visible to us, Roman law had long since begun to be administered in places other than Rome. To understand the difficulties that this raised, it is essential to remember that although *we* speak of «the Roman empire», just as we speak of «Roman citizenship», the Romans regarded Rome as a city-state and *not* an empire, just as so-called «Roman citizenship» was, for them, citizenship in the city-state of Rome. There was no such thing as citizenship of the empire.

In consequence of this, Romans established the administration of law in the city of Rome as normatively ideal. There, and there alone, jurisdiction was administered by magistrates who had been elected by the Roman people. It was further agreed that these magistrates, and these alone, had the power to correct and emend statute law through creation of new legal actions. This feature of the system of civil law received definitive articulation in a law of the emperor Augustus, perhaps in the year 17 BCE, whose content we know from a series of references in both legal literature and contemporary inscriptions.[19] In the *Institutes* of Gaius, for example, one reads:[20]

> (104) *Legitima sunt iudicia, quae in urbe Roma uel intra primum urbis Romae miliarium inter omnes ciues Romanos sub uno iudice accipiuntur; eaque e lege Iulia iudiciaria, nisi in anno et sex mensibus iudicata fuerint, expirant. et hoc est, quod uulgo dicitur e lege Iulia litem anno et sex mensibus mori.* (105) *Imperio uero continentur recuperatoria et quae sub uno iudice accipiuntur interueniente peregrini persona iudicis aut litigatoris; in eadem causa sunt, quaecumque extra primum urbis Romae miliarium tam*

17 The most important figure in this tradition of criticism is Bentham, on whom see Quinn (2015), 57.

18 Ando (2011), 1–2, 8–9, and elsewhere.

19 Kaser/Hackl (^{2}1996), 161–162 § 22.III.2; Talamanca (1999), 63–260.

20 Gaius, *Institutiones*, 4.104–105, trans. Zulueta.

inter ciues Romanos quam inter peregrinos accipiuntur. ideo autem imperio contineri iudicia dicuntur, quia tamdiu ualent, quamdiu is, qui ea praecepit, imperium habebit.

(104) An action is statutable if it takes place at Rome or within the first milestone of the city, between parties who are all Roman citizens and before a single *iudex*. By the *lex Iulia iudiciaria* such actions lapse if they have not been carried to judgment within a year and six months. This is expressed in the common saying that under the *lex Iulia* a suit dies in a year and six months. (105) An action is dependent on a magistrate's *imperium* if it is tried by *recuperatores* or if, though it is before a single *iudex*, he or either of the parties is a peregrine. To the same category belong all actions that take place outside the first milestone of Rome, whether between citizen or peregrine parties. They are said to depend on the *imperium* (of a magistrate) owing to the fact that they remain effective only so long as the magistrate who has authorized them retains *imperium*.

The question faced by the writers of Roman statutes was how to sustain this normative ideal, which distinguished absolutely between the law as administered by elected magistrates at Rome and the law as administered via public power elsewhere, at the same time as they allowed for the effective adjudication of civil disputes. (So described, this is a challenge that recurs in every complex state.) The answer, at least as regards statute law, was to insist on Rome as the site of ideal adjudication, and indeed, as the ideal site of knowledge of law, even as all other sites and procedures were assimilated to it through fictions.

For example, a law of (approximately) 42 BCE concerned with the administration of the civil law in Gallia Cisalpina contains several chapters on damage to property and on debt. The chapter on *damnum infectum* (potential loss) specifies the *formula* to be employed when the defendant did provide security as follows:[21]

d(e) e(a) r(e) quod ita iudicium datum iudicareue iussum iudicatumue erit, ius ratumque esto, dum in ea uerba, sei damnei infectei repromissum non erit, iudicium det itaque iudicare iubeat:

Concerning that matter, whatever trial procedure shall have been prescribed in this way or whatever order to judge shall have been made or whatever judgment shall have been given, it is to be legal and binding, provided that, if there shall not have been a promise in respect of potential loss, he prescribes a trial procedure in these words and order to judge in this way:

i(udex) e(sto). s(ei), ant(e)quam id iudicium q(ua) d(e) r(e) a(gitur) factum est, Q. Licinius damni infectei eo nomine, q(ua) d(e) r(e) a(gitur), eam stipulationem quam is quei Romae inter peregreinos ius deicet in albo propositum habet, L. Seio repromeisisset: tum quicquid eum Q. Licinium ex ea stipulatione L. Seio d(are) f(acere) oport(e)ret ex f(ide) b(ona) d(um)t(axat) (sestertium)___, e(ius) i(udex) Q. Licinium L. Seio, sei ex decreto IIuir(ei) IIIIuir(ei) praefec(tei)ue Mutinensis, quod eius (is) IIuir IIIIuir praefec(tus)ue ex lege Rubria, seiue id pl(ebei){ue} sc(itum) est, decreuerit, Q. Licinius eo nomine qua d(e) r(e) a(gitur) L. Seio damnei infectei repromittere noluit, c(ondemnato); s(ei) n(on) p(arret), a(bsoluito).

21 *Roman Statutes* no. 28, lex de Gallia Cisalpina, chapter 20, ll. 19–31, trans. Crawford.

Let XXX be judge. Supposing that, before the trial-procedure concerning the matter that is at issue has been prescribed, Q. Licinius had promised to L. Seius in the matter concerning which there is a trial, the very stipulation in respect of potential loss that the person who administers justice between foreigners at Rome has published in his album: then, whatever it would be appropriate on the basis of that stipulation for that Q. Licinius to give to or do for L. Seius in good faith, up to ___ sestertii, for that amount or that action, the judge is to condemn Q. Licinius in respect of the suit of L. Seius – if Q. Licinius, in the matter concerning which there is a trial, was unwilling to make a promise to L. Seius in respect of potential loss, according to the decree of the IIvir or IIIIvir or prefect of Mutina, which (that) IIvir or IIIIvir or prefect shall have decreed according to the *Lex Rubria*, or if (including if) it is a plebiscite; if it does not (so) appear, he is to acquit.

The statute acknowledges that the trial is to be conducted according to the decree published by the local magistrate – in this case, the copy is from Mutina, and so the text specifies the decree of the local magistrate of Mutina, with the further allowance that the form of public power at Mutina is not known or might vary. However, that the magistrate should issue a decree is overdetermined by the requirement of a law passed at Rome, even if the form of that legislation is itself not known. It might be a statute, or it might be a plebiscite. Finally, the statute proposes that the guarantee to be given by the defendant to the plaintiff be framed according to the wording and requirements that are specified by the praetor who adjudicated disputes among foreigners at Rome, in a book published at Rome.

No mechanism is described whereby the content of the so-called album of the praetor peregrinus might be known in Mutina.

Clauses such as these might seem to establish procedure and action at Rome as an ideal in such a way that all trials conducted outside of Rome were held to be normatively deficient. But the rule of law would thereby have been undermined, and so, over and over again, such laws employ fictions by which actions «there» are assimilated to actions «here», or, one might say, actions elsewhere are assimilated to actions at Rome. For example, in a later chapter of the same law, concerning debts in something other than coined money, one reads:[22]

sei is eam rem, quae ita ab eo petetur deue ea re cum eo agetur, ei quei eam petet deue ea re aget, aut iei quoius nomine ab eo petetur quomue eo agetur in iure apud eum, quei ibei i(ure) d(eicundo) p(raerit), d(are) f(acere) p(raestare) restituereue oportere aut se debere, eiusue eam rem esse aut se eam habere, eamue rem de qua arguetur se fecisse, obligatumue se eius rei noxsiaeue esse confessus erit deixseritue, neque d(e) e(a) r(e) satis utei oportebit faciet aut, sei sponsionem fierei oportebit, sponsionem non faciet non restituet, neque se iudicio utei oportebit defendet, aut sei d(e) e(a) r(e) in iure nihil responderit, neque d(e) e(a) r(e) se iudicio utei oportebit defendet: tum de eo a quo ea res ita petetur quomue eo d(e) e(a) r(e) ita agetur, deque eo, quoi eam rem d(arei) f(ierei) p(raestarei) restitui satisue d(e) (e(a)) r(e) fierei oportebit, s(iremps) l(ex) r(es) i(us) c(aussa)q(ue) o(mnibus) o(mnium) r(erum) e(sto), atque utei esset esseue oporteret sei is, quei ita quid earum rerum confessus erit aut d(e) e(a) r(e) non respondent neq(ue) se

22 *Roman Statutes* no. 28, chapter 22, trans. Crawford.

iudicio utei oportebit defenderit, de ieis rebus Romae apud pr(aetorem) eumue quei de ieis rebus Romae i(ure) d(eicundo) p(rae)esset in iure confessus esset [...].

If [conditional clause 1] the defendant admits or states at a pre-trial before the person who has jurisdiction there,
- that it is appropriate or that he is obliged to give or perform or provide or restore the thing that is the subject of the action against him or about which there might be action, to the benefit of the person who sues in respect of it or who brings an action concern it, or of the person in whose name a suit or action is brought against him;
- or that he owes the thing;
- or that the thing belongs to the plaintiff;
- or that he (the defendant) has the thing;
- or that he has done the thing of which he is accused;
- or that he is obligated concerning which he is being sued;

and [conditional clause 2] does not give security concerning the matter as is appropriate;
- or if it is proper to accept a stipulation, he does not accept the stipulation;
- or does not make restitution, or does not defend himself, as is proper, by an action;

Then [consequential clause],

concerning the person from whom the thing is claimed or with whom the suit is undertaken concerning this thing, and concerning the person, to whom or for whom it is appropriate that the thing be given or performed or provided or restored, or to whom security should be given concerning the matter,

the law, the issue, the right of action and the suit are to apply *to everyone in respect of every matter exactly as they would apply or it would be appropriate to apply if* the person who admits any of the matters in this way, or who shall not have responded concerning the matter or shall not have defended himself in a trial as would be appropriate, had admitted these things at a pre-trial *at Rome* before the praetor or the person who is in charge of jurisdiction concerning these matters *at Rome* [...].

A similar specification in respect of details of procedure may be found in the template for the charter given to new municipalities in the first two centuries of our era:[23]

siremps lex ius causaque esto atque uti si praetor populi Romani inter ciues Romanos iudicari iussisset ibique d(e) e(a) r(e) iudicium fieri oporteret ex {lege rogatione plebisue scitis} quacumque lege rogatione quocumque plebis scito iudicia priuata in urbe Roma fieri oporteblt [...].

the statute and law and position is to be exactly as if a praetor of the Roman people had ordered judgment to take place between Roman citizens and it was appropriate for a trial to take place there about that matter, under whatever statute or *rogatio* or plebiscite it is appropriate for *iudicia privata* to take place in the city of Rome [...].

The fiction on debt in something other than money in the *lex de Gallia Cisalpina* accomplishes its work in a very different way than does the injunction in the

23 *Lex Flavia municipalis*, chapter 91, trans. Crawford.

clause regarding potential loss from the same law or the fiction from the Flavian municipal law. In the first-named text, the Roman norm was made operative outside of Rome by virtue of its being cited as paradigmatic, even as the text insists that local institutions derived their legal legitimacy via authorization by Rome and that the specific content of the (Roman) norm was (most) knowable in the city of Rome.

The latter fictions, by contrast, assimilate each separate jurisdiction «there» to a sovereign «here» via a declaration of sameness – for example, the third person imperative *esto* –, while the mechanism by which sameness was to be achieved remains deliberately underspecified.

4 Fictions to overcome some normative insufficiency

The fictions that I have termed «taxonomic» solve problems of justiciability: the non-citizen victim of theft would not acquire the right to use the action for theft merely by waiting. Gaius lumps together a series of fictions that bleed from this category into another, wherein the problem is not deficiency but what one might call normative insufficiency.[24]

The most clear-cut case concerns usucapion. In the so-called *actio Publiciana*, Gaius explains:[25]

> *Item usucapio fingitur in ea actione, quae Publiciana uocatur. datur autem haec actio ei, qui ex iusta causa traditam sibi rem nondum usu cepit eamque amissa possessione petit; nam quia non potest eam ex iure Quiritium suam esse intendere, fingitur rem usu cepisse, et ita, quasi ex iure Quiritium dominus factus esset, intendit uelut hoc modo: «Iudex esto. Si quem hominem Aulus Agerius emit et is ei traditus est, anno possedisset, tum si eum hominem, de quo agitur, eius ex iure Quiritium esse oportoret,» et reliqua.*
>
> In the action called *Publiciana*, there is a fiction of usucapion. This action is granted to one who has been delivered a thing on lawful title but has not yet completed usucapion of it, and who, having lost possession, sues for it. Since he cannot claim that it is his by Quiritary right, he is feigned to have completed the period of usucapion and so lays claim as if he had become its owner by Quiritary right, as thus: «Be X iudex. If, supposing that Aulus Agerius had possessed for a year the slave bought by and delivered to him, that slave, the subject of this action, would be his by Quiritary right», etc.

I have suggested elsewhere that lack of title was a source of risk in the ancient economy, and that certain actions at law were intended to diminish this source of inefficiency. Such is the case here, where title in civil law was necessary to pursue an action for recovery. If the magistrate is satisfied that the property had been properly transferred, albeit in an undocumented form, title would only vest in the owner after a year. (And of course, even after the period of usucapion was completed, ownership of moveable goods in the Roman world

24 See, briefly, Kaser/Hackl (²1996), 330–331 § 47.II.3.

25 Gaius, *Institutes* 4.36, trans. Zulueta. On the *actio Publiciana* see Kaser (1971), 438–439 § 104.

lacked documentation, except via the presentation of social knowledge before a magistrate.) The *actio Publiciana* allows to a possessor the actions available to an owner, if only time had passed.

It is also the case that owners sold property that they did not possess at the time of their death. The civil law, however, only recognized succession to rights and obligations at law on the part of heirs. If a seller died between sale and transfer, the purchaser was out of luck. To solve this problem, two different praetors introduced two different fictions:[26]

> *Similiter et bonorum emptor ficto se herede agit; sed interdum et alio modo agere solet. nam ex persona eius, cuius bona emerit, sumpta intentione conuertit condemnationem in suam personam, id est, ut quod illius esset uel illi dari oporteret, eo nomine aduersarius huic condemnetur. quae species actionis appellatur Rutiliana, quia a praetore Publio Rutilio, qui et bonorum uenditionem introduxisse dicitur, conparata est. superior autem species actionis, qua ficto se herede bonorum emptor agit, Seruiana uocatur.*

> In the same way a *bonorum emptor* also sues with the fiction that he is heir. Sometimes, however, he sues in another form, which is to say, he frames the claim in the name of the person whose estate he has bought but transfers the condemnation into his own name, demanding that the defendant be condemned to himself in what belonged or was owed to the insolvent. This latter form of action is called the Rutiliana, having been devised by the praetor Publius Rutilius, who also is said to have introduced the *bonorum venditio*. The previously mentioned form of action, in which the *bonorum emptor* sues with the fiction that he is heir, is called *Serviana*.

In one action, the praetor permitted the fiction that the purchaser had been instituted as heir. In the other, the praetor allows an action with the fiction that the decedent is in fact alive, which is to say, the *intentio*, namely, the statement of the fact that, if proved, gives rise to the defendant's liability, is written as if the seller is still alive.

The *actio Rutiliana* operates on the assumption that the testator would have recovered the property if only he had lived a bit longer. As owner, he would have had an action to recover possession of the goods; again, the assumption is that he would have done so. The fiction is therefore justified on the same grounds as the *actio Publiciana*: the plaintiff's right was not inherently defective, but normatively lacking, which lack the praetor could address – in the one case, by moving the date of death.

26 Gaius, *Institutes*, 4.35, trans. Zulueta, modified.

5 Biographical Metanarratives

The particular imagination required by the fictions above, that of the continuity of past conditions until some moment of normative fulfillment, is also on view in two fictions contained in the standard municipal charter delivered by Roman authorities to communities throughout the western empire.[27]

The law grants Roman citizenship to local magistrates upon successful completion of their term in office, and also to any wife and children that they had at that moment. However, in Roman law, certain relations of social dependency were only recognized as operative among subjects of the same code of civil law, and these would normally be sundered upon one party's change of citizenship. The question was, how to change the legal status of multiple persons while preserving for each person's optimal rights at law and all prior legal ties to one another:[28]

> Chapter 22: *Qui quaeue ex hac lege exue edicto imperatoris Caesaris Vespasiani Augusti imperatorisve Titi Caesaris Vespasiani Augusti aut imperatoris Caesaris Domitiani Augusti, patris patriae, civitatem Romanam consecutus consecuta erit, is ea in eius, qui civis Romanis hac lege factus erit, potestate manu mancupio, cuius esse deberet, si civitate mutatus mutata non esset, esto itaque ius tutoris optandi habeto, quod haberet si a cive Romano ortus orta neque civitate mutatus mutata esset.*
>
> Whoever, male or female, acquires Roman citizenship under this statute or by edict of the Emperor Caesar Vespasian Augustus or the Emperor Titus Caesar Vespasian Augustus or the Emperor Caesar Domitian Augustus, let him or her be in the power and manus and *mancipium* of the person who will have become a Roman citizen under this statute, in whose power and manus and *mancipium* he or she would appropriately be if he or she had undergone no change of citizenship; and thus let him or her have the right of *tutoris optio* that he or she would have if he or she were born from a Roman citizen and had undergone no change of citizenship.
>
> Chapter 23: *Qui quaeve ex hac lege exue edicto imperatoris Caesaris Vespasiani Augusti imperatorisve Titi Caesaris Vespasiani Augusti aut imperatoris Caesaris Domitiani Augusti civitatem Romanam consecutus consecuta erit, eis in libertos libertas suos suas paternos paternas{q}ue, qui quaeue in civitatem Romanam non venerint, deque bonis eorum earum et is, quae libertatis causa imposita sunt, idem ius eademque condicio esto, quae esset, si civitate mutati mutatae non essent.*
>
> Whoever, male or female, acquires Roman citizenship under this statute or by edict of the Emperor Caesar Vespasian Augustus or the Emperor Titus Caesar Vespasian Augustus or the Emperor Caesar Domitian Augustus, as regards their parents' freedmen and freedwomen, who, whether male or female, did not enter into Roman citizenship, and concerning the goods of those persons, whether male or female, and concerning the obligations imposed in return for freedom, to them let there be the same right and the same position as there would be if those persons, male or female, had undergone no change of citizenship.

27 Here I summarize a longer treatment in Ando (2020).

28 I cite the Flavian municipal law from González (1986), including the translation by Michael Crawford.

In order for the grant of Roman citizenship not to disadvantage the newly enfranchised Romans by depriving them of power over social dependents, in respect of those relationships the new Romans are to be imagined as if the grant of citizenship had not occurred. In other words, the new citizens are to be imagined as still alien. But in the very same chapters, the newly enfranchised are granted very specifically the right to select a guardian, which right they would have had if they had been born Roman citizens. In respect of *tutoris optio*, therefore, the newly enfranchised are to be imagined as never having been alien.

In all four cases, the desired result could have been achieved by other means, which is to say, via other lexical operations. One could have used a third person imperative to declare, «Let there be to this person the following right [...]». Of course, such operations abound, and the Roman jurists sometimes explain both such rules and the outcomes they generate by reference to fictions. According to Julian, for example, the content of a codicil is treated «exactly as if» it had been written in the testament itself:[29]

> *Codicillorum ius singulare est, ut quaecumque in his scribentur perinde haberentur, ac si in testamento scripta essent.*
>
> The legal power of a codicil is peculiar, insofar as whatever is written in codicils is treated exactly as if it had been written in the will.

On the one hand, this is easily understood as an example of the use of fictions as a shorthand to explain an instance of legal reasoning to a fellow insider. But the substantive work that the fiction explains is not straightforward – it rarely is – and the use of fictions in jurisprudence to explain operations of law deserves our attention precisely because of what the use of shorthand allows one not to say. Shorthand, in other words, sometimes amounts to elision. In this case, the codicil was one in a series of formal spaces for experimentation in the complex and constrained world of succession.

That said, I have been concerned so far also to draw on fictions as these are employed, abundantly, in both statute law and legal decisions. Three observations about this material may be offered here, before we turn to my final category.

First, it is remarkable how often the legal facts, which perforce become social facts, are justified by reference to what we might think of as metanarratives of normative sufficiency. The reasoning (re)creates an imperfect world as ideal. Second, fictions are capacious. Recalling the efforts of legislators to enumerate all the types of settlement in Gallia Cisalpina, I strongly suspect that a formulation such as, «The new Roman citizen will retain power over his dependents as if there had been no change of citizenship», was held to be more useful because it was felt to be more open-ended than the alternatives.

Third, fictions may well have been attractive because they delivered so much discretion to the judge. One could have changed the term of usucapion.

29 *Dig.* 29.7.2.2 = Julian, *Digesta* bk. 37 frag. 543 Lenel, trans. Gordon.

The Romans did not do this. Instead, they maintained the term of one year but allowed the judge to employ the Publician fiction whenever it suited him to do so. In this sense, the language of equity employed by Gaius to discuss the occasions when one might or might not use the fiction of citizenship, was also a language of discretionary power.

6 The Real and the Imaginary

This final section pursues two themes in the argument so far. First, fictions addressed situations that were normatively deficient, often by supposing a non-existent continuity of past with present. Second, fictions were available at the discretion of magistrates. Must all alien victims of theft be treated as if they were citizens? Must all parties who did not meet the threshold of usucapion be treated as if they had? I doubt it.

There were, however, also fictions that exploded these norms: fictions that treated actions in the past as if they had never taken place, and legal rituals in which the litigants arrogated to themselves the power to distinguish the imaginary from the real.[30]

The possibilities converge in the treatment by the jurists of the notion of fictive sale:[31]

> *Nuda et imaginaria venditio pro non facta est et ideo nec alienatio eius rei intellegitur.*
>
> A simple and colorable sale is [treated] as if it had not occurred and so the transfer of the thing is understood not [to have happened].

The term *imaginarius* is translated by the English word «colorable», which is a term of art in the common law referring to rituals or documents that have the appearance but not the reality of legality; they are counterfeit. According to Paul, an act of sale that is performed with an intent to deceive public authorities is to be interpreted through the fiction of its own non-occurrence. As a result, the alienation of the property by the seller is understood not to have occurred. In another fragment of the same work, Paul urges that:[32]

> *Res bona fide vendita propter minimam causam inempta fieri non debet.*
>
> A thing that is sold in good faith should not become unsold for a trivial reason.

A sale interpreted as counterfeit did not happen.

The jurists understand this use of the preposition *pro*, with a negation of an action, as the operation of a fiction. A statute, the *lex Cornelia*, made it a crime

30 The fullest study of a similar but not exactly overlapping body of material known to me is Wieling (1970).

31 *Dig.* 18.1.55 = Paul, *Ad edictum aedilium curulium* bk. 2 frag. 844 Lenel, trans. Thomas.

32 *Dig.* 18.1.54 = Paul, *Ad edictum aedilium curulium* bk. 1 frag. 832 Lenel, trans. Thomas.

for someone, writing a testament for another person, to insert himself as an heir or legatee. Julian, writing under Hadrian, explains as follows:[33]

> *Si quis hereditatem vel legatum sibi adscripserit, quaeritur, an hereditas vel legatum pro non scripto habeatur. et quid, si substitutum habeat huiusmodi institutio?* [...] *perinde haberentur, ac si insertae testamento non fuissent.*
>
> Suppose someone writes into a will an inheritance or legacy to himself. The question arises, whether the inheritance or legacy should be regarded as not having been written. And what to do, if an institution of an heir of this sort is subject to a substitution? [...] Both of these are to be treated exactly as if they had not been inserted into the will.

If one examines the many instances of fictions that suppose that something that happened did not in fact take place, nearly every instance involves an action by someone who died after the action in question but before adjudication. (This is not universally true. For example, a defendant is disallowed from naming as a guarantor a person who is outside the jurisdiction of the court and cannot be compelled to respond to a summons without giving up his right. The guarantor is treated as if his name had not been given.[34]) Over and over again, problematic clauses in wills are treated as if they had not been written, or heirs are treated as if they had not been instituted. Ulpian goes so far as to assert, regarding wills, that:[35]

> *Quod igitur incaute factum est, pro non facto est.*
>
> What was done incautiously, is as if it had not been done.

So far as I know, no such protections are afforded to living persons in the law of contract. One is not saved from one's own stupidity by fiction. Nor are individual clauses in a contract ever erased through the supposition that they were never written in the first place. In the case of contract, this was true at least in part because Roman law regarded the verbal agreement as primary, and no person mediated a verbal agreement in the way that a scribe mediated the writing of a will. But the intentions of the dead are irremediably mediated by written documents – documents that were universally prepared by third parties – and the jurists routinely employ fictions in the reading of wills, with a kind of surgical precision, to save the dead from themselves. Although no jurist employs the language of equity in these cases, the application of fiction to specific clauses in testaments militates against the formalism that the law of succession normally requires.

As regards the imaginary, it is important not to be misled by Paul's simple assertion that an «imaginary» sale did not take place. In point of fact, the jurists name three actions that employ the ritual of sale – they take the form of sale – but

33 *Dig.* 34.8.1 = Julian, *Digesta* bk. 78 frag. 800 Lenel, trans. Tuplin.

34 *Dig.* 2.5.1 = Ulpian, *Ad edictum* bk. 1 frag. 178 Lenel: *Si quis in ius vocatus fideiussorem dederit in iudicio sistendi causa non suppositum iurisdictioni illius, ad quem vocatur, pro non dato fideiussor habetur, nisi suo privilegio specialiter renuntiaverit.*

35 *Dig.* 28.4.1 = Ulpian, *Ad Sabinum* bk. 15 frag. 2531 Lenel, trans. Gordon.

whose outcome they decline to describe as sale. In the ancient form of marriage known as *confarreatio*, a woman comes under the control of her husband «by a sort of sacrifice» and «a sort of imaginary sale»:[36]

> (112) *Farreo in manum conveniunt per quoddam genus sacrificii, quod Iovi Farreo fit; in quo farreus panis adhibetur, unde etiam confarreatio dicitur* [...].
>
> Women come into *manus* by *farreus* (i. e., through *confarreatio*) through a sort of type of sacrifice, which is made to Jupiter Farreus; in it, a spelt cake is offered, whence it is called *confarreatio* [...],
>
> (113) *Coemptione vero in manum conveniunt per mancipationem, id est per quandam imaginariam venditionem. Nam adhibitis non minus quam V testibus civibus Romanis puberibus, item libripende, emit vir mulierem, cuius in manum convenit.*
>
> Women come into *manus* by means of purchase (*coemptio*) through mancipation, which is to say, through a sort-of colorable sale. Having summoned not less than five Roman citizen witnesses, all over puberty, as well as a scale-holder, the man buys the woman, the man into whose *manus* the woman comes.

The qualifications contained in the words *quoddum* and *quandum* express the unease of the jurist that a free woman should in fact be sold to her husband. Likewise, in order to release a son from his power – to emancipate him –, a father would sell his son to another person, which sale reduces his son *in imaginariam servilem*, «into imaginary servitude».[37]

The jurist Ulpian wrote in very similar terms about the possibility of self-sale, namely, that a slave should buy himself into freedom with his own money:[38]

> (1) *Et primo quidem nummis suis non proprie videtur emptus dici, cum suos nummos servus habere non possit. verum coniventibus oculis credendum est suis nummis eum redemptum, cum non nummis eius, qui eum redemit, comparatur* [...].
>
> At first sight, it seems that someone cannot properly be said to have been purchased with his own money, since a slave cannot have his own money. But, with eyes closed, it must be believed that he was purchased with his own money, when he was not purchased with the money of the person who bought him [...].
>
> (2) *Si ab ignoto emptus sit, postea autem pretium suum optulerit, dicendum erit non esse audiendum: ab initio enim hoc agi debet, ut imaginaria fieret emptio et per fidem contractus inter emptorem et servum agatur.*
>
> If he was purchased by an unknown person but later tendered his own purchase price, it will have been declared that he is not to be heard. For the matter should be conducted from the start as if a colorable sale is being performed and through a good-faith contract between purchaser and slave.

In the second clause, Ulpian forbids slaves who had been subject to sale from subsequently providing their new owner with the purchase price and suing for

36 Gaius, *Institutes* 1.112–113.

37 *Dig.* 4.5.3 = Paul, *Ad edictum* bk. 11 frag. 220 Lenel.

38 *Dig.* 40.1.4 = Ulpian, *Disputationes* bk. 6 frag. 111 Lenel.

freedom. The original intent, he avers, must always have been that the sale be «imaginary».

But in every case, the surface gestures were those of sale. How was one to know which were imaginary? One returns to the paradox of Paul, who asserted:

> *Nuda et imaginaria venditio pro non facta est* [...].
>
> A simple and colorable sale is [treated] as if it had not occurred [...].
>
> *Res bona fide vendita propter minimam causam inempta fieri non debet.*
>
> A thing that is sold in good faith should not become unsold for a trivial reason.

What the category of the «imaginary» did, was to place the power of fiction in the hands of lay actors. I should stress that the jurists do not use the language of fiction to describe imaginary sales; the conceptual leap is my own. Indeed, it is tempting to assert that the concept of the imaginary exists precisely to preclude this delivery of the discretion of the judge into the hands of others. People must act in good faith; the power of fiction belongs to the lawyers alone.

Bibliography

Ando (2011): Clifford Ando, *Law, Language, and Empire in the Roman Tradition*, Philadelphia.

Ando (2015a): Clifford Ando, «Fact, Fiction and Social Reality in Roman Law», in: Maksymilian del Mar and William Twining (eds.), *Legal Fictions in Theory and Practice*, Boston, 295–323.

Ando (2015b): Clifford Ando, *Roman Social Imaginaries. Language and Thought in Contexts of Empire*, Toronto.

Ando (2020): Clifford Ando, «The Future's Past. Fiction, Biography and Status in Roman Law», *Acta Classica* 63, 43–55.

Brooks (2003): Peter Brooks, «Inevitable Discovery. Law, Narrative, Retrospectivity», *Yale Journal of Law & the Humanities* 15, 71–102.

Bryen (2013): Ari Z. Bryen, *Violence in Roman Egypt. A Study in Legal Interpretation*, Philadelphia.

Chipman Gray (²1921): John Chipman Gray, *The Nature and Sources of the Law*, 2nd ed., New York.

Conley/O'Barr (1990): John M. Conley and William M. O'Barr, *Rules versus Relationships. The Ethnography of Legal Discourse*, Chicago.

Fuller (1930–1931): Lon Fuller, «Legal Fictions», *Illinois Law Review* 25, 363–399, 513–546, 877–910.

González (1986): Julián González, «The *lex Irnitana*. A New Flavian Municipal Law», *The Journal of Roman Studies* 76, 147–243.

Kaser (1971): Max Kaser, *Das römische Privatrecht*, Munich.

Kaser/Hackl (²1996): Max Kaser and Karl Hackl, *Das römische Zivilprozessrecht*, 2nd ed., Munich.

del Mar/Twining (2015): Maksymilian del Mar and William Twining (eds.), *Legal Fictions in Theory and Practice*, Boston.

Olson ([2]2014): Greta Olson, «Narration and Narrative in Legal Discourse», in: Peter Hühn (ed.), *Handbook of Narratology*, Vol. 1, 2nd ed., Berlin, 371–383.

Quinn (2015): Michael Quinn, «Fuller on Legal Fictions. A Benthamic Perspective», in: Maksymilian del Mar and William Twining (eds.), *Legal Fictions in Theory and Practice*, Boston, 55–82.

Stern (2017): Simon Stern, «Narrative in the legal text. Judicial opinions and their narratives», in: Michael Hanne and Robert Weisberg (eds.), *Narrative and Metaphor in the Law*, Cambridge, 121–139.

Talamanca 1999: Mario Talamanca, «Il riordinamento Augusteo del processo privato», in: Francesco Milazzo (ed.), *Gli ordinamenti giudiziari di Roma imperial. Princeps e procedura dalle leggi Giulie ad Adriano*, Naples, 63–260.

Thomas (1991): Yan Thomas, «Imago naturae. Note sur l'institutionnalité de la nature à Rome», in: *Théologie et droit dans la science politique de l'État moderne* (Rome: École française de Rome, 1991), 201–227.

Thomas (1997): Yan Thomas, «*Auctoritas legum non potest veritatem naturalem tollere.* Rechtsfiktion und Natur bei den Kommentatoren des Mittelalters», in François Kervégan and Heinz Mohnhaupt (eds.), *Recht zwischen Natur und Geschichte/Le droit entre nature et histoire*, Frankfurt am Main, 1–32.

Wieling (1970): Hans Josef Wieling, «Falsa demonstratio, condicio pro non scripta, condicio pro non impleta im römischen Testament», *Zeitschrift der Savigny-Stiftung für Rechtsgeschichte: Romanistische Abteilung* 87, 197–245.

III. Narrativität im Juristenrecht

Narrative Elemente in den *libri quaestionum* des Iulius Paulus

Ulrike Babusiaux

1 Die Fallgeneigtheit des römischen Rechts

Die kasuistische Prägung des römischen Privatrechts gilt in der Wissenschaft vom römischen Recht als Evidenz. Besondere Wirkungsmacht haben diesbezüglich die Vorstellungen von Fritz Schulz (1879–1957) entfaltet, die dieser in seinem 1934 erschienenen Lehrbuch *Prinzipien des römischen Rechts* formulierte.[1] Das Werk behandelt die «Grundanschauungen der an der Rechtsbildung beteiligten Römer von Recht und Gerechtigkeit».[2] Eines der so gefundenen Schlagworte lautet «Abstraktion».[3] Schulz beginnt dieses Kapitel mit dem an das Johannes-Evangelium angelehnten Einleitungssatz: «Am Anfang war der Fall».[4] Hinzu tritt die Überlegung: «Aber jede Fallentscheidung wird gegeben in der Überzeugung und mit dem Willen, daß bei der Wiederkehr des Falles dieselbe Entscheidung zu ergehen hat», womit Schulz die «Abstraktion» als Gegenbegriff zur Fallgeneigtheit anführt. Schulz betont, die römische Jurisprudenz habe sich einer zu weitreichenden Ablösung vom Fall enthalten und zwar in «Erkenntnis der Gefährlichkeit jeder gesteigerten Abstraktion».[5] Hieraus folgert Schulz die «Abneigung [der römischen Juristen] gegenüber der juristischen Begriffsbestimmung»[6] und «gegen abstrakte Formulierung der Rechtssätze».[7]

Das so skizzierte, pointierte Postulat von Fritz Schulz hat auch für die wissenschaftliche Interpretation der römischen Juristenschriften weitreichende Folgen gehabt. So ging die Interpolationenkritik, die sich in den 1920er-Jahren als Hauptparadigma etablierte und bis in die 1960er-Jahre fortwirkte, davon aus, dass die justinianischen Kompilatoren bei der Schaffung der Digesten die

1 Zur Biografie von Fritz Schulz, vgl. Ernst (2004); zum Werk *Prinzipien des römischen Rechts*, vgl. Ernst (2004), 130–131.

2 Schulz (1934), 1.

3 Schulz (1934), 27–44.

4 Schulz (1934), 27; zur Rezeption dieses Satzes, vgl. Nachweise bei Giaro (1988), 211 mit Fn. 116.

5 Schulz (1934), 28.

6 Schulz (1934), 30.

7 Schulz (1934), 33.

Fragmente aus der juristischen Literatur der Prinzipatszeit nicht nur verkürzt, sondern vielmehr Argumente hinzugefügt hätten.[8] Die Beobachtung der Fallgeneigtheit wurde somit zum Prüfstein für die Authentizität des Textes:

> Natürlich gibt es Ausnahmen, aber die kasuistische, der abstrakten Formulierung konstant ausweichende Methode bleibt in der klassischen Zeit doch vorherrschend […]. Die nachklassische Zeit strebt wieder stärker zur abstrakten Formulierung, und mancher theoretisch-abstrakte Satz in unseren Texten der klassischen Jurisprudenz stammt erst aus dieser Zeit.[9]

Zu dieser Beschreibung gehört, dass die «klassische Jurisprudenz» als frei und aristokratisch gilt; erst die «nachklassische Jurisprudenz» der byzantinischen Epoche ist eine «bürokratische», wie Schulz in seinem epochemachenden Werk *History of Roman Legal Science* näher begründet.[10] Die zweite, bis heute fortwirkende Konsequenz der Betonung des Fallrechts ist die von Max Kaser etablierte Vorstellung einer intuitiven – und nicht methodisch – geleiteten Rechtsfindung der römischen Juristen.[11] Sie hat nicht nur zu einer Verkürzung der römischen Juristen auf geniale Rechtsschöpfende geführt, sondern auch eine vertiefte Auseinandersetzung mit den Grundlagen der römischen Rechtsmethode in der Rhetorik verhindert. Mit neueren Forschungen ist hingegen festzuhalten, dass die kasuistische Natur der römischen Rechtsliteratur weder gegen eine rationale Methodik noch gegen eine durch Abstraktion geleitete Rechtsfindung spricht.[12]

Schon diese – hier nur anzudeutenden – Fragen zeigen, dass die Beschreibung als «Fallrecht» nur ein erster Schritt in der Analyse des römischen Privatrechts sein kann. Vor allem ist der Begriff des Falls bisher mehr vorausgesetzt als konzeptionell durchleuchtet worden. Sowohl die narrative Analyse, d. h. die Betrachtung der Erzähltechnik unter kompositorischen Elementen der Fallschilderung, als auch die narratologische Analyse, d. h. die Untersuchung der Rolle des Erzählers,[13] vermögen diese Lücke zu schliessen.

Es sei nur erwähnt, dass die beiden Zugänge nicht nur heuristischen, sondern auch historischen Wert haben. Als Mitgliedern der kaiserzeitlichen Elite waren den römischen Juristen die rhetorischen Lehren der *narratio* von Kindesbeinen an vertraut.[14] Es ist daher durchaus wahrscheinlich, dass auch die Kasuistik des römischen Rechts von der antiken Rhetorik beeinflusst war und auf die Lehren der *narratio* zurückgriff. Eine erste Bestätigung dieser Annahme ergibt sich daraus, dass die Titel der römischen Rechtsliteratur nur selten den Begriff *casus*

8 Vgl. bereits den Katalog bei Schulz (1916), 19–27 zu typischen Glossen.
9 Schulz (1934), 35.
10 Vgl. Schulz (1946), bes. 100–101, der die beginnende Bürokratisierung im Prinzipat selbstverständlich anerkennt.
11 Vgl. Kaser (1976), 67.
12 Vgl. Babusiaux (2023), mit weiteren Nachweisen.
13 Vgl. Knape (2003), Sp. 105.
14 Vgl. nur Lendon (2022), 3–4.

verwenden.[15] Hingegen sind Werke mit dem Titel *quaestiones* oder *responsa* sehr häufig,[16] wobei jedenfalls der Begriff *quaestio* zentral auf die Lehren der *narratio* verweist (siehe unten 2.1). Es erscheint daher lohnend, die in den justinianischen Digesten überlieferten *libri quaestionum* einer narrativen und narratologischen Analyse zu unterziehen.

Da in dieser Hinsicht kaum Vorarbeiten bestehen,[17] kann der vorliegende Beitrag nur im Sinne einer ersten Prüfung verstanden werden. Zu diesem Zweck wurde ein Werk ausgewählt, das in den justinianischen Digesten immerhin mit 155 Fragmenten bezeugt ist: die *libri quaestionum* des severischen Juristen Iulius Paulus.[18] An dieser Juristenschrift soll zunächst das Verhältnis von Kasuistik und *quaestio* untersucht werden (2), bevor die verschiedenen Erzählweisen des Iulius Paulus in diesem Werk zu analysieren sind (3). Schliesslich soll an einem Fragment aus diesem Werk die Verzahnung von juristischen, narrativen und narratologischen Elementen vorgeführt werden (4), bevor einige Schlussfolgerungen zu formulieren sind (5).

2 Kasuistik und *quaestio* – ein unterschätzter Zusammenhang

Die Selbstbeschreibungen der römischen Juristen, namentlich die Buchtitel ihrer kasuistischen Werke, sind bereits häufiger auf ihren Aussagegehalt untersucht worden.[19] Während Schulz sowohl *libri quaestionum* als auch *libri responsorum* unter dem von ihm geprägten Sammelbegriff der «Problemata» zusammenfasste,[20] sticht aus Sicht von Rhetorik und Literaturwissenschaft der Konnex zwischen Fall (*casus*) und Frage (*quaestio*) ins Auge.

2.1 Die literarische Form des Kasus und die *quaestio* der antiken Rhetorik

In seiner Darlegung der verschiedenen «einfachen Formen» differenziert Jolles die Erzählformen der Legende, Sage, Mythe, Rätsel, Spruch, Märchen und Witz sowie des Kasus,[21] dessen Eigenheit er wie folgt charakterisiert: «Wir sehen, wie eine Regel, ein Gesetzesparagraph, in Geschehen übergeht, ein Geschehen wird

15 Es handelt sich um Gaius, *De casibus* und Modestinus, *De enucleatis casibus*, vgl. Liebs (1971), 86.
16 Eine Übersicht bei Frezza (1977), 221–222.
17 Einige vorläufige Überlegungen bei Dabusiaux (2010).
18 Bisherige Literatur: Frezza (1977), 232–246; Schmidt-Ott (1993); Liebs (1997).
19 Vgl. Schulz (1946), 141–261; zuletzt Mantovani (2018).
20 Vgl. Schulz (1946), 223.
21 Vgl. Jolles (1930), 174.

und dadurch, dass es von der Sprache ergriffen wird, als Geschehen Gestalt bekommt.» Die Bedeutung des Kasus liegt mithin in der Veranschaulichung. Vor allem aber ist die Fallschilderung ergebnisoffen:

> Das Eigentümliche der Form Kasus liegt nun aber darin, dass sie zwar die Frage stellt, aber die Antwort nicht geben kann, dass sie uns die Pflicht der Entscheidung auferlegt, aber die Entscheidung selbst nicht enthält – was sie in ihr verwirklicht, ist das Wägen, aber nicht das Resultat des Wägens.[22]

Entsprechend endet der Kasus dort, wo eine Entscheidung getroffen wird, d. h., eine Subsumtion unter das Gesetz stattfindet (oder verneint wird). Dieser literaturwissenschaftlichen Beschreibung des Kasus entspricht der Begriff der *quaestio* in der antiken Rhetorik:

> Cic. *inv.* 1,8,10
>
> *Omnis res, quae habet in se positam in dictione ac disceptatione aliquam controversiam, aut facti aut nominis aut generis aut actionis continet quaestionem. Eam igitur quaestionem, ex qua causa nascitur, constitutionem appellamus.*
>
> Jede Sache, die in sich irgendeinen Streitpunkt im Vortrag und in der Erörterung birgt, enthält eine Frage entweder nach der Tat oder nach der Bezeichnung oder nach der Gattung oder nach der Klage. Diese Frage also, aus der die Rechtssache entsteht, nennen wir constitutio (Begründungsform).[23]

Ciceros Aussage stammt aus dem Werk *De inventione*, behandelt also die Suche des Redners nach Argumenten. Am Anfang seiner Darlegungen führt Cicero die verschiedenen Arten der *quaestio* an, die nach *quaestiones facti*, *quaestiones nominis*, *quaestiones generis* oder *quaestiones actionis*, d. h. den Hauptstreitpunkten der Gerichtsrede im Sinne der Statuslehre, unterschieden werden.[24] Bekanntlich fragt die *quaestio facti* nach der Realität des Geschehens: Hat X den Y getötet? Die *quaestio nominis* betrifft hingegen die Frage der Qualifizierung, vor allem der rechtlichen Einordnung des Geschehens: Ist X, der Y getötet hat, ein Mörder oder ein Totschläger? Die *quaestio generalis* befasst sich mit der weitergehenden Qualifizierung, d. h. dem *status qualitatis* der Tat; hierzu gehören – um nur einige Aspekte zu nennen – die Rechtfertigung der Tat, die Entschuldigung des Täters oder auch die Busse (Reinigung) durch Reue oder Sühne, zum Beispiel: Hat X in Notwehr gehandelt? Lag eine Affekttat vor? etc. Die *quaestio* nach der klageweisen Durchsetzung schliesslich wird als *status translativus* bezeichnet; in diesem Rahmen werden vor allem prozessuale Voraussetzungen behandelt, wie etwa Zuständigkeitsfragen und/oder weitere oder alternative Beklagte, zum Beispiel: War nicht X, sondern Z für den Tod des Y verantwortlich?[25]

22 Jolles (1930), 191.

23 Alle deutschen Übersetzungen in diesem Beitrag stammen von Ulrike Babusiaux und Thamar Xandry.

24 Zur Statuslehre vgl. Calboli Montefusco (1986); ein Überblick bei Lausberg ([3]1990), 64–85, §§ 79–138.

25 Interessant ist der Zusammenhang zwischen der modernen Lehre vom Verbrechensaufbau und der Statuslehre, wie er von Horak (1972) aufgezeigt wurde.

Die Statuslehre systematisiert den in den verschiedenen Fragen ersichtlichen Zusammenprall von Gesetz und Sachverhalt für die Zwecke der *inventio*, und zwar aus Sicht *beider* Parteien. Die Statuslehre hat dabei einerseits eine semasiologische Komponente, indem der Gesetzes- oder Vertragswortlaut ausgelegt und auf den Sachverhalt bezogen wird; andererseits kommt der Statuslehre auch eine onomasiologische Dimension zu, indem sie untersucht, wie der Sachverhalt zutreffend zu bezeichnen ist.[26] Schon diese knappe Betrachtung zeigt, dass die *quaestio* im Sinne der rhetorischen *inventio* dem von Jolles geprägten *casus*-Begriff entspricht, gleichzeitig aber darüber hinausgeht, indem die Rhetorik Instrumente zur Verfügung stellt, diesen *casus* nicht nur als Illustration des Gesetzes zu verstehen, sondern gleichzeitig das Gesetz als durch den *casus* realisiert anzusehen. Die antike Rhetorik bietet somit ein nuanciertes heuristisches Instrumentarium, das sich auch bei der Beschreibung des Verhältnisses von *quaestio* und *narratio*, also von Kasus und Erzählung, bewährt.

2.2 Die *narratio* als *quaestio* oder *digressio*

Auch für diese Frage ist Ciceros *De inventione* als Ausgangspunkt zu nehmen. Nachdem er die *quaestio* definiert und die verschiedenen Status vorgestellt hat, betont er, dass jeder Streitfall (*causa*) auch verschiedene *quaestiones* aufwerfen könne, indem sich zum Beispiel eine Tatfrage neben einer Bezeichnungsfrage und schliesslich eine Qualifikationsfrage stelle. Cicero rät dem Redner, alle entsprechenden Fragen für den eigenen Streitfall (*causa*) zu klären, bevor er die Rede konzipiere. Der Aufbau der Rede folge dem Schema: Einleitung (*exordium*), Darlegung des Sachverhaltes (*narratio*), Einteilung des Stoffes (*partitio*), Bekräftigung (*confirmatio*), Widerlegung (*reprehensio*), Schluss (*conclusio*).[27] All diese Teile haben ihre eigenen *virtutes* und *vitia*. Zur *narratio* führt Cicero aus:

> Cic. *inv.* 1,19,27
>
> *Narratio est rerum gestarum aut ut gestarum expositio. Narrationum genera tria sunt: unum genus est, in quo ipsa causa et omnis ratio controversiae continetur; alterum, in quo digressio aliqua extra causam aut criminationis aut similitudinis aut delectationis non alienae ab eo negotio, quo de agitur, aut amplificationis causa interponitur. Tertium genus est remotum a civilibus causis, quod delectionis causa non inutili cum exercitatione dicitur et scribitur.*
>
> Die narratio ist die Darlegung der Ereignisse, wie sie tatsächlich stattgefunden haben oder wie sie hätten geschehen können. Es gibt drei Arten der narratio: Die eine Art ist diejenige, in der die Rechtssache selbst und die gesamte Begründung des Streitpunktes enthalten ist; eine andere diejenige, in der irgendein Exkurs ausserhalb der Streitsache, entweder zum Zwecke der Schmähung oder der Vergleichung oder der Unterhaltung, der dieser Sache, um die es geht, nicht fremd ist, oder zum Zwecke der

26 Lausberg (^{3}1990), 72–73, §§ 106–108.
27 Vgl. Cic. *inv.* 1,14,19.

Amplifikation eingeschoben wird. Die dritte Art hat mit Angelegenheiten des bürgerlichen Lebens nichts zu tun, weil sie zum Zwecke der Unterhaltung im Rahmen einer nicht unnützen Übung vorgetragen und niedergeschrieben wird.

Er stellt fest, dass sich *narrationes* neben der eigentlichen *narratio* als Redeteil überall in der Rede eingestreut finden. Sie unterscheiden sich aber nach Gestaltung und Zielsetzung: Die *narratio* als Redeteil diene der «Darlegung der Ereignisse, wie sie tatsächlich stattgefunden haben oder hätten stattfinden können», sei also eine (parteiische) Tatbestandsbeschreibung. Davon zu unterscheiden sei die zweite Art der *narratio*, die als Exkurs ausserhalb der Streitsache selbst, d. h. im Rahmen der *argumentatio*, eingesetzt werde. Sie könne verschiedenen Zwecken dienen, etwa zur Schmähung (*criminatio*), zur Vergleichung (*similitudo*), zur Unterhaltung (*delectatio*) oder zur Verdeutlichung (*amplificatio*). Die dritte Art der *narratio* diene Übungszwecken. Während die *narratio* als Redeteil (erste Art) nach seinen Vorgaben *brevis*, *aperta* und *probabilis* sein müsse,[28] gelten für die zweite und dritte Art der *narratio* abweichende Vorgaben. Cicero nennt insoweit die *fabula* (Fabel), die weder wahre noch wahrscheinliche Dinge erzähle, die *historia* (historische Darstellung), die ein tatsächlich stattgefundenes Geschehen vergangener Zeit berichte, und das *argumentum* (Argument), das einen erfundenen Sachverhalt darstelle, der glaubwürdig sei, also so stattgefunden haben könne.[29]

Schon diese, eher einführenden Bemerkungen Ciceros zeigen, dass weniger die Tatsache, dass eine Rede überhaupt erzählerische Passagen enthält, bemerkenswert ist. Entscheidend ist vielmehr, welche Funktion die jeweilige Erzählung im Gesamtkontext der Rede oder Darstellung hat, d. h., welche Intention der Redner mit einer *narratio* verfolgt. Auch für die Juristenschriften stellt sich damit die bisher wenig untersuchte Frage, welche Funktion der Kasuistik zukommt, die sich offenkundig nicht in der Darlegung des Sachverhalts im Sinne eines Tatbestands erschöpft (*narratio* im eigentlichen Sinn), sondern – wie schon die bekannten Kasusketten der juristischen Literatur nahelegen – offenbar auch argumentative Zwecke verfolgt.[30] Auf der Makroebene ist damit zunächst zu untersuchen, ob und

28 Cic. *inv.* 1,20,28: *Nunc de narratione ea, quae causae continet expositionem, dicendum videtur. Oportet igitur eam tres habere res: ut brevis, ut aperta, ut probabilis sit.* / Nun muss, wie es scheint, über diese *narratio*, die die Darlegung der Rechtssache enthält, gesprochen werden. Diese muss also drei Eigenschaften haben: Sie soll kurz, klar und glaubwürdig sein.

29 Cic. *inv.* 1,19,27: *Ea, quae in negotiorum expositione posita est, tres habet partes: fabulam, historiam, argumentum. Fabula est, in qua nec verae nec veri similes res continentur* [...]. *Historia est gesta res ab aetatis nostrae memoria remota* [...]. *Argumentum est ficta res, quae tamen fieri potuit.* / Diejenige [*narratio*], die für die Darlegung der zu behandelnden Sachen verwendet wird, besteht aus drei Unterarten: *fabula, historia, argumentum.* Eine *fabula* ist diejenige, in der weder wahre noch wahrscheinliche Dinge enthalten sind [...]; eine *historia* ist ein tatsächliches Geschehen, das von dem Bewusstsein unserer Zeit entfernt ist [...]; ein *argumentum* ist ein erfundener Sachverhalt, der dennoch hätte geschehen können.

30 Eine Ausnahme bildet Nörr (2009), 51: «Will man das potentielle ‹Reflexionsniveau› der Juristen wenigstens erahnen, so kann man auf den Quintilian-Text inst. or. 5,11 zurückgreifen. Unter dem Konzept der *exempla* erörtert Quintilian rhetorische Schlüsse, Analogie und Gegenbeispiele; Stichworte sind: *similis, similitudo*.»

wie *libri quaestionum* betitelte Werke konzeptionell von den als *libri responsorum* bezeichneten Texten abzugrenzen sind.

2.3 *Libri quaestionum* und *libri responsorum* aus der Sicht der *narratio*

Die Frage der Abgrenzung von *libri quaestionum* und *libri responsorum* verdient Beachtung, weil die severischen Juristen Aemilius Papinianus, Iulius Paulus und Domitius Ulpianus, die das Gros der justinianischen Überlieferung ausmachen, oft jeweils sowohl *responsa* als auch *quaestiones* hinterlassen haben.[31] Bereits die Forschung des 19. Jahrhunderts hat zutreffend beobachtet, dass sich die beiden Werktypen insoweit unterscheiden, als die Erörterung in *libri quaestionum* oft ausführlicher und komplexer ausfällt als in *libri responsorum*, die häufig nur die Rechtsauskunft selbst enthalten.[32] Aus dieser Beobachtung entstand die bis heute anerkannte Charakterisierung beider Gattungen, nach der *responsa* zu praktischen Zwecken verfasst worden seien, während *quaestiones* Lehr- und Unterrichtszwecken dienten, also didaktisch angelegt seien.[33] Aus Sicht einer narrativen Analyse liegt eine andere Akzentuierung nahe: Wenn dem Titel Bedeutung zukommt, müsste bei der *quaestio* der *casus*, also die Rechtsfrage, im Vordergrund stehen, beim *responsum* hingegen die Antwort. In der Tat lassen sich überlieferte Fragmente aus beiden Werken ohne Weiteres in diese Richtung interpretieren, wobei die Darstellungsweise in beiden Gattungen variiert.[34]

Am häufigsten begegnet in den *libri quaestionum* die direkte Sachverhaltsschilderung, die ohne Einleitung oder Vorbemerkung in das Rechtsproblem führt:[35]

Pal. 1360 = D. 31,82 pr. Paul. 10 quaest.

Debitor decem legavit creditori, quae ei post annum sub pignore debebat. Non, ut quidam putant, medii temporis tantum commodum ex testamento debetur, sed tota decem peti possunt: nec tollitur petitio, si interim annus supervenerit: nam sufficit, quod utiliter dies cessit. Quod si vivo testatore annus superveniat, dicendum erit inutile effici legatum, quamquam constiterit ab initio. Sic et in dote praelegata responsum est totam eam ex testamento peti posse. Alioquin secundum illam sententiam si interusurium tantum est in legato, quid dicemus, si fundus legatus sit ex die debitus? Nam nec pecunia peti potest, quae non est legata, nec pars fundi facile inveniretur, quae possit pro commodo peti.

Der Schuldner hat dem Gläubiger zehn vermacht, die er diesem nach einem Jahr mit Sicherung durch ein Pfand schuldete. Es wird nicht – wie einige meinen – in der Zwischenzeit nur der Vorteil [der Zinsen] aus dem Testament geschuldet, sondern es können die ganzen zehn eingeklagt werden, und die Klage ist nicht erloschen,

31 Nur auf Ulpian trifft dies nicht zu; von ihm sind in die Digesten nur *libri responsorum* aufgenommen worden.

32 Vgl. Krüger (1888), 131–132; ähnlich noch Schulz (1946), 223–242.

33 Frezza (1977), 251–261, der aber die fliessenden Übergänge zwischen Didaktik und Praxis betont.

34 Eine abweichende Unterscheidung bei Frezza (1977), 233–234 mit weiteren Nachweisen.

35 Vgl. auch Pal. 1280 = D. 5,2,19 Paul. 2 quaest.; Pal. 1303 = D. 13,4,10 Paul. 4 quaest.; Pal. 1422 = D. 22,1,11 Paul. 25 quaest.

wenn zwischenzeitlich ein Jahr abgelaufen ist, denn es genügt, dass der Anfallstag des Legates [vor dem Ablauf der Jahresfrist] wirksam eingetreten ist. Aber wenn zu Lebzeiten des Testators das Jahr abläuft, wird zu sagen sein, dass das Legat unwirksam wird, obwohl es ursprünglich wirksam bestellt war. So ist auch mit Blick auf das Vorauslegat der Mitgift respondiert worden, dass sie als Ganze aus dem Testament eingeklagt werden kann. Was sollen wir andernfalls nach jener Meinung, wenn nur der zwischenzeitliche Zinsertrag im Vermächtnis erfasst ist, sagen, wenn ein Grundstück vermacht worden ist, das zu einem bestimmten Termin geschuldet wird? Denn weder kann Geld eingeklagt werden, das nicht vermacht worden ist, noch lässt sich leicht ein Teil des Grundstücks ausfindig machen, der anstelle der Zuwendung eingeklagt werden kann.

Der Sachverhalt ist auf den knappen, aber das Problem beschreibenden, ersten Satz beschränkt. Hieran schliesst im zweiten Satz die Stellungnahme an, mit der sich Paulus gegen die Rechtsansicht der *quidam* wendet. Erst aus dieser Stellungnahme lässt sich auch die Rechtsfrage erschliessen: Zu erörtern ist, ob das Vermächtnis der Schuld (*legatum debiti*) die Bedingungen und Befristungen der ursprünglichen Schuld aufnimmt oder ob diese unabhängig davon eingeklagt werden.[36] Paulus wendet sich gegen die von *quidam* vertretene Ansicht, nach der das Legat bis zur Fälligkeit nur den Zinsertrag umfasse und spricht sich für die Klage auf die gesamte Summe aus, sofern das Legat vor der Jahresfrist wirksam angefallen sei.

In anderen Fragmenten geht die Darstellung von einer an den Juristen gerichteten Frage aus:[37]

Pal. 1331 = D. 23,4,28 Paul. 5 quaest.

Quaeris, si pacta sit mulier vel ante nuptias vel post nuptias, ut ex fundi fructibus quem dedit in dotem creditor mulieris dimittatur, an valeat pactum? Dico, si ante nuptias id convenerit, valere pactum eoque modo minorem dotem constitutam: post nuptias vero cum onera matrimonii fructus relevaturi sunt, iam de suo maritus paciscitur ut dimittat creditorem, et erit mera donatio.

Du fragst, ob, wenn die Frau entweder vor der Eheschliessung oder nach der Eheschliessung [mit ihrem Mann] eine formlose Vereinbarung eingegangen ist, dass die aus dem Grundstück, das sie in die Mitgift gegeben hat, gezogenen Früchte einen Gläubiger der Frau befriedigen, ob diese Vereinbarung wirksam ist? Ich sage, wenn dies vor der Eheschliessung vereinbart worden ist, ist das pactum wirksam, und zwar ist auf diese Weise eine kleinere Mitgift festgesetzt worden. Nach der Eheschliessung aber trifft der Ehemann, weil die Früchte [der Mitgift] die Lasten der Ehe erleichtern sollen, bereits hinsichtlich seines eigenen Vermögens eine Vereinbarung, dass der Gläubiger befriedigt werde, und es wird eine schlichte Schenkung sein.

Das Fragment behandelt die – im Detail umstrittene – Abgrenzung zwischen zulässigen *pacta* über die Verwendung und Verrechnung der Mitgift und unwirk-

36 Das *legatum debiti* ist als Vindikationslegat zu konstruieren, vgl. Lohsse (2023), Rn. 31.

37 Vgl. auch Pal. 1309 = D. 20,5,9 Paul. 3 quaest.; Pal. 1313 = D. 15,1,52 pr. Paul. 4 quaest.; Pal. 1414 = D. 48,10.14 Paul. 22 quaest.

samen Schenkungen zwischen Ehegatten.[38] Die von Paulus später verwendete Distinktion zwischen *pacta* vor und nach der Eheschliessung wird bereits vom Fragesteller vorweggenommen, wenn er die Vereinbarungen *ante nuptias* und *post nuptias* unterscheidet. Der Hauptertrag der paulinischen Antwort liegt damit nicht in dieser Differenzierung, sondern in ihrer Begründung: Danach ist es vor der Eheschliessung Sache der Parteien, den Umfang der Mitgift zu bestimmen, weshalb auch Abzüge an Dritte zulässig sind; nach der Eheschliessung steht sie im Eigentum des Mannes, weshalb die vereinbarte Befriedigung des Gläubigers der Frau aus den Mitteln der Mitgift auf eine verbotene Schenkung zwischen Ehegatten hinausliefe.[39]

Ebenfalls häufiger ist die abstrahierende Fallschilderung, die Frage und Antwort vereint:[40]

> Pal. 1398 = D. 46,3,98 pr. Paul. 15 quaest.
>
> *Qui res suas obligavit, postea aliquam possessionem ex his pro filia sua dotem promittendo obligavit et solvit. Si ea res a creditore evicta est, dicendum est maritum ex dotis promissione agere posse, ac si statuliberum remve sub condicione legatam dotis nomine pro filia pater solvisset: harum enim rerum solutio non potest nisi ex eventu liberare, scilicet quo casu certum erit remanere eas.*
>
> Jemand, der sein Vermögen [zur Sicherheit] verpfändet hat, hat später irgendein Besitztum aus demselben für seine Tochter als Mitgift durch Versprechen verpflichtet und [hat das Versprechen] erfüllt. Wenn diese Sache vom Gläubiger evinziert worden ist, ist zu sagen, dass der Ehemann aus dem Versprechen der Mitgift klagen kann, wie wenn der Vater einen statuliber (d. h. einen bedingt freigelassenen Sklaven) oder eine unter einer Bedingung vermachte Sache im Namen der Mitgift für die Tochter gezahlt hätte. Die Erfüllung mit diesen Sachen kann nämlich nicht befreien, sondern nur vom Ergebnis her [kann auf die Befreiung geschlossen werden], vorausgesetzt, dass in diesem Fall sicher sein wird, dass diese [beim Empfänger] verbleiben.

Auch in diesem Fragment steht die rechtliche Konstruktion im Zentrum der Erörterung. Als Ausgangspunkt dient der Fall, dass der Vater, der sein Vermögen verpfändet hat, aus diesem eine Sache als Mitgift verspricht und an den Ehemann überträgt. Da das dingliche Recht der Pfandgläubiger bestehen bleibt, ist die Übertragung nur dann als dauerhaft wirksam anzusehen, wenn der Pfandgläubiger sie nicht vom Ehemann herausverlangt, wofür Paulus andere Beispiele, wie den bedingt Freigelassenen und die bedingt vermachte Sache, die als Mitgift versprochen werden, anführt.[41]

Trotz Unterschieden im Detail stimmen daher die drei Erzählformen aus den *libri quaestionum* insofern überein, als – dem Titel des Werkes entsprechend – die Fallschilderung, die das Rechtsproblem anzeigt, im Vordergrund steht.

38 Vgl. auch Stagl (2009), 297.

39 Zum Schenkungsverbot zwischen Ehegatten, vgl. Stagl (2023), Rn. 161–164.

40 Vgl. auch Pal. 1302 = D. 22,3,25 Paul. 3 quaest.; Pal. 1316 = D. 17,1,58 Paul. 4 quaest.

41 Zum Text, vgl. Kupisch (1974), 79–80.

Eine grundsätzlich abweichende Anlage haben die Fragmente aus den *libri responsorum*: In diesen wird die Rechtsmeinung des Juristen in knapper Form mitgeteilt, wobei ein Sachverhalt nur angedeutet oder zur Erklärung der Antwort beigefügt wird. Ein typisches Beispiel hierfür bildet die fast abstrakte Darstellung in:

> Pal. 1462 = D. 42,1,42 Paul. 3 resp.
>
> *Paulus respondit rescindere quidem sententiam suam praecedentem praetorem non posse, reliqua autem, quae ad consequentiam quidem iam statutorum pertinent, priori tamen sententiae desunt, circa condemnandum reum vel absolvendum debere supplere, scilicet eodem die.*
>
> Paulus hat geantwortet, dass der Prätor zwar sein früheres Urteil nicht aufheben könne, dass er das Verbleibende aber, das sich auf die Folge des freilich schon Ausgesprochenen bezieht, in der früheren Entscheidung gleichwohl fehlt, zur Verurteilung des Schuldners oder zum Freispruch hinzufügen müsse, und zwar am selben Tag.

Das Fragment beginnt mit der Antwort des Juristen, die darlegt, dass ein Prätor sein früheres Urteil zwar nicht aufheben, aber ergänzen könne. Der Anlass und der Hintergrund dieser Frage werden nicht mitgeteilt, sodass sich der Text als allgemeine Rechtsauskunft über die Befugnisse von Spezialprätoren im Kognitionsverfahren liest.[42] Das einzige Detail mit Tatsachenbezug ist der Hinweis, dass die Anpassung des Urteils am gleichen Tag erfolgen müsse, wobei auch diese Vorgabe als normative Anforderung formuliert wird.

Auch im folgenden Fragment steht nicht der Fall, sondern seine Erläuterung im Vordergrund:

> Pal. 1514 = D. 23,3,72 pr. Paul. 8 resp.
>
> *Mulier bona sua omnia in dotem dedit: quaero, an maritus quasi heres oneribus respondere cogatur. Paulus respondit eum quidem, qui tota ex repromissione dotis bona mulieris retinuit, a creditoribus conveniri eius non posse, sed non plus esse in promissione bonorum quam quod superest deducto aere alieno.*
>
> Eine Frau hat ihr ganzes Vermögen in die Mitgift gegeben. Ich frage, ob der Ehemann gezwungen wird, gleichsam wie ein Erbe für die Lasten einzustehen. Paulus hat geantwortet, dass derjenige, der alle Güter der Frau aus dem Rückversprechen der Mitgift erhalten habe, zwar von ihren Gläubigern nicht gerichtlich belangt werden könne, aber dass nicht mehr in dem Versprechen der Güter sei als das, was nach Abzug der Schulden übrigbleibt.

Der einleitende Sachverhalt entbehrt aller Details; es geht lediglich darum, die Mitgiftbestellung aus eigenen Mitteln der Frau als Rahmen anzugeben. Die hieran anknüpfende Frage, ob die Übertragung des Vermögens von der Frau auf den Mann als erbschaftlicher Erwerb anzusehen sei, entlarvt Paulus als Scheinproblem, indem er ausführt, dass der Ehemann zwar alle Aktiva des Vermögens erhalte,

42 Vgl. Litewski (1997), 269 mit weiteren Nachweisen.

alle Passiva aber zuvor abzuziehen hat, womit sich die Frage der Haftung erledigt. In die Rechtsauskunft eingewoben ist der Sachverhalt auch in:

Pal. 1534 = D. 27,3,23 Paul. 9 resp.

Convento herede tutoris iudicio tutelae curatorem eiusdem neque ipso iure liberatum videri neque exceptionem rei iudicatae ei dandam: idemque in heredibus magistratuum observandum.

Wenn der Erbe des Vormunds durch die Klage aus Vormundschaft gerichtlich belangt worden ist, so ist anzunehmen, dass der curator desselben [Mündels] weder von Rechts wegen (ipso iure) befreit worden ist, noch, dass ihm die Einrede der Rechtskraft zu geben ist. Dasselbe sei auch mit Blick auf Erben von Magistraten zu beachten.

Auch in diesem Fragment dient der Fall nur dazu, das behandelte Rechtsgebiet, die Vormundschaft, einzuführen. Dabei setzt der Jurist voraus, dass die Haftung aus der *actio tutelae* auf den Erben des Vormunds übergeht; er behandelt lediglich die Klagenkonkurrenz gegen den parallel bestellten *curator minoris*.[43] Da Paulus *cura* und *tutela* getrennt betrachtet, kann die Erhebung der *actio tutelae* die *actio negotiorum gestorum* des *curator* nicht tangieren.

Selbst wenn somit auch in den *libri responsorum* Sachverhalte angesprochen oder skizziert werden, unterscheidet sich die Erzählweise deutlich von der in den *libri quaestionum*: Sofern der Jurist überhaupt Fälle schildert, werden sie ohne Details mitgeteilt; sie dienen daher lediglich dazu, die Rechtsmeinung zu illustrieren und eine abstrakte Vorgabe zu verdeutlichen.

2.4 Zwischenfazit

Ein erstes Zwischenergebnis lautet daher: Als *quaestio* bezeichnet Paulus spezifisch den *casus*, d. h. die *narratio*, die den Sachverhalt und Streitpunkt des Prozesses darstellt. Von daher ist die Bezeichnung *libri quaestionum* tatsächlich als konzeptionelles Programm zu verstehen. Nach diesen Vorüberlegungen sind im Folgenden die *libri quaestionum* des Paulus auf ihren narrativen und narratologischen Gehalt zu analysieren.

3 Paulus als Erzähler in den *libri quaestionum*

Paulus' Darstellungstechnik in den *libri quaestionum* ist mehrfach untersucht und gewürdigt worden. Eine Synthese hat Detlef Liebs im *Handbuch der lateinischen Literatur* formuliert:[44]

43 Vgl. Babusiaux (2023a), Rn. 134.

44 Liebs (1997), 172–173; vergleichbar auch Frezza (1977), 233–234.

> Die nach 210 entstandene Schrift enthielt juristische Erörterungen aus allen Rechtsgebieten, geordnet nach dem Digestensystem [...]: Fälle aus der eigenen Respondierpraxis, aus der Gerichtspraxis, Kaiserreskripte, Anfragen von Schülern und sonst Interessierten; hinzu kamen theoretische Darlegungen ohne konkreten Anlass.

Diese Beschreibung unterscheidet die in den *quaestiones* erörterten Fälle nach Anlass und Ursprung des Sachverhaltes. Ein narrativer Ansatz muss hingegen die Funktion der jeweiligen Fallschilderung analysieren, also erfragen, warum ein Fall in die Erörterung eingebracht wird (dazu unten 4.). Ein narratologischer Ansatz wird hingegen die Erzählerfigur in den Blick nehmen und somit fragen, aus welcher Perspektive und in welcher Rolle erzählt wird. Aus dieser Sicht sind zu unterscheiden:

1. Texte, in denen Paulus als Erzähler auftritt, also selbst den Sachverhalt darstellt und sodann dessen rechtliche Lösung präsentiert;
2. Texte, in denen die Sache selbst zu Wort kommt; hier liegt dem Juristen meist ein Schriftstück vor, das er auslegt und auf seine Wirksamkeit untersucht;
3. Fragmente, in denen eine andere Person erzählt, indem sie sich mit einer Anfrage an Paulus wendet, der sodann nicht nur den Sachverhalt, sondern auch die Rechtsmeinung des Fragestellers kommentiert.

3.1 Beispiele für direkte Erzählung durch Iulius Paulus

Der einfachste Fall, die direkte Erzählung, findet sich zum Beispiel in folgenden Fragmenten:[45]

> Pal. 1322 = D. 19,5,5 pr. Paul. 5 quaest.
>
> *Naturalis meus filius servit tibi et tuus filius mihi: convenit inter nos, ut et tu meum manumitteres et ego tuum: ego manumisi, tu non manumisisti: qua actione mihi teneris, quaesitum est.*
>
> Mein leiblicher Sohn dient dir [als Sklave] und dein Sohn mir. Wir haben untereinander vereinbart, dass sowohl du meinen freilässt als auch ich deinen. Ich habe ihn freigelassen, du hast ihn nicht freigelassen. Es wurde gefragt, mit welcher Klage du mir gegenüber haftest.

> Pal. 1355 = D. 28,5,82 pr. Paul. 9 quaest.
>
> *Clemens Patronus testamento caverat, ut, si sibi filius natus fuisset, heres esset, si duo filii, ex aequibus partibus heredes essent, si duae filiae, similiter: si filius et filia, filio duas partes, filiae tertiam dederat. Duobus filiis et filia natis quaerebatur, quemadmodum in proposita specie partes faciemus, cum filii debeant pares esse vel etiam singuli duplo plus quam soror accipere?*

45 Vgl. auch Pal. 1303 = D. 13,4,10 Paul. 4 quaest.; Pal. 1360 = D. 31,82 Paul. 10 quaest.; Pal. 1398 = D. 46,3,98 Paul. 15 quaest.

Clemens Patronus hatte im Testament dafür gesorgt, dass, wenn ihm ein Sohn geboren worden wäre, dieser Erbe wäre; wenn zwei Söhne, diese zu gleichen Teilen Erben wären; wenn ihm zwei Töchter geboren worden wären, auf gleiche Art. Wenn ein Sohn und eine Tochter geboren worden wären, hatte er dem Sohn ⅔, der Tochter ⅓ gegeben. Nachdem zwei Söhne und eine Tochter geboren worden waren, wurde gefragt, wie wir im vorgelegten Fall die Erbteile bilden werden, weil die Söhne gleich sein müssen, oder auch jeder einzelne doppelt so viel als seine Schwester erhalten müsse?

In diesen Fällen spricht Paulus als Augenzeuge oder als allwissender Erzähler, der entweder einen erlebten oder einen konstruierten Sachverhalt berichtet, der ein Rechtsproblem stellt. Als Tempus verwendet der Jurist in diesen Fällen das Präsens, das seine direkte Intervention belegt.

Einen Sonderfall dieses direkten Erzählens bildet die zweite Gruppe der Texte, in denen Paulus ein Dokument zitiert und sodann die Auslegung desselben erörtert wird.

3.2 Direktes Zitat von Urkunden als Sonderfall des direkten Erzählens

Typische Beispiele hierfür sind:

Pal. 1295 = D. 12,1,40 Paul. 3 quaest.

Lecta est in auditorio Aemilii Papiniani praefecti praetorio iuris consulti cautio huiusmodi: ‹Lucius Titius scripsi me accepisse a Publio Maevio quindecim mutua numerata mihi de domo et haec quindecim proba recte dari kalendis futuris stipulatus est Publius Maevius, spopondi ego Lucius Titius.›

Im Auditorium des Gardepräfekten und Rechtsgelehrten Aemilius Papinianus wurde eine Urkunde folgenden Inhalts verlesen: ‹Ich, Lucius Titius, habe geschrieben, dass ich von Publius Maevius fünfzehn als Darlehen erhalten habe, die mir aus seinem Hause ausgezahlt worden sind; und Publius Maevius hat sich stipulieren lassen, dass diese fünfzehn in gutem Geld und rechtswirksam an einem ersten Tag eines zukünftigen Monats gegeben werden; ich, Lucius Titius habe dies versprochen.›

Pal. 1296 = D. 45,1,126,2 Paul. 3 quaest.

Chrysogonus Flavii Candidi servus actor scripsit, coram subscribente et adsignante domino meo, accepisse eum a Iulio Zosa, rem agente Iulii Quintilliani absentis, mutua denaria mille. Quae dari Quintilliano heredive eius, ad quem ea res pertinebit, kalendis novembribus, quae proximae sunt futurae, stipulatus est Zosas libertus et rem agens Quintilliani, spopondit Candidus dominus meus.

‹Chrysogonus, Kassensklave des Flavius Candidus, hat in Gegenwart meines unterschreibenden und siegelnden Herrn geschrieben, dieser [sc. der Herr] habe von Iulius Zosas, dem Geschäftsführer des abwesenden Iulius Quintilianus, tausend Denare als Darlehen empfangen. Zosas, der Freigelassene und Geschäftsführer des Quintilianus, hat sich stipulieren lassen, dass diese dem Quintilianus oder dessen Erben, an den diese Sache gelangen würde, an den Kalenden des November, die zukünftig die nächsten seien, gegeben werden; mein Herr Candidus hat dies versprochen.›

Pal. 1411 = D. 35,1,81 Paul. 21 quaest.

Iulius Paulus Nymphidio. Quaesisti, si ita in testamento cautum esset: ‹Stichus si rationes reddiderit, cum contubernali sua liber esto eisque decem heres dato›, an Sticho mortuo antequam rationes redderet, vel pariatore vel reliqua habente, libera esset mulier?

Iulius Paulus an Nymphidius: Du hast gefragt, wenn so in einem Testament vorgesorgt worden wäre: ‹Wenn Stichus Rechnung gelegt hat, soll er mit seiner Gefährtin zusammen frei sein und ihnen soll der Erbe zehn geben›, ob beim Tod des Stichus bevor er Rechnung gelegt hat, sei es, dass er die Schuld vollumfänglich beglichen hat, sei es, dass er noch einen Rückstand hatte, die Frau frei wäre?

Alle drei Fragmente behandeln Grenzfälle rechtsgeschäftlicher Wirksamkeit. Im ersten Fall (Pal. 1295) stellt sich die Frage, ob formlose Nebenabreden auch dazu dienen können, die Stipulation auszugestalten, was Paulus in Anlehnung an Papinian bejaht, nach traditioneller Lehre aber keineswegs selbstverständlich ist;[46] im zweiten Fall (Pal. 1296) scheint der Freigelassene Zosas für einen Dritten, nämlich seinen Geschäftsherrn, versprechen zu lassen, was nach den Regeln des *alteri nemo stipulari potest* unwirksam sein muss, von Paulus aber ausnahmsweise als wirksam angesehen wird.[47] Der dritte Fall (Pal. 1411) betrifft die Wirksamkeit einer bedingten testamentarischen Freilassung, deren Bedingung an sich ausgefallen ist. Auch hier entscheidet Paulus entgegen den geltenden Regeln *pro libertate*, behandelt also die Gefährtin des Verstorbenen als wirksam Freigelassene. Pal. 1295 und Pal. 1411 enthalten zudem noch eine – hier ausgelassene – Rahmenhandlung. So wird die Frage in Pal. 1295 im *auditorium* des Papinian gestellt, in dem Paulus als Assessor tätig ist; zur Frage nach der Wirksamkeit der Freilassung in Pal. 1411 wird hingegen in Briefform an einen Sklaven Nymphidius respondiert. Es sind damit drei Erzählebenen zu unterscheiden:

1. die Ebene des Erzählers der *libri quaestionum* (zwischen Paulus und dem Leser),
2. die Ebene des Geschehenen, an dem Paulus als Augenzeuge oder Akteur beteiligt war;
3. das Dokument selbst, das nicht den üblichen rechtlichen Standards entspricht.

Dieses Wechselspiel der verschiedenen Meinungen und Ebenen findet sich in zugespitzter Form in Fragmenten, die fremde Erzählungen einflechten und als Anlass für die Rechtserörterung wählen.

46 Einzelheiten zum Text bei Knütel (1976), bes. 216–221.

47 Zur Frage, vgl. Finkenauer (2008), bes. 444–445, der von einer Ausnahme für den Realkontrakt ausgeht.

3.3 Beispiele für die Einflechtung fremder Erzählungen durch Iulius Paulus

Diese Einflechtung fremder Erzählungen lässt sich als typisches Merkmal der *libri quaestionum* des Paulus ansehen und ist bereits in Pal. 1280 und Pal. 1331 begegnet: In beiden Fragmenten hat ein unbekannter Fragesteller die Frage formuliert (*quaero* bzw. *quaeris*), die den Anlass der paulinischen Erörterung bildet. Ein weiteres Beispiel hierfür ist ein über mehrere Fragmente erörterter Fall zur Freilassung der Sklavin Arescusa:[48]

> Pal. 1327 = D. 19,1,43 Paul. 5 quaest. und Pal. 1328 = D. 19,1,45 Paul. 5 quaest.
>
> *Titius cum decederet, Seiae Stichum Pamphilum Arescusam per fideicommissum reliquit eiusque fidei commisit, ut omnes ad libertatem post annum perduceret. [...] lectum est responsum Domitii Ulpiani, quo continebatur Arescusam pertinere ad rescriptum sacrarum constitutionum, si nollet emptorem patronem habere: emptorem tamen nihil posse post manumissionem a venditore consequi. Ego cum meminissem et Iulianum in ea sententia esse, ut existimaret post manumissionem quoque empti actionem durare, quaero, quae sententia vera est.*
>
> Als Titius starb, hinterliess er der Seia durch Fideikommiss [die Sklaven] Stichus, Pamphilus und Arescusa und gab ihr durch Fideikommiss auf, dass sie alle innerhalb eines Jahres zur Freiheit führe. [...] Es wurde ein responsum des Domitius Ulpian verlesen, in dem enthalten war, dass Arescusa, wenn sie den Käufer nicht als Freilasser haben wollte, unter ein Reskript aus den kaiserlichen Konstitutionen falle, der Käufer jedoch nach der Freilassung nichts vom Verkäufer verlangen könne. Da ich mich erinnerte, dass auch Julian der Meinung war, dass er glaubte, auch nach der Freilassung bestehe die Käuferklage weiter, frage ich, welche Ansicht die richtige ist.

Die hier verwendete Erzählweise hat bereits Dieter Nörr treffend charakterisiert:[49]

> Im ersten Akt [...] finden wir den verstorbenen Titius [...], den [...] Erben und (späteren Verkäufer), die [...] Vermächtnisnehmerin (*fideicomissaria*) Seia, die drei Sklaven Stichus, Pamphilus, Arescusa [...], den Käufer (und Verlierer) Sempronius. Zu den genannten Personen gesellen sich im folgenden Akt [...]: der *praetor fideicommissarius, der praetor urbanus* [...] als Jurisdiktionsmagistrat, der von ihm eingesetzte [...] *iudex privatus*, dem ein Gutachten (responsum) des Ulpian vorlag [...]. Der dritte Akt dient der Reflexion über Fall und Fallentscheidung. Der Name des Fragestellers (ego) wurde von den Kompilatoren gestrichen; die Antworten gibt Iulius Paulus. Beide ziehen eine Rechtsmeinung des einige Zeit zuvor verstorbenen Salvius Iulianus heran; beide lassen Kritik an dem responsum Ulpians und der Entscheidung des Richters erkennen. [...] Die Struktur der Erörterung ist einfach. Zuerst schildert ego den Sachverhalt [...]. Danach stellt er drei Fragen [...], die Paulus der Reihe nach beantwortet.[50]

Die Erzählung des Verfahrens um die Freilassung der Arescusa zeigt mithin, dass Paulus den Sachverhalt und die Prozessgeschichte vollständig darstellt, bevor er sich zur Rechtsfrage äussert. Neben der Freilassungsgeschichte besteht damit

48 Zum Text, vgl. auch Schmidt-Ott (1993), 77–85.

49 Vgl. Nörr (2005), bes. 63–67.

50 Nörr (2005), 20–21, Einzelheiten 97–102.

eine Rahmenhandlung, in der ein – hier anonymer – Fragesteller und der das Werk verfassende Jurist interagieren.

Besondere Eindringlichkeit erhält dieses Verfahren in Fragmenten, die namentlich benannte Fragesteller angeben, die teilweise auch prosopografisch näher identifiziert werden können. Die drei Namen, die in Paulus' *libri quaestionum* am häufigsten vorkommen, sind Latinus Largus,[51] Nesennius Apollinaris[52] und Licinius Rufinus.[53] Während vom Erstgenannten nichts ausserhalb der Digesten überliefert ist, lässt sich Nesennius Apollinaris mit einer Inschrift aus Ephesus in Verbindung bringen.[54] Erst recht bekannt ist der auch in den Digesten mit einem Werk (*libri regularum*) vertretene Jurist Licinius Rufinus (185–238). Er gilt als Schüler des Paulus; zudem sind von ihm Inschriften aus Kleinasien überliefert.[55] Nach dem Vorbild des Licinius Rufinus hat die Forschung alle anfragenden Personen in den *libri quaestionum* als «Schüler des Paulus» charakterisiert. Gerade für Licinius Rufinus ist diese Einordnung aber zu kurz gegriffen:[56] Eine unlängst der Stadt Thyateira zugeordnete Inschrift[57] belegt, dass der aus dem Ritterstand stammende Rufinus nicht nur *consiliarius Augusti* (σύνβουλον Σεβαστοῦ), *ab epistulis Graecis* (πράξα[ν]τα τὰς Ἑλληνικὰς ἐπι[σ]τολάς), *a studiis Augusti* (ἐπὶ παιδείας Σεβαστοῦ), *a rationibus* (ἐπὶ τῶν καθόλου λόγων), *a responsis* (ἐπὶ τῶν ἀποκριμάτων), sondern auch *praetor* (στρατηγὸν Ῥωμαίων), *praeses provinciae Norici* (ἡγεμόνα ἐπαρχείας Νορικοῦ), Inhaber einer Priesterstelle (*sodalis Titi Tatii*, ἱερέα σακερδωτίου Τίτου Τατίου), Mitglied des Rates der Zwangzigmänner (ἐν τῶι συνβουλίωι τῶν εἴκοσιν [ἀν]δρῶν), erwählter Freund des Kaisers (ἐπιλεχθέντα φίλον τοῦ Σεβαστοῦ), Gesandter für den Kaiser (πρεσβεύσαντα πολλάκις πρὸς τοὺς αὐτοκράτορας) und Konsular (τὸν λαμπρότατον ὑπατικὸν) war und als Wohltäter für seine Stadt (διά τε ἀφθονίαν τροφῶν καὶ ἔργων πολλῶν καὶ μεγάλων κατασκευὰς κοινῇ τε καὶ κατὰ ἕνα εὐεργέτην) gewirkt hat. Wie Herrmann hervorgehoben hat, stellt gerade die Kombination von zunächst ritterlichen Ämtern mit senatorischen Aufgaben wie der Prätur eine in der bisherigen Forschung unterschätzte Möglichkeit der Ämterhäufung dar.[58] Berücksichtigt man diese hohe Stellung des Licinius Rufinus, liegt es nahe, dass der Jurist weniger als Schüler des Paulus, als vielmehr in Anerkennung seiner öffentlichen Rolle in Verwaltung und Politik erwähnt wird. So

51 Vgl. Pal. 1278 = D. 21,1,56 Paul. 1 quaest.; Pal. 1326 = D. 40,8,9 Paul. 5 quaest.; Pal. 1372 = D. 31,83 Paul. 11 quaest.; Pal. 1388 = D. 44,2,30,1 Paul. 14 quaest. Zu Latinus Largus, vgl. Ankum (2006), 12–13, der zu Recht betont, dass es sich um einen «Rechtspraktiker» handeln könnte.

52 Vgl. Pal. 1274 = D. 3,5,33 Paul. 1 quaest.; Pal. 1343 = D. 27,1,32 Paul. 7 quaest.; Pal. 1391 = D. 42,1,41 Paul. 14 quaest.; Pal. 1404 = D. 35,2,22 Paul. 17 quaest.

53 Vgl. Pal. 1382 = D. 40,13,4 Paul. 12 quaest.

54 Vgl. AE 1975, Nr. 793. Die Inschrift selbst nennt nur den Namen des Juristen, enthält also keine Angaben zu Leben und/oder Karriere.

55 Vgl. TAM V,2,984–988, dazu Millar (1999); zur Person des Licinius Rufinus, vgl. zuletzt Biedermann (2013).

56 Dazu auch: Herrmann (1997), 111; Millar (1999), 95–96.

57 AE 1997, 1425 = SEG 47,1656.

58 Vgl. Herrmann (1997), 120.

zeigt nämlich die Beratung bedeutender Entscheidungsträger die Relevanz des Beraters, der durch den Hinweis auf ihre Anfragen seine *prudentia* oder *phronesis* unter Beweis stellen kann.[59]

Auch die Einführung des jeweiligen Zitates variiert. In der einfachsten Form wird es schlicht durch die Voransetzung des Namens markiert:

Pal. 1278 = D. 21,1,56 Paul. 1 quaest.

Latinus Largus: quaero, an fideiussori emptionis redhiberi mancipium possit. respondi, si in universam causam fideiussor sit acceptus, putat Marcellus posse ei fideiussori redhiberi.

Latinus Largus: Ich frage, ob dem Bürgen des Kaufes der Sklave zurückgegeben werden kann. Ich habe geantwortet: Wenn auf die gesamte Streitsache der Bürge angenommen worden ist, glaubt Marcellus, dass er diesem Bürgen zurückgegeben werden kann.

Pal. 1326 = D. 40,8,9 Paul. 5 quaest.

Latinus Largus: vendidit ancillam ita, ut manumitteretur, non addito tempore: quaero, quando ex constitutione incipit ei libertas competere cessante emptore in manumittendo.

Latinus Largus: Er hat eine Sklavenfrau mit der Bestimmung verkauft, dass sie [vom Käufer] freigelassen werde, ohne Beifügung einer Frist. Ich frage, wann ihr aus der kaiserlichen Konstitution die Freiheit zuzustehen beginnt, wenn der Käufer die Freilassung unterlässt.

Pal. 1391= D. 42,1,41 pr. Paul. 14 quaest.

Nesennius Apollinaris: si te donaturum mihi delegavero creditori meo, an in solidum conveniendus sis? [...] Respondit: nulla creditor exceptione summoveretur, [...].

Nesennius Apollinaris: Wenn ich dich, der du mir schenken willst, meinem Gläubiger delegiert haben werde, ob du auf das Ganze belangt werden musst? [...] Er hat geantwortet: Der Gläubiger wird durch keine Einrede ferngehalten, [...].

Häufiger finden sich als Briefanfänge stilisierte Zitate, die den schriftlichen Charakter der Anfrage indizieren:

Pal. 1274 = D. 3,5,33 Paul. 1 quaest.

Nesennius Apollinaris Iulio Paulo salutem. Avia nepotis sui negotia gessit. [...] Respondebatur aviam iure pietatis de suo praestitisse: [...]. Quaero quid tibi iustius videatur. Respondi: haec disceptatio in factum constitit: [...].

Nesennius Apollinaris grüsst Iulius Paulus. Die Grossmutter hat die Geschäfte ihres Enkels geführt [...]. Es wurde geantwortet, dass die Grossmutter nach dem Recht der pietas aus ihrem eigenen Vermögen geleistet habe [...]. Ich frage, was dir gerechter scheint. Ich habe geantwortet: Diese Streitfrage hat auf Ebene der Tatsachen bestanden: [...].

59 Dazu Aubert-Baillot (2015) mit weiteren Nachweisen.

Pal. 1343 = D. 27,1,32 Paul. 7 quaest.

Nesennius Apollinaris Iulio Paulo. Mater filium suum pupillum vel quisvis alius extraneus extraneum aeque pupillum scripsit heredem et Titio legatum dedit eumque eidem pupillo tutorem adscripsit: Titius confirmatus excusavit se a tutela: quaero, an legatum amittat.

Nesennius Apollinaris an Iulius Paulus. Eine Mutter hat ihren unmündigen Sohn oder irgendein anderer Familienfremder hat einen Familienfremden, ebenfalls als Unmündigen, zum Erben eingesetzt, dem Titius ein Legat gegeben und ihn [testamentarisch] als Tutor für eben diesen Unmündigen eingesetzt. Nachdem Titius [als Tutor] bestätigt worden war, hat er sich von der Vormundschaft entschuldigt. Ich frage, ob er das Legat verliert.

Pal. 1382 = D. 40,13,4 Paul. 12 quaest.[60]

Licinnius Rufinus Iulio Paulo. Is cui fideicommissa libertas debebatur post vicensimum annum veniri se passus est: quaero, denegandum sit ei ad libertatem proclamare.

Licinnius Rufinus an Iulius Paulus. Jemand, dem durch Fideikommiss die Freiheit geschuldet wurde, hat zugelassen, dass er nach seinem zwanzigsten Lebensjahr verkauft wird. Ich frage, ob ihm die Verkündung der Freiheit zu versagen ist?

Seltener finden sich weitergehende Einleitungsformeln, mit denen der Anfragende die Fragestellung bereits in eine bestimmte Richtung lenkt:

Pal. 1372 = D. 31,83 Paul. 11 quaest.[61]

Latinus Largus. Proxime ex facto incidit species talis. Libertinus patronum ex semisse heredem instituit et filiam suam ex alio semisse: Fidei commisit filiae, ut quibusdam ancillis patroni restitueret, cum hae manumissae essent, et, si eadem filia heres non esset, substituit ei easdem ancillas. [...] Rogo ergo, quid de hoc existimes rescribas. Respondi nec repetitum videri in hunc casum fideicommissum, sed alterutrum datum vel fideicommissum vel ipsam hereditatem. Melius autem dici in eundem casum substitutas videri, in quem casum fideicommissum meruerunt, et ideo ad substitutionem eas vocari.

Latinus Largus: Kürzlich ergab sich aus einem Ereignis folgender Fall: Ein Freigelassener hat den Patron zur Hälfte als Erbe eingesetzt und seine Tochter auf die andere Hälfte. Er hat der Tochter durch Fideikommiss auferlegt, dass sie [ihre Hälfte] gewissen Sklavenfrauen des Patrons zurückgebe, wenn diese freigelassen worden wären, und er setzte, wenn dieselbe Tochter nicht Erbe wäre, dieselben Sklavenfrauen ihr als Ersatzerbinnen ein. [...] Ich bitte dich also, dass du mir zurückschreibst, was du diesbezüglich meinst. Ich habe geantwortet, dass in diesem Fall das Fideikommiss nicht als wiederholt anzusehen sei, sondern dass eines von beiden gegeben worden sei, entweder ein Fideikommiss oder die Erbschaft selbst. Es sei aber besser, dass gesagt werde, dass sie [die Sklavenfrauen] für denselben Fall als Ersatzerbinnen angesehen werden, in welchem sie das Fideikommiss erworben haben, und daher seien sie zur Ersatzerbenstellung berufen.

60 Vgl. Frezza (1977), 234–235.
61 Zur Analyse, vgl. Schmidt-Ott (1993), 127–130.

Pal. 1404 = D. 35,2,22 pr. Paul. 17 quaest.[62]

Nesennius Apollinaris Iulio Paulo. Ex facto, domine, species eiusmodi incidit. Titia filias suas tres numero aequis ex partibus scribsit heredes et a singulis legata invicem dedit, ab una tamen ita legavit tam coheredibus eius quam extraneis, ut Falcidiae sit locus. Quaero, an adversus coheredes suas, [...] uti possit Falcidia [...]. Respondi: id quidem, quod a coherede legatorum nomine percipitur, non solet legatariis proficere, [...].

Nesennius Apollinaris an Iulius Paulus. Aus einem Vorfall, Herr, ist ein derartiger Fall entstanden. Titia hat ihre Töchter – drei an der Zahl – zu gleichen Teilen als Erbinnen eingesetzt und hat ihnen Legate zu Lasten jeder einzelnen wechselseitig gegeben, zu Lasten von einer jedoch hat sie sowohl zugunsten ihrer Miterbinnen, als auch für Aussenstehende derart vermacht, dass die lex Falcidia zur Anwendung kommt. Ich frage, ob sie gegen ihre Miterbinnen [...] die lex Falcidia nutzen könne [...]. Ich habe geantwortet, dass freilich das, was von einem Miterben aufgrund von Legaten erworben werde, üblicherweise nicht den Legataren zugute komme, [...].

Sowohl Latinus Largus als auch Nesennius Apollinaris kennzeichnen die an Paulus übermittelte Frage als *species ex facto*, was man – im Sinne der Statuslehre – als Synonym für eine onomasiologische Suche nach der richtigen rechtlichen Einordnung ansehen kann.[63] Der angefragte Jurist soll sich also zur rechtlichen Einordnung des Geschehens äussern.[64] Auffällig ist in diesem Zusammenhang die singuläre Ansprache des Paulus durch Nesennius Apollinaris mit *domine*,[65] die ein Unterordnungsverhältnis oder eine Richterposition des Angesprochenen signalisieren könnte. Sie könnte mithin darauf hinweisen, dass der Anfragende gewillt ist, den gegebenen Rat als verbindlich und massgeblich zu beachten.

Sodann sind Unterschiede in der Ausführlichkeit der *narratio* zu beachten: Diese kann nur den Ausgangssachverhalt umfassen; der anfragende Jurist kann aber auch die eigene Meinung berichten und/oder die Frage bereits juristisch einordnen, indem er zum Beispiel spezifischer nach der Wirksamkeit einer Bestimmung fragt oder zwei alternative Antworten erwägt. In diesem Fall greift Paulus oft die mitgeteilte Rechtsmeinung wieder auf, indem er sie zustimmend, ablehnend oder auch differenzierend kommentiert.

Von besonderem Interesse sind schliesslich Fragmente, von denen man vermuten kann, dass eigentlich eine fremde *narratio* vorlag, die Paulus kommentierte. Diese Erzählstruktur mit Binnenerzählung und Rahmenhandlung ist aber in der überlieferten Fassung nicht mehr ersichtlich, weil die justinianischen Kompilatoren den Text offenkundig so gekürzt haben, dass nun Paulus als Erzähler des Sachverhaltes erscheint.

62 Zum Text, vgl. Schmidt-Ott (1993), 85–90.

63 Vgl. auch Lausberg (³1990), 74, § 108: «Der individuelle Einzelfall (*factum*) stellt so ein onomasiologisches Problem (s. § 106), das, weil es vor Gericht zur Beurteilung steht, mit der Semasiologie (*voluntas*) des Gesetzeswortlautes in Bezug gesetzt werden muss.»

64 Zu dieser Besonderheit der Anfragen an Paulus, vgl. bereits Nörr (2005), 63.

65 Andere Belege dieser Ansprache sind D. 13,5,26 Scaev. 1 resp. (Ansprache des Gläubigers); D. 24,1,57 Paul. 7 resp. (Ansprache des Ehemannes durch die Frau); D. 28,4,3 Marcell. 29 dig. (Ansprache des als Richter fungierenden *imperator*).

3.4 Zerstörte Rahmenerzählungen und scheinbar direkte Erzählungen des Juristen

Die narratologische Perspektive ermöglicht es, an einzelnen Stellen Texteingriffe nachzuzeichnen, d. h., die Zerstörung des Rahmens der Fallerzählung aufzuzeigen. Es handelt sich um Fragmente, in denen erst Details in der Erörterung aufdecken, dass die Begutachtung durch Paulus auf einer Anfrage eines anderen Juristen beruhen muss.

Ein Beispiel hierfür bildet:

Pal. 1414 = D. 48,10,14 pr. Paul. 22 quaest.

Filius emancipatus cum scriberet patris testamentum, iussu patris servo communi Titii et suo legatum adscripsit: quaero quis exitus quaestionis sit. respondit: plures quaestiones coniunxisti.

Als ein aus der Gewalt entlassener Sohn das Testament seines Vaters schrieb, fügte er auf Befehl des Vaters ein Legat für den gemeinschaftlichen Sklaven des Titius und seiner selbst ein. ‹Ich frage, welchen Ausgang diese Frage habe.› Er hat geantwortet: ‹Du hast verschiedene Fragestellungen vermischt.›

Der Sachverhalt beginnt mit einer anonymisierten knappen Darstellung des Geschehens, die von Paulus selbst zu stammen scheint. An diesen Sachverhalt schliesst sich die zunächst auch als *subiectio* deutbare Frage an: «Ich frage, welchen Ausgang diese Frage habe.»[66] Erst die den Fragesteller tadelnde Antwort: «Du hast mehrere Fragestellungen vermischt.» zeigt, dass tatsächlich ein Dialog zwischen Paulus und einem unbekannten Juristen stattgefunden haben muss.[67] Der Wortwechsel belegt gleichzeitig, dass der zu Beginn des Fragmentes geschilderte Fall nicht von Paulus selbst stammt, sondern offenbar aus einer Anfrage, die mit einer eigenen rechtlichen Einordnung verbunden wurde. Es erscheint wahrscheinlich, dass die Kompilatoren diese Rahmenhandlung als entbehrlichen Zusatz gestrichen haben und nur die Rechtsmeinung des Paulus stehen liessen. Nur durch die direkte Ansprache des Fragestellers, die den Beginn der Antwort bildet, kann dieser Texteingriff noch erahnt werden.

Ebenfalls trügerisch ist:

Pal. 1290 = D. 10,2,36 Paul. 2 quaest.

Cum putarem te coheredem meum esse idque verum non esset, egi tecum familiae erciscundae iudicio et a iudice invicem adiudicationes et condemnationes factae sunt: quaero [...] respondi [...]. Sed tu videris eo moveri, quod non est iudicium familiae erciscundae nisi inter coheredes acceptum: [...].

66 Zur *subiectio*, vgl. Lausberg (³1990), 381, § 771: «[...] ein in die Rede hineingenommener fingierter (also monologischer) Dialog mit Frage und Antwort [...], meist zur Belebung der Gedankenfolge».

67 Beachtlich ist in diesem Zusammenhang die Aufspaltung der Fragestellung, die auch in D. 48,10,14,1 Paul. 22 quaest. fortgeführt wird: *Sequens quaestio est, an* [...].

> Da ich glaubte, Du seist mein Miterbe, und dies nicht wahr war, habe ich gegen Dich die Klage auf Erbteilung erhoben, und vom Richter sind gegeneinander Eigentumszuweisungen und Verurteilungen vorgenommen worden: Ich frage [...]; ich habe geantwortet [...]. Aber du scheinst dadurch bewegt zu werden, dass es keine Klage auf Erbteilung gibt, wenn sie nicht zwischen Miterben angenommen worden ist: [...].

Auch dieses Fragment erweckt zunächst den Anschein, als formulierte Paulus einen fiktiven Fall. Im weiteren Verlauf der Erörterung wird allerdings deutlich, dass auch diese Geschichte aus einer Anfrage hervorgegangen ist, die Paulus kommentiert. Für den Leser der Digesten wird dies erst in dem Vorwurf «du scheinst dadurch bewegt zu werden» deutlich, der zeigt, dass das Fragment kein Selbstgespräch, sondern einen (abgeschnittenen) Dialog zwischen Paulus und einem ansonsten unbekannt bleibenden Gesprächspartner enthielt.[68]

Der narratologische Ansatz bringt damit auch Überlieferungslücken, die vermutlich durch Tilgungen der Kompilatoren entstanden sind, zutage: So wird deutlich, dass einige, scheinbar aus Paulus' eigenem Erleben stammende Sachverhalte im Ausgangstext von anderen erzählt worden sein müssen. Da die Kompilatoren die Rahmenhandlung strichen, um den Text zu kürzen, führt dies in den Digesten zu dem Eindruck, der Jurist prüfe eine eigene Rechtsmeinung in Form eines Selbstgespräches.

Neben dieser Einsicht in die kompositorischen Details der Fragmente stellt sich abschliessend die Frage, wie sich die Erkenntnisse zur *narratio* und zur Narratologie zur juristischen Argumentation verhalten. Diese Frage kann nur anhand eines Beispiels untersucht werden.

4 Narrative Elemente und juristische Argumentation im Zusammenhang

Gegenstand dieser exemplarischen Untersuchung ist ein Auszug aus dem 4. Buch der paulinischen *libri quaestionum* (Pal. 1317 = D. 46,1,71 pr. Paul. 4 quaest.).

4.1 Ein Fragment aus dem 4. Buch der *libri quaestionum*

Um Bezugnahmen zu erleichtern, ist das Fragment nach Sinnabschnitten (a)–(e) gegliedert: Der Abschnitt (a) enthält den Sachverhalt; im Abschnitt (b) wird eine erste Rechtsmeinung in der Vergangenheitsform wiedergegeben, gegen die in Abschnitt (c) ein Einwand formuliert wird; Abschnitte (d) und (e) formulieren eine von (b) abweichende Rechtsmeinung, die von einem einleitenden «ich meine» (*puto*) (d) abhängt.

68 Vgl. Schmidt-Ott (1993), 146, der zwar die Dialogstruktur erkennt, nicht aber die kürzenden Eingriffe.

Pal. 1317 = D. 46,1,71 pr. Paul. 4 quaest.

(a) *Granius Antoninus pro Iulio Pollione et Iulio Rufo pecuniam mutuam accipientibus, ita ut duo rei eiusdem debiti fuerint, apud Aurelium Palmam mandator exstitit: Iulii bona ad fiscum venerunt: similiter et creditori fiscus successerat. Mandator allegabat se liberatum iure confusionis, quia fiscus tam creditori quam debitori successerat.*

Granius Antoninus trat bei Aurelius Palma als mandator für Iulius Pollio und Iulius Rufus ein, die auf diese Weise ein Darlehen erhielten, dass sie zwei Schuldner derselben Schuld (‹Gesamtschuldner›) waren. Die Güter des Iulius gelangten an den Fiskus; in ähnlicher Weise hatte der Fiskus auch die Nachfolge des Gläubigers angetreten. Der mandator führte an, dass er durch das Recht der Konfusion befreit worden sei, weil ja der Fiskus sowohl dem Gläubiger als auch dem Schuldner nachgefolgt war.

(b) *Et quidem si unus debitor fuisset, non dubitabam sicut fideiussorem, ita et mandatorem liberatum esse: quamvis enim iudicio convento principali debitore mandator non liberetur, tamen ubi successit creditor debitori, veluti solutionis iure sublata obligatione etiam mandator liberatur, vel quia non potest pro eodem apud eundem quis mandator esse.*

Und ich bezweifelte zwar nicht, dass, wenn es einen einzigen Schuldner gegeben hätte, gleichwie ein Bürge, so auch der mandator befreit worden wäre; denn obwohl der mandator nicht befreit wird, wenn der Hauptschuldner mit einer Klage belangt worden ist, so wird dennoch, wo der Gläubiger Nachfolger des Schuldners geworden ist, auch der mandator befreit, wie wenn die Obligation nach dem Recht der Zahlung erloschen ist, besonders weil man ja nicht für denselben [und] bei demselben mandator sein kann.

(c) *Sed cum duo rei promittendi sint et alteri heres exstitit creditor, iusta dubitatio est, utrum alter quoque liberatus est, ac si soluta fuisset pecunia, an persona tantum exempta confusa obligatione.*

Aber wenn es zwei Gesamtschuldner aus einer Stipulation sind und der Gläubiger für den einen als Erbe eingetreten ist, ist der Zweifel berechtigt, ob auch der andere befreit worden ist, wie wenn Geld gezahlt worden wäre, oder ob nur eine Person durch das Erlöschen der Obligation aufgrund der Konfusion befreit worden ist.

(d) *Et puto aditione hereditatis confusione obligationis eximi personam: sed et accessiones ex eius persona liberari propter illam rationem, quia non possunt pro eodem apud eundem obligati esse, ut quemadmodum incipere alias non possunt, ita nec remaneant. Igitur alterum reum eiusdem pecuniae non liberari et per hoc nec fideiussorem vel mandatorem eius.*

Und ich meine, dass mit dem Antritt der Erbschaft eine Person durch die Konfusion der Verpflichtung befreit wird; dass aber auch die aus dieser Person hinzukommenden Verpflichteten aus jenem Grund befreit werden, weil sie nicht für denselben bei demselben verpflichtet sein können, so dass sie, wie sie anders nicht beginnen können [, verpflichtet zu sein,] es so auch nicht bleiben. Dass also der andere Schuldner desselben Geldes nicht befreit wird und deshalb auch nicht dessen Bürge oder mandator.

(e) *Plane quia is mandati iudicio eligere potest vel creditorem, competituram ei exceptionem doli mali, si coeperit conveniri. Cum altero autem reo vel in solidum, si non fuerit societas, vel in partem, si socii fuerunt, posse creditorem agere. Quod si creditor fideiussori heres fuerit vel fideiussor creditori, puto convenire confusione obligationis non liberari reum.*

[Ich meine,] dass freilich diesem die Einrede der Arglist (exceptio doli mali) zustehen wird, sobald er verklagt wird, weil er mit der actio mandati sogar den Gläubiger auswählen kann. Dass aber der Gläubiger gegen den anderen Schuldner entweder auf das Ganze klagen kann, wenn keine societas bestanden hat, oder auf einen Anteil, wenn sie Gesellschafter gewesen sind. Wenn also der Gläubiger den Bürgen oder der Bürge den Gläubiger beerbt hat, meine ich, dass man darin übereinstimmt, dass der Schuldner durch die Konfusion der Obligation nicht befreit wird.

4.2 Juristische Problemstellung

Der Sachverhalt wirft die Frage auf, ob eine von zwei Darlehensschuldnern übernommene Verpflichtung erloschen ist, weil der Fiskus sowohl das Vermögen des Gläubigers als auch die Güter *eines* der beiden Kreditnehmer übernommen hat und somit Konfusion zwischen Schuld und Verpflichtung eingetreten sein könnte. Verkompliziert wird die Situation dadurch, dass nicht die Darlehensnehmer selbst, sondern ein *mandator*, d. h. derjenige, der den Darlehensgläubiger zur Darlehensvergabe «beauftragt» hat, in Anspruch genommen wird, wogegen er das Erlöschen der Verpflichtung einwendet. Die juristische Problemstellung kreist damit um drei Fragenkomplexe: (1) Rechtswirkungen der Konfusion, (2) Gesamt- und Einzelwirkung bei der Solidarschuld, (3) Voraussetzungen und Wirkungen des Kreditmandats.

Konfusion (*confusio*) oder «Vereinigung» bezeichnet einen Erlöschensgrund der Obligation: Indem eine Person sowohl die Schuldner- als auch die Gläubigerstellung in sich vereint, geht die Forderung unter, weil eine Forderung Personenverschiedenheit voraussetzt.[69] Im Sachverhalt sind diese Voraussetzungen unter (a) erwähnt (*Iulii bona ad fiscum venerunt: similiter et creditori fiscus successerat*): Der Fiskus, d. h. die öffentliche Hand, ist sowohl Rechtsnachfolger des Schuldners als auch des Gläubigers geworden. Der in Anspruch genommene *mandator* beruft sich auf das Recht der Konfusion (*allegabat se liberatum iure confusionis*).

Das zweite rechtliche Stichwort ist die Solidarschuld oder Gesamtschuldnerschaft (*duo rei*).[70] Sie bezeichnet die Situation, dass zwei Personen ein- und dieselbe Forderung schulden, der Gläubiger von jedem die ganze Forderung einfordern, diese aber insgesamt nur einmal verlangen kann.[71] Im Sachverhalt des Fragmentes ist die Solidarschuld durch gemeinsame Entgegennahme der Darlehenssumme (*pecuniam mutuam accipientibus, ita ut duo rei eiusdem debiti fuerint*) zustande gekommen, wobei offen bleiben muss, ob die Empfänger – was in der Praxis durchaus häufig vorkam – die Rückzahlung gleichzeitig auch mittels einer Stipulation versprochen hatten.[72] Die Solidarschuld ist für den Gläubiger vorteilhaft, da er aussuchen kann, gegen welchen Schuldner er vorgeht; zwischen

69 Kieß (1995), 60–61, spricht insoweit von «obligatorischer Konfusion» (im Gegensatz zur dinglichen).

70 Zum Begriff, vgl. Schmieder (2023), Rn. 1.

71 Schmieder (2023), Rn. 4.

72 Zum Stipulationsdarlehen, vgl. Gröschler (2006).

den Schuldnern findet Regress statt: Der Schuldner, der an den Gläubiger gezahlt hat, kann von den Mitschuldnern anteilige Rückzahlung verlangen. Soweit keine abweichende Regelung besteht, wird der Anteil nach Kopfteilen berechnet, d. h., bei zwei Solidarschuldnern hat jeder die Hälfte zu tragen.[73]

Während die Zahlung Gesamtwirkung hat, also das gesamte Solidarschuldverhältnis mit Wirkung für alle Schuldner aufhebt, haben andere Erlöschensgründe, die in der Person eines Solidarschuldners eintreten, nur Einzelwirkung. Dies bedeutet, dass jeder Gesamtschuldner nur für sich selbst Wirkungen auslösen kann und die übrigen Solidarschuldner durch Ereignisse, die das Verhältnis von einem Schuldner zum Gläubiger betreffen, nicht automatisch profitieren.[74] Diese Frage ist auch *in casu* von Interesse, da der Fiskus nur die Rechtsnachfolge eines Schuldners angetreten hat, weshalb der andere Schuldner verpflichtet bleibt. Diese Frage wird in (c) angesprochen, indem der Jurist daran erinnert, dass sich die Konfusion nur auf das individuelle Verhältnis zwischen dem betroffenen Schuldner und dem Gläubiger auswirkt und somit keine Gesamtwirkung hat.[75]

Allerdings ist die Frage damit für den von Paulus behandelten Fall nicht erledigt, da sich weiter die Frage stellt, ob der *mandator*, der den Gläubiger beauftragt hat, das Darlehen zu geben, mit Blick auf die Konfusion zwischen einem der Schuldner und dem Gläubiger wenigstens als teilweise befreit gelten muss. Die Beantwortung setzt das Institut des Kreditmandates voraus, das mit dem Begriff *mandator* schon im Sachverhalt evoziert wird. Das Kreditmandat ist ein Auftrag (*mandatum*), d. h. ein Konsensualkontrakt, der formlos abgeschlossen werden kann. Der Schuljurisprudenz zufolge zeichnet sich der Auftrag dadurch aus, dass ein Geschäft im Interesse des Geschäftsherrn oder eines Dritten besorgt wird; kein Auftrag ist hingegen die Geschäftsbesorgung im Interesse des Beauftragten.[76] Für das Kreditmandat ergibt sich daraus, dass nur dann, wenn die Beauftragung im Interesse des Auftraggebers (des *mandator*) oder des Dritten (des Empfängers des Geldes) erfolgt ist, ein wirksames *mandatum* vorliegt; empfiehlt hingegen jemand ein Darlehen als Geldanlage, liegt ein nicht nach Auftragsrecht zu betrachtender Ratschlag vor. Schon der Sachverhalt von Pal. 1317 stellt hingegen klar, dass von einem Kreditmandat auszugehen ist, denn neben den beiden Solidarschuldnern (Iulius Pollio und Iulius Rufus) tritt ein Granius Antoninus auf, der als *mandator* bezeichnet wird und von dem gesagt wird, *apud Aurelium Palmam mandator exstitit*. Damit ist mithin gemeint, dass der Gläubiger

73 Der Hauptanwendungsfall ist – wie im Fall des Paulus – die stipulierte Gesamtschuld.

74 Vgl. auch Kieß (1995), 69, der nach der Erfüllungswirkung der Konfusion bei Gesamtschuldnern fragt.

75 Belege zur Frage bei Schmieder (2023), Rn. 9 Fn. 25.

76 Zu dieser Charakterisierung des Auftrags, vgl. Gai. *inst.* 3,155 *Mandatum consistit, sive nostra gratia mandemus sive aliena; itaque, sive ut mea negotia geras sive ut alterius mandaverim, contrahitur mandati obligatio, et invicem alter alteri tenebimur in id, quod vel me tibi vel te mihi bona fide praestare oportet.* Gai. *inst.* 3,156 *Nam si tua gratia tibi mandem, supervacuum est mandatum; quod enim tu tua gratia facturus sis, id de tua sententia, non ex meo mandatu facere debes*; […].

(Aurelius Palma) erst auf die Bitte des *mandator* (Granius Antoninus) hin den beiden Schuldnern das Darlehen als Solidarschuld gewährt hat.

Entscheidend an dieser Konstellation ist, dass der *mandator* durch die Konstruktion des Kreditmandates eine Haftung für die zwischen Schuldner und Gläubiger entstandene Verpflichtung übernimmt: Wenn der Darlehensnehmer das Geld bis zur Fälligkeit der Schuld nicht zurückgezahlt hat, kann sich der Beauftragte, d. h. der Darlehensgeber, an den *mandator* halten. Funktional erinnert dies an eine Bürgschaft, indem der *mandator* verpflichtet ist, die Schuld zu begleichen, wenn die Rückzahlung durch den Schuldner scheitert. Im Unterschied zur Bürgschaft, die nach römischem Recht nur durch Formalvertrag – Stipulation – begründet werden kann, kann der Auftrag – wie gesehen – formlos erteilt werden.

Genau wie bei der Bürgschaft stellt sich weiter die Frage, ob der *mandator* auch dann zu zahlen hat, wenn der Hauptschuldner befreit oder die Schuld unwirksam oder einredebehaftet ist.[77] Die Frage wird in Pal. 1317 dadurch verkompliziert, dass nicht ein Hauptschuldner, sondern zwei Solidarschuldner haften. Paulus' Erörterung trägt der Komplexität dieser Fragestellung Rechnung. Im Abschnitt (b) erläutert der Jurist zunächst die Situation des *mandator* für den Fall, dass er nur für *einen* Hauptschuldner haftet und dieser durch Konfusion frei geworden ist: *et quidem, si unus debitor fuisset, non dubitabam sicut fideiussorem, ita et mandatorem liberatum esse.* Hiernach wäre der *mandator* also genauso befreit wie der Bürge. Wie Abschnitt (c) betont, ist diese Lösung nicht auf den Fall übertragbar, dass die Hauptschuld für zwei Solidarschuldner besteht. Aufgrund dieser Besonderheit des Falles ergeben sich – wie der Text sagt – berechtigte Zweifel (*iusta dubitatio*), ob die gegenüber einem Schuldner eingetretene Konfusion auch für den anderen wirke. Diese Zweifel werden in Abschnitt (d) durch eine Unterscheidung konkretisiert: Danach kann die Befreiung durch Konfusion nur abhängig Verpflichteten zugutekommen (*sed et accessiones ex eius persona liberari*). Der andere Solidarschuldner, dessen Schuld selbstständig entsteht und untergeht, wird hingegen nicht mitbefreit.[78] Für den *mandator* der beiden Solidarschuldner bedeutet dies, dass er insoweit nicht befreit wird, wie er für die weiterhin bestehende Schuld einzustehen hat (*igitur alterum reum eiusdem pecuniae non liberari et per hoc nec fideiussorem vel mandatorem eius*).

Wie der letzte Abschnitt (e) zeigt, ist damit aber nicht das letzte Wort gesprochen. Vielmehr erfährt der Gedankengang eine überraschende Wendung, indem nunmehr betrachtet wird, was passiert, wenn der Gläubiger (Aurelius Palma) gegen den *mandator* auf Aufwendungsersatz klagt (*actio mandati contraria*). Der Jurist entscheidet, der *mandator* könne die Klage durch eine Arglisteinrede verhindern. Grundlage der Arglisteinrede ist die Annahme, dass beim Kreditmandat nicht nur ein Auftrag zwischen dem *mandator* und dem Darlehensgeber, sondern auch

77 Vgl. auch Schmidt-Ott (1993), 132: «Die Verpflichtung des *mandator* aus der *actio mandati contraria*, Aufwendungen zu leisten, hängt im Gegensatz zur Verpflichtung des *fideiussor* nicht unmittelbar von der Hauptschuld ab.»

78 So zutreffend auch Sacconi (1973), 79.

zwischen dem *mandator* und dem Darlehensnehmer besteht, und zwar dergestalt, dass der Darlehensnehmer seinerseits den *mandator* beauftragt hat:[79]

D. 17,1,18 Ulp. 40 ad Sab.

Qui patitur ab alio mandari ut sibi credatur mandare intelligitur.

Wer es zulässt, dass von einem anderen der Auftrag erteilt wird, ihm ein Darlehen zu gewähren, wird so angesehen, als habe er [dem anderen] einen Auftrag erteilt.

Diese Konstruktion eines Auftragsverhältnisses zwischen den beiden Iulii und Granius Antoninus bedeutet, dass Letzterer selbst eine Klage gegen seine Auftraggeber, die beiden Solidarschuldner, auf Aufwendungsersatz hat.[80] Wird er nun vom Gläubiger (Aurelius Palma) in Anspruch genommen, kann Granius Antoninus bei seinen Auftraggebern, den Darlehensschuldnern, mit der *actio mandati contraria* Regress nehmen. Auch diese Haftung aus der *actio mandati contraria* ist als Solidarschuld ausgestaltet,[81] weshalb er die Wahl hat, welchen der beiden Schuldner er belangen will. Indem der Fiskus die Rechtsnachfolge eines der Schuldner angetreten hat, fällt diesem die Haftung aus der *actio mandati contraria* zur Last. Dies hat zur Folge, dass, wenn der Fiskus als Rechtsnachfolger des Gläubigers (Aurelius Palma) gegen dessen *mandator* (Granius Antoninus) vorgeht, Letzterer die aus der *actio mandati contraria* zustehende Haftung einredeweise erheben kann. Die verschiedenen Regressmöglichkeiten führen damit zu einem Zirkelschluss und letztlich zum Scheitern der Klage des Fiskus: Soweit der Fiskus als Rechtsnachfolger des Gläubigers Klage auf Zahlung gegen den *mandator* erhebt, entsteht zugunsten des *mandator* eine Rückforderungsklage gegen seine(n) Auftraggeber, d. h. den bzw. die Solidarschuldner; da der Fiskus auch Rechtsnachfolger eines Solidarschuldners ist, kann der Beklagte auswählen, gerade diesen Schuldner zu belangen und damit einredeweise geltend machen, der Gläubiger verlange etwas, was er selbst sofort zurückzahlen müsse.[82] Auch ohne Konfusion ist damit die Schuld des *mandator* nicht im Klageweg durchsetzbar, sondern dauerhaft einredebehaftet. Die Komplexität der rechtlichen Erörterung spiegelt sich in verschiedenen *narrationes* wider.

4.3 Narrative Analyse

Die narrative Analyse von Pal. 1317 muss an die juristische Erörterung anknüpfen. Daraus folgt, dass in Abschnitt (a) der Fall, die *causa*, dargelegt wird, während die verschiedenen Variationen des Sachverhaltes (b)–(d) in ihrer hypothetischen

79 Vgl. bereits Schmidt-Ott (1993), 134.

80 Kieß (1995), 68 erklärt dies so: «Antoninus hat den Kreditauftrag nicht aus freien Stücken erteilt, sondern war seinerseits von den Darlehensnehmern [...] beauftragt.»

81 Anders nur, wenn zwischen den Solidarschuldnern ein Gesellschaftsvertrag besteht: *in partem, si socii fuerunt.*

82 D. 44,4,8 pr. Paul. 6 ad Plaut.: *Dolo facit, qui petit quod redditurus est.*

Fassung offensichtlich der *argumentatio* zuzuordnen sind. Eine eigene Qualität hat das Fortdenken des Sachverhaltes (e), mit dem eine neue Erzählung beginnt.

Der in Abschnitt (a) erzählte *casus*, also die *narratio* im ersten Sinne Ciceros, muss den Anforderungen der Kürze, Klarheit und Glaubwürdigkeit genügen.[83] Das Ideal der Kürze wird durch die sprachlich knappe Darstellung erfüllt, die unter anderem durch die Partizipialkonstruktion *pecuniam mutuam accipientibus* und durch die konzise Darlegung der Ereignisse in chronologischer Sicht (*duo rei eiusdem debiti fuerint* [...] *mandator exstitit* [...] *ad fiscum venerunt* [...] *fiscus successerat. Mandator allegabat* [...]) erreicht wird. Ein offenkundiger Schwerpunkt liegt aber auf der Glaubwürdigkeit der *narratio*, die Paulus durch die Anbindung des Falls an bekannte Persönlichkeiten zu erreichen sucht: Auch wenn die Identität des Granius Antoninus wie die des Iulius Pollio heute nicht mehr geklärt werden kann, spricht die Tatsache, dass sowohl Iulius Rufus als auch Aurelius Palma historisch verbürgt sind, dafür, alle vier Genannten als reale Personen anzusehen, die dem Publikum des Paulus bekannt sein konnten.

Ein Iulius Rufus wird in der *Historia Augusta* als einer der *nobiles* genannt, die Septimius Severus nach der Revolte des Albinus ohne Gerichtsverfahren tötete.[84] Wenn man ihn dem in Pal. 1317 genannten Iulius Rufus gleichsetzt, kann man annehmen, dass die Rechtsnachfolge des Fiskus aufgrund der Beschlagnahme der Güter erfolgte, d. h. in Anwendung der Regeln der *bona damnatorum*.[85] Nach diesen Bestimmungen konnte der Fiskus das Vermögen von Personen einziehen, die zum Tode oder zur Verbannung verurteilt worden waren.[86] Die Einziehung war als Rechtsnachfolge ausgestaltet, wodurch die Rechte der Gläubiger des Verurteilten erhalten blieben.[87] Diese Annahme könnte eine auffällige Unschärfe in der Darstellung erklären: *Iulii bona ad fiscum venerunt* scheint keinen Unterschied zwischen den beiden Solidarschuldnern (Iulius Pollio und Iulius Rufus) zu machen. Geht man allerdings davon aus, dass die Tötung des Iulius Rufus bekannt war, würde die mehrdeutige Formulierung *Iulii bona* eindeutig auf diesen verweisen. Statt also den Text zu korrigieren und zum Beispiel die Konjektur «Iulius Pollio» vorzuschlagen,[88] ist die Mehrdeutigkeit als narrative Strategie anzusehen: Ein bekanntes Ereignis wird nur durch Andeutung evoziert;[89] gleichzeitig wird die Austauschbarkeit der beiden Solidarschuldner, die ja für den weiteren Fortgang der Argumentation, insbesondere für die Einrede gegenüber der Klage des

83 Cic. *inv.* 1,20,28: *ut brevis, ut aperta, ut probabilis sit.*

84 *Vit. Severi* 13,1–2: *occidit autem sine causae dictione hos nobiles:* [...] *Iulium Rufum* [...]. PIR (Prosopographia Imperii Romani) II Nr. 347: *fortasse non diversus a Iulio Rufo cuius bona ad fiscum venisse narrat Paulus*; D. 46,1,71.

85 Vgl. Waldstein (1965).

86 Die Tatsache, dass die Tötung ohne Urteil geschah, steht dem nicht entgegen, weil es sich jedenfalls um eine kaiserlich angeordnete Tötung handelte, vgl. Waldstein (1965), 102 mit einer Diskussion verschiedener Fälle, in denen auch ohne Urteil eine Beschlagnahme erfolgte.

87 Vgl. Waldstein (1965), 104–105.

88 So aber Mommsen (1870), ihm folgend Frezza (1962), 148; Sacconi (1973), 78 Fn. 71.

89 Dies erwägt bereits Schmidt-Ott (1993), 131 Fn. 118.

Fiskus, zentral ist (e), bereits in der Sachverhaltsschilderung angedeutet und so vorweggenommen.

Die historische Anbindung des Sachverhaltes erfolgt aber auch durch die erst seit Kurzem näher bekannte Person des Aurelius Palma. Christian Marek und Mustafa Adak identifizieren ihn mit einem Patrimonialprocurator, der als Freigelassener des Commodus in einer Ehreninschrift aus Bolu (Bithynion-Klaudiupolis) genannt wird.[90] Erneut kann man davon ausgehen, dass Paulus' Leserschaft diese in der imperialen Administration tätige Person kannte, und dass die Nennung dieser Person die Authentizität der Darstellung erhöhen und die Relevanz des Geschehens betonen sollte. Zu beachten ist in diesem Zusammenhang die wahrscheinlich nicht zufällige Rollenverteilung bei der Kreditvergabe: Das Darlehen wird durch den Patrimonialprocurator, d. h. einen Verwalter des kaiserlichen Vermögens (*res privata*), gegeben,[91] wobei einer der Empfänger ein später hingerichteter Senator ist. Die Konfusion von Schuldner- und Gläubigerstellung wird also durch einen nachgerade ‹politischen› Sachverhalt ausgelöst, der auf höchster Ebene anzusiedeln ist, da die Vereinigung einerseits durch die Konfiskation des Vermögens eines Verurteilten (Iulius Rufus), andererseits durch die Übernahme der vom *procurator* eingegangenen Forderung durch den Fiskus entsteht.[92] Auf diese Weise ist die behandelte Frage der Durchsetzbarkeit der Forderung gegenüber dem *mandator* nicht nur rechtstechnisch komplex (4.1), sondern hat unmittelbare Auswirkungen auf den kaiserlichen Finanzhaushalt.

Die der *argumentatio* zuzuordnenden Variationen der Erzählung (b)–(d) dienen der Verdeutlichung der rechtlichen Probleme des Ausgangsfalles, sind also nach Cicero als *digressio* anzusehen. Die Variante (b) hat – wie bereits dargelegt – den Zweck, das Problem der Solidarschuld zu verdeutlichen (*amplificatio*): Wäre der Fiskus nur einem Schuldner nachgefolgt, dessen Schuld er als Gläubiger innehatte, wäre die Schuld erloschen; gleichzeitig hätte auch der für die Schuld einstehende *mandator* befreit werden können. Die amplifizierende Wirkung dieser Variante (*si unus debitor fuisset*) beruht auf der Vergleichbarkeit beider Konstellationen; vor allem aber lässt der fiktive Fall die Bedeutung der Solidarschuld klar hervortreten. Der unter (c) mitgeteilte Fall variiert hingegen den Konfusionstatbestand: Dieser liegt nicht mehr in der Rechtsnachfolge (Beschlagnahme) durch den Fiskus, sondern in der Beerbung eines Solidarschuldners durch den Gläubiger. Auch dieser Fall dient – wie die offene Fragestellung am Ende zeigt – zur Amplifikation des Problems: *iusta dubitatio est, utrum alter quoque liberatus est*. Der Abschnitt zeigt gleichzeitig, dass nicht Sonderrecht des Fiskus infrage steht, sondern allgemeines Privatrecht.

Komplexer ist die argumentative Funktion des unter (d) mitgeteilten Falles, der gleichzeitig das erste Element für die Lösung des Ausgangssachverhaltes

90 Marek/Adak (2016), 36–37 Nr. 43.

91 Details sind umstritten, vgl. dazu zuletzt Kłodziński (2020).

92 Es scheint dennoch zu weit zu gehen, wenn Sacconi (1973), 150 schon aus der Formulierung *allegabat* (a) folgert, es handele sich um eine Erörterung im *consilium principis*.

enthält: Auch dieser beginnt mit dem Erbschaftsantritt als Standardfall der Konfusion. Der Jurist führt weiter die Unterscheidung von abhängig Verpflichteten (*accessiones*) und selbstständig Verpflichteten (*alter reus eiusdem pecuniae*) ein, die darüber entscheidet, ob die Befreiung des Schuldners auch für andere wirkt. Diese Unterscheidung ist als Meinungsäusserung (*puto*) stilisiert und nur insofern *narratio*, als die abhängig Verpflichteten neu als Alternative hinzutreten.

Auch Abschnitt (e) enthält eine Stellungnahme, auch sie enthält aber narrative Elemente, indem sie den Sachverhalt aus (a) fortspinnt und betrachtet, was geschieht, wenn der Fiskus aus dem Recht des Gläubigers (Aurelius Palma) gegen den *mandator* (Granius Antoninus) klagt. Diese prozessuale Betrachtung des Geschehens erlaubt es, die Verteidigungsmöglichkeiten des Beklagten zu prüfen und zu der bereits oben (4.2) dargelegten Lösung über die *actio mandati contraria* des *mandator* gegen seine Auftraggeber zu gelangen. Dabei ist bemerkenswert, dass sich das entscheidende Rechtsargument in der letzten Erzählung (e) verbirgt: *plane quia is mandati iudicio eligere potest vel creditorem*. Die Aussage, dass der Beklagte den Gläubiger im Rahmen der *actio mandati* auswählen könne, ist erst unter Berücksichtigung mehrerer unausgesprochener Prämissen verständlich: Gemeint ist, dass der *mandator* hinsichtlich seiner *actio mandati contraria* gegen die Solidarschuldner die Wahl hat, wen er verklagen will. Da der klagende Fiskus auch die Position eines Solidarschuldners übernommen hat, kann der Beklagte also diesen Solidarschuldner «als Gläubiger» auswählen, d. h., gerade für diesen die Personenidentität zwischen Gläubiger und Schuldner herstellen, die für die Begründung der *exceptio* notwendig ist.[93] Die verhüllende Ausdrucksweise in (e) geht einher mit teilweise fast verwirrenden narratologischen Perspektivenwechseln, die abschliessend zu würdigen sind.

4.4 Die Erzählperspektive

Zunächst ist festzuhalten, dass die Erzählperspektive schon zu Beginn des Fragmentes mehrdeutig ist:[94] Bisher ist der überwiegenden Lesart gefolgt worden, dass Granius Antoninus der *mandator* ist, der *apud Aurelium Palmam exstitit*. Ein Vergleich mit den eingeflochtenen Erzählungen des Latinus Largus und anderer (3.3) zeigt allerdings, dass es grundsätzlich auch vorstellbar wäre, Pal. 1317 (a) wie folgt zu lesen: *Granius Antoninus: Pro Iullo Pollione et Iullo Rufo pecuniam mutuam accipientibus, ita ut duo rei eiusdem debiti fuerint, apud Aurelium Palmam mandator*

93 Zutreffend auch Schmidt-Ott (1993), 134: «Er [sc. der *mandator*] kann also auch den Fiskus als Nachfolger des einen Darlehensschuldners in Anspruch nehmen. Dieser war aber auch Rechtsnachfolger des Gläubigers geworden; dadurch hat der *mandator* aber nicht die Wahlmöglichkeit verloren, sich gerade diese Regressmöglichkeit auszusuchen […]. Die Regressforderung gegen den Nachfolger des Darlehensschuldners entsteht gerade in der Höhe, in der der *mandator* selbst vom Gläubiger in Anspruch genommen wird.»

94 Sie ist aber kein Hinweis auf Ergänzungen von Gedankengängen durch die Kompilatoren, wie Frezza (1962), 149 meint.

exstitit.[95] Unter dieser Prämisse wäre Granius Antoninus der Anfragende, der *mandator* wäre hingegen namenlos. Für dieses Verständnis des Textes könnte man anführen, dass in Abschnitt (b) eine Rechtsmeinung in der Vergangenheit angeführt wird (*dubitabam*), die der Anfragende gegenüber Paulus geäussert haben könnte. In diesem Fall läge eine klare Zweiteilung der juristischen Standpunkte vor: Abschnitte (b) und (c) enthielten die Stellungnahme des Anfragenden, der in (b) seinen Ausgangspunkt und in (c) seine Zweifel für den konkreten Fall formulierte; die Abschnitte (d) und (e) hingegen wären Paulus zuzuweisen, der zunächst das Beispiel des Erbschaftsantritts aus der Stellungnahme des anderen (c) aufgriffe, bevor er den Ausgangsfall (e) im Sinne der *actio mandati contraria* löste. Es bleibt ebenso vorstellbar, dass Granius Antoninus tatsächlich den *mandator* bezeichnete und dass die Stellungnahme in (b) und (c) dennoch von einem anfragenden Juristen (?) stammt, dessen Name und Identität von den Kompilatoren gestrichen wurden.

Die narratologische Analyse spricht jedenfalls dafür, dass auch Pal. 1317 eher aus einer Anfrage an Paulus stammt und dass die Sachverhaltsschilderung (a) gerade nicht von ihm selbst verfasst wurde. Auch dieses Fragment wäre damit ein Beispiel für Paulus als Erzähler, der über eine Anfrage und deren vorläufige Lösung durch einen *anderen* Juristen berichtet, bevor er diese Lösung selbst kommentiert. Damit ermöglicht die narratologische Betrachtung eine Neubewertung des Textes, der wegen seiner Widersprüche oftmals als interpoliert angesehen wurde.[96] Nach den bereits betrachteten Beispielen für zerstörte Rahmenerzählungen liegt es nahe, die Redundanzen und den scheinbaren Selbstwiderspruch als Ausdruck einer gekürzten Dialogstruktur zwischen Paulus, dem kaiserlichen Berater und einem namenlosen Kollegen (aus der Provinz?) anzusehen. Die Aufnahme der Anfrage in Paulus' *libri quaestionum* wäre damit als Strategie zu verstehen, die eigene Bedeutung und die Relevanz der vom Juristen erörterten Sachfragen dem Leser auch narratologisch nahezubringen; die Kompilatoren hätten diese Ebene als weniger bedeutsam gestrichen.

5 Schlussfolgerungen

Führt man die Überlegungen zusammen, die sich aus der juristischen Sachanalyse und der narrativen Gestaltung des Fragmentes ergeben, entsteht ein stimmiger Gesamteindruck: Auf juristischer Ebene diskutiert Pal. 1317 ein komplexes und aus vielen Sachfragen kombiniertes Problem, das der Jurist einer differenzierten Lösung zuführt; die narrative Struktur zeigt, dass die verschiedenen Fallvarianten und Meinungsäusserungen mit Fallelementen vor allem dazu dienen, Einzelaspekte der juristischen Erörterung durch Amplifikation zu verdeutlichen

95 Diese Hypothese erwägt bereits Schmidt-Ott (1993), 131 Fn. 116, der aber meint: «Dagegen spricht jedoch, dass der Name des *mandator* dann als einziger ungenannt bliebe.»

96 Zum Text, vgl. v. a. Solazzi (1930), 344–349, der von «varie glosse» ausgeht.

und der Lösung zugänglich zu machen; die narratologische Betrachtung belegt, dass dieses Darstellungsschema vermutlich auf einem Dialog zwischen Paulus und einem Anfragenden beruht, der selbst über juristische Sachkunde verfügt. Das so skizzierte Zusammenspiel der drei Ebenen zeigt, dass diese voneinander abhängen: Die auf narrativer Ebene angestrebte Authentizität hat zur Bedingung, dass es einen «echten» Lebenssachverhalt und einen Augenzeugen gibt, der über den Vorfall berichtet; diesem Zweck dient auch der Perspektivenwechsel, der das Wechselspiel von Rede und Gegenrede erlaubt. Erst der Dialog in Pal. 1317 lässt gleichzeitig eine Abschichtung der verschiedenen, ineinander verwobenen Rechtsfragen zu: Zunächst wird die Konfusion behandelt, dann die Solidarschuld und schliesslich die Konstellation des Kreditmandates. Alle diese Fragen haben ihre eigene rechtliche Lösung, über die der Anfragende und Paulus Einigkeit erzielen müssen, bevor die nächste Frage angegangen werden kann. Schliesslich ist auch die besondere Struktur und Eigenart der *libri quaestionum* nur aus diesem Zusammenspiel von juristischer Problemstellung, narrativer Struktur und Erzählperspektive zu erklären: Die *quaestio*, die der Jurist behandelt, wird Paulus von einem Anfragenden vorgegeben; die Frage wird mithin von aussen an den Juristen herangetragen. In seiner Antwort steht die Erörterung, die Suche nach der zutreffenden Lösung, im Vordergrund. Die Form des Dialogs stellt für eine derartige Suche die anerkannte und bewährte Form dar.[97] Auf diese Weise ist sowohl die narrative Anknüpfung an einen realen Sachverhalt oder ein aus der Praxis stammendes Schriftstück als auch die beschriebene narrative Struktur zwischen Fragendem und Antwortendem als typisch für die *libri quaestionum* anzusehen.

Dass diese Strukturelemente in dem in den Digesten überlieferten Text nicht immer vollständig erhalten sind, ist auf die Kompilatoren zurückzuführen: Sie haben manche Rahmenhandlung, d. h. Anfrage an den Juristen, getilgt, um die Darstellung zu straffen, wodurch der ursprüngliche Zusammenhang zum juristischen Fachdialog nicht mehr oder nur noch andeutungsweise erhalten ist. Nach alldem hat sich gezeigt, dass die sprichwörtliche Fallgeneigtheit des römischen Rechts jedenfalls für die *libri quaestionum* differenziert zu betrachten ist: Erzählung und Fallschilderung können je nach Darstellungskontext unterschiedliche Intentionen verfolgen; das entscheidende Kriterium zur Abgrenzung von anderen Werken der kasuistischen Literatur ist gerade nicht der Fall, sondern die Erörterung, die sachgerechte Darlegung der Frage und die kunstgerechte, meist dialogische Herausarbeitung der Antwort.

97 Frezza (1977), 245 charakterisiert Paulus insoweit zutreffend als «maestro socratico».

Literaturverzeichnis

Ankum (2006): Hans Ankum, «Das Verhältnis zwischen Latinus Largus und Iulius Paulus in D. 44.2.30.1», in: Richard Gamauf (Hg.), *Festschrift für Herbert Hausmaninger*, Wien, 1–13.

Aubert-Baillot (2015): Sophie Aubert-Baillot, «De la φρόνησις à la prudentia», *Mnemosyne. A Journal of Classical Studies* 68, 68–90.

Babusiaux (2016): Ulrike Babusiaux, «Legal Writing and Legal Reasoning», in: Paul J. du Plessis, Clifford Ando u. Kaius Tuori (Hgg.), *The Oxford Handbook of Roman Law and Society*, Oxford, 176–187.

Babusiaux (2023): Ulrike Babusiaux, «Rhetorik als Argumentationstheorie der römischen Juristen. Die antike Rhetorik im Spiegel der juristischen Romanistik», in: Martina Wagner-Egelhaaf, Stefan Arnold, Marcus Schnetter u. Gesine Heger (Hgg.), *Rhetoriken zwischen Recht und Literatur. Interdisziplinäre und interkulturelle Zugänge*, Berlin u. Heidelberg, 49–71.

Babusiaux (2023a): Ulrike Babusiaux, «§ 84 Klage aus Vormundschaft (*actio tutelae*)», in: Ulrike Babusiaux, Christian Baldus, Wolfgang Ernst, Franz-Stefan Meissel, Johannes Platschek u. Thomas Rüfner (Hgg.), *Handbuch des römischen Privatrechts*, Tübingen, 2400–2440.

Biedermann (2013): Felix Biedermann, *Die Rechtsansichten des Licinius Rufinus*, Hamburg.

Calboli Montefusco (1986): Lucia Calboli Montefusco, *La dottrina degli ‹status› nella retorica greca e romana*, Hildesheim.

Ernst (2004): Wolfgang Ernst, «Fritz Schulz (1879–1957)», in: Jack Beatson u. Reinhard Zimmermann (Hgg.), *Jurists Uprooted. German-speaking Émigré Lawyers in Twentieth-century Britain*, Oxford u. New York, 105–203.

Finkenauer (2008): Thomas Finkenauer, «Direkte Stellvertretung bei Stipulationen?», *Zeitschrift der Savigny-Stiftung für Rechtsgeschichte: Romanistische Abteilung* 125, 440–497.

Finkenauer (2010): Thomas Finkenauer, *Vererblichkeit und Drittwirkungen der Stipulation im klassischen römischen Recht*, Tübingen.

Frezza (1962): Paolo Frezza, *Le garanzie personali* (Le garanzie delle obbligazioni. Corso di diritto romano 1), Padova.

Frezza (1977): Paolo Frezza, «Responsa e Quaestiones. Studio e politica del diritto dagli Antonini ai Severi», *Studia et Documenta Historiae et Iuris* 43, 203–264.

Giaro (1988): Tomasz Giaro, «Über methodologische Werkmittel der Romanistik», *Zeitschrift der Savigny-Stiftung für Rechtsgeschichte: Romanistische Abteilung* 105, 180–262.

Gröschler (2006): Peter Gröschler, «Die Konzeption des *mutuum cum stipulatione*», *Tijdschrift voor Rechtsgeschiedenis* 74, 261–287.

Herrmann (1997): Peter Herrmann, «Die Karriere eines prominenten Juristen aus Thyateira», *Tyche* 12, 111–124.

Horak (1972): Franz Horak, «Die rhetorische Statuslehre und der moderne Aufbau des Verbrechensbegriffs», in: Franz Horak u. Wolfgang Waldstein (Hgg.), *Festgabe für Arnold Herdlitczka*, München u. Salzburg, 121–142.

Jolles (1930): André Jolles, *Einfache Formen. Legende, Sage, Mythe, Rätsel, Spruch, Kasus, Memorabile, Märchen, Witz*, Halle a. d. Saale.

Kaser (1976): Max Kaser, «Zur Methode der römischen Rechtsfindung», in: Max Kaser, *Ausgewählte Schriften*, Bd. 1, Neapel, 4–34 (zuerst in: *Nachrichten der Akademie der Wissenschaften zu Göttingen, Philologisch-historische Klasse* 1962,2, 49–78).

Kieß (1995): Peter Kieß, *Die confusio im klassischen römischen Recht*, Berlin.

Klingenberg (2023): Georg Klingenberg, «§ 13 Formularprozess. Verhandlung *apud iudicem*», in: Ulrike Babusiaux, Christian Baldus, Wolfgang Ernst, Franz-Stefan Meissel,

Johannes Platschek u. Thomas Rüfner (Hgg.), *Handbuch des römischen Privatrechts*, Tübingen, 413–475.

Kłodziński (2020): Karol Kłodziński, «Procurator rationis patrimonii. An Autonomous Equestrian Procuratorship or an Alternative Title of the procurator patrimonii», *Klio* 102, 665–675.

Knape (2003): Joachim Knape, «s. v. Narratio», in: Gert Ueding (Hg.), *Historisches Wörterbuch der Rhetorik*, Bd. 6, Tübingen, Sp. 98–106.

Knütel (1976): Rolf Knütel, «Stipulatio und pacta», in: Dieter Medicus u. Hans Hermann Seiler (Hgg.), *Festschrift für Max Kaser zum 70. Geburtstag*, München, 201–228.

Krüger (1888): Paul Krüger, *Geschichte der Quellen und Litteratur des Römischen Rechts*, Leipzig.

Kupisch (1974): Berthold Kupisch, *In integrum restitutio und vindicatio utilis bei Eigentumsübertragungen im klassischen römischen Recht*, Berlin u. Boston.

Lausberg (³1990): Heinrich Lausberg, *Handbuch der literarischen Rhetorik. Eine Grundlegung der Literaturwissenschaft*, 3. Aufl., Stuttgart.

Lendon (2022): Jon E. Lendon, *That Tyrant, Persuasion. How Rhetoric Shaped the Roman World*, Princeton (NJ).

Lenel (1960): Otto Lenel, *Palingenesia iuris civilis*, 2 Bde., unveränderter Abdruck von Leipzig 1889, vermehrt um das Supplementum von Lorenz E. Sierl, Graz.

Liebs (1971): Detlef Liebs, «Variae Lectiones (Zwei Juristenschriften)», in: *Studi in onore di Edoardo Volterra* 5, Mailand, 51–88.

Liebs (1997): Detlef Liebs, «§ 423 Iulius Paulus», in: Reinhart Herzog u. Peter Lebrecht Schmidt (Hgg.), *Handbuch der lateinischen Literatur der Antike*, Bd. 4, München, 150–175.

Litewski (1997): Wieslaw Litewski, «Zwischenbescheide im römischen Prozess», *Revue Internationale des Droits de l'Antiquité* 44, 155–291.

Lohsse (2023): Sebastian Lohsse, «§ 97 Klage aus Testament (*actio ex testamento*)», in: Ulrike Babusiaux, Christian Baldus, Wolfgang Ernst, Franz-Stefan Meissel, Johannes Platschek u. Thomas Rüfner (Hgg.), *Handbuch des römischen Privatrechts*, Tübingen, 2661–2690.

Magie (2022): David Magie, *Historia Augusta*, Bd. 1, übers. v. David Magie, überarb. v. David Rohrbacher (Loeb Classical Library 139), Cambridge (MA).

Manthe (2004): Ulrich Manthe, *Gaius Institutiones, Die Institutionen des Gaius*, herausgegeben, übersetzt und kommentiert von Ulrich Manthe, 2. Aufl., Darmstadt.

Mantovani (2018): Dario Mantovani, *Les juristes écrivains de la Rome antique. Les œuvres des juristes comme littérature*, Paris.

Marek/Adak (2016): Christian Marek u. Mustafa Adak, *Epigraphische Forschungen in Bithynien, Paphlagonien, Galatien und Pontos*, Istanbul.

Millar (1999): Fergus Millar, «The Greek East and Roman Law. The Dossier of M. Cn. Licinius Rufinus», *The Journal of Roman Studies* 89, 90–108.

Mommsen (1870): Theodor Mommsen, *Digesta Iustiniani Augusti, Editio maior*, 2 Bde., Berlin.

Nörr (2005): Dieter Nörr, *Römisches Recht, Geschichte und Geschichten. Der Fall Arescusa et alii (Dig. 19.1.43sq.)* (Sitzungsberichte, Bayerische Akademie der Wissenschaften, Philosophisch-historische Klasse 2005,1), München.

Nörr (2009): Dieter Nörr, «Exempla nihil per se valent. Bemerkungen zu Paul. 15 quaest. D. 46,3,98,8; 72 ad ed. D. 45,1,83,5», *Zeitschrift der Savigny-Stiftung für Rechtsgeschichte: Romanistische Abteilung* 126, 1–54.

Nüßlein (1998): Theodor Nüßlein, *M. Tullius Cicero, De inventione. Über die Auffindung des Stoffes. De optimo genere oratorum, Über die beste Gattung von Rednern*, Lateinisch – Deutsch, herausgegeben und übersetzt von Theodor Nüßlein, Düsseldorf u. Zürich.

Sacconi (1973): Giuseppina Sacconi, *Studi sulle obbligazioni solidali da contratto in diritto romano*, Mailand.

Schmidt-Ott (1993): Justus Schmidt-Ott, *Pauli Quaestiones. Eigenart und Textgeschichte einer spätklassischen Juristenschrift*, Berlin.

Schmieder (2023): Philipp Schmieder, «§ 73 Bürgschaftsstipulationen und Mehrheiten von Stipulationsschuldnern», in: Ulrike Babusiaux, Christian Baldus, Wolfgang Ernst, Franz-Stefan Meissel, Johannes Platschek u. Thomas Rüfner (Hgg.), *Handbuch des römischen Privatrechts*, Tübingen, 1938–1964.

Schulz (1916): Fritz Schulz, *Einführung in das Studium der Digesten*, Tübingen.

Schulz (1934): Fritz Schulz, *Prinzipien des römischen Rechts. Vorlesungen*, Berlin.

Schulz (1946): Fritz Schulz, *History of Roman Legal Science*, Oxford.

Solazzi (1930): Siro Solazzi, «Nè ‹accessiones› nè ‹adpromissores›», *Bullettino dell'Istituto di Diritto romano* 38, 1–28, jetzt in: Siro Solazzi (Hrsg.), *Scritti di diritto romano*, Bd. 3: (1925–1937), Neapel 1960, 339–355.

Stagl (2009): Jakob F. Stagl, *Favor dotis. Die Privilegierung der Mitgift im System des römischen Rechts*, Wien, Köln u. Weimar.

Stagl (2023): Jakob F. Stagl, «§ 35 Ehegüterrecht», in: Ulrike Babusiaux, Christian Baldus, Wolfgang Ernst, Franz-Stefan Meissel, Johannes Platschek u. Thomas Rüfner (Hgg.), *Handbuch des römischen Privatrechts*, Tübingen, 876–923.

Waldstein (1965): Wolfgang Waldstein, Art. «bona damnatorum», in: *Paulys Realencyclopädie der classischen Altertumswissenschaft*, Supplementband 10, Stuttgart, Sp. 96–119.

«A quaint, but legally irrelevant, meditation»? Narrative und narrative Rahmungen in jüdischen Responsa des 20. und 21. Jahrhunderts

Regina Grundmann

In seinem Gedicht *Jehuda ben Halevy* von 1853 stellt Heinrich Heine die Halacha,[1] den rechtlich-normativen Teil der jüdischen Traditionsliteratur, antithetisch der Aggada,[2] dem nichtgesetzlichen, narrativen Teil der jüdischen Überlieferung, gegenüber – eine Dichotomie, die ihre Wurzeln in der jüdischen Tradition selbst hat. Während Heine die Halacha als eine durch «Gezänke» geprägte «Fechterschule» charakterisiert, sei die «blühende» Aggada ein «Garten, hochphantastisch».[3] Heines Gegenüberstellung von Halacha und Aggada mündet in die Gleichstellung von Aggada und Poesie.[4] Statt des Antagonismus von Halacha und Aggada hebt der Dichter Chaim Nachman Bialik hingegen in seinem programmatischen Aufsatz *Halacha ve-Aggada* («Halacha und Aggada») von 1916 gerade die Komplementarität und Verflochtenheit der beiden Genres hervor:

> Das Antlitz der Halacha: grämlich – das der Aggada: lachend. Jene pedantisch, erschwerend, hart wie Stahl – die Ordnung der Strenge; diese freimütig, erleichternd, weicher als Oel – die Ordnung des Erbarmens. [...] Diese Antithesen zwischen Halacha und Aggada kann man noch unbegrenzt fortsetzen, und an allen mag in gewisser Weise ein Stäubchen Wahrheit sein, aber darf man hieraus etwa (wie viele meinen) schließen, Halacha und Aggada seien beide einander feind, seien Gegensätze? Die so reden, verwechseln Zufälliges mit dem Wesen und die Form mit dem Inhalt. Und wem gleichen sie? Einem, der über Eis und Wasser in einem Strom urteilt, es seien zwei verschiedene Stoffe. So sind auch Halacha und Aggada in Wahrheit zwei Dinge, die eines sind, zwei Gesichter *eines* Wesens.[5]

1 Halacha (hebr.), Pl. Halachot, von *halach*, «gehen». «Halacha» bezeichnet entsprechend den Lebenswandel nach den Normen des jüdischen religiösen Rechts.

2 Aggada (aram.), auch Haggada (hebr.), Pl. Aggadot, von der Wurzel נגד, im Hifil *(le-haggid)*, «sagen», «erzählen». Gerhard Langer betont insbesondere ausgehend von der Verbindung von Aggada und klassischer Rhetorik den persuasiven Charakter der Aggada: «Man kann [...] Haggada als eine Form der Auslegung verstehen, deren Ziel es ist, die Zuhörerschaft zu unterhalten und gleichzeitig zu einem bestimmten Verhalten zu bewegen, sowohl in religiöser als auch ethischer Hinsicht. Haggada kann trösten, aufbauen, aber auch warnen, mahnen und erläutern.» Langer (2016), 208.

3 Heine (1992), 132–134.

4 Heine (1992), 134. Vgl. auch Grundmann (2006).

5 Bialik (1925), 82.

Das Verhältnis von Halacha und Aggada hat nicht nur jüdische Literaten und Philosophen beschäftigt, sondern auch jüdische Rechtsgelehrte: «The reciprocal relationship between Halakhah and Aggadah is rooted in their common source and context. The halakhic Sages were at the same time also aggadic Sages [...].»[6] Innerhalb der klassischen rabbinischen Literatur wird beispielsweise die Bedeutung sowohl von Halacha als auch von Aggada und ihre Zusammengehörigkeit als zwei einander ergänzende Elemente und damit auch die Verpflichtung, in beiden Genres bewandert zu sein, prägnant in dem Midrasch Sifre Deuteronomium hervorgehoben: «‹Der Mensch lebt nicht vom Brot allein› (Dtn 8,3) – das meint Midrasch. ‹Sondern von allem, was aus dem Mund Gottes kommt› (ebd.) – das meint Halachot und Aggadot».[7] Ab dem 10. Jahrhundert erfolgte allerdings eine Abwertung der Aggada zugunsten der Halacha,[8] die eine Dissoziierung von Halacha und Aggada und ihre Dichotomisierung zur Folge hatte, eine Entwicklung, die den halachischen Diskurs bis heute prägt.

Im Hinblick auf die Recht und Literatur-Forschung und speziell im Hinblick auf die von Robert Cover hervorgehobene Interaktion von rechtlichen Vorschriften und Narrativen[9] kommt dem Paradigma der Gegenüberstellung von Halacha und Aggada sowie ihrer gleichzeitigen engen Verflechtungen eine zentrale Bedeutung zu, da dieses durch die Tradition vorgegebene Paradigma eine Untersuchung von Narrativen und narrativen Rahmungen in jüdischen Rechtstexten geradezu herausfordert.[10] Aufgrund des persuasiven Charakters der Responsa und ihrer damit verbundenen rhetorischen Ausgestaltung[11] ist dieses Genre – so die These des vorliegenden Beitrags – in besonderem Maße geeignet für eine Untersuchung von Narrativen und narrativen Rahmungen in jüdischen Rechtstexten und des Zusammenhangs von religiösem Recht und Narrativen.[12] Im Folgenden sollen daher, nach einer kurzen Skizzierung des Responsa-Genres aus literaturwissenschaftlicher Perspektive, Narrative und

6 Elon (1994), I, 103.

7 Sifre Deuteronomium § 48.

8 Vgl. hierzu Saperstein (1980), 1; Wimpfheimer (2011), 31–62.

9 «No set of legal institutions or prescriptions exists apart from the narratives that locate it and give it meaning. For every constitution there is an epic, for each Decalogue a scripture. Once understood in the context of the narratives that give it meaning, law becomes not merely a system of rules to be observed, but a world in which we live. In this normative world, law and narrative are inseparably related. [...] History and literature cannot escape their location in a normative universe, nor can prescription, even when embodied in a legal text, escape its origin and its end in experience, in narratives that are the trajectories plotted upon material reality by our imaginations.» Cover (1983–1984), 4–5.

10 Aus juristischer Perspektive hat Shulamith Almog auf die Bedeutung des Halacha-Aggada-Paradigmas für die Recht und Literatur-Forschung hingewiesen. Vgl. Almog (1996), Almog (2001) und Almog (2003). Ein Beitrag zur Bedeutung dieses Paradigmas für die Recht und Literatur-Forschung aus judaistischer Perspektive durch die Verfasserin dieses Beitrags ist in Vorbereitung.

11 Vgl. hierzu Abschnitt 1.

12 Im Hinblick auf andere Teile der jüdischen Traditionsliteratur sind bereits literatur- und kulturwissenschaftliche Ansätze zur Untersuchung narrativer Strukturen vorgelegt worden. Vgl. insbesondere Levinson (2005) und Wimpfheimer (2011).

narrative Strukturen in der Responsa-Literatur der zweiten Hälfte des 20. Jahrhunderts sowie des 21. Jahrhunderts aufgezeigt werden. Dabei wird nach den drei großen jüdischen Denominationen der Gegenwart – Orthodoxie (Abschnitt 2), Konservatives Judentum (Abschnitt 3) und Reformjudentum bzw. Liberales oder Progressives Judentum (Abschnitt 4) – differenziert, da sich ihre jeweilige Responsa-Praxis zum Teil grundlegend voneinander unterscheidet. Die Untersuchung von Narrativen und narrativen Rahmungen in Responsa und der daraus resultierenden Funktionen ermöglicht nicht nur eine neue Perspektive auf die Erforschung von Responsa in ihrer Funktionalität als literarische Texte, sondern ist, aus der Perspektive des religiösen Rechts, auch interdisziplinär im Hinblick auf die Erforschung narrativer Strukturen von Rechtstexten anschlussfähig. Dem vorliegenden Beitrag liegt die von Martina Wagner-Egelhaaf, Bruno Quast und Helene Basu entwickelte Definition eines Narrativs als ein «festgefügtes, zeitlich gerichtetes und axiologisch besetztes Erzählmuster» zugrunde: «Bei Narrativen handelt es sich demnach um als Geschichten modellierte Konzepte, die diskursiv sedimentiert sind. […] Narrative können nicht jeweils neu erfunden werden. Sie sind diskursiv weitgehend arretiert und insofern beständig».[13]

1 Literaturwissenschaftliche Perspektiven auf das Responsa-Genre

Ein Responsum ist ein Gutachten, das eine religiöse Autorität als Antwort auf eine schriftlich gestellte Anfrage verfasst. Zentrales Charakteristikum des Responsa-Genres ist sein dialogischer Charakter, den die hebräische Bezeichnung für das Responsa-Genre *she'elot u-teshuvot*, «Fragen und Antworten», widerspiegelt. Innerhalb der jüdischen Traditionsliteratur bilden Responsa ein eigenes, umfangreiches Genre, das sich über einen Zeitraum von mehr als 1300 Jahren in verschiedenen Kulturräumen dynamisch entwickelt hat und bis heute Anwendung findet. Ein Großteil der in Responsa verhandelten Fragen sind Fragen der praktischen Halacha, die sich insbesondere aus veränderten Lebensumständen und kulturellem Wandel ergeben.[14] Die Grundform eines Responsums setzte sich ab dem 11. Jahrhundert mit den sogenannten rabbinischen Responsa durch, die die Entscheidung eines Einzelnen darstellen.[15] Der Respondent verfasst sein Responsum mit dem Ziel, den Anfragenden von seiner Antwort und der in ihr mitgeteilten Entscheidung zu überzeugen. In den Responsa wird daher die Entscheidung des Respondenten in der Regel nicht nur mitgeteilt, sondern sie wird begründet, um sie für die Anfragenden argumentativ nachvollziehbar zu machen

13 Wagner-Egelhaaf/Quast/Basu (2020), 8.

14 Vgl. hierzu ausführlich Grundmann (2018), 163–164.

15 In der gaonäischen Periode (7.–11. Jh.) wurden Responsa innerhalb des institutionellen Rahmens der babylonischen Talmudakademien verfasst und als kollektive Entscheidungen dargestellt. Vgl. Brody (1998), 61–62, 186; Elon (1994), III, 1469–1470.

und den Adressaten des Responsums damit von der «Richtigkeit» der getroffenen Entscheidung sowie von der halachischen Autorität des Respondenten zu überzeugen und die Entscheidung so als verbindlich durchzusetzen. Der Respondent begründet seine Entscheidung anhand der Halacha. Daher zeichnen sich Responsa durch umfangreiche intertextuelle Bezüge zu allen Quellen des jüdischen Rechts aus. Neben der hebräischen Bibel und der klassischen rabbinischen Literatur (*Mischna*, *Tosefta*, *Midraschim* und *Talmudim*) werden von den Respondenten auch Kommentare, Kodifikationswerke und Responsa früherer und zeitgenössischer Autoritäten zur Legitimation der in dem Responsum mitgeteilten Entscheidung genutzt. Auch wenn nach einigen talmudischen und posttalmudischen Lehren aus der Aggada keine Rechtsableitung erfolgen darf,[16] wurden und werden von Respondenten punktuell auch aggadische Quellen in den Responsa herangezogen. So bezieht beispielsweise Moshe Feinstein in einem Responsum, in dem es um Hypokrisie geht, in seine Argumentation zur Legimitierung eines Verbots von Hypokrisie eine aggadische Quelle ein, die die Konsequenzen eines solchen Verhaltens ausgehend von einer konkreten Situation illustriert.[17] Die in den Responsa mitgeteilte Entscheidung wird von den Respondenten in der Regel nicht als eine durch sie selbst «getroffene» oder «gefällte» Entscheidung dargestellt, sondern vielmehr als eine in der Halacha *aufgefundene*.

Anders als die bisherigen Forschungsansätze innerhalb der Responsa-Forschung liegt der Fokus einer literaturwissenschaftlichen Untersuchung von Responsa auf den Funktionen ihrer literarischen Formung, auf dem Respondenten als Autor, der seinen Text rhetorisch ausgestaltet, sowie auf der halachischen Entscheidungsfindung als einem interpretativen Prozess.[18] In hermeneutischer Hinsicht ist dabei von besonderer Bedeutung, dass die Respondenten in ihren Responsa den Weg zur Entscheidungsfindung inszenieren, unter Verwendung spezifischer Muster und mit spezifischer Intention – der Plausibilisierung der im Responsum mitgeteilten Entscheidung, während sich die tatsächliche Entscheidungsfindung auch anders abgespielt haben kann. Insofern lässt sich ein Responsum, auch wenn es kein fiktionaler, sondern ein faktualer Text ist, als legitimierende Erzählung der Entscheidungsfindung des Respondenten lesen, zu der die Argumentation sowie die persuasiven Strategien einen Zugang bieten. Die folgende, von dem Wissenschaftler und liberalen Rabbiner Mark Washofsky gegebene Charakterisierung von Responsa trifft nicht nur auf durch Repräsen-

16 Vgl. z. B. Palästinischer Talmud Peah 2.4 und Hagigah 1.8.

17 Iggrot Moshe, Orach Chayim 2.51. Die orthodoxen Responsa werden nach Bar-Ilan University (2022) zitiert. Auch in der Vergangenheit haben Respondenten gelegentlich aggadische Quellen in ihre halachische Entscheidungsfindung einbezogen. Vgl. Elon (1994), I, 95–102; Roth (1986), 143.

18 Ansätze dazu wurden von Peter J. Haas und insbesondere von Mark Washofsky entwickelt. Vgl. u. a. Haas (1985) und Washofsky (1994). Im Anschluss an die von Haas und Washofsky entwickelten Ansätze und zugleich über diese hinausgehend wurden Responsa in dem Projekt B04 *Rhetorische Strategien in jüdischen und islamischen Rechtstexten* des SFB 1385 *Recht und Literatur* in ihrer Funktionalität als literarische Texte umfassend untersucht.

tant*innen des Reformjudentums verfasste Responsa zu, sondern kann auch generell auf das Responsa-Genre bezogen werden. Nach Washofsky stellt die Argumentation die Essenz von Responsa dar:

> With few exceptions in the history of the literature, authors of responsa are not content to reply to an inquiry with a simple ‹yes› or ‹no›. [...] They resort to argument at least in part because, according to rabbinic doctrine, the ruling conveyed in a responsum is not necessarily binding upon its recipient. The rabbi cannot simply demand that the reader ‹accept my opinion,› but must rather persuade the reader, with arguments the latter will likely find convincing, that ‹my opinion is correct, because it represents the best available interpretation of the sources that both you and I look to for Jewish religious guidance.› [...] Each responsum is therefore an argumentation, an essay which seeks to elicit the agreement of a particular Jewish audience that shares the religious values of its author.[19]

So ist den Respondent*innen der drei großen gegenwärtigen jüdischen Denominationen gemeinsam, dass sie sich, auf unterschiedliche Weise und in unterschiedlichem Ausmaß, der Persuasivität des Responsa-Genres und der Bedeutung der rhetorischen Einfassung ihrer Argumente bewusst sind und sie persuasive Elemente zur Aktivierung ihrer jeweiligen *community of interpretation* daher auch gezielt einsetzen.[20]

2 Narrative und narrative Strukturen orthodoxer Responsa

Im Hinblick auf Responsa des gegenwärtigen Orthodoxen Judentums, eines Sammelbegriffs für ein breites Spektrum an Gruppierungen, die von ultraorthodox bis zu modern-orthodox reichen, lassen sich Narrative und narrative Strukturen in zweifacher Hinsicht aufzeigen: Zum einen liegt den Responsa des Orthodoxen Judentums insgesamt ein spezifisches «Narrativ des Entscheidens» zugrunde; zum anderen lassen sich in orthodoxen Responsa narrative Strukturen aufzeigen, denen eine zentrale Funktion im Rahmen der persuasiven Strategien der Respondenten zukommt.

2.1 Das spezifische «Narrativ des Entscheidens» orthodoxer Responsa

Die oben angeführte Definition eines Narrativs lässt sich in modifizierter Form auf das Responsa-Genre als Ganzes übertragen, sodass von einem den orthodoxen Responsa inhärenten «Narrativ des Entscheidens» gesprochen werden kann.[21] In der etablierten Grundform eines Responsums, die bis in die Gegenwart hinein für Responsa des Orthodoxen Judentums maßgeblich ist, führt der Respondent

19 Washofsky (1997), XX–XXI.
20 Vgl. Grundmann (2023a).
21 Vgl. zu den folgenden Ausführungen Grundmann (2021), 434–435.

in der Regel im Hauptteil des Responsums seine Argumente aus und begründet seine Entscheidung anhand der Halacha, die aus orthodoxer Sicht theonomes Recht ist, dessen Gültigkeit außer Frage steht. Im Rahmen seiner Analyse der für die Thematik des Responsums relevanten halachischen Quellen positioniert sich der Respondent gegenüber unterschiedlichen, zum Teil einander widersprechenden Meinungen innerhalb der halachischen Literatur und diskutiert auch alternative Entscheidungsmöglichkeiten. Bei seiner Analyse der halachischen Quellen folgt der Respondent dem innerhalb des halachischen Systems anerkannten Prinzip, dass die *Rischonim*, die früheren Gelehrten, als autoritativer gelten als die *Acharonim*, die späteren Gelehrten.[22] Damit besteht für das Responsa-Genre eine spezifische und innerhalb der Orthodoxie normative Methodologie.

Von dieser spezifischen Methodologie des Responsa-Genres ausgehend bedeutet ein «Narrativ des Entscheidens» bezogen auf die Spezifika des Genres der Responsa-Literatur, dass der Entscheidensprozess nach wiederkehrenden Mustern beschrieben wird. Diese Erzählmuster implizieren feste Denkbewegungen und Argumentationsmuster, wobei Autoritätshierarchien und Traditionskonzepte als Wertesystem mittransportiert werden. Die Erzählmuster, Denkbewegungen und Argumentationsmuster dienen den Respondenten gewissermaßen als Blaupause zur Legitimierung ihrer Entscheidung.

Das beschriebene, für orthodoxe Responsa grundlegende «Narrativ des Entscheidens» ist von dem einflussreichen *Posek* [«Dezisor»] Moshe Feinstein theoretisiert worden, was die Bedeutung unterstreicht, die die orthodoxen Respondenten diesem Narrativ als Legitimierungsstrategie beimessen. Moshe Feinstein (1895–1986) war die höchste halachische Autorität des nordamerikanischen Orthodoxen Judentums des 20. Jahrhunderts. Auch in der orthodox-jüdischen Welt außerhalb Amerikas galten seine Entscheidungen weithin als Maßstab. Von seinen Anhängern wurde er als *Posek haDor*, als «Dezisor der [aktuellen] Generation», und somit als oberste und maßgebliche halachische Entscheidungsinstanz verehrt. Er verfasste mehrere tausend Responsa, insbesondere zu medizinethischen Fragen, die unter dem Titel *Iggrot Moshe* zwischen 1959 und 1996 veröffentlicht wurden. Unter den halachischen Autoritäten des 20. Jahrhunderts sind Feinsteins Responsa die am meisten zitierten.[23] Im Vorwort zu seiner Responsa-Sammlung theoretisiert Feinstein den Entscheidensprozess des *Posek*, wobei er das skizzierte, bis heute für die Responsa des Orthodoxen Judentums grundlegende «Narrativ des Entscheidens» erläutert: Bei der Beantwortung einer Frage müsse jeder *Posek* alle für die Thematik relevanten halachischen Quellen in der Reihenfolge der Hierarchisierung der Autoritäten nach der Tradition gewissenhaft studieren und analysieren. Im Hinblick auf die durch die Tradition

22 Zugleich existiert seit der gaonäischen Zeit das Prinzip *hilkheta ke-vatra'ei*, nach dem Halacha ist, was die späteren Gelehrten entscheiden. Dieses Prinzip greift allerdings nur, wenn die späteren Gelehrten die Meinungen der früheren Gelehrten ausführlich diskutieren und belegen können, dass ihre Auffassung die richtige ist, auch wenn sie früheren Autoritäten widerspricht.

23 Vgl. Novak (1996), 394.

vorgegebene Hierarchisierung hebt Feinstein hervor, dass die jeweils vorangehende Gelehrtengeneration bedeutender und damit autoritativer als die aktuelle sei. Je weiter eine Gelehrtengeneration von der Gegenwart entfernt sei, desto autoritativer sei ihre Lehre. Er selbst beantworte die an ihn gerichteten Anfragen erst, nachdem er alle halachischen Quellen zu der Thematik sorgfältig analysiert habe: «Selbst auf die Ausführungen unserer großen Gelehrten stütze ich mich nicht blind, sondern ich habe sie mit größter Anstrengung geprüft».[24] Damit der Anfragende die Argumentation prüfen und sich selbst ein Urteil bilden könne, lege er die Gründe für seine Entscheidung und seinen Argumentationsgang in den Responsa dar. Insofern verstehe er sich eher als Lehrer denn als *Posek* bzw. Entscheider. In seinen Ausführungen hebt Feinstein damit die Unerlässlichkeit fester Denk- und Argumentationsmuster sowie Autoritätshierarchien und Traditionskonzepte für die Responsa-Literatur hervor.

Konkret bedeuten die aus normativen Autoritätshierarchien und Traditionsmustern resultierenden festen Denk- und Argumentationsmuster, dass die Respondenten in den Responsa in der durch die Tradition vorgegebenen Reihenfolge ihren «Weg» (hebr.: *derekh*) – eine zentrale Metapher innerhalb der Responsa-Literatur für den halachischen Argumentationsgang – erzählen. Dabei greifen die Respondenten auf etablierte Topoi und Semantiken zurück, z. B. auf den Bescheidenheits- oder Autoritätstopos.[25] Den durch die Tradition vorgegebenen Autoritätshierarchien wird insbesondere Rechnung getragen, indem frühere Gelehrte gewissermaßen formelhaft als «die Großen der vorangegangenen Generationen», «die großen *Poskim*», «die großen Rabbiner», «die Großen der Tora» oder als «Löwen» charakterisiert werden. Oftmals wird auch allein der autoritative, durch die Tradition belegte Status eines Gelehrten als Argument für die Gültigkeit aller seiner Lehren vorgebracht. So führt beispielsweise Feinstein in einem Responsum den autoritativen Status von Maimonides' bedeutendem Kodifikationswerk *Mischne Tora* als solchen an, um jegliche Kritik an einer spezifischen Textstelle zu unterbinden. Maimonides' Haltung an dieser Stelle dürfe, so Feinstein, nicht hinterfragt werden, da dadurch alle seine Entscheidungen und die gesamte *Mischne Tora* diskreditiert würden.[26] Kritik an seinen eigenen Entscheidungen versucht Feinstein zum Beispiel mit dem Verweis auf «die Lehre der Wahrheit [*torat emet*] aus den Worten unserer Gelehrten, der Rischonim»,[27] zu unterbinden.

24 Iggrot Moshe, Orach Chayim, 1, Vorwort.

25 Vgl. Grundmann (2021), 438; Grundmann (2023a), 197–198.

26 Vgl. Iggrot Moshe, Choshen Mishpat, 2.69. Vgl. auch Maimonides' an zahlreichen Stellen der Responsa-Literatur zu findende Charakterisierung als «der große Lehrer».

27 Iggrot Moshe, Even haEzer, 2.11.

2.2 Narrative Rahmungen und Elemente in orthodoxen Responsa

Innerhalb dieser narrativen Grundstruktur orthodoxer Responsa finden sich zum Teil in unterschiedlichem Ausmaß Passagen, mit denen die Respondenten den spezifisch halachischen Argumentationsrahmen ergänzen oder gar um persönliche Dimensionen bzw. um eine existenzielle Grundsatzdiskussion erweitern. Auf derartige narrative Rahmungen und Elemente greifen Respondenten in der Regel zurück, wenn eine Thematik ihr eigenes religiöses Selbstverständnis besonders herausfordert. Grundlegend für das religiöse Selbstverständnis der Orthodoxie ist das *Da'at Tora*-Konzept («Sicht der Tora»), das seine Wurzeln im 19. Jahrhundert hat, in dem die Orthodoxie als innerjüdische Denomination in Auseinandersetzung mit dem Reformjudentum entstanden ist. In den narrativen Passagen innerhalb der Responsa wird das spezifische *Da'at Tora*-Konzept als Geschichte modelliert.[28] Ein Beispiel hierfür findet sich in der Responsa-Sammlung *Tzitz Eliezer* des israelischen *Posek* Eliezer Yehuda Waldenberg (1915–2006), der neben Feinstein zu den führenden halachischen Autoritäten des 20. Jahrhunderts gehört. So stellt Waldenberg in einem Responsum zu künstlicher Befruchtung durch den Samen eines Nichtjuden der eigentlichen Antwort einen umfangreichen, allgemein gehaltenen Kommentar voran, indem er künstliche Befruchtungen verheirateter jüdischer Frauen durch den Samen eines Nichtjuden in einer eindringlichen Rhetorik aufs Schärfste verurteilt. Eine derartige künstliche Befruchtung sei generell ein «großer Greul in den Zelten Jakobs».[29] Es gebe «keine größeren Frevel an den Werten des Familienlebens in den Wohnstätten Israels» als derartige künstliche Befruchtungen; sie «zerstören all die erhabenen Vorstellungen von Reinheit und Heiligkeit des israelischen Familienlebens [...] und durchtrennen die Abstammungslinien zwischen Kindern und ihren Vätern».[30] Für auf diese Weise entstandene Familien gebe es keinen Retter und die *Schechina*, die göttliche Gegenwart, würde sich von ihnen entfernen.[31] Eine Anwendung des *Da'at Tora*-Konzepts in Form einer narrativen Passage findet sich zum Beispiel auch bei dem *Posek* Moshe Feinstein in einem Responsum zu Frauenbewegungen innerhalb der Orthodoxie, die eine stärkere rituelle Beteiligung fordern. In diesem Responsum verurteilt Feinstein diese Bestrebungen auf einer abstrakten Ebene mit klar abqualifizierenden Worten:

> Zunächst muss man von den Grundlehren unseres reinen Glaubens wissen, dass die gesamte Tora – sowohl die schriftliche als auch die mündliche – von dem Heiligen, gepriesen sei Er, selbst am Berg Sinai durch Mose, unseren Lehrer, Friede sei über ihm, gegeben wurde. Es ist unmöglich, auch nur ein Strichlein [an der Tora] zu ändern, weder um zu erleichtern noch um zu erschweren. [...] Auch wenn sich die

28 Vgl. die oben angeführte Definition eines Narrativs.

29 Tzitz Eliezer 9.51.4.

30 Tzitz Eliezer 9.51.4.

31 Tzitz Eliezer 9.51.4.

> Lebensumstände auf der ganzen Welt für alle Frauen geändert haben, so wie für die wohlhabenden Frauen in allen Zeiten, und auch wenn es möglich ist, die Erziehung [der Kinder] anderen Männern und Frauen zu übertragen, wie in unserem Land [die USA], haben sich das Gesetz der Tora und die Gesetze unserer Lehrer nicht geändert. Kein Kampf [gegen die Gesetze der Tora] kann etwas nützen, da keine Macht irgendetwas [an ihnen] ändern könnte, selbst wenn dies mit der Zustimmung der ganzen Welt geschähe.[32]

Sich auf Maimonides berufend, bezeichnet Feinstein diese «verbohrten» Frauen, die «Krieg führen» wollen, als «Leugnerinnen der Tora», d. h. als Häretikerinnen. Es müsse unbedingt verhindert werden, dass durch sie auch nur ein einziger «der heiligen Bräuche Israels» geändert würde.[33]

Narrative Einrahmungen finden sich in Responsa auch dann, wenn Respondenten Themen verhandeln, die sie ethisch und emotional in besonderem Masse aufzurühren scheinen, was auch zeigt, dass selbst in Responsa des Orthodoxen Judentums Emotionen und ethische Erwägungen eine Ressource des Entscheidens sein können. So führt z. B. Eliezer Waldenberg in einem Responsum zu der Frage nach der Zulässigkeit einer Abtreibung im Falle der unheilbaren Tay-Sachs Krankheit emphatisch aus:

> Gibt es eine größere Not, ein größeres Leid und einen größeren Schmerz als in unserem Fall, der einer Mutter zugefügt wird, die ein solches Kind gebiert, über das jeder sagt: *Pein und Qual* [Hervorhebung im Original], dessen Tod mit Sicherheit in einigen Jahren eintreten wird und die Augen der Eltern sehen es mit an und verlöschen, weil sie es nicht zu retten vermögen? [...] Dazu kommt noch, wie sich das Neugeborene selbst in Schmerz und Qual windet [...]. Wenn also eine Abtreibung wegen einer großen Notlage und wegen Schmerzen und Qualen gemäß der Halacha zu erlauben ist, scheint dieses der klassischste Fall zu sein, um [eine Abtreibung] zu erlauben. Es ist unerheblich, in welcher Form sich die Schmerzen und Qualen äußern, ob nun physisch oder seelisch. Und seelische Leiden und Schmerzen sind um ein vielfaches größer und schmerzvoller als körperliche Schmerzen.[34]

Mit dieser narrativen Passage führt Waldenberg das große Leid für Mutter und Kind im Falle einer unheilbaren Krankheit aus, wobei die Argumentation vor allem eine ethische ist, die das emotionale Leid und damit psychologische Erwägungen in den Fokus rückt.[35] In funktionaler Hinsicht stellt diese narrative Passage ein Unternarrativ innerhalb des zugrunde liegenden «Narrativs des Entscheidens» dar.

Insgesamt zeigen die Beispiele aus Waldenbergs und Feinsteins Responsa prägnant, dass narrative Elemente die in der Regel sachliche und pragmatische halachische Argumentation von Responsa ergänzen können. Mit solchen narra-

32 Iggrot Moshe, Orach Chayim 4.49.
33 Iggrot Moshe, Orach Chayim 4.49.
34 Tzitz Eliezer 13.102.
35 Vgl. hierzu auch Jotkowitz (2013), 968.

tiven Elementen transportieren die Respondenten ihre spezifische Weltsicht und verleihen ihrem religiösen Selbstverständnis und auch ihren Emotionen und ihrer Ethik besonderen Nachdruck. Deutlich wird an diesen Beispielen, welche zentrale Rolle narrativen Elementen in der Responsa-Literatur bei der rhetorischen Umsetzung religiöser Konzepte zukommt. Das Wirkungspotenzial dieser narrativen Elemente ist damit Teil der persuasiven Strategien der Respondenten, die mit ihren Entscheidungen immer auch zugleich die adressierte Interpretationsgemeinschaft bzw. *community of interpretation* in ihrem Selbstverständnis formen und damit identitätsstiftend wirken wollen.

3 Die Bedeutung und Funktion von Narrativen in Responsa des Konservativen Judentums

3.1 Spezifika der Responsa-Praxis des Konservativen Judentums

In Bezug auf Responsa des Konservativen Judentums sind die Bedeutung von Narrativen, ihre textuelle Funktion und Verwendung grundsätzlich anders zu bestimmen als in Bezug auf die Responsa-Praxis der Orthodoxie.[36] Das religiöse Selbstverständnis des Konservativen Judentums, das in den USA gegenwärtig die zweitgrößte jüdische Denomination darstellt,[37] ist insbesondere durch die Überzeugung der Möglichkeit einer Synthese von Tradition und Moderne sowie durch eine affirmative Haltung zu religiösem Pluralismus sowohl innerhalb der eigenen Denomination als auch in Bezug auf die jüdische Gemeinschaft insgesamt geprägt. Die Auffassung von jüdischem religiösem Recht unterscheidet sich wesentlich von der der Orthodoxie, was auch, wie gezeigt werden soll, zu

36 Vgl. zu den folgenden Ausführungen dieses Abschnitts ausführlich Grundmann (2023a), 202–210; Grundmann (2023b).

37 Nach der aktuellsten Umfrage des Pew Research Center von 2020 rechnen sich 17 % der amerikanischen Jüdinnen und Juden der Denomination des *Conservative Judaism* zu, vgl. Pew Research Center (2021). Die Wurzeln des Konservativen Judentums liegen im Deutschland des 19. Jahrhunderts, in Zacharias Frankels Konzept eines «positiv-historischen» Judentums und in der Ausrichtung des Jüdisch-Theologischen Seminars in Breslau. Als eigene Denomination formierte sich die Richtung des *Conservative Judaism* Ende des 19. Jahrhunderts in den USA. In Israel entwickelte sich in den 1970er-Jahren als Ableger des *Conservative Judaism* die *Masorti* («traditionell»)-Bewegung, die nur eine sehr kleine Denomination darstellt. Nach den letzten Umfragen rechnen sich gegenwärtig zwei bis fünf Prozent der jüdischen Israel*innen der Denomination des Konservativen Judentums/Masorti zu. Vgl. hierzu Feferman (2018), 17–21. Diese numerischen Unterschiede spiegeln sich auch in der im Vergleich zu den Responsa des amerikanischen Konservativen Judentums geringeren Zahl der in Israel verfassten *Masorti*-Responsa wider. Zudem wurde vereinbart, dass sich der *Vaad Halakhah*, das Halacha-Komitee der Rabbinical Assembly of Israel, ausschließlich mit auf das Leben in Israel bezogenen Themen befasst und bei allgemeinen Themen die Entscheidungen des CJLS anerkennt. Vgl. Gilman (1993), 187–188. Der Fokus der folgenden Ausführungen liegt daher auf den Responsa des US-amerikanischen Konservativen Judentums.

neuen Funktionsbestimmungen der Aggada innerhalb der halachischen Entscheidungsfindung des Konservativen Judentums führt. Die Halacha wird innerhalb des Konservativen Judentums für unverzichtbar gehalten, allerdings in Gestalt einer dynamisch zu interpretierenden Halacha, die dem gesellschaftlichen Wandel Rechnung trägt und als fortlaufender Prozess verstanden wird, der notwendig ist, um die jüdische Tradition lebendig zu erhalten. Diese religiösen Grundüberzeugungen des Konservativen Judentums haben eine Distanzierung von den traditionellen, für orthodoxe Responsa massgeblichen Autoritäts- und Hierarchisierungskonzepten zur Folge. Während die Responsa des Orthodoxen Judentums Einzelentscheidungen darstellen, werden die Responsa des Konservativen Judentums innerhalb des *Committee on Jewish Law and Standards* (CJLS) der *Rabbinical Assembly* (RA), des Dachverbands der Rabbiner*innen des Konservativen Judentums in den USA, von Respondent*innen verfasst, wobei ein formalisiertes, transparentes und auf Prinzipien repräsentativer Demokratie beruhendes halachisches Entscheidungsverfahren praktiziert wird, durch das Responsa als Kollektiventscheidungen des CJLS legitimiert werden. In sprachlicher, struktureller, hermeneutisch-methodologischer und rhetorischer Hinsicht weichen die Responsa des Konservativen Judentums wesentlich von der traditionellen Grundform eines Responsums ab. Die Responsa des CJLS werden in der Regel auf Englisch verfasst, wobei dem Hebräischen ein zwar eingeschränkter, aber fester Funktionsbereich zugeschrieben wird. Aufbau, Struktur und Form der Responsa des Konservativen Judentums orientieren sich insgesamt eher an einem akademischen Diskussionspapier oder einem Beitrag für ein akademisches Journal. Die Anlehnung an akademische Formate zeigt sich nicht zuletzt auch in der Verwendung umfangreicher Fußnotenapparate, die allein schon für einen wissenschaftlichen Anspruch stehen. Die Halacha ist die oberste Ressource des Entscheidens für die Respondent*innen des Konservativen Judentums; allerdings werden zusätzlich zahlreiche weitere Ressourcen des Entscheidens einbezogen, die von wissenschaftlicher Literatur über Statistiken und Bezugnahmen auf das Zivilrecht bis hin zu persönlichen Erfahrungen reichen. In hermeneutisch-methodologischer Hinsicht besteht der grundlegende Unterschied vor allem darin, dass die Entscheidung der Respondent*innen des Konservativen Judentums nicht als in der Halacha aufgefunden dargestellt wird, sondern die Analyse der Halacha aus einer Perspektive erfolgt, die die Quellen kontextualisiert und auf ihre hermeneutischen Prämissen und das methodische Vorgehen fokussiert. Dabei fließen auch meta-halachische Reflexionen ein, die der Argumentation eine abstraktere, methodologische Ebene verleihen. Zum Teil gehen die Respondent*innen bei ihrer Analyse der halachischen Quellen chronologisch vor, zum Teil aber auch nach systematischen Kriterien. Anders als die orthodoxen Respondenten haben die Respondent*innen des Konservativen Judentums nicht den Anspruch, alle potenziell relevanten Quellen umfassend zu erörtern, sondern sie konzentrieren sich auf die aus ihrer Sicht wesentlichen Quellen mit direktem Bezug zu der Thematik des Responsums.

3.2 Aggada und Narrative im halachischen Entscheidensprozess des Konservativen Judentums

Die skizzierten sprachlichen, strukturellen, hermeneutisch-methodologischen und rhetorischen Unterschiede zur traditionellen Responsa-Praxis haben zur Folge, dass sich das den orthodoxen Responsa inhärente «Narrativ des Entscheidens» in den Responsa des Konservativen Judentums nicht findet und dass Narrative und narrative Rahmungen hier wesentlich anders motiviert und ausgestaltet sind. Im Hinblick auf Responsa des Konservativen Judentums sind eigene narrative Grundstrukturen erkennbar. Diese resultieren zum einen aus der starken Präsenz der Verfasser*innen in den Responsa durch den häufigen Gebrauch der ersten Person Singular oder Plural, was sich beispielsweise in Formulierungen wie «in my view»[38] oder «I will argue»[39] niederschlägt. Die Respondent*innen erläutern zum Teil ihre Sichtweise auf die halachische Fragestellung in Form von persönlichen Kommentaren oder in narrativen Abschnitten, etwa in Form von Erfahrungs- oder Gesprächswiedergaben.[40] Zum anderen sind diese narrativen Grundstrukturen auch darauf zurückzuführen, dass sich die rhetorischen Profile der Responsa in erster Linie der gängigen rhetorisch-kommunikativen Mittel der Mehrheitskultur bedienen.[41]

Das religiöse Selbstverständnis des Konservativen Judentums, vor allem das spezifische Halacha-Verständnis, impliziert auch eine Reflexion und Bestimmung des Verhältnisses von Halacha und Aggada und damit auch des Verhältnisses von (religiösem) Recht und Narrativen. Die in einem Teil der Responsa des Konservativen Judentums zu findenden meta-halachischen Reflexionen zeigen sich vor allem auch in der Behandlung des (traditionellen) Halacha-Aggada-Paradigmas, speziell in der Frage, welche Rolle der Aggada, für die der Begriff «narrative» als Übersetzung gebraucht wird, in dem halachischen Entscheidensprozess des CJLS zukommen soll. In diesen Reflexionen manifestiert sich nicht zuletzt auch die Rezeption aktueller akademischer Diskurse, speziell derjenigen des *Law-and-Literature-Movement*, insbesondere der Thesen Robert Covers, durch führende Repräsentant*innen des Konservativen Judentums. So plädiert Gordon Tucker[42] in seinem Responsum *Derosh vekabel sakhar: Halakhic and Meta-Halakhic Arguments Concerning Judaism and Homosexuality* von 2006, ausgehend von der Frage nach dem Umgang des Konservativen Judentums mit Homosexualität, für eine neue Methode zur Analyse und Entwicklung von Halacha. Der bisher innerhalb des Konservativen Judentums praktizierten halachischen Methodik wirft er in

38 Z. B. Dorff (1990), 7, 15.

39 Z. B. Popovsky (2008), 1.

40 Vgl. hierzu exemplarisch Roth (2006), 27.

41 Vgl. hierzu ausführlich Grundmann (2023a), 204–206.

42 Tucker war u. a. von 1984 bis 1992 Dekan der Rabbinical School des Jewish Theological Seminary (JTS), der Ausbildungsstätte des Konservativen Judentums. Derzeit ist er Vice Chancellor for Religious Life and Engagement am JTS.

seinem methodologischen Grundsatzresponsum eine Verengung vor, d. h. eine zu «restriktive», durch die Tradition vorgegebene Sicht auf die Halacha, der die Vorstellung zugrunde liege, dass nur Texte, die Vorschriften formulierten, als «genuine legal texts» gelten könnten und die narrativen Texte hingegen nur schmückendes Beiwerk im Sinne einer «quaint, but legally irrelevant, meditation» seien.[43] Die von Tucker anvisierte Methode versucht im Gegensatz dazu, die traditionelle Dichotomie von Halacha und Aggada und ihre «künstlichen Grenzen»[44] durch den gleichwertigen Einbezug halachischer und aggadischer, d. h. narrativer, Quellen zu überwinden. Nach seinem Verständnis soll der Begriff «aggadische Quellen» in diesem Konzept sowohl klassische als auch fortlaufend neu entstehende, jüngst verfasste Erzählungen umfassen. Unter «emerging narrative»[45] fasst Tucker der jüdischen Gemeinschaft entspringende und ihre Lebenswirklichkeit widerspiegelnde Erzählungen von Betroffenen, in diesem Fall «personal and compelling stories of Jewish gays and lesbians».[46] Zur Legitimierung dieses neuen methodischen Ansatzes beruft Tucker sich explizit auf Cover:

> The long-standing – and understandable – tendency to divide up religious literature into *halakha* (law) and *aggadah* (narrative) has thus always been a mistake. The law is given cogency and support by the ongoing story of the community that seeks to live by the law. This is true not less for religious than for secular communities, and it is precisely what Robert Cover had in mind when he wrote that ‹for every constitution there is an epic›. The ongoing, developing religious life of a community includes not only the works of its legalists, but also its experience, its intuitions, and the way in which its stories move it.[47]

Die Durchsetzung dieser Methode wäre, so Tucker, ein wahrhaft wichtiger Moment in der Geschichte der Halacha-Praxis und für die religiöse Profilierung des Konservativen Judentums als Denomination insgesamt von zentraler Bedeutung.[48]

In ihrem Responsum *Work, workers and the Jewish owner* von 2008 setzt Jill Jacobs[49] die von Tucker vorgestellte Methode insofern um, als sie traditionelle Quellen, sowohl halachische als auch aggadische, sowie Erzählungen von Arbeitern und Statistiken einbezieht. Diesen Ansatz zur halachischen Entscheidungsfindung bindet sie an die Tradition selbst zurück, wobei sie auch den grundlegenden Unterschied zwischen der Responsa-Literatur einerseits und der Kodifikationsliteratur andererseits betont:

> I recognize that this approach deviates from the formalist halakhic methodology more often employed by the authors of *teshuvot* [Responsa] for this *committee* [CJLS].

43 Tucker (2006), 29.
44 Tucker (2006), 29.
45 Tucker (2006), 29.
46 Tucker (2006), 28.
47 Tucker (2006), 19.
48 Vgl. Tucker (2006), 19, insb. 1, 30.
49 Die politisch aktive Rabbinerin Jill Jacobs war u. a. Rabbi in Residence der Organisation *Jewish Funds for Justice*. Ihr Fokus liegt auf sozialethischen Fragestellungen.

> However, the incorporation of human stories into this piece reflects my conviction that we cannot make *halakhah* in a vacuum, but must consider the real-life experience of those whom our decisions will affect. Addressing the interplay between the ‹texts› of workers' lives and the texts of our tradition yields a richer understanding of appropriate Jewish labor practice than does attention to only one of these areas. In bringing stories into this discussion, I follow the examples both of the early rabbis, who often use stories to talk to us about poverty, and of generations of *teshuvot* [Responsa] writers, whose task most often is to respond to an individual situation and not to codify law in an impersonal way.[50]

Diesem Verständnis zufolge charakterisiert sie Aggadot als Reflexionen darüber, wie die Grundwerte des rabbinischen Judentums in einer spezifischen Situation konkretisiert werden können.[51]

Einen grundlegend anderen Ansatz im Hinblick auf die Bedeutung von Aggada für den halachischen Entscheidensprozess vertritt z. B. Joel Roth[52] in seinem Responsum *Homosexuality revisited* von 2006, indem er dafür plädiert, die traditionellen Grenzen des halachischen Entscheidensprozesses nicht zu überschreiten. In diesem Zusammenhang schreibt er der Aggada eine wichtige persuasive Funktion zu, sowohl auf der Ebene der inhaltlichen Überzeugung als auch für die Herstellung emotionaler Akzeptanz und Zufriedenheit mit der Entscheidung.[53] Gleichzeitig betont er jedoch, dass die Aggada keinerlei normativen Status habe: «Whatever narrative works is fine, so long as the narrative does not reverse which is the dog and which is the tail.»[54] Damit folgt er der traditionellen Hierarchisierung von Halacha und Aggada und distanziert sich von der von Tucker entwickelten Methode. Der für das Konservative Judentum essenzielle innerdenominationelle Pluralismus schlägt sich in der Responsa-Praxis dementsprechend gerade auch in der Bewertung des Verhältnisses von Halacha und Aggada und damit auch des Verhältnisses von religiösem Recht und Narrativen nieder, wie auch in der Gewichtung der Funktion, die Narrativen im halachischen Entscheidensprozess zugeschrieben wird.

50 Jacobs (2008), 6.

51 Vgl. Jacobs (2008), 7.

52 Joel Roth war u. a. langjähriger Vorsitzender des CJLS sowie Louis Finkelstein Professor of Talmud and Jewish Law und Dekan der Rabbinical School des JTS.

53 Vgl. Roth (2006), 30.

54 Roth (2006), 30.

4 Die Bedeutung und Funktion von Narrativen in Responsa des Reformjudentums

4.1 Spezifika der Responsa-Praxis des Reformjudentums

Im Zentrum des religiösen Selbstverständnisses des Reformjudentums steht der erklärte Anspruch, eine moderne Denomination zu sein, die es vermag, zeitgemäße jüdische Antworten auf die Herausforderungen der Gegenwart zu geben.[55] Das Reformjudentum der Gegenwart ist insgesamt traditionsgebundener als in seinen Anfängen, was sich auch in der Haltung zur Halacha widerspiegelt. Nachdem die Legitimität der Halacha im ersten Jahrhundert des Bestehens des Reformjudentums wiederholt bestritten worden war, wird ihr nunmehr als identitätsstiftendes Erbe insgesamt ein positiver, zentraler Wert zuerkannt. Auf der Grundlage der Überzeugung der Geschichtlichkeit der Offenbarung vertritt das gegenwärtige Reformjudentum ein nicht-normatives, prozessual-diskursives Halacha-Verständnis. Diese Auffassung des jüdischen religiösen Rechts ist auch der Ausgangspunkt für die Responsa-Praxis der Central Conference of American Rabbis (CCAR), des Dachverbands der Reformrabbiner*innen in den USA, in denen das Reformjudentum die größte jüdische Denomination darstellt.[56] Innerhalb des Reformjudentums sind das Responsa-Genre als solches wie auch die Praxis, religiöse Fragen über ein Responsum zu beantworten, keineswegs unumstritten. Die von Reformrabbiner*innen verfassten Responsa sollen nach Auffassung der CCAR nicht als autoritativ verstanden werden und die Freiheit selbstverantworteter Entscheidungen keinesfalls einschränken im Sinne des Diktums «The rabbinic law is our guidance, but not our governance».[57] In verschiedener Hinsicht weichen auch die Responsa des Reformjudentums wesentlich von der traditionellen Grundform eines Responsums ab. Wie im Falle des Konservativen Judentums werden Responsa auch innerhalb des Reformjudentums in einem speziellen Komitee der CCAR verfasst. Seit den 1990er-Jahren stellen die Responsa der CCAR Kollektiventscheidungen dar. Um den Kollektivcharakter der Responsa auch rhetorisch zu untermauern, wird in den Responsa durchgehend entweder die erste Person Plural verwendet oder in der dritten Person Singular oder Plural über das Responsa-Komitee und

55 Das Reformjudentum ist vor dem Hintergrund der Emanzipations- und Akkulturationsbestrebungen im 19. Jahrhundert in Deutschland entstanden. Die USA, wo sich die Strömung im 19. Jahrhundert entfaltete, wurden zum «Gelobten Land der Reformbewegung». Meyer (2000), 324. Neben der Bezeichnung «Reformjudentum» existieren auch die Selbstbezeichnungen «Liberales Judentum» und «Progressives Judentum». Vgl. zu den folgenden Ausführungen dieses Abschnitts ausführlich Grundmann (2023a), 210–215.

56 Nach der aktuellsten Umfrage des Pew Research Center von 2020 rechnen sich 37 % der US-amerikanischen Jüdinnen und Juden der Denomination des *Reform Judaism* zu, vgl. Pew Research Center (2021). In Israel wurde 1971 das *Israel Movement for Progressive Judaism* gegründet. Nach den letzten Umfragen rechnen sich gegenwärtig drei bis acht Prozent der jüdischen Israel*innen dem Reformjudentum zu. Vgl. Feferman (2018), 17–21.

57 Freehof (1960), 22.

seine Mitglieder gesprochen. Die Responsa des CCAR sind auf Englisch verfasst. In der Regel werden die Positionen der jüdischen Traditionsliteratur von den Respondent*innen paraphrasierend zusammengefasst. Zwar wird die Halacha grundlegend in die Entscheidungsfindung einbezogen, aber sie stellt keineswegs die alleinige oder oberste Ressource des Entscheidens dar. Zentrale Ressourcen des Entscheidens sind in den Reform-Responsa die historischen und aktuellen Positionen des Reformjudentums, die vor allem über Responsa, Essays und Artikel der führenden Repräsentant*innen des Reformjudentums, über Statements der CCAR sowie über die offiziellen Programme des amerikanischen Reformjudentums umfassend belegt werden. Zudem wird in die Responsa insbesondere auch wissenschaftliche und juristische Literatur einbezogen.

4.2 Aggada und Narrative im halachischen Entscheidensprozess des Reformjudentums

Anders als in den Responsa des Konservativen Judentums sind in Responsa des Reformjudentums methodologische Reflexionen eher nicht zu finden. Umso bemerkenswerter ist das Responsum *Medical Assistance in Dying* von 2021/22, in dem das Verhältnis von Halacha und Aggada und die Rolle der Aggada für den Entscheidensprozess verhandelt werden. Das Responsa-Komitee des CCAR plädiert in diesem Responsum für die Durchsetzung einer «holistischen»[58] Sichtweise, die sowohl halachische als auch aggadische Quellen einbeziehen soll. Zur Legitimierung dieses Ansatzes berufen sich die Verfasser*innen des Responsums zum einen auf wissenschaftliche Literatur, die das Zusammenspiel von Halacha und Aggada im Babylonischen Talmud untersucht, und damit, wenn auch indirekt, auf die Tradition selbst, zum anderen auf Gordon Tuckers vorgestellten neuen methodologischen Ansatz zur Einbeziehung von Aggada in den halachischen Entscheidensprozess, der übernommen werden soll.[59] Die Einbeziehung sowohl halachischer als auch aggadischer Quellen sei essenziell, um die jüdische Tradition lebendig zu erhalten: «We are firmly persuaded that a holistic reading of our tradition – seeing halachah and aggadah as integrated elements of a single world view – is essential if our tradition is to remain relevant and viable for us and for future generations».[60] Mit der durch die Tradition vorgegebenen ausschließlichen Heranziehung halachischer Quellen würde das Reformjudentum als Denomination keine adäquaten Antworten auf die Herausforderungen der Gegenwart geben und seinen selbstauferlegten Verpflichtungen nicht nachkommen können, wodurch es als Denomination letztlich religiös und gesellschaftlich an Relevanz verlöre:

> Our obligation to our people is to provide guidance that values life and values the practice of medicine to preserve life in a way that fully acknowledges the circumstances

58 Friedman u. a. (2021/22).
59 Vgl. Friedman u. a. (2021/22).
60 Friedman u. a. (2021/22).

> of our own times. When we acknowledge the current reality, far different from that of the ancient or medieval world, and engage with it appropriately, we continue the tradition of those who came before, who also couched their understanding of halachah in terms of their contemporary reality, including the science and technologies of their day in balance with the lived experience of people. If we do not acknowledge the new reality and discern a way to engage with it appropriately, we will simply become irrelevant. We also risk causing severe pain and harm in the world by holding to outdated modes of thought and behavior.[61]

Peter J. Knobel (1943–2019), dessen Positionen als ehemaliger Präsident der CCAR als repräsentativ für das amerikanische Reformjudentum des 21. Jahrhunderts gelten können, hatte bereits 2014 für eine derartige holistische Sichtweise von Halacha und Aggada plädiert, allerdings nicht in einem Responsum, sondern in einem *Dvar Tora*, d. h. in einer Auslegung des Tora-Abschnittes *Parashat Mishpatim* («Rechtsvorschriften») (Exodus 21.1–24.18) mit dem Titel *Halachah and Aggadah: The Interplay between Law and Narrative to Determine God's Will for Us.* Knobel bezieht die im genannten Abschnitt ausgeführten Rechtsvorschriften zurück auf die ihnen vorausgehende biblische Gründungserzählung des Auszugs aus Ägypten und der Offenbarung auf dem Sinai, die er als «Aggada» verstanden wissen möchte, um zu zeigen, dass die Aggadot bzw. Erzählungen eine unumgängliche Voraussetzung für das Verständnis religiösen Rechts sind. Auf dieser Grundlage plädiert er dafür, das Wechselspiel von Halacha und Aggada wie auch jüdisch-religiöse Narrative im weiteren Sinne in die Entscheidungsfindung einzubeziehen. Dabei ist er sich bewusst, dass im Judentum eine solche Vorgehensweise nach wie vor kontrovers ist. Zur Legitimierung seines Ansatzes beruft er sich zum einen auf den erwähnten Essay Bialiks, zum anderen auf die Thesen Robert Covers. Vor dem Hintergrund des zentralen Stellenwerts, den Ethik und Moral für das Reformjudentum haben, schreibt er der Einbeziehung der Aggada in halachische Entscheidungen eine heuristische Funktion in der ethischen und theologischen Selbstreflexion zu: «The interplay between halachah and aggadah, between narrative and nomos (law), serves as powerful way to think about the values by which we live our lives».[62]

Nicht zuletzt soll auch die Positionierung Mark Washofskys zur Frage nach der Rolle der Aggada im halachischen Entscheidensprozess erwähnt werden. Washofsky, Solomon B. Freehof Professor of Jewish Law and Pratice am Hebrew Union College – Institute of Religion, Cincinnati, war von 1996 bis 2017 Vorsitzender des Responsa-Komitees der CCAR. Washofsky hat umfassend sowohl als Reformrabbiner als auch als Wissenschaftler publiziert, wobei er in seinen wissenschaftlichen Publikationen an das *Law-and-Literature-Movement* anknüpft. Hiervon zeugt unter anderem sein Artikel *Narratives of Enlightenment. On the Use of the ‹Captive Infant› Story by Recent Halakhic Authorities*, in dem er an zahlreichen historischen Beispielen darlegt, dass Narrative eine unter keinen Umständen

61 Friedman u. a. (2021/22).
62 Knobel (2014).

zu vernachlässigende Komponente des allgemeinen rechtlichen und des spezifischen halachischen Prozesses sind. Der Artikel schließt mit «Some Concluding, Extremly Unscientific Notes on Liberal Halakhic Practice»,[63] die Rückschlüsse auf Washofskys Haltung zum Halacha-Aggada-Paradigma sowie auf die Einstellung des gegenwärtigen Reformjudentums insgesamt zu dieser Frage zulassen:

> [...] I detect elements of narrative construction in virtually every theological publication of the Reform Movement [...]. I see them as well in the halakhic responsa written by liberal rabbis (including, by way of full disclosure, me). Indeed, as I have argued law and narrative are inseparably intertwined, how could it be otherwise?[64]

Die Präsenz von Narrativen in gegenwärtigen Reform-Responsa legitimiert Washofsky damit auf doppelte Weise: zum einen über die allgemeinen Ansätze des *Law-and-Literature-Movement*, zum anderen über die jüdische Tradition und die Geschichte der Halacha selbst.

In der Tat lässt sich für die in der zweiten Hälfte des 20. Jahrhunderts sowie im 21. Jahrhundert verfassten Reform-Responsa die von Washofsky hervorgehobene Einbeziehung aggadischer Quellen wiederholt feststellen. Während jedoch die Respondent*innen des Reformjudentums primär die traditionellen narrativen Quellen als Aggada in den Entscheidensprozess einbeziehen, gehen Tucker und Jacobs als prominente Repräsentant*innen des Konservativen Judentums sogar noch weiter, indem sie den Begriff der aggadischen Quellen so weit fassen, dass auch die Einbindung jüngst entstandener Erzählungen impliziert ist.

5 Fazit

Auch wenn die Bedeutung und Funktion von Narrativen in den jeweiligen Denominationen des Judentums – Orthodoxie, Konservatives Judentum und Reformjudentum – variieren und insbesondere das Verhältnis von Halacha und Aggada in der halachischen Entscheidungsfindung jeweils unterschiedlich bewertet wird, spielen Narrative im Responsa-Genre des 20. und 21. Jahrhunderts insgesamt eine zentrale Rolle. Narrative sowie narrative Rahmungen und Elemente sind integraler Bestandteil der für das Responsa-Genre essenziellen Argumentation wie auch der persuasiven, die Argumentation begleitenden Strategien. Responsa der drei Denominationen zeigen eindrücklich, dass Narrativen sowie narrativen Rahmungen und Elementen eine weit über den Bereich der Rhetorik und der Durchsetzung auf den Einzelfall bezogener religiöser Vorstellungen hinausreichende Funktion zukommt: In allen drei Denominationen dienen bei halachischen Entscheidungen Narrative nicht an letzter Stelle auch dazu, die jeweils eigene religiöse Weltsicht und das eigene gesellschaftliche Selbstver-

63 Washofsky (2007), 131.
64 Washofsky (2007), 133.

ständnis zu transportieren, und zwar durchaus in Abgrenzung zu den anderen, konkurrierenden Richtungen innerhalb des Judentums. Damit sollen Narrative sowie narrative Rahmungen und Elemente im Hinblick auf die jeweils adressierte Interpretationsgemeinschaft identitätsstiftend wirken. Orthodoxen Responsa ist ein spezifisches «Narrativ des Entscheidens» inhärent, das einen wesentlichen Bestandteil der innerhalb der Orthodoxie für das Responsa-Genre normativen Methodologie darstellt. Innerhalb der narrativen Grundstruktur orthodoxer Responsa finden sich zum Teil narrative Rahmungen und Elemente, mit denen die orthodoxen Respondenten ihre spezifische Weltsicht vermitteln und ihrem religiösen Selbstverständnis besonderen Nachdruck verleihen. Für Responsa des Konservativen Judentums und des Reformjudentums hingegen sind im Hinblick auf die Bedeutung von Narrativen und ihrer textuellen Funktion die Reflexionen über das Verhältnis von Halacha und Aggada und somit auch über das Verhältnis von Gesetz und Narrativen signifikant. Damit verbunden ist das Plädoyer für die gleichwertige Einbeziehung halachischer und aggadischer bzw. narrativer Quellen in die Entscheidungsfindung. Die Entwicklung dieses neuen, durchaus kontroversen methodischen Ansatzes erfolgt ausgehend von Themen, die, wie Homosexualität und aktive Sterbehilfe bzw. medizinisch assistierter Suizid, in den gegenwärtigen allgemeingesellschaftlichen Debatten wiederholt verhandelt werden und gleichzeitig jahrhundertealte Tabus berühren. Die ausschließliche Heranziehung halachischer Quellen würde in diesen Fällen mehr oder weniger zwangsläufig ein Verbot ergeben – ein Verbot, das mit dem religiösen und gesellschaftlichen Selbstverständnis der beiden Denominationen und ihrem Bekenntnis zu den Werten der amerikanischen Gesellschaft jedoch nicht vereinbar wäre. Die Einbeziehung narrativer Quellen ermöglicht den Respondent*innen hingegen eine Antwort im Einklang mit ihrem jeweiligen Selbstverständnis. Insofern kommt Narrativen in solchen Fällen auch die spezifische Funktion einer Flexibilisierung der Halacha zu. Dabei wird die neue methodische Herangehensweise zum einen über die Tradition selbst legitimiert, zum anderen über Ansätze des *Law-and-Literature-Movement*, was den für Responsa des Konservativen Judentums und des Reformjudentums relevanten akademischen Kontext aufzeigt. In dieser Hinsicht vermag die Untersuchung von Narrativen sowie von narrativen Rahmungen und Elementen in Responsa der drei großen jüdischen Denominationen auch die Thesen Robert Covers zur Interaktion von Recht und Narrativen im spezifischen Kontext religiösen Rechts zu belegen, denn gerade das Responsa-Genre des 20. und 21. Jahrhunderts zeigt, dass Narrative eben nicht nur schmückendes Beiwerk sind, sondern dass ihnen von Akteur*innen zum Teil auch explizit eine rechtlich relevante Funktion zugeschrieben wird.

Literaturverzeichnis

Almog (1996): Shulamit Almog, «Law and Literature, Halacha and Aggadah», *Bar-Ilan Law Studies* 13, 413–440. (Hebr.)

Almog (2001): Shulamit Almog, «As I Read, I Weep – In Praise of Judicial Narrative», *Oklahoma City University Law Review* 26/2, 471–501.

Almog (2003): Shulamit Almog, «‹One Young and the Other Old› – Halachah and Aggadah as Law and Story», *Canadian Journal of Law and Society/Revue Canadienne Droit et Société* 18/2, 27–43.

Bar-Ilan University (2022): The Responsa Project.

Bialik (1925): Chaim Nachman Bialik, *Essays. Autorisierte Übersetzung aus dem Hebräischen von Viktor Kellner*, Berlin.

Brody (1998): Robert Brody, *The Geonim of Babylonia and the Shaping of Medieval Jewish Culture*, New Haven u. London.

Cover (1983–1984): Robert Cover, «Nomos and Narrative», *Harvard Law Review* 4, 4–68.

Dorff (1990): Eliott N. Dorff, «A Jewish Approach to End-Stay Medical Care», YD 339:1.1990b. https://www.rabbinicalassembly.org/sites/default/files/assets/public/halakhah/teshuvot/19861990/dorff_care.pdf [30.07.2023].

Elon (1994): Menachem Elon, *Jewish Law. History, Sources, Principles*, Jerusalem, 4 Bde.

Feferman (2018): Dan Feferman, *Reform and Conservative Judaism in Israel*, Jerusalem (The Jewish People Policy Institute).

Freehof (1960): Salomon B. Freehof, *Reform Responsa*, Cincinnati.

Friedman u. a. (2021/22): Joan S. Friedman u. a., «Medical Assistance in Dying», 5782.1. https://www.ccarnet.org/ccar-responsa/5782-1/ [30.07.2023].

Gilman (1993): Neil Gilman, *Conservative Judaism. The New Century*, West Orange (NJ).

Grundmann (2006): Regina Grundmann, «Haggada als Poesie – Poesie als Offenbarung. Heinrich Heines Transformation der rabbinischen Überlieferung», *Heine-Jahrbuch* 45, 223–235.

Grundmann (2018): Regina Grundmann, «Responsa als Praxis religiösen Entscheidens im Judentum», in: Wolfram Drews, Ulrich Pfister u. Martina Wagner-Egelhaaf (Hgg.), *Religion und Entscheiden. Historische und kulturwissenschaftliche Perspektiven*, Baden-Baden, 163–178.

Grundmann (2021): Regina Grundmann, «‹Und der Wähler wähle!› Semantiken und Narrative des Entscheidens in Responsa des orthodoxen Judentums im 20. Jahrhundert», in: Philip Hoffmann-Rehnitz, Matthias Pohlig, Tim Rojek u. Susanne Spreckelmeier (Hgg.), *Semantiken und Narrative des Entscheidens vom Mittelalter bis zur Gegenwart*, Göttingen, 433–447.

Grundmann (2023a): Regina Grundmann, «Rhetorische Profile jüdischer Responsa der Gegenwart», in: Martina Wagner-Egelhaaf, Stefan Arnold, Markus Schnetter u. Gesine Heger (Hgg.), *Rhetoriken zwischen Recht und Literatur. Interdisziplinäre und interkulturelle Zugänge*, Berlin, 195–219.

Grundmann (2023b): Regina Grundmann, «Entwicklungen des Responsa-Genres in der Gegenwart», in: Thomas Guttmann, Eberhard Ortland u. Klaus Stierstorfer (Hgg.), *Enzyklopädie Recht und Literatur.* https://lawandliterature.eu/index.php/de/inhalt?view=article&id=47&catid=11 [30.07.2023].

Haas (1985): Peter J. Haas, «The Modern Study of Responsa», in: David R. Blumenthal (Hg.), *Approaches to Judaism in Medieval Times*, Bd. 2, Chico, 35–71.

Heine (1992): Heinrich Heine. Historisch-kritische Gesamtausgabe der Werke, in Verbindung mit dem Heinrich-Heine-Institut hrsg. von Manfred Windfuhr, Bd. 3/1, Hamburg.

Jacobs (2008): Jill Jacobs, «Work, Workers, and the Jewish Owner», HM 331:1.2008a. https://www.rabbinicalassembly.org/sites/default/files/assets/public/halakhah/teshuvot/20052010/jacobs-living-wage.pdf [30.07.2023].

Jotkowitz (2013): Alan Jotkowitz, «The Use of Narrative in Jewish Medical Ethics», in: Health 52, 966–973.

Knobel (2014): Peter J. Knobel, «Halachah and Aggadah. The Interplay between Law and Narrative to Determine God's Will for Us». https://reformjudaism.org/learning/torah-study/torah-commentary/halachah-and-aggadah-interplay-between-law-and-narrative [30.07.2023].

Langer (2016): Gerhard Langer, *Midrasch*, Tübingen.

Levinson (2005): Joshua Levinson, *The Twice-Told Tale. A Poetics of the Exegetical Narrative in Rabbinic Midrash*, Jerusalem. (Hebr.)

Novak (1996): David Novak, «Modern Responsa. 1800 to the Present», in: Neil Hecht, Bernard S. Jackson, Stephen M. Passamaneck, Daniela Piatelli u. Alfredo Mordechai Rabello (Hgg.), *An Introduction to the History and Sources of Jewish Law*, Oxford u. New York, 379–395.

Pew Research Center (2021): Pew Research Center, «Jewish Americans in 2020». https://www.pewresearch.org/religion/2021/05/11/jewish-americans-in-2020/ [30.07.2023].

Popovsky (2008): Marc Popovsky, «Choosing Our Children's Genes. The Use of Preimplantation Genetic Diagnosis», EH 1:5.2008a. https://www.rabbinicalassembly.org/sites/default/files/public/halakhah/teshuvot/20052010/Popovsky_FINAL_preimplantation.pdf [30.07.2023].

Roth (1986): Joel Roth, *The Halakhic Process. A Systematic Analysis*, New York.

Roth (2006): Joel Roth, «Homosexuality revisted», EH 24.2006a. https://www.rabbinicalassembly.org/sites/default/files/public/halakhah/teshuvot/20052010/roth-revisited.pdf [30.07.2023].

Saperstein (1980): Marc Saperstein, *Decoding the Rabbis. A Thirteenth-Century Commentary on the Aggadah*, Cambridge.

Tucker (2006): Gordon Tucker, «Derosh vekabel sakhar: Halakhic and Meta-Halakhic Arguments Concerning Judaism and Homosexuality», EH 24.2006g. https://www.rabbinicalassembly.org/sites/default/files/assets/public/halakhah/teshuvot/20052010/tucker_homosexuality.pdf [30.07.2023].

Wagner-Egelhaaf/Quast/Basu (2020): Martina Wagner-Egelhaaf, Bruno Quast u. Helene Basu, «Einleitung», in: Martina Wagner-Egelhaaf, Bruno Quast u. Helene Basu (Hgg.), *Mythen und Narrative des Entscheidens*, Göttingen, 7–20.

Washofsky (1994): Mark Washofsky, «Responsa and Rhetoric. On Law, Literature and the Rabbinic Decision», in: John C. Reeves u. John Kamp (Hgg.), *Pursuing the Text. Studies in Honor of Ben Zion Wacholder, on the Occassion of his Seventieth Birthday*, Sheffield, 360–409.

Washofsky (1997): Mark Washofsky, «Introduction», in: W. Gunter Plaut u. Mark Washofsky (Hgg.), *Teshuvot for the Nineties. Reform Judaism's Answers to Today's Dilemmas*, New York, XXIII–XXIX.

Washofsky (2007): Mark Washofsky, «Narratives of Enlightenment. On the Use of the ‹Captive Infant› Story by Recent Halakhic Authorities», in: Walter Jacob u. Moshe Zemer (Hgg.), *Napoleon's Influence on Jewish Law. The Sanhedrin of 1807 and its Modern Consequences*, Pittsburgh, 95–147.

Wimpfheimer (2011): Barry Scott Wimpfheimer, *Narrating the Law. A Poetics of Talmudic Legal Stories*, Philadelphia.

Roman-Style Jurists in Ancient Judaism. Telling the Story from Philo and Josephus to the Rabbis

Maren R. Niehoff

The Jerusalem Talmud contains a story about an oven, which was considered ritually pure by Rabbi Eliezer ben Hyrcanus, but impure by the majority of his colleagues. Following this debate, «a great misfortune happened» and everything Eliezer set his eyes on went up in flames. Even the pillars of the meeting house were shaking. R. Joshua, however, was not intimidated by these extraordinary events and bluntly confronted the pillars: «if the fellows argue with each other – you, what does that concern you?!»[1] The *Hitpael* form of the verb לחם, to fight or argue, is uniquely used here in the Jerusalem Talmud and strikingly resonates with the technical term μάχεσθαι in Homeric scholarship, which marks grammatical, textual and factual inconsistencies as well as the diversity of solutions resulting from them.[2] Whether or not R. Joshua consciously alluded to the style of Greek hermeneutics, which had already been adopted by Alexandrian Jews and some rabbis, he insisted on the legitimacy of human debate within Judaism. Even when the Divine Voice came out and said: «the Halacha [law] follows Eliezer, my son», R. Joshua responded with a quotation from Deut. 30.12: «not in heaven». He

* I thank the organizers of the conference, Robert Kirstein and Sebastian Schmidt-Hofner, for creating an exceptionally stimulating framework for academic exchange and the ISRAEL SCIENCE FOUNDATION (grant no. 1346/21) and the EUROPEAN RESEARCH COUNCIL (advanced grant no. 101141400) for supporting the research on which this article is based. Ulrike Babusiaux generously helped me to navigate my way through the scholarship on Roman law and made extremely useful comments on an initial draft of this article. Yair Furstenberg and Dario Mantovani kindly read an advanced draft and made helpful comments. The final touches were put to this article in the extraordinary library of Roman law at the Ludwig Maximilian University in Munich, where I was warmly welcomed by Johannes Platschek, the head of the *Leopold Wenger Institut für Rechtsgeschichte*. Special thanks to the *Carl Friedrich von Siemens Foundation* for inviting me to spend a Sabbatical semester in Munich and providing ideal conditions for research. Finally, I thank Elyashiv Sharlow, who studied with me parts of tractate *Betrothals* in the Jerusalem Talmud and significantly contributed to my understanding of Talmudic literature. Translations in this chapter are my own unless otherwise indicated.

1 אם חברים מתלחמים אתם מה איכפת לכם; *J.M.* K. 3,1, ed. Sussmann (2005), 810; for a discussion of this story in the larger context of the Jerusalem Talmud, see Katz (forthcoming).

2 See e. g. Schol. *Il.* 1,424c; 5,158a. 759a; 6,265; 7,9b; 8,571a; 11,624; 15,668a; 16,116a (ed. Erbse); for details on the adoption of Homeric methods by Alexandrian Jews, see Niehoff (2011); for their adoption by the rabbis, see Niehoff (2012) and (2016); Paz (2022).

thus ingeniously took a Biblical verse, which speaks about God's commandment being near and thus practicable, as proof that the rabbis are authorized to judge cases independently of divine intervention. This dramatic reinterpretation of the Biblical verse, which is highlighted in the more well-known reworking of this story in the Babylonian Talmud (*b.B. M.* 59a-b), reflects rather revolutionary changes in Judaism. While the Bible depicts God as the paramount legislator – Christine Hayes speaks of «Divine Law» (Hayes 2015) – the rabbis saw themselves as independent arbiters, who firmly ban God from their deliberations.

This chapter asks how this transformation from Divine to rabbinic law came about and what role Roman jurisprudence and Hellenistic Judaism played in this process. My approach is rigorously historical and entails a triangular, multilingual perspective. I start with the initial contacts between Roman legal culture and diaspora Judaism and then move to the rabbinic sources of the Land of Israel.[3] Chronologically, my investigation ranges from the first to the fifth century CE, namely from the Greek writings of Philo of Alexandria and Flavius Josephus via the Mishna and Tosefta up until the Jerusalem Talmud, which were all composed in Hebrew and Aramaic. I do not assume one linear development from the Bible to the rabbis as a unified group, but instead investigate key platforms of discourse and debate, with messy lines and continuous diversity, even among the rabbis. Ultimately, I argue for a significant role of both Roman law and Hellenistic Judaism in the development of Jewish jurisprudence. The rabbis joined lively debates, which had started much earlier, and assumed various positions vis-à-vis the question of how to negotiate Roman and Jewish law in the context of the Greek East. Rabbinic interactions with Roman law may also be seen as part of a continuous yet contested Hellenization of Judaism.[4]

Scholarship so far has tended to see rabbis as the first Roman-style jurists among Jews. Summarizing years of wide-ranging and pioneering research, Furstenberg describes the emergence of the rabbis as an elite of jurists, who endeavoured «to create a legal system that could participate within – and not outside of – Roman legal space alongside Roman jurisdiction» (Furstenberg 2024, 193). Combining literary, exegetical, and historical considerations, Furstenberg sees this development as a response to the dynamics of Roman jurisprudence in the provinces of the Near East, which intensified through Caracalla's grant of Roman citizenship in 212 CE and the rise of the Jewish patriarch to the zenith of his power in the third and fourth centuries CE.[5] From this perspective, the rabbis

3 Not included in this chapter is the Babylonian Talmud, which is based on rabbinic literature from the Land of Israel but inscribes itself into the culture of the Sassanian empire and therefore requires separate treatment; for details, see Elman (1972) and (2005); Herman/Rubenstein (2018); Gross (2023). See also Alexander (2011) and Millar (2011) on the Roman context of the rabbinic sources from the Land of Israel.

4 On Hellenism and Judaism, see Niehoff (2024).

5 Furstenberg (2024), 191 stresses that the «Romans did not impose their own laws on the inhabitants of the empire even after 212, but offered access to Roman jurisdiction» and thus prompted locals to «acquire a new form of legal proficiency». On the impact of Caracalla's edict, see Millar (1969)

successfully negotiated colonial discourses and created space for local law, thus making a unique contribution to ancient Judaism.[6] The rabbis are furthermore seen as innovators by comparison to all their predecessors in the Second Temple Period. The Pharisees, one of the Jewish sects on which the rabbis modelled themselves, are identified as mere Torah scholars – a «pietistic elite with sectarian manners», who did not yet rise to the task of shaping Jewish jurisprudence within the Roman empire (ibid. 187). Similarly, Josephus is interpreted as playing a merely marginal role, since his description of the constitution of Moses did «not include private law in any systematic manner».[7] Furstenberg concludes: «Torah knowledge did not make one a recognized adjudicator» (ibid.).

And yet, the story of Roman-style jurists in ancient Judaism starts before the rabbis and before the destruction of the Jerusalem Temple, which enabled the former to gradually assume leadership among the Jews. We must initially acknowledge that the first comprehensive handbook of Jewish law was composed by Philo of Alexandria in the mid-first century CE. The very existence of four books *On the Special Laws* and one treatise *On the Decalogue*, interpreted as the principal categories of Jewish law, raises the question of whether Roman notions were involved already at this stage of conceptualizing Jewish law. We may indeed ask to what extent Philo's handbook resonates with Roman handbooks of law, such as that of Masurius Sabinus, who was authorized by Tiberius to respond publicly and became highly influential, even though his works are lost today. Indeed, even Flavius Josephus a generation later still defends himself against the views of fellow-Jews, who think that Biblical law can only be studied based on the sequence of the Scriptures rather than in more independent summaries (*J. A.* 4.196–7). Josephus himself promises in the fifty-sixth year of his life to write «a work in four books on the opinions that the Jews hold concerning God and His essence, as well as concerning the laws, that is, why according to them some things

and (1994); Honoré (2004); Imrie 2018; Ando (2000), (2006), (2014) and (2020); Besson 2020; Lavan/Ando 2021; Eck (2018); some of whom caution not to overemphasize its impact on daily life, seeing that Romanization was a continuous process that had started much earlier. For studies of the impact of Caracalla's edict on rabbinic law, see Furstenberg (2019a); Malka/Paz (2019); Wilfand (2020); for more general studies of Roman influence on rabbinic Halakha, see Cohen (1966); Dohrmann (2008) and (2013); Hezser (2021), (2003) and (2023); for principal criticism of this line of research, see Rosen-Zvi (2017).

6 Note the following conclusions drawn by Furstenberg (2024), 191–193: «the rabbis offered a unique response to the situation», «the unprecedented development of a textual corpus of local legal traditions and customs» and «unique legal corpus – the Mishna – unparalleled among populations subjected to Rome».

7 Furstenberg (2024), 198. Josephus and Philo have regularly been overlooked in the studies of Roman law, since they were interpreted as representatives of local law, respectively of Alexandria and the Land of Israel, see Goodenough (1929); Regev/Nakman (2002). Nörr (1966) and (1974) has been one of the very few scholars, who mentioned Philo and Josephus in the context of Roman law, but unfortunately saw them through the prism of resistance to Roman law in the Greek East. Eckhardt (2016) and (2017) has moved forward by pointing to the Roman style of Philo's notion of associations.

are permitted to us to do, while others are forbidden».[8] Even though Josephus seems to have already had concrete plans for this composition and was even able to estimate its volume, no trace of it is left. Whether or not he changed his mind, his very intention bespeaks a special interest in law. This is also reflected in his latest work, the *Contra Apion*, which contains an «epitome» of «the whole system of our constitution and of its parts».[9] Given this conspicuous interest in law on the part of the two most prominent Hellenistic Jews, we have to ask whether and to what extent they anticipate the Mishnah, the first rabbinic compilation of Jewish law, which is also organized thematically and strikingly corresponds in some passages to the *Institutiones* of Gaius, an affiliate of the Sabinian school.[10] By comparing Hellenistic and Rabbinic Jews in their relationship to Roman law, we may be able to trace echoes of the development of Roman law, especially in cases when Gaius points to earlier layers and thus defines a clear line of comparison to both the Hellenistic Jews before him and the rabbis after him.

Integrating Hellenistic Judaism into the study of encounters between Roman and Jewish jurists raises many intriguing questions. Both Philo and Josephus spent formative years in Rome, the former at least three years as the head of the Jewish embassy following the pogrom in Alexandria in 38 CE, the latter settling in the imperial capital after the failure of the Great Jewish revolt (74 CE).[11] Scholars have traced Roman influence in the writings of both authors and thus complicate the traditional image of a stark dichotomy between centre and periphery, often envisaged as a one-directional relationship of imperial power imposed on the subjects in the provinces. Philo and Josephus, by contrast, are intellectuals from the Greek East, who arrived in Rome and eagerly integrated in Roman circles and discourses.[12] Their historical works moreover describe the implementation of Roman law in society, both Roman and Jewish. They encourage us to study the encounter between Jewish and Roman jurists not only in terms of centre and periphery, but also and perhaps mainly in terms of majority and minority population.

Approaching this encounter from the perspective of Philo and Josephus encourages us to pay greater attention to questions of textuality and literary genre, which have recently come into the focus of research on Roman law. In an influential study, Schulz (1946) interpreted Roman jurisprudence as a virtually exclusive phenomenon of case law, almost devoid of legal literature and focused on oral court sessions. This picture, however, has been challenged and is now replaced by a more nuanced view, which acknowledges the diversity of legal sources

8 συγγάψαι κατὰ τὰς ἡμετέρας δόξας τῶν Ἰουδαίων ἐν τέσσαρσι βίβλοις περὶ θεοῦ καὶ τῆς οὐσίας αὐτοῦ καὶ περὶ τῶν νόμων διὰ τί κατ᾽ αὐτοὺς τὰ μὲν ἔξεστιν ἡμῖν ποιεῖν, τὰ δὲ κεκώλυται (*J. A.* 20,268).

9 περὶ τῆς ὅλης ἡμῶν καταστάσεως τοῦ πολιτεύματος καὶ περὶ τῶν κατὰ μέρος (*C. Ap.* 2,145).

10 For details on the latter, see Furstenberg (forthcoming).

11 On Philo's Roman context, see Niehoff (2018); on Josephus' Roman context, see Haaland (1999); Mason (2003), (2003a) and (2016); Barclay (2007), 362–369; Tuval (2013); van Henten (forthcoming).

12 See preliminary studies by Niehoff (2019b) and (2023).

and draws attention to written law and legal literature as well as to rhetorical strategies inspired by Greek culture.[13] Examining the narrative strategies of the jurists includes an analysis of the ways the jurists fashioned themselves in wider discourses, whether, for example, they chose to present themselves as autonomous and uninfluenced by the outside world. In the study of rabbinic literature, too, it is time to move beyond the traditional assumption of an exclusively oral culture based on case law.[14] In this context, too, exposing narrative structures will help us to understand the dynamics of self-fashioning in broader cultural contexts. Ironically, there may be a parallel between Roman and Jewish jurists in the style of isolationist rhetoric.

By contrast, Philo and Josephus composed legal literature that explicitly built on theoretical assumptions and Greek rhetoric. The hybridity of their literary oeuvre allows us to appreciate the rabbis from a comparative perspective, considering textual phenomena and literary genres. Such an approach also illuminates the implied audience of the different authors and groups. While serving respectively as a community leader and military commander, Philo and Josephus primarily addressed non-Jewish readers in their expositions of Jewish law. The rabbis, by contrast, wrote in Hebrew and Aramaic, thus evidently addressing an internal Jewish audience. A comparison between the different corpora raises the question of whether the rabbis juggled two roles, namely that of communicating Roman notions to Jews and vice versa. Moreover, to what extent did they take into consideration other Jewish populations, which were not part of their own movement? Did the Hellenistic Jews, who lived in their vicinity, also voice legal opinions, perhaps other than those of the rabbis?[15]

All these questions require an in-depth analysis of numerous literary corpora which cannot be accomplished in one article. Therefore, I will examine here only some initial examples, which are intended as guidelines for further research and further dialogue between two ERC projects hosted by the Hebrew University (2024–2029): Yair Furstenberg's project *Local Law under Rome* and my own project *ROMANA – The Roman Turn among Jews, Greek Pagans and Christians*. My remarks will be divided into four sections. Initially, I explain what I mean by Roman-style jurisprudence, which transcended Greek precedents and emerged in the first centuries CE as the most sophisticated system of law in antiquity. Thereafter, I will treat the emergence of Roman-style jurisprudence among ancient Jews dedicating a separate section respectively to Philo, Josephus, and the rabbis. In each section, I provide relevant background information, point to areas of contact with Roman law and suggest trajectories of future research.

13 Schulz (1946); Liebs (1997), Babusiaux (2014); Mantovani (2018a); cf. Humbert (2023), who revives some of Schulz's arguments.

14 Sussmann (1974) and (2005); for initial critique of Sussmann's interpretation, see Alexander (2019); Amsler 2023.

15 For details on Hellenistic Jews in Late Antique *Palaestina*, see Niehoff (2021a) and (2022).

1 Roman-style jurisprudence from republic to principate

Notwithstanding the significant impact of Greek law and the continuous fascination with Greek rhetoric, Roman jurists reached a new level of width and depth, based on professional expertise and growing independence from religious norms.[16] As Riggsby put it, «the earliest Roman law was largely in the hands of priests, and knowledge of it would have been passed through the same (largely private, collegial) channels as other sacred knowledge. Yet by the time we are able to discern much of either the substance or practice of Roman secular law, they had already been thoroughly cut off from these roots».[17] The *Twelve Tables*, the first identifiable code of Roman law from the fifth century BCE, played a central role in carving out a juridical space outside the realm of monarchy and religion.[18] With the expulsion of king Tarquinius in 509 BCE and the inauguration of the Roman republic, new sources of legal authority became available, above all the two consuls, who were elected and thus to some extent controlled by the *comitia centuriata*, an assembly of the people serving in the military. The *Tables*, which are lost, but cited or paraphrased in later legal and non-legal literature, resulted from negotiations between the patricians and the plebeians. Already around 200 BCE Sextus Aelius Paetus Catus published a commentary on the *Tables*, entitled *Tripertita*, which explained subsequent developments of the laws.[19] The *Tables* were still recognized by the jurist Pomponius in the second century CE as a central source of Roman civil law.[20] While the *Tables* did not aspire to completeness, they recorded and modified many existing customs (*mores*) and transformed oral, priestly traditions into written law which thus became the object of broader debates and evaluations. In terms of content, they dealt with legal procedures, private business, neighbourly relations, family matters, inheritance, and criminal law.

Cicero also points to the importance of the *Tables* by calling them «our twelve tables» (*nostras duodecim tabulas*) and comparing them to the famous laws of Lycurgus and Solon in ancient Greece (*leg.* 1,21,57). He also has Quintus assert that the «law ought to be a reformer of vice and an incentive to virtue» (ibid. 1,22,58).

16 The impact of Greek culture on the development of Roman law is still controversially discussed; see two diverging opinions in the recently published *Handbuch des Römischen Privatrechts* (Babusiaux et al. 2023), where Humbert (2023) highlights the uniqueness of Roman jurisprudence, which developed in his view on the basis of case studies and reached its climax when detached from Greek rhetoric, while Liebs (2023), 200 asserts that «eigentliche Rechtsliteratur bürgerte sich erst ein, als sich die römische Gesellschaft griechischem Denken öffnete». Platschek (forthcoming1) offers programmatic reflections, which analyse examples of Gaius engaging with earlier law and transforming it.

17 Riggsby (2015), 444; see also Gordley (2013), 1–7; Liebs (2023), 199; Mantovani (2024). Pomponius, *Ench.* in *Dig.* 1,2,1 describes the legal situation under the kings as follows: «in fact, at the beginning of our state the people undertook to act at first without any certain statutes or positive law, and all government was conducted by the authority of the kings».

18 Buongiorno (2023); cf. Humbert (2023), 5–8, who minimizes the impact of the *Tables*.

19 Pomp. *Ench.* in *Dig.* 1,2,2,38; see also Liebs (2023), 200.

20 Pomp. *Ench.* in *Dig.* 1,2,2,6; see also Nörr (1976).

Cicero recalls that in his youth the law of the *Tables* was learnt as a required formula, while «nobody learns it nowadays» (ibid. 2,23,59). The canonical status of the *Tables* is visible not only in his insistence on their conformity to Nature (ibid. 2,24,61), but also in his quotation of specific regulations and his explanations of discrepancies between them and actual customs. The law that «a dead man shall not be buried or burned inside the city» thus demands exegesis, seeing that famous men were in fact buried *intra muros*. Cicero solves this problem by suggesting historical development: such burials took place before the law was enacted and accommodated certain family privileges, which continued into the period when the *Tables* already applied.[21] In his view, one may moreover learn from the specific wording of the law that burning was not considered as a form of burial. In sum, Cicero regards the *Tables* as an expression of «the wisdom of our ancestors», handed down from generation to generation for the benefit of society (ibid. 2,25,62).

Cicero also provides a precious window into the practice of law in the first century BCE and the rise of legal experts. He mentions individuals who train aspiring orators and lawyers from well-established families.[22] Crassus is praised as «a man exceedingly knowledgeable» in legal matters (*homo peritissimus*).[23] A vivid image of the question-and-answer style of legal consultations is provided:

> a certain countryman approached Crassus to obtain his opinion (*accessisse ad Crassum consulendi causa quemdam rusticanum*): he took Crassus to the side and laid the facts before him, but brought away from him advice that was more correct than in accord with his interest; whereupon Galba, noting his chagrin, accosted him by name, inquiring what the question was on which he had consulted Crassus (*quaesivitque, qua de re ad Crassum rettulisset*). Having heard the client's tale and observing his agitation, «I see», said he, «that Crassus was preoccupied and distracted when he advised you». (Cic. *de orat.* 1,239–240, tr. Rackham).

This passage illustrates the dynamic nature of legal consultation in Republican Rome, which was not yet institutionalized by imperial privileges or school allegiance. People without expertise, here a proverbially uneducated man from the countryside, approaches a legal expert with a question, but then takes the advice of another expert who offers a more satisfying answer. Tellingly, the credentials of these experts are not discussed but rather assumed. The impression is that of a marketplace of self-declared experts competing for clients. In this case, one of

21 Cic. *leg.* 2,23,58; Cicero notes that the law limiting burial expenses derived largely from Solon; see Mantovani (2009), 339–340, who discusses Cicero's interpretation of this law in the larger context of his «l'atteggiamento storico-antiquario», which enables him to inscribe himself into jurisprudential debates and negotiate legal norms. Mantovani moreover points out that Cicero's reference to Solon here is his original contribution and further illuminates his comparative perspective.

22 See esp. Cicero's two autobiographical reminiscences *Lael.* 1,1 and *Brut.* 306–307, discussed by Leesen (2010) and Wibier (2019); see also Tac. *Dial.* 34.

23 Cic. *de orat.* 1,240; see also Leesen (2010), 20–29; Wibier (2019).

them subsequently relies on the method of analogy, while the other appeals to authoritative books.

In the early imperial period, Roman jurisprudence continued to flourish and develop, not least thanks to the independence granted to jurists by the emperors, from Augustus to Domitian.[24] Masurius Sabinus, the second head of the so-called Sabinian school named after him, was appointed by the emperor Tiberius as «with the authority to respond publicly».[25] This appointment gave him special authority, even though other legal experts continued to provide responsa.[26] Furthermore, Masurius Sabinus composed a three-volume treatise on civil law, which had enormous influence and was treated in several no longer extant commentaries.[27] Mantovani (2018) analysed the available testimonies and palaeographical evidence, highlighting the innovative features of Sabinus' work, which introduced thematic divisions marked by subtitles in red ink to facilitate orientation. Jurists would not read the whole handbook, but rather consult specific passages relevant to a particular case at hand. This «littérarisation du droit» was part of the increasing professionalization and theoretical conceptualization of Roman jurisprudence.

From the perspective of Judaism, the ancient reports about two Roman law schools in the first centuries CE is of particular interest, as Rosenthal (1994) already recognized. Our earliest extant evidence about the Sabiniani or Cassiani and the Proculiani comes from the second century CE, when Gaius reports twenty-one differences of opinion between them, and a fragment of Sextus Pomponius' *Enchiridion* lists their respective heads.[28] Despite a considerable volume of scholarship, elegantly summarized by Liebs (1976), Leesen (2010), Avenarius (2011), and Stolfi (2023), 73–77, no consensus has emerged regarding the historical formation of these schools and the nature of their disputes. Some scholars even argue that the differences are more imagined than real, amounting mainly to different rhetorical strategies (Leesen 2010). However, despite these historical uncertainties, it remains significant that eminent jurists of the second century CE saw school controversies as a fundamental aspect of Roman jurisprudence. Stolfi (2023), 73–74 asserts the existence of the schools and points to their hermeneutic value for Gaius and Pomponius, who elaborated them for didactic purposes in their

24 For examples of jurists with Republican commitments being promoted by Augustus and his successors, see Wieacker (2006), 28–29. Gaius Caligula's short reign was an exception in this respect, too.

25 «*et publice primus respondit*» (Pomp. *Ench.* in *Dig.* 1,2,2,48); on the importance of this appointment in the history of Roman law, see Tuori (2007), 75; cf. Humbert (2023), 29–31, who marginalizes it. Riggsby (2015), 448 rightly comments on the anomaly of naming the Sabinian school after its second head: «the names of the schools are problematic, since neither goes back to the putative founder».

26 The latter aspect is emphasized by Wieacker (2006), 31–35 after a thorough text-critical study of Pomp. *Ench.* in *Dig.* 1,2,2,48.

27 For details, see Liebs (1985).

28 Pomp. *Ench.* in *Dig.* 1,2,2,47–53; Gai. *inst.* 1,196; 2,15.37.79.123.195.200.217–221.223.244; 3,87.98.103.141.167a.168.178; 4,78.79.114; Plin. *epist.* 7,24; quoted and discussed by Liebs (1976), 198–214.

schoolbooks. The *ius controversum* emerges as a fundamental characteristic of Roman jurisprudence under the principate. The legal art had matured into a distinct and secular profession, which not only tolerated variety of opinions, but even cherished it as a key to fully grasp and illuminate legal issues. Gaius' *Institutes* abound with controversies and point to historical developments, which juggle different approaches.

One last aspect must be addressed before moving to Jewish jurists: the cultural and literary hybridity of many Roman sources, which Ulrike Babusiaux has recently underlined. Babusiaux carefully studied the Roman jurist Aemilius Papinianus, who became *praefectus praetorio* in 203 CE, with Paulus and Ulpian as his assessors. Among other things, she highlighted his rhetorical methods, which are comparable to those of the Second Sophistic (Babusiaux 2011). Based on Liebs (1997), Babusiaux (2014) also drew attention to the literary and rhetorical qualities of Ulpian's work *libri ad edictum*, which combines the jurist's authorial voice with verbal quotations from the edict, freely invoked exemplary cases and other sources of law. Finally, Babusiaux (2016) systematically investigated the connection between law and narrative structures, providing a useful overview of legal writings with special attention to their concept of authority. Helpful for our understanding of Jewish sources are her insights into the general hybridity of Roman works, which insert, for example, dialogical forms into otherwise plain instructive treatises.

2 Philo of Alexandria

The first Jewish author, who stands out as a Roman-style jurist, is Philo of Alexandria, who started his career as a Bible interpreter in the Jewish community of Alexandria and later addressed broader Roman audiences as the head of the Jewish embassy to Gaius Caligula.[29] In the Roman phase of his life, he composed the first handbook of Jewish law and explicitly mentions the Roman law of *patria potestas*, which invested the father with exceptional authority over the life and death of his children.[30] Philo's arrival in Rome was a trigger prompting him to gradually conceive of Jewish law in Roman terms. Three steps mark his acculturation: his starting point in the *Allegorical Commentary* from Alexandria, which still lacks robust legal thinking, followed by his innovative, yet still groping statements in the *Hypothetica* from the beginning of his Roman period, and, finally, his mature exposition of Jewish law in five treatises. The first two steps emerge already now

29 See Niehoff (2018) for details on the distinction between Philo's early Alexandrian works, namely the *Allegorical Commentary* and the *Questions and Answers on Genesis and Exodus*, and his later Roman works, which address Greek-speaking audiences in the capital of the empire and contain his philosophical, historical, and legal works.

30 Philo, *Legat*. 28; cf. *Dig*. 1,6,8.

with clarity and encourage systematic research into the third step, which is most fully documented and preserved.

Philo's numerous treatises of the *Allegorical Commentary* (*AC*) from his Alexandrian period contain only one single passage dealing with concrete legal issues. His explanations are still remarkably devoid of legal thinking:

> (89) For there are some who interpret the literal laws as symbols of intelligible matters and have thus treated the latter with great care, while recklessly neglecting the former. As for me, I shall reproach them of rashness, for it is necessary to attend to both, namely to a most accurate investigation of invisible things and an irreproachable observance of the visible parts. (90) Living now solitarily by themselves, as if in a desert or else as if having become disembodied souls or being unfamiliar with city or village or house or any association whatsoever, they have raised their head above the appearances accepted by the masses and then investigated the naked truth on its own. The Holy Word teaches them (οὓς ὁ ἱερὸς λόγος διδάσκει) to care about useful thought and not to untie anything in their customs, which god-inspired and better men than those in our age have devised. (91) For let us not, only because the seventh day is a lesson in both the power attached to the uncreated realm and the inertia attached to the created realm, relax the prohibitions concerning it that are prescribed by the law, such as kindling a fire or ploughing the ground or carrying loads or charging cases or pronouncing judgements or claiming deposits or restoring loans or doing anything else of the things that are not permitted during the holiday times (*Migr.* 89–91, ed. Wendland 1897).[31]

Philo speaks here from an insider's perspective and relates to the Jewish Scriptures as «Holy Word», which regulates community life. His conceptional tools derive from Platonic philosophy and rely on the contrast between body and soul, visible and invisible realms.[32] While advocating elsewhere in the *AC* a Platonic flight from the material realm, Philo here insists on the combination of the two elements, implying that his opponents are too one-sided.[33] While this passage discusses legal questions from a purely philosophical perspective, it assumes the co-existence of two legal systems: the Biblical and that of the surrounding society, in which some Jews seem to participate even as judges. From Philo's perspective there is a clash between the two so that he calls on his fellow Jews to observe the Biblical injunctions and refrain from legal interactions on the Sabbath. Focused on ritual questions, Philo's explanations look rather spontaneous and reflect his sense of

31 Translations in this chapter are mine unless otherwise indicated.

32 For details on Philo's Platonism in the *AC*, see Niehoff (2018), 192–224.

33 This balance relies on a previously cited verse, namely LXX Gen. 12,2, where God promises Abraham to «make his name great». Philo interprets it to mean that both virtue and good reputation are important. The person, who not only behaves morally but also «appears good» in society, will be blessed (*Migr.* 86–88). For examples of strong Platonic transcendentalism in Philo's work, see e. g. *Fug.* 63–82, where Philo quotes key-passages from the *Theatetus*, which describe a flight from the material to the spiritual realm, «as far as is possible» for human beings (Niehoff [2018], 193–197). Dubbed already in antiquity a «Platonizer» (Hier. *vir. ill.* 21,39), Philo has frequently been investigated with a view to Platonic philosophy, see esp. Dillon (1977), 139–183; Runia (1986) and (2011); Winston (2018).

an awe-inspiring, religious tradition. In Alexandria, Philo clearly did not yet see himself as a legal expert and Furstenberg's above-mentioned verdict that «Torah knowledge did not make one a recognized adjudicator» certainly applies.

However, when Philo arrived in Rome as the head of the Jewish embassy, following the pogrom in Alexandria in 38 CE, his perspectives dramatically changed. The rivalling Egyptian embassy was headed by Apion, the famous Alexandrian grammarian, Homer scholar, historian of Egypt and virulent critic of Judaism, to whom Josephus responds one generation later in *Contra Apion*.[34] Even though Philo never mentions Apion, he must have known that he mocked «the ancestral customs» of the Jews, misrepresented the Sabbath as a commemoration of groin tumours allegedly contracted during the Exodus, invented scenes of cannibalistic worship in the Jerusalem Temple and accused the Jews of lacking civic loyalty.[35] The need to reply to such challenges catapulted Philo into a new role in Rome, namely that of legal expert defending Jewish laws against their detractors. He stopped writing Biblical commentaries in a Platonic mode, which would not have been helpful in the diplomatic crisis and began to write in literary genres suiting Roman tastes. The first signs of his awareness of Roman jurisprudence are visible in his innovative interpretation of the synagogue as a Roman-type law school.

The *Hypothetica*, an overtly apologetic treatise on behalf of the Jews, corrects the distorted Egyptian stories about the Israelite Exodus, and presents what Eusebius, the preserver of the fragments, calls a «summary of the constitution out of the laws of Moses».[36] The latter includes an account of the synagogue as a law school:[37]

> (11) Does this (Sabbath observance) then not just serve them for the purpose of practicing self-control, so that they should be equally able to abstain from work, if necessary, and perform some hard work? Not at all! Rather, the lawgiver considered it necessary ... that they (the Jews) should not only be equally capable of both action and inaction, but besides have expertise in their ancestral laws and customs. (12) What then did he do? On these seventh days he required them to assemble in the same place and, while sitting with each other respectfully and orderly, to hear the laws so that none should be ignorant of them. (13) And therefore, they always assemble and sit together with each other, many of them in silence, except when it is customary to add approval of the readings. But one of the priests who is present or one of the elders reads the holy laws to them and expounds them point by point almost until late afternoon, when they depart with expert knowledge of the holy laws and have made good progress towards piety. (14) ... Therefore, they do not resort to legal experts to inquire what they should do or not do nor yet, being left to themselves, commit transgressions in ignorance

34 Jos. *J. A.* 18,257–259, *C. Ap.* 2,1–7; 2,28–32; see also Barclay (2007), XXII–XXVI; Holder (2020), 250–276; Lauri (2021); Wyss (2021).

35 *C. Ap.* 2,10; 2,21; 2,73–74; 2,80–96, discussed by Niehoff (2021b) in the context of the question whether there was antisemitism in antiquity.

36 For details on the *Hypothetica*, see Sterling (1990) and (2022); Berthelot (2007).

37 *Hypoth.* 6,10= Eus. *Praep. evang.* 8,6,7, SC 369, 66.

> of the law, but any one of them whom you approach and investigate concerning the ancestral laws, is ready and answers easily. The husband seems competent to transmit the laws to his wife, the father to his children, the master to his slaves. (Philo, *Hypoth.* 7,11–14 = *Euseb. Praep. evang.* 8,7,11–14, ed. des Places, with changes).[38]

This passage assumes the existence of legal experts as independent authorities, who can be consulted at any time. Torah study is consciously translated into terms of jurisprudence and interpreted as a living process entailing both general education and particular problem solving. Philo writes in distinctly Roman terms and relies on familiar features of Roman legal practice, suggesting that Torah study inculcates legal expertise of the kind known in Rome. Initially, the Biblical notion of the Sabbath as a day of abstention, mentioned already in the *Allegorical Commentary*, is repeated here, but this time it is introduced as a negative perspective from outside. The person to whom Philo responds appears to be cut in the image of Seneca, the Roman philosopher and Philo's slightly younger contemporary, who was famous for his negative attitude towards the Jews and their customs. Augustine testifies to his view of the Sabbath as a day of idleness, which seems to have originated with him and is not previously attested: «Seneca also censures the sacred institutions of the Jews, especially the Sabbath. He declares that their practice is inexpedient, because by introducing one day of rest in every seven they lose in idleness almost a seventh of their life (*perdant vacando*).»[39] Philo's response to the criticism of the Sabbath was thus not merely a rhetorical device or a figment of his imagination, but rather reflected real debates in first-century CE Rome. He obviously became aware of this specifically Roman prejudice and formulated his response in terms appealing to an audience familiar with Seneca's point of view. Indeed, Philo's acute awareness of Seneca's position in Rome indicates his openness and versatility under the new circumstances, encouraging us to also explore his familiarity with legal discourses.

Philo offers a highly innovative response, which is not attested before him in Judaism. He interprets the synagogue as a law school, which differs markedly from the notion of sacred space implied in the Jewish *proseuche* or prayer house in

38 (7,12) Τί οὖν ἐποίησε ταῖς ἑβδόμαις ταύταις ἡμέραις; αὐτοὺς εἰς ταὐτὸν ἠξίου συνάγεσθαι καὶ καθεζομένους μετ' ἀλλήλων σὺν αἰδοῖ καὶ κόσμῳ τῶν νόμων ἀκροᾶσθαι τοῦ μηδένα ἀγνοῆσαι χάριν. (7,13) καὶ δῆτα συνέρχονται μὲν αἰεὶ καὶ συνεδρεύουσι μετ' ἀλλήλων· οἱ μὲν πολλοὶ σιωπῇ, πλὴν εἴ τι προσεπευφημῆσαι τοῖς ἀναγινωσκομένοις νομίζεται· τῶν ἱερέων δέ τις ὁ παρὼν ἢ τῶν γερόντων εἷς ἀναγινώσκει τοὺς ἱεροὺς νόμους αὐτοῖς καὶ καθ' ἕκαστον ἐξηγεῖται μέχρι σχεδὸν δείλης ὀψίας· κἀκ τοῦδ' ἀπολύονται τῶν τε νόμων τῶν ἱερῶν ἐμπείρως ἔχοντες καὶ πολὺ δὴ πρὸς εὐσέβειαν ἐπιδεδωκότες. (7,14) […] τοιγαροῦν οὐκ ἐπὶ θεσμῳδοὺς ἔρχονται περὶ τῶν πρακτέων καὶ μὴ διερωτῶντες οὐδὲ καθ' ἑαυτοὺς ὑπ' ἀγνοίας τῶν νόμων ῥᾳδιουργοῦσιν, ἀλλ' ὅντινα αὐτῶν κινεῖς καὶ περὶ τῶν πατρίων διαπυνθάνῃ, προχείρως ἔχει καὶ ῥᾳδίως εἰπεῖν· καὶ ἀνὴρ γυναικὶ καὶ παισὶ πατὴρ καὶ δούλοις δεσπότης ἱκανὸς εἶναι δοκεῖ τοὺς νόμους παραδιδόναι.

39 Sen. *Superst.*, testimony and fragment in Augustine, *C. D.* 6.11 = *GLAJJ* 1,186; on the novelty of Seneca's critique and its specifically Roman context, see Schäfer (1997), 111–113.

Hellenistic Egypt.[40] Arguably, this innovation was inspired by Philo's new Roman context and can be illuminated by official Roman statements. According to Philo's historical writings, the emperor Augustus defended the Jewish synagogues as «schools of temperance and justice» and acknowledged that the Jews of Rome convene on the Sabbath «for the purpose of instructions in the laws».[41] Furthermore, in a speech before Marcus Agrippa, Augustus' son-in-law and close ally, Nicolaus of Damascus, who served as Herod's advisor, defended the Sabbath observance of the Jews in Asia Minor by reference to «the study of our customs and law».[42] Philo's interpretation of the Sabbath as a day of law study, which is absent not only from his own earlier Alexandrian writings, but from all of Second Temple literature prior to him, thus emerges as an adoption of a Roman perspective.

In this context, Philo envisions the Jews as gaining «expert knowledge of the holy laws» (τῶν τε νόμων τῶν ἱερῶν ἐμπείρως ἔχοντες), which enables them to lead a virtuous life without «resorting to legal experts».[43] The verb διερωτᾶν implies a careful interrogation about the details of a particular case. Philo describes this practice from a comparative perspective and places the Jewish experts next to others, who must have been Roman jurists. Indeed, he assumes precisely the kind of legal culture which we encountered in the previous section in Cicero's texts, with their atmosphere of a free competition between experts. Philo's contextualization of Jewish legal experts within larger society is especially significant in view of the fact that Gaius Cassius Longinus, the leading jurist of the Sabinian school in the first century CE, was well-known among Jews and even seems to have entertained some ties of friendship with the Jewish king Agrippa I.[44] Philo socialized in similar circles in Rome as Agrippa, both of them engaging in intensive diplomatic activity following the Alexandrian pogrom, and must also have heard about this prominent Roman jurist.[45] Philo consequently translated the traditional Jewish notion of Torah study into topical terms of Roman jurisprudence and suggested that the Jews developed a jurisprudence, which was based on human expertise and mirrored that of the Romans. Tellingly, God is not mentioned in this context as a lawgiver; instead, it is Moses, who envisions Jewish jurisprudence and ensures the cultivation of legal expertise.[46] Philo takes pride in the efficient dissemination

40 On the *proseuche* as a sanctified space parallel to the Jerusalem temple, see Philo, *Legat.* 346; for the inscriptions from Hellenistic Egypt, see Horbury/Noy (1992), no. 22, 24–25, 27–28, 117, 125; see further Griffiths (1987); Runesson (2001), 429–436.

41 πρὸς τὰς τῶν νόμων ὑφηγήσεις (Philo, *Legat.* 311–312, 157).

42 τῇ μαθήσει τῶν ἡμετέρων ἐθῶν καὶ νόμου (Jos. *J. A.* 16,43).

43 *Hypoth.* 7.13. In the following (7.14), Philo uses the noun θεσμῳδός, literally one who gives laws based on oracles. The noun has the technical meaning of jurist here, as already the French translators recognized («juristes», SC 369).

44 On Cassius Longinus' friendship with Agrippa, see Jos. *J. A.* 20,1; see also Kodrębski (1976).

45 On Agrippa's diplomatic activities in Rome in relation to Philo's, see Niehoff (2018), 28–45.

46 The independent and innovative nature of Philo's position is further illuminated by comparison to the *Book of Jubilees*, written by an unknown author in the early 2nd century BCE in the Land of Israel, and the Dead Seas Scrolls, both of which highlight the Divine dimension and exclude human debate. The author of *Jubilees* identifies the Divine revelation at Mt. Sinai as the founda-

of legal knowledge, which filters down from an instructor in the synagogue via the father to the lowest family members. This account is an ideal, which fulfils the Roman norm that everybody must familiarize himself with the law to become a responsible and accountable citizen.[47]

While preserved only fragmentarily, Philo's summary of Jewish law in the *Hypothetica* reflects further traces of Roman jurisprudence. The first available sentence indicates that Philo framed his exposition by a comparison to the laws of others, probably the Egyptians (*Hypoth.* 7,1). He is eager to convince his audience of the high quality of Jewish law, apparently in the context of the two rivalling embassies in Rome following the pogrom. Philo himself assumes the role of expert, who speaks in the first person, arranging and explaining «the laws of Moses», «our lawgiver».[48] The law is regarded as a moral reformer, with ethical principles, such as «what a man would hate to suffer, he must not himself do to others» (ibid. 7,6). Medical knowledge is adduced to explain the Sabbatical year (ibid. 7,16–17).

Furthermore, Philo interprets Biblical law as «ancestral laws and customs» (οἱ πατρίων νόμοι καὶ ἔθη, *Hypoth.* 7,11), thus relying on a more secular and universal category than that assumed in Scripture. Complementary to this, Philo distinguishes between «unwritten customs and norms» (ἀγράφα ἔθη καὶ νομίμα), on the one hand, and (written) «laws» (νόμοι), on the other (ibid. 7,6). These distinctions, too, derive from Roman jurisprudence. Philo's formulations are virtually identical with those of Nicolaus of Damascus in his above-mentioned speech before Marcus Agrippa, where he mentions «our customs and law» (ἡμετέρα ἔθη καὶ νόμος, Jos. *J. A.* 16,43). Herod's advisor further explains that Rome acknowledges the ancestral customs of all conquered nations, thus creating an overall framework

tional event, where God not only gave Moses the two tablets of law, but also uncovered future events so that the Israelites may see «that I have not abandoned them on account of all the evil which they have done» (*Jub.* 1,5). God repeatedly expresses his anger at the Israelites, who are characterized by stubbornness, contrariness, and sinfulness (*Jub.* 1,22). The actual writing down of the Torah is guided by the angel of the presence so that practical observance on earth emerges as a mirror image of celestial rules. The Dead Sea Scrolls from Qumran convey a similar message. The dispute of the founders of the sect with the Jerusalem priesthood over questions of purity, such as whether the rules of Temple purity should extend to city of Jerusalem, were not settled by a debate between two schools of equal standing, but rather led to the departure of one group to the Judean desert, where their leader, the Teacher of Righteousness, claimed direct divine revelation. An apocalyptic war between the sons of light and the sons of darkness is envisaged and no diversity of interpretation is allowed, since God revealed his secrets to the Teacher. Tellingly, the author of *Pesher Habakuk* depicts the Roman conquest of the Land of Israel as a most brutal event ushering in the end of time (*P.Hab.* 2,10–4,14); see also Schiffman (1975); Werman/Shemesh (2007).

47 On the Roman norm, see Kaser (1971–1974), 1.242; Wibier (2019).

48 ὁ ἡμέτερος νομοθέτης (*Hypoth.* 6,10; 11,1); see the following self-expressions: μή μοι, ὥσπερ ἔφην, ἐμὲ ἀπατήσαις (*Hypoth.* 7,4.20); note also that the Essenes are described as «disciples» of Moses, signalling that their sharing of property and comradeship implements the principles of his school (γνώριμοι, ibid. 11,1).

for legal diversity within the empire. The Greeks in Asia Minor, who ignore the Jews' rights to observe the Sabbath, must learn to be tolerant, since otherwise they annul their own right to practice their «ancestral customs» (τὰ πάτρια ἔθη, ibid. 16,35). The Roman administration is praised for letting people «in every country live and prosper while respecting their particular customs» (τὰ οἰκεῖα, ibid. 16,36). Moreover, like Cicero and Philo, Nicolaus highlights the moral and educational role of the law, which prevents sinful behaviour (ibid. 16,43–44). Space for Jewish law within the empire was thus part of Roman policy making, asserted by Greek-speaking Jews and their representatives during Augustus' reign. It entailed a reconceptualization of Divine law as a particular set of ancestral customs within the Roman empire. Philo's role in these wider discourses emerges through comparison with Gaius, Ulpian and Pomponius.[49]

While Nicolaus primarily envisioned religious autonomy (τὴν πάτριον εὐσέβειαν, ibid. 41), Philo develops already a more comprehensive vision of Jewish law, which includes subjects such as legal procedure and personal status. In fact, the first fragment opens with a reference to legal procedure, assessments, and penal proceedings, which are praised for their stringency by comparison to those of other nations (ibid. 7,1). Unfortunately, however, the fragments provide no further information, but additional insights can be gained by a full study of Philo's handbook of Jewish law. Finally, the *Hypothetica* addresses questions of legal authority attached to personal status. Aware of the Roman law of *patria potestas*, which endows the father with exceptional «authority» (ἐξουσία, *Legat.* 28), Philo discusses relations between family members and slaves in terms of their respective authority vis-à-vis each other (ἄρχειν, κυριεύειν, ibid. 7,3–5). In this context, too, the *Hypothetica* is embryonic and needs to be complemented by systematic research into Philo's treatises *On Special Laws*. Already now, however, we note the significance of Philo in legal debates of first century CE Rome. He fits chronologically precisely between Sabinus and Ulpian, who discusses the father's authority in his commentary on Sabinus' handbook of Roman law, thus indicating the continuity of legal interpretation regarding this matter.[50]

In view of the above, the five volumes of Philo's handbook of Jewish law deserve detailed study in comparison to contemporary Roman law. These treatises are not systematic commentaries on the Scriptures, such as his earlier Alexandrian writings or the subsequent Halachic Midrashim, but rather present legal material thematically, while also integrating the question-and-answer format and occasional Biblical quotations. Philo indeed juggles three layers of legal discourses, which rely on different sources of authority: Scripture, praised as God's perfect word, Moses, a legislator, who struck the right balance between

49 Gai. *inst.* 1,1,1; *Dig* 50,1,25 (Ulpianus, *On the Edict of the Praetor*, Book I); *Dig.* 23,2.8 (Pomponius, *On Sabinus*, Book V): «this is founded upon customs and not laws» – *hoc ius moribus, non legibus introductum est*; see also Babusiaux (2023a).

50 *Dig.* 1,6,8 (Ulpian, *On Sabinus*, Book XXVI).

prescriptions and ethical training; and Philo himself, who increasingly stylizes himself as a legal expert whose voice even outweighs the Bible. Furthermore, he is the first extant Jewish author, who divides Jewish law into categories. Each of the Ten Commandments is interpreted as a «heading» (κεφάλαιον, *Decal.* 19,154) – a term, which immediately raises the question of parallels to the term «caput» in Sabinus' handbook.[51] To be sure, Philo derives the heads of Jewish law from a Biblical category that has little to do with Roman law and the first two of them even focus on properly worshipping God. At the same time, however, he conceives of legal issues that extend beyond the Bible and deserve our attention. Topics, such as betrothal and monogamous marriage, personal status, inheritance law, sales, and slaves, all received intensive treatment in Roman law and require a comparative analysis. For example, was Philo aware of the Roman *conubium*, which played a central role in the respective rabbinic tractates, or did he take into consideration the rather pervasive methods of slave emancipation in Roman law?[52] Moreover, his special attention to adultery and its consequences for the offspring also transcend Biblical categories and require a in-depth comparative analysis, especially in view of Augustan legislation.[53]

3 Flavius Josephus

Josephus spent most of his life in Rome and was well-integrated into Roman circles, as indicated by his references to the emperors and the dedication of his work to Epaphroditus, a patron of intellectual activity in the capital. Whether the latter is identical with the former owner of Epictetus, who became a renowned philosopher, cannot be fully proven in the current state of our evidence, but the very possibility of this prospect indicates the overlap of Roman, Greek, and Jewish circles.[54] In Josephus' works, too, we see a gradual acculturation to Roman discourses and an increasing awareness of the relevance of Roman law. As a historian, who read the Latin «commentaries» of Vespasian and Titus on the Jewish Revolt (*Life* 358, 342) and closely followed Roman and Herodian policies, Josephus also documents the implementation of Roman laws in society and thus shows his awareness of them. For example, Josephus reports that Salome, Herod's sister, divorced her husband by sending him a certain «document» (γραμματεῖον), undoubtedly a Roman *repudium*, which permitted women to unilaterally divorce

51 Mantovani (2018), 245.

52 On the Roman *conubium*, see Halbwachs (2023), 833–837; for details on its reception in the Mishnah, see Furstenberg (forthcoming).

53 On Roman legislation on slaves, see Gamauf (2023). A systematic study of Philo's legal works should also pay attention to the entanglement of law and philosophy, which have thus far been studied with special attention to Ulpian's possibly Stoic sympathies; see Schermaier (1993); Millar (2002); Honoré (2002) and (2004). Brouwer (2021) points to broader issues, which deserve further attention.

54 *C. Ap.* 1,1; cf. Epict. *Diss.* 1,1,20; 1,8,32–33; 1,9,29–30; 2,12,25; cf. Barclay (2007), 3–4.

their husbands.[55] The liberty Salome took was not to Josephus' liking, and he adds that her behaviour was «not in accordance with the laws of the Jews» (οὐ κατὰ τοὺς Ἰουδαίων νόμους), which allow only the husband to initiate a divorce.[56] This gap between Salome's invocation of Roman law and Josephus' insistence on Biblical law raises intriguing questions concerning the definition of boundaries between the two systems. Moreover, what role did gender play in defining overlaps and differences?

In *J. A.* 3,94 Josephus intriguingly promises a whole «writing» (γραφή) dedicated to Mosaic law, which he apparently never completed. Since he makes this statement in the context of the Decalogue, we may wonder whether he intended to use and perhaps even update Philo's work *On the Decalogue*, given that he knew of him as an ambassador and seems to have used his historical works in his research on the Alexandrian pogrom.[57] In *C. Ap.* 2,190–244 Josephus provides a summary of «the precepts and prohibitions», which revolves around the decalogue and may at least partially reflect his broader summary anticipated in the *Antiquities*. This exposition of Jewish law deserves systematic, comparative analysis with a view to Philo, Roman law, and rabbinic literature. Of particular interest will be the question to what extent the features of the summary in his latest work are already anticipated in his two earlier writings, namely the *Bellum* and the *Antiquities*. How did Josephus' life-long sojourn in Rome play out in his conception of Judaism as a religion sharing Roman values and laws? What place does he occupy along the trajectory between Philo and the rabbis, given that even his Greek terms for marriage entail Latin calque, as Ward (2007) has shown? Finally, does Josephus reflect any of the legislation specifically associated with the emperor Vespasian, his first patron in Rome, or the latter's privileged jurist Javolenus Priscus, the author of the influential *Epistularum libri*?[58]

In preparation for such wide-ranging investigations, I will presently introduce two features of Josephus' increasing Romanization which reflect his growing awareness of Roman jurisprudence: the emergence of his view that the synagogue is a Roman-type law school and his relatively late conception of the Pharisees and Sadducees as rivalling law schools. Tellingly, neither of these two notions mentioned in the *Bellum* were written shortly after Josephus' arrival in Rome.

Approaching the topic of the synagogues, we initially note that Josephus, like Philo, starts out with the Biblical interpretation of the Sabbath as a day of abstention. He is especially concerned with the implications of the day of rest for military operations and mentions Roman documentation respecting the Jewish

55 For details on the *repudium*, see *Dig.* 24,2,1–11; Levy (1925), 58–66, who emphasizes the prevalence of oral procedures before Late Antiquity; Halbwachs (2023), 845–847. Greek law, by contrast, did not grant women such privileges, as shown by Cantarella (2005), 240–247.

56 Jos. *J. A.* 15,259; cf. *Deut.* 24,1.

57 Jos. *J.* A. 18,259–260; see also Sterling (2013).

58 For an example of Vespasian's active involvement in jurisdiction, see Gai. *inst.* 1,85; on Javolenus, see Kunkel (1967), 139–140; Liebs (2010), 30–31; Liebs (2023), 205.

holiday.[59] Only in *Contra Apion*, his latest extant work, he conceives of the synagogue as a Roman-style law school. The Jews are said to assemble on the Sabbath to «hear the law and learn it diligently» (ἀκριβῶς, ibid. 2,175). Furthermore, Moses

> did not leave a pretext for ignorance, but proved the law to be a most excellent and necessary lesson, not just read out once or twice or several times to the audience, but ordered them to desert other works every seventh day and assemble to listen to the law and get to know it thoroughly and precisely, a practice which all other legislators seem to have neglected. [...] Even those of them who hold the highest and most important offices admit their ignorance; for they employ superintendents in charge of the administration of affairs, who profess legal expertise (ἐμπειρίαν ἔχειν). With us, however, should anyone question anybody about the laws, he would recite them all the more readily than his own name. Therefore, having from the first dawn of intelligence thoroughly learnt the laws, we carry them in our soul as if they were engraved. (Jos. *C. Ap.* 2,175–178).[60]

Josephus mentions professional legal expertise, using the very same expression as Philo, namely *empeiria*. He also translates Torah study into jurisprudential terms and explicitly compares the practices inculcated by Moses to those of others – a clear reference to the practices of the Roman administration famous for equipping governors with *nomikoi* or legal experts. The most famous example is the brother-in-law of Origen's student, traditionally called Gregory Thaumaturgus, who became legal advisor of the Roman governor in Caesarea.[61] Josephus implies that legal training among the Jews is superior to that of the Romans, as it is spread among the whole population and not limited to a small elite. This, he further explains in remarkably Roman terms, is necessary in order to ensure that nobody would have «any excuse of being ignorant of them [the laws]» (ibid. 2,204). The Roman norm of familiarizing oneself with the law, which was implied by Philo, is made explicit here. As if this were not enough, Jewish children are said to be brought up on the principle of «learning both the laws and the deeds of their ancestors» (ibid. 2,204). They are thus imagined as Roman children, who were alerted to their exemplary ancestors, as presented, for example, in Maximus Valerius' *Memorable Doings and Sayings*.[62] Roman law and Roman norms appear in the form of a narrative in the Greek apology of the Jewish historian.

59 *J.* W. 1,146; 2,456; 2,517; 4,99–103; 7,52; *J. A.* 1,33; 12,4; 12,274–275; 14,63–64; 14,241–264.

60 Οὐδὲ γὰρ τὴν ἀπὸ τῆς ἀγνοίας ὑποτίμησιν κατέλιπεν, ἀλλὰ καὶ κάλλιστον καὶ ἀναγκαιότατον ἀπέδειξε παίδευμα τὸν νόμον, οὐκ εἰσάπαξ ἀκροασομένοις οὐδὲ δὶς ἢ πολλάκις, ἀλλ' ἑκάστης ἑβδομάδος τῶν ἄλλων ἔργων ἀφεμένους ἐπὶ τὴν ἀκρόασιν ἐκέλευσε τοῦ νόμου συλλέγεσθαι καὶ τοῦτον ἀκριβῶς ἐκμανθάνειν· ὃ δὴ πάντες ἐοίκασιν οἱ νομοθέται παραλιπεῖν. ... οἵ τε τὰς μεγίστας καὶ κυριωτάτας παρ' αὐτοῖς ἀρχὰς διοικοῦντες ὁμολογοῦσι τὴν ἄγνοιαν· ἐπιστάτας γὰρ παρακαθίστανται τῆς τῶν πραγμάτων οἰκονομίας τοὺς ἐμπειρίαν ἔχειν τῶν νόμων ὑπισχνουμένους. ἡμῶν δ' ὁντινοῦν τις ἔροιτο τοὺς νόμους ῥᾷον ἂν εἴποι πάντας ἢ τοὔνομα τὸ ἑαυτοῦ. τοιγαροῦν ἀπὸ τῆς πρώτης εὐθὺς αἰσθήσεως αὐτοὺς ἐκμανθάνοντες ἔχομεν ἐν ταῖς ψυχαῖς ὥσπερ ἐγκεχαραγμένους.

61 «Greg. Thaum.», *Enc.* 7, discussed by Mélèze-Modrzejewski (1971).

62 On Valerius and his broad influence, even among Greek-speakers, such as Plutarch, see Bloomer (1992); Langlands (2020) and (2024).

A similar process of Romanization is visible in Josephus' conception of the different Jewish sects, which are a milestone on the way to Jewish jurisprudence as a human profession. In the *Bellum*, the sects are still interpreted as philosophical schools in Greek style, which differ on matters of fate and the soul.[63] While Josephus already describes some legal aspects, such as the Essenes' scrupulous trial of cases and the Pharisees' expertise in interpreting the law,[64] it is only in the *Antiquities* that Pharisees and Sadducees are presented as two competing law schools distinguished by their legal methods. While the Sadducees rejected unwritten customs and the «tradition of the fathers» (παράδοσις τῶν πατέρων), the Pharisees accepted them and established the «customs for the people» (νόμιμα τῷ δήμῳ, *J. A.* 13,296). As we saw above, the category of ancestral customs guaranteed in Roman law the autonomy of ethnic and religious minorities, as Philo and Nicolaus of Damascus had asserted. It was also a recognized legal source in internal Roman debates. Josephus, however, goes one important step further than Philo and Nicolaus by adding the dimension of two competing schools, which differ precisely on this point. He even highlights that there are «great differences» (διαφορὰς ... μεγάλας) between them and thus anticipates Gaius' careful registration of the differences between the Cassiani and the Proculiani.

Josephus' account of two competing law schools should not be seen as a straightforward description of historical reality in first century CE *Palaestina*, but rather as a concept, which developed during Josephus' prolonged stay in Rome. Indeed, Pharisees and Sadducees play only a remarkably marginal role in his account of the sects in the *Bellum*, where the Essenes feature as the central group, which is described in forty-two paragraphs, while the other two receive only five (*J. W.* 2,119–166). As I show elsewhere, Josephus probably relied in his earlier work on Nicolaus of Damascus, who preferred the Essenes, as they had prophesied his master's ascent to the throne.[65] The *Antiquities*, by contrast, written well into Josephus' Roman period, shifts emphasis to the Pharisees and presents them as the most Roman school among the Jews, in contrast to the Sadducees. Josephus not only identifies himself as a Pharisee for the first time in *Life* 21, pointing to this sect's peaceful attitude towards Rome; he also echoes the contemporary competition between the Cassiani and the Proculiani. Under Vespasian Cassius Longinus, whom Josephus mentions several times in his historical accounts, was recalled from exile.[66] The next head of the Cassinian school, Caelius Sabinus, was also influential under Vespasian and wrote a commentary on aedile's edict cited by Gellius.[67] Plotius Pegasus, on the other hand, an important political personality, headed the rivalling school of the Proculiani.[68] These lively debates among Roman jurists seem to have inspired Josephus to envision the Jewish tradition

63 *J.* W. 2,119–161.
64 *J. W.* 1,110–112; 2,145–146; 2,162.
65 For details, see Niehoff (forthcoming1).
66 For details, see Liebs (2010), 25.
67 For details, see Wieacker (2006), 58.
68 For details, see Liebs (2010), 26–28.

in similar terms, thus envisaging for the first time in the history of Judaism an institutionalized framework for legal controversy.

4 Rabbinic sources in the Land of Israel: between Mishna, Tosefta and Yerushalmi

Studying rabbinic engagements with Roman law in the larger context of Hellenistic Judaism entails some hermeneutic advantages. We are thus not only able to appreciate rabbinic positions by comparison to those of their Jewish predecessors, but also recognize diversity among the rabbis in relation to earlier legal paradigms. It will, in other words, become possible to understand which topics were of continuous interest in the prolonged negotiation between Jewish and Roman jurists and which literary formats and arguments were adopted over time. Interpreting one group in view of the others further promises interesting insights into the social context and communicative situation of each. These trajectories of research require highly complex analyses of enormous corpora of texts, which cannot be accomplished within the scope of one article. Therefore, I will provide here only two initial examples relating respectively to betrothal and school debates, hoping that they will spur future research in a triangular mode.

Let's start with the Latin loanword *repudium*, which is mentioned in Hebrew transliteration both at the opening of tractate *Betrothals* in the Jerusalem Talmud and in the Midrash *Genesis Rabbah* from roughly the same period in the Land of Israel.[69] The Hebrew transliteration ריפודין precisely reflects the Greek transliteration ῥεπούδιον, mentioned by Justin Martyr (2 *Apol.* 2,6). The rabbis' use of the technical Latin term proves beyond doubt that they were familiar with this Roman law and points to the Greek context in which their acquisition of legal knowledge took place. The rabbis moreover explicitly describe the content of the Roman law. Both rabbinic collections refer to the divorce practices of non-Jews or Goyim. According to the Midrash, «they both divorce each other; Rabbi Yohanan said: his wife divorces him and gives him a *repudium*» or, according to the Talmud, «they both divorce each other; Rabbi Yohanan said: (this is a) *repudium*».[70] As we recall, Josephus already mentioned this law in his historical account of Salome, Herod's sister, who sent her husband a «document» (γραμματεῖον) to divorce him (*J. A.* 15,259). Josephus also expressed his criticism of her behaviour, rejecting the legal procedure as a deviation from «the laws of the Jews» (ibid.). Initially, we see that this paradigmatic law, which endowed women with far more rights than they enjoyed according to Biblical law, occupied Jewish elites from at least the late first

69 דיפורין *j.Kidd.* 1,1, ed. Sussmann (2005a), 1138, which Sperber (1984), 88–89, rightly interprets as ריפודין based on *GenR.* 18,5, ms. Vat. 30 ריפודין (contra Theodor/Albeck [1965], 166 n. 2); see also Katz (2015), 7 on the Yerushalmi passage.

70 שניהם מגרשין זה את זה; אמר ר׳ יוחנן אשתו מגרשתו ונותנת לו ריפודין (*GenR.* 18,5, ed. Theodor/Albeck [1965], 166); שניהם מגרשין זה את זה; ר׳ יוחנן אמר דיפורין (*j.Kidd.* 1,1., ed. Sussmann [2005a], 1138).

to the late third centuries CE. Rabbi Yohanan in fact assumes the same attitude as Josephus, marking this law as something un-Jewish, that applies only to other nations.

Our comparison furthermore raises the intriguing question why Josephus used the general term «document», while R. Yohanan in both the Talmud and the Midrash uses the technical term in Latin, which is absent from earlier rabbinic sources. Did this issue become more pressing in the Amoriac period, perhaps especially in the environment of Rabbi Yohanan, the famous head of the school in Tiberias? Could this precision have to do with the fact that Rabbi Abbahu, the prominent rabbi of Caesarea in the late third and early fourth centuries CE, led a discussion of marital laws among non-Jews and then reports the respective answer in the name of Rabbi Yohanan, his teacher? In other words, did the multi-cultural atmosphere of the Mediterranean city inform these perspectives? Moreover, could the rabbis' comments have been prompted, as in the case of Josephus, by concrete cases of Jewish women applying Roman law to their advantage? One might think of the case of Tamar here, who overturned a ruling of Tiberian rabbis by appealing to Roman jurisprudence in Caesarea.[71] If so, does the Latin terminology perhaps reflect the teaching of the enigmatic Roman law school in Caesarea, about which we only know that it was closed by Justinian's rescript of 533 CE?[72] While most of these questions must remain open until further evidence emerges, we can conclude already now that Josephus illuminates the rabbinic passages by proving that Roman law was indeed adopted by educated Jewish women of high social standing. This phenomenon alarmed more conservative men and prompted a fresh definition of boundaries, which entailed a revival of Biblical gender restrictions. Educated Jewish women familiar with Greco-Roman law and culture were active in third-century *Palaestina*, perhaps especially in Caesarea, and their actions were likely to generate responses from the rabbis.

The presentation of school debates in rabbinic literature also benefits from a triangular perspective. The debates between the «house of Hillel» and the «house of Shammai» are documented initially in the Mishnah and then in the Tosefta and the Jerusalem Talmud. Rosenthal (1994) already drew attention to similarities with them and the famous Roman law schools, but given the state of scholarship in the previous century, focused on factual matters rather than issues of narrative presentation. However, as we have seen in the previous section of this chapter, the question of narrativity proved a useful key to understand the emergence of the Jewish schools in Josephus' work. Only in his later writings, after having spent numerous years in Rome, where he seems to have become familiar with the

71 For details on Tamar, see *j.Meg.* 3,1, ed. Sussmann (2005a), 764; see also Niehoff (2019a), 301–307.

72 Our only source is *Dig.* Const. Omn. 7, which complains that the law school of Caesarea hosted «unqualified men who take an unauthorized course and impart a spurious erudition to their pupils»; for brief discussions of the law school in Caesarea, see Schemmel (1925); Cameron (1985), 5–6; Geiger (1994), 7; Humfress (2007), 83. The law school in near-by Beirut was far more important and is therefore better documented; for details, see Collinet (1925); and with reservations Jones Hall (2004).

work of Roman jurists, did he conceive of the Pharisees and the Sadducees as two rivalling law schools. Are similar dynamics and changes of orientation visible in the different rabbinic sources? And moreover, does greater commitment to the idea of competing schools reflect a broader attitude to the nature of law and perhaps to the context of Roman jurisprudence?

One initial example may suffice in the present context. In *m.Kidd.* 1,1 a controversy between the schools is reported: «by three means is the woman acquired and by two means she acquires her freedom. She is acquired by money or writ or by intercourse. ‹By money› – the house of Shammai say: by a denar or a denar's worth; and the house of Hillel say: by a perutah or perutah's worth. How much is a perutah? The eighth part of an Italian issar».[73] Tellingly, the Tosefta does not comment on this controversy, but is instead busy defining the right formula for betrothals and ruling out the possibility of women proposing to men.[74] The Jerusalem Talmud, by contrast, takes the opportunity of this relatively minor debate reported in the Mishna as an opportunity to inquire into the principal implications of the debates between the schools. For this purpose, a ruling from the Tosefta from a different context is quoted, which expresses remarkable tolerance. Even though the two houses have substantial legal differences, it is stressed that they marry each other and treat each other with «truth and peace» (*t.Yeb.* 1,10). The Jerusalem Talmud quotes this passage from the Tosefta with the explicit purpose of criticizing its approach and warning of the dire consequences of legal pluralism in matters of matrimonial and family law: the same child may be considered a bastard by one school, but legitimate by the other. While the Tosefta stipulated that one must be consistent in one's choice of one school and cannot be selective in picking the more lenient decision in each particular case (*t.Yeb.* 1,13), the Jerusalem Talmud insists that this pertains only to the hoary past, namely «until the divine voice came out, but since the divine voice came out, the halacha is forever according to the words of the house of Hillel and anybody who transgresses the words of the house of Hillel is punished by the death penalty».[75]

The above passages reflect substantial differences between the Jerusalem Talmud, the Tosefta and the Mishna regarding the school controversies. Asking about the historical reality behind these different perspectives and trying to establish one reality would be missing the main point: the different rabbinic compilations differed radically regarding the nature and legitimacy of legal controversy. As in the case of Josephus, the narratives that are told are created in the image of their authors. While the Tosefta praises the schools for courteous

73 האשה נקנית בשלוש דרכים וקונה עצמה בשתי דרכים. נקנית בכסף, בשטר ובביאה. בכסף – בית שמאי אומרים: בדינר ובשווה דינה. ובית הלל אומרים: בפרוטה ובשווה פרוטה. וכמה היא פרוטה? אחד משמונה באסר האיטלקי; *m.Kidd.* 1,1 (ed. Theodor/Albeck [1965], tr. Danby).

74 אבל נתנה היא לו כסף או שווה כסף ואמרה לו הריני מאורסת לך, הרינו מקודשת לך, הרינו לך לאינתו, אין מקודשת.; *t.Kidd.* 1,1.

75 עד שלא יצאת בת קול, משיצאת בת קול, לעולם הל׳ כדברי בית הלל. וכל העובר על דברי בית הלל חייב מיתה; *j.Kidd.* 1,1, ed. Sussmann (2005a), 1140; ed. Katz (2015), 15–16 with annotations. For different historical reconstructions, see Kahana (2015); Furstenberg (2018b); Fisch (2019).

behaviour to each other, thus justifying legal controversy, the Jerusalem Talmud tells the story of a miracle, which rendered the debates obsolete. We started this chapter with a passage from the Jerusalem Talmud, in which Rabbi Yohanan rejects the voice from heaven in favour of his rival. Considering the arguments advanced here, this story gains further significance and requires fuller analysis in view of the full range of the school debates. Thus we might also come to understand the extent to which the greater tolerance of the Tosefta corresponds to a firmer commitment to Roman jurisprudence. Like Josephus, the redactor of the Tosefta may have liked to think about Jewish law in Roman terms, and the Jerusalem Talmud may have rigorously reacted to such a vision.

5 Conclusion

This chapter has argued for a long-durée approach to the study of Jewish engagements with Roman law and of the emergence of Jewish jurisprudence as a human profession, based on a diversity of views. The first signs of such engagement are visible in the writings of Hellenistic Jews, especially in their narratives about the history of their people. Both Philo and Josephus seem to have come into close contact with Roman jurisprudence in Rome and increasingly envisioned Jewish customs and practices in terms of Roman law. The stories about the synagogues as Roman-style law schools are a paradigmatic example. At the same time, Philo and Josephus also assumed the literary habits of jurists, explaining Jewish law in human terms and fashioning themselves as legal experts. Josephus did so for the first time based on a vision of legal pluralism in Judaism, a notion he integrated only in his later works. The rabbis, I suggest, must be seen in this broader and longer-term context, as they joined a debate that had started long before their time. In the two examples examined here, they emerge as engaging with precisely the same issues as Josephus. They, too, knew about the Roman *repudium*, and they also faced the issue of school controversies. Interestingly, all parties unanimously rejected the new rights accessible to women under Roman law; by contrast, the idea of legal pluralism prompted diverse opinions. While the Mishna and the Tosefta follow in the footsteps of Josephus and Gaius as a matter of fact, the Jerusalem Talmud reverts to Biblical models of Divine intervention. The ambivalence of the latter can be appreciated especially in view of the story that opened the chapter, where Rabbi Joshua rejects divine intervention and insists on majority vote. While the Roman model of law, as based on different schools, was harshly limited in one passage of the Talmud, it re-emerges in another and seems already to have been too familiar to be completely ignored, especially if it served one's argumentative purpose.

The passages I have considered in this paper reveal the deep entanglement of legal, literary, historical, and theological discourses. In order to fully understand the complexity of the ancient texts, all of these levels have to be considered, not least to analyse the ways in which their authors subtly switch from one to another. Narratives about Jewish practices may turn out to entail legal norms, and legal decisions, such as the rejection of school controversies, may be justified by narratives. Narrative enhances law, then, and vice versa. A full analysis of these discursive dynamics from a triangular perspective, with a view to Hellenistic and rabbinic Judaism in light of Roman jurisprudence, is likely to produce results that will substantially enrich our understanding of both Jewish and Roman law.

Bibliography

Alexander (2011): Philip S. Alexander, «Using Rabbinic Literature as a source for the History of Late-Roman Palestine. Problems and Issues», in: Martin Goodman and Philip S. Alexander (eds.), *Rabbinic Texts and the History of Late Roman Palestine*, Oxford, 7–24.

Alexander (2019): Philip S. Alexander, «Orality and Writing in the Rabbinic Culture of Late Antiquity», in: Emile Schrijver (ed.), *Encyclopedia of Jewish Book Culture*, Leiden (online).

Amsler (2023): Monika Amsler, *The Babylonian Talmud and late antique Book Culture*, Cambridge.

Ando (2000): Clifford Ando, *Imperial Ideology and Provincial Loyalty in the Roman Empire*, Berkeley.

Ando (2006): Clifford Ando, «The Administration of the Provinces», in: David S. Potter (ed.), *A Companion to the Roman Empire*, Oxford, 177–192.

Ando (2014): Clifford Ando, «Pluralism and Empire, from Rome to Robert Cover», *Critical Analysis of Law* 1, 1–22.

Ando (2020): Clifford Ando, «Public Law in Roman North Africa», in: Kimberley Czajkowski and Benedikt Eckhardt (eds.), *Law in the Roman Provinces*, Oxford, 346–357.

Avenarius (2011): Martin Avenarius, «Sabinus und Cassius. Die Konstituierung der sabinianischen Schultradition in der Retrospektive und ihre vermuteten «Gründer» im Wandel der Wahrnehmung», in: Karlheinz Muscheler (ed.), *Römische Jurisprudenz – Dogmatik, Überlieferung, Rezeption. Festschrift für Detlef Liebs zum 75. Geburtstag*, Berlin, 33–55.

Babusiaux (2011): Ulrike Babusiaux, *Papians Quaestiones. Zur rhetorischen Methode eines spätantiken Juristen*, Munich.

Babusiaux (2014): Ulrike Babusiaux, «Der Kommentar als Haupttext. Zur Gattung der *libri ad edictum* Ulpians», in: David Kästle and Nils Jansen (eds.), *Kommentare in Recht und Religion*, Tübingen, 15–55.

Babusiaux (2016): Ulrike Babusiaux, «Legal Writing and Legal Reasoning», in: Paul J. du Plessis, Clifford Ando and Kaius Tuori (eds.), *The Oxford Handbook of Roman Law and Society*, Oxford, 176–187.

Babusiaux et al. (2023): Ulrike Babusiaux et al. (eds.), *Handbuch des Römischen Privatrechts*, 3 Vols., Tübingen.

Babusiaux (2023a): Ulrike Babusiaux, «Römische Rechtsschichten», in: Ulrike Babusiaux et al. (eds.), *Handbuch des Römischen Privatrechts*, Vol. 1, Tübingen, 114–192.

Barclay (2007): John M. G. Barclay, *Flavius Josephus. Against Apion. Translation and Commentary*, Leiden and Boston.

Berthelot (2007): Katell Berthelot, «Philo of Alexandria and the Conquest of Canaan», *Journal for the Study of Judaism* 38, 39–56.

Besson (2020) : Arnaud Besson, *Constitutio Antoniniana: l'universalisation de la citoyenneté romaine au 3e siècle*, Basel.

Bloomer (1992): W. Martin Bloomer, *Valerius Maximus and the Rhetoric of the New Nobility*, Chapel Hill and London.

Brouwer (2021): René Brouwer, *Law and Philosophy in the Late Roman Republic*, Cambridge.

Buongiorno (2023): Pierangelo Buongiorno, «Republik», in: Ulrike Babusiaux et al. (eds.), *Handbuch des Römischen Privatrechts*, Vol. 1, Tübingen, 32–53.

Cameron (1985): Averil Cameron, *Procopius and the Sixth Century*, London.

Cantarella (2005): Eva Cantarella, «Gender, Sexuality and Law», in: Michael Gagarin and David Cohen (eds.), *The Cambridge Companion to Ancient Greek Law*, Cambridge, 236–253.

Cohen (1966): Boaz Cohen, *Jewish and Roman Law*, 2 Vols., New York.

Cohn (1915): Leopold Cohn, «Quod Omnis Probus Liber Est», in: Leopold Cohn and Siegfried Reiter (eds.), *Philonis Alexandri Opera quae supersunt*, Vol. 6, Berlin, 1–45.

Collinet (1925): Paul Collinet, *Histoire de l'École de Droit de Beyrouth*, Paris.

Dillon (1977): John M. Dillon, *The Middle Platonists. A Study of Platonism, 80 B. C. to A. D. 220*, London.

Dohrmann (2008): Nathalie B. Dohrmann, «Manumission and Transformation in Jewish and Roman Law», in: Nathalie B. Dohrmann and David Stern (eds.), *Biblical Interpretation and Cultural Exchange*, Philadelphia (PA), 51–65.

Dohrmann (2013): Nathalie B. Dohrmann, «Law and Imperial Idioms. Rabbinic Legalism in the Roman World», in: Nathalie B. Dohrmann and Annette Yoshiko Reed (eds.), *Jews, Christians and the Roman Empire*, Philadelphia (PA), 63–78.

Eck (2018): Werner Eck, «Die Wirksamkeit des römischen Rechts im Imperium Romanum und seinen Gesellschaften», in: Elio Lo Cascio and Dario Mantovani (eds.), *Diritto romano e economia*, Pavia, 747–782.

Eckhardt (2016): Benedikt Eckhardt, «Romanization and Isomorphic Change in Phrygia. The Case of Private Associations», *The Journal of Roman Studies* 106, 147–171.

Eckhardt (2017): Benedikt Eckhardt, «Craft Guilds as Synagogues? Further Thoughts on ‹Private Judean-Deity Associations›», *Journal for the Study of Judaism* 48, 246–260.

Elman (1972): Yaakov Elman, «Babylonian Echoes in a Late Rabbinic Legend», *JANES* 4, 13–19.

Elman (2005): Yaakov Elman, «The Babylonian Talmud in Its Historical Context», in: Sharon Leiberman-Mintz and Gabriel M. Goldstein (eds.), *Printing the Talmud*, New York, 19–28.

Fisch (2019): Menachem Fisch, *Pact of Controversy*, Ramat Gan.

Furstenberg (2018a): Yair Furstenberg, «From Competition to Integration. The Laws of the Nations in Early Rabbinic Literature within its Roman Context» [in Hebrew], *Dine Israel* 32, 21–58.

Furstenberg (2018b): Yair Furstenberg, «From Tradition to Controversy» [in Hebrew], *Tarbitz* 75, 587–216.

Furstenberg (2019a): Yair Furstenberg, «The Rabbis and the Roman Citizenship Model. The Case of the Samaritans», in: Katell Berthelot and Jonathan Price (eds.), *In the Crucible of Empire*, Leuven, 181–216.

Furstenberg (2019b): Yair Furstenberg, «Provincial Rabbis. Shaping Rabbinic Divorce Procedures in a Roman Legal Environment», *The Jewish Quarterly Review* 109/4, 471–499.

Furstenberg (2023): Yair Furstenberg, «The Rabbinic Movement from Pharisees to Provincial Jurists», *Journal for the Study of Judaism* 54, 1–43.

Furstenberg (2024): Yair Furstenberg, «Rabbis as Legal Experts in the Roman East», in: Catherine Hezser (ed.), *The Routledge Handbook of Jews and Judaism in Late Antiquity*, London, 185–202.

Furstenberg (forthcoming): Yair Furstenberg, «Rabbinic Evidence for the Spread of Roman Legal Education in the Provinces».

Gamauf (2023): Richard Gamauf, «Sklaven (*servi*)», in: Ulrike Babusiaux et al. (eds.), *Handbuch des Römischen Privatrechts*, Vol. 1, Tübingen, 924–994.
Geiger (1994): Joseph Geiger, «Latin in Roman Palestine» [in Hebrew], *Cathedra* 74, 3–21.
Goodenough (1929): Erwin R. Goodenough, *The Jurisprudence of the Jewish Courts in Egypt*, New Haven (CT).
Gordley (2013): James Gordley, *The Roman Jurists*, Oxford.
Goulet (1987): Richard Goulet, *La Philosophie de Moise. Essai de reconstitution d'un commentaire philosophique préphilonien du Pentateuque*, Paris.
Griffiths (1987): J. Gwyn Griffiths, «Egypt and the Rise of the Synagogue», *The Journal of Theological Studies* 38/1, 1–15.
Gross (2023): Simha Gross, *Babylonian Jews and Sasanian Imperialism in Late Antiquity*, Cambridge.
Haaland (1999): Gunnar Haaland, «Jewish Laws for a Roman Audience. Toward an Understanding of *Contra Apionem*», in: Folker Siegert and Jürgen U. Kalms (eds.), *Internationales Josephus-Kolloquium, Brüssel 1998*, Münster, 282–304.
Halbwachs (2023): Verena Halbwachs, «Ehe und andere Formen der Lebensgemeinschaft», in: Ulrike Babusiaux et al. (eds.), *Handbuch des Römischen Privatrechts*, Vol. 1, Tübingen, 827–857.
Hay (1979–80): David M. Hay, «Philo's References to Other Allegorists», *The Studia Philonica Annual* 6, 41–75.
Hay (1991): David M. Hay, «References to Other Exegetes», in: David M. Hay (ed.), *Both Literal and Allegorical. Studies in Philo of Alexandria's Questions and Answers on Genesis and Exodus*, Atlanta (GA), 81–97.
Hayes (2015): Christine Hayes, *What is Divine about Divine Law?*, New Haven (CT).
Hempel (2020): Charlotte Hempel, *The Community Rules from Qumran*, Tübingen.
Herman/Rubenstein (2018): Geoffrey Herman and Jeffrey I. Rubenstein (eds.), *The Aggada of the Bavli and Its Cultural World*, Atlanta (GA).
Hezser (2003): Catherine Hezser (ed.), *Rabbinic Law in Its Roman and Near Eastern Context*, Tübingen.
Hezser (2021): Catherine Hezser, «Did Palestinian Rabbis Know Roman Law? Methodological Considerations and Case Studies», in: Katell Berthelot, Natalie B. Dohrmann and Capucine Nemo-Pekelman (eds.), *Legal Engagement. The Reception of Roman Law and Tribunals by Jews and Other Inhabitants of the Empire*, Rome, 303–322.
Hezser (2023): Catherine Hezser, «The Mishnah and Roman Law. A Rabbinic Compilation of *ius civile* for the Jewish *civitas* of the Land of Israel under Roman Rule», in: Shaye J. D. Cohen (ed.), *What is the Mishnah? The State of the Question*, Cambridge (MA), 141–166.
Holder (2020): Stefanie Holder, *Bildung im kaiserzeitlichen Alexandria. 1.–3. Jahrhundert n. Chr.*, Stuttgart.
Honoré (2002): Tony Honoré, *Ulpian. Pioneer of Human Rights*, Oxford.
Honoré (2004): Tony Honoré, «Roman Law. From Cosmopolis to Rechtsstaat?», in: Simon Swain and Mark Edwards (eds.), *Approaching Late Antiquity*, Oxford, 109–132.
Horbury/Noy (1992): William Horbury and David Noy (eds.), *Jewish Inscriptions of Graeco-Roman Egypt*, Cambridge.
Humbert (2023): Michel Humbert, «Faktoren der Rechtsbildung», in: Ulrike Babusiaux et al. (eds.), *Handbuch des Römischen Privatrechts*, Tübingen, Vol. 1, 3–31.
Humfress (2007): Caroline Humfress, *Orthodoxy and the Courts in Late Antiquity*, Oxford.
Imrie (2018) : Alex Imrie, *The Antonine Constitution: an Edict for the Caracallan Empire*, Leiden.
Jones Hall (2004): Linda Jones Hall, *Roman Berytus. Beirut in Late Antiquity*, London and New York.

Kahana (2015): Menahem Kahana, «On Halakhic Tolerance as it evolved» [in Hebrew], *Tarbitz* 75, 401–418.
Kaser (1971–4): Max Kaser, *Das Römische Privatrecht*, 2 vols., Munich.
Katz (2015): Menachem Katz, *Jerusalem Talmud. Tractate Qiddushin. Critical Edition and a Short Explanation* [in Hebrew], Jerusalem.
Katz (forthcoming): Menachem Katz, «Where does the Divine Voice Come Out? ... In Yavne the Divine Voice Came Out» [in Hebrew].
Kodrębski (1976): Jan Kodrębski, «Der Rechtsunterricht am Ausgang der Republik und zu Beginn des Prinzipats», in: Hildegard Temporini et al. (eds.), *Aufstieg und Niedergang der Römischen Welt II*, Bd. 15: Recht, Berlin u. New York, 177–196.
Kunkel (1967): Wolfgang Kunkel, *Herkunft und soziale Stellung der römischen Juristen*, Graz and Vienna.
Langlands (2020): Rebecca Langlands, «Plutarch and Exemplary Ethics. Literary Interactions», in: Alice König, Rebecca Langlands and James Uden (eds.), *Literature and Culture in the Roman Empire, 96–235*, Cambridge, 75–94.
Langlands (2024): Rebecca Langlands, «Philo and Roman Exemplary Ethics. The Gymnosophists and Beyond», in: Maren R. Niehoff (ed.), *The Art of Contextualizing Philo of Alexandria*, Tübingen, 101–126.
Lauri (2021): Georgia Lauri, «ΑΠΙΩΝ Ο ΠΛΕΙΣΤΟΝΙΚΗΣ. L'attività di Apione in Italia tra testimonianze e documenti», *Zeitschrift für Papyrologie und Epigraphik* 218, 45–53.
Lavan/Ando (2021): Myles Lavan and Cliff Ando, *Roman and Local Citizenship in the long Second Century CE*, New York.
Leesen (2010): Tessa G. Leesen, *Gaius Meets Cicero. Law and Rhetoric in the School Controversies*, Leiden.
Levy (1925): Ernst Levy, *Der Hergang der römischen Ehescheidung*, Weimar.
Liebs (1976): Detlef Liebs, «Rechtsschulen und Rechtsunterricht im Prinzipat», in: Hildegard Temporini et al. (eds.), *Aufstieg und Niedergang der Römischen Welt II*, Bd. 15: Recht, Berlin u. New York, 197–286.
Liebs (1985): Detlef Liebs, «Masurius Sabinus, Iuris civilis libri III. Besprechung von: Riccardo Astolfi, I libri tres iuris civilis di Sabino, Padua 1983», *Studia et documenta historiae et iuris* 51, 562–567.
Liebs (1997): Detlef Liebs, «Domitius Ulpianus», in: Klaus Sallmann (ed.), *Die Literatur des Umbruchs: von der römischen zur christlichen Literatur, 117–284 n. Chr.*, Munich, 175–187.
Liebs (2010): Detlef Liebs, *Hofjuristen der römischen Kaiser bis Justinian*, Munich.
Liebs (2023): Detlef Liebs, «Rechtsliteratur», in: Ulrike Babusiaux et al. (eds.), *Handbuch des Römischen Privatrechts*, Vol. 1, Tübingen, 193–221.
Malka/Paz (2019): Orit Malka and Yakir Paz, «Ab hostibus captus et a latronibus captus», *The Jewish Quarterly Review* 109, 141–172.
Mantovani (2009): Dario Mantovani, «Cicerone storico del diritto», *Ciceroniana* 13, 298–367.
Mantovani (2018): Dario Mantovani, *Les Juristes Ecrivains de la Rome Antique*, Paris.
Mantovani (2018a): Dario Mantovani, *Legum multitudo. Die Bedeutung der Gesetze im Römischen Privatrecht*, Berlin.
Mantovani (2024): Dario Mantovani, «Legal Science», in Caroline Humfress, David Ibbetson and Patrick Olivelle, Cambridge, 73–145.
Mason (2003): Steve Mason, *Life of Josephus. Translation and Commentary*, Boston.
Mason (2003a): Steve Mason, «Flavius Josephus in Flavian Rome. Reading on and between the Lines», in: Anthony J. Boyle and William J. Dominik (eds.), *Flavian Rome. Culture, Image, Text*, Leiden, 559–589.

Mason (2016): Steve Mason, «Josephus as a Roman Historian», in: Honora H. Chapman and Zuleika Rodgers (eds.), *A Companion to Josephus*, Oxford, 13–35.

Mélèze-Modrzejewski (1971): Joseph Mélèze-Modrzejewski, «Grégoire le Thaumaturge et le droit romain», *Revue Historique* 49, 313–324.

Millar (1969): Fergus Millar, *The Roman Empire and its Neighbours*, London.

Millar (1994): Fergus Millar, *The Roman Near East, 31 B. C. – A. D. 337*, Cambridge (MA).

Millar (2002): Fergus Millar, «Ulpian, a Philosopher in Politics?», in: Gillian Clark and Tessa Rajak (eds.), *Philosophy and Power in the Greco-Roman World*, Oxford, 69–87.

Millar (2011): Fergus Millar, «The Palestinian Context of Rabbinic Judaism», in: Martin Goodman and Philip S. Alexander (eds.), *Rabbinic Texts and the History of Late Roman Palestine*, Oxford, 25–49.

Niehoff (2011): Maren R. Niehoff, *Jewish Exegesis and Homeric Scholarship in Alexandria*, Cambridge.

Niehoff (2012): Maren R. Niehoff, «Commentary Culture in the Land of Israel from an Alexandrian Perspective», *Dead Sea Discoveries* 19, 442–463.

Niehoff (2016): Maren R. Niehoff, «Origen's Commentary on Genesis as a Key to *Genesis Rabbah*», in: Sarit Kattan Gribetz, David M. Grossberg, Martha Himmelfarb and Peter Schäfer (eds.), *Genesis Rabbah in Text and Context*, Tübingen, 129–153.

Niehoff (2018): Maren R. Niehoff, *Philo of Alexandria. An Intellectual Biography*, New Haven (CT).

Niehoff (2019a): Maren R. Niehoff, «A Hybrid Self. Rabbi Abbahu in Legal Debates in Caesarea», in: Maren R. Niehoff and Joshua Levinson (eds.), *Self, Self-Fashioning, and Individuality in Late Antiquity*, Tübingen, 291–329.

Niehoff (2019b): Maren R. Niehoff, «Philo and Josephus Fashion Themselves as Religious Authors in Rome», in: Eve-Marie Becker and Jörg Rüpke (eds.), *Stimmen des Autors*, Tübingen, 83–103.

Niehoff (2021a): Maren R. Niehoff, «Celsus' Jew in Third Century Caesarea. Tracing Hellenistic Judaism in Origen's *Contra Celsum*», in: Jonathan Ben Dov and Mihal Bar Asher-Siegal (eds.), *Social History of the Jews in Antiquity. Studies in Dialogue with Albert Baumgarten's Work*, Tübingen, 233–250.

Niehoff (2021b): Maren R. Niehoff, «Antisemitismus», in: *Reallexikon für Antike und Christentum* 31, VI–XXXVII.

Niehoff (2022): Maren R. Niehoff, «Tracing Hellenistic Judaism. A Jewish Scholar of Psalms in a Gloss of Origen in the Context of Rabbinic Literature» [in Hebrew], *Zion* 87, 7–36; extended German version: Maren R. Niehoff (2023), «Auf den Spuren des hellenistischen Judentums in Caesarea. Ein jüdischer Psalmenforscher in Origenes' Glosse im Kontext rabbinischer Literatur, *Zeitschrift für Antikes Christentum* 27/1, 31–76.

Niehoff (2023): Maren R. Niehoff, «Entangled Jewish Identities in Rome. The Case of the ‹Barbarians› in Philo and Josephus», in: Dionisio Candido, Renate Egger-Wenzel and Stefan C. Reif (eds.), *What Makes a People? Early Jewish Ideas of Peoplehood and Their Evolving Impact* (DCLY Year Book 2022–2023), Berlin and Boston, 229–246.

Niehoff (2024): Maren R. Niehoff, *Judentum und Hellenismus / Hellenism and Judaism*, Lucas Preisvortrag, Tübingen.

Niehoff (forthcoming1): Maren R. Niehoff, *Philo of Alexandria. Every good Mann is Free, Translation, Introduction and Commentary*, Leiden.

Niehoff (forthcoming2): Maren R. Niehoff, «‹The Rabbis of Caesarea›. The Emergence of a Group Image as Key to the Dynamics of Redaction in Genesis Rabbah and the Jerusalem Talmud» [in Hebrew].

Nörr (1966): Dieter Nörr, «Civil Law in the Gospels», *Irish Jurist* 1, 328–340.

Nörr (1974): Dieter Nörr, *Rechtskritik in der römischen Antike*, Munich.

Nörr (1976): Dieter Nörr, «Pomponius oder ‹Zum Geschichtsverständnis der römischen Juristen›», in: Hildegard Temporini et al. (eds.), *Aufstieg und Niedergang der Römischen Welt II*, Bd. 15: Recht, Berlin u. New York, 498–598.
Paz (2022): Yakir Paz, *From Scribes to Scholars*, Tübingen.
Platschek (forthcoming1): Johannes Platschek, «Leopold Wenger und die Antike Rechtsgeschichte», *Zeitschrift für europäisches Privatrecht.*
Platschek (forthcoming2): Johannes Platschek, «Frage und Antwort in Recht und Geschäftspraxis der römischen Kaiserzeit», *Tyche* 37.
Regev/Nakman (2002): Eyal Regev and David Nakman, «Josephus and the Halakhah of the Pharisees, Sadducees and Qumran» [in Hebrew], *Zion* 67, 401–433.
Riggsby (2015): Andrew Riggsby, «Roman Legal Education», in: W. Martin Bloomer (ed.), *A Companion to Ancient Education*, Malden (MA), 444–451.
Rosenthal (1994): Eliezer S. Rosenthal, «Tradition and Innovation in the Halakha of the Sages» [in Hebrew], *Tarbitz* 63, 321–374.
Rosen-Zvi (2017): Ishai Rosen-Zvi, «Is the Mishnah a Roman Composition?», in: Michal Bar-Asher Siegal, Tzvi Novick and Christine Hayes (eds.), *The Faces of Torah. Studies in the Texts and Contexts of Ancient Judaism in Honor of Steven Fraade*, Göttingen, 487–508.
Runesson (2001): Anders Runesson, *The Origins of the Synagogue. A Socio-Historical Study*, Stockholm.
Runia (1986): David T. Runia, *Philo of Alexandria and the Timaeus of Plato*, Leiden.
Runia (2011): David T. Runia, *Philo of Alexandria. On the Creation of the Cosmos According to Moses. Introduction, Translation and Commentary*, Leiden and Boston.
Schäfer (1997): Peter Schäfer, *Judeophobia*, Cambridge (MA).
Schemmel (1925): Fritz Schemmel, «Die Schule von Caesarea in Palästina», *Philologische Wochenschrift* 46, 1277–1280.
Schermaier (1993): Martin J. Schermaier, «Ulpian als ‹wahrer Philosoph›. Notizen zum Selbstverständnis eines römischen Juristen», in: Martin J. Schermaier and Zoltán Végh (eds.), *Ars boni et aequi. Festschrift für Wolfgang Waldstein zum 65. Geburtstag*, Stuttgart, 303–322.
Schiffman (1975): Laurence Schiffman, *The Halakhah at Qumran*, Leiden.
Schulz (1946): Fritz Schulz, *History of Roman Legal Science*, Oxford.
Sperber (1984): Daniel Sperber, *A Dictionary of Greek and Latin Legal Terms in Rabbinical Literature*, Ramat Gan.
Sterling (1990): Gregory E. Sterling, «Philo and the Logic of Apologetics. An Analysis of the Hypothetica», *SBL Seminar Papers* 29, 412–430.
Sterling (2013): Gregory E. Sterling, «‹A Man of Highest Repute›. Did Josephus know the Writings of Philo?», *The Studia Philonica Annual* 25, 101–113.
Sterling (2022): Gregory E. Sterling, «In Fragments. The Authenticity of the *Hypothetica*», in: Alan Taylor Farnes, Scott D. Mackie and David T. Runia (eds.), *Ancient Texts, Papyri, and Manuscripts. Studies in Honor of James R. Royse*, Leiden and Boston, 367–399.
Stolfi (2023): Emanuele Stolfi, «Prinzipat», in: Ulrike Babusiaux et al. (eds.), *Handbuch des Römischen Privatrechts*, Vol. 1, Tübingen, 54–74.
Sussmann (1974): Yaacob Sussmann, «A Halakhic Inscription from the Beth-Shean Valley» [in Hebrew], *Tarbiz* 44, 88–158.
Sussmann (2005): Yaacob Sussmann, «Oral Law – Taken Literally» [in Hebrew], in: Yaacob Sussmann and David Rosenthal (eds.), *Talmudic Studies Dedicated to the Memory of Professor Ephraim Urbach*, Jerusalem, 209–384.
Sussmann (2005a): Yaacob Sussmann (ed.), *Talmud Yerushalmi*, Jerusalem.
Theodor/Albeck (1965): Jehuda Theodor and Chanoch Albeck (eds.), *Midrash Bereshit Rabba. Critical Edition with Notes and Commentary*, Jerusalem.

Tuori (2007): Kaius Tuori, *Ancient Roman Lawyers and Modern Legal Ideals. Studies on the Impact of Contemporary Concerns in the Interpretation of Ancient Roman Legal History*, Frankfurt am Main.

Tuval (2013): Michael Tuval, *From Jerusalem Priest to Roman Jew. On Josephus and the Paradigms of Ancient Judaism* (Wissenschaftliche Untersuchungen zum Neuen Testament 357), Tübingen.

Van Henten (forthcoming): Jan Willem van Henten, «Roman Legal Tropes in the Prologue to Josephus' Antiquities».

Ward (2007): J. S. Ward, «Roman Greek. Latinisms in the Greek of Flavius Josephus», *The Classical Quarterly* 57/2, 632–649.

Wendland (1897): Paul Wendland, «De Migratione Abrahami», in: Paul Wendland (ed.), *Philonis Alexandrini Opera quae supersunt*, Vol. 2, Berlin, 268–314.

Werman/Shemesh (2007): Cana Werman and Ahron Shemesh, «Halakha in the Dead Sea Scrolls», in: David Rosenthal et al. (eds.), *The Qumran Scrolls and their World*, Jerusalem, 2.409–434.

Wibier (2019): Matthijs Wibier, «Legal Education, Realpolitik, and the Propagation of the Emperor's Justice», in: Olivier Hekster and Koenraad Verboren (eds.), *The Impact of Justice on the Roman Empire*, Leiden, 86–102.

Wieacker (2006): Franz Wieacker, *Römische Rechtsgeschichte*, zweiter Abschnitt, dritter Teil, Munich.

Wilfand (2020): Yael Wilfand, «Roman Concepts of Citizenship and Rabbinic Approaches to the Lineage of Converts and the Integration of their Descendants into Israel», *Journal of Ancient Judaism* 11/1, 45–75

Winston (2018): David Winston, «Philon von Alexandrien», in: Christoph Riedweg, Christoph Horn and Dietmar Wyrwa (eds.), *Philosophie der Kaiserzeit und der Spätantike*, Vol. 1, Basel, 724–753.

Wyss (2021): Beatrice Wyss, «Cultural Rivalry in Alexandria. The Egyptians Apion and Chaeremon», in: Benjamin Schliesser et al. (eds.), *Alexandria*, Tübingen, 145–164.

IV. Rechtserzählung als kulturelle Praxis

Narrating Entitlement in Ancient Rome. *Nomos*, Empire, and Political Economy between 100 BCE and 200 CE

Lisa Pilar Eberle

1 Introduction

«To understand the place and use of narrative in legal matters» – over the past decades this has been a key goal among scholars seeking to mine the techniques of literary inquiry for legal analysis. It was formulated by Peter Brooks, who has been a leading figure in the effort to bring to light the narrativity of modern law. According to Brooks, narrative is the big *impensé* in law today. Ignored, broken up, and repressed though it may be by practitioners, narrative nonetheless is there, in courtroom proceedings and legal decision-making, and beyond its mere presence, narrative also shapes the outcomes of these processes.[1]

Turning from the modern world to ancient Rome, some adjustments to this picture are required. Narrative in Roman law courts is not waiting to be uncovered. As it turns out, readers of Cicero's court speeches are often at pains to find the law, which can seem submerged in anecdotes and moralizing. More generally, the intertwining of law and literary activity in these speeches would seem difficult to deny. Scholars have studied how Cicero built (and destroyed) characters, deployed figurative language, and represented the wider social world.[2] Less prominent and well-studied, the writers of legal petitions from Roman Egypt, often preserved in fragments on papyri, were also deeply invested in narrativity. From the second to the fourth centuries, these men and women often described themselves as good, measured people falling victim to the transgressions of arrogance and

* I presented versions of the arguments outlined here at the conference in Basel in April 2022 where this volume originated and in the Classics Research Colloquium in St Andrews in March 2023. Questions and criticisms from audiences on both occasions significantly contributed to shaping this paper. Christoph Michels' comments on an initial written version saved me from numerous mistakes and omissions. Lastly, I owe thanks to Robert Kirstein and Sebastian Schmidt-Hofner for inviting me to contribute to the original conference and for their patience and guidance in seeing this paper through to publication. All remaining faults and errors are my own.

1 Brooks (2005), 415.

2 Examples may be found in May (1988), Vasaly (1993), Steel (2001), and Kenty (2021).

power; in late antiquity analogies with tales from the Bible and the narrative structures of Greek novels rose to prominence.[3] Unlike today, then, narrative in Roman court proceedings was not ignored, broken up or repressed. Instead, it was a prominent part of the rhetorical training that the advocates populating these courts underwent.[4]

While the «place» of narrative in Roman courts is difficult to deny, it seems fair to say that its «use» has not received much scholarly attention.[5] If telling stories was an integral part of Roman court proceedings, what was their purpose, what their impact? How, why, and for whom did these narratives matter? These are important but rarely explored questions that this volume raises for the study of the Roman past. In this paper I seek to demonstrate their promise through a focused case study.

In brief, I will suggest that narratives and the role that they played in Roman legal culture were a crucial means by which the political economy of the Roman Empire – who could profit from the empire and on what terms – was transformed between the first century BCE and the first century CE. During this period Rome underwent a profound political shift as an increasingly unstable Republic gave way to a long-lived monarchy and the dictates of an emperor and his court severely infringed on the power and authority of both *populus Romanus* and senatorial elite. This transformation in the political organization of the Roman polity also went hand in hand with changes in the realm of political economy. As is well known, the emergence of the Principate spelt an end to continuous aggressive warfare and large-scale imperial expansion and witnessed the development of a fully-fledge tributary state that relied on local elites throughout the provinces for its proper functioning.[6] As I argue in a forthcoming monograph, the rise of this coalition of imperial and local elites was also accompanied by the dissolution of imperial elite's commitment to further the material interests of Roman citizens at the expense of provincial populations, both elite and non-elite. The materials I draw on in this paper provide evidence for this shift in allegiances; more importantly, though, these materials speak to this shift's mechanics – to how exactly the allegiances between Roman elites, Roman citizens, and local elites were being (re)made between Republic and Principate. Narratives and/as law, I contend, were crucial technologies in this (re)making.

These are ambitious claims. I will try to substantiate them by conducting close readings of letters of recommendation to imperial governors preserved in the letter collections of Cicero, Pliny, and Fronto, three members of Rome's sociopolitical

3 Kovelman (1991), Harries (2000), 165–166, 185–187, and Bryen (2013) discuss various aspects of these patterns.

4 Heath (2009). O'Banion (1987) discusses the importance of *narratio* for Quintilian.

5 Beyond the works cited above see also Humfress (2015) and Lendon (2022), who both examine the intersection of legal and rhetorical cultures in the Roman world. For the attempt to rethink ancient literature through the lens of law see Ziogas (2021) and the contributions in Ziogas/Bexley (2022).

6 Hopkins (1980), 121–122; Hopkins (2017), 496–498; Noreña (2010), esp. 534 and 539.

elite. My argument departs from the detailed comparison of two individual letters and their narrative strategies (one by Cicero in the Late Republic and one by Fronto in the Principate); their structural differences, I suggest, are emblematic of a larger shift in the ethics surrounding wealth and status between the first century BCE and the second century CE – a claim that I then try to substantiate through the systematic analysis of narrative patterns in the collections of all three authors. In its concluding section the paper turns its focus from narrative to law, (mis)appropriating Robert Cover's ideas about law's narrative foundations to revisit my main arguments. I begin with some methodological reflections on how we can hope to connect the lofty realm of rhetoric and narratology with the grubby, and grabby, realities of imperial rule and appropriation and why letters of recommendation might be a promising avenue for so doing.

2 Property and recommendations

At the heart of this paper lies property – not the law of ownership, but the social contest over who gets what and on what terms. Regardless of how property is understood, it is often not considered the most exciting subject. Property is also not the first thing that comes to mind when thinking about the narrativity of law. As is clear from the extant literature, criminal and constitutional law have seemed much more attractive arenas for inquiries in this area. That being said, in 1994 Carol Rose published a small collection of essays entitled *Property and Persuasion*, in which she set out to marry law's most important «ands» at the time: economics and literature.[7]

In these essays Rose investigates several ways in which property and narrative were intertwined. Why did 18th-century theorists of property tell so many stories? Why do images feature so prominently in arguments about property today? And what do the answers to these questions tell us about the nature of property more generally? Above all, Rose suggests that the widespread understanding of property as a bundle of rights that a person has in a thing is at best profoundly limited. Instead, all kinds of property – whether public or private, collective, or individual – have a communal aspect.

At its core, in all its forms, property is a claim. It is somebody or a group saying «This is mine!» or «This is ours!». Any such aspiring owners do not make these claims in a void; instead, they are addressed to specific audiences – to communities, however conceived and instituted – which are to accept this claim. This acceptance of property claims by communities, Rose argues, is a matter of persuasion.

7 Rose (1994). I need to thank Emily Mackil for drawing my attention to this volume just under a decade ago and for sharing with me her own, forthcoming writings about property in the ancient Greek world, which have greatly shaped the arguments outlined in this piece.

In any given community certain types of stories are more likely to be persuasive than others. In some places, pointing to your name in a central public registry might do the trick; the «Grundbucheintrag» is a key feature of German property law. In other contexts opening your kitchen cabinet and producing consecutive deeds reaching back centuries might be the winning strategy; unregistered land in England is subject to such a system. Moreover, you might tell stories that are much more specific to the situation you are in. These might be stories about you, narrating who you are and why it is right for you to have a certain thing. They might also be stories about your audience, tales with which you flatter and/or intimidate them, not least by holding out the threat of brute force. Regardless of the stories people decide to tell, narrative is a key component of property because the narratives that make up these stories are how you persuade any given audience to accept your claims to the world.

The Roman Empire was a world of multiple, complex, and intersecting audiences for property claims. One such audience were provincial governors and the imperial elite to which they all belonged. And it is these governors and the stories about property that might have persuaded them in a provincial context, which form the subject of this paper.

Governors in the Roman Empire did many things. They commanded soldiers, procured panthers, and orchestrated the creation of new waterways.[8] By and large, though, throughout Republic and Principate, the handling of legal disputes that litigants were bringing before them was considered governors' main task.[9] Scholars have used a wide array of sources to understand how they administered justice: literary and jurisprudential accounts of their activities, public inscriptions, mainly on stone, that we have preserved throughout many provinces, and the exceptional papyrological evidence from Egypt and Mesopotamia. By contrast, my argument today will rely heavily on letters of recommendation addressed to governors on behalf of potential litigants that approached them in the provinces. These recommendations are not only a relatively neglected body of evidence for thinking about provincial governors and the courts they oversaw.[10] As I hope to show, they are also particularly well suited for thinking about what Peter Brooks has called «narrative transactions»: about how governors might have listened and reacted to certain stories about property.[11]

In the Roman world as elsewhere, recommendations involved at least three people: a person that did the recommending, a person to whom the recommendation was addressed, and a person for whom the recommendation was written. The

8 Panthers: Cic. *fam.* 8,2,4; 8,4,6; 8,6,5; 8,9,4; *Att.* 6,1,21. Water works: Plin. *epist.* 10,41. Evidence for military commands abounds.

9 Lintott (1993), 54–59; Richardson (1994), 589–591; Galsterer (1996); Eck (2008), 273–277; Bérenger (2014), 171–235.

10 Isolated treatments include Saller (1982), 145–193, Braund (1989), 141–145, Meyer-Zwiffelhoffer (1999), 262–267, Fournier (2010a), 313–318, Fournier (2010b), Bérenger (2014), 405–430. For other historical problems for which scholars have mobilized these letters see note 18 below.

11 Brooks (2005), 424–425; for a fuller treatment see Brooks (2006).

writer tended to be well acquainted with both addressee and recommendee; the last two parties were often much less so. Within such constellations, letters of recommendation were crucial tools for crafting and manipulating the networks of friendship and patronage that pervaded Roman society. The main goal of a recommendation was to get the addressee to do something for the recommendee, and this action was often construed as a favour (*beneficium*). The letter itself was, of course, the materialization of another favour done by the writer for the recommendee.[12]

We know letters of recommendation from a wide range of social contexts in the Roman world. They can be found wherever the accidents of preservation allowed the survival of everyday writing – on wood in Roman Britain, where they speak to the social life in and surrounding a Roman frontier garrison, and on papyrus in Roman Egypt, where they help shed light on the social dynamics that animated village life.[13] In this paper, however, I am interested in recommendations addressed to provincial governors. And these recommendations are in the letter collections of Cicero, Pliny the Younger, and Fronto respectively, which have come to us through the medieval manuscript tradition. All three men were members of Rome's political elite. Cicero is indeed the Cicero of Late Republican politics. With Pliny we are in the senatorial circles of the Principate. And Fronto, while being most famous as the teacher of two future emperors – Marcus Aurelius and Lucius Verus – also had a political career in Rome.

Like all the other members of Rome's imperial elite, these three men wrote letters of recommendation for their clients and friends, not least to their peers that were governing the empire's provinces at the time. Unlike many other members of this elite, however, Cicero, Pliny, and Fronto had examples of their letters, including recommendations, collected and published – Cicero and Fronto most likely posthumously, Pliny already during his lifetime.[14] For the purposes of my argument today, two points relating to these recommendations and their publication are important.

One, it is now well understood that ancient letter collections were carefully curated artefacts designed to craft images and articulate commentary on a wide array of themes.[15] As a result, their contents can in no way be taken to be representative of their author's letter writing practice. At the same time, I will

12 Letters of recommendation in the Roman world: Cotton (1981) and (1985); Rees (2007); Wilcox (2012). Their role in facilitating reciprocal relationships: Kelly (1966), 56–62; Cotton (1984), 424–425; Hall (2009), 30–34; Rollinger (2014), 220–246.

13 E. g., *Tab.Vindol.* 250: Karus to Cerialis for ...brigonius; *P.Lond.inv.* 2553 and *P.Col. VIII* 211 with Sarri (2014): Proklos to Asklepiades for Isidoros.

14 Cicero: White (2010), 31–34 and 174–175. Pliny: Gibson/Morello (2012), 238–243; Bodel (2015), 13–20. Fronto: Davenport/Manley (2014), 7. Noreña (2007), 261–271 makes a case for the publication of Pliny's Book 10 during his own lifetime; Harries (2018) provides yet another reading of the book, which makes publication during Pliny's lifetime a plausible scenario.

15 Beard (2002); Wulfram (2008); Gibson (2012); Gibson/Morello (2012).

argue that the very fact of curation also offers helpful handles and parameters for assessing the historical significance of individual letters and their features.

The second point relates to how people in the ancient world treated these recommendations. Put simply, they were not circulated in secret. Litigants demonstrably approached governors with these letters in hand, for everyone to see.[16] Arguably, they also used these letters – both their content and their materiality – to intimidate their opponents.[17] It may not come as a surprise, then, that these letters play a crucial part in a scholarly debate about the relationship between law and patronage in Roman legal culture.[18] I will not enter this debate in any great depth; rather than examining the traffic in reciprocity that these letters sought to affect, I will focus on the rhetoric by which their writers sought to manipulate this traffic. My interest lies in one particular aspect of this rhetoric: in the stories that Cicero, Pliny, and Fronto told about property – more specifically, about the property claims of their recommendees for which they sought the governor's support.

When Cicero, Pliny, and Fronto wrote recommendations to provincial governors, they pursued several goals. On one level, they sought to direct the governor's attention to the concerns of their recommendees. As provincial governors in the Roman Empire were famously over-extended, getting a governor's attention was no mean feat. The papyrological evidence from Roman Egypt suggests that only a small part of the litigants that approached Roman governors ended up with firm judgments that were subsequently enforced.[19] In Cicero's letter corpus we find several instances of repeat letters in the same year as well as single letters mentioning previous entreaties and envoys.[20]

At the same time, the goal was not simply to direct the governor's attention, but to direct it in the right direction: the governor was to support the claims of the respective recommendee. All the recommendations I discuss in this paper were written with this goal in mind – and this should come as no surprise. The suggestion that acceding to the request at issue was the good and/or right thing to do, was a key strategy with which Cicero, Pliny, and Fronto sought to spur governors into action. It seems reasonable, then, to assume that the stories that Cicero, Pliny, and Fronto told about property were indeed the stories with which they thought a governor, one of their social peers, might best be persuaded to accept a particular claim.[21]

16 Cic. *fam.* 12,30,1.

17 Kokkinia (2004).

18 De Ste Croix (1954); Kelly (1966); Cotton (1986); Verboven (2002), 287–329; Meyer (2006). Letters of recommendation are also part of an analogous debate about the (ir)rationality of promotion in the high empire; contributions include Eck (1974), Saller (1982), Leunissen (1993), and Duncan-Jones (2016).

19 Kelly (2011), 75–122.

20 Repeat letters: Cic. *fam.* 13,21 and 26; 27 and 28; 41 and 42; 43 and 44; 73 and 74. Previous entreaties: 13,64 and 72.

21 Cf. Kovelman (1991), 137, who notes that the rhetoric of petitions and court speeches was identical.

Read from this perspective, the recommendations of Cicero, Pliny, and Fronto suggest that governors in the first century BCE were inclined to listen to and accept radically different stories about property than those in the first and second centuries CE. During the Republic governors seem to have agreed that Roman citizens qua citizens were in principle entitled to increase their wealth in the emerging provinces; by contrast, the Principate saw the rise of office-holding – certainly in a Roman, imperial context but plausibly also among local elites – as the main justification for such enrichment. My main contention throughout will be that this change in the dynamics of narrative transactions in gubernatorial courts profoundly transformed who could profit from the empire and on what terms.

Narratives, then, mattered. They had not only a «place», but also a «use» in the legal culture surrounding Roman governors in their provinces. Among other things, I suggest, they were used to put people in their place, changing their power and position within the complex social worlds of the Roman Empire.

3 Cicero and Fronto

In 46 BCE Caesar emerged triumphant in his conflict with Pompey, leaving him with an inordinate amount of power in ancient Rome, which would soon be formalized in his appointment as «dictator for life». In the shadow of these turbulent events Cicero did what he had most likely done every year since entering public life in Rome: he composed a round of letters of recommendation addressed to the annually changing provincial governors in support of his friends and clients around the Mediterranean. Among the many letters that he sent to Servius Sulpicius Rufus, the governor of *Achaia* in modern-day Greece at the time, was one in support of Mescinius, a junior senator, who had been Cicero's quaestor, his financial officer, during Cicero's own tenure as governor of *Cilicia* five years earlier. I quote the letter in full:[22]

22 Cic. *fam.* 13,26 (based on Evelyn Shuckburgh's translation): *Cicero Servio suo. L. Mescinius ea mecum necessitudine coniunctus est, quod mihi quaestor fuit; sed hanc causam, quam ego, ut a maioribus accepi, semper gravem duxi, fecit virtute et humanitate sua iustiorem. itaque eo sic utor ut nec familiarius ullo nec libentius. is quamquam confidere videbatur te sua causa quae honeste posses libenter esse facturum, magnum esse tamen speravit apud te meas quoque litteras pondus habituras. id cum ipse ita iudicabat tum pro familiari consuetudine saepe ex me audierat quam suavis esset inter nos et quanta coniunctio.* (2) *peto igitur a te tanto scilicet studio, quanto intellegis debere me petere pro homine tam mihi necessario et tam familiari, ut eius negotia, quae sunt in Achaia ex eo quod heres est M. Mindio, fratri suo, qui Elide negotiatus est, explices et expedias cum iure et potestate, quam habes, tum etiam auctoritate et consilio tuo. sic enim praescripsimus iis, quibus ea negotia mandavimus, ut omnibus in rebus, quae in aliquam controversiam vocarentur, te arbitro et, quod commodo tuo fieri posset, te disceptatore uterentur. id ut honoris mei causa suscipias, vehementer te etiam atque etiam rogo.* (3) *illud praeterea, si non alienum tua dignitate putabis esse, feceris mihi pergratum, si qui difficiliores erunt, ut rem sine controversia confici nolint, si eos, quoniam cum senatore res est, Romam reieceris. quod quo minore dubitatione facere possis, litteras ad te a M. Lepido consule, non quae te aliquid iuberent (neque enim id tuae*

Cicero to his Servius. My connection with Lucius Mescinius is that which arises from the fact that he was my quaestor. But this tie – which I, in accordance with the usage of antiquity, have ever regarded as a strong one – he has rendered more complete by his personal excellence and kindness. Accordingly, nothing could be more intimate and more pleasant to myself than my intercourse with him. Now, although he seemed to feel certain that you would be pleased to do all you honourably could for him for his own sake, he yet hoped that a letter from me would also have great weight with you. He judged that to be the case for himself; but as he was very intimate with me, he had also often heard me say how delightful and close our union was. (2) I ask you, therefore, with all the earnestness with which you understand that I ought to ask on behalf of a man so near and dear to me, to facilitate and settle the business matters that he has in Achaia arising from the fact of his being the heir of his cousin Marcus Mindius, businessman at Elis, not only by your legal prerogative and authority, but also by your influence and advice. For I have directed those to whom I have entrusted my business, that in all points which give rise to dispute, they were to appeal to you as arbitrator and – so far as was consistent with your convenience – as final judge. That you should in compliment to me undertake that business, I earnestly and repeatedly beg of you. (3) There is one other point in which you will particularly oblige me, if you do not think it inconsistent with your position; it is that, as the controversy is with a senator, you should refer to Rome such of the parties as prove too stubborn to allow the business to be settled without an issue being tried. That you might be able to do that with the less hesitation, I have secured a despatch to you from the consul M. Lepidus, not conveying any order – for that I did not think consonant with your position – but to a certain extent and in a manner commendatory. (4) I would have mentioned how well invested such a favour is sure to be in the case of Mescinius, had I not, in the first place, felt certain that you knew, and had I not also been asking for myself: for I would have you believe that I am quite as anxious about his interests as he is himself. But while I am eager that he should come by his own without difficulty, I am also anxious that he should think that he owes his success in no small degree to my recommendation.

The background to the letter is easily reconstructed. Like all Roman politicians, Mescinius had many relatives that were not involved in politics. One of them, a certain Marcus Mindius, his cousin, had pursued his *negotia*, his «business», in Elis in the north-western Peloponnese. Thus, Mindius was one of the many Romans and Italians in the Republican era that migrated to Rome's emerging provinces, where they managed to lay hold of a great many resources, including land, money, and people. He can usefully be understood as partaking in the particular mode of settler colonialism that characterized the Roman Empire at the time.[23] Mindius also seems to have gone with Mescenius to *Cilicia*, where he worked on maintaining

dignitatis esse arbitramur) sed quodam modo quasi commendaticias sumpsimus. (4) *scriberem quam id beneficium bene apud Mescinium positurus esses, nisi et te scire confiderem et mihi peterem. sic enim velim existimes, non minus me de illius re laborare quam ipsum de sua. sed cum illum studeo quam facillime ad suum pervenire tum illud laboro ut non minimum hac mea commendatione se consecutum arbitretur.*

23 Hatzfeld (1919) and Wilson (1966) remain foundational. More recently, see Purcell (2005), Isayev (2017), 47–68, and Ramgopal (2022), who also characterizes the phenomenon as «settler colonialism». For land see Eberle/Le Quéré (2017), Biglino (2022).

the governor's books and accounts. Now, less than five years later, Mindius had died, and Mescinius claimed to be an heir, an *heres*, to his estate, meaning that Mescinius was now in line for another slice of the imperial cake.

The late Hannah Cotton began her explorations of the dynamics of Roman imperial governance with a dense and insightful analysis of the *reiectio*-procedure mentioned in the letter's third paragraph.[24] For the purposes of my argument here I am interested in how Cicero narrates Mescinius's claim to the inheritance in the second paragraph of the letter. We learn that Mescinius had business, *negotia*, in *Achaia*, that this business arose from his being the *heres* of his cousin Marcus Mindius in Elis. Now Cicero requested Servius's help in settling that business. Crucially, this way of narrating Mescinius's claim built on a range of assumptions.

Servius was to «settle» and «facilitate» Mescinius's business in Elis. The Latin verbs are *explico* and *expedio*. These formulations take the rightfulness of Mescinius's concerns for granted. And yet, the problem with «settling» Mescinius's *negotia* in Elis appears to have been precisely that a range of people disputed their rightfulness. In the third paragraph of the letter Cicero mentions that certain people might be «rather difficult» (*difficiliores*) and refuse to settle the matter without going to trial. In a second letter pertaining to Mescinius's claim, Cicero named one of them: Mindius's wife Oppia, who, so Cicero claims, had «appropriated» (*avertit*) a large part of the inheritance that was to go to Mescinius.[25]

Calling people that disputed Mescinius's claims in law «difficult», silenced the former's claims, and it cast them as mere obstacles on the road to getting Mescinius what was rightfully his. An analogous case can be made about *averto* – «remove», «appropriate» – the verb that Cicero used to describe Oppia's actions. The implication of this lexical choice was that Oppia had removed property from its rightful place and owner: Mescinius. In both these formulations we learn that any opposition to Mescinius getting his way and «settling his *negotia*» was illegitimate.

Overall, Cicero narrated Mescinius's property claims as a business deal that needed concluding. As such, this narrative presumed that Mescinius's claims were legitimate. Of course, this was its own strategy of persuasion. Nothing needed to be said about their legitimacy – that was how legitimate they were. Around two hundred years later another member of the imperial elite seeking to mobilize another imperial office holder to support the provincial property claims of yet another senator narrated such claims in a very different way.

In the 160s CE the emperor Lucius Verus led a military campaign against the Parthians across the empire's eastern frontiers. During his campaign (preparation) Verus received a letter from Fronto, a famous senator, lawyer, and rhetorician in Rome, who had once been the teacher of young Verus and his adoptive brother. The letter concerned a junior senator, Gavius Clarus, who sought to claim a set of legacies that a good friend of his had left him in the province of *Syria*. Annoyingly

24 Cotton (1979), now republished in Cotton (2022).
25 Cic. *fam.* 13,28,2.

the manuscript breaks off just before Fronto formulates his concrete request to the emperor. So we do not know if this request involved Verus in his capacity as a judge. For reasons I hope will become clear later, I will suggest that the letter's rhetoric is indicative of how imperial elites at the time narrated their own enrichment, both in the provinces and elsewhere, and thus of how they could be activated, as governors, to support that of other members of this elite.

While Fronto's letter is much longer than Cicero's, the basic structure of the two recommendations is quite similar: after outlining the connection between recommender and recommendee, a property claim is narrated; then follows a section outlining concrete requests for action by the recommendation's addressee. Fronto's account of Clarus's property claim begins in paragraph four:[26]

> (4) These are the terms on which Gavius Clarus and I stand. Now, if my means were more ample, I would help him to the utmost of my power to enable him to discharge the duties of a senator in comfort, nor should I ever allow him to cross the sea on his present errand. As it is, both the moderate nature of my means and his straitened circumstances have forced me to banish him against his will into Syria to secure the legacies which have come to him under the will of a very dear friend. (5) This want of means has been the lot of my friend Clarus from no fault of his own, for he received no benefit from either his father's or his mother's estate; the only result of his being his father's heir was that he found difficulty in paying his father's creditors. But by economy and attention to duty and frugality he discharged all his obligations as quaestor, aedile, and praetor, and whereas your deified father paid out from your privy purse the expenses of his praetorship in his absence, as soon as ever Clarus recovered his health and came back to Rome he paid in the whole amount to the imperial treasury.

Just like Cicero Fronto did not state outright the legitimacy of his recommendee's claim; instead, he implied it – albeit in a very different way from Cicero. Fronto, we might say, never really got to the claim itself, at least not in the preserved parts of the letter; instead, he spent sections four and five trying to convince Verus that Clarus was the kind of man who would pursue such a claim for all the right reasons.

As Fronto told Verus, Clarus did not want to come to Syria. In fact, he did not want to claim these legacies at all, and he certainly was not keen on increasing his wealth per se; instead, the expenses of his praetorship had ruined him financially. Fronto would help out Clarus himself, but his own limited means prevented

26 Fronto, *Ad Verum Imp.* 2,7,4–5 (= p. 111 ed. van den Hout), translation based on C. R. Haines: *Haec mihi cum Gavio Claro iura sunt. Iam ego, si res familiaris mihi largior esset, ne quid ad senatoris munia facile toleranda deesset, omni ope subvenirem; neque umquam ego huius negotii causa eum trans mare proficisci paterer. Nunc et nostrae res haud copiosae et huius paupertas artior me compulerunt, ut eum invitum expellerem in Suriam ad legata, quae ei in testamento hominis amicissimi obvenerunt, persequenda.* (5) *Quae paupertas Claro meo nulla ipsius culpa optigit, sed neque paterna ulla neque materna bona fruenda percepit: eaque fine heres patris fuit, ut creditoribus paternis aegre satisfaceret. Ceterum parsimonia et officiis et frugalitate onera quaestoria et aedilicia et praetoria perfunctus est. Cui quidem per absentiam eius divus pater vester sumptum praeturae de fisco vestro quom expendisset, ubi primum in Urbem Clarus reconciliata sibi valetudine rediit, omne fisco vestro persolvit.*

him from so doing. As a result, he saw himself «forced to banish Clarus to Syria against his will». In paragraph five Fronto then suggested that Clarus was not only not greedy; he was also not profligate. His financial difficulties had come about through no fault of his own. He inherited nothing from his mother, and his father had only left him debts. Through thrift and frugality he had discharged the expenses during his various tenures as quaestor, aedile, and praetor, and already then Antoninus Pius, Verus's adoptive father, had advanced him some money, which Clarus had readily repaid to the emperor's *fiscus*.[27]

In these two sections Fronto thus told the story of a man who was neither money-grubbing nor wasteful, but simply out to do his duty as a good senator and committed to being able to do so. He also told the story of a man who was in financial difficulties because of no fault of his own. Antoninus Pius, Verus's adoptive father, had acknowledged as much when he gave Clarus some money to pay for his praetorship. Fronto's account of Clarus's property claim thus amounted to an extended character sketch.

The contrast with Cicero and Mescinius is obvious. Beyond a brief general claim about Mescinius's *virtus* and *humanitas*, Cicero is silent about aspects of Mescinius's character that extend beyond their reciprocal relationship. Unlike Fronto, Cicero did not anticipate that Mescinius going after his inheritance would arouse suspicions about the kind of man he was and about how he handled property more generally. Instead, Cicero's story about Mescinius's property claim rushed to the conclusion of a business deal and passed off legal contention as a series of pesky obstacles. By contrast, Fronto's narrative dwelt on the moral worth of a reluctant claimant, whose legally valid claims should indeed be upheld and supported, which apparently was not the case for everyone.

At a formal level, we might see the differences between these two recommendations as a reflection of the increased influence of epideictic oratory, which Roger Rees has detected in the recommendations of Pliny and Fronto.[28] While this influence is undeniable, I also want to suggest that meaningful differences in the moral economy surrounding property separated the Late Republican world of Cicero from that of Pliny and Fronto in the High Empire. More concretely, I will argue that the differences that I have been able to detect between the narrative structures of these two recommendations should be seen as indicative of wider changes in how Roman governors handled property disputes between Republic and Principate. To do so, I widen the perspective from individual letters to the collections in which they are contained.

27 For a full discussion of the dynamics of such material assistance from the emperor see Klingenberg (2009), 86–89.

28 Rees (2007), 159–164.

4 Republic and Principate

Shortly after his death Cicero's letters began circulating in two collections, which contain a total of one hundred and thirteen recommendations.[29] Eighty-one of these one hundred and thirteen recommendations were addressed to Roman officials in the provinces. By and large, these recommendations to governors were shorter than the letter for Mescinius, and they were less explicit about the issues at hand.[30] Nevertheless, their language exhibits patterns that provide striking parallels with the rhetoric of the letter for Mescinius.

For one, the idea that the people whom Cicero was recommending to magistrates in the provinces were men (and one woman) with *negotia*, with business, there recurs frequently.[31] Furthermore, these *negotia* tend to be the objects of the recommendation – quite literally so: instead of making his recommendee the object of the verb *commendo*, Cicero often uses *negotia*, or *res* – property, things – in this grammatical position.[32] The idea that governors should help their recommendees in concluding this business is also widespread. In addition to *expedio* and *explico*, the verb *conficio* is used most commonly: governors were to settle, facilitate, and simply bring to a close whatever *negotia* the recommendees had in the provinces.[33] Cicero also asks governors to protect the property of his recommendees: *rem defendas*.[34] Again, this formulation presumes the rightfulness of the claim in that it denies that there was a claim to begin with.

Crucially, the letters in which these narrative strategies prevail were all written for Romans, for the men (and one woman) who, just like Marcus Mindius in Elis, partook in the practices of settler colonialism in Rome's provinces. Overall, we have sixty-four recommendations that Cicero wrote for Roman citizens in the provinces. In no such letter does he address the legitimacy of the property claims at issue. Instead, he regularly denies the claim-element of property and treats its validity as a given.

Cicero also knew very different ways of narrating property claims. In 46 BCE he wrote a recommendation for Hippias, a citizen of Kalakte and guestfriend of Cicero's – probably from the latter's time as quaestor on the island.[35] Some of Hippias' land had been confiscated by the town of Kalakte, and Cicero now tried to enlist the support of the Roman governor on the island for restoring this land

29 For the collections and their editions see now White (2010), 31–60. Déniaux (1993) remains the most thorough study of the recommendations to date.

30 Cotton (1984), Déniaux (1993), 44–50, Rees (2007), 156–158, and Hall (2009), 107–109 discuss vagueness as a key characteristic of Latin letters of recommendations, including those of Cicero.

31 E. g., Cic. *fam.* 1,3; 12,26; 12,27; 12,32; 13,17; 22,21; 22,26; 22,33; 43,45; 43,50; 43,53; 56,57 and 56,63.

32 E. g., Cic. *fam.* 1,3; 12,27; 13,30; 13,33; 13,34; 44,45; 44,53; 44,74.

33 Examples for *conficio* include Cic. *fam.* 12,21; 13,11; 13,14; 13,27–28; 13,57; 13,67. For *explico* and *expedio* see Cic. *fam.* 1,3; 13,26 and 13,63. Illustrations of similar demands in different language can be found at Cic. *fam.* 5,5; 13,29; 13,43 and 13,79.

34 E. g., Cic. *fam.* 12,29; 13,9 and 13,79.

35 Cic. *fam.* 13,37.

to his guest friend. The governor's own «fairness» (*aequitas*) demanded that he see to the matter; after all, Hippias' properties had been confiscated *contra leges Calactinorum* – «in contravention of the laws of Kalakte».

Cicero thus could and did justify property claims with appeals to their fairness and legality. In the case of Mescinius and of other Romans in the provinces he simply chose not to do so. It seems likely that Cicero was not the only member of Rome's political elite to have made that choice.

One, Cicero seems to have thought that this elision of questions of legitimacy was a promising way for enlisting the support of governors for the claims of his recommendees. These governors, of course, were other members of Rome's political elite. Unless we think that Cicero was seriously mistaken, they will have shared this assumption. Two, Book 13 of the *Ad Familiares* was dedicated to letters of recommendation. If this book had a didactic function, as has indeed been suggested, it taught its readers that this was the way to write recommendations for Roman citizens in the provinces.[36] Most importantly, this way of writing about Roman and Italian property claims in the provinces seems to have been part and parcel of the idea that it was indeed right and proper for Roman citizens to get rich(er) in the provinces (and for Roman elites to support them in this endeavour), which is also documented in other sources from first-century BCE Rome.

In a speech delivered in an open court on the Forum Romanum Cicero relied on the testimony of a certain Minucius, a Roman citizen who pursued *negotia* in Syracuse on Sicily. Minucius, so Cicero claimed, knew how to balance his pursuit of enrichment in the provinces with the important claims of Roman freedom: *qui sciret se ita in provincia rem augere oportere ut ne quid de libertate deperderet.*[37] Minucius was in Syracuse to increase his wealth (*rem augere*). Cicero could state as much as a matter of fact; indeed, this seems to have been a commonly held assumption about Roman citizens that were going to the emerging provinces during this period.[38] What needed argumentation – or at least insistence – from Cicero's perspective was the suggestion that this way of life was compatible with being an honourable, free Roman citizen and thus, in the context of a trial, a trustworthy witness.

This passage constitutes the most explicit articulation I know of what one might call the «entitlement» of Roman citizens to get rich(er) in the provinces during the Republican period: the suggestion that this was their reason for being there and that there was nothing untoward about this endeavour. The way in which Cicero and his peers narrated the property claims of Roman citizens in the provinces constituted yet another manifestation of this entitlement – but their narrations were also more than that. Arguably, their narrative strategies also amounted to a key mechanism by which this entitlement was being realized.

36 Gibson (2012), 73–74.

37 Cic. *Verr.* 2,2,73.

38 See, for instance, the tales about Gaius Canius in Syracuse (Cic. *de orat.* 2,280; *off.* 3,58), which seem to build on this idea.

Negotia were to be concluded, *res* were to be defended. Not only did this rhetoric leave no room for considerations of rightfulness and justice; this way of narrating property claims also suggested that helping Roman citizens with the conclusion of their *negotia* in the provinces was the just and rightful thing for governors to do. In so doing, it turned the question of legitimacy away from the claimant and onto the claim's audience – the governor – suggesting not only that any action that he might take in support of these property claims, was legitimate; there also was an imperative for him to take such action, because, well, *negotia* asked for their conclusion and *res* for their protection.

By the late first century CE, this imperative seems to have disappeared – and not only that. A new moral economy of property also seems to have been on the rise, which dramatically changed the chances of various groups to persuade governors to accept their property claims. Making this argument is not straight-forward. Analysing Pliny's recommendations and their place in his collections constitutes a meaningful first step towards so doing.

While patronage is an important element of Pliny's self-stylization in his letter collection, this collection contains only five recommendations addressed to officeholders in Rome's provinces.[39] In all of them Pliny asked for his recommendees to receive appointments in the officeholders' respective staffs. Recommendations for Roman citizens and their property claims in the provinces had been the best represented type of letter in Cicero's collection. By contrast, in Pliny's collection this type of letter is completely absent. Furthermore, a type of recommendation that had been marginal in Cicero's collection, now dominated Pliny's collection: the recommendation concerning questions of officeholding, rank and status.[40] While the collections of Cicero's letters present him as a ready enabler of Roman and Italian appropriation in the provinces, Pliny emerges in his as a keen promoter of men through the scripted ranks of imperial society.

What are we to make of this difference? It is important to remember that Pliny not only put together large parts of his collection himself; he also did so in conversation with other such collections, or *Epistulae*, as the ancients called them. For starters, Pliny was deeply familiar with Cicero's letter collections. As Thomas Keeline has argued, Cicero's collections served as models for his own.[41] Pliny, then, also might have sought to make a point. According to him, writing letters in support of Roman and Italian property claims in the provinces, as Cicero had done, was no longer the key task of a member of the senatorial elite. Composing such letters with a view to furthering the social status of one's friends and clients had taken its place.

39 Plin. *epist.* 2,13; 3,2; 3,8; 4,4; 7,22. On patronage in Pliny's self-stylization see Ganter (2015), 251–288.

40 Sherwin-White (1966), 42–45 identifies these letters as a distinct type in Pliny; the only parallels in Cicero: *fam.* 11,16,17. Page (2015), 176–246 discusses forms of patronage in Pliny including and beyond elections for magistracies; cf. also Ganter (2015), 251–288; Künzer (2016), 231–248.

41 Keeline (2020), 317–335; for further aspects of the relationship of Pliny's letters to Cicero see Gibson/Morello (2012), 4–103.

But Pliny was not only in conversation with Cicero; he also seems to have reacted to senatorial jurists, men like Javolenus Priscus and Juventinus Celsus, who had been publishing letter collections during his lifetime. These collections were made up of pairs of letters: a client of theirs wrote to them with a legal problem, they set out their opinions in a response. Jill Harries has suggested that Pliny conceived of the highly unusual tenth book of his collection – his correspondence with Trajan from his time as governor in Bithynia – as response and rebuttal to the literary pretensions that inhered juristic *Epistulae*.[42] The same animus that led Pliny to replace the opinions that jurists were giving to their clients with the law that the emperor was laying down for his friend Pliny might also lie behind his decision to include only recommendations pertaining to status and promotion in the remaining nine books of his collection. The mundane troubles that required the consultation of legal experts had no place in *Epistulae*; consultation on such tribulations were not to give rise to the kind of social capital that men like Pliny were after in their collections. The one exception to this pattern would fit with this idea.[43] The letter's addressee is an unidentified Priscus. The possibility that this was Javolenus Priscus – or that contemporaries might have thought that it was him – can be seen as yet another way in which Pliny was besting the letter-publishing jurists and their claims: he did not ask them for juristic opinions but enlisted their patronal power to get a friend of theirs to honour a debt.

As should be clear, these interpretations of Pliny's choices in putting together his collection are not exclusive of each other, and there may well be some truth to both. At any rate, they both add further weight to the idea that the recommendations contained in Pliny's *Epistulae* are far from representative of his actual letter writing practice, making it at least possible that Pliny (and other senators during the Principate) continued to write letters of recommendations pertaining to the property disputes of their clients, including, of course, Roman citizens with holdings in the provinces. Fronto's letter for Clarus and his legacies in *Syria*, which I discussed above, lends further support to this idea. Crucially, Fronto's collection contains three more letters that pertain to Roman property claims in the provinces. Together they suggest that in the Principate such claims were indeed being narrated in very different ways than in Cicero's time.

I begin with the recommendation by Fronto, which at first glance looks most like one of Cicero's recommendations. It was addressed to Optatus, a legate in an unknown province. Its recommendees were Sardius Saturninus and his two sons. These sons were Fronto's students in Rome; their father was in the province over which Optatus presided:[44]

42 Harries (2018).

43 Plin. *epist.* 6,8 with Sherwin-White (1966) ad loc.

44 Fronto, *Ad Amicos* 1,9 (= p. 177 ed. van den Hout), translation based on C. R. Haines. *Fronto Cuello Optato salutem. Sardius Saturninus artissima mihi familiaritate coniunctus est per filios suos doctissimos iuvenes, quos in contubernio mecum adsiduos habeo. Magno opere eum tibi, frater, commendo et peto, si quid negotii eum ad te adduxerit, carissimum mihi virum omni honore dignum iudices et ope tua protegas.*

> Fronto to Caelius Optatus, greeting. There is a bond of the closest intimacy between Sardius Saturninus and myself through his sons, young men of the highest culture, whom I have constantly under my roof. I recommend him to you most cordially, my brother, and ask that, if any business bring him to you (*si quid negotii eum ad te adduxerit*), you should judge as worthy of all respect a man very dear to me and should befriend him with all your power.

This letter is equally short and vague as most of the letters that Cicero wrote for Roman citizens in the provinces. What is more, Fronto also used the word *negotium* to describe Saturninus's concerns. Crucially, though, the *negotium* here is not a concrete affair of Saturninus that asks for a quick conclusion. Rather than belonging to Saturninus, the *negotium* – or rather, or some *negotium* – might act on Saturninus and bring him in front of the governor: the verb is *adduxerit*. Should that happen, Optatus was to protect Saturninus.

While there might be lexical parallels with Cicero's recommendations, at a rhetorical level this letter for Saturninus would appear to have much more in common with Fronto's letter for Clarus. Again we have a reluctant recommendee of outstanding moral qualities and an account of external agency that was bringing him before the governor to make his claims. In the remaining two letters of Fronto that also pertained to Roman property claims in the provinces we find replications of this same pattern.

Fronto recommended Julius Aquilinus, a member of the equestrian order, to the governor of *Africa Proconsularis*. This man's cousin lived in *Africa Proconsularis*, and she had been the victim of some calamity: *consobrinam suam casu gravi adflictam*.[45] Aquilinus was now coming to that province to support her there. And Fronto also recommended Montanus Licinius to another governor of *Africa Proconsularis*. Licinius had fallen ill in Rome, and he was now looking to acquire a property along the African coast, where he was hoping for a «refuge» (*asylum*), in which the climate might speed along his recovery.[46]

In each case, then, Fronto told a highly specific story about why his recommendee even was in the governor's province to begin with. In each letter he insisted that external circumstances were leading Fronto's recommendees to make their claims. All the stories he told seem to have been designed to dispel the suspicion of greed and other problematic ethical dispositions.

Notably, Fronto described how Aquilinus had been «led» (*inductus*) to journey to the province of *Africa* by a *necessarium officium*, a «duty» that was both «unavoidable» and «originated in kinship», both possible meanings of the adjective *necessarius*. If Clarus's journey to Syria had resulted from his dutiful fulfilment of his obligations as a senator, Aquilinius's trip to *Africa Proconsularis* constituted a duty in and of itself. There was nothing untoward about it, no self-seeking interests were involved. Instead, Aquilinus was being a good relative, using his connections with the imperial elite to support and rescue his female cousin in

45 Fronto, *Ad Amicos* 1,4 (= p. 174 ed. van den Hout).
46 Fronto, *Ad Amicos* 1,3 (= p. 172 ed. van den Hout).

need. With Licinius and his seaside retreat Fronto not only sought to dispel the suspicion that his recommendee was interested in anything other than health benefits: he was «eager not for the sea but for the air» (*non maris sed aurae cupidus*). He also expressed his hope that, once recovered, Licinius would return to Rome, continue his studies, and further excel in the eloquence for which he was already known.

In sum, in all these letters Fronto was at pains to suggest that his recommendees were not eliciting the governor's support to enrich themselves; that was not their primary goal. For the men whom Fronto was recommending property was only ever a means to an end – a means to improve one's health and return to rhetorical training, a means to fulfil one's familial duty to a relative in need, and a means to pursue a senatorial career in Rome. Fronto seems to have lived in a world in which each Roman property claim in the provinces had to be narrated separately and individually to dispel suspicions of greed and profligacy.

Tantalizingly, the one recommendation in Pliny's collection that pertains to property shows the same pattern.[47] Maximus had died before he could pay back a loan that Atilius Crescens had granted to him. Pliny now asked a certain Priscus that he see to it that the heir of Maximus, a close friend of his, repay not just the loan but also the interest due to Crescens. As Pliny was keen to emphasize, his recommendee was neither greedy nor profligate. The «learning» (*studia*) in which he excelled, he pursued only for pleasure and glory. «Profit» (*quaestus*) was never on his mind. In fact, his financial situation was such that getting this loan repaid could be the lifeline that allowed him to further pursue these *studia*. We might have here, then, glimpses of a broader ethics of property and wealth that bound together the empire's sociopolitical elite during the Principate.

During the Republic, by contrast, this ethics, if it existed at all, was but one among many options in which men like Cicero could think about the property of people with whom they interacted. Roman citizens in the provinces, at least, required no such stories about character and ulterior motives; their *negotia* called for a conclusion, their property for its rightful defence. As I suggested above, Republican elites could dispense with the long exculpatory narratives of their high-empire counterparts because the property claims of Romans in the provinces were already part of a socially sanctioned narrative. Romano-Italian entitlement to get rich(er) in the provinces made Roman and Italian property claims in these regions and the Roman elite's support for them socially acceptable.

On one level, we can understand this change as a story of loss, as the loss and disappearance of Romano-Italian entitlement and the Roman elite's support of the settler colonialism that it embodied. At the same time, we can also detect the emergence of a new socially sanctioned script that potentially benefited an entire class or status group in Roman society: holding office, showing oneself invested in a career through the social ranks and official positions of imperial society – the kind of life that Pliny relentlessly promoted in his *Epistulae*. Based on

47 Plin. *epist.* 6,8.

the letters I have examined here it would appear that in the Principate dedication to magistracies and a political career provided the major non-*ad hoc* narrative basis for why one's property claims should be accepted; learning (*studia*), which was intimately connected to such a career, comes in at a close second. While the evidence preserved speaks best to office-holding at the imperial level, it should be noted that nothing prevented this rhetoric from being available to officeholders at a local level. Arguably, the ethics of wealth, office, and learning that we can trace in the letters of Pliny and Fronto was ideally suited to encompass the coalition of imperial and local elites for which the High Empire is so well known.

5 Narrative and/as law

Between Republic and Principate – between Cicero, on the one hand, and Pliny and Fronto on the other – the political economy of the empire was transformed. Where once myriads of Roman citizens throughout the Mediterranean had perpetuated Roman conquest and acquisition by other means, a new coalition of imperial and local elites structured around the payment of tribute was taking hold. Predation did not disappear; it simply took a different shape. Anyone looking to explain this change, runs straight into Augustus. The first emperor professionalized the army, meaning that Roman citizens no longer constituted Rome's manpower reservoir; arguably, this change allowed him and imperial elites to sell out citizens and wholeheartedly endorse a different constituency – local elites – on whose cooperation they now relied for the ready collection of taxes that would help pay for the empire's newly professionalized legions. Such explanation, however, has not been the focus of this paper. Instead, I have sought to explore the mechanics by which this transformation was brought about. I have sought to excavate (a small part of) the legal work that went into (re)making the empire's political economy between the first century BCE and the second century CE.

I say «legal work» not because I think that there was a meaningful change in legal rules between the time in which Cicero was writing and the lifetimes of Pliny and Fronto that helped spur along this transformation. This might well have been the case; the (very fragmentary) evidence for change in legal rules during this period does not allow us to preclude that possibility. Instead, I want to suggest that the micro-narratives with which Cicero, Pliny, and Fronto sought to move the addressees of their recommendations to endorse the property claims of their recommendees can and should be understood as a meaningful part of law and legal culture at the time.

In the now iconic «Foreword: *Nomos* and Narrative» Robert Cover identified two modes of law, the «paideic» and the «imperial», and examined their interaction in the case of the activities of the US Supreme Court. Law in the «paideic» mode requires no state for its enforcement; it is the normative universe, the *nomos*, that any community inhabits and perpetuates, often anchored in narratives and other practices of enculturation. By contrast, law in the «imperial» mode does not need to be known or understood; what matters is that it is enforced. When these two modes interact, «paideic law» provides «imperial», or black letter law with narrative foundations. Without any change in the substantive tenets of the law, different narrative foundations can lead to radically different outcomes in trials.

In my argument here, the community in question was the imperial elite, who carried their *nomos* – their foundational assumption about ethics, wealth, and honour – around with them wherever they went, including the provinces, which they visited as officials. Their assumptions about who could and should acquire property on what terms and by what means could be marshalled as part of trials – in the *narrationes* and implicit character sketches that were an essential part of such trials – and they were a crucial means for directing governor's attention to individual claims in the first place. Whatever the concrete rules of Roman (and non-Roman) law that might have been at play in the disputes to which the recommendations by Cicero, Pliny, and Fronto pertained, the way in which these men recounted property claims provided radically different narrative foundations for these rules.

The change in narrative foundations between Republic and Principate transformed the ways in which Roman citizens and members of provincial populations could frame their property claims. This did not mean that Mescinius and Clarus necessarily won their disputes; we simply do not know how things turned out for them. However, it did mean that men like Mescinius and Clarus respectively – men with Roman citizenship in the first century BCE and men invested in office-holding at the imperial and possibly also at the local level in the first and second centuries CE – had the best chance of mobilizing provincial governors in support of their claims. Rhetoric, then, underwrote predation, and narrative and/as law transformed the empire's political economy between Republic and Principate to its core.

Bibliography

Beard (2002): Mary Beard, «Ciceronian Correspondences. Making a book out of letters», in: Thomas Wiseman (ed.), *Classics in Progress. Essays on Ancient Greece and Rome*, Oxford, 103–145.

Bérenger (2014): Agnès Bérenger, *Le métier de gouverneur dans l'empire romain de César à Dioclétien*, Paris.

Biglino (2022): Fabrizio Biglino, «The Army and Movement of People during the Roman Republic», *The Ancient History Bulletin* 36, 59–80.

Bodel (2015): John Bodel, «The Publication of Pliny's Letters», in: Ilaria Marchesi (ed.), *Pliny the Book-Maker. Betting on Posterity in the Epistles*, Oxford, 15–108.

Braund (1989): David Braund, «Function and dysfunction. Personal patronage in Roman imperialism», in: Andrew Wallace-Hadrill (ed.), *Patronage in Ancient Society*, London, 137–152.

Brooks (2005): Peter Brooks, «Narrative in and of the Law», in: James Phelan and Peter J. Rabinowitz (eds.), *A Companion to Narrative Theory*, Malden (MA), 415–426.

Brooks (2006): Peter Brooks, «Narrative Transactions. Does the Law Need a Narratology?», *Yale Journal of Law & the Humanities* 18/1, 1–28.

Bryen (2013): Ari Z. Bryen, *Violence in Roman Egypt. A Study in Legal Interpretation*, Philadelphia (PA).

Cotton (1979): Hannah M. Cotton, «Cicero, Ad Familiares XIII, 26 and 28. Evidence for Revocatio or Reiectio Romae/Romam?», *The Journal of Roman Studies* 69, 39–50.

Cotton (1981): Hannah M. Cotton, *Documentary Letters of Recommendation in Latin from the Roman Empire*, Königstein i. Ts.

Cotton (1984): Hannah M. Cotton, «Greek and Latin Epistolary Formulae: Some Light on Cicero's Letter Writing», *The American Journal of Philology* 105, 409–425.

Cotton (1985): Hannah M. Cotton, «Mirificum Genus Commendationis. Cicero and the Latin Letter of Recommendation», *The American Journal of Philology* 106, 328–334.

Cotton (1986): Hannah M. Cotton, «The Role of Cicero's Letters of Recommendation: ‹Iustitia versus Gratia?›», *Hermes* 114, 443–460.

Cotton (2022): Hannah M. Cotton, *Roman Rule and Jewish Life. Collected Papers* (Studia Judaica 89), Berlin and Boston.

Davenport/Manley (2014): Caillan Davenport and Jennifer Manley, *Fronto. Selected Letters*, London.

Déniaux (1993): Élizabeth Déniaux, *Clientèles et pouvoir à l'époque de Cicéron*, Rome.

Duncan-Jones (2016): Richard Duncan-Jones, *Power and Privilege in Roman Society*, Cambridge.

Eberle/Le Quéré (2017): Lisa Pilar Eberle and Enora Le Quéré, «Landed Traders, Trading Agriculturalist? Land in the Economy of the Italian Diaspora in the Greek East», *The Journal of Roman Studies* 107, 27–59.

Eck (1974): Werner Eck, «Beförderungskriterien innerhalb der senatorischen Laufbahn, dargestellt anhand der Zeit von 69 bis 138 v. Chr.», in: Hildegard Temporini et al. (eds.), *Aufstieg und Niedergang der römischen Welt*, Bd. 2.1, Berlin and New York, 158–228.

Eck (2008): Werner Eck, «Provincial Administration and Finance», in: Alan K. Bowman, Dominic Rathbone and Peter Garnsey (eds.), *The Cambridge Ancient History*, Vol. 11: The High Empire, AD 70–192, 2nd ed., Cambridge, 266–292.

Fournier (2010a): Julien Fournier, *Entre tutelle romaine et autonomie civique. L'administration judiciaire dans les provinces hellénophones de l'Empire romain (129 av. J.-C.–235 apr. J.-C.)*, Athens.

Fournier (2010b): Julien Fournier, «L'apport de l'œuvre de Cicéron à la connaissance du système judiciaire provincial au Ier siècle av. J.-C.», in: Nathalie Barrandon and François Kirbihler (eds.), *Administrer les provinces de la République romaine*, Rennes, 181–194.

Galsterer (1996): Hartmut Galsterer, «The Administration of Justice», in: Alan K. Bowman, Andrew Lintott, and Edward Champlin (eds.), *The Cambridge Ancient History*, Vol. 10: The Augustan Empire, 43 BC–AD 69, 2nd ed., Cambridge, 397–413.

Ganter (2015): Angela Ganter, *Was die römische Welt zusammenhält: Patron-Klient-Verhältnisse zwischen Cicero und Cyprian*, Berlin.

Gibson (2012): Roy K. Gibson, «On the Nature of Ancient Letter Collections», *The Journal of Roman Studies* 102, 56–78.

Gibson/Morello (2012): Roy K. Gibson and Ruth Morello, *Reading the Letters of Pliny the Younger. An Introduction*, Cambridge.

Hall (2009): Jon Hall, *Politeness and Politics in Cicero's Letters*, Oxford.

Harries (2000): Jill Harries, *Law and Empire in Late Antiquity*, Cambridge.

Harries (2018): Jill Harries, «Saturninus the Helmsman, Pliny and Friends. Legal and Literary Letter Collections», in: Alice König and Christopher Whitton (eds.), *Roman Literature under Nerva, Trajan and Hadrian. Literary Interactions, AD 96–138*, Cambridge, 260–279.

Hatzfeld (1919): Jean Hatzfeld, *Les trafiquants italiens dans l'Orient hellénique*, Paris.

Heath (2009): Malcolm Heath, «Codifications of Rhetoric», in: Erik Gunderson (ed.), *The Cambridge Companion to Ancient Rhetoric*, Cambridge, 59–74.
Hopkins (1980): Keith Hopkins, «Taxes and Trade in the Roman Empire (200 B. C.–A. D. 400)», *The Journal of Roman Studies* 70, 101–125.
Hopkins (2017): Keith Hopkins, «The Political Economy of the Roman Empire», in: Christopher Kelly (ed.), *Sociological Studies in Roman History*, Cambridge, 432–487.
Humfress (2015): Caroline Humfress, «Telling Stories about (Roman) Law. Rules and Concepts in Legal Discourse», in: Paul Dresch and Judith Scheele (eds.), *Legalism. Rules and Categories*, Oxford, 79–104.
Isayev (2017): Elena Isayev, *Migration, Mobility and Place in Ancient Italy*, Cambridge.
Keeline (2020): Thomas J. Keeline, *The Reception of Cicero in the Early Roman Empire. The Rhetorical Schoolroom and the Creation of a Cultural Legend*, Cambridge.
Kelly (1966): John Maurice Kelly, *Roman Litigation*, Oxford.
Kelly (2011): Benjamin Kelly, *Petitions, Litigation, and Social Control in Roman Egypt* (Oxford Studies in Ancient Documents), Oxford.
Kenty (2021): Joanna Kenty, «Divided Audience and Figured Speech in Cicero's Pro Balbo», *American Journal of Philology* 142, 67–101.
Klingenberg (2009): Andreas Klingenberg, *Sozialer Abstieg in der römischen Kaiserzeit. Risiken der Oberschicht in der Zeit von Augustus bis zum Ende der Severer*, Paderborn.
Kokkinia (2004): Christina Kokkinia, «The Philosopher and the Emperor's Words. Trajan, Flavius Archippus and Dio Chrysostom», *Historia: Zeitschrift für Alte Geschichte* 53, 490–500.
Kovelman (1991): Arkady B. Kovelman, «From Logos to Myth. Egyptian Petitions of the 5th–7th Centuries», *The Bulletin of the American Society of Papyrologists* 28, 135–152.
Künzer (2016): Isabell Künzer, *Kulturen der Konkurrenz. Untersuchungen zu einem senatorischen Interaktionsmodus an der Wende vom ersten zum zweiten Jahrhundert n. Chr.*, Bonn.
Lendon (2022): Jon E. Lendon, *That Tyrant, Persuasion. How Rhetoric Shaped the Roman World*, Princeton (NJ).
Leunissen (1993): Paul M. M. Leunissen, «Conventions of Patronage in Senatorial Careers under the Principate», *Chiron* 23, 101–120.
Lintott (1993): Andrew W. Lintott, *Imperium Romanum. Politics and Administration*, London.
May (1988): James M. May, *Trials of Character. The Eloquence of Ciceronian Ethos*, Chapel Hill (NC).
Meyer (2006): Elizabeth Meyer, «The Justice of the Roman Governor and the Performance of Prestige», in: Anne Kolb (ed.), *Herrschaftsstrukturen und Herrschaftspraxis. Konzepte, Prinzipien und Strategien der Administration im römischen Kaiserreich*, Berlin, 167–180.
Meyer-Zwiffelhoffer (1999): Eckhard Meyer-Zwiffelhoffer, *Politikōs archein. Zum Regierungsstil der senatorischen Statthalter in den kaiserzeitlichen griechischen Provinzen*, Stuttgart.
Noreña (2007): Carlos F. Noreña, «The Social Economy of Pliny's Correspondence with Trajan», *The American Journal of Philology* 128/2, 239–277.
Noreña (2010): Carlos F. Noreña, «The Early Imperial Monarchy», in: Alessandro Barchiesi (ed.), *The Oxford Handbook of Roman Studies*, Oxford, 533–546.
O'Banion (1987): John D. O'Banion, «Narration and Argumentation. Quintilian on narratio as the Heart of Rhetorical Thinking», *Rhetorica* V, 325–351.
Page (2015): Sven Page, *Der ideale Aristokrat. Plinius der Jüngere und das Sozialprofil der Senatoren in der Kaiserzeit*, Heidelberg.
Purcell (2005): Nicholas Purcell, «Romans in the Roman World», in: Karl Galinsky (ed.), *The Cambridge Companion to the Age of Augustus*, Cambridge, 85–105.

Ramgopal (2022): Sailakshmi Ramgopal, «Connectivity and Disconnectivity in the Roman Empire», *The Journal of Roman Studies* 112, 215–235.

Rees (2007): Roger Rees, «Letters of Recommendation and the Rhetoric of Praise», in: Ruth Morello and Andrew D. Morrison (eds.), *Ancient Letters. Classical and Late Antique Epistolography*, Oxford, 149–168.

Richardson (1994): John Richardson, «The Administration of the Empire», in: Andrew Lintott, Elizabeth Rawson, and J. A. Crook (eds.), *The Cambridge Ancient History*, Vol. 9: The Last Age of the Roman Republic, 146–43 BC, 2nd ed., Cambridge, 564–598.

Rollinger (2014): Christian Rollinger, «Amicitia sanctissime colenda». Freundschaft und soziale Netzwerke in der späten Republik, Heidelberg.

Rose (1994): Carol Rose, *Property and Persuasion. Essays on the History, Theory, and Rhetoric of Ownership*, Boulder.

Saller (1982): Richard P. Saller, *Personal Patronage under the Early Empire*, Cambridge.

Sarri (2014): Antonia Sarri, «A Letter of Proklos to Asklepiades: P.Lond.Inv. 2553 + P.Col. VIII 211», *Greek, Roman and Byzantine Studies* 54, 37–44.

Sherwin-White (1966): Adrian N. Sherwin-White, *The Letters of Pliny. A Historical and Social Commentary*, Oxford.

de Ste Croix (1954): Geoffrey M. E. de Ste Croix, «From Vote to Patronage», *The British Journal of Sociology* 5, 33–48.

Steel (2001): Catherine E. W. Steel, *Cicero, Rhetoric, and Empire*, Oxford.

Vasaly (1993): Ann C. Vasaly, *Representations. Images of the World in Ciceronian Oratory*, Berkeley (CA).

Verboven (2002): Koenraad Verboven, *The Economy of Friends. Economic Aspects of «amicitia» and Patronage in the Late Republic* (Collection Latomus), Brussels.

White (2010): Peter White, *Cicero in Letters. Epistolary Relations of the Late Republic*, Oxford.

Wilcox (2012): Amanda Wilcox, *The Gift of Correspondence in Classical Rome*, Madison (WI).

Wilson (1966): Alan J. Wilson, *Emigration from Italy in the Republican Age of Rome*, Manchester.

Wulfram (2008): Hartmut Wulfram, *Das Römische Versepistelbuch. Eine Gattungsanalyse*, Berlin.

Ziogas (2021): Ioannis Ziogas, *Law and Love in Ovid. Courting Justice in the Age of Augustus*, Oxford.

Ziogas/Bexley (2022): Ioannis Ziogas and Erica Bexley, *Roman Law and Latin Literature*, London.

Recht und Erzählung in Plinius' Briefen: Strategische Hybridisierungen zwischen *fact and fiction*. Mit einem Epilog zu Hannah Arendt

Robert Kirstein

1 Fallstudie: Plinius der Jüngere

1.1 Plinius der Jüngere als Jurist und Schriftsteller

Geboren noch in der Regierungszeit Neros (54–68) im Jahr 61 n. Chr. durchlief Plinius eine erfolgreiche Laufbahn als Anwalt und Politiker unter den Kaisern Domitian (81–96), Nerva (96–98) und Trajan (98–117). Zu seinen Altersgenossen gehörte der nur wenig ältere Historiker Tacitus (58–120), zu seinen Lehrern der berühmte Rhetoriker Quintilian (35–96). Das prägende Ereignis der ‹Generation Plinius› war die von der senatorischen Oberschicht als Schreckensherrschaft wahrgenommene Regierungszeit Kaiser Domitians in den 80er- und 90er-Jahren des ersten Jahrhunderts. Nach Domitians gewaltsamem Tod im Jahr 96 n. Chr. mussten sich viele die Frage stellen, die Tacitus in der Biografie seines Schwiegervaters Agricola an sich und seine Zeitgenossen in schonungsloser Offenheit richtete: Wie, so Tacitus, konnten wir alle so viele Jahre die Augen verschliessen und schweigen zu dem Unrecht, das Domitian gegen so viele Personen aus sämtlichen Teilen der Gesellschaft verübt hatte, gegen Senat, Ritterschaft und Volk, aber auch gegen die Gruppe der Philosophen oder, wie wir heute sagen würden, der ‹Intellektuellen›:

> *Dedimus profecto grande patientiae documentum; et sicut vetus aetas vidit quid ultimum in libertate esset, ita nos quid in servitute, adempto per inquisitiones etiam loquendi audiendique commercio. Memoriam quoque ipsam cum voce perdidissemus, si tam in nostra potestate esset oblivisci quam tacere.*
>
> Wir haben fürwahr einen großen Beweis von Geduld gegeben, und wie die alte Zeit gesehen, was das Äußerste an Freiheit (*libertas*) ist, so wir, was an Knechtschaft (*servitus*); man nahm uns ja durch Überwachung sogar den Meinungsaustausch im Reden und Hören. Das Gedächtnis selbst hätten wir zusammen mit der Stimme verloren, wenn es ebenso in unserem Belieben stünde zu vergessen wie zu schweigen.[1]

1 Tacitus, *Agricola* 2,3 (Text Winterbottom/Ogilvie [1975], Übersetzung Feger [2006], 5–6). Zur Figur des Agricola vgl. Christ (^{6}2009), 265.

Tacitus' Selbstkritik berührt einen heiklen Punkt, hatten doch nicht nur er selbst, sondern zahlreiche Vertreter seiner Generation die Herrschaft Domitians nicht nur überlebt, sondern in dieser Zeit ihre Karrieren erfolgreich aufgebaut und fortgeführt.[2] Während Domitian sofort nach seiner Ermordung der *damnatio memoriae* anheimfiel und von der senatorischen Geschichtsschreibung in die Kategorie ‹schlechter Kaiser› einsortiert wurde – zusammen mit Figuren wie Caligula und Nero –, erfuhren die Nachfolger Nerva und Trajan umgekehrt eine positive Bewertung als ‹gute Kaiser› in der Nachfolge des grossen Vorbilds Augustus – eine Deutung der historischen Ereignisse, die sich trotz aller Problematisierungen im Einzelnen bis weit in unser modernes Bild der römischen Kaiserzeit gehalten hat.[3]

Nur vor diesem politischen und zeitgeschichtlichen Hintergrund erschliesst sich *eine* wesentliche Tendenz der umfangreichen Briefsammlung, die Plinius der Jüngere in dem Jahrzehnt nach seinem Konsulat zwischen 100 und 110 n. Chr. veröffentlicht hat. Die Sammlung enthält 368 Briefe, die in elevierter lateinischer Kunstprosa verfasst sind.[4] Die Briefe der Bücher eins bis neun (247 Briefe) richten sich in wechselnder Folge an unterschiedliche Adressaten, zu denen auch der Historiker Tacitus zählt.[5] Nur das zehnte Buch (121 Briefe) ist an einen einzigen Korrespondenten gerichtet, Kaiser Trajan, mit dem Plinius während seiner Amtszeit als Statthalter der römischen Provinz Bithynien in amtlicher Briefkorrespondenz stand; anders als in den voranstehenden Büchern sind hier zumindest teilweise beide Seiten der Korrespondenz enthalten. Die Themen aller zehn Briefbücher sind bunt, der Austausch über Literatur gehört ebenso dazu wie Empfehlungsschreiben, Einladungen zum Essen, Freundschaftsbekundungen, Villen- und Landschaftsbeschreibungen, Porträts bedeutender Persönlichkeiten

2 Vgl. Christ (^{6}2009), 281; Gibson (2020), 102–105 über Plinius' Rolle im Umbruch nach Domitians Ermordung.

3 Zu Domitians Herrschaft vgl. Christ (1962) und (^{6}2009), 274–284; Witschel (^{4}2010), 110: «Daß Domitians Andenken allerdings so systematisch verdunkelt wurde und er in der späteren Überlieferung als der Tyrann schlechthin, ja zuweilen sogar als eine Art Monster erscheint, hat nur teilweise etwas mit seinem tatsächlichen Verhalten zu tun. Vielfach liegen die Gründe hierfür eher in Vorgängen unter seinen Nachfolgern Nerva und Traian, die er nicht mehr beeinflussen konnte. Gerade Traian, obwohl selbst ein loyaler Beamter unter Domitian, hatte nach seinem von erheblichen Turbulenzen begleiteten Regierungsantritt allen Grund dazu, sich von seinem Vorgänger abzusetzen und in allen Bereichen als dessen genaues Gegenteil zu stilisieren. Das in dieser Zeit vor allem von Tacitus und Plinius, die beide unter Domitian nicht erkennbar zu leiden hatten, ausgeformte Bild des letzten Flaviers hat mit seiner Schwarz-Weiß-Malerei die gesamte nachfolgende Überlieferung bestimmt und andere Zeugnisse überdeckt. So bleibt es für den modernen Betrachter eine mühsame Aufgabe, dem schwierigen Kaiser Domitian einigermaßen gerecht zu werden.» Vgl. auch die Monografien von Jones (1992) und Southern (1997).

4 Vgl. Bodel (2015), 103–108, mit Diskussion der verschiedenen Datierungsansätze. Zum Stil von Albrecht (2012), 129–133; Gibson/Morello (2012), 299 mit weiterer Literatur.

5 Zu Tacitus und Plinius s. Marchesi (2008), 97–143; Gibson/Morello (2012), 304–305; Whitton (2012); Edwards (2018), 77: «Since Tacitus is *exemplar aliquod sui*, Pliny's praise of Tacitus and his professed humility allow him to advertise his own success without overtly boasting.»

oder alltägliche Familienangelegenheiten.[6] Zu den bekanntesten Stücken gehören die beiden Briefe, in denen Plinius den Ausbruch des Vesuv im Jahr 79 n. Chr. schildert, bei dem sein Onkel, der Naturforscher Plinius der Ältere, ums Leben kam, sowie, im 10. Buch, die amtliche Nachfrage bei Kaiser Trajan, wie bei Anzeigen gegen Christen in seiner Provinz zu verfahren sei.[7] Zu diesen bekannten Themenkomplexen kommt ein weiterer, der zwar immer wieder gestreift worden ist, der aber erst in jüngerer Zeit erhöhte Aufmerksamkeit erfahren hat: der Bereich des Rechts und des römischen Gerichtswesens.[8] In zahlreichen Briefen werden Prozesse, Erbschaftsangelegenheiten und Rechtsakte römischer Beamter behandelt, jungen Anwälten Empfehlungen mit auf den Weg gegeben und über solche Prozesse berichtet, an denen Plinius selbst beteiligt war.

Tatsächlich hatte Plinius einen Grossteil seines Lebens in römischen Gerichten verbracht, entweder als Anwalt oder in Ausübung eines magistralen Amtes.[9] Nachdem er im Jahr 80/81 das Amt eines *decemvir stlitibus iudicandis* bekleidet hatte («Zehn Männer zum Entscheiden von Prozessen») – eine Einrichtung, die die Oberaufsicht über Roms zahlreiche Centumviralgerichte führte –, war er über Jahrzehnte als Anwalt in ebendiesen Centumviralgerichten aktiv.[10] Einen Einblick in Plinius' juristische Alltagspraxis gibt ein Brief aus dem fünften Buch (5,9), der sich auf das Jahr 105 n. Chr. datieren lässt:

C. PLINIUS SEMPRONIO RUFO SUO S.

(1) Descenderam in basilicam Iuliam, auditurus quibus proxima comperendinatione respondere debebam. (2) Sedebant iudices, decemuiri uenerant, obuersabantur aduocati, silentium longum; tandem a praetore nuntius. Dimittuntur centumuiri, eximitur dies me gaudente, qui umquam ita paratus sum ut non mora laeter.

(3) Causa dilationis Nepos praetor, qui legibus quaerit. Proposuerat breue edictum, admonebat accusatores, admonebat reos exsecuturum se quae senatus consulto continerentur. (4) Suberat edicto senatus consultum: hoc omnes qui quid negotii haberent iurare prius quam agerent iubebantur, nihil se ob aduocationem cuiquam dedisse promisisse cavisse. His enim uerbis ac mille praeterea et uenire aduocationes et emi uetabantur; peractis tamen negotiis permittebatur pecuniam dumtaxat decem milium dare.

(5) Hoc facto Nepotis commotus praetor qui centumuiralibus praesidet, deliberaturus an sequeretur exemplum, inopinatum nobis otium dedit.

6 Sherwin-White (1966), 43–44 differenziert acht Themenfelder in Plinius' Briefcorpus. Zum neuen Interesse an Plinius gerade auch als Literat und ‹Erzähler› s. unten S. 315 mit Anm. 26 und 27.

7 Plin. *epist.* 6,16 und 6,20; 10,96–97: Gibson/Morello (2012), 296 und 306.

8 Thematisiert bereits von Oliver (1931); Gibson (2020), 89: «[...] the portrait of the courtroom orator that is central to Pliny's identity in Rome». Zur Rolle juristischer Themen in Buch 6 s. Gibson/Morello (2012), 36–73, ebenso 349 s. v. *legal work*. Überblicke über die Inhalte und Themen bei Sherwin-White (1966), 43–45 (hier bes. Kategorie 1 «Public life») und bei Gibson/Morello (2012), 274–292.

9 Oliver (1931), 154; Gibson (2020), 88–93 und passim.

10 Gibson/Morello (2012), 267; Gibson (2020) mit Anm. 26; Neger (2021), 219–238.

C. Plinius grüßt seinen Rufus

(1) Ich war zur *Basilica Iulia* hinuntergegangen, um die Anwälte zu hören, denen ich beim nächsten Termin würde antworten müssen. (2) Die Richter saßen bereit, die Dezemvirn waren da, die Anwälte eilten hin und her; nach langem Schweigen endlich ein Bote vom Prätor. Die Centumvirn werden nach Hause geschickt, der Termin zu meiner Freude ausgesetzt; ich fühle mich ja nie so recht bereit, um mich nicht über jede Verzögerung zu freuen.

(3) Anlass für den Aufschub war der Prätor Nepos, der gesetzmäßig die strafrechtlichen Untersuchungen leitet. Er hatte ein kurzes Edikt erlassen, in welchem er die Ankläger, die Angeklagten warnte; er werde sich an die Bestimmungen des Senatsbeschlusses halten. (4) Beigefügt war seinem Edikt der Senatsbeschluss: jeder, der einen Rechtshandel habe, solle vor Beginn des Prozesses schwören, wegen seiner Vertretung vor Gericht niemandem etwas gegeben, versprochen oder garantiert zu haben. Mit diesen Worten und tausend weiteren wurde Kauf und Verkauf der Advokatendienste verboten. Nach Abschluss eines Prozesses solle es jedoch gestattet sein, ein Honorar von höchstens 10.000 Sestertien zu zahlen.

(5) Durch dies Vorgehen des Nepos angeregt, wollte der Prätor, der die Oberleitung der Centumviralgerichte hatte, sich überlegen, ob er seinem Beispiel folgen solle, und verschaffte uns so eine unerwartete Atempause.[11]

Von besonderer Bedeutung für Plinius und für die anderen Mitglieder des römischen Senats war die unmittelbare Interaktion mit dem Kaiser in der Ausübung von Verwaltungs- und Rechtsangelegenheiten, denn hier fanden – über die rein fachlich-juristische Tätigkeit hinaus – grundlegende praktische und symbolische Aushandlungsprozesse zwischen dem Herrscher und den Vertretern der Senatsaristokratie statt. Die Berufung in einen kaiserlichen Beirat (*consilium*) spielt deshalb in der epistolaren Selbstdarstellung des Plinius eine zentrale Rolle.[12] Hierzu passt die übergreifende Tendenz des plinianischen Briefcorpus, gerade die ‹zivile› Rolle des Kaisers als *civilis princeps* zu betonen.[13] In einem Brief des

11 Plin. *epist.* 5,9 (Text Mynors [1963], Übersetzung Kasten [2003], 279–281). Der Adressat des Briefes ist der Senator Sempronius Rufus, vgl. *epist.* 4,22; Sherwin-White (1966), 298. Die *Basilica Iulia* diente als prominenter Tagungsort für das Centumviralgericht, vgl. Gibson/Morello (2012), 71 mit Anm. 107. Zu 5,9 auch Neger (2021), 228–229, die den Brief briefzyklisch als Teil einer «simultane[n] Narration» analysiert.

12 Zum vieldiskutierten Selbstlob und zu Strategien der Selbstdarstellung bei Plinius vgl. Radicke (2003), 33: «Der Entwurf des Lesers ist daher eng mit dem Selbstentwurf als Autor verbunden. Indem Plinius ein positives Bild der gelehrten Welt zeichnet, läßt er ein positives Bild von sich als Autor entstehen.» Weiter Eco (1985); Ludolph (1997); Radicke (1997); Pausch (2004), 53; Gauly (2008); Noreña (2011); Kirstein (2018); Gibson (2020), 141 u. 243. Zum manipulativen und ‹subversiven› Potenzial von Erzählung s. den Beitrag von Grethlein in diesem Band zu Platos *Apologie*. Lange Zeit einflussreich war Nordens Urteil der «Eitelkeit» und «liebenswürdige[n] Naivität», Norden (^{9}1983/1898), 318.

13 Vgl. Gibson/Morello (2012), 26: «Indeed, this is something of a keynote for the *Letters* as a whole, where even Trajan – the consummate military man – is made to appear largely in the guise of *civilis princeps.*» Noreña (2007) zu Buch 10. Vgl. Wallace-Hadrill (1982), 43, mit Bezug auf Plinius' Formulierung im *Panegyricus* auf Kaiser Trajan aus dem Jahr 100 n. Chr. (cap. 2,4 *unum e nobis*): «As Pliny puts it, ‹Trajan's superiority is the greater because he thinks of himself as one of us, and

sechsten Buches (6,31) berichtet Plinius über die ehrenvolle Teilnahme an einem solchen mehrtägigen *consilium* unter Kaiser Trajan:

C. PLINIUS CORNELIANO SUO S.

(1) Euocatus in consilium a Caesare nostro ad Centum Cellas (hoc loco nomen), magnam cepi uoluptatem. (2) Quid enim iucundius quam principis iustitiam grauitatem comitatem in secessu quoque ubi maxime recluduntur inspicere? Fuerunt uariae cognitiones et quae uirtutes iudicis per plures species experirentur.

(3) Dixit causam Claudius Ariston princeps Ephesiorum, homo munificus et innoxie popularis; inde inuidia et a dissimillimis delator immissus, itaque absolutus uindicatusque est.

(4) Sequenti die audita est Gallitta adulterii rea. Nupta haec tribuno militum honores petituro, et suam et mariti dignitatem centurionis amore maculauerat. Maritus legato consulari, ille Caesari scripserat. (5) Caesar excussis probationibus centurionem exauctorauit atque etiam relegauit. [...]

(7) Tertio die inducta cognitio est multis sermonibus et uario rumore iactata, Iuli Tironis codicilli, quos ex parte ueros esse constabat, ex parte falsi dicebantur. (8) Substituebantur crimini Sempronius Senecio eques Romanus et Eurythmus Caesaris libertus et procurator. Heredes, cum Caesar esset in Dacia, communiter epistula scripta, petierant ut susciperet cognitionem.

C. Plinius grüßt seinen Cornelianus

(1) Unser Kaiser hat mich in seinen Beirat nach *Centum Cellae* – so heißt der Ort – berufen, und ich habe dort viel Schönes erlebt (*magnam cepi voluptatem*). (2) Was kann denn auch reizvoller sein, als des Prinzeps Gerechtigkeit, seinen Ernst, seine Leutseligkeit (*principis iustitiam, gravitatem, comitatem*) auch in der Zurückgezogenheit zu beobachten, wo sich diese Eigenschaften besonders erschließen? Es handelte sich um mannigfache Untersuchungen, wobei seine richterlichen Tugenden bei verschiedenen Fällen in Erscheinung traten.

(3) Zunächst kam Claudius Aristion mit seinem Prozess heran, eine der führenden Persönlichkeiten in Ephesus, ein freigebiger Mann, der es auf anständige Weise zu großer Beliebtheit gebracht hatte; infolgedessen Missgunst, und Leute, die ihm nicht das Wasser reichen konnten, schickten einen Ankläger gegen ihn vor. Natürlich wurde er freigesprochen und erhielt Genugtuung.

(4) Am folgenden Tage wurde eine gewisse Gallitta – angeklagt wegen Ehebruchs – vernommen. Sie war mit einem Militärtribunen verheiratet, der am Anfang seiner Laufbahn stand, und hatte ihre und ihres Gatten Ehre durch ein Verhältnis mit einem Zenturio befleckt. Der Gatte hatte dem Konsularlegaten, dieser dem Kaiser Meldung gemacht. (5) Der Kaiser prüfte die Beweisstücke und kassierte den Zenturio, verbannte ihn außerdem. [...]

(7) Am dritten Tage stand eine vielbesprochene, stadtbekannte Sache zur Verhandlung, die Zusätze im Testament des Iulius Tiro, die zum Teil unbestritten echt, zum Teil

bears in mind that he is a mortal just as much as a ruler over mortals›», mit Anm. 81: «‹Unum e nobis,› must refer to *cives*, since the expression comes in a string of first person plurals following ‹omnibus civibus enitendum› at 2, I.» Eck (2010), 117 spricht von Trajans «zivile[r] Freundlichkeit» gegenüber den Senatoren; vgl. auch Noreña (2011), 34; Whitton (2013), 154 zu *epist.* 2,11.

> angeblich gefälscht waren. (8) Angeklagt waren Sempronius Senecio, ein Römischer Ritter, und der kaiserliche Freigelassene und Prokurator Eurythmus. Die Erben hatten sich, als der Kaiser in Dacien weilte, gemeinsam brieflich an ihn gewandt und ihn gebeten, die Aufklärung des Falles zu übernehmen.[14]

Plinius hat, soweit wir es seinen Briefen entnehmen können, mindestens dreimal an einem solchen Konsilium in den Jahren zwischen 104 und 107 n. Chr. teilgenommen, offenbar als hinzugezogenes und nicht als ständiges Mitglied.[15] Verschiedene, teilweise spektakuläre Prozesse hatten ihm in den Jahren nach Trajans Regierungsantritt die Gelegenheit gegeben, sich als juristischen Experten zu empfehlen.[16] In seiner *Geschichte des römischen Rechts* weist Bretone auch auf die systematische Bedeutung hin, die solche Erörterungen in den kaiserlichen *consilia* für die juristische Fachliteratur der Kaiserzeit hatten, etwa bei Juristen wie Ulpius Marcellus, einem Gelehrten des zweiten Jahrhunderts, der in seinen *Digesten* von ähnlichen Sitzungen aus der Regierungszeit Kaiser Marc Aurels (121–180) berichtet.[17]

1.2 Plinius' Briefe als Erzählung: ‹Reading by the Book›

Plinius' Briefe über die Rechtspraxis seiner Generation sind wichtige Quellen für die Rekonstruktion der römischen Rechtsgeschichte in der frühen Kaiserzeit. Für unsere Fragestellung nach Recht im Kontext von fiktionalem und faktualem Erzählen kommt es allerdings mehr auf das *Wie* als das *Was* der Darstellung an. Erhellend in diesem Zusammenhang ist die Fortführung des oben zitierten Briefes 6,31 über die Teilnahme an einem kaiserlichen *consilium* in *Centum Cellae*, einer Stadt in Latium, knapp 70 km nordwestlich von Rom gelegen (das heutige

14 Plin. *epist.* 6,31,1–7 (Text Mynors [1963], Übersetzung Kasten [2003], 361–363). Der Adressat, ein gewisser Cornelianus, findet nur hier in den Briefen Erwähnung. Der Brief ist wahrscheinlich nach Trajans Rückkehr aus Dakien (Triumph 107 n. Chr.) verfasst, vgl. Sherwin-White (1966), 391; Fein (1994), 149 mit Anm. 275. Zum Kontext des Briefes innerhalb von Buch 6 s. Gibson/Morello (2012), 39 und 69: «Book 6 [...] displays Pliny as an active participant ‹on stage› in Rome's courts». Vgl. auch Kunkel (1974), 189 u. 226; Millar (1977), 27; Lefèvre (2009), 235–237; Neger (2021), 47–48.

15 Kunkel (1974), 226 und Anm. 108, mit Verweis auf eine Formulierung in Plin. *epist.* 4,22,1 *in consilium adsumptus*.

16 Zu Plinius' Rolle vgl. Fein (1994), 149, Anm. 275. Zum Prozess, den Plinius im Jahr 99/100 n. Chr. gegen Marius Priscus, den ehemaligen Prokonsul von Africa, geführt und vor dem Senat und in Anwesenheit des Kaisers erfolgreich zum Abschluss gebracht hatte (der Angeklagte wurde verurteilt und ins Exil gesandt), s. Plinius' ausführlichen *epist.* 2,11 mit Whitton (2013), 154–158; vgl. auch Millar (1977), 525.

17 Bretone (1992), 151 und 310 Anm. 21 zu Plin. *epist.* 6,31. Kunkel (1974), 227: «Das Gerichtskonsilium des Kaisers war weder eine nach Gelegenheit und Laune zusammengeraffte Gruppe belangloser Statisten noch ein enger Kreis persönlicher Freunde des Kaisers. Es war ein nach bestimmten traditionellen Regeln gebildeter Gerichtshof, dem die führenden Männer des Senats und (im 2. Jh.) die leitenden Beamten der Reichsverwaltung angehörten». Zu Trajans Umgang mit den Juristen seiner Zeit s. Fein (1994), 304–325.

Civitavecchia). Denn der Bericht über die verschiedenen im Rat besprochenen Fälle ist nicht der einzige Inhalt des Briefes. Nach dem Tagespensum folgten, so Plinius, ‹schöne Stunden der Erholung›:

> *(13) Uides quam honesti, quam seueri dies; quos iucundissimae remissiones sequebantur. Adhibebamur cotidie cenae; erat modica, si principem cogitares. Interdum acroamata audiebamus, interdum iucundissimis sermonibus nox ducebatur.*
>
> *(14) Summo die abeuntibus nobis (tam diligens in Caesare humanitas) xenia sunt missa. Sed mihi ut grauitas cognitionum, consilii honor, suauitas simplicitasque conuictus, ita locus ipse periucundus fuit.*
>
> (13) Du siehst, wie ehrbar, wie ernst das Tagespensum erledigt wurde; es folgten schöne Stunden der Erholung. Wir wurden täglich zur Tafel gezogen; sie war bescheiden, wenn man in Betracht zieht, daß es die des Prinzeps war. Manchmal gab es musikalische Darbietungen, manchmal blieben wir bei angeregtem Gespräch bis in die Nacht beisammen.
>
> (14) Am letzten Tage erhielten wir – so aufmerksam ist der Kaiser in seiner Noblesse! – beim Abschied Gastgeschenke. Aber mich hat neben dem Ernst der Verhandlungen, neben der Ehre, dem Beirat anzugehören, neben dem reizenden, zwanglosen Umgangston auch die Lokalität als solche entzückt.[18]

Die Schilderung der zwanglosen Atmosphäre und des vorbildlichen Handelns des ‹guten› Kaisers Trajan greift ringförmig die Einleitung des Briefes auf, die die Tugenden des Kaisers – Gerechtigkeit, Ernst, Leutseligkeit (*iustitia, gravitas, comitas*) – in den Fokus gerückt und ganz allgemein ein vergnügliches Erlebnis (*magnam [...] voluptatem*) angekündigt hatte.[19] Jetzt werden die Sitzungstage korrespondierend als ehrbar und ernst zusammengefasst (*honesti et severi dies*), und über die Schlichtheit der Bewirtung (*modica cena*) zudem das für die Imago des Kaisers wichtige Motiv der Bescheidenheit (*modestia*) mit eingewoben.[20] Die

18 Plin. *epist.* 6,31,13–14 (Text Mynors [1963], Übersetzung Kasten [2003], 363).

19 Hier wird der neue Umgang Trajans mit dem Senat deutlich, eine Politik, die im betonten Kontrast zu Domitian stand. So hatte Trajan u. a. die aus Domitians Zeit berüchtigten Majestätsprozesse abgeschafft und dadurch die Voraussetzung für ein entspannteres Verhältnis zwischen Kaiser und Senat geschaffen; vgl. Christ ([6]2009), 304 u. 291: «Daran, dem Senat größere Rechte und neue Kompetenzen einzuräumen, hat Trajan indessen nie gedacht. Was sich gegenüber Domitian jedoch diametral veränderte, waren Formen, Gesten und demonstrative Verneigungen, die dem Selbstgefühl der Senatoren um so mehr schmeichelten, als sie viele Jahre hindurch nur den schroffen autoritären Stil des letzten Flaviers erlebt hatten. Trajan dagegen ließ bei seinem Regierungsantritt sofort erklären, daß er, wie Nerva, Leben und Stellung jedes Senators nicht antasten werde. Später zog er in bewußt bescheidener Weise zu Fuß in Rom ein, begrüßte jeden Senator mit einem Kuß, war in der Lage, selbst jeden Ritter namentlich anzusprechen, leistete vor dem amtierenden Konsul stehend seinen Eid. Trajan schaltete den Senat wenigstens äußerlich in diplomatische Vorgänge und Friedensschlüsse ein, obwohl die Entscheidungen selbst längst feststanden.» Ähnlich Eck ([4]2010), 117; vgl. auch Roche (2011), 16–17 über den *Panegyrikus* als Quelle für Trajans Umgang mit dem Senat.

20 Die Tugend der *modestia* bildet ein Leitmotiv in Plinius' *Panegyrikus*, vgl. z. B. cap. 3,2 *Quantum ad me pertinet, laborabo, ut orationem meam ad modestiam principis moderationemque submittam / Ich für meinen Teil werde mich bemühen, meine Rede abzustimmen auf des Princeps persönliche*

Erwähnung von kaiserlichen Gastgeschenken (*xenia*) betont die Grosszügigkeit Trajans, nicht ohne das Motiv der Umgänglichkeit des Kaisers (*comitas*) – oder ‹Leutseligkeit› in der Übersetzung von Kasten – noch einmal hervorzuheben (*suavitas simplicitasque convictus*).

Der Brief zeigt exemplarisch Plinius' Technik, über Vorgänge und Sachverhalte nicht einfach zu berichten, sondern diese – über ihren rein fachlichen Informationsgehalt hinaus – in einen weiteren erzählerischen Kontext zu stellen. In diesem Fall wird der Bericht über die Rechtspraxis im kaiserlichen *consilium* durch das skizzierte *framing* zu einem Teil von dem, was man als eine ‹Erzählung von – oder *über* – Recht und Rechtspraxis in der Generation Plinius› bezeichnen könnte, eine Erzählung, die Kaiser und Senatoren gleichermassen in positivem Licht erscheinen lässt und die man zugleich als Korrektur jener Vorgänge lesen kann, die Tacitus im *Agricola* so selbstkritisch und eindrücklich für die überwundene Regierungszeit Kaiser Domitians beschrieben hatte. Noch etwas Weiteres kommt hinzu: Brief 6,31 schliesst – auf den ersten Blick überraschend – mit einem ganz anderen Thema, der besonderen Schönheit des Landgutes, auf dem, fernab der Grossstadt Rom, der kaiserliche Rat zusammengekommen war:

> *(15) Villa pulcherrima cingitur uiridissimis agris, imminet litori, cuius in sinu fit cum maxime portus.*

> (15) Der herrliche Landsitz (*villa pulcherrima*) ist von saftgrünen Äckern umgeben und liegt unmittelbar an der Küste.[21]

Durch diesen Briefschluss erhält der Bericht über das kaiserliche *consilium* einen zusätzlichen zweiten *frame*. Jetzt wird die zuvor geschilderte positive Arbeitsatmosphäre gewissermassen verräumlicht und auf Architektur und Landschaft des Beratungsortes – einer Landvilla als «geistigem Lebensraum» (Lefèvre) – hochgespiegelt; die benachbarte neue Hafenanlage beschreibt Plinius als ein technisches Meisterwerk.[22] Der innere Zusammenklang von Raum und, moder-

Bescheidenheit und seinen Sinn für das rechte Maß; 21,1 *Nonne his tot tantisque meritis novos aliquos honores, novos titulos merebare? At tu etiam patris patriae recusabas. Quam longa nobis cum modestia tua pugna, quam tarde vicimus! / Gewiß, nach so vielen bedeutsamen Leistungen hattest du Anspruch auf irgendwelche neuen Ehrungen und neugeschaffene Titel. Du jedoch lehntest wiederholt sogar den herkömmlichen Titel ‹Vater des Vaterlandes› ab! Lange mußten wir mit deiner Bescheidenheit kämpfen, spät erst haben wir gesiegt!* (Text Mynors [1964], Übersetzung Kühn [1985], 19 u. 47). Das Ideal wurde auch auf andere kaiserliche Familienmitglieder übertragen, so auf Trajans Gattin Pompeia Plotina (83,5–8) und die Kaiserschwester Ulpia Marciana (84,7). Zur *modestia* in Plinius' Panegyrikus s. auch Cordes (2017), 56.

21 Plin. *epist.* 6,31,15 (Text Mynors [1963], Übersetzung Kasten [2003], 363–365).

22 Eine weitere Aufwertung erfährt die Partie durch eine intertextuelle Anspielung auf Vergils *Aeneis*, dazu Gibson (2023b), 56, mit Bezug auf Guillemin (1929), 118. Vgl. Lefèvre (2009), 235–236, der den Rückzugscharakter der Villa hervorhebt: «Die Arbeit in der Abgeschiedenheit schöner Landschaft – *secessus* ist ein Schlüsselbegriff – eignet besonderer Adel. Daher kommen Trajans *virtutes* – Gerechtigkeit, Ernst, Milde – hier zu voller Geltung. [...] Die Villa ist der bevorzugte Ort für die Ausübung der *humanitas*.» Dass es bei Plinius auch Briefe mit kritischen Untertönen gibt, hebt Lefèvre (2009), 77 hervor. Zu den Villenbriefen s. weiter Marchesi (2015a); Gibson/Morello (2012), 200–233 u. 297–298.

nisierend gesprochen, ‹Kultur› – einer idealen Landschaft und einer von den Göttern begünstigten menschlichen Gemeinschaft – zitiert in lockerer Form die aus augusteischer Zeit bekannte Denkfigur eines goldenen Zeitalters (*aurea aetas*). Dazu passt, dass vielfach beobachtet worden ist, wie intensiv gerade Kaiser Trajan bemüht war, in seiner medialen Selbstrepräsentation an den Begründer des Prinzipats, Kaiser Augustus, anzuknüpfen.[23] Gerechtigkeit – *iustitia* – spielt dabei, neben der Ausübung anderer *virtutes* wie *modestia* und *clementia*, eine tragende Rolle. Insgesamt lässt sich unter Trajan, trotz aller militärischen Erfolge, eine Verschiebung weg vom Militärischen und hin zu zivilen Themen beobachten.[24] Bretone spricht in diesem Kontext von einem «Zeitalter der ‹Gerechtigkeit›», das Trajan zum Programm seiner sich von Domitian abhebenden Regierung erhoben hatte.[25]

Das bis hier beobachtete *framing* in Brief 6,31 ergibt, so könnte man einwenden, auf so kleinem Raum noch nicht das, was man eine ‹Erzählung von Recht› nennen könnte. Tatsächlich ist 6,31 nur Teil eines *grösseren* Komplexes von Briefen innerhalb des Gesamtcorpus, die in unterschiedlichen Facetten ‹Recht› thematisieren. Damit ist ein methodischer Ansatz berührt, den die Cambridger Althistorikerin Mary Beard mit Bezug auf Ciceros Briefsammlung pointiert ein «reading by the book» genannt hat und der Perspektiven eröffnet, antike Briefsammlungen als zusammenhängende und narrativ verknüpfte Texte zu lesen.[26] So konnten u. a. Marchesi (2008) und Gibson/Morello (2012) aufzeigen, dass auch Plinius' Briefbücher keine losen Sammlungen, sondern durchdachte und durchkomponierte Grossnarrative sind, die übergeordneten Darstellungsprinzipien folgen und über die Briefgrenzen hinweg ‹Geschichten erzählen›, die nicht zuletzt einen autobiografischen Charakter aufweisen.[27] Zu den Ergebnissen einer solchen

23 Vgl. Eck ([4]2010), 116.

24 S. oben Anm. 13 und Gibson (2012), 69: «Such distinctive emphasis within a book which also puts Trajan on show further reinforces a point already made: the world to which Trajan returns – and into which he is shown fitting himself – is decidedly one where civil rather than military accomplishments are prerequisite.» Zur Rolle der kaiserlichen Tugenden in Anschluss an Augustus s. Eck ([4]2010), 116; s. auch Cordes (2017), 198–203: «Trajans Überwindung natürlicher Schranken – *virtus* statt Wunder».

25 Bretone (1992), 164. Christ ([6]2009), 305 betont die ‹konservative› Rechtspraxis Trajans: «Im übrigen zeigt dieser Briefwechsel [*i. e. Plinius, Buch 10*] auch, daß sich Trajan bei nahezu allen juristischen Problemen an älteren Präzedenzfällen orientierte und daß er frühere Rechtsentscheidungen, wenn irgend möglich, aufrechterhielt.» Das Villenmotiv vernetzt diesen Brief zugleich mit anderen Briefen im plinianischen Briefcorpus, in denen Villen- und Landschaftsdarstellungen im Zentrum stehen (s. oben Anm. 22).

26 Beard (2002).

27 Vgl. Gibson/Morello (2012), 13–19: «Pliny's letters as autobiography»; weiter Ludolph (1997); Marchesi (2008) u. (2015a); Gibson/Whitton (2016); Gibson (2020); Neger (2021); Neger/Tzounakas (2023). Insgesamt verschränken sich bei Plinius die Prinzipien bunter Abwechslung (*variatio*) mit denen kunstvoller Verknüpfung von Briefen zu Briefpaaren und Briefsequenzen; zum Prinzip der *variatio* bei Plinius s. auch Fitzgerald (2016), 84–100. – Für die Verbindung von Autobiografie, Recht und Erzählung in einem ganz anderen Kontext vgl. Stierstorfer (2022) zu Mahatma Gandhis *Autobiographical Narration of the Law*.

syntagmatischen Lektüre der Pliniusbriefe *by the book* gehört die Erkenntnis, dass ihre Anordnung und die intratextuelle Verknüpfung der Briefe ähnlichen ästhetischen Prinzipien folgen, wie wir sie aus anderen literarischen Textsorten und Textformen, insbesondere den Gedichtbüchern der griechisch-hellenistischen und der römisch-augusteischen Zeit, kennen.[28] Auf diese Parallele der Kompositionsprinzipien zwischen Gedicht- und Briefbüchern weisen Gibson und Morello hin und heben zugleich die Rolle gerade derjenigen Briefe hervor, die Rechtsthemen behandeln und die in den Büchern fünf und sechs eine zentrale Rolle spielen:

> The situation in Pliny is strongly analogous: the structural arrangement of Book 6, in its opening and closing letters, is designed to draw attention not only to the importance of the Ciceronian model of letter-writing; but also to the theme of Pliny's flourishing legal career, via the symmetrical placing of letters on the death of Regulus and the renaissance of oratory in the Centumviral courts. This theme, as will be seen at the chapter's end, is perhaps the dominant feature of Book 6.[29]

Indem Plinius das Thema ‹Recht› nicht nur innerhalb seiner Einzelbriefe mit politischen und autobiografischen Semantiken versieht, sondern in Briefzyklen und über Buchgrenzen hinweg entfaltet, entsteht eine (literarische) ‹Erzählung von Recht›, die unterschiedliche Akteure, unterschiedliche soziale Gruppen und unterschiedliche juristische Sachverhalte integriert und die nicht zuletzt die Person des Plinius selbst in einer herausgehobenen juristischen Expertenrolle inszeniert. Man könnte bei Plinius' dem Recht gewidmeten Briefzyklen – in lockerer Anlehnung an eine Formulierung des amerikanischen Rechtsphilosophen Ronald Dworkin – von juristischen ‹Kettenromanen› sprechen. Mit dem Begriff der sukzessiv verfassten *chain novel* illustriert Dworkin in *Law's Empire* bildhaft, in welchem Sinnverhältnis aufeinander aufbauende richterliche Entscheidungen stehen.[30]

2 Fiktionales und faktuales Erzählen

Für die Diskussion über fiktionale und faktuale Texte bietet Plinius' Briefsammlung nicht zuletzt deshalb ein interessantes Beispiel, weil die einzelnen Briefe in Hinblick auf ihren Textstatus auf einem Kipp-Punkt zwischen faktualem Gebrauchs- und fiktionalem Kunstbrief stehen.[31] So manche Detailfrage bleibt bei diesem historischen Text offen, aber die Forschung ist sich weitgehend einig, dass

28 Zum Einfluss der Augusteischen Gedichtbücher s. Gibson (2023a).

29 Gibson/Morello (2012), 44, vgl. auch 58: «Such cycles narrating an unfolding series of events in chronological order are most common, as Sherwin-White (1966) 48 notes, across Books 4–7.»

30 Dworkin (1986), 228. Zur plinianischen Selbstdarstellung über alle neun Bücher hinweg s. auch Barchiesi (2005), 331–332.

31 In Anlehnung an Klein/Martínez (2009b), 4 könnte man Plinius' Briefe als «Borderline-Texte» beschreiben; vgl. Gibson (2023a), 19: «Pliny stands right at the intersection between epistolary (biographical) fiction and fact.»

die Briefe zunächst Bestandteile einer realen Korrespondenz waren und dann, in einem zweiten Schritt, durch den Sammlungsprozess eine weitere literarische Stilisierung und narrative Vernetzung erfahren haben. Nicht auszuschliessen ist zudem, dass einige Briefe überhaupt erst für den Zweck der Buchedition verfasst worden sind.[32] Zu den ‹literarischen› Merkmalen der Briefe gehören die weitgehende Fokussierung auf ein Thema pro Brief, die überlegte Anordnung und Gruppierung der Briefe sowie das Fehlen der zugehörigen Antwortschreiben der Briefpartner, mit Ausnahme des zehnten Buches, das Briefe beider Korrespondenzpartner, Plinius und Kaiser Trajan, enthält.[33]

Der amerikanische Rechtsphilosoph Robert Cover hat in seiner einflussreichen Studie *Nomos and Narrative* (1983) auf die narrative Einbettung unserer Rechtsvorstellungen und unserer Rechtspraxis hingewiesen und pointiert von einem ‹normativen Universum› gesprochen, das wir gemeinsam bewohnen. «We inhabit», so Cover, «a ‹nomos› – a normative universe. We constantly create and maintain a world of right and wrong, of lawful and unlawful, of valid and void.»[34] Plinius' Briefsammlung könnte man mit Cover als eine literarische Reflexion und im konstruktivistischen Sinne auch als eine strategische Erzeugung eines solchen (partikularen) *Nomos* mit literarischen Mitteln verstehen. Cover folgt in seiner Analyse Hayden Whites Postulat, Werke der Geschichtsschreibung mit literaturtheoretischen Mitteln zu analysieren, sowie Clifford Geertz, dessen kultursemiotisches Modell in Anschluss an Max Weber die kulturellen Ausdrucksformen des Menschen als vernetzte Bestandteile eines «übergreifenden Gewebes der Kultur» begreift und diese mit der Methodik ‹dichter Beschreibung› verstehbar zu machen versucht.[35]

> No set of legal institutions or prescriptions exists apart from the narratives that locate it and give it meaning. [...]
> In this normative world, law and narrative are inseparably related. Every prescription is insistent in its demand to be located in discourse – to be supplied with history and destiny, beginning and end, explanation and purpose. And every narrative is insistent in its demand for its prescriptive point, its moral. History and literature cannot escape

32 S. oben Anm. 4. Zur Chronologie der einzelnen Briefbücher s. Gibson (2020), 249; Gibson/Morello (2012), 19–20. Zur Gattungsdiskussion zwischen Privatbrief, Autobiografie und Roman s. Radicke (2003); Ludolph (1997); Pausch (2004), 57–65; Gibson/Morello (2012), 10–19. Schwitter (2015), 56–66 schlägt ein (für den Brief der Spätantike entwickeltes) «deskriptiv-phasenorientiertes Briefmodell» vor, das unter dem Aspekt des «effektiven Situations- und Öffentlichkeitsbezug[es]» zwischen *Gebrauchsbrief*, *Zirkularbrief* und *Buchepistel* unterscheidet; vgl. auch Schwitter (2018), 96–103. In Hinblick auf die Frage nach dem biografischen Gehalt von Textcorpora formuliert Gibson (2023a), hier bes. 20–21 die These, dass für jeden Text, etwa Ovids *Amores* und Plinius' *Epistulae*, eine eigene ‹Grammatik› im Sinne einer *personalized theory*, zu entwickeln ist. Eine spannende Untersuchung zum hybridisierenden Spiel mit den Grenzen zwischen *fact and fiction* am Beispiel der *Panegyrici Latini* bietet Cordes (2020).

33 Mit Schwitter (2015), 61 kann man ganz allgemein von der Grundannahme ausgehen, dass jeder Brief als Text auch ein literarisches Potenzial hat.

34 Cover (1983), 4. Zu Cover s. Ando (2014); Olson (^{2}2014), 378–379; Gaakeer (2019), 29; sowie in diesem Band die Einleitung, S. 12, und den Beitrag von Grundmann, S. 232.

35 White (1973) u. (1981); Geertz (1973/1987), zum Kulturbegriff bes. 9; Zitat: Simonis (2013), 256.

> their location in a normative universe, nor can prescription, even when embodied in a legal text, escape its origin and its end in experience, in the narratives that are the trajectories plotted upon material reality by our imaginations.
> This *nomos* is as much ‹our world› as is the physical universe of mass, energy, and momentum.[36]

Covers Verortung des Rechts in einem narrativen Zeichen-Kosmos liesse sich auch auf andere Bereiche der Gesellschaft wie Politik, Wirtschaft oder Wissenschaft übertragen. Zu den kulturellen Ausdrucksformen all dieser (modern gesprochen) ‹Systeme› gehören überwiegend solche Texte, die eine Referenz auf das *Hier und Jetzt* unserer eigenen Erfahrungswelt enthalten. Wenn wir die *Frankfurter Allgemeine Zeitung*, die *New York Times* oder die *NZZ* aufschlagen, erwarten wir, dort Informationen über *unsere* Welt zu erhalten und nicht über eine von unserer Wirklichkeit abweichende ‹FAZ-, NYT- oder NZZ-Welt›.[37] Christian Klein und Matías Martínez haben für diese faktualen Texte den Begriff der «Wirklichkeitserzählungen» geprägt.[38] Die Suche nach einer treffenden Begrifflichkeit für faktuale Texte, die mit der aktuellen transgenerischen Ausweitung der Narratologie einhergeht, legt dabei ein ideen- und begriffsgeschichtliches Grundproblem frei. Denn der Zielpunkt sämtlicher theoretischer Definitionsbemühungen seit Aristoteles' *Poetik* ist stets das Konzept der *Fiktionalität*, während ihr Gegenüber, die *Faktualität*, in der Regel als Gegenbegriff ohne klare und eigenwertige Konturen ‹übrigbleibt›. Walton bringt dies konsequent auf die nüchterne Formel «For the sake of clarity I will mean by ‹non-fiction› simply ‹not fiction›».[39]

Aus der wachsenden Theorielandschaft sollen im Folgenden solche Ansätze und Modelle näher besprochen werden, die aus altertums- und literaturwissenschaftlicher Perspektive für die Interpretation von *Wirklichkeitserzählungen* besonders anschlussfähig erscheinen. Im Begriff *«Wirklichkeitserzählungen»* ist dabei gleichermassen die Relevanz von Fiktionalitätstheorie und Narratologie mitgegeben. Beide Forschungsbereiche sind eng miteinander verbunden, jedoch nicht deckungsgleich: Während sich die Fiktionalitätstheorie mit Fragen des Textstatus, den damit verbundenen Geltungsansprüchen und Problemen der Referenz befasst, geht es der Narratologie in ihrem strukturalistischen Ursprung um die Frage nach dem *Wie* einer Erzählung, ihren einzelnen Bauformen und

36 Cover (1983), 4–5.

37 Das Beispiel ist Walton (2004), 138 entnommen.

38 Klein/Martínez (2009a); vgl. weiter Koschorke (2018), sowie Martínez/Scheffel ([11]2019), 9–19 zu fiktionalem und faktualem Erzählen. Ergebnisse des Freiburger Graduiertenkollegs 1767 *Faktuales und fiktionales Erzählen* liegen u. a. in der gleichnamigen Schriftenreihe vor, vgl. bes. Fludernik/Falkenhayner/Steiner (2015a); Breitenwischer/Häger/Menninger (2022); und, speziell zu Recht und Erzählen, Fludernik/Schäfer (2022a) u. (2022b), sowie in diesem Band Gaakeer, S. 39 und passim.

39 Walton (2004), 139; vgl. ibid.: «Any work with the function of serving as a prop in games of make-believe, however minor or peripheral or instrumental this function might be, qualifies as ‹fiction›; only what lacks this function entirely will be called ‹nonfiction›.» Vgl. auch Waltons einflussreiche Monografie *Mimesis as Make-Believe* (1990), hier bes. 70–75, sowie die Diskussion von *fiction and non-fiction* bei Kroon/Voltolini (2019).

ihren übergreifenden Strategien.[40] Charakteristisch für das Verständnis beider Bereiche in den aktuellen Literatur- und Kulturtheorien ist die Auffassung einer grundlegenden anthropologischen Bedeutung für Weltverständnis und Welterzeugung. Bei Wolfgang Iser erfährt das *Fiktive* den Status einer prinzipiellen anthropologischen Kategorie, für Roland Barthes ist das *Erzählen* «einfach da, so wie das Leben».[41]

(1) Ganz allgemein bieten sich solche Modelle an, die keine vollständige Autonomie des fiktionalen Diskurses von unserer Wirklichkeit postulieren, sondern den faktualen Diskurs von vornherein als integralen Bestandteil eines fiktionalen Textes mitdenken. Solche unter dem Titel ‹Kompositionalismus› zusammengefassten Modelle beruhen auf einer «Synthese fiktionaler und nichtfiktionaler Elemente».[42] In Anlehnung an den Sprachphilosophen John Searle ergibt sich daraus ein auf zwei Säulen ruhendes Modell für den *fiktionalen Text*. Die erste besteht aus dem *fiktionalen Diskurs*, der die Vermittlung der *fiktionalen story* leistet. Die zweite Säule bezeichnet den *nichtfiktionalen Diskurs*, der mit der *fiktionalen story* nur indirekt verbunden ist. Die erste Säule – *fiktionaler Diskurs* – kann weiter in *fiktive* und *reale Elemente* ausdifferenziert werden:[43]

40 Zum Verhältnis zwischen Fiktion und Erzählung s. z. B. Zipfel (2001), 56–61; Gorman (2005), 163; Klein/Martínez (2009b), 1–5; Schmid (2010), 21. Zur Begriffsbestimmung von Fiktion s. Cohn (1999), 1–17; Stierle (2001); Zipfel (2001), 13–29; Kroon/Voltolini (2019). Zur Fiktionalität in der Antike s. Konstan (1998); Stierle (2001), 381–389; Müller (2012), 95–117; Rösler (2014); Feddern (2018); Grethlein (2023), 20–51. – Erschwerend kommt hinzu, dass im englischen Sprachgebrauch *fiction* und *narrative* häufig synonym verwendet werden.

41 Iser (1991); Barthes (1988), 102; Koschorke (2018), 1–14. Hayden White (1981), 1 spricht von einem «panglobal fact of culture». Gleichwohl wird im Folgenden kein pannarratologischer Ansatz vertreten, sondern die Ansicht, dass die einzelnen Modelle und Analysekategorien der narratologischen Toolbox auch auf faktuale Texte, bei denen das Literarische und Erzählerische nicht im Vordergrund stehen, mit Gewinn angewendet werden können. – Bei Iser (1991) erfährt die binäre Opposition von Wirklichkeit und Fiktion eine Ablösung durch ein triadisches Modell: das Reale – das Fiktive – das Imaginäre. Gegen den intuitiven Sprachgebrauch bezeichnet das Fiktive hier keinen Zustand, sondern etwas Prozesshaftes, durch das das formlose Imaginäre ‹real› wird; vgl. dazu Zipfel (2001), 184.

42 Im Unterschied zu *panfiktionalistischen* und *autonomistischen* Positionen, s. Blume (2004), 23. Zu Letzteren und ihren literaturwissenschaftlichen und epistemologischen Dimensionen s. Konrad (2014), hier bes. 235–237, sowie 247–248, wo die Verfasserin das «narratologische Argument» im Zusammenhang hybrider Textformen, wie sie im *New Journalism* (s. unten S. 323) entstanden sind, diskutiert: Weil in faktualen Texten aus fiktionalen Textsorten bekannte narrative Strategien vorkommen, hebt sich der Unterschied zwischen fiktionalen und faktualen Texten auf.

43 Nach Blume (2004), 24–25, mit Bezug auf Searle 1974/75 (1979). Blume (2004), 25–26 weist in Anschluss an Martin (1982) zudem darauf hin, dass fiktive Elemente (1.1) immer auch Spuren realer Referenz beinhalten, vgl. Martin (1982), 229: «A fiction […] will never be entirely fictitious in the sense of there being nothing anywhere that corresponds to it in any way: there will indeed always be things that correspond to its every detail, somewhere, in some way. In short, all its constituent parts will be drawn from reality. It is their non-occurrence together, in that combination, that constitutes the fiction.» Blume (2004), 26 schlägt deshalb eine Erweiterung des Modells um eine Kategorie «1.1.1 nichtfiktionale Partikel als Komponenten fiktiver Elemente» vor.

Fiktionaler Text	
1. Fiktionaler Diskurs	2. Nichtfiktionaler Diskurs
1.1 Fiktive Elemente	
1.2 Reale Elemente	

nach Blume (2004), 25

Als Beispiel für den *nichtfiktionalen Diskurs* führt Searle den berühmten Anfangssatz aus *Anna Karenina* an: «Alle glücklichen Familien ähneln einander; jede unglückliche aber ist auf ihre eigene Art unglücklich.»[44] Mit Rubrik 1.2 («Reale Elemente – real reference») sind unter anderem reale Städtenamen in fiktionalen Erzählwerken gemeint, etwa das London, das wir aus den Romanen Charles Dickens' (z. B. *Oliver Twist*) oder aus den Sherlock-Holmes-Erzählungen kennen. Allerdings wird jedes Objekt – gleich ob Stadt, Person oder Gegenstand – durch den Eintritt in ein Erzählwerk grundsätzlich zu einem rein fiktiven Objekt, das zwar Ähnlichkeiten mit dem realen Ausgangsobjekt hat, aber mit diesem nicht deckungsgleich ist. Thomas Pavel spricht in diesem Zusammenhang von «immigrant objects», Objekten, die hinsichtlich ihrer Referenz zwischen Text- und Realwelt schweben. Diesen *immigrant objects* stehen solche Objekte gegenüber, die ausschliesslich in der fiktionalen Textwelt vorkommen und die Pavel deshalb als *native objects* bezeichnet. Eine zusätzliche, intermediäre Kategorie bilden die *surrogate objects*, die Eigenschaften sowohl der *immigrant* als auch der *native objects* in sich vereinigen.[45]

immigrant objects	*surrogate objects*	*native objects*
(known from the real world)		(only in the text world)

nach Pavel (1986), 29

44 Searle (1974/75), 331–332. Vgl. auch den Anfang von Heimito von Doderer, *Ein Mord den jeder begeht*: «Jeder bekommt seine Kindheit über den Kopf gestülpt. Später erst zeigt sich, was darin war [...].» Blume (2004), 27 Anm. 69.

45 Zur Kategorie der *surrogate objects* vgl. auch Zipfel (2001), 97–102, hier bes. 100 zur Unmöglichkeit, eine grundsätzliche Trennlinie zwischen *immigrant* und *surrogate objects* zu ziehen: «Und so wie es graduelle Abstufungen der Bindung der *surrogate objects* an ihre realen Entsprechungen gibt, so ist es natürlich nicht möglich, eine trennscharfe Grenze zwischen *immigrant* und *surrogate objects* zu ziehen. Die Frage, wieviel Gemeinsames nötig bzw. wieviel Abweichung zulässig ist, um von einem *immigrant object* zu sprechen, ist sicherlich nicht grundsätzlich beantwortbar. Gerade die Diskussion von Art und Grad der Abweichung kann jedoch Teil der Analyse und Beschreibung der Fiktivitätsstruktur einer Geschichte sein und damit auch die Grundlage für deskriptive und interpretative Äußerungen über einen fiktionalen Text bilden.»

Das Modell der Immigration, das sich bei Theoretikern wie Pavel und Parsons findet, trägt wesentlich zur allgemeinen Komplikation des Fiktionalitätsbegriffs bei.[46] Zu den Effekten, die sich aus dem Einsatz von *immigrant objects* ergeben, gehört das, was Monika Fludernik pointiert als ‹Verschleierung von Fiktionalität› beschreibt: Eine Geschichte, die in ‹London› spielt, kommt uns auf den ersten Blick eben sehr ‹real› vor.[47] Schliesslich muss jedes Erzählwerk ein Minimum an Referenz aufweisen, weil es, wie Umberto Eco hervorhebt, ohne diese für uns nicht mehr zugänglich wäre:

> Keine erzählerische Welt könnte vollkommen autonom neben der realen Welt bestehen, weil sie keinen *maximalen* und *konsistenten* Zustand angeben könnte, indem sie *ex nihilo* eine ganze Ausstattung von Individuen und Eigenschaften hervorbrächte. Eine mögliche Welt überlagert in redundanter Weise die ‹reale› Welt der Enzyklopädie des Lesers.[48]

(2) Das Verhältnis zwischen fiktionalen und nichtfiktionalen Elementen lässt sich entweder mehr vom Text oder mehr von der Rezeptionsseite herkommend bestimmen. Während die bisher vorgestellten Modelle textorientiert sind, wird in Ecos Bild von der «Enzyklopädie des Lesers» ein Ansatz sichtbar, der die Aktivität der Leserinnen, durch die die (notwendig) unterdeterminierte Welt des Erzähltextes komplementiert wird, in den Mittelpunkt rückt. Innerhalb dieser rezeptionsästhetischen Herangehensweise hat Marie-Laure Ryans «principle of minimal departure» eine rege Diskussion ausgelöst.[49] Nach Ryan erfolgt der Ergänzungsprozess im Akt der Rezeption so, dass die Vervollständigungen nach den Massgaben des Weltwissens auf Rezeptionsseite erfolgen. Abweichungen von den Erfahrungen und Normen unserer Welt finden nur dann statt, wenn und insoweit sie vom Text durch entsprechende Marker eingefordert werden. Ein blauer Hirsch, der in einem fiktionalen Text begegnet, bleibt, so Ryan, ein in sonstiger Hinsicht gewöhnlicher Hirsch, der sich von anderen Hirschen nur durch die Farbe ‹Blau› unterscheidet; Flügel oder ein fünftes und sechstes Bein

46 Zu Pavel s. auch Kirstein (2015a), 259–261 u. Kirstein (2019), 198; Zipfel (2001), 97–98. Vgl. auch Haller (1986), 85: «Man muss sich darauf besinnen, dass auch nicht-existierende Gegenstände auf existierenden aufbauen können. In dieser Möglichkeit liegt der Schlüssel zu dem verwickelten Problem der Infiltration der realen Welt durch Fiktionen sowie des Einnistens realer Gegenstände in erfundene Welten [...].»

47 Fludernik ([3]2010), 53: «Das macht die Schauplätze eines Romans nicht weniger fiktiv – das literarische London in Dickens' Romanen ist eben nicht das reale London – aber der konkrete Hinweis auf reale Orte in Präpositionalphrasen (‹in einem kleinen Dorf am Fuße des Matterhorns›) verschleiert die Fiktionalität [...]. Wie manches andere [...] ruht die Evozierung von ‹Wirklichkeit› im Erzähltext auf Klischees, die als Signale das dem Leser bekannte Schema aufrufen.» Zu Pavel s. auch Kirstein (2019), 198; Zipfel (2001), 97–98.

48 Eco (1987), 165.

49 Ryan (1980), hier bes. 405; Ryan (1991), 54–60; Ryan (2005), 447, in Auseinandersetzung mit David Lewis' Theorien zu kontrafaktischen Konditionalsätzen auf Basis einer Theorie möglicher Welten; Lewis (1973) u. (1978); vgl. auch Kirstein (2015a), 266–267. Zur Forschungsdiskussion vgl. Surkamp (2002), 163 u. Wistrand (2012).

würde man ihm erst dann zuweisen, wenn der Text dies explizit einfordert.[50] Je nachdem, wie stark sich Text- und Erfahrungswelt überlappen, lässt sich der faktuale oder fiktionale Textstatus graduell bestimmen:

Typ 1: Nichtfiktionaler Text | Typ 2: Realistisch-fiktionaler Text | Typ 3: Phantastisch-fiktionaler Text

- - - - = kollektive Enzyklopädie

.... = textuelles Konzeptsystem

nach Blume (2004), 90; vgl. Ryan (1980), 414–419

Dieser zuletzt genannte, dezidiert rezeptionsästhetische Ansatz macht zugleich deutlich, dass – bedingt durch individuelle und kulturelle Unterschiede sowie damit einhergehende unterschiedliche Wahrheitssysteme – Texte in ganz unterschiedlicher Weise vervollständigt und hinsichtlich ihres Status bewertet werden können. ‹Heilige Texte› und andere Texte mit normativen (Teil-)Ansprüchen wie Rechtstexte können sich dann als besonders herausfordernd erweisen, sowohl *synchron* in Relation zu benachbarten Textarten als auch *diachron* durch die Wandelbarkeit ihrer zugrunde liegenden Weltbilder und Wahrheitssysteme im Laufe der Zeit. Dasselbe gilt für solche Texte, in denen mehrere eigentlich unterschiedliche Wahrheitssysteme miteinander verknüpft sind, etwa das Heilige mit dem Profanen oder das Reale mit dem Fantastischen. Ryan spricht in diesen Fällen von einer ‹geschichteten Ontologie›, a «layered or split ontology».[51]

(3) Aus den bisherigen Überlegungen wird deutlich, dass die Kategorien ‹fiktional› und ‹faktual› bereits in der Theorie nicht immer in gleicher Weise voneinander geschieden werden. In der Welt real existierender Texte kommt eine weitere Komplikation hinzu, etwa im Fall strategisch eingesetzter Hybridisierungen. Klein und Martínez benennen in ihrem Beitrag *Wirklichkeitserzählungen* vier solcher hybrider Konstellationen. Sie beruhen auf der Beantwortung der Frage,

50 Eine andere Position vertritt z. B. Walton (1990), 166 unter dem Begriff des *reality principle / the principle of mutual belief*: «There is no particular reason why anyone's beliefs about the real world should come into play. As far as implications are concerned, simple conventions to the effect that whenever such and such is fictional, so and so is as well, serve nicely […].»; dazu Wistrand (2012), hier bes. 27–28; Jannidis (2014), 22.

51 Ryan (1992), 539; vgl. Surkamp (2002), 167.

ob die Erzählrede *fiktional* oder *faktual* ist und ob – ihr gegenüberstehend – die erzählte Geschichte *fiktiv* oder *real* ist:

Art	Beispiel
(1) Faktuale Erzählungen mit fiktionalisierenden Erzählverfahren	New Journalism, Truman Capotes ‹*In Cold Blood*› (1965)
(2) Faktuale Erzählungen mit fiktiven Inhalten	Konrad Kujaus gefälschte *Hitler-Tagebücher*
(3) Fiktionale Erzählungen mit faktualen Inhalten	Historische Romane
(4) Fiktionale Erzählungen mit faktualem Redemodus	Cervantes' ‹*Don Quijote*› (1605/15), Wolfgang Hildesheimers ‹*Marbot. Eine Biographie*› (1981)

nach Klein/Martínez (2009b), 4–5

(4) Wenn von ‹fiktionalen Erzählungen› wie hier in den Kategorien (3) und (4) die Rede ist, kommt eine weitere Frage hinzu: Woran können wir überhaupt erkennen, ob eine bestimme Erzählung fiktional ist? Nach Searles *pretense theory* existieren keinerlei Texteigenschaften, die einen einzelnen Text oder eine bestimmte Gruppe von Texten zu fiktionalen Texten machen. Der Textstatus, so Searle, wird einzig durch pragmatische Kontextmarkierungen festgelegt, durch eine Codierung des zugehörigen Sprechaktes als fiktive Kommunikation (*pretending*).[52] Diese Markierung muss als solche erkennbar sein, um den Sprechakt von anderen Regelverstössen wie dem der Lüge abzuheben. Searles radikaler und bewusst provokanter Ansatz steht in Gegensatz zu Versuchen, im Text selbst mögliche Fiktionalitätsmarker zu identifizieren, die den Textstatus unabhängig von den kommunikativen Kontextbedingungen etablieren. Insbesondere Käte Hamburger hat diese Richtung in der *Logik der Dichtung* (1957/1968) vertreten.[53] Als phänomenologisch arbeitende, von der Philosophie Husserls beeinflusste Literaturwissenschaftlerin bejaht Hamburger die Möglichkeit einer solchen

52 Searle (1974/75), hier bes. 325: «So my first conclusion is this: the author of a work of fiction pretends to perform a series of illocutionary acts, normally of the representative type. Now *pretend* is an intentional verb: that is, it is one of those verbs which contain the concept of intention built into it. One cannot truly be said to have pretended to do something unless one intended to pretend to do it. So our first conclusion leads immediately to our second conclusion: the identifying criterion for whether or not a text is a work of fiction must of necessity lie in the illocutionary intentions of the author. There is no textual property, syntactical or semantic, that will identify a text as a work of fiction.»; vgl. Zipfel (2001), 185–195; Kroon/Voltolini (2019) (Nr. 1.3); Martínez/Scheffel ([11]2019), 16.

53 Zu Hamburger s. Scheffel (2003); Martínez/Scheffel ([11]2019), 16; Kirstein (2015b); zur Diskussion von Fiktionssignalen s. den Überblick bei Zipfel (2001), 232–247, sowie (skeptisch) Klein/Martínez (2009b), 3–4 mit Anm. 8. Einen in mancher Hinsicht vergleichbaren ‹nicht-kommunikativen› Ansatz vertritt z. B. Banfield (1982), vgl. dazu Jahn (1983).

strukturalistisch-textimmanenten Herleitung von Fiktionalität. Ihr bekanntestes Theorem ist das *Epische Präteritum*. Als Episches Präteritum dient *«Es war einmal [...]»* nicht der Bezeichnung der Vergangenheit, sondern der textimmanenten Etablierung einer zeitlosen Fiktionalität. Umgekehrt deutet dann das Fehlen solcher Marker auf ‹Faktualität› hin.[54]

(5) Der pragmatische, kommunikative und sozio-kulturelle Kontext spielt noch unter einem weiteren Gesichtspunkt eine wichtige Rolle, und zwar dann, wenn es um die *Geltungsansprüche* von Erzählungen geht. Für faktuale *Wirklichkeitserzählungen* unterscheiden Klein und Martínez drei idealtypische Kategorien, wobei die zweite Kategorie – *Normative Wirklichkeitserzählungen* – für den Kontext von *Recht als Erzählung* besonders interessant ist:

Art	*Dichotomie*	*Beispiele*
(1) Deskriptive Wirklichkeitserzählungen	wahr – falsch	Werke der Geschichtsschreibung
(2) Normative Wirklichkeitserzählungen	richtig handeln – falsch handeln	Ratgeber, Gesetzestexte
(3) Voraussagende Wirklichkeitserzählungen	plausibel – unplausibel	Wissenschaftlich fundierte Prognosen (z. B. in der Ökonomie)

nach Klein/Martínez (2009b), 6–7

Während sich die erste Kategorie auf Vergangenheit und Gegenwart bezieht, sind die zweite und dritte Kategorie unter Aspekten des *Sollens* und des *Werdens* auf die Zukunft hin ausgerichtet. In der Praxis dürften sich zahlreiche *Wirklichkeitserzählungen* wiederum als hybride Konstrukte erweisen. So kann man in Teilen der plinianischen Briefsammlung häufig eine (subtile) Kombination von Deskription und Norm beobachten.[55] An Stellen, in denen der Autor von kaiserlichen Handlungen wie Rechtsentscheidungen spricht, entsteht durch die Machtstellung des Kaisers ein Kipp-Punkt zwischen Beschreibung und Handlungsanweisung. Insbesondere im zehnten Buch der Sammlung wird dies relevant. Denn dort holt Plinius in seiner Funktion als römischer Provinzstatthalter kaiserlichen Rat aus Rom ein. Die Antwortschreiben haben bindende Wirkung und sind Teil der kaiserlichen Rechtsgebung, die über Edikte, Dekrete, Reskripte und Mandate erfolgte:

54 Martínez/Scheffel ([11]2019), 18–19: «Anders als der reale Sprecher einer faktualen Rede ist das fiktive Aussagesubjekt der fiktionalen Rede als eine nicht-empirische Person nicht an ‹natürliche› Beschränkungen menschlicher Rede gebunden. So gehören zu den *textinternen Fiktionssignalen* die Anwendung von Verben innerer Vorgänge auf dritte Personen (‹sie fühlte, daß er kommen würde›) sowie eine Erweiterung des Tempussystems der Sprache, zu der z. B. die Kombination von Zeitadverbien, die auf die Zukunft verweisen, mit Verben in der Zeitform des Präteritums gehört (‹morgen war Weihnachten, und sie hatte immer noch kein Geschenk›)».

55 Zum anders gelagerten Verhältnis von «Präskription und Deskription» in der (modernen) Rechtsanwendung s. von Arnauld (2017), 173.

> Under the Principate the emperors, as heads of the administration, laid down legal rules by means of edicts and of *mandata* or regulations for their subordinate officials. From the constitutional point of view, this was, of course, the same as republican magistrates had always done. The superior position of the emperors, however – and in particular their life tenure – greatly increased the importance of such orders. This was the more so since it became customary to consider those edicts of an emperor which were not revoked or changed by his successor as tacitly adopted by the successor, and thus to extend their validity indefinitely.[56]

Teile von Plinius' Briefsammlung gehen damit über eine reine (literarisch stilisierte) Deskription von Wirklichkeit hinaus. Die einzelnen die Rechtspraxis seiner Zeit betreffenden Briefe sind damit nicht nur Dokumente *über* Recht, sondern sie konstruieren im erzählerischen Zusammenspiel von Briefbüchern und Briefzyklen zugleich auch eine Erzählung *von* Recht als politisch-sozialer Praxis, intellektueller Ausdrucksform und biografischer Selbstverortung.

(6) Das Beispiel des Plinius erlaubt schliesslich den Blick auf zwei weitere Gesichtspunkte, die für das Thema *Recht als Erzählung* von Interesse sind. Zum einen den Aspekt kultureller Wissensspeicherung:[57] Die Narratologie befasst sich zunehmend gerade mit solchen Wirklichkeitserzählungen, die mit der Organisation, Integration und Speicherung von Wissen im Prozess von Weltverständnis und Welterzeugung verbunden sind.[58] Viele Ansätze bauen auf Nelson Goodmans Theorie der ‹Welterzeugung› (*world-making*) auf, die durch einen relativistischen Pluralismus und kulturellen Konstruktivismus gekennzeichnet ist:

> If I ask about the world, you can offer to tell me how it is under one or more frames of reference; but if I insist that you tell me how it is apart from all frames, what can you say? We are confined to ways of describing whatever is described. Our universe, so to speak, consists of these ways rather than of a world or of worlds.[59]

Während Goodman selbst nur geringes Interesse an Erzählverfahren als Teil unseres *world-making* hatte, findet dieser Aspekt in jüngerer Zeit verstärkte Aufmerksamkeit.[60] Beispiele finden sich bei dem Kulturpsychologen Jerome Bruner, *Making Stories. Law, Literature, Life* (2002) und dem von Nünning et al. heraus-

56 Wolff (1951), 84. Während Edikte sich direkt an die Provinzbewohner richteten, waren Mandate für die Verwaltungsbeamten gedacht, s. Bretone (1992), 155; Sherwin-White (1966), 543.

57 Vgl. Assmann (1999). Zu «Verfassungen als Speicher kollektiver Identität» s. von Arnauld (2009), 24, von Arnauld (2017), 182–183.

58 Damit ist das übergreifende Thema von Erzählung als Erkenntnisform betroffen, wie es u. a. Ricœur einflussreich in *Temps et récit* (1983–1985) behandelt hat; s. dazu Kaul (2011), sowie unten Anm. 77.

59 Goodman (1992), 2–3.

60 Vgl. Nünning (2010), 191, mit Bezug auf Herman (2009), 78: «However, Goodman was not particularly concerned with narratives as a way of worldmaking. As Herman has rightly pointed out, ‹there is nothing distinctively story-like about the worlds over which Goodman's account ranges, though there is nothing about the analysis that excludes storyworlds, either›.» Zur Leistungsfähigkeit gerade narratologischer Analysetools, wenn es um Kategorien wie ‹Ereignis› geht, s. Nünning (2010), 197 mit Verweis auf die Ereignistheorien von Hühn (2009) und Schmid (2010), 8–12; dazu auch Buhl/Kirstein (2018).

gegebenen Band *Cultural Ways of Worldmaking* (2010).[61] Bruner betont dabei die prekäre Balance zwischen dem ‹historisch Gewachsenen und dem imaginativ Möglichen›, das Rechtserzählungen und literarische Fiktionen miteinander verbindet:

> A culture's narrative dialectic expresses itself first in the imaginative works of writers and playwrights, and it is virtually impossible to predict whether, when, or how it will express itself in the culture's corpus juris. This is so whether in the emperor Justinian's troubled times or in our own. But of one thing we can be certain. It has always mattered that legal pleading and literary storytelling share the medium of narrative, a form that keeps perpetually in play the uneasy alliance between the historically established and the imaginatively possible. Perhaps that's what some legal critics mean by storytelling giving the law back to the people.[62]

Der zweite Gesichtspunkt betrifft die Vernetzung der Rechtsthematik mit anderen Bereichen der Gesellschaft. Denn dort, wo Recht erzählt wird, entstehen in der Regel keine isolierten Informationen und keine isolierten Speicher von Wissen. Vielmehr ziehen sich von dort Linien zu anderen gesellschaftlichen Teilsystemen wie Politik, Religion, Wirtschaft und Wissenschaft.[63] Im Fall des Plinius gilt dies insbesondere für den Bereich des Politischen, der eng mit der Sphäre des Rechts und der Rechtspraxis seiner Zeit verbunden war. Die religiöse Legitimierung des römischen Kaisertums, die in der Spätantike durch die Übernahme des Christentums eine spezifische, bis in die Moderne bestimmende Wendung nahm, bringt zudem die Sphäre des Religiösen dort ins Spiel, wo von Rechtsfundierungen die Rede ist. Um näher zu bestimmen, welche Arten von Wirklichkeitserzählungen es gibt und wie sie in der Praxis miteinander verknüpft sind, kann die Narratologie Modelle der soziologischen Systemtheorie aufgreifen.[64] Klein und Martínez beziehen sich in ihrem Beitrag auf Bourdieus Feldtheorie und Luhmanns These funktionaler Differenzierung.[65] Gemeinsam ist beiden Ansätzen der Grundgedanke eines in der Zeit und über die Epochen fortschreitenden, ‹idealtypischen› Differenzierungsprozesses, wobei Bourdieus Modell insofern offener ist, als es Bezugnahmen zwischen den einzelnen sozialen Feldern einschliesst.[66] In einer

61 Vgl. auch Bruner (1991) u. (2005); zu Bruner s. auch Gaakeer in diesem Band, S. 40.

62 Bruner (2002), 62.

63 S. dazu Anm. 67

64 Zum nicht immer einfachen Verhältnis von Soziologie und Literaturwissenschaft s. die historische Analyse von Lepenies (2006). Zu Literaturwissenschaft und Systemtheorie s. de Berg (2000), hier bes. 180–182; Reinfandt (1997) u. (2013).

65 Klein/Martínez (2009b), 10–12, mit Bezug u. a. auf Bourdieu (1999); Luhmann (1980) u. (1995).

66 Vgl. dazu Klein/Martínez (2009b), 12: «Als Beschreibungsmodell für moderne Gesellschaften scheint Luhmanns Ansatz indes zu starr, schließt die zweiwertige Codierung der Teilsysteme doch alles aus, was nicht innerhalb des durch die Leitdifferenz markierten Raumes Platz hat. Hier bietet wiederum Bourdieus Feldtheorie mehr Offenheit. Denn für Bourdieu existieren zwischen den einzelnen sozialen Feldern (die in ihrer Funktion durchaus Luhmanns Teilsystemen vergleichbar sind) strukturale und funktionelle Homologien, die dazu führen, dass eine besonders einflussreiche Stellung in einem Feld die Einflussmöglichkeiten innerhalb eines anderen Feldes vergrößert. So kann z. B. ein Politiker Entscheidungen treffen oder beeinflussen, die das Feld der Wirtschaft betreffen usw. Deshalb scheint es sinnvoll, das Konzept der gesellschaftlichen Felder mit der Idee der Leitdifferenzen zu verbinden.»

funktional differenzierten Gesellschaft, wie sie für die Moderne charakteristisch ist, lassen sich sieben Teilsysteme unterscheiden:

Politik	*Ökonomie*	*Recht*	*Erziehung*	*Wirtschaft*	*Religion*	*Kunst*

Funktionale Differenzierung, nach Schroer (2017), 290

Diesen gesellschaftlichen Teilbereichen ordnen Klein und Martínez in Anschluss an Luhmann bestimmte Leitdifferenzen zu, um so eine Typologie von Wirklichkeitserzählungen zu gewinnen. Für den Bereich des Rechts ergibt sich so die binäre Opposition zwischen *legal* und *illegal*, in der Medizin zwischen *gesund* und *krank*, in der Wissenschaft zwischen *wahr* und *unwahr*, in der Politik zwischen *Regierung* und *Opposition*, etc.[67] Zwar können diese Modelle nicht einfach auf vormoderne Gesellschaften übertragen werden.[68] Dennoch erlauben sie, im Sinne eines experimentellen heuristischen Verfahrens, einen geschärften Blick gerade auf solche Texte und Wirklichkeitserzählungen der Antike zu gewinnen, in denen, wie im Falle des Plinius, Recht zum Gegenstand von Narrativisierungen in einer vielschichtigen, gleichermassen das Literarisch-Künstlerische wie das Politische umfassenden hybriden Textur wird.[69]

3 Epilog: *Civilitas* oder die emanzipatorische Kraft von Recht und Erzählung

In seinen Briefen betont Plinius immer wieder das Aufblühen von Literatur und Wissenschaften als Ausdruck einer neuen *civilitas*, die auch sein stilisiertes Kaiserbild prägt. Trajan wird, wie eingangs bemerkt, bei Plinius zu einem Herrscher mit einer auffällig zivilen Imago, während der Bereich des Militärischen, der dem Senat von seinem Vorgänger Domitian in so unguter Erinnerung war,

67 Klein/Martínez (2009b), 11–12; vgl. Schroer (2017), 289–291. Für eine systemtheoretische Einordnung von Recht und Literatur s. Barsch (2013), 641. Im interdisziplinären Handbuch *Erzählen* (Martínez 2017) werden zwölf «Soziale Felder des Erzählens» berücksichtigt: *Alltag, Journalismus, Künstlerisches Erzählen, Medizin, Pädagogik, Politik, Psychotherapie, Recht, Theologie, Werbung, Wirtschaft, Wissenschaft.*

68 Vgl. Winterling (2018); Schroer (2017), 318–319 zu Luhmanns Konzept einer Evolution der sozialen Differenzierungsformen s. Luhmann (1980); Klein/Martínez (2009b), 11; Schroer (2017), 287 u. 296.

69 Vgl. Cordes (2020), 56 zu vergleichbaren Hybridisierungen in den *Panegyrici Latini*. «Folgt man diesen Überlegungen, so liegt mit der spätantiken lateinischen Panegyrik eine Textsorte vor, die in auffälliger Weise faktuales und fiktionales Erzählen kombiniert und so eine ‹Hybridisierung› aufweist, wie sie Monika Fludernik, Nicole Falkenhayner und Julia Steiner für moderne Fernsehformate und Hubert Irsigler für biblische Texte konstatiert haben.»

zurücktritt.[70] In diesem Bild einer aufatmenden (Tacitus) und aufblühenden Gesellschaft nimmt das Thema ‹Recht› einen prominenten Platz ein, und es sind die erzählerischen Mittel, mit denen es Plinius gelingt, daraus eine umfassende literarische ‹Rechtserzählung› vor dem Hintergrund einer überstandenen Tyrannis zu konstruieren. Vielleicht ist es, bei allen Differenzen der Epochen, kein Zufall, dass beide Themen – *Recht* und *Erzählung* – in der europäischen Aufklärung und in der Moderne nicht minder bedeutend wiederbegegnen. Denn zu den grossen Erzählungen der Moderne gehört die Überzeugung, dass Literatur und Literaturbetrieb im Prozess der Aufklärung «realhistorisch bewegende Faktoren» gewesen sind und dass die *literarische Öffentlichkeit* des 18. Jahrhunderts geradezu als *Vorform* einer *politischen Öffentlichkeit* gewirkt hat, das ‹Kulturschaffende› mithin das später überwiegende ‹Kulturkonsumierende› noch überwogen habe.[71] Eine vergleichbare Rolle wird auch dem Recht in den politischen und gesellschaftlichen Neuformierungsprozessen des 18. und 19. Jahrhunderts zugewiesen.[72] Andreas von Arnauld weist in seinem Beitrag *Erzählen im juristischen Diskurs* beispielhaft auf die Verfassungspräambeln moderner Staaten hin, die als Wissensspeicher die Gründungsmythen moderner Staaten in Form ‹fundierender Narrationen› transportieren.[73] Beiden Bereichen – Recht und Erzählung – wohnt, so will es scheinen, im Prozess der Moderne ein Momentum des Emanzipatorischen und

70 S. oben S. 315, und Gibson/Morello (2012), 26: «Pliny's emphasis on the flourishing of literature is indeed the letter-writer's way of reflecting history without writing it: Rome has literally come to life again, now that the tyrant is gone. In the words of the sentence which opens letter 1,10: *si quando urbs nostra liberalibus studiis floruit, nunc maxime floret*, ‹If ever the polite arts flourished in our city, they are particularly flourishing now.› And of course Pliny's own efforts as patron and writer have a prominent role in this ‹renaissance›. In sum, Pliny's emphasis on the rebirth of literature at Rome allows him to promote an ideologically charged picture of the rebirth of civil society. No room here for gloomy reflections on the power of the military and the instability inflicted by them on Rome, [...]».

71 Stein (1996), 55–84. Dass der Begriff der Aufklärung selbst «zu einem Kernstück des europäischen Moderne-Narrativs» mit allen Licht- und Schattenseiten geworden ist, hebt Koschorke (2012), 270–277 hervor, Zitat 277. Eine radikale Kritik hatten Adorno und Horkheimer nach den Erfahrungen totalitärer Herrschaft im 20. Jahrhundert in *Dialektik der Aufklärung* (1988, zuerst 1944) formuliert.

72 Die Bedeutung des Rechts und des Bestrebens, dieses in den Verfassungen und Institutionen zur Geltung kommen zu lassen, spiegelt sich nicht zuletzt in den antiaufklärerischen Bewegungen des 19. und frühen 20. Jahrhunderts wider. Diese sahen gerade im Recht keine Versicherung, sondern eine Bedrohung bürgerlicher Freiheit, unter anderem im (historisch problematischen) Rückgriff auf die Antike und ihre *Polis*-Ordnung; vgl. Münkler (2021), 66–67, mit Blick auf Nietzsche und Wagner: «Dagegen setzten viele deutsche Intellektuelle auf die griechische Polis, bei der die Staatlichkeit weniger ausgeprägt und die bürgerschaftliche Ordnung nicht juridisch überformt war. Sie knüpften dazu an die vorangegangene, nicht zuletzt mit der Weimarer Klassik verbundene Entgegensetzung von griechischer Kultur und römischer Staatlichkeit an und sie optierten gleichzeitig für eine kleinräumige, bürgerpartizipative Ordnung, bei der sie hofften, die Sackgassen zu vermeiden, in denen sich die Französische Revolution verfangen hatte.»

73 Von Arnauld (2009), 24, u. a. mit Blick auf die Gesetzgebungstexte Justinians. Binder/Weisberg (2000), 15 weisen auf den Zusammenhang von Rechtsgelehrsamkeit und Aufklärung am Beispiel der Amerikanischen Revolution hin, mit Verweis auf Ferguson (1984), 92.

Freiheitssetzenden inne.[74] Man denkt etwa an Immanuel Kants idealisierendes Konzept des aufgeklärten Beamten, der zwei Rollen erfüllt, je nachdem, ob er sich in Ausübung seiner *öffentlichen* oder seiner *privaten Vernunft* befindet:

> Der Offizier, der Geistliche, der Beamte werden so in zwei Wesen aufgespalten, in regierungskonform sich verhaltende Amtsträger während der offiziellen Ausübung ihrer Ämter und in selbstdenkende Gelehrte, die nonkonform an öffentlichen Streitgesprächen teilnehmen.[75]

Dem engeren Bereich der Literatur wird man, jüngeren transgenerischen Ausdehnungen der Narratologie folgend, auch nicht-literarische, faktuale Erzählformen hinzurechnen dürfen. Hier kann man sich etwa ‹Streitgespräche› vorstellen, die in Feuilletons oder wissenschaftlichen Zeitschriften öffentlich ausgetragen werden. In seinen Ausführungen über «die anthropologische Erklärung der Phänomene von Recht und Moral» im nachmetaphysischen Zeitalter weist Jürgen Habermas auf das Moment der Selbststeigerung im «moralischen Lernprozess» bei Kant hin.[76] Dieser Gedanke verbindet Kants aufklärerischen Optimismus nicht zuletzt auch mit dem Feld der Kunst und Literatur. Dass literarische Erzählverfahren mit ihrer Anregung zu Perspektivenwechsel und Empathielenkung auch eine erkenntnisgewinnende und potenziell moralisierende Funktion haben können, hat unter anderem Martha Nussbaum in ihren Arbeiten nachdrücklich vertreten:

> It is for this reason that *Proust's* narrator comes to believe that certain truths about the human being can be told only in literary form. If we accept his view of what emotions are, we should agree, to the extent of *making a place for literature (and other works of art) within moral philosophy*, alongside more conventional philosophical texts. Once again: an account of human reasoning based only upon abstract texts such as are conventional in moral philosophy is likely to prove too simple to offer us the type of *self-understanding* we need.[77]

Das Momentum des Emanzipatorischen, das Recht und Erzählung innewohnt und das eng an Konzepte von Öffentlichkeit als Sphäre freier Kommunikation gebunden ist, ist, bei allen epochenbedingten Differenzen, nicht auf die Moderne beschränkt. So hat Hannah Arendt die Öffentlichkeit der antiken griechischen

74 Karl Mannheim sah dagegen den Höhepunkt der Aufklärung in der aufkommenden Soziologie erreicht, s. Lepenies (^{2}2006), 388–390, dort auch zur Auseinandersetzung zwischen Mannheim und Ernst Robert Curtius.

75 Schulte-Sasse (1980), 14.

76 Habermas (^{5}2022), 331: «Aus dieser Vorstellung, dass jedem Versuch, dem moralisch Gebotenen zu folgen, der Charakter des ‹Überwiegens›, das heißt der fortschreitenden Überwindung der bösen Gesinnung *aus eigener Kraftanstrengung* anhaftet, entwickelt Kant ein unorthodoxes Verständnis der moralischen Motivation: Weil moralisches Handeln implizit auch heißt, *sich selbst* moralisch zu bessern, sind wir einbezogen in einen die Menschheit als solche erfassenden moralischen Lernprozess der ‹ins Unendliche hinausgehende(n) Fortschreitung vom Schlechten zum Besseren› (RGV, AA 06: 51)».

77 Nussbaum (2001), 3 (Zitat) u. Nussbaum (1995). Zu Nussbaum s. Johnson (2004); s. weiter Kaul (2011), 100; Düwell (2000); Scheffel (2004); Koschorke (2012), 329–340. Zu *Erzählen und Moral* s. Phelan (2007); Richter (2011).

Polis – und die Verhältnisse des frühen Rom – in Beziehung zur Öffentlichkeit des Salons um 1800 gesetzt. Dass diese Perspektive nicht etwa antimodernistisch oder rückwärtsgewandt ist, und sich ihre politische Philosophie einem einfachen Schema von Aufstieg und Niedergang entzieht, hat jüngst Seyla Benhabib betont.[78] Entlang Arendts biografischer Studie *Rahel Varnhagen. Lebensgeschichte einer deutschen Jüdin aus der Romantik* (1929 in Berlin begonnen und 1938 im Pariser Exil vollendet)[79] zeichnet sie nach, wie Hannah Arendt fundamentale gesellschaftliche Aushandlungsprozesse der Moderne am Beispiel des Salons analysiert, in dem, ähnlich wie in der griechischen Polis, Gleichheit und Freundschaft wesentliche Voraussetzungen von Fortschritt bilden.[80] Arendts Verknüpfung von Biografie und politischer Geschichte – die selbst als eine persönliche (‹autofiktionale›) Emanzipationserzählung gelesen werden kann – mit den grossen Themen der Aufklärung wie Vernunft und Gerechtigkeit, wird beispielhaft aus dem Kapitel «Benachteiligtsein» der Rahel-Varnhagen-Biografie sichtbar.[81] Dort heisst es unter anderem:

> Die Freiheit der Vernunft ist nur die Freiheit von der Autorität. Die Vernunft wird zur Richterin, und sie richtet bei Lessing selbst über die Wahrheit der Offenbarung. Etwas Menschliches ist zum Richter erhoben, etwas, das jederzeit anrufbar ist, jederzeit in der Verfügung des Menschen steht. An der Vernunft wird menschliches Fühlen und Handeln gemessen, gemäss der Vernunft kann es sich jederzeit ändern.[82]

Recht und Erzählung bieten, so könnte man vielleicht sagen, *einen* möglichen Zugang, um Phänomene gesellschaftlichen Wandels *across times and cultures* von der Antike bis in unsere Gegenwart zu beleuchten.

78 Benhabib (2006).

79 Arendt (2021), gedruckte Erstauflage 1959 (englisch 1958). Zur Entstehungsgeschichte s. Arendt (2021), 131–136.

80 Vgl. Benhabib (2006), 52–53, zu Differenzen und Ähnlichkeiten zwischen *Polis* und *Salon*. Das Modell der griechischen Polis, mit deren Deutung sie sich von antiaufklärerischen Positionen abhob (vgl. oben Anm. 72), spielt eine zentrale Rolle in Arendts philosophischem Hauptwerk *Vita activa* (*The Human Condition*, 1958; deutsch zuerst 1960), dazu Piepenbrink (2022); ibid., 149 u. 165 zum inzwischen überwundenen Nostalgievorwurf.

81 Dass Rahel Varnhagens Suche nach «ihrem Platz in der ‹Welt›» nicht nur durch die Rolle als Jüdin, sondern auch als Frau bedingt ist, hebt Benhabib (2006), 41–42, hervor.

82 Arendt (2021), 15, Z. 29–34, mit Anspielung auf Lessings *Anti-Goeze* (1778). Zu den tragischen Konsequenzen der politischen Katastrophen des 20. Jahrhunderts gehört, dass Hannah Arendt das Recht auf Habilitation mit ihrer Varnhagen-Biografie lange (bis zum Jahr 1971) verwehrt blieb. In ihrem Essay *Die verborgene Tradition* (2019, zuerst 1944/48) analysiert sie entlang Kafkas *Schloss* die Rolle des Paria, der um das Recht auf das Recht kämpfen muss: «Denn er verlangt niemals mehr, als was jedem Menschen als sein Recht zusteht, und er ist niemals geneigt, sich mit weniger zufrieden zu geben.» (ibid., 80); s. auch Vollrath (1971), 215–216 und Bormuth (2022), 7–8 u. 17.

Literaturverzeichnis

von Albrecht (2012): Michael von Albrecht, *Meister römischer Prosa. Von Cato bis Apuleius*, Darmstadt.

Ando (2014): Clifford Ando, «Pluralism and Empire. From Rome to Robert Cover», *Critical Analysis of Law. An International & Interdisciplinary Law Review* 1/1, 1–22.

Arendt (2019): Hannah Arendt, *Sechs Essays. Die verborgene Tradition* (Kritische Gesamtausgabe Bd. 3), herausgegeben von Barbara Hahn, unter Mitarbeit von Barbara Breysach und Christian Pischel, Göttingen.

Arendt (2021): Hannah Arendt, *Rahel Varnhagen. Lebensgeschichte einer deutschen Jüdin* (Kritische Gesamtausgabe Bd. 2), herausgegeben von Barbara Hahn, unter Mitarbeit von Johanna Egger und Friederike Wein, Göttingen.

von Arnauld (2009): Andreas von Arnauld, «Was war, was ist – und was sein soll. Erzählen im juristischen Diskurs», in: Christian Klein u. Matías Martínez (Hgg.), *Wirklichkeitserzählungen. Felder, Formen und Funktionen nicht-literarischen Erzählens*, Stuttgart, 14–50.

von Arnauld (2017): Andreas von Arnauld, «Soziale Felder des Erzählens: Recht», in: Matías Martínez (Hg.), *Erzählen. Ein interdisziplinäres Handbuch*, Stuttgart, 173–187.

Assmann (1999): Aleida Assmann, *Erinnerungsräume. Formen und Wandlungen des kulturellen Gedächtnisses*, München.

Banfield (1982): Ann Banfield, *Unspeakable Sentence. Narration and Representation in the Language of Fiction*, Boston.

Barchiesi (2005): Alessandro Barchiesi, «The Search for the Perfect Book», in: Kathryn J. Gutzwiller (Hg.), *The New Posidippus. A Hellenistic Poetry Book*, Oxford, 320–342.

Barsch (2013): Achim Barsch, «Recht / Rechtssystem und Literatur», in: Ansgar Nünning (Hg.), *Metzler Lexikon Literatur- und Kulturtheorie. Ansätze, Personen, Grundbegriffe*, Stuttgart, 641–642.

Barthes (1988): Roland Barthes, «Einführung in die strukturale Analyse von Erzählungen», in: Roland Barthes (Hg.), *Das semiologische Abenteuer*, übersetzt von Dieter Hornig. Frankfurt am Main, 102–143.

Beard (2002): Mary Beard, «Ciceronian Correspondences. Making a Book out of Letters», in: Timothy P. Wiseman (Hg.), *Classics in Progress. Essays on Ancient Greek and Rome*, London, 103–144.

Benhabib (2006): Seyla Benhabib, *Hannah Arendt. Die melancholische Denkerin der Moderne*, Frankfurt am Main.

de Berg, Henk (2000): Henk de Berg, «Kunst kommt von Kunst. Die Luhmann-Rezeption in der Literatur- und Kunstwissenschaft», in: Henk de Berg u. Johannes F. K. Schmidt (Hgg.), *Rezeption und Reflexion. Zur Resonanz der Systemtheorie Niklas Luhmanns außerhalb der Soziologie*, Frankfurt am Main, 175–221.

Binder/Weisberg (2000): Guyora Binder u. Robert Weisberg, *Literary Criticisms of Law*, Princeton (NJ).

Blume (2004): Peter Blume, *Fiktion und Weltwissen. Der Beitrag nichtfiktionaler Konzepte zur Sinnkonstitution fiktionaler Erzählliteratur*, Berlin.

Bodel (2015): John Bodel, «The Publication of Pliny's Letters», in: Ilaria Marchesi (Hg.), *Pliny the Book-Maker. Betting on Posterity in the Epistles*, Oxford, 13–108.

Bormuth (2022): Matthias Bormuth, *Schreiben im Exil. Porträts*, Göttingen.

Bourdieu (1999): Pierre Bourdieu, *Die Regeln der Kunst. Genese und Struktur des literarischen Feldes*, Frankfurt am Main.

Breitenwischer/Häger/Menninger (2022): Dustin Breitenwischer, Hanna-Myriam Häger u. Julian Menninger (Hgg.), *Faktuales und fiktionales Erzählen II. Geschichte – Medien – Praktiken*, Baden-Baden.

Bretone (1992): Mario Bretone, *Geschichte des Römischen Rechts. Von den Anfängen bis zu Justinian*, München.
Bruner (1991): Jerome Bruner, «The Narrative Construction of Reality», *Critical Inquiry* 18, 1–21.
Bruner (2002): Jerome Bruner, *Making Stories. Law, Literature, Life*, Cambridge (MA).
Bruner (2005): Jerome Bruner, «Past and Present as Narrative Constructions», in: Jürgen Straub (Hg.), *Narration, Identity, and Historical Consciousness*, New York, 23–43.
Buhl/Kirstein (2018): Berenike Jochim-Buhl u. Robert Kirstein, «Lots Frau (Gen 19,1–29). Der Versuch eines gemeinsamen narratologischen Zugangs von Literatur- und Bibelwissenschaft», *Theologische Quartalschrift* 198, 114–124.
Christ (1962): Karl Christ, «Zur Herrschaftsauffassung und Politik Domitians. Aspekte des modernen Domitianbildes», *Schweizerische Zeitschrift für Geschichte* 12/2, 187–213.
Christ (^{6}2009): Karl Christ, *Geschichte der Römischen Kaiserzeit. Von Augustus bis zu Konstantin*, 6. Aufl., München.
Cohn (1999): Dorrit Cohn, *The Distinction of Fiction*, London.
Cordes (2017): Lisa Cordes, *Kaiser und Tyrann. Die Kodierung und Umkodierung der Herrscherrepräsentation Neros und Domitians*, Berlin.
Cordes (2020): Lisa Cordes, «Wenn Fiktionen Fakten schaffen. Faktuales und fiktionales Erzählen in den spätantiken Panegyrici Latini», in: Dustin Breitenwischer, Hanna-Myriam Häger u. Julian Menninger (Hgg.), *Faktuales und fiktionales Erzählen II. Geschichte – Medien – Praktiken*, Baden-Baden, 31–56.
Cover (1983): Robert Cover, «The Supreme Court, 1982 Term – Foreword: Nomos and Narrative», *Harvard Law Review* 97, 4–68.
Düwell (2000): Marcus Düwell, «Ästhetische Erfahrung und Moral», in: Dietmar Mieth (Hg.), *Erzählen und Moral. Narrativität im Spannungsfeld von Ethik und Ästhetik*, unter Mitarbeit von Dominik Pfaff, Tübingen, 11–35.
Dworkin (1986): Ronald Dworkin, *Law's Empire*, Oxford.
Eck (^{4}2010): Werner Eck, «Trajan 98–117», in: Manfred Clauss (Hg.), *Die römischen Kaiser. 55 historische Portraits von Caesar bis Iustinian*, 4. Aufl., München, 110–124.
Eco (1985): Umberto Eco, «A Portrait of the Elder as a Young Pliny. How to Build Fame», in: Marshall Blonsky (Hg.), *On Signs*, Oxford, 289–302.
Eco (1987): Umberto Eco, *Lector in fabula. Die Mitarbeit der Interpretation in erzählenden Texten*, München.
Edwards (2018): Rebecca Edwards, «Pliny's Tacitus», *Bulletin of the Institute of Classical Studies* 61/2, 66–77.
Feddern (2018): Stefan Feddern, *Der antike Fiktionalitätsdiskurs*, Berlin.
Feger (2006): Robert Feger, *P. Cornelius Tacitus. Agricola*. Lateinisch/Deutsch, Stuttgart.
Fein (1994): Sylvia Fein, *Die Beziehungen der Kaiser Trajan und Hadrian zu den litterati*, Stuttgart.
Ferguson (1984): Robert A. Ferguson, *Law and Letters in American Culture*, Cambridge (MA).
Fitzgerald (2016): William Fitzgerald, *Variety. The Life of a Roman Concept*, Chicago.
Fludernik (^{3}2010): Monika Fludernik, *Erzähltheorie. Eine Einführung*, 3. Aufl., Darmstadt.
Fludernik/Falkenhayner/Steiner (2015a): Monika Fludernik, Nicole Falkenhayner u. Julia Steiner (Hgg.), *Faktuales und fiktionales Erzählen. Interdisziplinäre Perspektiven*, Würzburg.
Fludernik/Falkenhayner/Steiner (2015b): Monika Fludernik, Nicole Falkenhayner u. Julia Steiner, «Einleitung», in: Monika Fludernik, Nicole Falkenhayner u. Julia Steiner (Hgg.), *Faktuales und fiktionales Erzählen. Interdisziplinäre Perspektiven*, Würzburg, 7–22.
Fludernik/Schäfer (2022a): Monika Fludernik u. Frank L. Schäfer (Hgg.), *Erzählen und Recht = Narrative and Law*, Baden-Baden.

Fludernik/Schäfer (2022b): Monika Fludernik u. Frank L. Schäfer, «Introduction», in: Monika Fludernik u. Frank L. Schäfer (Hgg.), *Erzählen und Recht = Narrative and Law*, Baden-Baden, 15–27.

Gaakeer (2019): Jeanne Gaakeer, *Judging from Experience. Law, Praxis, Humanities*, Edinburgh.

Gauly (2008): Bardo M. Gauly, «Magis homines iuvat gloria lata quam magna. Das Selbstlob in Plinius' Briefen und seine Funktion», in: Bardo M. Gauly u. Alexander H. Arweiler (Hgg.), *Machtfragen. Zur kulturellen Repräsentation und Konstruktion von Macht in Antike, Mittelalter und Neuzeit*, Stuttgart, 187–204.

Geertz (1973): Clifford Geertz, *The Interpretation of Cultures. Selected Essays*, New York (deutsche Teilübersetzung: *Dichte Beschreibung. Beiträge zum Verstehen kultureller Systeme*, übersetzt von Brigitte Luchesi u. Rolf Bindemann, Frankfurt am Main 1987).

Gibson (2020): Roy K. Gibson, *Man of High Empire. The Life of Pliny the Younger*, Oxford.

Gibson (2023a): Roy K. Gibson, «Fact and Fiction in Pliny's Epistles. The Augustan Poetry Book and its Legacies», in: Janja Soldo u. Claire Rachel Jackson (Hgg.), *res vera, res ficta. Fictionality in Ancient Epistolography*, Berlin, 19–42.

Gibson (2023b): Roy K. Gibson, «Intertextuality in Pliny, Epistles 6», in: Margot Neger u. Spyridon Tzounakas (Hgg.), *Intertextuality in Pliny's Epistles*, Cambridge, 47–66.

Gibson/Morello (2012): Roy K. Gibson u. Ruth Morello, *Reading the Letters of Pliny the Younger. An Introduction*, Cambridge.

Gibson/Morrison (2007): Roy K. Gibson u. A. D. Morrison, «Introduction: What is a Letter», in: Ruth Morello u. A. D. Morrison (Hgg.), Ancient Letters. Classical and Late Antique Epistolography, Oxford, 1–16.

Gibson/Whitton (2016): Roy K. Gibson u. Christopher Whitton (Hgg.), *Oxford Readings in Classical Studies. The Epistles of Pliny*, Oxford.

Goodman (1992): Nelson Goodman, *Ways of Worldmaking*, Indianapolis.

Gorman (2005): David Gorman, «Theories of Fiction», in: David Herman (Hg.), *Routledge Encyclopedia of Narrative Theory*, London, 163–167.

Grethlein (2023): Jonas Grethlein, *Ancient Greek Texts and Modern Narrative Theory. Towards a Critical Dialogue*, Cambridge.

Guillemin (1929): Anne-Marie Guillemin, *Pline et la vie littéraire de son temps*, Paris.

Habermas (52022): Jürgen Habermas, *Auch eine Geschichte der Philosophie, Bd. 2: Vernünftige Freiheit, Spuren des Diskurses über Glauben und Wissen*, 5. Aufl., Frankfurt am Main.

Haller (1986): Rudolf Haller, *Facta und Ficta. Studien zu ästhetischen Grundfragen*, Stuttgart.

Hamburger (1968): Käte Hamburger, *Die Logik der Dichtung*, Stuttgart [1957].

Herman (2009): David Herman, «Narrative Ways of Worldmaking», in: Sandra Heinen u. Roy Sommer (Hgg.), *Narratology in the Age of Cross-Disciplinary Narrative Research*, Berlin, 71–87.

Horkheimer/Adorno (1988): Max Horkheimer u. Theodor W. Adorno, *Dialektik der Aufklärung. Philosophische Fragmente*, Frankfurt am Main.

Hühn (2009): Peter Hühn, «Event and Eventfulness», in: Peter Hühn, John Pier, Wolf Schmid u. Jörg Schönert (Hgg.), *Handbook to Narratology*, New York, 80–97.

Irsigler (2015): Hubert Irsigler, «Erzählen in biblischer Literatur. Konfessorisch – faktual und fiktional», in: Monika Fludernik, Nicole Falkenhayner u. Julia Steiner (Hgg.), *Faktuales und fiktionales Erzählen. Interdisziplinäre Perspektiven* (Faktuales und fiktionales Erzählen 1), Würzburg, 23–46.

Iser (1991): Wolfgang Iser, *Das Fiktive und das Imaginäre. Perspektiven literarischer Anthropologie*, Frankfurt am Main.

Jahn (1983): Manfred Jahn, «Narration as Non-communication. On Ann Banfield's ‹Unspeakable Sentences›. Revised version of a paper originally published in Kölner Anglistische Papiere 23». https://www.uni-koeln.de/~ame02/jahn83.htm.

Jannidis (2014): Fotis Jannidis, «Character», in: Peter Hühn, Jan Christoph Meister, John Pier u. Wolf Schmid (Hgg.), *Handbook of Narratology*, Berlin, 30–45.

Johnson (2004): Peter Johnson, *Moral Philosophers and the Novel. A Study of Winch, Nussbaum and Rorty*, New York.

Jones (1992): Brian W. Jones, *The Emperor Domitian*, London.

Kasten (2003): Helmut Kasten, *Gaius Plinius Caecilius Secundus, Briefe / Epistularum libri decem*. Lateinisch – Deutsch, Berlin.

Kaul (2011): Susanne Kaul, «Erzählen als Erkenntnisform», in: Matías Martínez (Hg.), *Handbuch Erzählliteratur. Theorie, Analyse, Geschichte*, Stuttgart, 97–102.

Kirstein (2015a): Robert Kirstein, «Ficta et Facta. Reflexionen über den Realgehalt der Dinge bei Ovid», *Zeitschrift für Ästhetik und Allgemeine Kunstwissenschaft* 60, 257–277.

Kirstein (2015b): Robert Kirstein, «Further Languages bei Ovid. Fiktive Mehrsprachigkeit und Fiktionalität», in: Alberto Gil u. Robert Kirstein (Hgg.), *Wissenstransfer und Translation. Zur Breite und Tiefe des Übersetzungsbegriffs*, St. Ingbert, 31–58.

Kirstein (2018): Robert Kirstein, «Machtverhältnisse und Wortspiele. Yōko Tawada und Plinius der Jüngere», in: Esme Winter-Froemel (Hg.), *Sprach-Spiel-Kunst. Ein Dialog zwischen Wissenschaft und Praxis*, Berlin, 247–262.

Kirstein (2019): Robert Kirstein, «New Borders of Fiction? Callimachean Aitiology as Narrative Device in Ovid's Metamorphose», in: Jacqueline J. H. Klooster, M. Anette Harder, Remco F. Regtuit u. Gerry C. Wakker (Hgg.), *Callimachus Revisited. New Perspectives in Callimachean Scholarship*, Leuven 2019, 193–220.

Konrad (2014): Eva-Maria Konrad, «Panfiktionalismus», in: Tobias Klauk u. Tilmann Köppe (Hgg.), *Fiktionalität. Ein interdisziplinäres Handbuch*, Berlin, 235–254.

Klein/Martínez (2009a): Christian Klein u. Matías Martínez (Hgg.), *Wirklichkeitserzählungen. Felder, Formen und Funktionen nicht-literarischen Erzählens*, Stuttgart.

Klein/Martínez (2009b): Christian Klein u. Matías Martínez, «Wirklichkeitserzählungen. Felder, Formen und Funktionen nicht-literarischen Erzählens», in: Christian Klein u. Matías Martínez (Hgg.), *Wirklichkeitserzählungen. Felder, Formen und Funktionen nicht-literarischen Erzählens*, Stuttgart, 1–13.

Konstan (1998): David Konstan, «The Invention of Fiction», in: Ronald F. Hock, J. Bradley Chance u. Judith Perkins (Hgg.), *Ancient Fiction and Early Christian Narrative*, Atlanta, 3–17.

Koschorke (2012): Albrecht Koschorke, *Wahrheit und Erfindung. Grundzüge einer Allgemeinen Erzähltheorie*, Frankfurt am Main.

Koschorke (2018): Albrecht Koschorke, *Fact and Fiction. Elements of a General Theory of Narrative*, Berlin.

Kroon/Voltolini (2019): Fred Kroon u. Alberto Voltolini, «Fiction», in: Edward N. Zalta u. Uri Nodelman (Hgg.), *The Stanford Encyclopedia of Philosophy*, Winter 2019 Edition, https://plato.stanford.edu/archives/win2019/entries/fiction/.

Kühn (1985): Werner Kühn (Hg.), *Plinius der Jüngere, Panegyrikus. Lobrede auf Kaiser Trajan*, herausgegeben, übersetzt und mit Erläuterungen versehen, Darmstadt.

Kunkel (1974): Wolfgang Kunkel, «Die Funktion des Konsilium in der magistratischen Strafjustiz und im Kaisergericht», in: Wolfgang Kunkel, *Kleine Schriften. Zum römischen Strafverfahren und zur römischen Verfassungsgeschichte*, Weimar, 151–254.

Leach (1990): Eleanor Winsor Leach, «The Politics of Self-Presentation. Pliny's ‹Letters› and Roman Portrait Sculpture», *Classical Antiquity* 9/1, 14–39.

Lefèvre (2009): Eckhard Lefèvre, *Vom Römertum zum Ästhetizismus. Studien zu den Briefen des jüngeren Plinius*, Berlin.

Lepenies ([2]2006): Wolf Lepenies, *Die drei Kulturen. Soziologie zwischen Literatur und Wissenschaft*, 2. Aufl., Frankfurt am Main.

Lewis (1973): David Lewis, *Counterfactuals*, Cambridge (MA).

Lewis (1978): David Lewis, «Truth in Fiction», *American Philosophical Quarterly* 15, 37–46.
Ludolph (1997): Matthias Ludolph, *Epistolographie und Selbstdarstellung. Untersuchungen zu den ‹Paradebriefen› Plinius des Jüngeren*, Tübingen.
Luhmann (1980): Niklas Luhmann, «Gesellschaftliche Struktur und semantische Tradition», in: Niklas Luhmann, *Gesellschaftsstruktur und Semantik. Studien zur Wissenssoziologie der modernen Gesellschaft*, Bd. 1, Frankfurt am Main, 9–71.
Luhmann (1995): Niklas Luhmann, *Das Recht der Gesellschaft*, Frankfurt am Main.
Marchesi (2008): Ilaria Marchesi, *The Art of Pliny's Letters. A Poetics of Allusion in the Private Correspondence*, Cambridge.
Marchesi (2015a): Ilaria Marchesi (Hg.), *Pliny the Book-Maker. Betting on Posterity in the Epistles*, Oxford.
Marchesi (2015b): Ilaria Marchesi, «Uncluttered Spaces, Unlittered Texts. Pliny's Villas as Editorial Places», in: Ilaria Marchesi (Hg.), *Pliny the Book-Maker. Betting on Posterity in the Epistles*, Oxford, 223–251.
Martin (1982): Graham D. Martin, «A New Look at Fictional Reference», *Philosophy* 57, 223–236.
Martínez (2017): Matías Martínez (Hg.), *Erzählen. Ein interdisziplinäres Handbuch*, Stuttgart.
Martínez/Scheffel ([11]2019): Matías Martínez u. Michael Scheffel, *Einführung in die Erzähltheorie*, 11. Aufl., München.
Millar (1977): Fergus Millar, *The Emperor in the Roman World (31 BC – AD 337)*, London.
Müller (2012): Roman Müller, *Antike Dichtungslehre. Themen und Theorien*, Tübingen.
Münkler (2021): Herfried Münkler, *Marx, Wagner, Nietzsche. Welt im Umbruch*, Berlin.
Mynors (1963): Roger A. B. Mynors (Hg.), *Pliny the Younger. Epistularum libri decem*, Oxford.
Mynors (1964): Roger A. B. Mynors (Hg.), *XII Panegyrici Latini*, Oxford.
Neger (2021): Margot Neger, *Epistolare Narrationen. Studien zur Erzähltechnik des jüngeren Plinius*, Tübingen.
Neger/Tzounakas (2023): Margot Neger u. Spyridon Tzounakas (Hgg.), *Intertextuality in Pliny's Epistles*, Cambridge.
Norden ([9]1983/1898): Eduard Norden, *Die antike Kunstprosa*, Bd. 1, 9. Aufl., Darmstadt.
Noreña (2007): Carlos F. Noreña, «The Social Economy of Pliny's Correspondence with Trajan», *The American Journal of Philology* 128/2, 239–277.
Noreña (2011): Carlos F. Noreña, «Self-fashioning in the Panegyricus», in: Paul Roche (Hg.), *Pliny's Praise. The Panegyricus in the Roman World*, Cambridge, 29–44.
Nünning (2010): Ansgar Nünning, «Making Events – Making Stories – Making Worlds. Ways of Worldmaking from a Narratological Point of View», in: Vera Nünning, Ansgar Nünning u. Birgit Neumann (Hgg.), *Cultural Ways of Worldmaking. Media and Narratives*, Berlin, 191–214.
Nussbaum (1995): Martha C. Nussbaum, *Poetic Justice. The Literary Imagination and Public Life*, Boston.
Nussbaum (2001): Martha C. Nussbaum, *Upheavels of Thought. The Intelligence of Emotions*, Cambridge.
Oliver (1931): David T. Oliver, «Roman Law as Illustrated in Pliny's Letters», *The Cambridge Law Journal* 4, 153–163.
Olson ([2]2014): Greta Olson, «Narration and Narrative in Legal Discourse», in: Peter Hühn, Jan Christoph Meister, John Pier u. Wolf Schmid (Hgg.), *Handbook of Narratology*, 2. Aufl., Berlin, 371–383.
Parsons (1980): Terence Parsons, *Nonexistent Objects*, New Haven (CT).
Pausch (2004): Dennis Pausch, *Biographie und Bildungskultur. Personendarstellungen bei Plinius dem Jüngeren, Gellius und Sueton*, Berlin.
Pavel (1986): Thomas Pavel, *Fictional Worlds*, Cambridge.

Phelan (2007): James Phelan, «Rhetoric/ethics», in: David Herman (Hg.): *The Cambridge Companion to Narrative*, Cambridge, 203–216.

Piepenbrink (2022): Karen Piepenbrink, «Zur Rezeption der griechischen Polis bei Hannah Arendt», *Antike und Abendland* 68, 149–172.

Radicke (1997): Jan Radicke, «Die Selbstdarstellung des Plinius in seinen Briefen», *Hermes* 125/4, 447–469.

Radicke (2003): Jan Radicke, «Der öffentliche Privatbrief als ‹kommunizierte Kommunikation› (Plin. epist. 4,28)», in: Luigi Castagna u. Eckard Lefèvre (Hgg.), *Plinius der Jüngere und seine Zeit*, München, 23–34.

Reinfandt (1997): Christoph Reinfandt, *Der Sinn der fiktionalen Wirklichkeiten. Ein systemtheoretischer Entwurf zur Ausdifferenzierung des englischen Romans vom 18. Jahrhundert bis zur Gegenwart*, Heidelberg.

Reinfandt (2013): Christoph Reinfandt, «Systemtheorie», in: Ansgar Nünning (Hg.), *Metzler Lexikon Literatur- und Kulturtheorie. Ansätze, Personen, Grundbegriffe*, Stuttgart, 735–737.

Richter (2011): Michael Richter, «Erzählen und Moral», in: Matías Martínez (Hg.), *Handbuch Erzählliteratur. Theorie, Analyse, Geschichte*, Stuttgart, 102–105.

Ricœur (1983/1985): Paul Ricœur, *Temps et récit*, 3 Bde., Paris (deutsch: *Zeit und Erzählung*, Bd. 1 u. 2 übersetzt von Rainer Rochlitz, Bd. 3 von Andreas Knop, München 1988–1991).

Roche (2011): Paul Roche, «Pliny's Thanksgiving. An Introduction to the Panegyricus», in: Paul Roche (Hg.), *Pliny's Praise. The Panegyricus in the Roman World*, Cambridge, 1–28.

Rösler (2014): Wolfgang Rösler, «Fiktionalität in der Antike», in: Tobias Klauk u. Tilmann Köppe (Hgg.), *Fiktionalität. Ein interdisziplinäres Handbuch*, Berlin, 363–384.

Ryan (1980): Marie-Laure Ryan, «Fiction, Non-factual and the Principle of Minimal Departure», *Poetics* 9, 403–422.

Ryan (1991): Marie-Laure Ryan, *Possible Worlds. Artificial Intelligence, and Narrative Theory*, Bloomington (IN).

Ryan (1992): Marie-Laure Ryan, «Possible Worlds in Recent Literary Theory», *Style* 26, 528–553.

Ryan (2005): Marie-Laure Ryan, «Possible Worlds Theory», in: David Herman (Hg.), *Routledge Encyclopedia of Narrative Theory*, London, 446–450.

Scheffel (2003): Michael Scheffel, «Käte Hamburgers Logik der Dichtung – ein Grundbuch der Fiktionalitäts- und Erzähltheorie? Versuch einer Re-Lektüre», in: Johanna Bossinade u. Angelika Schlaser (Hgg.), *Käte Hamburger. Zur Aktualität einer Klassikerin*, Göttingen, 140–155.

Scheffel (2004): Michael Scheffel, «Erzählen als anthropologische Universalie. Funktionen des Erzählens im Alltag und in der Literatur», in: Rüdiger Zymner u. Manfred Engel (Hgg.), *Anthropologie der Literatur. Poetogene Strukturen und ästhetisch-soziale Handlungsfelder*, Paderborn, 121–138.

Schmid (2010): Wolf Schmid, *Narratology. An Introduction*, Berlin.

Schroer (2017): Markus Schroer, *Soziologische Theorien. Von den Klassikern bis zur Gegenwart*, Leiden.

Schulte-Sasse (1980): Jochen Schulte-Sasse, «Kritisch-rationale und literarische Öffentlichkeit», in: Christa Bürger et al. (Hgg.), *Aufklärung und literarische Öffentlichkeit*, Frankfurt am Main, 12–38.

Schwitter (2015): Raphael Schwitter, *Umbrosa lux. Obscuritas in der lateinischen Epistolographie der Spätantike*, Stuttgart.

Schwitter (2018): Raphael Schwitter, «Gebrauchstext oder Literatur? Methodenkritische Überlegungen zur literarischen Stellung des Privatbriefs in der Spätantike», in: Gernot M. Müller (Hg.), *Zwischen Alltagskommunikation und literarischer Identitätsbildung. Studien zur lateinischen Epistolographie in Spätantike und Frühmittelalter*, Stuttgart.

Searle (1974/75): John R. Searle, «The logical status of fictional discourse», *New Literary History* 6, 319–332 (wieder abgedruckt in: John R. Searle, *Expression and Meaning. Studies in the Theory of Speech Acts*, Cambridge 1979, 58–75).

Sherwin-White (1966): Adrian N. Sherwin-White, *The Letters of Pliny. A Historical and Social Commentary*, Oxford.

Simonis (2013): Annette Simonis, «Geertz, Clifford» in: Ansgar Nünning (Hg.), *Metzler Lexikon Literatur- und Kulturtheorie. Ansätze, Personen, Grundbegriffe*, Stuttgart, 256–257.

Southern (1997): Pat Southern, *Domitian. Tragic Tyrant*, London.

Stein (1996): Peter Stein, «Zum Verhältnis von Literatur und Öffentlichkeit bis zum deutschen Vormärz. Oder: Wie schlüssig ist Jürgen Habermas' Strukturwandel der Öffentlichkeit für die Literaturgeschichte?», in: Helmut Koopman u. Martina Lauster (Hgg.), *Vormärzliteratur in europäischer Perspektive I. Öffentlichkeit und nationale Identität*, Bielefeld.

Stierle (2001): Karlheinz Stierle, «Fiktion», in: Karlheinz Barck et al. (Hgg.), *Ästhetische Grundbegriffe. Historisches Wörterbuch in 7 Bänden*, Bd. 2., Stuttgart, 380–428.

Stierstorfer (2022): Klaus Stierstorfer, «Mahatma Gandhi's Autobiographical Narration of the Law», in: Monika Fludernik u. Frank L. Schäfer (Hgg.), *Erzählen und Recht = Narrative and Law*, Baden-Baden, 233–248.

Surkamp (2002): Carola Surkamp, «Narratologie und Possible-Worlds Theory – Narrative Texte als alternative Welten», in: Ansgar Nünning u. Vera Nünning (Hgg.), *Neue Ansätze in der Erzähltheorie*, Trier, 153–183.

Tzounakas (2017): Spyridon Tzounakas, «Self-Presentation in Pliny's Epistle 9,23», in: Andreas Gavrielatos (Hg.), *Self-Presentation and Identity in the Roman World*, Newcastle, 82–92.

Vollrath (1971): Ernst Vollrath, «Politik und Metaphysik. Zum politischen Denken Hannah Arendts», *Zeitschrift für Politik* 18/3, 205–232.

Wallace-Hadrill (1982): Andrew Wallace-Hadrill, «Civilis Princeps. Between Citizen and King», *The Journal of Roman Studies* 72, 32–48.

Walton (1990): Kendall L. Walton, *Mimesis as Make-Believe. On the Foundations of the Representational Arts*, Cambridge (MA).

Walton (2004): Kendall L. Walton, «Fiction and Nonfiction», in: Eileen John u. Dominic McIver Lopes (Hgg.), *Philosophy and Literature*, Oxford, 136–143.

White (1973): Hayden White, *Metahistory. The Historical Imagination in Nineteenth-Century Europe*, London.

White (1981): Hayden White, «The Value of Narrativity in the Representation of Reality», in: William J. Th. Mitchell (Hg.), *On Narrative*, Chicago, 1–23.

Whitton (2012): Christopher Whitton, «‹Let us tread our path together›. Tacitus and Pliny the Younger», in: Victoria E. Pagán (Hg.), *Blackwell Companion to Tacitus*, Oxford, 345–368.

Whitton (2013): Christopher Whitton, *Pliny the Younger. Epistles, Book II*, Cambridge.

Winterbottom/Ogilvie (1975): Michael Winterbottom u. Robert. M. Ogilvie (Hgg.), *Tacitus. Opera Minora*, Oxford.

Winterling (2018): Aloys Winterling, «Die griechisch-römische Antike und die sozio-kulturelle Evolution bei Max Weber und Niklas Luhmann», in: Christian Jaser, Harald Müller u. Thomas Woelki (Hgg.), *Eleganz und Performanz. Von Rednern, Humanisten und Konzilsvätern. Johannes Helmrath zum 65. Geburtstag*, Wien, 81–138.

Wistrand (2012): Sen Wistrand, «Time for Departure? The Principle of Minimal Departure – a Critical Examination», in: Göran Rossholm u. Christer Johansson (Hgg.), *Disputable Core Concepts of Narrative Theory*, Bern, 15–44.

Witschel ([4]2010): Christian Witschel, «Domitian 81–96», in: Manfred Clauss (Hg.), *Die römischen Kaiser. 55 historische Portraits von Caesar bis Iustinian*, 4. Aufl., München, 98–110.
Wolff (1951): Hans Julius Wolff, *Roman Law*, London.
Zipfel (2001): Frank Zipfel, *Fiktion, Fiktivität, Fiktionalität. Analysen zur Fiktion in der Literatur und zum Fiktionsbegriff in der Literaturwissenschaft*, Berlin.

Theorie des Nuklearnarrativs. Auch beim Bild und bei der Rhetorik von Sebastian Brants *Freiheitstafel*

Joachim Knape

Der folgende Beitrag entwickelt eine Minimaltheorie des Narrativen auf strukturalistischer Basis mit dem Ziel, ein Kriterium für die Identifizierung des *narrativen Falls* bereitzustellen. Unter der Bezeichnung ‹Nukleus-› oder ‹Nuklearnarrativ› wird dabei das Konzept des Erzählungskerns modelliert. Dieser Ansatz erweitert das bisher übliche Verständnis von Narratologie informations- und medientheoretisch. Dabei perspektiviert insbesondere der Informationalitätsaspekt die herkömmlichen texttheoretisch orientierten Betrachtungsweisen des Narrativen neu. Ergänzt wird dies durch eine rhetorisch-funktionalistische Fragestellung. Mit ihr soll geklärt werden, welche rhetorische Leistung Minimalerzählungen erbringen können. Untersucht wird dies am Fall eines Werkes des deutschen Renaissancehumanisten Sebastian Brant (1457–1521). Als Kanzler der Stadtrepublik Straßburg hat er um das Jahr 1517 seine *Freiheitstafel* als bicodal angelegten, also mit Schrift-Bild-Kombination arbeitenden Fresken-Zyklus entworfen. Anhand dieses politisch-rechtlichen Manifests sollen das Nuklearkonzept der Erzählung und das rhetorische Potenzial von Minimalerzählungen im konkreten Fall evidenzialisiert werden.

1 Die Straßburger Freiheitstafel

Vor die theoretischen Überlegungen stelle ich zunächst einige Informationen zu der genannten *Freiheitstafel*: Im Straßburger Stadtarchiv ist eine Handschrift vom Anfang des 17. Jahrhunderts überliefert, die einen *Freiheitstafel* überschriebenen Epigrammzyklus enthält (Abb. 1–2).[1] Der Werkname verweist auf den Inhalt. Als *tabula libertatis* ist das Werk die poetisch und bildnerisch gefasste, erste integrale Freiheitstheorie Europas, die alle Aspekte der menschlichen Freiheit abhandelt. In einem der Ratssäle des alten Straßburger Rathauses auf der heutigen Place

1 Archives de la ville de Strasbourg: AST 169, Bl. 755ʳ–762ʳ; nach 1600. Abgedruckt unter anderem bei Knape (1992), 487–501; Brant (1998), Nr. 437.

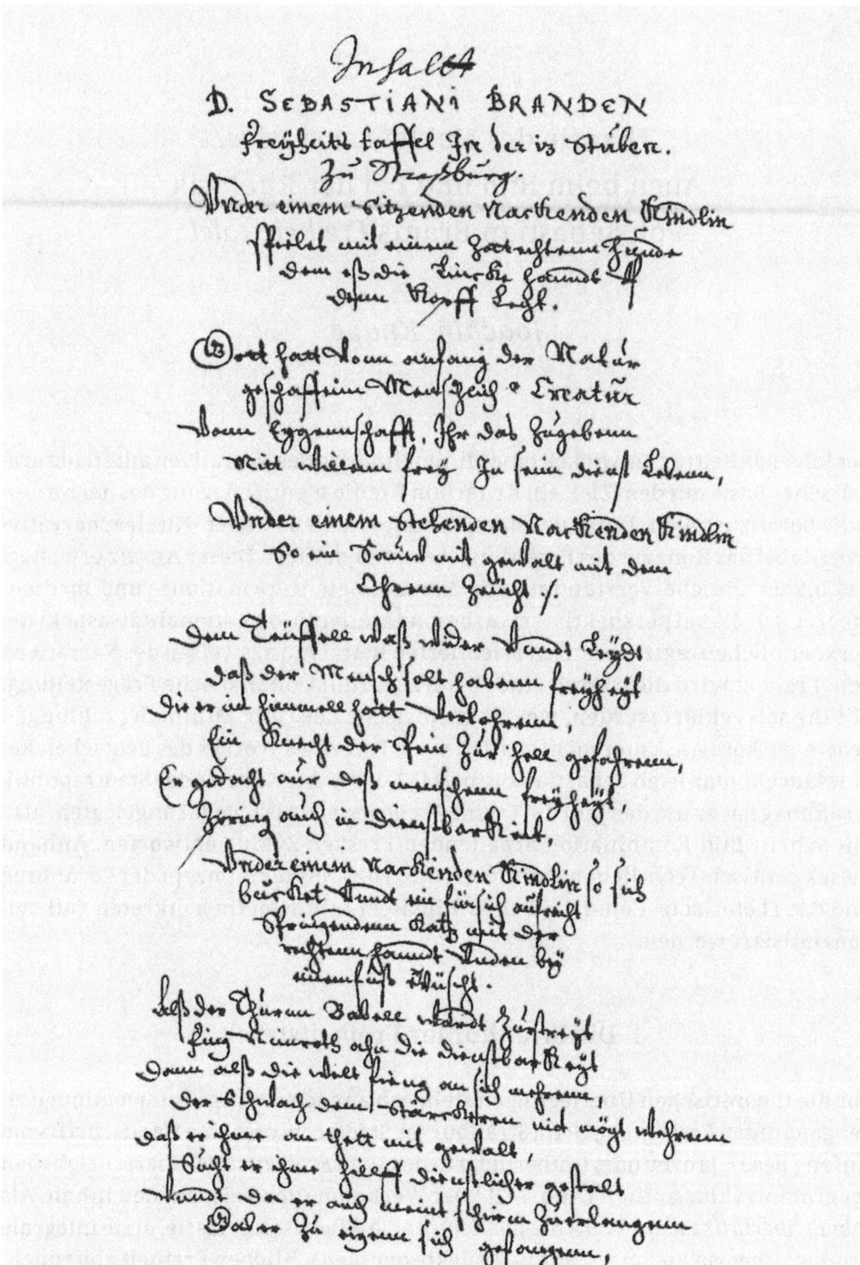
Inhalt
D. SEBASTIANI BRANDEN
freyheitt taffel Inn der iz stuben.
Zu Straßburg.

Abb. 1: Sebastian Brant: Freiheitstafel. Manuskript der Abschrift von Theophil Dachtler (um 1624).

D. Sebastiani Brant's
Freyheitstaffel
in der 13 Stuben zu Straſzburg.

1
Under einem Sitzenden nackenden kindlin, spielet mit einem zottechtenn hunde dem es die lincke hanndt uf denn kopff legt.

Gott hatt vonn anfang der natur
geschaffenn menschlich creatur,
vonn eygenschafft ihr das zugebenn:
mit willenn frey in seim dienst lebenn.

2 Under einem stehenden nackenden kindlin, so ein sauw mit gewalt mit dem Ohrenn zeucht.

Dem Teuffel waſz wider undt leydt
daſz der mensch solt habenn freyheyt
die er im himmell hatt verlohrenn,
ein knecht der pein zur hell geſahrenn;
er gedacht nur deſz menschenn freyheyt
z'pringen auch in dienstbarkeit.

3 Under einem nackenden kindlin, so sich bucket unndt ein für sich aufrecht springendenn katz mit der rechtenn hanndt unden bey einem fuſz erwüscht.

Alſz der Thurm Babell wardt zurstreyt
fing Nimrod ahn die Dienstbarkeyt,
dann alſz die welt fieng an sich mehrenn
der Schwach dem stärckeren nitt mögt wehrenn
daſz er ihme anthett mit gewalt,
Sucht er ihme hilff dienstlicher gestalt,
unndt da er auch meint schirm zu erlangenn,
gab er zu eigenn sich gefangenn.

4 Under einem nackenden Kindtlin reist auſz oder rent uff einen Stuck Wildts darvon demſz umb den halſz greifft.

Eſz habenn auch Tyrannen viell
frey völcker gzwungen bey der Weyll
unndt in ihr dienstbarkeit gebracht
die die Natur hatt frey gemacht.
Viel freyer seindt zu Krieges Zeitt
gefangenn wordenn in dem Streitt,
dadurch ihr freyheit thun ufgebenn
damit sie bleibenn bey dem Lebenn.

5 Under einem sitzenden Kindlin hatt eine lange gabel in beeden händenn.

Freyheit ist daſz ein ieder thug
daſz ihm recht dunckt unndt ihme gefüg,
sich der Natur inbildung halt
Zimblicher weyſz, maſz unndt gestalt.

Abb. 2: Sebastian Brant: Freiheitstafel mit den hinzugefügten Zeichnungen von Eugène Cordier.

Abb. 3.1: Émile Schweitzer: Rekonstruktion des alten Straßburger Rathauses («Pfalz») nach alten Zeichnungen.

Abb. 3.2: Altes Straßburger Rathaus («Pfalz») nach der Rekonstruktion von Émile Schweitzer.

Abb. 4: Sebastian Brant (1457–1521). Porträt. Kupferstich von Jacobus von der Heyden aus dem Jahr 1631.

Gutenberg (Abb. 3), der im Jahr 1780 wegen Baufälligkeit abgerissenen «Pfalz», war die *Freiheitstafel* bildnerisch als Fresco oder auf Wandtafeln umgesetzt worden.[2] Nach den Angaben im genannten Straßburger Archivmanuskript handelt es sich bei der handschriftlichen Überlieferung um die von Theophil Dachtler (ca. 1553–ca. 1630) vorgenommene Abschrift einer Vorlage aus dem Nachlass Sebastian Brants. Als Straßburger Ratskonsulent war Dachtler einer von Brants Amtsnachfolgern.

Sebastian Brant (Abb. 4) stammte aus Straßburg und wirkte ein gutes Jahrzehnt lang als Professor für Kirchen- und Zivilrecht an der Universität Basel. Im Jahr 1500 ging er zurück nach Straßburg und wurde Kanzler dieser Freien Reichsstadt und damit oberster Administrator der Verwaltung, des Rechtswesens und der Aussenpolitik der Stadtrepublik.[3] Über seine Lebenszeit hinaus war Brant auch nach heutigen Massstäben der grosse europäische Bestsellerautor aus Deutschland mit zwei Werken: erstens mit seinem bis ins 17. Jahrhundert in Europa 50 Mal nachgedruckten Rechtslehrbuch *Expositiones*.[4] Das machte ihn zum bekanntesten deutschen Juristen der römisch-rechtlichen Rezeptionszeit.[5] Zweitens mit dem europaweiten literarischen Sensationserfolg *Narrenschiff* (*Stultifera navis*) von 1494.[6] Dessen ebenfalls zahlreich erschienene Auflagen machten Brant zum bekanntesten deutschen Dichter im Europa des 16. Jahrhunderts.

Seine *Freiheitstafel* besteht aus zwei Rahmentexten und 50 Zyklusteilen in Gestalt von Epigrammen, die jeweils mit Bildelementen verbunden sind. Da das Straßburger Archivmanuskript auf Brants Originalentwurf zurückgeht, sind die Bildbestandteile allerdings nur in Gestalt von Ekphraseis (kurzen Bildbeschreibungen) überliefert. Wir haben es im Fall der *Freiheitstafel* also mit *pictura-subscriptio*-Verbindungen zu tun, die in der modernen Emblemforschung als Kernstruktur von Emblemen gelten (als drittes Element kommt bei den seit 1531 in Europa äusserst erfolgreich verbreiteten, voll ausgeführten Emblemen noch die *inscriptio* als jeweilige Überschrift hinzu). Man kann die 50 Bestandteile der *Freiheitstafel* also mit gewissem Recht als Proto-Embleme bezeichnen.[7] Ein Künstler des 20. Jahrhunderts hat aufgrund der von Brant verfassten kurzen Ekphraseis versucht, die Bildvisualisierungen (die immer kleine Putti als Genien plus ein Attribut enthalten) zu rekonstruieren und dem jeweiligen Epigramm hinzuzufügen (Abb. 2).[8]

2 Knape (1992), 223–248; Knape (2021), 152–153.
3 Knape (2008a).
4 Knape/Wilhelmi (2015), Nr. W 412 und D 47–90.
5 Knape (1992).
6 Knape/Wilhelmi (2015), Nr. W 1.
7 Knape (1988); Knape (2023b), 51–54.
8 Châtelet-Lange (1991).

2 Die Epigramme der *Freiheitstafel*

Die sprachlichen Komponenten der Embleme (die *subscriptiones*) treten in Gestalt von Epigrammen auf. Sie sind in der umfangreichen *Freiheitstafel* unterschiedlich konzipiert. Der Zyklus enthält expositorische, deklamatorische, aber auch viele narrative Epigramme. Auf die letztgenannten konzentriert sich im Folgenden unser Interesse.

Brant rekurriert in ihnen immer wieder auf das Erzähluniversum der römischen Geschichtsschreibung als prätextuellen Referenzfundus. Das betrifft auch das folgende «Emblem», das hier als erster Repräsentant der typischen Emblemstruktur der *Freiheitstafel* (FT) eingeführt wird:

> [A: Ekphrasis der vorgesehenen *pictura*]
> *Ein nackhendt Kindlin hatt ein Geiszel inn der handt.*
>
> [B: Epigramm]
> *Asylum bauet Romulus*
> *unndt nent dasszelb der Freyheit Hus*
> *zwang doch das frey volckh uberzytt*
> *desz wardt erschlagen er ohn Stritt*
> *von eignen dienstmannen unndt liuth.*
> (FT 12)

Ein nacktes Kind hat eine Peitsche in der Hand.

> Romulus errichtet das Asyl
> und nennt es ‹Haus der Freiheit›.
> Nach einiger Zeit jedoch übte er Zwang auf das freie Volk aus.
> Deshalb wurde er ohne irgendeinen Kampf erschlagen
> von den eigenen Gefolgsleuten und dem Volk.

Inhaltlich bezieht sich dieses Romulus-Emblem auf den römischen Historiographen Livius, der von der ‹Freiheitsstätte› / *Asylum* berichtet (Liv. 1,8,5), was für eine Freie Reichsstadt wie Straßburg als Ort des Freiwerdens von besonderer Bedeutung ist (nach dem bekannten Motto ‹Stadtluft macht frei›). Livius enthält auch eine Spezialüberlieferung, nach der Romulus am Ende von den Senatoren Roms als Tyrann erschlagen worden sei.[9] In der *pictura* (hier noch, wie gesagt, in Gestalt einer *ante*-Ekphrasis) steht eine Peitsche als Dingsymbol für die Tyrannis beim Putto.

Diese Art der von Sebastian Brant in äusserst komprimierter und verkürzter Gestalt eingesetzten Erzählungen stellen als textliches Phänomen eine Herausforderung dar, wenn wir im Folgenden versuchen, sie unter den Prämissen narratologischer Theorie zu untersuchen. Dabei werden wir die narrativen Textbausteine als solche genauso wie ihre Einbindung in die konkret realisierten

9 Liv. 1,16,4.

syntagmatischen Textverlaufs- oder Organisationsmodelle sowie ihre rhetorisch-kommunikative Funktion in den Blick nehmen.

3 Was ist *Erzählen* als Performanzkategorie im Unterschied zur *Erzählung* als Textkategorie?

Um in der Narratologie-Diskussion eine erweiterte, insbesondere intersemiotische Perspektive zu etablieren, die angesichts solcher Phänomene wie der *Freiheitstafel* für die wissenschaftliche Bearbeitung unumgänglich ist, muss die Narratologie sowohl medien- als auch informationstheoretisch erweitert und dann mit den bekannten texttheoretischen Betrachtungsweisen verbunden werden. Um auf diesem Weg voranzuschreiten, sollen im Folgenden einige grundsätzliche Unterscheidungen vorgenommen werden. Von ganz besonderer Bedeutung ist dabei die Differenz von

1. *Erzählen* (engl. *narration*) im Sinne einer pragmatisch-kommunikativen Handlung mittels medialer Performanz als Medialisierungsphänomen sowie
2. *Erzählung* (engl. *narrative*) als erkennbare textliche Superstruktur[10], mit allen daran hängenden Implikationen.[11]

Richtungsweisend war hier schon Aristoteles, der bewundernswerte Archeget jeglicher Kommunikations-, Rhetorik- und Texttheorie, der im 4. Jahrhundert vor unserer Zeitrechnung den Grundstein der Narratologie gelegt hat. Wir sagen in seinem Sinn, dass das *Erzählen*[12] als performative Handlung (im Unterschied zur rein semiotisch realisierten *Erzählung*) theoretisch auf der Ebene medialer Performanz abzuhandeln ist. Medien sind die technischen Ermöglichungsbedingungen von Text.[13] Kurz: Medien bedingen die Performanzweisen von Erzählungen. Daher können Bilder, so schon Lessing, als *stills* ohne Zeitdimension nicht «erzählen»,[14] wovon noch zu reden sein wird. Unter dieser Prämisse können wir drei Typen narratologischer Performanzweisen unterscheiden:

1. *Diegese* (eigentliches Erzählen mittels skänokorporal-lautsprachlicher Artikulation).[15]
2. *Schriftnotation* (uneigentliches Erzählen mittels biblioskripturaler Notation).[16]

10 Van Dijk (1980), 128–159; vgl. Heinemann (2000).

11 Wir erheben das deutsche «Wort» *Erzählung* damit in unserem Zusammenhang zu einem *Terminus technicus* auf texttheoretischer Ebene. Genette weist ausdrücklich auf die Mehrdeutigkeit des umgangssprachlichen Wortes «Erzählung» (*récit*) hin; siehe Genette (1994), 15.

12 Bei Genette analytische Ebene der *narration* im Text und auch ausserhalb in der Pragmatik; siehe Genette (1994), 16 und 151–188.

13 Knape (2023b), 45.

14 Knape (2009), 34.

15 Knape (2012a), 131–133.

16 Knape (2012a), 129–131.

3. *Dramatisieren* (uneigentliches Erzählen durch Mimesis oder Katagraphie),[17] also skänokorporal-leiblich darstellende «Simulation» (*mímēsis*)[18] von Handlungen, in der eine Story durch Handlungen von Körpern theatralisch vorgeführt wird.[19]

Es ist beinahe überflüssig zu sagen, dass es sich bei derartigen Unterscheidungen um theoretische Abstraktionen handelt, die die Gemengelage der Praxis analytisch auftrennen. Für die wissenschaftliche Verständigung sind solche Systematisierungen jedoch unumgänglich. Dass diese Bemerkung dennoch nicht ganz so selbstverständlich ist, wie es im ersten Moment erscheint, ergibt sich aus der Notwendigkeit, unser Bewusstsein auf den tiefen Gegensatz von wissenschaftlicher Theoriebildung, Aktivitäten der Lebenswelt sowie all dem, was mit dem primordialen ästhetischen Erlebnisstreben des Menschen zusammenhängt, zu lenken.[20]

Aristoteles eröffnete in seiner *Poetik* neben dem, was wir «Erzählen» nennen, noch eine weitere Theorieabteilung auf texttheoretischer Ebene (also *nicht* auf der Ebene der Bühneninszenierung, i. e. *ópsis*).[21] Es ist die Ebene der *Erzählung*, die unter der Rubrik *mythos* (lat.: *fabula* oder modern: «Storyplot») steht. Die Geschichte oder der Storyplot stecken aristotelisch gesehen als narratologische Grösse in der Tiefenstruktur der Textversion eines Dramas.[22]

Im Lauf der Wissenschaftsgeschichte hat sich herausgestellt, dass es methodisch ergebnisreich ist, diese tiefensemantische Ebene des Textes als eigenen Analysebereich isoliert zu betrachten. Die *Erzählung* ist ein semiotisches Phänomen, das auf Zeichensystemen oder «Sprachen» beruht und mit deren Hilfe in Textformulierungen stattfindet.[23] Demgegenüber ereignet sich das *Erzählen* als Handlung performativ mit Hilfe von Medien; in der Regel durch menschliche Körper. Dennoch ist die Erzählung kein Problem der linguistischen Theorie im engeren Sinn (die sich ja mit *langue*, also dem Zeichensystem einer *Sprache* befasst). Wir bewegen uns bei der Textnarrativik nicht auf der Ebene der Sprachlichkeit im linguistischen Sinn, sondern auf einem Theoriefeld *sui generis*, das

17 In der antiken Theorie Platons wird *mímēsis* als Antonym von *dihḗgēsis* verwendet. Zur entsprechenden Differenzierung siehe Platon (*Politeia* 392d): *dihḗgēsis* (Erzählen) und *mímēsis* (per Simulation vor Augen stellen); vgl. in der Neuzeit Henry James (1884): *telling* und *showing*. Den Begriff der Katagraphie hat Goethe von Plinius übernommen, siehe Goethe (1991), 573: «Wenn also Plinius von der Erfindung katagraphischer Darstellungen redet, so will er dadurch das Vermögen oder die Kunst, im Umriss die Wendungen und Verkürzungen [bei Körperdarstellungen] anzudeuten, ausdrücken. [...] Nach unserm Dafürhalten geht die Meinung des Plinius dahin, dass durch die Bemühungen der genannten Künstler die menschlichen Gestalten in der Malerei zuerst mehrere Bewegung und Mannigfaltigkeit erhalten haben.»

18 Ich folge hier der Deutung von *mímēsis* bei Koller (1954).

19 Knape (2010), 18–23; Knape (2013c), 227–230.

20 Knape (2023a), 71–72.

21 Knape (2017).

22 Knape 2010, 19 f.; Knape (2017).

23 Gülich/Hausendorf (2000).

der Texttheorie zugehört. Textnarrativik ist Theorie der Textorganisation mit allen theoretischen Implikationen.[24]

Beim *Erzählen*, also beim performativen Erscheinenlassen von Geschichten durch die jeweiligen Medialisierungen, können wir den aristotelischen *mythos*/ die Story einerseits praktisch-sprachlautlich nacherzählend und damit kondensierend ans Licht bringen, andererseits aber auch in ummedialisierter Gestalt aufschreiben bzw. auf der Bühne skänokorporal-leiblich performieren. Wir sprechen im letztgenannten Fall auch von theatralischer Transnotation.[25] Hier ist hervorzuheben: Das Bühnendrama «erzählt» nicht. Es «dramatisiert», zeigt uns also simulierend Handlung von Handelnden vor (*mímēsis*).[26]

4 Die spezifische Informationsstruktur von *Erzählung*

Der soeben vorgeschlagenen fundamentalen Unterscheidung der zwei narratologischen Perspektiven wird in der Forschungsdiskussion keine erwähnenswerte Aufmerksamkeit geschenkt. Das gilt auch für den umfangreichen Forschungsüberblick über den Stand der Theoriediskussion zur «Natur des Narrativen» von Werner Wolf aus dem Jahr 2002. Wolf stellt das Erzählerische in einen sehr weiten Forschungsrahmen, der vom Narrativen in der «Lebenswelt» über das Narrative «in Artefakten» bis hin zum Narrativ «als kognitivem Schema» reicht.[27] Für eine, wie er es nennt, «intermediale Narratologie» (gemeint ist eine intersemiotische) sei der kognitivistische Ansatz der «brauchbarste». Er gehe davon aus, dass wir Menschen ein «mental gespeichertes kognitives Schema im Sinne der *frame theory*» mit uns führen, das als «stereotypes verstehens-, kommunikations- und erwartungssteuerndes Konzeptensemble» anzusehen sei. Es ermögliche uns, Narratives in allen semiotischen Transnotations-Zuständen, wie wir sagen, zu erkennen.[28] Und in der Tat spricht vieles dafür, dass Menschen aufgrund ihrer Lerngeschichten dieses «kognitive Schema» erwerben.[29] In der kommunikativen Realität muss Narrativität jedoch zunächst einmal körperextern und semiotisch in Gestalt von *Text* manifestiert, auf diese Weise anderen Menschen zugänglich gemacht und also in die Kommunikation eingespeist werden. Wir sprechen in

24 Van Dijk (1980), 129; Knape (2024).

25 Knape (2017); Knape (2024), 112–114.

26 Knape (2010), 19–21; Knape (2013c), 223.

27 Wolfs Beitrag gibt Anlass zu vielerlei Kritik. Ich erwähne an dieser Stelle zunächst nur die terminologische Verwirrung aufgrund der durchgängigen Verwechslung der Begriffe «intermedial» («die Medien Literatur, Musik und Malerei», S. 27) und «intersemiotisch» bzw. «intercodal», was auf deutliche Schwächen im theoretischen Gesamtverständnis hinweist; siehe Wolf (2002).

28 Wolf (2002), 28–32 und 43.

29 Wolf (2002), 32. Die psychologische Forschung arbeitet da nicht punktgenau in Richtung unserer Fragestellung, doch weisen die Ergebnisse der Traumforschung auf eine im Menschen gespeicherte Handlungsprozessmusterdeutungskompetenz; siehe dazu Walsh (2013).

diesem Fall von der Adpragmatisierung von *Erzählung* (engl.: *narrative*) in Kommunikationsszenen mit ihren Bedeutungsframes.[30]

Es geht im Folgenden um Narrativität im Rahmen der modernen Texttheorie, die «Text» als hochkomplexes semiotisches Aggregat modelliert. Dazu gehört auch das zentrale Textualitätsmerkmal der *Informativität*.[31] Im Rahmen narratologischer Erörterungen stellt sich da natürlich die noch weitergehende Frage, ob es im Sinne des Informativitätsmerkmals von Text auch so etwas wie einen generalisierbaren narratologischen Informationskern gibt.

Der zweifellos bedeutendste zeitgenössische Narratologe Gérard Genette hat mit der Festlegung der analytischen Ebene *histoire* (erzählte Welt) eine Perspektive für die Beantwortung dieser Frage eröffnet.[32] Welche Art von narratologisch spezifischen Informationen begegnen uns auf dieser textanalytisch-tiefensemantischen *histoire*-Ebene?[33] Es sind thematische Informationen zur stofflichen Materie, bei denen sich (wenn wir es hier methodisch streng perspektivieren) alles um Handlungen dreht.[34]

Urheber der Theorie des narrativen Propriums «Handlung» als semantisches Spezifikum der Narratologie ist Aristoteles. Er sucht immer wieder nach charakteristischen Differenzen und Proprietäten in der Welt der Textualität und kommt daher bei der Erörterung der sechs analytischen Ebenen des Dramas zu dem Ergebnis: «Die Simulation (*mímēsis*) von Handlung (*praxis*) ist der Storyplot (*mythos*). Ich verstehe hier unter dem Storyplot (*mythos*) die Zusammensetzung (*sýnthesis*) der Handlungen (*pragmata*)» (Arist. *poet.* 6). Wir halten fest: Erstens bewegt Aristoteles sich beim Storyplot auf der Ebene des Dramentextes (nicht auf performativer Ebene).[35] Zweitens «thematisiert» die semantische Tiefenstruktur auf dieser Ebene Aktionen oder Handlungen (*pragmata*) von Akteuren in Aktionszeitverläufen,[36] die der Text unserer simulativ-nachvollziehenden Imagination anbietet. In diesem Sinn siedeln auch wir mit Genette die Kategorien *mythos* oder Storyplot auf der narratologisch-theoretischen Ebene der *histoire* an.

Was ist ein Thema? Wenn wir die analytische Ebene des Sprachsystems (la langue) von der des Textes als sprachliche Anwendungsebene (la parole)

30 In den kommunikativen Funktionalisierungsmöglichkeiten des Narrativen liegt «ein wesentlicher Grund dafür, wieso es einen so wichtigen Stellenwert in der Kultur einnehmen konnte.» Wolf (2002), 34.

31 Beaugrande/Dressler (1981), 145–168; dazu kritisch neu modellierend Knape (2024), 110–112.

32 Martin (1986), 108.

33 Bei meinen Überlegungen bleibe ich auf dieser Ebene von Texten. Die beiden anderen, von Genette vorgeschlagenen, höchst sinnvollen analytischen Ebenen (von *récit/discours* und *narration*) muss ich leider ausblenden. Genette (1994), 15–17; Martínez/Scheffel ([2]2000), 24. Zum Status dieses Ebenenmodells siehe Schmid (1984), 480–485; Wolf (2002), 38–39.

34 Wolf (2002), 38 spricht in Bezug auf unsere Informationalitätsfrage theoretisch etwas ungelenk vom «Inhalt» des Narrativen, der in Form «spezifischer Geschichten» (gemeint sind Stoffe und Motive wie etwa «Ritter Blaubart») auftrete.

35 Zu den sechs Ebenen Knape (2013c), 219–230.

36 Den Begriff «Aktor» (engl.: *actor*) verwendet Talcott Parsons, der Begründer der modernen Systemtheorie; siehe Parsons (1994).

unterscheiden, dann ist Thema seiner theoretischen Situierung nach ein genuin texttheoretischer Begriff, der die Informationskerne von Texten betrifft.[37] Auf texttheoretischer Ebene ist ein Thema eine semantische Einheit des Textes, wie auch immer diese Einheit linguistisch realisiert ist.[38] Die Kategorie Thema bezeichnet also keine systemlinguistische Einheit. Wir haben gesagt, dass die narratologisch spezifischen Themeninformationen Handlungen betreffen. Damit haben wir im aristotelischen Sinn «menschliche Handlungen» (*pragmata*) als den proprietären Themenkern bzw. den Fokus des Informationsgehalts eines Narrems, eines Narrativs oder einer Story herausgearbeitet,[39] was wir später noch genauer bestimmen werden. Wenn Handlungen in textlichen Darstellungen zu einer komplexen Story verbunden werden können, wovon schon Aristoteles bei seinen Beobachtungen ausging, dann stellt sich die Frage, wie «Handlung» auch als Einzelelement, als atomistisch-narratologische Minimaleinheit (*unit act*) mit ihrem narratologisch-propositionalen Kern im Text als Information bestimmt werden kann.

5 Informationelle Kernstruktur *triple-A* als notwendige Bedingung der Existenz von Narrativität

Mit unseren bisherigen Überlegungen haben wir zum narratologischen *Informationskern des Nuklearnarrativs* hingeführt. Demnach liegt informationell der Kern einer Erzählung vor, wenn in einem Text als Information ein erkennbarer Zusammenhang zwischen Akteur + Aktion + Aktionszeit auftritt, und sei es auch nur aufgrund der Darbietung des Textes, ohne dass ein Kausalitätsindikator zwingend gefordert wäre. Es geht also um die aristotelische Handlungskategorie (*práxis* oder *pragma*). Sie wird im narrativen Textzusammenhang realisiert als Präsentation einer Verbindung von drei Informationskomponenten, die wir mit folgender Formel abbilden können:

triple-A-Informationskern {Akteur + Aktion + Aktionszeit}.

Als informationelle, semantisch konstitutive Komponentenverbindung ist dies eine thematische Kernstruktur, die ich «Nuklearnarrativ» nenne. Das Vorliegen der drei Kernkonstituenten[40] auf der semantischen *histoire*-Ebene ist die not-

37 Knape 2024, S. 110–112.

38 Zur Textualität als eigener analytischer Ebene siehe Knape 2024.

39 Für unseren Erörterungszusammenhang reicht das in der Narratologie übliche Verständnis des Begriffs «Handlung» aus; vgl. König (2021), 54–63. Bis heute arbeiten Philosophen, Soziologen und Theoretiker aus anderen Disziplinen an einem vertieften Verständnis des Handlungsbegriffs unter Aspekten wie Handlungsträger, Handlungsintention, Handlungseinheit (*unit act*), Handlungsschema oder Handlungssystem. Ich nenne hier nur einige wenige Forschungstitel: Parsons (1994); Loubser/Baum/Effrat/Lidz (1981); Kühle/Rüther (2016).

40 Köngäs-Maranda und Maranda sprechen in anderem Zusammenhang von «elementary constituents» des Narrativen; siehe Köngäs-Maranda/Maranda (1971), 21.

wendige Bedingung für die Existenz eines *narrativen Falls* (etwa im Unterschied zum *argumentativen* oder *deskriptiven* Superstrukturfall).[41] Ohne *triple-A* keine *Erzählung.* Diese Feststellung wird unter informationstheoretischer Perspektive getroffen. Unter textsyntagmatischer Perspektive, die unter anderem nach den Organisationseinheiten im Textverlauf fragt, wird die *triple-A*-Information zur paradigmatischen thematischen Konstituente des Narrems (das seinerseits als *syntagmatisch*-narrative Minimaleinheit zu sehen ist).[42]

Bei genauerem Hinsehen zeigt sich, dass die neuere Erzählforschung den triadischen Handlungskern des Nuklearnarrativs ebenfalls unausgesprochen voraussetzt, wenn auch ohne expliziten informationstheoretischen Ansatz und ohne Verwendung der Bezeichnung *triple-A*. Dieser informationelle Erzählungskern, also das Nuklearnarrativ, wird in der Forschung mit dem Begriff der «narrativen Proposition» (als dem semantischen Kern von *Narremen*) verbunden, wovon später noch eingehender die Rede sein wird. Und die Idee der triadischen Themainformation steckt wissenschaftshistorisch gesehen auch schon in dem überraschenden Vorschlag Gérard Genettes, die finiten Verbformen europäischer Sprachen unter dem Aspekt jenes informationellen Nukleus zu betrachten, den ich *triple-A* nenne. Genette sagt, es sei durchaus sinnvoll, «jede Erzählung» als eine «wenn auch noch so gewaltige Erweiterung eines Verbs im grammatischen Sinne zu betrachten. ‹Ich gehe›, ‹Pierre ist gekommen› [mit den impliziten Angaben zu Akteur, Aktion und Aktionszeit] sind für mich Minimalformen der Erzählung, und umgekehrt werden Aussagen wie ‹Odysseus kehrt nach Ithaka zurück› oder ‹Marcel wird Schriftsteller› von der *Odyssee* und der *Recherche* in gewisser Weise nur amplifiziert (im rhetorischen Sinne des Wortes)».[43]

Demnach repräsentiert jedes konjugierte oder finite Verb ein Nuklearnarrativ mit informationeller *triple-A*-Struktur. Ich schlage vor, nicht allein das singuläre finite Verb als narrative Minimalform zu nehmen, sondern die ganze an ihm hängende Verbalphrase als «narrative Proposition» (= P) im «Narrem» (= Nrm) zu betrachten, mit dem Verb als einem dem Agens zugeordneten Handlungsinformationselement.

Vor diesem Hintergrund können wir das oben eingeführte Romulus-Epigramm mit seinen Erzählbestandteilen in einer ersten Analyse in vier «narrative propositions»[44] unterteilen. Die entsprechende Propositionenanalyse findet auf Ebene der semantischen Tiefenstruktur statt. Wie inzwischen deutlich geworden ist, muss sich die Propositionenanalyse im aristotelischen Sinn speziell auf die Handlungs- oder Aktionsaspekte beziehen, die sich in den Verbalkomponenten der Sätze ausdrücken. Im Romulus-Epigramm finden sich demnach aufgrund der

41 Van Dijk (1980), 128–159; vgl. auch Heinemann (2000).

42 Vgl. die auf der paradigmatischen Achse angesiedelten «Kategorien» (bei uns thematische Informationskerne/Nuklearnarrative) und die syntagmatischen «Einheiten» (bei uns Narreme) bei Hjelmslev (1974), 84–86.

43 Genette (1994), 18–19.

44 Prince (1982), 61 und 93; Martin (1986), 112–114.

Nennung von Agenten und der mittels Verben ausgedrückten Handlungen (inklusive Zeitangaben), folgende nuklearnarrative Propositionen:

[*P 1*] Romulus *errichtet* das Asyl
[*P 2*] und *nennt* es ‹Haus der Freiheit›.
[*P 3*] Nach einiger Zeit jedoch *übte er Zwang* auf das freie Volk aus.
[*P 4*] Deshalb wurde er ohne irgendeinen Kampf *erschlagen*
von den eigenen Gefolgsleuten und dem Volk.
(FT 12)

6 Forschungen und Theorieansätze zur narrativen Minimalstruktur

Die Suche nach einer theoretischen Fixierungsmöglichkeit der narrativen Minimaleinheit mit ihren unverzichtbaren Modellkomponenten wurde in den 1960er- und 1970er-Jahren in jenen Disziplinen vorangetrieben, die sich mit Erzählforschung (jenseits ästhetischer Betrachtungsweisen) befassten. Wissenschaftsgeschichtlich ist es die Hochzeit des methodischen Strukturalismus, der unter den Bedingungen der De Saussure'schen Synchronie bei kulturellen Phänomenen die Tiefenstruktur der semiotisch dargebotenen Konstruktionen analysiert.[45] Daran beteiligt waren Ethnologie, kulturwissenschaftliche Oral Poetry- und Märchenforschung sowie strukturalistische Text- und Literaturwissenschaft usw.[46]

Die methodischen und theoretischen Leistungen der Strukturalisten wurden durch den Poststrukturalismus und die Postmodernebewegung gegen Ende des 20. Jahrhunderts verschüttet. Doch der strukturalistische Ansatz ist nach wie vor sinnvoll und wird überall stillschweigend oder auch unreflektiert weiter praktiziert. Längst hat man erkannt, diesen Ansatz unter den Anforderungen interpretativer Arbeit um einen textsemantischen Ansatz zur Ermittlung übersummativer Bedeutungen von Texten zu erweitern sowie um einen kommunikationsfunktionalistischen (etwa rhetorischen) Ansatz zur Erforschung der auf diese Strukturen rekurrierenden kommunikativen Strategien und Beeinflussungsangebote.

Der Ausgangspunkt der seinerzeit strukturalistisch arbeitenden ethnologischen Narratologen war die Suche nach einer «Minimaldefinition des Narrativen»[47] bzw. nach Minimal- und Kernelementen narrativer Strukturen in Texten, die sich auch in komplexeren Gebilden entfalten könnten. In diesem Zusammenhang steht das Aufkommen minimalistischer Theorien. Das Forschungspostulat lautete: «In our opinion, it will not be possible to make very much progress in the

45 Zum frühen Strukturalismus als ein «Gewächs» der deutschen Wissenschaftskultur vgl. auch Knape (2008b), 115–118.
46 Nöth (^{2}2000), 404.
47 Wolf (2002), 34.

analysis and understanding of complex narratives until the simplest and most fundamental narrative structures are analyzed in direct connection with their originating functions.»[48]

Die methodische Grundfigur war dabei die strukturalistische Zweiachsentheorie, mit deren Hilfe man die Befunde mit ihren Konstituenten und Mustern a) paradigmatisch als Elemente sowie b) syntagmatisch als Verläufe noch einmal ganz anders, auf strukturanalytische Weise abbilden konnte.[49] «One of the primary problems of any structural study is to find operational units, i. e., elements which can be manipulated and on which logical operations can be done (such as reductions, products, summations, transformations, etc.).»[50] Methodische Anleihen wurden in der Narratologie auch bei der Linguistik mit ihren im 20. Jahrhundert auf kulturalistischem Gebiet theoretisch und methodisch am weitesten fortgeschrittenen Schulen gemacht. So wurde bei der Minimaleinheits-Suche die linguistische Kategorie des *Morphems* zum Modell. Ein Morphem ist in der Semantiktheorie die sprachlich kleinste bedeutungstragende Einheit. Um ein Beispiel zu nennen: Beim Plural «Sorten» wäre der Wortstamm «Sorte» ein Morphem. Anders gesagt: Jedes Wort enthält ein oder mehrere Morpheme.

Man übertrug solche linguistischen Strukturmodellierungen auf die Theorie der Erzählung. Eugene Dorfman (1969) etwa analogisierte das Modell in Bezug auf Erzählungen, indem er als deren Mikroeinheit das Narrem definierte.[51] William Labov spricht 1977 von einem «minimal narrative».[52] Im Zusammenhang solcher Bestimmungen spricht man auch von der narrativen Kleinsteinheit als einer «narrative clause»[53] bzw. von «schweren» oder «dichten Minimaleinheiten» («gross units»).[54] Wallace Martin hat die Versuche, eine «basic unit of narration» zu finden, in einem Überblick analysiert und dabei drei Hauptbeschreibungsversuche mit ihren Differenzierungen unterschieden:[55] Bei den Minimaleinheiten spreche Boris Tomaschevsky schon 1925 von «motif» als «smallest particle of thematic material»,[56] Roland Barthes 1966 mit Vladimir Propp von «functional unit»[57] und Seymour Chatman 1978 von «narrative statement»[58]. Für die Bezeichnung von narrativen Minimalstrukturen bzw. Minimaleinheiten wurden weitere Vorschläge gemacht:

48 Labov/Waletzky (1967).
49 Zweiachsentheorie nach Hjelmslev (1974), 34, 42, 84–86; Jakobson (1979). Ein Beispiel für die Analyse kultureller Systeme nach dem methodischen Zwei-Achsenmodell liefert Barthes (1988). Zur Zweiachsentheorie auch Nöth (^{2}2000), 450.
50 Köngäs-Maranda/Maranda (1971), 21.
51 Dorfman (1969); Bonheim (2000).
52 Labov (1977), 360.
53 Labov/Waletzky (1967), 27.
54 Köngäs-Maranda/Maranda (1971), 22.
55 Martin (1986), 113.
56 Tomashevsky (1965).
57 Barthes (1977).
58 Chatman (1978).

- *Narratives Motiv/Motif* (Thompson 1955).
- *Motivem/Motifem* (Dundes 1962, S. 101; Doležel 1972).
- *Mythe/Myth* (Maranda 1967).
- *Mythem/Mytheme* (Lévi-Strauss 1955).
- *Minimale Erzählung/Minimal Story* (Köngäs-Maranda/Maranda 1971).
- *Einfache Erzählung/Simple Story* (Prince 1973).
- *Kerngeschichte/Kernel Narrative* (Prince 1982).
- *Small Story* (Bamberg 2006).[59]

Hinzu kommt das Konzept der

- *Einfachen Form/Simple Form* (Jolles 1930; Koch 1994).[60]

Die theoretische Implikation, vielleicht auch das Problem, bei diesem nach dem linguistischen Vorbild designten Narrem-Konzept ist die Tatsache, dass hier (wenn man die linguistische Analogie wirklich ernst nimmt) phänomenal konkrete oder empirisch tatsächlich vorfindliche sprachliche Ausdrücke als Narreme zu gelten haben. Das linguistische Konzept geht nämlich vom Modell der russischen Puppe aus, bei dem die jeweils kleinere oder niedrigere Struktureinheit in die jeweils höhere Ebene integriert wird: Also das Phonem geht ins Morphem ein, das Morphem oder Wort ist dann im Satz enthalten, der Satz geht schliesslich in die höhere Einheit des Textes ein und am Ende geht der Text in den Diskurs über.

Man entgeht dieser starren Verschachtelungsvorstellung, wenn man, wie ich es vorschlage, nicht sofort die erwähnten fünf linguistischen Ebenen ins Spiel bringt, sondern zunächst einmal eine informationstheoretische Modellierung (mit unserer narrativen Kerninformation) vornimmt, die orthogonal zu den linguistischen Ebenen steht, die ihrerseits damit ja nicht aufgehoben sind.

7 Komplexe Erzählsyntagmen

Die informationellen *triple-A*-Komponenten sind als solche noch keine Erzählung. Sie sind streng genommen nur die zusammen auftretenden thematischen Kernbausteine der Erzählung. Diese müssen zusätzlich eine bestimmte Minimaltextform bekommen, die wir im reduziertesten Fall «Narrem» nennen und die jederzeit zum Bestandteil viel komplexerer Gebilde werden könnte. Wir nennen diese auf das Narrem folgenden nächsten Stufen «Narrativ» und «Story».

Wir hatten bereits über narrative Propositionen gesprochen. Gemäss strukturalistischer Theorie bestehen sie aus der syntaktischen Verbindung eines Eigennamens (dem Namen der handelnden Person) mit einem Prädikat, das entweder

59 Bamberg (2006); siehe auch Lévi-Strauss (1955); Thompson (1955); Dundes (1962); Maranda (1967); Doležel (1972); Köngäs-Maranda/Maranda (1971); Prince (1973); Prince (1982), 83–92; Prince (1983).

60 Jolles (1930); Koch (1994).

aus einem Verb (der Handlung) oder einem attributiven Adjektiv besteht.[61] In der Erzähltheorie wurde erörtert, wie viele narrative Propositionen oder Narreme die nächst höhere Stufe des Narrativs haben müsste.[62] Für Tzvetan Todorov (1969) etwa oder Gerald Prince (1973) reicht eine einzige Proposition für die Existenz eines Narrativs aus, deren Kerninformation ein einzelnes Ereignis bzw. eine Handlung darstellt.[63] Todorov geht in seiner Grammatik der Erzählung also von einer Proposition als Grundelement der Erzählsyntax aus, die einer «nicht weiter zu vereinfachenden» Handlung entspricht.[64] Damit würden Narrem und Narrativ begrifflich zusammenfallen.

So gesehen wäre die Proposition 1 unseres Romulus-Epigramms «Romulus errichtet das Asyl» nicht mehr nur ein Narrem, sondern schon ein Narrativ. Nach Todorov können die elementaren Erzählpropositionen in solch einem Narrativ aber auch noch um Operatoren ergänzt werden. In Betracht kämen Kategorien wie die des Modus (gewisse Angaben zu Umständen).[65] Das ermöglicht dann auch die Unterscheidung zwischen Tatsachen (Indikativ), Willensäusserungen (Obligativ und Optativ) und Hypothesen (Konditional).

Theoretiker, die eine sehr viel komplexere «Prozessualität» des Narrativen in den Mittelpunkt rücken, vor allem die Kategorie «Zustandsveränderung» mitdenken, gehen von einer Abfolge von mindestens zwei Propositionen im Narrativ aus.[66] Hier ist freilich zu bedenken, dass schon ein einziges Verb Zustandsveränderungen ausdrücken kann. Für Arthur C. Danto macht sogar erst eine Sequenz von drei Propositionen das Erzählerische aus.[67] Dieser Gedanke der Prozessualität ist an Komponenten wie Entwicklungen, Zeitverläufe, Kausalitäten, Transformationen und Veränderungen geknüpft. Geschehens- und Ereignisstruktur werden dabei unter Stichwörtern wie «Eventfulness» und «Change of state» bedeutungsvoll.[68] Hier muss man sagen, dass es sich dabei um oft wünschenswerte Informationen in Erzählungen handelt, im Sinne einer narratologischen Minimaltheorie jedoch nicht um systematisch gesehen zwingend notwendige, sondern nur um erzählerisch fakultative Informationskomponenten.

61 Todorov (1969), 27.

62 Nöth ([2]2000), 404–405.

63 Todorov (1969); Prince (1973), 17.

64 Todorov (1969), 19.

65 Todorov (1969), 53–60; Erzählungs-«Grammatiker» wie Todorov versuchten, auf strukturalistischer Basis komplexe prototypische Modelle der Story-Bildung auszuarbeiten; siehe dazu als Probe aufs Exempel die Strukturanalyse einer Boccaccio-Novelle bei Knape (1995), 58–71.

66 Labov (1977), 360.

67 Danto (1965), 236.

68 Schmid (1984); Schmid (2007).

8 Das Strukturebenenmodell der Erzählung

Vor diesem Hintergrund komme ich zu meinem Modell von drei narrativen Beschreibungsebenen, mit deren Hilfe sich auch die Erzählsequenzen in den Epigrammen der *Freiheitstafel* auf drei Stufen beschreiben lassen:

1. Das Narrem mit einer einzelnen narrativen Proposition (Nrm).[69]
2. Das Narrativ mit mindestens zwei narrativen Propositionen (Nat).
3. Die Story, also die ganze Geschichte, so wie sie faktisch (mit wieviel Narremen oder Narrativen auch immer) kommuniziert wird, etwa in Gestalt der überlieferten Epigramme so, wie sie als ganze sind (St).

Im Fall des Romulus-Epigramms wäre jede der vier Einzelpropositionen ein Narrem, das dann in die höhere Organisationseinheit eines Narrativs (= Nat) eingeht, das minimalistisch gesehen aus mindestens zwei narrativen Propositionen bestehen muss, um auch Zustandsveränderungen zu indizieren.[70] Im Romulus-Epigramm haben wir es faktisch mit einer Story aus zwei Narrativen zu tun:

[*Nat 1*] Romulus errichtet das Asyl und
Er nennt es ‹Haus der Freiheit›.
[*Nat 2*] Nach einiger Zeit übte er Zwang auf das freie Volk aus,
deshalb wurde er ohne irgendeinen Kampf erschlagen
von den eigenen Gefolgsleuten und dem Volk.

In dem nun von mir in neuhochdeutscher Übersetzung zitierten Epigramm des Wolfs-Emblems (das als Rotunde den Schluss der *Freiheitstafel* bildet) hat die Story ebenfalls zwei Narrative:[71]

> [*Ekphrasis*] Mitten in einem Kreis steht eine Wölfin, die hat zwei Kinder unter sich, die an ihr saugen; und im Kreisrand herum steht geschrieben wie folgt:
>
> [*Epigramm*]
> [*Nat 1*] Römische Freiheit erachtet man als grossgezogen
> und aus der Wölfin gesogen
> von Romulus und Remus, den Kindern.
> [*Nat 2*] Dann aber, wie uns Historien künden,
> wurde Remus von Romulus erstochen,
> weil er die Freiheit hatte zerbrochen,
> sodass wir dies also am Ende nicht ohne Rache finden.

69 Vgl. dagegen die Narrem-Begriffsverwirrung bei Wolf (2002), 45–51.

70 In Hinblick auf die Kategorie «Zustandsveränderung» haben zahlreiche Forscher Erweiterungsvorschläge gemacht, die zu komplexeren Modellierungen geführt haben. Hier ist insbesondere auf die Kategorie «Konflikt» als Transformationstrigger in Handlungszusammenhängen hinzuweisen; siehe Prince (1996), 98; Wolf (2002), 34–35.

71 Die Epigrammstory enthält (auf unterster analytischer Ebene) sechs Narreme.

9 Ikonographische Narrativität als Problem

In unserem narratologischen Zusammenhang stellen sich angesichts der Schrift-Bild-Notationskombinationen der *Freiheitstafel*, also ihrer Bicodalität mit systematischem Code-Switching, eine Reihe theoretischer Fragen. Wenn wir unsere narratologische Problemerörterung mit intersemiotisch erweitertem Blick auch auf die BildCode-Tatsachen in Texten richten, verkompliziert sich alles.[72] Die zentrale Frage lautet im Hinblick auf die Intersemiotizität der *Freiheitstafel* und speziell auf ihre Bildbestandteile: Gibt es ein *Bilderzählen* und gibt es *Bilderzählung*?

Im 20. Jahrhundert gab es diverse Versuche, die Bildnarrativitätsfrage theoretisch zu klären, bislang nur mit schmalem Erfolg.[73] Der Durchbruch scheiterte regelmässig an Unklarheiten einerseits bei den theoretischen Modellierungen des «visuellen Formats» Bild,[74] andererseits bei den inzwischen deutlich gewordenen Problemen einer Theorie des Narrativen.

Um auf dem Feld der Bildnarratologie ein Stück weiterzukommen, greifen wir hier zunächst einmal einige der oben schon eingeführten Unterscheidungen auf. Das betrifft insbesondere die Differenz von (1) *Erzählen* und (2) *Erzählung*. Am Fehlen dieser Unterscheidung kranken die meisten «ikono-narratologischen»[75] Theorieversuche. Das gilt auch für den schon erwähnten ambitionierten, auf Klärung interdisziplinärer Narratologiefragen konzentrierten Beitrag von Werner Wolf aus dem Jahr 2002.[76] Wolf unternimmt sogar den von vorneherein zum Scheitern verurteilten Versuch, Narratives in der Musik als absolute Musik (!) zu isolieren.[77] Von *Erzählung* jedoch kann auf diesem Gebiet, wenn überhaupt, aus inzwischen deutlich gewordenen Gründen höchstens metaphorisch gesprochen werden. Metaphorisieren kann man freilich überall um den Preis mangelnder wissenschaftlicher Klärung im Sinne strenger Theoriebildung.[78]

Befassen wir uns hier zunächst einmal mit dem *Erzählen* beim Bild generell. Dabei bewegen wir uns auf der medientheoretischen Ebene. Übers Erzählen als Performanz von Text kann man nur sprechen,[79] wenn man vorab geklärt hat, wovon beim *Bild* überhaupt die Rede ist. Wir wollen an dieser Stelle gar nicht erst mit einer in der Forschungsliteratur oft anzutreffenden Abhandlungsweise anfangen, die aus philologisch-sammelnden Rekapitulationen der vielfältigen theoretischen Verwirrungen bestehen, ohne selbst eine klare und theoretisch

72 Zur Einführung in die Problematik Potysch (2018), 159–172.

73 Kurzer Überblick bei Wepler (2016); als weitere Titel nenne ich nur noch Kemp (1989); Wolf (2002); Wepler (2014), 59–63; Honold/Simon (2010).

74 Knape (2023d).

75 Honold/Simon (2010), 16.

76 Wolf (2002), 53–56.

77 Wolf (2002), 76–94.

78 Zur Frage klarer und hoch differenzierender Terminologiebildung als Ausdruck wissenschaftlicher theoretischer Klärung von Problemen und zur besseren wissenschaftlichen Verständigung siehe Knape (2023d), 10–11.

79 Ein Medium ist eine Einrichtung zur Speicherung und Sendung von Text, wie auch immer diese Einrichtung technisch beschaffen ist; siehe dazu Knape (2005), 22–23.

wohl begründete Position zu finden, auf deren Basis man sinnvoll arbeiten kann. Ganz im Gegenteil: im Folgenden soll als Definition des Bildes im strengen terminologischen Sinn gelten: Ein Bild ist ein begrenzter, geordneter, stillgestellter Zeichenkomplex (sprich Text) aus semantischen Bildzeichen des jeweiligen kulturellen Bildwissensraums (z. B. Europas) in kommunikativer Absicht.[80]

Das ist ganz entscheidend für die Theorie: Ein Bild ist kein Bewegtbildkomplex, d. h. kein Film. Aus der Stillstellung der Zeichen des Bildes ergibt sich ein nichtlinearer Aggregatzustand der Zeichenkonfigurationen und daraus ergeben sich wiederum viele der bildtheoretischen Probleme. Was nun das Bild angeht, so bestehen die Spezifik der ‹Bild›-Informationen darin, dass sie Gestalt-Informationen sind. Was heißt das? Nicht alle Visualisierungsformate können gestaltanaloge sehbare Dinge und sichtbare physikalische Sachverhalte darstellen, wie es das Bild und die plastischen Bildwerke können. Genaue Informationen zur Gestalt können nur analoge Darstellungsformate geben, keinesfalls die Schrift.

Der für unsere Zusammenhang entscheidende Punkt ist die zweidimensionale Stillstellung der Zeichen. Ein Bild ist ein *still* und kein Bewegtbildkomplex, also kein *movie* oder *motion picture* oder eine sonst wie zusammenhängende Bilderfolge, Bilderserie, einschliesslich der Simultanbilder, die auch nur Bilderserien sind.[81] Hier ist ein klarer theoretischer Reduktionismus unumgänglich, um eine elegante und gut durchschaubare Theorie zu bekommen und damit die Verwirrung zu vermindern (auch wenn man manche am Bild hängende Fragen reduktionistisch ausgliedern muss). Aus der *still*-Tatsache des Bildes ergeben sich die wirklich komplizierten narrativitätstheoretischen Probleme der Bilderfrage, an der bislang alle auch in anderen Hinsichten gescheitert sind.

Hingegen reduziert sich der Schwierigkeitsgrad bei den genannten Formen des Fliessbildes (z. B. Film), weil hier die Dimensionen von Zeit und Linearität ins Spiel kommen, die als Performanzfaktoren und als Textkonstruktionsfaktoren beim *still* ausgeschlossen sind. Das hat im Prinzip schon Gotthold Ephraim Lessing in seinem für die neuere Semiotiktheorie richtungweisenden Laokoon-Aufsatz von 1766 so gesehen.[82] Kurz: Bewegungslosigkeit von Zeichen auf einer zweidimensionalen Fläche kann keine Erzählperformanz im Sinne der platonischen *dihḗgēsis* sein. Das Bild, wenn es denn wirklich ein Bild im strengen terminologischen Sinn ist,[83] zeigt nur einen statischen Zeichenkomplex vor, der auf der Basis von Bildzeichen notiert ist (Deixis als mediale Performanzweise des Bildes).

80 Knape (2023d), 20.

81 Knape (2016); Knape (2019b), 53, 59–60, 66–67, 72–73 und 90.

82 Lessing denkt über die Frage nach, wie bei einem stillgestellten Bildwerk dennoch eine Bewegungssemantik auf Seiten des Betrachters entstehen kann und worin sie besteht (Laokoon schreit nicht, sondern befindet sich in der stillgestellten Millisekunde vor dem Schrei). Siehe dazu Wolf (2002), 54; Knape (2009), 34.

83 Das muss man immer emphatisch betonen angesichts des laxen Umgangs mit dem Bildbegriff, der sich freilich aus der Visualisierungs-Bezeichnungs-Armut im Deutschen ergibt (Bild kann unterminologisch für fast alles Visuelle stehen); siehe dazu Knape (2023d), 11–12 und 20–21.

Wenden wir uns nun der *Erzählung* und damit der texttheoretischen narratologischen Ebene zu. Wenn wir Bilder unter dem Aspekt ihrer Textualität untersuchen, öffnet sich der Blick auf andere Dimensionen. Dass Bilder auch Texte sind (komponiert aus Bildzeichen), ist bei dieser Betrachtungsweise die selbstverständliche Prämisse.[84] Auf texttheoretischer Ebene stellt sich in unserem Zusammenhang natürlich die Frage, ob es so etwas wie *Bilderzählung* überhaupt geben kann. Oder anders gefragt: Kann beim Bildtext der narrative Fall vorliegen? Er läge nach unseren bisherigen Überlegungen dann vor, wenn sich auf Ebene der Informationalität beim Bildtext der narratologische *triple-A*-Informationsfokus und damit so etwas wie Nuklearnarrative nachweisen liessen.

Bei einer strukturalen Analyse von Bildern müssten wir zunächst also ihre thematische Informationsstruktur untersuchen. Dabei suchen wir nach den semantischen Einzelbausteinen des Bildtextes sowie den kompositionssyntagmatischen Verbindungen, die im Bild eine Textsemantik höherer Ordnung erzeugen. Methodische Vorbilder könnten wir hier aus der semantikbezogenen Sprachtextanalyse beziehen. Dort hätte man linguistisch gesehen zunächst einmal nach dem «Agens» als Bedeutungselement im Text zu suchen. In lautsprachlichen Texten handelt es sich beim Agens um die «in syntaktischen und semantischen Zusammenhängen vorkommende Bezeichnung der handelnden Person, des Verursachers oder Urhebers einer Handlung».[85] Beim Vorliegen eines Agens (narratologisch gesprochen: beim Vorliegen eines Sprachzeichens – etwa eines Namens –, das einen «Akteur» repräsentiert) treten in Sprachtexten zumeist auch die beiden anderen *triple-A*-Komponenten (Aktion und Aktionszeit) in Erscheinung. Als Agentenanzeiger können wir aufgrund unseres Sprachwissens vor allem die Sprachzeichen für Menschen, Tiere oder Maschinen identifizieren. In bestimmten textlichen *possible world*-Konstruktionen (z. B. in der Gattung Märchen) können auch andere Arten von Agenten auftreten. An sie knüpfen sich alle aus unserem Weltwissen kommenden Handlungsbegleit- und Ergebniserwartungen. Dies bedenkend können wir uns nun fragen, wie es sich bei Bildern mit dem Agens und der *Erzählung* verhält.

10 Ekphrasistest

Der narrative Fall beim Bild, also der Fall der *Bilderzählung*, tritt wie bei lautsprachlichen Texten ein, wenn sich informationell gesehen Nuklearnarrative identifizieren lassen. Wie können wir die *triple-A*-Information im Bild erheben? Methodisch schlage ich zur Klärung der Bilderzählungsfrage den *narrativen*

84 Zur Theorie des Bildes als *Text* gemäss erweitertem Textbegriff und zu weiteren bildtheoretischen Grundlagen siehe Knape (2013a); Knape (2013b); Knape (2016), 44–46 und 92; Knape (2019b), 43–58 und 91–94; Potysch (2018), 122–158.

85 Pleines (1993).

Ekphrasistest vor.[86] Das heisst im praktischen Verfahren: Wenn wir ein Bild sprachlich transnotieren, stellt sich heraus, ob wir auf Ebene der bildlichen Informationsstruktur den narratologischen Informationsfokus *triple-A* finden. Die lautsprachliche Ekphrasis müsste als Transnotationsergebnis die im Bild mit Bildzeichen aufgebaute semantische Struktur rein sprachlich möglichst genau «abbilden» und Handlungsmerkmale aufdecken. Natürlich treten bei Transnotationen immer semiotisch bedingte Informationsverluste auf, doch bislang sind Bildanalytiker der Meinung, dass eine Ekphrasis relativ viele der Bildinformationen wiedergeben kann. Wir wollen dieser Spur nachgehen und werden sehen, dass es zwei Typen von Ekphraseis gibt: (1) die Elementarekphrasis und (2) die spekulative Projektionsekphrasis.

Projektionsekphrasis: Zum letztgenannten Typ liefert der genannte Beitrag von Werner Wolf ein anschauliches Beispiel. Wolf möchte ja einen Beitrag zur (wie er selbst es mit schiefer Kategorisierung nennt) «intermedialen Erzähltheorie» leisten, womit eine Erzähltheorie gemeint ist, die intersemiotischen oder intercodalen Gegebenheiten gerecht würde. Ohne weitere methodische Überlegungen nimmt Wolf ebenfalls das vor, was wir einen «Ekphrasistest» nennen. Zunächst fügt er in seine Abhandlung ein Bild von A. Hughes aus dem 19. Jahrhundert ein und verfasst dann eine darauf bezogene Ekphrasis, die bildimmanente Handlungsinformationen aufdecken soll. Die Ekphrasis lautet:

> Dargestellt ist ein junges Mädchen mit langem, aufgelöstem Haar, das einsam auf dem gebogenen Stamm einer Trauerweide an einem Bach *sitzt* und trotz des offenbar düsteren Wetters unbekleidete Arme und eine blosse Schulter *zeigt*. Ausserdem *trägt* es auf dem Kopf einen seltsamen Kranz aus einer Art Schilfrohr, *hält* in der rechten Hand einige Gänseblümchen und im Arm weitere Pflanzen.[87]

Folgt man dieser Ekphrasis, so können als Ergebnis der sprachlichen Transnotation Wolfs mehrere Nuklearnarrative angenommen werden: 1. Mädchen «sitzt», 2. Mädchen «zeigt», 3. Mädchen «trägt», 4. Mädchen «hält». Die Zeitebene Präsens ergibt sich aus den von Wolf gewählten Verbkonjugationsformen.

Es gibt Bilder, bei denen vom gattungsprägenden Sujet her unter Textinformationalitätsperspektive kein Nuklearnarrativ vorliegen kann; das betrifft etwa die Bildgattung des Stilllebens, zumindest in ihren puristischen Varianten, die nur Dinge darstellen.[88] Stillleben enthalten keine «Agens»-Zeichen, die Handlungsvermutungen auslösen könnten. Eine Stillleben-Ekphrasis könnte in diesem Sinn lauten: «[Wir sehen einen] Korb mit Weintrauben, Orangen und Blattwerk auf einer Marmorplatte». Fertig.

Bei einer anderen Bildtextsorte, dem «Porträt», wird allein das Agens monumentalisiert dargestellt, d. h. etwa eine «lexikalisierte» Bildzeichenkombination, die wir als Einheit «Gesicht» nennen und der wir nach unserem Bildwissen

86 Zum Ekphrasistest siehe Knape (2016), 61–62 und 92; Knape (2024), 89 f.

87 Wolf (2002), 71.

88 Knape (2019b), 58–90.

Agensfunktion als Semantik zuordnen. Als Beispiel führe ich eine entsprechende, ganz einfache und mit niedrigem Detaillierungsgrad gehaltene Ekphrasis eines Porträts (von Kaiser Wilhelm II.) an: «[Wir sehen einen] Männeroberkörper in Uniform mit einem Vogel auf dem Kopf». Neben dem Agens + Attributen tauchen in diesem ekphrastischen Kondensat keine weiteren *triple-A*-Informationskomponenten auf. Solch ein Bild enthält demnach offenkundig kein Nuklearnarrativ. Das gilt auch für den Fall, dass der porträtierte Körper eine bestimmte (gestisch deutbare) Körperhaltung einnimmt, etwa mit der Hand am Helm, denn das Bild kann als *still* nicht ausdrücken, ob damit eine Bewegung und welche (als notwendige Handlungsbedingung) gemeint ist.

Aber natürlich gibt es auch Bildgattungen (Genrebilder, Historienbilder, Alltagsfotografien, sonstige Ereignisbilder usw.), bei denen, anders als im Fall von Stillleben, Agens-Bildzeichen in allen erdenklichen komplexen Zeichenkombinationen auftreten. Das Auftauchen eines Agens-Zeichens zieht aber im Syntagma auf textlich-semiotischer Ebene in der «Bildformulierung» keineswegs automatisch auch die eindeutige und klare semantische *triple-A*-Bedeutung der anderen Bildbestandteile nach sich. Auch im Bildsyntagma komponierte Positionierungen von Personen oder Personengruppen im Raum, die näher oder weiter zueinander stehen, schaffen in keinem Fall «Bewegung im Bild und die Darstellung von Zeit»,[89] auch wenn man so etwas immer wieder in kunsthistorischen Darstellungen lesen kann. Grundsätzlich können Bilder, wenn es Bilder sind, keine Zustandsveränderungen visualisieren,[90] nur Zustandsmomente, auch wenn uns das als Betrachter meist für die Illusion ausreicht, dass sie so etwas wie Narrativität «indizieren».[91]

Die Erschliessung von Aktion und Aktionszeit im Bild ist beim zeitlosen Aggregatzustand von Bildtexturen das theoretische Hauptproblem. Es gibt in Bildern, wenn es Bilder sind, keine Zeichen, die Handlungen abbilden nach Art der lautsprachlichen Wortart «Verb». In Bildern findet sich auf Zeichenebene nichts Analoges zum «Verb», demzufolge auch keine Angaben zur Aktionsart und -zeit. Bilder sind zum Präsens verurteilt. All das muss so in aller Härte festgestellt werden. Bilder können gegenüber Lautsprachetexten informationell recht wenig. Es fehlen im BildCode natürlich auch Abstrakta («Liebe») oder Kollektiva («Wald») als Zeichenarten des Bildlexikons.

Kann das, was die Einzelbildzeichen nicht zu leisten vermögen, am Ende vielleicht das Bildsyntagma mittels Kompositionsverfahren doch noch ausgleichen? Auch hier muss man ganz klar feststellen: Das Bildsyntagma bildet auf Textebene ebenfalls keine Handlungen, geschweige denn Zeitliches ab. Es herrscht die Zeichenparataxe. Bildzeichen stehen einfach als Bildzeichengestelle nebeneinander oder perspektivisch hinter- oder voreinander usw. Die Zeichen füllen den Raum, doch was sie zusammenhält, kann das Bild selbst nicht wirklich ausdrücken,

89 Wepler (2016), 608.

90 Titzmann (2001), 275.

91 Knape (2013a), 310.

wenn wir vom reinen BildCode und nicht vom CodeMix (z. B. bei zugesetzter Schrift) ausgehen. Das ist alles. Was an Hinweisen in Bezug auf Konventionen und auf das Weltwissen von Zeichenbenutzern in den Textordnungen der Bilder ansonsten noch erkannt werden kann, steht auf einem ganz anderen Blatt, nämlich dem der *kognitiven Verarbeitung*, von der hier im Moment nicht die Rede ist. Wichtig ist in diesem Zusammenhang noch darauf hinzuweisen, dass die in der Terminologie der Sprechakttheorie (die sich freilich nicht aufs Bild übertragen lässt) ausgedrückten «Handlungen» das Bild als Bild (!) ohne weiteres für sich genommen nicht kennt; es kennt sprechakttheoretisch formuliert nur «Assertiva», kann als solches weder warnen, noch bitten, noch auffordern, noch sonst irgendwelche kommunikativen Handlungen dieser Art semantisch anbieten. Zweidimensionale statische Zeichendeixis ohne Linearitätsperformanz gibt keine «Sprech»-Handlungen her. Vielschichtig kommunikativ aktiviert kann das Bild mit seiner Semantik erst durch CodeMix werden sowie durch seine kommunikativen Einbettungen nichtbildlicher Art, die entsprechende Framings vornehmen.[92]

Vor diesem Hintergrund verwundert es, wenn Werner Wolf in seinem genannten Beitrag dennoch behauptet, in dem von ihm abgebildeten Bild von A. Hughes (dessen Ekphrasierung ich oben zitiert habe) durchaus «Narreme» nachweisen zu können. Er schreibt: «Klar ist, dass das Bild Ungewöhnliches darstellt, damit potentielle *tellability* besitzt, dass es mit der Darstellung einer Figur zumindest ein weiteres Narrem erfüllt und dass es eine zeitliche Dimension (und damit das Narrem Chronologie) andeutet, die sowohl auf eine Vergangenheit als auch eine Zukunft verweist.»[93]

Dem können wir nicht zustimmen, weil sich hier die üblichen Bildtheorieschwächen zeigen. Die «Darstellung einer Figur», wie er schreibt, ist für sich genommen nämlich noch kein Narrem, sondern nur ein Bildzeichen für «Agens» oder «Akteur» (wie uns unser Bildwissen lehrt). Und wo kommt das von Wolf angeblich im Bild entdeckte «Narrem Chronologie» bzw. der «Chronotopos» her? Wolf behauptet, das Bild deute «eine zeitliche Dimension» durch «Indienstnahme des abgebildeten Raumes als Index zeitlicher Vorgänge» an. Das überrascht uns doch sehr. Ausgerechnet der statische «Raum» soll als «Zeitindex» für «Vorgänge» herhalten?[94] Wolf sieht da kein logisches Problem, denn das Mädchen sei ja «in dem Augenblick dargestellt, in dem es Gänseblümchen, eines nach dem anderen, in den Bach *wirft*. Es hat aber offenbar schon seit einiger Zeit Blumen aus einem Vorrat in den Bach *gestreut*», die nun als «auf dem Wasser *treibende* Blüten zu sehen» seien.

Es ist offenkundig, dass Wolf hier gewissermassen «Opfer» seiner eigenen Ekphrasis und seiner Projektionen wird. Das freilich ist nicht unüblich bei der alltäglichen kognitiven Verarbeitung von Bildzeichen. Bildtheoretisch können wir

92 Knape (2020).

93 Wolf (2002), 72.

94 Zeit kann nur aufgrund von Bewegung eines Gegenstands (etwa eines Zeigers) im Raum indiziert werden (die bei einem *still* eben gerade nicht vorliegt), nicht schon durch den Raum als solchen.

uns mit solchen Alltagsillusionen aber nicht zufriedengeben. Wir müssen klare theoretische Unterscheidungen vornehmen. Wolf erzählt uns in dem von ihm konstruierten Sprachtext seiner Bildbeschreibung von ihm ins Bild projizierte Vorgänge (*werfen*, *streuen*, auf dem Wasser *treiben*), die sich auf Textebene des Bildes überhaupt nicht als «Bildformulierungen» nachweisen lassen.

Abgesehen vom unklaren Narrem-Begriff, der sich auch an anderen Stellen des Wolf-Beitrags zeigt,[95] ist es jedenfalls eine Tatsache, dass wir nicht wissen können, ob der Bildzeichenkomplex, den das Bild repräsentiert, genau die von Wolf angenommenen Vorgänge mitteilen will. Wolf legt seiner projektiven Ekphrasis eine Realismustheorie zugrunde, die sich an der *actual world* orientiert. Man könnte jedoch alles, was wir im Bild von A. Hughes sehen, auch anders erklären, wenn man von der alternativen Wirklichkeitstheorie einer *possible world* ausgeht, in der die Gesetze der Physik der *actual world* nicht gelten. Das Mädchen könnte in hockender Haltung schweben (aus welchem Grund auch immer), die der Hand zugeordneten Blumen könnten anderweitig ins Bild gekommen oder ihr Zusammenhang mit der Hand ein Ergebnis optischer Täuschung sein; und ob die Blüten wirklich ins Wasser «gestreut» wurden und wer das war, wissen wir nicht. Wir wissen auch nicht, ob wir es überhaupt mit einem «fliessenden» Gewässer zu tun haben und ob die Blüten tatsächlich auf dem Wasser «treiben», oder ob sie vielleicht doch nur auf der Oberfläche eines Tümpels ruhen.

Man muss ganz klar sehen: In dem Moment, in dem wir zum methodischen Ekphrasistest übergehen, wechseln wir die theoretische Perspektive weg vom semiotischen Befund hin zur Ebene kognitiver Verarbeitung der adpragmatisierten Zeichenkomplexe (sprich: Texte) im Betrachter. Wir betreten damit das Terrain der kognitiv situierten ikonographischen Erzählungsinferenz. Was heisst das?

Sprachbenutzer haben eine komplexe mentale Repräsentation ihrer Umwelt, und ankommende Sprachzeichen, die Informationen transportieren, verursachen eine geordnete Veränderung dieser komplexen Repräsentationen, indem der Zeichenempfänger die eingehenden Informationen auf den semantisch relevanten Themenbereich bezieht.[96] Hierauf fusst die Annahme eines in uns verankerten Handlungs-Schemata-Wissens, das wir aktivieren, wenn wir mit Zeichen konfrontiert sind, die sich mit Handlungswissen verbinden lassen. Wir haben gelernt, auch Bildsignale entsprechend einzuordnen. Da allerdings gibt es das Problem der *narrativen Unschärferelation des Ikonischen.*

Beim Bild selbst als *still* gibt es auf Textebene keine erzählende, also syntagmatisch voranschreitende Gedankenführung (Dianoia),[97] sondern nur einen vom zeitpunktuell stillgestellten Zeichenaggregat des Bildtextes ausgelösten Momentimpuls, den es zu verarbeiten gilt. *Motion pictures* (z. B. Filme) nehmen uns demgegenüber in einem voranschreitenden *flow* mit. Der *still*-Impuls gibt uns unter Umständen und je nach Bildgattung Hinweise, die wir als Orientierungen

95 Auf ihn rekurriert Wepler (2016), 599, Anm. 15.

96 Herrmann (^{2}1995), 76–124.

97 Knape (2021) 64 und 70–71.

auf einen *triple-A*-Infomationsgehalt hin deuten können; zumindest verfallen wir automatisch in diesen Modus. Wenn wir Menschen ein kognitiv verankertes narratives Schema-Wissen haben sollten, worauf manches hindeutet, dann wird es bei diesen punktuellen Impulswahrnehmungen aktiviert und wir inferieren zeitliche Handlungszusammenhänge schon aus wenigen Zeichenandeutungen, freilich eigenmächtig. Mit anderen Worten: Auf Ebene der Textverarbeitung inferieren wir und konstruieren dann auf Basis der wenigen statischen Bildgesten oder *frozen expressions* des Bildes aufgrund unseres Bildwissens und aufgrund unseres Weltwissens (über Handlungs- und Ereignisstrukturen) eine *Erzählung*, die das Bild selbst so nicht *erzählt*.

Wir können an dieser Stelle Folgendes resümieren: Der Ekphrasistest gibt uns bei Bildern Aufschluss über die Möglichkeit der Existenz eines eventuell vorliegenden narrativen Informationsgehalts, weil wir *triple-A*-Informationserwartungen haben und entsprechende projektive bzw. spekulative Rekonstruktionen vornehmen können. Anders als bei Sprachtexten mit all ihren Ausdrucksmöglichkeiten bleiben Bildtexte (die nur mit dem BildCode arbeiten) immer unterspezifiziert. Anders gesagt: Es bleibt bildanalytisch gesehen notwendigerweise immer bei der *narrativen Unschärferelation des Ikonischen*. Alles muss in gewissem Umfang in blosse Handlungsvermutungen münden.

Bereits 1997 hat Marianne Wünsch auf diese theoretische Problematik der Bildnarrativik in einem richtungsweisenden Beitrag hingewiesen.[98] Sie geht bei ihrem überzeugenden theoretischen Ansatz ebenfalls (wenngleich auch anders formuliert als bei uns) davon aus, dass Bilder nach bestimmten Regeln geordnete Zeichenkomplexe sind, die eine Semantik höherer Ordnung aufbauen. Unter ihnen gibt es einige, die Hinweise auf so etwas wie eine «temporale Komponente» enthalten, die wir bei der kognitiven Verarbeitung extrapolieren. Bilder müssen also, wenn wir in ihnen Narratives entdecken wollen, «Merkmale derart haben, dass wir aufgrund unseres kulturellen Wissens folgern, der im Bild repräsentierte Zustand» der gezeigten Objekte «sei früher ein anderer gewesen oder werde später ein anderer sein».[99] Das Bild kann eine Handlung, so schon Wünsch, «nicht *darstellen*, sondern nur *indizieren*, indem es aus den sukzessiven Teilschritten und Zeitpunkten der Handlung einen charakteristischen Moment auswählt, aufgrund dessen wir erschliessen können und müssen, was diesem Zeitpunkt vorangegangen ist und/oder was ihm folgen wird».[100] Wir haben es also auf der einen Seite mit der Textur zu tun, die uns im Fall des Bildes etwas nur unbewegt (an einem unterstellten Handlungszeitpunkt) zeigt, und auf der anderen Seite beim Adressaten beim Umgang mit Bildinformationen mit einem Perzeptionsakt sowie dem begleitenden Prozess kognitiver Verarbeitung der Informationen, der am Ende ins Inferieren von Geschehnissen mündet.

98 Wünsch (1999).
99 Wünsch (1999), 331.
100 Wünsch (1999), 334.

Kommen wir zurück auf unseren konkreten Fall der *Freiheitstafel*. Die Betrachter konnten in Straßburg bildlich stillgestellte Dramenszenen sehen. Und da erinnern wir uns an das aristotelische Dramentextverständnis, bei dem die rekonstruierbare narrativ-semantische Tiefenschicht des *mythos*/Storyplot postuliert wird. Das Besondere bei Sebastian Brants Freiheitstafel ist nun, dass wir es bei den *picturae* in der Textüberlieferung nicht mit Bildern im eigentlichen Sinn zu tun haben, sondern mit *ante*-Ekphraseis, die erst noch als Bilder transnotiert werden mussten, was ja um das Jahr 1517 auch mutmasslich durch Hans Baldung Grien geschah (vgl. Abb. 2). Sebastian Brant hatte vorab in seiner inneren Imagination Bildkonzepte entwickelt und den thematischen Informationsgehalt der *picturae* seines Zyklus, auch gewisse Kompositionselemente, in Entwurfsekphraseis niedergeschrieben (sie finden sich in der Straßburger Abschrift seines Entwurfsmanuskripts).[101]

Was die Betrachter dann später nach der Bildausführung im Straßburger Rathaussaal sehen konnten, war bei den *picturae* kein eigentliches *Erzählen*, sondern waren, wie wir sagen, Dramatisierungen im Sinne der oben als dritte eingeführten «narratologischen Performanzweisen», die wir *Dramatisieren* durch «Mimesis oder Katagraphie» genannt haben. Theoretisch gesehen haben wir es in diesem Fall mit den medialen Performanzweisen des «Telling und Showing» zu tun.[102] Sie sind im Fall der *Freiheitstafel* auf zwei Ebenen kompliziert verschränkt. Das Showing per Bild fiel den Betrachtern sofort ins Auge. Wie aber steht es mit dem Telling (also der lautsprachlichen Performanz), die wir die erste mögliche Performanzweise der *Diegese* genannt haben? Sie kommt nicht eigentlich vor, sondern nur in Form der oben eingeführten zweiten Performanzweise: «Schriftnotation (uneigentliches Erzählen mittels biblioskripturaler Notation)». Das betrifft die Epigramme, die uns noch weiter beschäftigen werden.

Die Überlieferung der Freiheitstafel zeigt uns, dass auf Ebene des *Erzählens* Transnotationen mithilfe verschiedener Notationssysteme (Schrift-NotationsCode und Bild-NotationsCode) möglich waren: Notationscodewechsel von Schrift zu Bild und Performanzwechsel vom Papier zum Wandfresco und vom Wandfresco wieder zurück zum Papier.[103] In den Worten von Peter Brooks, der schon 2005 über unterschiedliche Performanzzustände im Allgemeinen nachgedacht hat: «That is to say, narrative isn't wholly defined by the plane of its expression: stories can be translated, they can be transposed to other media, they can be summarized, they can be retold ‹in other words› and yet still be recognizably ‹the same story›».[104]

Was die Ebene der *Erzählung* in den *picturae* angeht, so konnten beim Straßburger Zyklus die Betrachter aufgrund ihrer Bildinterpretationsgewohnheiten bei

101 Eine andere zeitgenössische Quelle spricht von Brants bei diesen und anderen Gelegenheiten vorgenommenen «visuellen Entwürfen»/«Angaben zur Visualisierung» (*visierliche Angebungen*) für die ausführenden Künstler; siehe dazu Knape (2021), 153.

102 Knape (2006), 107.

103 Zur Theorie der Transnotation siehe Knape 2024, 112–114.

104 Brooks (2005), 415.

vielen Emblemen eine *triple-A*-Information als «plot summary»[105] und damit also Nuklearnarrativ extrahieren, wenn sie sich der Methode der Projektionsekphrasis bedient haben. Die zeitgenössischen Betrachter waren wohl zumeist aufgrund ihres Bild- und Weltwissens bei der kognitiven Verarbeitung der Bildinformationen in der Lage, irgendeinen Plot der *picturae* zu konjizieren, wenn auch nur spekulativ. Der Spekulation wurde allerdings dadurch aufgeholfen, dass die beigegeben Epigramme die prinzipiell gegebene *ikonische Narrationsunschärfe* wenigstens teilweise behoben. Der Schrifttext löste in mancher Hinsicht die bildtypische Unterspezifikation auf. Bilder können eben allein auf Basis des BildCodes keine Namen und keine Vorgänge zeitlich erstreckt oder linear formulieren. Gerade die Namen aber sind im Fall der *Freiheitstafel* für das genauere Verständnis der historischen Zusammenhänge sehr wichtig. Wir werden später im Zusammenhang mit der Brant'schen Allusionsmethode noch vertiefter darüber reden.

Elementarekphrasis: Angesichts der bislang erzielten Ergebnisse unserer Überlegungen können wir jetzt am Beispiel des Emblems 15 der *Freiheitstafel* die Probe aufs Exempel machen. Es enthält ein Epigramm mit drei Narrativen, die die Geschichte der *Sieben gegen Theben*[106] in Kurzform alludieren. Hier das ganze Emblem in neuhochdeutscher Übersetzung:

> [*Ekphrasis*] Ein nacktes Kind auf einem wilden Pferd.
>
> [*Epigramm*]
> [*Nat 1*] Sieben Könige belagerten Theben und
> meinten, die freie Stadt quälen und
> in den Status der Sklaverei bringen zu können.
> [*Nat 2*] Von ihnen wurden sechs totgeschlagen,
> [*Nat 3*] Adrastus floh, was ihm nur in grosser Eile gelang.
> (FT 15)

Sebastian Brants hier beigegebene Entwurfsekphrasis erfüllt in idealtypischer Weise die Strukturmerkmale einer Elementarekphrasis. Inwiefern? Die Formulierung der Bildinformation besteht im Original aus nur zwei Angaben:

> «Ein nackhendt Kindlin uff einem ungezembten pferdt.»

Anders gesagt: Es gibt zwei Agenten (Kleinkind, Pferd) und diese sind im Bildraum vertikal angeordnet. Um diese Anordnung im Raum anzugeben, verwendet Brant in seiner sprachlichen Formulierung die Präposition «auf» zur adverbialen Lokalbestimmung. Auf den reinen Informationsgehalt reduziert lautet die Angabe also:

> «Nacktes Kleinkind auf wildem (zaumzeuglosem) Pferd».

Anders ausgedrückt: «Potenzielles Agens (Kind) oberhalb eines anderen potenziellen Agenten (Pferd)». Brant hat hier intuitiv den Typ der Elementarekphrase

105 Brooks (2005), 415.
106 Stat. *Theb.* 2,3.

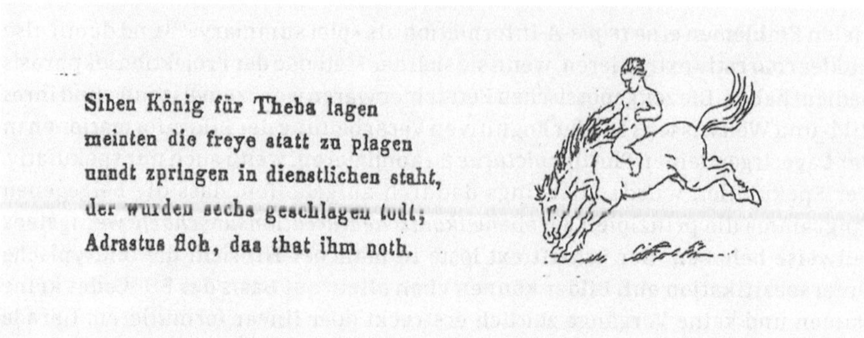

Abb. 5: Zeichnung zu Epigramm 15 der *Freiheitstafel* Sebastian Brants von Eugène Cordier.

verwendet, wie wir sagen, indem er (wie es bei einem *still* angemessen ist) auf eine durch ein finites Verb ausgedrückte Handlungsansage verzichtet, die ja im Bild selbst nicht formuliert sein kann, daher:

> «Ein nacktes Kindlein auf einem wilden Pferd».

Orthodoxe Grammatiker würden hier vielleicht von einer syntaktischen Ellipse sprechen, weil sie meinen, dass ein Verb fehlt. Das aber trifft den hier vorliegenden Fall in seinem theoretischen Kern überhaupt nicht. Deswegen muss man unter stilistisch-textfunktionalen Prämissen sagen: Diese Rumpfaussage ohne Verb ist nach dem Prinzip der Elementarekphrasis angemessen und absolut treffend, drückt einen Bildsachverhalt in aller gebotenen Härte korrekt aus.

Wenn man Bilder nämlich in ihrer Konstruktion wirklich ernst nimmt, dann kann – puristisch gesehen – eine Ekphrasis im strengen Sinn nur aus zwei Arten von Aussagen bestehen: a) Nennung der Bildzeichen oder Zeichengruppen mit ihren Bedeutungen (auch mit Attributen bzw. Prädikativa usw.) und b) ihre Positionierung als Bildzeichengestelle im Bildraum. Mehr Information gibt ein Bild eigentlich nicht her.[107] Das aber transnotiert die hart gefügte Elementarekphrasis genau.

Sowie Ekphraseis mit handlungsanzeigenden Verben (als Wortart) arbeiten, eröffnen sie das Feld der individuellen inferenziellen Projektion, wenn nicht gar der nuklearnarrativen Spekulation. Der Zeichner Eugène Cordier hatte im Jahr 1990/91 die Wahl. Er hätte in seiner Bildrekonstruktion Brants radikal reduzierte Angaben umsetzen können und die Bildzeichen (Putto, Pferd) einfach vertikal positionieren können, z. B. den Putto auf dem Pferd stehend oder gar darüber schwebend. Doch Cordier entschied sich anders, weil er von einem impliziten Nuklearnarrativ ausging und für sich in seiner eigenen gedanklich vorgenommenen Entwurfsekphrasis seinerseits eine *triple-A*-Struktur konstruierte:

107 Zum Bildkonzept (bei dem Farben keine definierende Rolle spielen können) Knape (2016), 12–13, 35–36, 50, 58 und 90.

«Kind reitet sitzend auf Pferd».[108]

Ekphrasieren wir Cordiers detailliertere Bildversion (Abb. 5), dann sind wir unwillkürlich zur Handlungsinferenz und damit zur Projektionsekphrasis gedrängt, sehen uns also geradezu genötigt zwei Verben einzusetzen und damit zwei Nuklearnarrative explizit zu konstruieren, um diese (gegenüber Brant) zusätzlichen Informationen im Bild nicht untergehen zu lassen:

«(1) Kind *hält sich fest* am Nackenhaar

(2) eines *wild springenden* Pferdes».

Diese *triple-A*-Detaillierung mit zwei Teilhandlungen der zwei Agenten im Bildpräsens ergibt sich aus Cordiers stärker detaillierender Bildversion. Für den Zeichner stand es offenbar ausser Frage, dass das Kind sitzt und sich im Sprung am Haar *«festhält»*, denn *Nat 3* des Epigramms gibt Zusatzinformationen und rekurriert intertextuell auf eine Überlieferung, nach der vor Theben einzig König Adrastos auf seinem schnellen *«springenden»* Ross namens Areion fliehen konnte.[109] Die von Brant dem Epigramm vorangestellte Elementarekphrasis rekurriert auf dieses Fluchtnarrativ, jedoch ohne weitere Detaillierung. Eugène Cordier erzeugt den Sprungeindruck beim Fliehen des Pferdes im Bildraumsyntagma durch Anwinklung des Pferdehinterteils gegenüber der angedeuteten Bodenfläche (vgl. Abb. 5).

Cordiers in Abbildung 5 wiedergegebene Bildversion könnten wir unsererseits natürlich versuchen puristisch zu ekphrasieren, also mithilfe einer notwendigerweise sehr umständlichen Art von Agens- und Lokalbestimmungen unter Verzicht auf irgendein finites Verb oder ein Hilfsverb. Diese Elementarekphrasis könnte dann vielleicht so lauten:

> «Nacktes Kindlein auf einem zaumlosen Pferd mit Mähne; rechte Hand des Kindes an der Mähne; gekrümmte Beine des Kindes in ihrer Position analog zum Rücken des Pferdes; Oberkörper des Kindes nach rechts angewinkelt gegenüber dem Pferderücken; Pferdekörper nach hinten gegenüber dem Boden angewinkelt; Schweif in gerader Linie zum Rücken; Beine des Pferdes vorne gestreckt, hinten gekrümmt» usw.

Wenn wir diese sprachlich hart gefügte, puristisch gedachte und daher notwendigerweise den Ellipsenverdacht aufwerfende Ekphrasis lesen, wird klar, warum Interpreten in solchen Fällen normalerweise doch Verben einsetzen, die alles viel einfacher und eleganter auszudrücken erlauben. Der Preis jedoch, das sollte nun klar sein, sind Akte der Handlungsdeutungsselbstermächtigung. Doch das scheint uns regelmässig egal zu sein. Als Betrachter eines Bildes neigen wir offenbar bei unseren Bilddatenverarbeitungen dazu, automatisch und spontan auf unser Weltwissen über Handlungsvorgänge zu rekurrieren. Dann rechnen wir ohne Weiteres Handlungen aus wenigen Zeichenandeutungen zurück und

108 Bildrekonstruktion von Eugène Cordier in: Châtelet-Lange (1991).

109 Hom. *Il.* 23,346; Paus. 8,25,4–10.

rekonstruieren im Ekphrasistest mehr oder weniger stark projektiv eine Rumpf-Fabel. Tatsache jedoch bleibt: Wir können dabei lediglich mit *ekphrastischer Handlungswahrscheinlichkeit* arbeiten.

11 Kontingenzerzählung

Kehren wir an dieser Stelle noch einmal zur eingangs zitierten Geschichte des Romulus-Epigramms (FT 12) zurück. Die Story dieses Epigramms wird uns in Form der Darstellung einer Handlungs-Synthese in zwei Narrativen mitgeteilt, die wir als Adressaten aufgrund unseres intertextuell geschulten Erzählwissens (Teil unseres Weltwissens) zwar kognitiv verbinden können, die im vorliegenden Text selbst jedoch ohne zwingende Verbindung dastehen. Wir Betrachter haben in den Lerngeschichten unseres Lebens eine Erzählkompetenz erworben und können daher ein Epigramm im Zyklus als klar segmentierte Texteinheit sehen, eventuelle inhaltliche Handlungs-Leerstellen einkalkulieren und dann die Story, einfach so wie sie konstruiert wurde, im Zusammenhang als Romulus-Geschichte verstehen, zumindest rudimentär.[110] Was die Handlungsstruktur angeht, so begeht Romulus in der Erzählung eine gute Tat, eine schlechte Tat und am Ende steht (gewissermassen als Summe) ein Geschehnis, bei dem er erschlagen wird.

Kommunikativ erfahrene Menschen können also zwei unverbunden nebeneinanderstehende Handlungen bei der kognitiven Verarbeitung selbstständig zu einer erzählerischen Einheit verbinden. «The king died, and then the queen died». Das sind zwei Narreme, die unverbunden nebeneinanderstehen, aber dennoch für uns ein Narrativ bilden können. Warum in diesem Narrativ auch die Königin stirbt, wäre für uns als Klärung der Ursachenfrage zwar interessant zu erfahren, doch unsere Neugier wird nicht bedient. Wir verstehen diese Ultrakurzgeschichte in ihrem Informationsgehalt als Erzählung, die eine «kleine Welt» (Eco) konstruiert, auch wenn diese uns nur in Gestalt zweier narrativer Propositionen vorgelegt wird. Ein moderner Theoretiker wie Umberto Eco fasst dies mit Bezug auf die bis ins extrem Reduktive gehenden Leerstellen wie folgt zusammen: «Doležel zufolge sind die narrativen Welten unvollständig und semantisch nicht homogen: sie sind gehandicapte und kleine Welten. Insofern sie gehandicapt ist, ist eine narrative Welt kein maximaler und kompletter Sachverhalt.»[111]

Unter rhetorischen Fragestellungen ist freilich von Belang, in welchen Hinsichten Erzählung dann doch rhetorisch fungibel werden kann. Beginnen wir auch bei Klärung dieser Frage noch einmal beim Grundsätzlichen. Welche Möglichkeiten bestehen denn überhaupt, in der Erzählung Handlungsinformationen textlich zu organisieren? Ausgangspunkt kann die in der neueren Erzähltheorie verwendete Elementarstruktur-Formel sein: «Erzählen ist Geschehensdarstel-

110 Zu den Leerstellen siehe Iser (1971), 33.
111 Eco (1992), 269.

lung + x», was voraussetzt, dass in der «Darstellung» eine «Bezugnahme auf ein Geschehen» in Gestalt von Handlungen erfolgt, das Merkmale wie Konkretheit, Temporalität und Kontiguität (sprich: syntagmatische Benachbarung) aufweist. Unter das «x» der Formel würden fakultative Komponenten wie «Motivierung» oder «Kausalität» fallen.[112]

All diese Komponenten setzen ein Modell relativ komplexer narrativer Kombinationsstrukturen in einem Text mit in sich schlüssiger Kombinationslogik voraus. Doch schon Aristoteles formuliert hinsichtlich der narrativen Zusammenhangsstrukturen einen sehr wichtigen Vorbehalt: «Der Storyplot (*mythos*) ist nicht schon – wie einige meinen – eine Einheit (*hen*)», denn einem einzelnen Akteur «stösst unendlich vieles (*polla*) zu, woraus keinerlei Einheit (*hen*) hervorgeht».[113] Damit ist eine zentrale Strukturkomponente der Text-Superstruktur «Erzählung» unter der weiterführenden Frage angesprochen: Was hält die Handlung-erzählenden Einzelteile einer Erzählung eigentlich zusammen?

Der eben verwendete Begriff «Superstruktur» geht auf den Texttheoretiker Teun A. van Dijk zurück.[114] Der Begriff besagt, dass Texte ganz oder in Teilen nach bestimmten, übergreifenden Strukturmustern überformt werden können (daher «Superstrukturen»). Die Superstruktur «Erzählung» liegt vor, wenn Zusammenstellungen von Handlungskomplexen den Text auf semantischer Ebene organisieren. Gibt es für dieses Organisationsmuster «mehrere Handlungskomplexe» ein strukturbestimmendes Verbindungskriterium, das sich als spezifisch *narratives Kohärenzkriterium* bestimmen liesse? Nein. Die Verbindung der Handlungen kann durch die unterschiedlichsten Gründe bedingt sein (psychische Motivationen der Akteure, objektive Kausalketten, reine Zufälle, willkürliche Zusammenstellungen durch den Autor usw.). Das ist der entscheidende Unterschied zur Superstruktur «Argumentation». Argumentationen sind immer logisch strukturiert (z. B. syllogistisch). Das Reinfaktische, Nichtlogische oder Nurkontingente einer *histoire* mit ihren unmotivierten Handlungszusammenstellungen ist auch schon in höchstrichterlichen Entscheidungszusammenhängen der USA unter dem Motto «A syllogism is not a story» diskutiert worden.[115]

Geschichten, die keinerlei «logische» Verkettung von Handlungen aufweisen, dennoch den Tatbestand der Erzählung erfüllen, finden sich in vielen narrativen Passagen eines Textes von Georges Perec, der zudem zahlreiche rein deskriptive Abschnitte enthält. Hier ein Auszug mit Narrem-Abfolgen:[116]

> Vorübergehende Beruhigung. An der Bushaltestelle steht niemand. Ein 63er fährt vorbei. Ein 96er fährt vorbei. Eine junge Frau sitzt auf einer Bank gegenüber von «La Demeure», der Galerie für Wandteppiche; sie raucht eine Zigarette. Auf dem Trottoir vor dem Café sind drei Mopeds abgestellt. Ein 86er fährt vorbei. Ein 70er fährt vorbei.

112 Martínez (2017), 2–3.
113 Arist. *poet.* 8
114 Van Dijk (1980), 128–132; siehe auch Wolf (2002), 37.
115 Brooks (2005), 420 und 424.
116 Perec (2016), 17.

> Autos verschwinden in der Tiefgarage. Ein 63er fährt vorbei. Ein 87er fährt vorbei. Es ist 5 nach eins. Eine Frau rennt über den Kirchenvorplatz usw.[117]

Das Zitat repräsentiert eine Abfolge von Narremen, die zwar faktisch (vom Autor so konstruiert) in der Summe eine Story konstituieren, jedoch auf keinem logisch zwingenden und in diesem Verständnis «sinnvollen Zusammenhang» basieren. Wir erinnern uns an Aristoteles: «Der Storyplot ist nicht schon – wie einige meinen – eine Einheit», denn einem einzelnen Akteur «stösst unendlich vieles zu, woraus keinerlei Einheit hervorgeht». Offenkundig gilt diese Feststellung auch für den gerade zitierten Ausschnitt aus Perecs Text.

Aristoteles spricht, wenn er von «Einheit» spricht, vom Problem der sinnvollen «Verbundenheit» der Teile einer komplexeren Erzählung, die für den Adressaten des Textes den Eindruck eines notwendig gegebenen, also kohärenten inneren Zusammenhangs erzeugen könnten, aber, wie wir gesehen haben, nicht müssen. Im Perec-Ausschnitt stehen Teile einfach nebeneinander, die für sich genommen unmotivierte dastehende Handlungen mitteilen, deren Zusammenstellung jedoch – wenn man ausschliesslich den zitierten Textabschnitt betrachtet – kein als notwendig erkennbares Verbindungskriterium mitliefern. Weder die Handlungen als solche, noch ihre Eigenart, noch ihre Reihenfolge oder gar die Zusammenstellung erscheinen uns als Leser der Textpassage in einem zwingenden Kausal- oder Motivationszusammenhang zu stehen. Narreme und Narrative können offenkundig in blossem Kontingenz-Konnex stehen. Dennoch: Hier wird zweifellos erzählt.

12 Logische Erzählung

Erzählungen stellen Handlungskomplexe vor Augen, die keiner logischen Struktur gehorchen müssen. Den persuasiv eingestellten rhetorischen Kommunikator freilich interessiert, ob es in der von Aristoteles aufgeworfenen Handlungs-Verbindungsfrage im Rahmen einer komplexeren Story neben der narratologischen Textorganisations-Kontingenz (unmotivierte, einfache Nebeneinanderstellung von Handlungssegmenten) nicht doch auch zwingende Verbindungskonstruktionslösungen in Erzählungen gibt, die einen Argumentationsstatus bekommen könnten. Darum soll es im Folgenden gehen.

Wie gesagt, es gibt keine logische Kohärenzbedingung für das Erzählen, wie wir sie für das Argumentieren als Superstruktur als ganz selbstverständlich erachten, doch logisches Erzählen kann trotzdem konstruiert werden. Da gelten dann Motiv- und Kausalketten oder der formale Konsequenztopos usw. Argumentationen überzeugen uns nur, wenn sie in sich logisch sind. Geschichten funktionieren anders. Wir verstehen sie auch, wenn keine «logischen» Verbindungen zwischen den Erzählteilen, keine Kausalitäts- und Verknüpfungsdetails

117 Ein ähnliches Beispiel bei Brooks (2005), 420.

auftauchen, die als ausgeführte fakultative Konstruktionselemente in einer Story natürlich möglich wären. Wir verstehen sie aufgrund unseres Weltwissens, d. h., weil wir aus Erfahrung wissen, dass es beim Erzählen hauptsächlich um Handlungen bzw. um Geschehnisse geht, wie auch immer sie entstanden sein mögen, wie auch immer sie zusammenhängen und wohin auch immer sie führen. Wir unterstellen einfach gegen oder mit dem Text Kausalitäten. In der Forschung wird diese kognitive Kohärenzstiftung als Effekt unter dem Begriff der «narrative probability» diskutiert.[118]

Kurz: Es besteht die erzählerische Möglichkeit, komplexeren Geschichten ganz bewusst eine logische Struktur zu unterlegen oder sie in argumentierende Beweiszusammenhänge einzubetten und auf diese Weise argumentativ zu funktionalisieren. Robert Kirstein etwa hat solche Strukturen als «Strategeme» in antiken Erzählungen dingfest gemacht.[119] Wir werden im weiteren Verlauf sehen, dass sich auch Sebastian Brant dieser überzeugungskräftigen Mittel des Erzählens bedient hat.

13 Historische Beweise und narratives Argumentieren in den Epigrammen der *Freiheitstafel*

Der Texttheoretiker Teun A. van Dijk unterscheidet die *Erzählung* als textorganisierende Superstruktur von der *Argumentation*. Der Straßburger Freiheitszyklus und seine Einzelteile arbeiten mit einer Verschränkung dieser beiden Superstrukturen, um rhetorisch-kommunikative Effekte zu erzielen. Wie dieses Zusammenspiel auf Textebene aussieht, möchte ich nun untersuchen.

Wie gesagt, Sebastian Brant entwickelt in seiner *Freiheitstafel* erstmals einen umfassenden Überblick über alle systematischen Aspekte der Freiheit.[120] Das kommunikative Ziel ist es, in den Straßburger Stadtbürgern und auch in allen anderen Betrachtern dieses konstitutionelle republikanische Grundprinzip wach zu halten und die Bürger der Freien Reichsstadt auf das Freiheitsprinzip einzuschwören.[121] Dass dies sinnvoll ist und dass dies auch zu gelten hat, dass dies immer wieder von Feinden der Freiheit infrage gestellt und auch angegriffen wird, und dass die Freiheit gegen Feinde verteidigt werden muss, beweist Sebastian Brant mit dem «historischen Argument».[122] Dabei wird die Historiographie zum Fundus der Beweismittel,[123] die in den Emblemen spezifisch argumentierend verarbeitet werden.

118 König (2021), 155.

119 Kirstein (2015).

120 Knape (2021), 138–155.

121 Hier sei auch an den jährlich stattfindenden «Schwörtag» der Stadtrepublik hingewiesen; siehe Knape (1992), 235, 448, 462–463, 465.

122 Knape (2013d); zum Charakter historischer «Erklärung» siehe Danto (1965), 201–256.

123 Vgl. Knape (1984), 58–71; Jaeger (2009).

Insbesondere die römische Geschichte liefert Brant positive Handlungsmodelle und republikanische Orientierung, aber eben auch abschreckende Beispiele. Die von Brant aufgerufenen Hauptstationen der politischen Entwicklung Roms sind gekennzeichnet vom Einsatz für die Freiheit und vom Kampf gegen die Tyrannei, sei es im Falle der Dezemvirn (FT 13), der Könige (FT 14) oder im Falle Caesars (FT 27). Es ist gewiss kein Zufall, dass Brant das aus dem Lateinischen kommende assimilierte Lehnwort *Libertet* zum ersten Mal (statt *Freyheit*) in den beiden Epigrammen verwendet, in denen vom Sturz der römischen Monarchie und von der Ermordung Caesars die Rede ist: Im Fall des Brutus-Epigramms (FT 14, 1–2) heisst es, dass Brutus die Republik gründete und dabei keine Rücksicht auf Familienbande nahm, indem er *schwehr Raach* [Rache] *der Libertaet / zu Rohm an seinen Soenen thett*, welche sich gegen die neue republikanische Ordnung verschworen hatten.[124] Im Caesar-Epigramm (FT 27, 4–5) geht es um Caesars Streben nach Alleinregierung, was sich so gestaltet habe, *alsz ob kein Libertet mehr wehr* und daher *schwehrlich an ihm gerochen* [gerächt] wurde.[125]

Die römische Geschichte zeigt den Straßburger Bürgern die Folgen missbräuchlicher Königsherrschaft, die eintreten würden, wenn man sich monarchischen Potentaten (wie etwa dem französischen König, der das Elsass als Beute wittert) unterwürfe. Die Königsherrschaft ist missbrauchsanfällig und hat daher in Rom zur Revolution durch Brutus den Älteren geführt sowie zur Errichtung der Republik. Auch in diesem Fall kann Brant auf die Historien des Livius verweisen und den historischen Evidenzbeweis führen,[126] dass Konspiranten in den eigenen Reihen, Intriganten und Verräter der Freiheit am Ende zur Vernichtung der eigenen Freiheit beitragen. Die Übersetzung lautet:

> Wenn ich alle Schriften lese und durchforsche,
> finde ich nur sehr Wenige beschrieben,
> die die Freiheit hintertrieben haben und
> dann ihrerseits selbst auf lange Sicht frei geblieben wären.
> Denn die Macht behält man selten lange,
> wenn man sie mit Zwang erhalten muss.
> (FT 45)

Das monarchische Modell ist auch per se fragwürdig. Kaum ein Tyrann «ist im Federbett gestorben», sondern Tyrannen wurden meist gewaltsam zu Tode gebracht (FT 44). Wenn wir den ganzen Zyklus anschauen, dann wird klar, dass die historischen Narrative in die empirische Exempel- oder Fallkette eines Induktionsbeweises eingebaut sind.

Dieser in klassischer Dialektik wie Rhetorik empfohlene Beweis besteht aus einer «Hinführung» vom besonderen Einzelfall zum Allgemeinen. Oder wie

124 Val. Max. 8,8,1; vgl. Lendon (2022), 42–43.
125 Knape (1992), 419; vgl. Lendon (2022), 41.
126 Knape (2019a); Hübner (2010).

Aristoteles in seiner *Topik* sagt: «Die Induktion (*epagōgē*) ist der Aufstieg vom Besonderen zum Allgemeinen.»[127] Der besondere Fall zeigt sich im Beispiel, das eine verallgemeinerungsfähige Regel enthält. In der *Rhetorik* sagt Aristoteles kurz und knapp: «Ich nenne ein Beispiel (*parádeigma*) einen rhetorischen Induktionsbeweis (*epagōgē rhētorikē*).»[128] Das heisst, sagt Aristoteles weiter: «Der anhand vieler ähnlicher Fälle geführte Nachweis, etwas verhalte sich so, ist in der Dialektik ein Induktionsbeweis (*epagōgē*), in der Rhetorik ein Beispiel (*parádeigma*).»[129] Da, so Aristoteles an anderer Stelle, in Beratungen jene Argumentationen nützlicher sind, «die aus Tatsachen gewonnen werden, denn im allgemeinen ist das Bevorstehende dem Vergangenen ähnlich»,[130] sollten die Paradigmen, also Exempel, für den Beweis (für die *apódeixis*) aus verbürgten Quellen, mithin aus den Historien genommen werden.

In der griechischen Kultur war ein *parádeigma* ein öffentlich ausgestelltes Architekturmodell, anhand dessen man den Baufortschritt etwa eines Tempels überprüfen konnte.[131] Heute wählt man mit Blick aufs Literarische den lateinischen Ausdruck Exempel für solche Modelle. Die Freiheitstafel enthält in 60 Prozent aller Epigramme solche Paradigmen als historische Erzählbestandteile, deren Namensallusionen vor allem auf antike Quellen verweisen; ein Kennzeichen von Brants humanistischem Ansatz.[132]

Im 20. Jahrhundert wurde der Induktionsbeweis vom amerikanischen Philosophen Stephen Toulmin neu modelliert. Er hat für diese Argumentationsfigur 1958 ein Schema ausgearbeitet,[133] das inzwischen gern in juristischen und ethischen Beweisführungen angewandt wird. Das Toulmin-Schema hilft uns, die normative Kraft narrativ dargebotener Fakten offenzulegen. Das Schema besteht aus vier Komponenten:

> (1) Information, (2) Schlussregel, (3) Stützung, (4) Konsequenz:
>
> Ausgangspunkt ist (1) eine *Information*, die sich im Rahmen des historischen Beweises immer als historisch beglaubigte *Handlung* darstellt.
> Diese Handlung führt (4) zu einer *Konsequenz* im Sinne einer *Schlussfolgerung*.
> Aus der nachträglichen Analyse dieser beiden Komponenten ergibt sich für den Betrachter (2) eine *Schlussregel* oder *Handlungsnorm*,
> die bisweilen noch (3) eine *Stützung* finden kann.

127 Arist. *Topik*, 105a.

128 Arist. *rhet*. 1,2,8 = 1356b.

129 Arist. *rhet*. 1,2,9 = 1356b.

130 Arist. *rhet*. 2,20,8 = 1394a.

131 Koch (2013), 2–5.

132 Umso erstaunlicher ist es, dass Brant von Spitz 1962 nicht unter die deutschen humanistischen Freiheitstheoretiker der Zeit eingereiht wird. Das hängt vermutlich damit zusammen, dass man Brant in der älteren Forschung als rückwärtsgewandten «konservativen Humanisten» sah. Dazu Knape (2023c).

133 Toulmin (1975).

Ich füge hinzu: Das ist kein im strengen Sinn ausgeführter Syllogismus, bei dem die beiden Prämissen immer zu Beginn eingeführt werden müssten. Das heute so genannte Toulmin-Schema ist unter anderem im Caesar-Epigramm von Emblem 27 umgesetzt:

[Nat 1] *Keyszer Julius was mild und recht;*
[Nat 2] *doch als er Rom acht für sin knecht*
unnd er allein wolt sin der Herr
alsz ob kein Libertet mehr wehr
wardt das schwehrlich an ihm gerochen,
mit wunden viel zu todt gestochen.
(FT 27)

Kaiser Julius war freigebig und gerecht.
Doch als er Rom als seinen Sklaven ansah
und ganz allein der Herr sein wollte,
so als ob es keine Libertät mehr gäbe,
wurde das schwer an ihm gerächt und
er wurde mit zahlreichen Verwundungen totgestochen.

FT 27: Toulmin-Schema (in Narrativ 2):
- *Information/Handlung*: Cäsar hat sich gegen das Freiheitsgebot gewandt.
- *Schlussfolgerung/Konsequenz*: An Cäsar musste darum die Freiheit gerächt werden.
- *Schlussregel/Handlungsnorm*: Die Freiheit ist zu schützen und darf nicht beschädigt werden.

Im Einzelfall fügt Brant auch Paradigmen aus recht aktuellen Berichtsquellen in seine *Freiheitstafel* ein, etwa wenn er den zu seiner Zeit noch nicht lange zurückliegenden Fall von Byzanz (im Jahr 1453) als Story mit fünf Narremen aufruft:

[Nrm 1] *Dasz Griechenland jetz hat verlohren*
all sein Freyheit bei kurtzen jahren,
[Nrm 2] *ursach, sie handt sich selbst gesparth*
[Nrm 3] *zu lang uff frembde hülff gewartt,*
[Nrm 4] *ihr leib unnd guth nicht wollen bruchen,*
[Nrm 5] *des hat sie gott gelaszen struchen.*
(FT 2)

Die Ursache dafür, dass Byzanz nun vor wenigen Jahren
all seine Freiheit verloren hat, liegt darin,
dass sie sich selbst aufgespart haben,
zu lange auf fremde Hilfe gewartet haben und
ihr Leben und ihr Vermögen nicht einsetzen wollten.
Darum hat sie Gott straucheln lassen.

FT 2: Toulmin-Schema beim Gesamtepigramm:
- *Information/Handlung*: Die Byzantiner wollten im Jahr 1453 nicht alles für ihre eigene Freiheit einsetzen.
- *Schlussfolgerung/Konsequenz*: Die Byzantiner mussten dafür bestraft werden.
- *Schlussregel/Handlungsnorm*: Die Freiheit ist mit allen Mitteln, auch mit dem eigenen Leben und Hab und Gut, zu schützen und darf nicht beschädigt werden.

Interessant sind die Epigramme mit Rachehandlungen der personifizierten Freiheit, weil sie auch noch das vierte Element des Toulmin-Schemas enthalten, nämlich eine Stützung der Handlungsnorm oder ihr Backing aufgrund allgemeiner Prinzipien, Regeln oder Werte. In der Rhetorik nennt man diese konventionalisierten Stereotype *Topoi*. Sie sollen den Glauben an die Handlungsnorm stärken.

Das Kyros-Emblem der *Freiheitstafel*, das ich im Folgenden in neuhochdeutscher Übersetzung zitiere, berichtet nach Iustinus und Diodor vom Kriegszug des Perserkönigs Kyros gegen die Skythen, bei dem ihn die Skythenkönigin Tomyris in eine Falle lockt und blutig umbringen lässt:[134]

[Nat 1] Kyros glaubte, die Skyten in die Sklaverei
und weg von ihrer Freiheit bringen (zu dürfen).
[Nat 2] Die gute Königin Thomiris
trinkt darum aus seinem Schädel sein eigenes Blut.
[Nat 3] So rächt sich die Freiheit.
(FT 22)

FT 22: Toulmin-Schema beim Gesamtepigramm:
- *Information/Handlung* [Nat 1]: Der Perser Kyros wollte die Freiheit der Skyten beseitigen.
- *Schlussfolgerung/Konsequenz* [Nat 2]: Kyros musste wegen dieses Vergehens gegen das Freiheitsnatur- und Freiheitsvölkerrecht mit dem Tode bestraft werden.
- *Schlussregel/Handlungsnorm*: Die Freiheit ist mit allen Mitteln zu schützen und darf nicht beschädigt werden.
- *Stützung/Backing* [Nat 3]: In solchen Fällen rächt die Freiheit selbst alle Verstösse gegen die Handlungsnorm.

Einen Fall, bei dem das fakultative Backing eingesetzt wurde, bietet das Virginia-Epigramm auf Grundlage von Livius.[135] Die neuhochdeutsche Version lautet:

[Nat 1] Der Dezemvirn Macht und der Hochmut
taten Appius Claudius nicht gut
als er Verginia glaubte schänden zu können,
die ihr Vater vorher erstach,

134 Iustinus 1,8; Diod. 2,4,1–2.
135 Liv. 3,44–48.

[Nat 2] womit die Freiheit sich selbst rächte.
(FT 13)

FT 13: Toulmin-Schema beim Gesamtepigramm:
- *Information/Handlung* [Nat 1]: Appius Claudius wollte die Freiheit Verginias schädigen.
- *Schlussfolgerung/Konsequenz*: Verginias Vater musste die Freiheit seiner Tochter als abstraktes hohes Gut mit einer drastischen Tat schützen.
- *Schlussregel/Handlungsnorm*: Die Freiheit darf nicht beschädigt werden und ist mit allen Mitteln zu schützen.
- *Stützung/Backing* [Nat 2]: In solchen Fällen rächt die Freiheit selbst alle Verstösse gegen die Handlungsnorm.

In den Freiheitsbewahrungs-, Bestrafungs- oder Tyrannen-Epigrammen geht es unter impliziter Verwendung des Toulmin-Schemas immer um den Zusammenhang von «Norm und Sanktion».[136] Es geht um die Frage, nach welchen Normen und Regeln die Stadtrepublikaner in Hinblick auf den Erhalt ihrer Freiheit zu leben haben. Das fügt sich zu Brants grossem Lebensthema, das er auch in seinem Hauptwerk, dem *Narrenschiff*, abhandelt, und ihn zu einem Begründer der europäisch-frühneuzeitlichen Moralistik werden lässt. Wie kann man klug und moralisch angemessen leben? Aus der Historiographie bezogene Exempel bekommen bei den entsprechenden Argumentationen und rhetorischen Plausibilisierungen Beweiskraft. So auch in der *Freiheitstafel*.

14 Allusionen als implizite Nuklearnarrative in rhetorischer Funktion

Die Freiheitstafel wurde als Wandmalerei der «Dreizehnerstube» des Straßburger Rathauses veröffentlicht (vgl. Abb. 3.1/3.2). Der Raum war der Tagungssaal des wichtigsten Rats- und Regierungsgremiums der Freien Reichsstadt. Er diente auch als Verhandlungssaal für die Straßburger Dependance des Reichsgerichts.[137] Der Dreizehner-Rat war für «die ganze Leitung der äusseren und allgemeinen Politik» zuständig, ja letztlich für «die ganze Executive» Straßburgs.[138] In diesem Gremium stand der Jurist Sebastian Brant den patrizischen Politikern als Rechtsberater und leitender Kanzler zur Seite.

Brant entwarf den Emblemzyklus, der uns heute nur noch in dem oben erwähnten Straßburger Manuskript überliefert ist. Als Wandmalerei ausgeführt, von der Schrift zum Bild transnotiert, wurde das Werk von Hans Baldung Grien um das Jahr 1517. So konnte der Zyklus rund 250 Jahre lang bis 1780 in dem Drei-

136 Richter (2011), hier der Abschnitt «4.1. Exemplarisches Erzählen: Norm und Sanktion» (102–103).
137 Knape (1992), 236.
138 Schmoller (1875), 51; weiteres zur historischen Einordung und Überlieferung der Freiheitstafel bei Knape (1992), 223–239.

zehnersaal von den Politikern, von politisch interessierten Bürgern, wohl auch von den Gästen der Stadt sowie anderen Durchreisenden besichtigt und studiert werden.[139] Sie konnten Brants rhetorischen Ansatz erleben, mit dem er seine Botschaften eingängig und akzeptabel machte.

Es gehört zu den Merkmalen aller in der *Freiheitstafel* verwendeten kurzen Spruchgedichte oder Epigramme (nicht nur der erzählenden), dass sie keinen Platz für Diskussionen bieten, sondern die Thesen knapp und apodiktisch formuliert vortragen, sei es explizit sentenzenartig oder narratologisch formiert. Oft geben die erzählenden Kurztexte ihre logische Toulmin-Struktur zu erkennen. Daneben gibt es aber auch noch andere Verfahren, unter denen die Allusionsmethode besonders prominent ist.

In den Rahmenteilen der *Freiheitstafel* (FT 51) thematisiert Brant selbst diese Methode. Er spricht über die hier, wie er sagt, «zusammengelesenen» Bildbestandteile der Embleme. Es geht um die *picturae*, die im Kernzyklus jeweils ein «Kind» zeigen sowie Gegenstände und Tiere als Attribute (vgl. Abb. 2). Der Rahmentext bezieht sich aber auch auf die den Bildern beigeordneten Subskriptionen in Gestalt schriftlich notierter Epigramme mit ihren «seltsamen Namen» und den angesprochenen Verhaltensweisen («manier»). Dabei sind die stilisierten Kinder in den 50 *picturae* Genien in Gestalt kleiner Kinder (Putti), die eine Bildsymbolisierung der menschlichen Seele mit ihren Freiheiten darstellen sollen.[140] Die beigefügten Attribute oder Tiere symbolisieren dann zusätzliche Spezialmerkmale des jeweiligen Freiheitsthemas.

Was nun die mit den Bildern verbundenen Epigramme angeht, so stammen die in ihnen auftauchenden «seltsamen Namen», wie Brant sie nennt, aus dem intertextuellen Referenzuniversum des Renaissancehumanismus, also aus der Historiographie, der humanistischen und sonstigen landläufigen Literatur, natürlich auch aus den biblischen Quellen, wo jene Freiheitsexempel auftauchen, die Brant in Ultrakurzform heranzieht.

Brant wählt für die zahlreichen Narrative, die seinen Emblemzyklus bevölkern, die unterschiedlichsten Realisierungsweisen. Wenn jetzt vom häufigen Aufrufen von *Personennamen* die Rede ist (was Brant, wie gesagt, selbst anspricht), dann betrifft dies das Phänomen des impliziten Nuklearnarrativs als Phänomen einer Hintergrundsemantik, die sich mit dem Allusionsverfahren in der *Freiheitstafel* verbindet.

Was ist eine Allusion? In Dominik Harjungs *Lexikon der Sprachkunst* von 2000 wird die Allusion definiert als «ein der Metapher nahestehender Tropus», der als «Anspielung, Fingerzeig, Beziehungsrede» oder «Umschreibung» fungieren kann.[141] Brant eröffnet in seinen Werken (auch im *Narrenschiff*) immer wieder ganze Universen mit solchen anspielenden Namensnennungen, deutet damit immer wieder komplexere Storyplots lediglich an und lässt zugleich grosse nar-

139 Châtelet-Lange (1991), 127–129.
140 Knape (1992), 288–294.
141 Harjung (2000), 39.

rative Leerstellen, die nur der Kenner der historischen Referenzerzählungen auf Anhieb versteht.[142] Im Sinne der rhetorischen Figurenlehre können wir hier von *narrativer Metonymie* sprechen, denn hier stehen nach dem *pars pro toto*-Prinzip der Metonymie Personennamen für ganze Geschichten, die ihrerseits wieder für bestimmte soziale oder politische Werte stehen (Freiheitsverteidigung, Mut, sozialer Einsatz oder auch Machtgier und Despotismus). Wir sprechen hier vom impliziten Erzählkern, weil für den Kundigen mit einem einzigen metonymischen Ausdruck, vor allem bei Personennamen, die im intertextuellen Hintergrund befindlichen *triple-A*-Informationen sowie viele daran geknüpfte Erzählstoffkomplexe aufgerufen werden.[143]

So etwa in dem bereits erörterten Fall der *Sieben gegen Theben* (FT 15). Gewiss kannten nicht alle Straßburger Bürger, die den Freiheitszyklus im Rathaus gesehen haben, die bei Statius und anderen überlieferte Geschichte der *Sieben gegen Theben* oder gar den Namen des überlebenden Königs Adrastos.[144] Für Unkundige stellen die meisten solcher historischer Referenzerzählungen Rätsel dar.[145]

Das aber hat Methode. Verrätselung ist eine rhetorische Methode.[146] Der Betrachter muss das Änigmatische der Namen enträtseln. Brant will die Betrachter dazu veranlassen, ins Nachdenken, Nachfragen, Nachschlagen, Besprechen und Beraten über diese Fälle zu kommen und sich über die historischen Fälle zu vergewissern, die hinter den Allusionen mit ihren impliziten Nuklearnarrativen stecken. Namen verweisen auf Geschichten.[147] Als Allusionen sind sie die Extremform der Nuklearnarrativierung schlechthin. Rhetorisch funktional werden sie zu Paradigmen oder Exempla vor allem auch, wenn sie Normen mit sich tragen und vermitteln können.

Vor allem der Bezug auf die römische Tradition war in Hinblick auf die *rhetorische Funktion* solcher Allusionen und Mikronarrative für die Stadtrepublik Straßburg politisch und rechtlich wichtig. Die Stadt war nur dem Römischen Kaiser Deutscher Nation verantwortlich. Ihm erweist die *Freiheitstafel* mit der Akzentuierung des römischen Rechts ihre Reverenz. Er – kein anderer Fürst – ist alleiniger Oberherr freier deutscher Reichsstädte und Garant ihrer Freiheitsrechte.[148]

142 Zur «Handlungs-Leerstelle» König (2021), 176–178.

143 «Im Kontext normativer Orientierung steht der Aktor als aktiver Agent in Beziehung zur Situation. Die Situation besteht für ihn in einer Ansammlung von Mitteln und Bedingungen oder in Hindernissen für die Verwirklichung seiner Zwecke.» Parsons (1994), 73–74. Im Fall der *Freiheitstafel* sollen alle Einstellungen der Aktoren auf den Erhalt und die Verteidigung der Freiheit hin orientiert werden. Zu den rhetorischen Orientierungsaspekten siehe Knape (2008c).

144 Stat. *Theb.* 2,3.

145 Köngäs-Maranda/Maranda (1971), 19 Anm. 6, 116–120.

146 Güthlein (2022).

147 Zur Informationsrolle von Namen siehe Henkel (2021), 488–497.

148 Ich erinnere hier an die Superioritäts-Theorie bezüglich freier Städte bei Coluccio Salutati; siehe Knape (2021), 87–89 und 140.

Das Schicksal Roms gilt aber auch als Mahnung und Warnung für alle freiheitsliebenden Völker, wie das (hier ins Neuhochdeutsche übersetzte) Römer-Epigramm 32 sagt:

[Nat 1] Die Römer vollbrachten unsägliche Dinge,
was sie auch in Freiheit tun konnten.
[Nat 2] Sie übertraten aber im Lauf der Zeit
die Grenze ihres Schutzdachs der Freiheit.
Sie nahmen anderen all ihre Freiheit.
[Nat 3] Darum kam auch ihre eigene Freiheit zu Fall.
(FT 32)

Auch im Brutus-Epigramm (FT 14) stellt die römische Geschichtsschreibung den intertextuellen Bezug dar. Dieses Epigramm kann nur jemand genau verstehen, der diese Referenzen kennt, also die von Livius erzählte Gesamtstory als Prätext, in dem von einem berüchtigten Notzuchtfall die Rede ist, bei denen die Dezemvirn, frühe Dekadenzphänomene, das Ende der Königsherrschaft sowie die tugendhafte Lucretia eine Rolle gespielt haben. Die aus diesem narrativen Zusammenhang bezogenen Namen, die nur für sich genommen als Namensallusionen eingeführt werden, bleiben in der *Freiheitstafel* letztlich nur wenig erklärt. Hier das gesamte übersetzte Epigramm:

[Nat 1] Brutus rächte die Libertät schwer
In Rom an seinen Söhnen
[Nat 2] als Tarquinius, Lucretia schmähend,
ihre Keuschheit schändete,
[Nat 3] wodurch die Macht der Könige zu Ende ging.
(FT 14)

Am Beginn wird der Name Lucius Iunius Brutus eingeführt, erster römischer Konsul aus sagenhafter Zeit. Zu ihm und seiner Geschichte gibt es im Epigramm kaum Plot-Andeutungen; der grösste Teil der narrativen Information bleibt im Sinne eines impliziten Nuklearnarrativs im Hintergrund. Im ersten Narrativ wird darauf angespielt, dass Brutus nach Errichtung der Republik seine Söhne tötete, die in einer Verschwörung gegen die neue Staatsform wieder die alte Alleinherrschaft errichten wollten.[149] Im zweiten Narrativ ist von einer zeitlich viel früher liegenden Begebenheit die Rede, die alles ausgelöst hat; das Narrativ erzählt davon, dass ein Sohn des dann gestürzten letzten etruskischen Königs Tarquinius Superbus die mit einem römischen Bürger verheiratete Lucretia vergewaltigte.[150] Laut drittem Narrativ führte das zum Sturz der Monarchie.

Die Lucretia-Story des Epigramms arbeitet mit Mikronarrativen, die Eigennamen als Fingerzeige einsetzen, viele Leerstellen aufweisen und am Ende kon-

149 Liv. 2,5.
150 Liv. 1,58,1–59,1.

kludierend den freiheitstheoretischen Bestrafungstopos aufrufen. Anders gesagt: Wir haben es mit einer Story zu tun, deren Merkmale die Reduktion auf Namensallusionen, die Geschehensverdichtung und die extreme Minimierung des Detaillierungsgrads der Handlungszusammenhänge sind. Leerstellen und Detaillierungsgrad einer Erzählung entscheiden über den Grad der möglichen Immersion und «das immersive Potenzial» der Erzählinformation.[151]

Das bedeutet zugleich, dass sich die Reduktionsform der Namensallusion an der Grenze des Immersiven bewegt. Es sei denn, der Adressat kennt den zugrunde liegenden Storyplot sehr gut, oder er versucht ihn nachträglich durch Studium zu rekonstruieren. Gute Immersion ist jedoch die Voraussetzung für die rhetorische Wirksamkeit von Narrationen, denn dadurch wird im Sinne der narratologischen *Transportation Theory* jener mentale Verarbeitungsmodus beim Adressaten aktiviert, der die erzählten Handlungen in dessen mentalen Raum überführt.[152] Die Eindrücklichkeit erzählter Verhaltensmodelle ist inzwischen vielfach untersucht worden. Das ist eine der Voraussetzungen für ihre rhetorische Einsatzfähigkeit.[153]

Die *transportation* gelingt aber nicht ohne Weiteres bei der alludierenden Verkürzung, wenn das historische Wissen fehlt. Sind die erzählten Handlungszusammenhänge jedoch erkannt, dann bedeutet Transportation, dass die Adressaten im Fall eigenen Engagements ihre Anteilnahme am erzählten Schicksal von Akteuren in der Story gut auf ihre eigene Lage projizieren und daraus Schlussfolgerungen für sich ziehen können. Bei diesen durch Versenkung in Geschichten verursachten Perspektivwechselmechanismen spricht man auch vom *deictic shift*.[154]

Hier lässt sich eine Brücke schlagen zum Weltwissen, das in die von Parsons entwickelte soziologische Aktor-Theorie eingegangen ist. Danach muss man bei den Handlungseinheiten (*unit acts*), die einem Aktor zugeordnet sind, auch von einer normativen Orientierung ausgehen, welche die Relationierung der Zielorientierung des Aktors mit der gegebenen Situation kennzeichnet. Die Relationierung besteht aus einer intrinsisch rationalen Verknüpfung von Zwecken, Mitteln und Zielsetzungen. Diese an Akteure geknüpften, sinnstiftenden Aspekte gelten für die erzählten Geschichten, deren Potenzial bei der Transportation auf die Lebenswelt der Adressaten übertragen werden kann.[155]

151 König (2021), 170–179 und 198; siehe dazu auch Voss (2008).

152 Green/Brock (2000); Cin/Zanna/Fong (2004); König (2021), 28–34.

153 Bilandzic/Busselle (^{2}2013); Hamby/Brinberg/Jaccard (2018).

154 Hamby/Brinberg/Jaccard (2018), 114.

155 Parsons (1994), 73, Anm. 13; vgl. Wenzel (1994), 18.

15 Bausteine

Im Verlauf unserer Überlegungen war schon von den sprachlich-textuellen Bausteinen die Rede, auf die sich der analysierende Blick von Strukturalisten unter anderem auch richtet. Unter deren Atomismusperspektive lassen sich noch andere Begriffe und Modellvorstellungen ins Spiel bringen. Etwa die für sich stehenden Teileinheiten des Gesamtzyklus oder jene, die man in der Rhetorik Gedankenkerne oder *Topoi* nennt. Sie konzentrieren zum Beispiel als *frozen expressions* konventionelle Ideen bestimmter Denksysteme (z. B. des Rechts) und können als semantische Textbausteine verwendet werden. Man könnte auch die Paragraphen eines Rechtskorpus als solche Strukturbausteine sehen.

Die *Freiheitstafel* liesse sich in diesem Sinn als ein nach Einzelparagraphen sortiertes Textensemble sehen, auch wenn es sich dabei nicht um eine streng systematisch geordnete Kodifizierung von Freiheitsregeln handelt, sondern eher um eine Art Streubild. Das ist ein Makromuster, das wir auch in Brants *Narrenschiff* finden, in dem 109 moralische Verfehlungen locker ohne Makroordnungsprinzip der Kapitelorganisation als Narrheiten abgehandelt werden.

Nehmen wir diese Überlegungen zusammen, dann können wir die Einzelteile der *Freiheitstafel* unter literarischer Perspektive «Epigramme» nennen, unter semiotisch-komplexerer Perspektive «Embleme», unter der Perspektive des Freiheitsdiskurses der Zeit «Topoi»[156] und unter juristischer Perspektive vielleicht auch «Paragraphen». Die hier eingenommene Bausteinperspektive führt uns auch zurück zu den inserierungsfähigen narratologischen Kürzestbausteinen von Miniaturerzählungen, die wir «Narrem» nennen.

Das atomistische Denken nach Einzelsätzen lernten Juristen zu Brants Zeit auf Basis der grossen Rechtscorpora, wozu es entsprechend eingerichtete Lehrbücher gab. Brant selbst wurde als Jurist in Europa mit solch einem juristischen Lehrbuch *Expositiones* («Auslegungen») berühmt, das bis ins 17. Jahrhundert hinein in verschiedenen europäischen Städten in vielen Auflagen nachgedruckt und verbreitet wurde.[157] Als Dichter kannte man Brant ebenfalls europaweit aufgrund der Übersetzungen seines *Narrenschiffs*, des erfolgreichsten Dichtwerks seiner Zeit, in dem mehr als hundert törichte moralische Verfehlungen abgehandelt werden.[158] Sein genanntes juristisches Lehrbuch *Expositiones* bestand aus atomisierten Teileinheiten der genannten Art. Es war nach den wichtigsten überschriftgebenden Hauptsätzen (den *tituli*) der beiden Rechtscorpora (römischen und kirchlichen Rechts) gegliedert. Daher bekam es in einer Ausgabe auch den Untertitel «Deutungen aller überschriftgebenden Hauptsätze des Zivilrechts und des kanonischen Rechts».[159]

156 Siehe zu diesem Diskurs Knape (2021), 98 und 153.

157 Knape/Wilhelmi (2015), Nr. W 412.

158 Knape/Wilhelmi (2015), Nr. W 1.

159 *Interpretationes omnium titulorum legum et canonum*; siehe Knape (1992), 94 und 96.

Hier treffen wir also wieder auf die elementare juristische Denkfigur des «Inhaltskerns» bzw. einer Einzelnorm, die man unter einem «Titulus» oder einem «Paragraphen subsumieren kann. Literarisches Epigramm und juristischer Paragraph treffen sich auf der Ebene der inhaltlichen Prägnanz. Wir können also sagen, dass die Bausteine der Freiheitstafel unter ästhetischer Perspektive zwar als Embleme bezeichnet werden können, unter anderer Perspektive jedoch genauso gut als Paragraphen, denn das inhaltliche Framing der Freiheitsfrage ist bei dem Kanzler und ehemaligen Juraprofessor der Universität Basel Sebastian Brant ganz juristisch designt.

16 Dimensionen des Narratologischen in der Rhetoriktheorie

Paragraphen, Embleme, Epigramme, Strophen, Narreme oder Narrative sind Bezeichnungen für unterschiedlich betrachtbare Textbausteine, die atomistisch gedacht sind. Im sequenziell verlaufenden Textsyntagma bekommen sie bestimmte kommunikative Funktionen. Zu deren prominentester Ausprägung gehört die Exempel- oder Paradigmenfunktion. Ein alter juristischer Grundsatz besagt: *exempla nihil per se valent.*[160] Exempla können nicht für sich allein stehen, weil sie für sich genommen noch keine kommunikative Funktion haben. Sie müssen funktional eingebettet sein oder eine implizite oder explizite Botschaftsfunktion mit sich führen, z. B. in Form einer Moralisatio oder eines Epimythions.

Und an dieser Stelle tut sich die rhetorische Perspektive auf, also die Perspektive des Überzeugungshandelns, in dessen Rahmen Narrationen aller Art eine wichtige Funktion bekommen können. Rhetorisch gesehen bekommen Miniaturerzählungen erst in der Einbettung in einen Evidenz-, Begründungs- oder Beweiszusammenhang kommunikative Funktionen. Man kann das unter den beiden folgenden Aspekten zusammenfassen:

Rhetorische Einbettung: Unter rhetoriktheoretischem Blickwinkel ist zunächst darauf hinzuweisen, dass alles Erzählen in ganz bestimmten kommunikativen Settings stattfindet. Immer ist Erzählen eingebettet in konkrete Kommunikationszusammenhänge, die sich anhand von Bedingungskomponenten wie Teilnehmer, kommunikatives Gattungsausagieren (einschliesslich ihrer Anlassbedingungen) sowie räumliche und zeitliche Gegebenheiten beschreiben lassen. Wir haben es hier also mit den pragmatischen Rahmenaspekten des Erzählhandelns zu tun.

Rhetorische Funktionalisierung: Unter rhetorischer Perspektive müssen Erzählungen die persuasive Textfunktion bedienen, wie es das jeweilige kommunikative Setting verlangt. Wir bewegen uns hier auf der analytischen Ebene der «Textleistung».[161] Die geforderten rhetorischen Leistungen verbinden wir

160 Nörr (2009).
161 Knape (2013d).

mit Begriffen wie Beweisen, Evidenzieren, Plausibilisieren und Überzeugen (im Sinne eines Akzeptanz- und Zustimmungstriggerns), um nur einige wenige Funktionsmöglichkeiten zu nennen.

17 Mikronarrative im Dienst der Rhetorik in Brants *Freiheitstafel*

Vor diesem Hintergrund wollen wir abschliessend noch einmal auf die *Freiheitstafel* schauen. Rhetorik ist die kommunikative Methode, Botschaften zu etablieren und akzeptabel zu machen. Und in der Tat hat die *Freiheitstafel* eine solche Botschaft. Diese ist programmatisch kondensiert im hochpreisenden Ausruf zum Lob der Freiheit im siebten Emblem. Dessen Epigramm gehört zur Gruppe der reinen Normenansagen ohne Erzählung. Dort heisst es:

> Freiheit ist ein unschätzbares Gut,
> Dem nichts auf Erden gleichen tut.
> Gold, Silber, Reichtum, Edelstein,
> Ist gegenüber Freiheit wirklich klein.
> (FT 7)

Das ist ein Ausdruck höchster Wertschätzung der Freiheit und eine direkte Übersetzung aus den *Digesten*, dem Hauptbuch des römischen Rechts, wo es heisst:

> *Libertas inaestimabilis res est.*
> (*Dig.* 50,17,106)

In verschiedenen Hinsichten haben wir inzwischen schon die Frage angesprochen, welcher rhetorischer Strategien und welcher textlicher Mittel sich Brant bediente, um den Freiheits-Verfassungsgrundsatz der Stadtrepublik überzeugend im Bewusstsein der Adressaten der *Freiheitstafel* zu verankern. Insgesamt ist Brants rhetorische Strategie mehrschichtig. Es geht um das Sicheinprägen aller Aspekte der Freiheitsidee, also um die Erinnerung (*memoria*), zugleich aber auch um die Begründung und Rechtfertigung der Freiheitsidee mit ihren konkreten Ableitungen. Geschichten können dabei eine wichtige Rolle spielen. Sie zeigen Handlungsmodelle vor, die man erkennt und gut memorieren kann. Immer wieder verbindet Brant die Narrative verstärkend mit Sprechakten der Warnung und Ermunterung.[162]

Wir erinnern uns: Geschichten können völlig kontingente Handlungszusammenstellungen erzählen, wie es etwa in Georges Perecs zitiertem *Versuch, einen Platz in Paris zu erfassen* von 1975 geschieht. In Perecs Werk mischen sich die Superstrukturen der reinen «Deskription» mit denen des «Narrativs»; die Superstruktur der «Argumentation» fehlt gänzlich. Die kommunikative Tatsache

162 Motsch (2000); Rolf (2000).

freilich, dass überhaupt erzählt wird, ist normalerweise keineswegs zufällig. Geschichten können in Argumentationen eingebettet werden oder selbst mit einer logisch-argumentativen Tiefenstruktur versehen sein. Rhetorisch gesehen muss es darum gehen, das Narrativische für eine rhetorische Botschaft zu funktionalisieren. Alle erkennbaren Textstrukturen müssen dieser Botschaft dienen.

Ich möchte Brants textrhetorische Strategie auf die Formel bringen: Vom Vorzeigen zum Beweisen, also von der *epídeixis* zur *apódeixis* oder von der *demonstratio* zur *probatio*. Und die dabei vor Augen gestellten Evidenzen bestehen aus Narrativen bzw. Stories. Mit dem Vorzeigen ist die Frage der Medialisierung des Zyklus verbunden, für die Brant einen spektakulären Weg der Veröffentlichung als Wandmalerei fand.

Die erste wichtige Funktion der *demonstratio*, des Vorzeigens der 50 Embleme, bestand darin, für die Bürger einen Evidenz- und Erinnerungsraum der Freiheit zu schaffen. Rathaussäle in den Freien Reichsstädten mit Bildern und Spruchbändern auszuschmücken war im 16. Jahrhundert an der Tagesordnung.[163] Immer waren es kommunikativ-programmatische Manifestationen, die das politische und rechtliche Selbstverständnis der Städte vermitteln sollten. Auch im Fall von Brants Straßburger *Freiheitstafel* ist das evident.

Schon die antike rhetorische Mnemoniktheorie fusste auf dem technischen Zusammenhang von Raum (*locus*) und Bild (*imago*) beim Memorieren.[164] Brant wählt dementsprechend als Vermittlungsmethode ein ästhetisches Verfahren, das sich besonders gut mehrfach funktionalisieren lässt, nämlich mnemotechnisch, rhetorisch und juristisch. Das ästhetische Verfahren des Emblems leistet aber auch noch etwas anderes: Indem es die Freiheit durch die anspruchsvolle Form überhöht, nobilitiert es das Thema zugleich. Die Freiheit wird nämlich durch Ästhetisierung für einen wichtigen Moment der Besinnung dem Alltäglichen entzogen. Damit wird der von Brant eingerichtete Freiheits-Schauraum zu dem genannten Memorialraum und zugleich im Sinne Aby Warburgs zu einem «Denkraum der Besonnenheit». Die *Freiheitstafel* sorgt als Wandschmuck in diesem Raum für dauernde Präsenz der Freiheitsprinzipien. Brant vermittelt sie sehr spezifisch, wobei das Erinnerungsprinzip in zweierlei Weise wichtig wird: Erstens produktiv durch Rekurse des Autors auf das kulturelle historische Wissen, auf die alten Narrative, und zweitens rezeptiv durch neue aktive memorative Einverleibung des historischen Wissens bei den Betrachtern des Zyklus.

Brants *tabula libertatis* ist in ihrer integralen und umfassenden Darstellung aller Freiheitsaspekte einzigartig und zugleich vorausweisend auf Europas zukünftige Rolle als Verteidigerin der Freiheit. Die Straßburger *Freiheitstafel* weist Brant als einen aktiven Exponenten jener «freien deutschen Stadtrepubliken» (*le republiche della Magna*) aus, wie sie Niccolò Machiavelli nach seiner Deutschlandreise 1508 nannte und bewunderte und die – wie Machiavelli schreibt – «schon

163 Knape (1992), 465–467.
164 Knape (1997).

seit längerer Zeit frei leben» (*vivono libere*) sowie ein Hort des «Gemeinwohls» (*bontà*) seien.[165]

Die *Freiheitstafel* muss vor diesem Hintergrund als ideologisches Manifest der Selbstvergewisserung einer selbstbewussten Bürgerschaft gesehen werden.[166] «Freiheit» war für sie nach aussen der Begriff für das, was wir heute «Staatssouveränität» nennen,[167] und was sich nur dem Kaiser unterstellte. Nach innen war es der Begriff für alle institutionellen Selbstbestimmungs- und Selbstorganisationsrechte. Das Erzählen in der öffentlich ausgestellten *Freiheitstafel* Brants leistete hier als «Erkenntnisform»[168] einen Beitrag im Rahmen von Ermunterungs- und Bindungsargumentationen (Ziel: Systase).[169]

Abbildungsverzeichnis

Abb. 1 Archives de la ville de Strasbourg: AST 169, Bl. 755ʳ.
Abb. 2 Nach: Châtelet-Lange (1991), 134.
Abb. 3.1 Nach: Seyboth (1894), 534.
Abb. 3.2 Nach: Emil von Borries, *Geschichte der Stadt Strassburg*, Straßburg 1909, 191.
Abb. 4 Exemplar aus Privatbesitz.
Abb. 5 Nach: Châtelet-Lange (1991), 135.

Literaturverzeichnis

Bamberg (2006): Michael Bamberg, «Stories. Big or small? Why do we care?», in: Michael Bamberg (Hg.), *Narrative – State of the Art*, Amsterdam u. Philadelphia, 165–174.

Barthes (1977): Roland Barthes, «Introduction to the Structural Analysis of Narratives», in: Roland Barthes (Hg.), *Image, Music, Text*. Essays selected and translated by Stephen Heath, London, 79–124.

Barthes (1988): Roland Barthes, *Elemente der Semiologie*, Frankfurt a. M. (frz. Original: «Eléments de sémiologie», in: *Communications* 4 (1964), 91–141).

Beaugrande/Dressler (1981): Robert-Alain de Beaugrande u. Wolfgang Ulrich Dressler, *Einführung in die Textlinguistik*, Tübingen.

Berry (1975): Margaret Berry, *Introduction to Systemic Linguistics I. Structures and Systems*, London.

Bilandzic/Busselle (²2013): Helena Bilandzic u. Rick Busselle, «Narrative Persuasion», in: James Price Dillard u. Li Jiang Shen, *The Sage Handbook of Persuasion*, 2. Aufl., Los Angeles, 200–219.

165 Machiavelli (1979), 290; vgl. Machiavelli (2000), Kap. I.55; siehe dazu Knape (1992), 448–449.

166 Zum herausgehobenen Selbstverständnis der Gruppe der sieben «Freien Reichsstädte» Deutschlands (einschliesslich Straßburgs) siehe Knape (1992), 428–429 und 432–445.

167 Souveränität ist «in jeder Epoche neu zu bestimmen», da sich dieses Konzept im Lauf der Zeit wandelt; siehe Voigt (2018), 124.

168 Kaul (2011); siehe auch Elgin (2007).

169 Knape (2012b), 34.

Bonheim (2000): Helmut Bonheim, «Shakespeare's Narremes», in: Peter Holland (Hg.), *Shakespeare and Narrative* (Shakespeare Survey 53), Cambridge, 1–11.

Brant (1998): Sebastian Brant, *Kleine Texte*, hg. v. Thomas Wilhelmi, 3 Bde. (Arbeiten und Editionen zur Mittleren Deutschen Literatur N. F. 3), Stuttgart.

Brooks (2005): Peter Brooks, «Narrative in and of the Law», in: James Phelan u. Peter J. Rabinowitz (Hgg.), *A Companion to Narrative Theory*, Malden, Oxford u. Carlton, 415–426.

Châtelet-Lange (1991): Liliane Châtelet-Lange, «Sébastien Brant, Hans Baldung Grien et la ‹Freiheitstafel› dans la Chambre des XIII (Pfalz) à Strasbourg», *Cahiers Alsaciens d'archéologie, d'art et d'histoire* 34, 119–138 [mit durchgängigen Rekonstruktionen der Illustrationen von Eugène Cordier].

Chatman (1978): Seymour Chatman, *Story and Discourse. Narrative Structure in Fiction and Film*, Ithaca u. London.

Cin/Zanna/Fong (2004): Sonya D. Cin, Mark P. Zanna u. Geoffrey T. Fong, «Narrative Persuasion and Overcoming Resistance», in: Eric S. Knowles u. Jay A. Linn (Hgg.), *Resistance and Persuasion*, Mahwa (NJ) u. London, 175–191.

Danto (1965): Arthur C. Danto, *Analytical Philosophy of History*, Cambridge.

van Dijk (1980): Teun A. van Dijk, *Textwissenschaft. Eine interdisziplinäre Einführung*, Tübingen.

Doležel (1972): Lubomír Doležel, «From Motifems to Motifs», *Poetics* 4, 55–90.

Doležel (1989): Lubomír Doležel, «Possible Worlds and Literary Fiction», in: Allén Sture (Hg.), *Possible Worlds in Humanities, Arts and Science*. Proceedings of Nobel Symposium 65, Berlin u. Boston.

Dorfman (1969): Eugene Dorfman, *The Narreme in the Medieval Romance Epic*, Toronto.

Dundes (1962): Alan Dundes, «From Etic to Emic Units in the Structural Study of Folktales», *Journal of American Folklore* 75, 95–105.

Eco (1992): Umberto Eco, *Die Grenzen der Interpretation*, München u. Wien (ital. Original: *I limiti dell'interpretazione*, Mailand 1990).

Elgin (2007): Catherine Z. Elgin, «Die kognitiven Funktionen der Fiktion», in: Alex Burri u. Wolfgang Huemer (Hgg.), *Kunst denken*, Paderborn, 77–89.

Genette (1994): Gérard Genette, *Die Erzählung*, München (frz. Originale: «Discours du Récit», in: Gérard Genette, *Figures III*, Paris 1972, 65–282 [= 1. Teil]; Gérard Genette, *Nouveau Discours du Récit*, Paris 1983 [= 2. Teil]).

Goethe (1991): Johann Wolfgang Goethe, «Zur Farbenlehre», in: Manfred Wenzel (Hg.), *Zur Farbenlehre* (Goethe. Sämtliche Werke. Frankfurter Ausgabe 23,1), Frankfurt a. M.

Green/Brock (2000): Melanie C. Green u. Timothy C. Brock, «The Role of Transportation in the Persuasiveness of Public Narratives», *JPSP* 79.5, 701–721.

Gülich/Hausendorf (2000): Elisabeth Gülich u. Heiko Hausendorf, «Vertextungsmuster Narration», in: Klaus Brinker, Gerd Antos, Wolfgang Heinemann u. Sven F. Sager (Hgg.), *Text- und Gesprächslinguistik, 1. Halbband / Linguistics of Text and Conversation, Volume 1* (HSK Handbücher zur Sprach- und Kommunikationswissenschaft / Handbooks of Linguistics and Communication Science 16.1), Berlin u. New York, 369–385.

Güthlein (2022): Elias Güthlein, *Bilderverrätselung in der Werbung. Zur Analyse und rhetorischen Funktion einer ambigen Textstruktur* (neue rhetorik/new rhetoric 38), Berlin u. Boston.

Hamby/Brinberg/Jaccard (2018): Anne Hamby, David Brinberg u. James Jaccard, «A Conceptual Framework of Narrative Persuasion», *Journal of Media Psychology* 30.3, 113–124.

Harjung (2000): J. Dominik Harjung, *Lexikon der Sprachkunst. Die rhetorischen Stilformen*, München.

Heinemann (2000): Wolfgang Heinemann, «Vertextungsmuster Deskription», in: Klaus Brinker, Gerd Antos, Wolfgang Heinemann u. Sven F. Sager (Hgg.), *Text- und Gesprächslinguistik, 1. Halbband / Linguistics of Text and Conversation, Volume 1* (HSK Handbücher zur Sprach- und Kommunikationswissenschaft / Handbooks of Linguistics and Communication Science 16.1), Berlin u. New York, 356–369.

Henkel (2021): Nikolaus Henkel, *Sebastian Brant. Studien und Materialien zu einer Archäologie des Wissens um 1500*, Berlin.

Herrmann ([2]1995): Theo Herrmann, *Allgemeine Sprachpsychologie. Grundlagen und Probleme*, 2. Aufl., Weinheim.

Hjelmslev (1974): Louis Hjelmslev, *Prolegomena zu einer Sprachtheorie*, München (dän. Original: *Omkring sprogteoriens grundlaeggelse*, Kopenhagen 1943; engl. Ausgabe: *Prolegomena to a Theory of Language*, Madison 1961).

Honold/Simon (2010): Alexander Honold u. Ralf Simon, «Vorwort», in: Alexander Honold u. Ralf Simon (Hgg.), *Das erzählende und das erzählte Bild* (Eikones), München, 9–23.

Hübner (2010): Gert Hübner, «evidentia. Erzählformen und ihre Funktionen», in: Harald Haferland u. Matthias Meyer (Hgg.), *Historische Narratologie. Mediävistische Perspektiven* (Trends in Medieval Philology 19), Berlin u. Boston, 119–147.

Iser (1971): Wolfgang Iser, *Die Appellstruktur der Texte. Unbestimmtheit als Wirkungsbedingung literarischer Prosa* (Konstanzer Universitätsreden 28), Konstanz.

Jaeger (2009): Stephan Jaeger, «Erzählen im historiographischen Diskurs», in: Christian Klein u. Matías Martínez (Hgg.), *Wirklichkeitserzählungen. Felder, Formen und Funktionen nicht-literarischen Erzählens*, Stuttgart, 110–135.

Jakobson (1979): Roman Jakobson, «Poetik und Linguistik», in: Roman Jakobson, Elmar Holenstein u. Tarcisius Schelbert (Hgg.), *Poetik. Ausgewählte Aufsätze 1921–1971*, Frankfurt a. M., 83–121 (engl. Original: «Linguistics and Poetics», in: Thomas A. Sebeok (Hg.), *Style in Language*, 6. Aufl., Cambridge, MA 1975, 350–377).

James (1884): Henry James, *The Art of the Novel. Critical Prefaces*, New York.

Jolles (1930): André Jolles, *Einfache Formen*, Tübingen.

Kaul (2011): Susanne Kaul, «Erzählen als Erkenntnisform», in: Matías Martínez (Hg.), *Handbuch Erzählliteratur. Theorie, Analyse, Geschichte*, Stuttgart u. Weimar, 97–102.

Kemp (1989): Wolfgang Kemp (Hg.), *Der Text des Bildes. Möglichkeiten und Mittel eigenständiger Bilderzählung*, München.

Kirstein (2015): Robert Kirstein, «Entscheidung in (höchster) Not. List und Strategie in antiker Literatur», in: Armin Glatzmeier u. Hendrik Hilgert (Hgg.), *Entscheidungen. Geistes- und sozialwissenschaftliche Beiträge zu Theorie und Praxis*, Wiesbaden, 91–113.

Knape (1984): Joachim Knape, *«Histoire» in Mittelalter und früher Neuzeit. Begriffs- und gattungsgeschichtliche Untersuchungen im interdisziplinären Kontext* (Saecula Spiritalia 10), Baden-Baden.

Knape (1988): Joachim Knape, «Mnemonik, Bildbuch und Emblematik im Zeitalter Sebastian Brants (Brant, Schwarzenberg, Alciati)», in: Werner Bies u. Hermann Jung (Hgg.), *Mnemosyne. Festschrift für Manfred Lurker zum 60. Geburtstag* (Bibliographie zur Symbolik, Ikonographie und Mythologie, Ergänzungsband 2), Baden-Baden, 133–178.

Knape (1992): Joachim Knape, *Dichtung, Recht und Freiheit. Studien zu Leben und Werk Sebastian Brants 1457–1521* (Saecula Spiritalia 23), Baden-Baden.

Knape (1995): Joachim Knape, «Boccaccio und das Erzähllied bei Hans Sachs», in: Stephan Füssel (Hg.), *Hans Sachs im Schnittpunkt von Antike und Neuzeit. Akten des interdisziplinären Symposions vom 23./24. September 1994 in Nürnberg* (Pirckheimer Jahrbuch 10), Nürnberg, 47–81.

Knape (1997): Joachim Knape, «Memoria in der älteren rhetoriktheoretischen Tradition», *LiLi* 27, 6–21.

Knape (2005): Joachim Knape, «The Medium is the Massage? Medientheoretische Anfragen und Antworten der Rhetorik», in: Joachim Knape (Hg.), *Medienrhetorik*, Tübingen, 17–39.

Knape (2006): Joachim Knape, *Poetik und Rhetorik in Deutschland 1300–1700* (Gratia 44), Wiesbaden.

Knape (2008a): Joachim Knape, «Brant (Titio) Sebastian», in: Franz Josef Worstbrock (Hg.), *Deutscher Humanismus 1480–1520. Verfasserlexikon*, Bd. 1, Berlin u. New York, 247–283.

Knape (2008b): Joachim Knape, «Gibt es Pathosformeln? Überlegungen zu einem Konzept von Aby M. Warburg», in: Wolfgang Dickhut, Stefan Manns u. Norbert Winkler (Hgg.), *Muster im Wandel. Zur Dynamik topischer Wissensordnungen im Spätmittelalter und Früher Neuzeit*, Göttingen, 115–138.

Knape (2008c): Joachim Knape, «Rhetorik der Künste», in: Ulla Fix, Andreas Gardt u. Joachim Knape (Hgg.), *Rhetorik und Stilistik. Ein internationales Handbuch historischer und systematischer Forschung, 1. Halbband / Rhetoric and Stylistic. An International Handbook of Historical and Systematic Reserach, Volume 1* (HSK Handbücher zur Sprach- und Kommunikationswissenschaft 31.1), Berlin u. New York, 894–928.

Knape (2009): Joachim Knape, «Rhetorischer Pathosbegriff und literarische Pathosnarrative», in: Cornelia Zumbusch (Hg.), *Pathos*, Berlin, 25–44.

Knape (2010): Joachim Knape, «Zur Theorie der Spielfilmrhetorik mit Blick auf Fritz Langs M», in: Urs Büttner u. Christoph Bareither (Hgg.), *Fritz Lang. «M – Eine Stadt sucht einen Mörder». Texte und Kontexte*, Würzburg, 25–32.

Knape (2012a): Joachim Knape, «Duale Performanz in Rom», in: Felix Mundt (Hg.), *Kommunikationsräume im kaiserzeitlichen Rom* (Topoi. Berlin Studies of the Ancient World 6), Berlin u. Boston, 123–142.

Knape (2012b): Joachim Knape, *Was ist Rhetorik?*, Stuttgart.

Knape (2013a): Joachim Knape, «Bildtextualität, Narrativität und Pathosformel. Überlegungen zur Bildrhetorik», in: Petra Schöner u. Gert Hübner (Hgg.), *Kulturwissenschaft und Frühneuzeitforschung. Aufsätze für Dieter Wuttke*, Baden-Baden, 297–346.

Knape (2013b): Joachim Knape, «Image Textuality, Narrativity, and Pathos Formula: Reflections on the Rhetoric of the Image», in: Klaus Sachs-Hombach u. Jörg R. J. Schirra (Hgg.), *Origins of Pictures. Anthropological Discourses in Image Science*, Köln, 424–459.

Knape (2013c): Joachim Knape, *Modern Rhetoric in Culture, Arts and Media. 13 Essays*, Berlin u. New York.

Knape (2013d): Joachim Knape, «Textleistung. Eine moderne rhetorische Kategorie, erprobt am Beispiel mittelalterlicher Chronistik», in: Klaus Ridder u. Steffen Patzold (Hgg.), *Die Aktualität der Vormoderne. Epochenentwürfe zwischen Alterität und Kontinuität*, Berlin, 135–159.

Knape (2016): Joachim Knape, *Was ist ein Bild? Ein Kunstgespräch im Atelier Friedrich mit dem anwesenden Herrn Goethe*, Wiesbaden.

Knape (2017): Joachim Knape, «‹Inszenierung› als rhetoriktheoretisches Problem», *Rheton*, https://rheton.at/rheton/2017/01/inszenierung-als-theoretisches-problem/#more-3735.

Knape (2019a): Joachim Knape, «Das Fernrohr. Evidenz in der Rhetorik», in: Olaf Kramer, Carmen Lipphardt u. Michael Pelzer (Hgg.), *Rhetorik der Evidenz* (neue rhetorik / new rhetoric 30), Berlin u. Boston, 17–43.

Knape (2019b): Joachim Knape, *Die Dinge. Ihr Bild, ihr Design und ihre Rhetorik. Mit Stillleben von Heinrich Müller Basel* (Gratia 64), Wiesbaden.

Knape (2020): Joachim Knape, «Können Bilder etwas beweisen? Referenzunsicherheit des Bildtextes als ‹still›», in: Thomas Erne u. Malte Dominik Krüger (Hgg.), *Bild und Text.*

Beiträge zum 1. Evangelischen Bildertag in Marburg 2018 (Hermeneutik und Ästhetik 2), Leipzig, 227–249.

Knape (2021): Joachim Knape, *Freiheit. Zur Ideengeschichte und Ideenrhetorik der Renaissance als Aufbruch in die Moderne*, Stuttgart.

Knape (2023a): Joachim Knape, *Ästhetische Idee und Heideggers Existenzialästhetik*, Stuttgart.

Knape (2023b): Joachim Knape, «Das Medienregulativ der Textverfassung. Ein Vortrag mit Blick auf Sebastian Brant», in: Lysander Büchli, Alyssa Steiner u. Tina Terrahe (Hgg.), *Sebastian Brant, das «Narrenschiff» und der frühe Buchdruck in Basel. Zum 500. Todestag eines humanistischen Gelehrten*, Basel, 39–64.

Knape (2023c): Joachim Knape, «War Sebastian Brant ein konservativer Humanist? Ästhetikhistorische und intellektualgeschichtliche Aspekte», in: Peter Anderson u. Nikolaus Henkel (Hgg.), *Sebastian Brant (1457–1521). Europäisches Wissen in der Hand eines Intellektuellen der Frühen Neuzeit*, Berlin u. Boston, 53–92.

Knape (2023d): Joachim Knape, «Zur Theorie der Visualisierung, rhetorisch», in: Frauke Berndt u. Jan-Noël Thon (Hgg.), *Bildmedien*, Berlin u. Boston, 9–25.

Knape (2024): Joachim Knape, «Radical Text Theory and Textual Ambiguity. With Two Analyses of Dadaist Anti-Text Strategies», in: Matthias Bauer u. Angelika Zirker (Hgg.), *Strategies of Ambiguity*, London, 75–122.

Knape/Wilhelmi (2015): Joachim Knape u. Thomas Wilhelmi, *Sebastian Brant Bibliographie. Werke und Überlieferungen* (Gratia 53), Wiesbaden.

Koch (2013): Nadia Koch, *Paradeigma. Die antike Kunstschriftstellerei als Grundlage der frühneuzeitlichen Kunsttheorie*, Wiesbaden.

Koch (1994): Walter A. Koch (Hg.), *Simple Forms. An Encyclopedia of Simple Text-Types in Lore and Literature*, Bochum.

Koller (1954): Hermann Koller, *Die Mimesis in der Antike. Nachahmung, Darstellung, Ausdruck*, Bern.

Köngäs-Maranda/Maranda (1971): Elli Köngäs-Maranda u. Pierre Maranda, *Structural Models in Folklore* (Approaches to Semiotics 10), Den Haag u. Paris.

König (2021): Sebastian König, *Rhetorisches Erzählen im Gespräch. Ein analytisches Framework entwickelt an Beispielen der Courtship-Kommunikation*, Berlin u. Boston.

Kühle/Rüther (2016): Michael Kühle u. Markus Rüther (Hgg.), *Handbuch Handlungstheorie. Grundlagen, Kontexte, Perspektiven*, Stuttgart.

Labov/Waletzky (1967): William Labov u. Joshua Waletzky, «Narrative Analysis. Oral Versions of Personal Experience», in: June Helm (Hg.), *Essays on the Verbal and Visual Arts*. Proceedings of the 1966 Annual Spring Meeting of the American Ethnological Society, Seattle u. London, 12–44.

Labov (1977): William Labov, «The Transformation of Experience in Narrative Syntax», in: William Labov, *Language in the Inner City. Studies in the Black English Vernacular*, Oxford, 354–396.

Lendon (2022): Jon E. Lendon, *That Tyrant, Persuasion. How Rhetoric Shaped the Roman World*, Princeton u. Oxford.

Lévi-Strauss (1955): Claude Lévi-Strauss, «The Structural Study of Myth», *Journal of American Folklore* 68, 428–444.

Loubser/Baum/Effrat/Lidz (1981): Jan J. Loubser, Rainer C. Baum, Andrew Effrat u. Victor Meyer Lidz (Hgg.), *Allgemeine Handlungstheorie*, übers. v. Ursula Wolf, Frankfurt a. M. (amerik. Original: *Explorations in General Theory in Social Science. Essays in Honor of Talcott Parsons*, New York 1976).

Machiavelli (1979): Niccolò Machiavelli, «Rapporto delle cose della Magna fatto questo di 17 giugno 1508», in: Sergio Bertelli (Hg.), *Niccolò Machiavelli. L'arte della guerra. Scritti minori* (Opere di Niccolò Machiavelli 2), Verona, 285–294.

Machiavelli (2000): Niccolò Machiavelli, *Discorsi. Staat und Politik*, übers. v. Friedrich von Oppeln-Bronikowski, hg. u. mit einem Nachwort versehen v. Horst Günther, Frankfurt a. M.

Maranda (1967): Pierre Maranda, «Computers in the Bush. Tools for the Automatic Analysis of Myths», in: June Helm (Hg.), *Essays on the Verbal and Visual Arts*. Proceedings of the 1966 Annual Spring Meeting of the American Ethnological Society, Seattle u. London, 77–95.

Martin (1986): Wallace Martin, *Recent Theories of the Narrative*, Ithaca u. London.

Martínez (2017): Matías Martínez, «Was ist Erzählen?», in: Matías Martínez (Hg.), *Erzählen. Ein interdisziplinäres Handbuch*, Stuttgart, 2–6.

Martínez/Scheffel (²2000): Matías Martínez u. Michael Scheffel, *Einführung in die Erzähltheorie*, 2. Aufl., München.

Motsch (2000): Wolfgang Motsch, «Handlungsstrukturen von Texten», in: Klaus Brinker, Gerd Antos, Wolfgang Heinemann u. Sven F. Sager (Hgg.), *Text- und Gesprächslinguistik, 1. Halbband / Linguistics of Text and Conversation, Volume 1* (HSK Handbücher zur Sprach- und Kommunikationswissenschaft / Handbooks of Linguistics and Communication Science 16.1), Berlin u. New York, 414–422.

Nörr (2009): Dieter Nörr, «exempla nihil per se valent. Bemerkungen zu Paul. 15 quaest. D. 46,3,98,8; 72 ad ed. D. 45,1,83,5», *Zeitschrift der Savigny-Stiftung für Rechtsgeschichte* 126, 1–54.

Nöth (²2000): Winfried Nöth, *Handbuch der Semiotik*, 2. vollständig neu bearb. und erw. Aufl., Stuttgart.

Parsons (1994): Talcott Parsons, *Aktor, Situation und normative Muster. Ein Essay zur Theorie sozialen Handelns* [1939], hg. u. übers. v. Harald Wenzel, Frankfurt a. M. (amerik. Original: *Actor, Situation and Normative Pattern. An Essay in the Theory of Social Action*, Wien 2010).

Perec (2016): Georges Perec, *Versuch, einen Platz in Paris zu erfassen*, Regensburg.

Pleines (1993): Jochen Pleines, «Agens», in: Helmut Glück (Hg.), *Metzler Lexikon Sprache*, Stuttgart, 18–19.

Potysch (2018): Nicolas Potysch, *Wiederholt doppeldeutig in Bild und Schrift. Ambiguität im durchbilderten Roman*, Hannover.

Prince (1973): Gerald Prince, *A Grammar of Stories. An Introduction*, Den Haag u. Paris.

Prince (1982): Gerald Prince, *Narratology. The Form and Function of Narrative* (Janua Linguarum Series Maior 108), Berlin, New York u. Amsterdam.

Prince (1983): Gerald Prince, «Narrative Pragmatics, Message, and Point», *Poetics* 12, 527–536.

Prince (1996): Gerald Prince, «Remarks on Narrativity», in: Claes Wahlin (Hg.), *Perspectives on Narratology*. Papers from the Stockholm Symposium on Narratology, Frankfurt a. M., 95–106.

Richter (2011): Michael Richter, «Erzählen und Moral», in: Matías Martínez (Hg.), *Handbuch Erzählliteratur. Theorie, Analyse, Geschichte*, Stuttgart u. Weimar, 102–106.

Rolf (2000): Eckard Rolf, «Textuelle Grundfunktionen», in: Klaus Brinker, Gerd Antos, Wolfgang Heinemann u. Sven F. Sager (Hgg.), *Text- und Gesprächslinguistik, 1. Halbband / Linguistics of Text and Conversation, Volume 1* (HSK Handbücher zur Sprach- und Kommunikationswissenschaft / Handbooks of Linguistics and Communication Science 16.1), Berlin u. New York, 422–435.

Schmid (1984): Wolf Schmid, «Der semiotische Status der narrativen Ebenen ‹Geschehen›, ‹Geschichte›, ‹Erzählung› und ‹Präsentation der Erzählung›», in: Klaus Oehler (Hg.), *Zeichen und Realität*, Bd. 2 (Probleme der Semiotik 1/II), Tübingen, 477–486.

Schmid (2007): Wolf Schmid, «Eventfulness as a Narratological Category», *Amsterdam inter-*

national electronic journal for cultural Narratology (AJCN), https://cf.humanities.uva.nl/narratology/a07_schmid.htm.

Schmoller (1875): Gustav Schmoller, *Strassburg zur Zeit der Zunftkämpfe und die Reform seiner Verfassung und Verwaltung im XV. Jahrhundert*. Rede gehalten zur Feier des Stiftungsfestes der Universität Strassburg am 1. Mai 1875, Straßburg.

Seyboth, Adolf, *Strasbourg historique et pittoresque depuis son origine jusqu'en 1870*. Aquarelles et dessins par Émile Schweitzer et Albert Koerttgé, Straßburg 1894.

Thompson (1955): Stith Thompson (Hg.), *A Classification of Narrative Elements in Folktales etc.*, Kopenhagen.

Titzmann (2001): Michael Titzmann, «Struktur», in: Jan-Dirk Müller u. a. (Hgg.), *Reallexikon der deutschen Literaturwissenschaft*, Bd. 3, 3. Aufl., Berlin u. New York, 256–278.

Todorov (1969): Tzvetan Todorov, *Grammaire du Décaméron*, Den Haag u. Paris.

Tomashevsky (1965): Boris Tomashevsky, «Thematics», in: Lee Lemon u. Marion Reis (Hgg.), *Russian Formalist Criticism. Four Essays*, Lincoln, 61–95.

Toulmin (1975): Stephen Toulmin, *Der Gebrauch von Argumenten* (Wissenschaftstheorie und Grundlagenforschung 1), Kronberg (amerik. Original: *The Uses of Argument*, Cambridge 1958).

Voigt (2018): Rüdiger Voigt, «Staatsraisonlehre/Souveränismus», in: Samuel Salzborn (Hg.), *Handbuch politische Ideengeschichte. Zugänge – Methoden – Strömungen*, Stuttgart, 124–130.

Voss (2008): Christine Voss, «Fiktionale Immersion», *montage AV* 17.2, 69–86.

Walsh (2023): Richard Walsh, «Human Cognition and Narrative Form», in: Paul Dawson u. Maria Mäkelä (Hgg.), *The Routledge Companion to Narrative Theory*, New York u. London, 369–383.

Wenzel (1994): Harald Wenzel, «Einleitung des Herausgebers», in: Talcott Parsons, *Aktor, Situation und normative Muster. Ein Essay zur Theorie sozialen Handelns* [1939], hg. u. übers. v. Harald Wenzel, Frankfurt a. M., 7–58.

Wepler (2014): Lisanne Wepler, *Bilderzählungen in der Vogelmalerei des niederländischen Barocks*, Petersberg.

Wepler (2016): Lisanne Wepler, «Was sind eigentlich Narreme?», *Visual Past* 3.1, 539–614.

Wolf (2002): Werner Wolf, «Das Problem der Narrativität in Literatur, bildender Kunst und Musik. Ein Beitrag zur intermedialen Erzähltheorie», in: Vera Nünning u. Ansgar Nünning (Hgg.), *Erzähltheorie transgenerisch, intermedial, interdisziplinär* (WVT-Handbücher zum literaturwissenschaftlichen Studium 5), Trier, 23–104.

Wünsch (1999): Marianne Wünsch, «Narrative und rhetorische Strukturen im Bild. Das Beispiel der Werbung», in: Horst Brunner, Claudia Händl, Ernst Hellgardt u. Monika Schulz (Hgg.), *helle döne schöne. Versammelte Arbeiten zur älteren und neueren deutschen Literatur. Festschrift für Wolfgang Walliczek* (Göppinger Arbeiten zur Germanistik 668), Göppingen, 323–359.

Autorinnen und Autoren

Clifford Ando is Robert O. Anderson Distinguished Service Professor in the Departments of Classics and History at the University of Chicago and Extraordinary Professor in the Department of Ancient Studies at Stellenbosch University. He has held fellowships and visiting appointments in Canada, France, Germany, Israel, Italy, New Zealand, and the UK. He is a specialist in the histories of law, religion, and government in the Roman world and senior editor of *Bryn Mawr Classical Review.*

Ulrike Babusiaux ist seit 2009 Professorin für Römisches Recht, Privatrecht und Rechtsvergleichung an der Universität Zürich. Ihre Forschungsinteressen betreffen das römische Erb- und Prozessrecht, die Bedeutung der antiken Rhetorik für die römische Jurisprudenz sowie weitere Bereiche des römischen wie des geltenden (deutschen, schweizerischen und französischen) Privatrechts. Sie ist Mitherausgeberin der *Zeitschrift der Savigny-Stiftung* für Rechtsgeschichte (romanistische Abteilung) und leitet seit 2021 ein vom Schweizerischen Nationalfonds unterstütztes Projekt zur lateinischen juristischen Epigraphik.

Stephan Dusil forscht über hochmittelalterliches Kirchenrecht und spätmittelalterliche Stadtrechte, aber auch zu rechtshistorischen Fragen der Moderne. Seine Begeisterung für Handschriften und Archive verbindet er mit übergreifenden Fragestellungen. Nach seiner Habilitation an der Universität Zürich war er zunächst Professor an der KU Leuven (Belgien); seit 2019 ist er Professor für Bürgerliches Recht, Deutsche Rechtsgeschichte, Juristische Zeitgeschichte und Kirchenrecht an der Universität Tübingen.

Lisa Pilar Eberle's research explores the political economies of ancient Rome, how different people made, fought for, and lost claims to the world in the imperial framework of the *res publica*. She is currently finishing a book on Romano-Italian settler colonialism and the forms of statecraft it called into being in the early days of Rome's provinces and has begun a second one on the pervasive, but heretofore unexplored involvement of women in the practices of enslavement in Graeco-Roman Antiquity. She joined the Institute of Ancient History at Tübingen in 2016 after two years as a Junior Research Fellow at St. John's College, Oxford.

Jeanne Gaakeer holds degrees in English and American literature, law and philosophy. Now emerita professor (chair in Jurisprudence: Hermeneutical and Narrative Foundations), she has worked at Erasmus School of Law in Rotterdam since 1990 and continues her teaching and research. The focus of her research is on interdisciplinary movements in law and legal theory, more specifically Law and Literature/Law and Humanities. Within the latter, her current research is on law and narrative. She also serves as a justice in the criminal law department of the Court of Appeal in The Hague.

Benjamin Gray is Senior Lecturer in Ancient History at Birkbeck College, University of London. He specializes in the connections between ancient Greek political, social and intellectual history, especially in the Hellenistic world, and their wider implications for politics and political theory. His publications include *Stasis and Stability: Exile, the Polis, and Political Thought*, c. 404–146 BC (Oxford University Press 2015) and (ed., with M. Canevaro) *The Hellenistic Reception of Classical Athenian Democracy and Political Thought* (Oxford University Press 2018). He is currently working on a study of the evolution of Greek society and political thought in the transition from the Hellenistic to the Roman world, with special reference to the highly literary and rhetorical civic inscriptions of that period.

Jonas Grethlein is currently exploring the relation between ethics and aesthetics in ancient literature and criticism. He has also worked on ancient and modern reflections on aesthetic experience and has a long-standing interest in narrative theory, memory and history. He has been Professor of Classics at Heidelberg University since 2009 and was awarded the Leibniz-Preis in 2024.

Regina Grundmann is Professor of Jewish Studies at the University of Münster. Her research interests include Jewish Cultural History and Jewish Religious History. Her current research focuses on contemporary Halakhic Literature and the relationship between Jewish Law and literature as well as on Jewish parodies of Jewish religious texts. She is a Principal Investigator of the Cluster of Excellence «Religion and Politics» and has also been a member of several collaborative research centres (SFBs), among them the SFB «Law and Literature».

Robert Kirstein ist seit 2018 Professor für Klassische Philologie an der Universität Tübingen. Zu seinen Arbeitsgebieten gehört die griechische und lateinische Literatur in Hellenismus, Republik und Kaiserzeit. Ihn interessieren vor allem Fragen zur Narrativität antiker Texte in Dichtung und Prosa. In Tübingen leitet er die Arbeitsgruppe *Narrative Dynamics in Latin Literature* und betreut die Reihe *Brill's Narratological Commentaries on Ancient Texts*. Zuletzt erschien der von ihm mit herausgegebene Band *Ambiguity & Narratology* (Berlin 2024).

Joachim Knape (born 1950), Senior Professor of Rhetoric, Institute for General Rhetoric at the University of Tübingen. Studies in German philology, political science, philosophy and theology in Göttingen, Regensburg and Bamberg. 1976 state examination as degree. 1982 Doctoral dissertation (Göttingen). 1988 Habilitation (Bamberg). 1991 Appointment as professor of rhetoric in Tübingen. From

2004 to 2009 Dean of the Tübingen Faculty of Modern Philology. Since 2018 Senior Professor. Research focuses: the history of rhetoric, theory of rhetoric, rhetorical semiotics, media rhetoric, textual rhetoric, rhetoric of images, poetics and aesthetics, Renaissance studies, German language and literature.

Maren R. Niehoff is Max Cooper chair of Jewish Thought at the Hebrew University of Jerusalem, Israel, and a member of the Israel Academy of Sciences and Humanities. She specializes is Ancient Judaism, early Christianity and Greco-Roman Culture and is the head of the ERC advanced grant ROMANA – the Roman turn among Jews, Greek Pagans and Christians. Her recent monograph *Philo of Alexandria. An Intellectual Biography* (Yale University Press 2018) was translated into German, Hebrew, Italian as well as French and was awarded the Polonsky Prize for innovation and creativity in the humanities and the second prize of the Association of Jewish Studies Book Award. Another monograph is forthcoming: *Philo of Alexandria. Every Good Man is Free. Introduction, Translation, and Commentary* (Philo of Alexandria Commentary Series; Brill; scheduled publication autumn 2025).

Sebastian Schmidt-Hofner, Professor für Alte Geschichte an der Universität Tübingen, hat seinen Forschungsschwerpunkt in der spätantiken Geschichte. Er beschäftigt sich mit Phänomenen spätrömischer Staatlichkeit und Governance, mit den politischen Eliten und mit der Rechtskultur der Zeit. Zahlreiche Einzelstudien beschäftigen sich mit den Rechtskodifikationen und der Gesetzgebung der Zeit, der auch sein Beitrag in diesem Band gewidmet ist.

Das Signet des Schwabe Verlags
ist die Druckermarke der 1488 in
Basel gegründeten Offizin Petri,
des Ursprungs des heutigen Verlagshauses. Das Signet verweist auf
die Anfänge des Buchdrucks und
stammt aus dem Umkreis von
Hans Holbein. Es illustriert die
Bibelstelle Jeremia 23,29:
«Ist mein Wort nicht wie Feuer,
spricht der Herr, und wie ein
Hammer, der Felsen zerschmeisst?»